杭州经济技术开发区年鉴

Hangzhou Economic and Technological Development Area Almanac

2012

杭州经济技术开发区地方志编纂委员会办公室

HEDA

方志出版社

图书在版编目(CIP)数据

杭州经济技术开发区年鉴. 2012 / 杭州经济技术开发区地方志编纂委员会办公室编. — 北京:方志出版社,2012.12

ISBN 978-7-5144-0769-3

Ⅰ. ①杭… Ⅱ. ①杭… Ⅲ. ①技术开发区 — 杭州市 — 2012 — 年鉴 Ⅳ. ①F127.551-54

中国版本图书馆 CIP 数据核字(2012)第 317495 号

杭州经济技术开发区年鉴(2012)

编　　者:杭州经济技术开发区地方志编纂委员会办公室
责任编辑:刘方圆

出 版 者:方 志 出 版 社
(北京市东城区夕照寺 14 号院富瑞苑公寓 6 层)
邮编 100061
网址 http://www.fzph.org
发　　行:方志出版社发行部
(010) 67120966-6008
经　　销:新华书店总店北京发行所
法律顾问:北京市大禹律师事务所
印　　刷:浙江天成印务有限公司

开　　本:889×1194　　1/16
印　　张:24.5
字　　数:731 千
版　　次:2012 年 12 月第 1 版　　2012 年 12 月第 1 次印刷
印　　数:001 ~ 800 册

ISBN 978 - 7 - 5144 - 0769 - 3/K·623　　定价:360.00 元

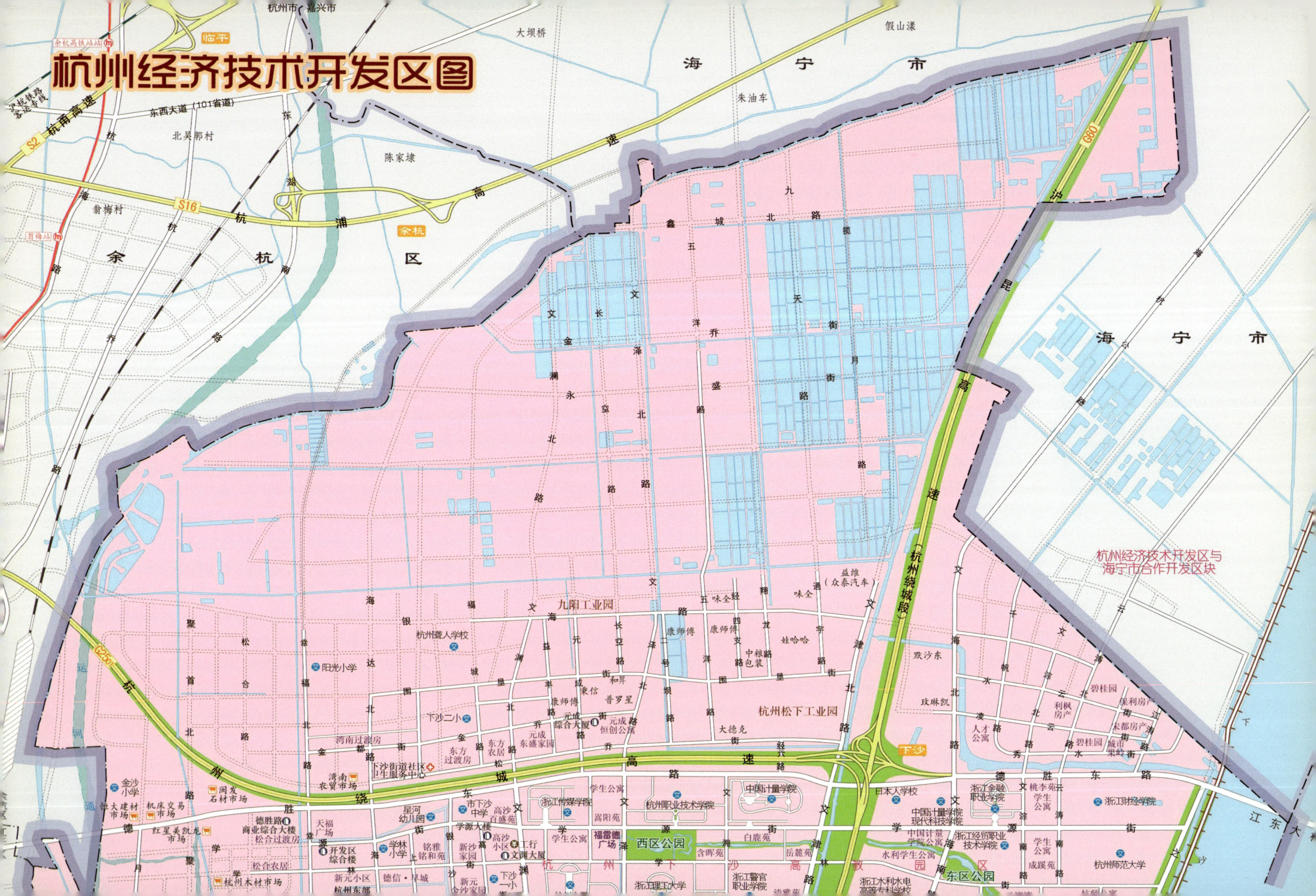
杭州经济技术开发区图
杭州市
嘉兴市
海宁市
余杭区
杭州经济技术开发区与
海宁市合作开发区块
临平
余杭
下沙
S2
S16
G60
G2501
杭甬高速
沪昆高速
杭浦高速
杭州绕城高速
杭州绕城段
东西大道（101省道）
大坝桥
假山漾
朱油车
北吴郭村
陈家埭
翁梅村
余杭高铁站站
乔司
九阳工业园
杭州松下工业园
益维（众泰汽车）
味全
娃哈哈
中粮包装
康师傅
大德克
西区公园
东区公园
福雷德广场
杭州聋人学校
阳光小学
下沙二小
浙江传媒学院
杭州职业技术学院
中国计量学院
日本人学校
浙江金融职业学院
浙江财经学院
杭州师范大学
浙江经贸职业技术学院
中国计量学院现代科技学院
浙江水利水电高等专科学校
浙江理工大学
浙江警官职业学院
学生公寓
嘉阳苑
白鹿苑
岳鹿苑
含晖苑
水利学生公寓
成蹊苑
桃李苑
利枫房产
保利房产
碧桂园
玫琳凯
人才公寓
城市果岭
默沙东
元成综合大厦
元成恒创公寓
元成东盛家园
东方农居
东方过渡房
湾南过渡房
湾南农贸市场
下沙街道社区卫生服务中心
闻龙石材市场
金沙小学
大建材市场
机床交易市场
红星美凯龙市场
德胜路商业综合大楼
松合过渡房
松合农居
杭州木材市场
天福广场
开发区综合楼
星河幼儿园
市下沙中学
高沙百盛苑
学源大楼
高沙小区
工行
文渊大厦
学林小学
铭雅铭和苑
新沙家园
新元小区
德信·早城
下沙一小
杭州东部

杭州经济技术开发区前进工业园区图
前进工业园区位置图
图例
开发区管委会
街道办事处
设区市界线
县、市、区界线
高速公路及编号
规划道路
高速铁路
规划铁路
地铁及站点
地铁及站点(未开通)
学校
医院
大厦
酒店
银行
市场
山峰
居住用地
工业用地
商业用地
绿化用地
比例尺：1:43000
编制：杭州市勘测设计研究院
地图审核：浙S(2012)259号
注：本图界线不作划界依据
下沙大桥
江东大桥
钱江通道(在建)
萧山区
浙江杭州出口加工区
富士康钱塘科技园区
下沙电子商务园
前进工业园区指挥部
临江街道

2011 年 4 月 19 日，中共浙江省委书记赵洪祝（前左）陪同中共湖南省委书记周强（前中）率领的湖南省党政代表团考察娃哈哈集团下沙生产基地

12 月 14 日，中共浙江省委常委、杭州市委书记黄坤明（左二）检查开发区地铁建设工作

8月24日，浙江省副省长毛光烈（前中）到开发区和达创意设计园调研

7月20日，杭州市副市长佟桂莉（中）在开发区考察杭州益维汽车工业有限公司总装车间

（本版照片由开发区委办供稿）

开发区全景鸟瞰

（开发区委办 供稿）

开发区沿江居住区、沿江大道、沿江湿地景色

（开发区委办　供稿）

2011 年 1 月 5 日，开发区党工委书记盛成皿（左）会见到访的哈尔滨开发区党工委书记刘忻（右）

12 月 8 日，开发区党工委副书记、管委会主任陈晨（左三）一行赴广州开发区考察学习。图为参观广电运通金融电子股份有限公司自主研发的整叠出钞机芯

1 月 25 日，杭州松下家用电器有限公司举行延长合资合同签约仪式

11 月 22 日，新加坡高级政务部长傅海燕（前中）一行到开发区参观考察

（本版照片由黄健员摄）

8 月 25 日，杭州市德胜东路改造提升工程开工　　（黄健员　摄）

11 月 19 日，星尚城举行开业庆典　　（黄健员　摄）

4 月 8 日，前进工业园区举行六大政府性投资项目开工典礼暨六大招商项目签约仪式

（潘海波 提供）

11 月 18 日，杭州神钢建设机械有限公司 1 万台挖掘机生产线扩建工程竣工庆典

（黄健员 摄）

东芝信息机器（杭州）有限公司笔记本电脑生产线

杭州和利时自动化有限公司生产车间

众泰 Z300 战略新车型

杭州松下家用电器有限公司生产的 Panasonic 品牌洗衣机　　（本版照片由黄健员摄）

高科技企业孵化器　　（郑体兵 摄）

和达创意设计园　　（郑体兵 摄）

4 月 27 日，开发区大学生创业训练营创业大赛决赛暨颁奖典礼在浙江传媒学院举行
（黄健员　摄）

10 月 17 ~ 19 日，开发区文海自行车队代表杭州市出征第七届全国城市运动会
（区社发局　供稿）

10 月 23 日，开发区举办“我爱下沙”集体婚礼
（黄健员　摄）

10 月 19 日，第八届全国残疾人运动会马拉松比赛在开发区举行
（朱　隽　提供）

5 月 21 日，开发区第四届职工运动会开幕
（黄健员　摄）

6 月 29 日，开发区资产经营集团公司举行庆祝中国共产党成立 90 周年活动
（田 彬 摄）

6 月 19 日，开发区与高教园区“永远跟党走·庆祝中国共产党成立 90 周年”大型晚会
（黄健员 摄）

6 月 3 日，首届“下沙新城文明杯”辩论赛颁奖合影　（黄健员 摄）

6 月 12 日，浙江省开发区纪念中国共产党成立 90 周年“锦绣下沙”红歌汇演在杭州开发区举行
（黄健员 摄）

编辑说明

一、《杭州经济技术开发区年鉴》是中共杭州市委杭州经济技术开发区工作委员会、杭州经济技术开发区管理委员会主办的重要年刊，由杭州经济技术开发区地方志编纂委员会办公室承编。本年鉴主要记载杭州经济技术开发区（以下简称开发区）辖区年度内自然、政治、经济、文化和社会等方面的基本情况，为委机关各部门、各街道、进区管理服务机构、社会各界人士，以及中外投资者了解和研究开发区提供丰富、翔实的地情资料。

二、本年鉴2011年创刊，《杭州经济技术开发区年鉴（2012）》是开发区编纂完成的第2卷。该卷年鉴以邓小平理论、"三个代表"重要思想、科学发展观为指导，全面记载2011年1月1日至12月31日开发区经济社会发展和城市化建设基本情况，主要反映加快转变经济发展方式和社会转型取得的新成就、新经验、新特点，以及在发展中遇到的新情况、新问题。

三、本年鉴按分类法编排，主体内容分为类目、分目、条目三个层次。全书有类目31个、分目163个，收入条目1343条、随文图照177幅、表格51张、附属资料53篇。卷首设总述、特载、专辑、大事记；百科设工业、服务业、农业、招商引资、外经外贸、科技创新、城市建设、公用事业、城市管理、建设管理、综合经济管理、财税金融、环境保护、国有资产运营、前进工业园区、党政群团、社会综合治安、教育事业、医疗卫生、文化体育、民生民政、街道社区、高教园区、人物；卷末设统计资料、附录和索引。

四、本年鉴所刊载的情况和数据，均由开发区有关职能部门提供，并经过严格审核。主要数据由开发区统计局提供。统计资料使用现行法定计量单位。因统计口径和统计时间的原因，有些数据可能与统计资料公布的数字有差异，以统计资料公布的数字为准。

五、为了表述简洁，杭州经济技术开发区简称开发区，中共杭州市委杭州经济技术开发区工作委员会简称开发区党工委，杭州经济技术开发区管理委员会简称开发区管委会；机关各部门、直属单位、进区管理服务机构第一次出现时用全称，重复出现时用简称。

六、本卷年鉴编纂出版工作得到全区各机关部门、有关单位及下沙高教园区各高校的大力支持，全体编纂人员为年鉴撰稿、编辑付出了辛勤劳动，在此谨致谢意。囿于编者水平和能力，书中如有疏漏和差错，恳请广大读者批评指正。

目　录

总　述

特　载

专　辑

大事记

工　业

服务业

农 业

招商引资

公用事业

城市管理

建设管理

综合经济管理

财税金融

环境保护

国有资产运营

前进工业园区

党政群团

社会综合治安

教育事业

医疗卫生

文化体育

民生民政

街道社区

高教园区

人 物

统计资料

附　录

索　引

总 述

·历史沿革·

【地域形成】杭州经济技术开发区所管辖地域有下沙区块和江东区块，两区块均为钱塘江河口段江道变迁、滩涂涨坍和几次围垦筑堤而逐步形成的。

下沙区块自唐至清初长时期位于钱塘江入海喇叭口河道位置，偶有淤积成陆也是以钱塘江江滩为主要地貌。历史上一直受海潮及江洪影响，常有坍涨。宋至明清期间，钱塘江河口段岸线变迁总体趋势是江道北移、北坍南涨。至清末此区域称北沙，江流主槽南北仍迁徙不定，至民国初年已有人开始垦殖，20世纪30年代为杭州市皋塘区北沙村（即乔皋区外三村）。中华人民共和国成立初，称杭县乔司区下沙乡，1961年划归余杭县。20世纪50~70年代，下沙进入大围垦时期。1952~1970年，经过抛石固脚，筑堤护坡，稳定了江道，形成了3号大堤（现开发区内绕城高架南北段位置附近）以西的下沙围垦滩地，又称老围垦区；1971年2月至1980年4月，余杭县历经10年围垦，形成了开发区开发建设前的钱塘江堤岸和3号大堤以东的围垦区域，又称新围垦区。1990年之前，浙江省乔司农场和杭州市、余杭县农、林、蚕及水产养殖场均在下沙区块地域内，其中开发区首期启动地块即为原余杭县下沙农垦场用地。

江东区块主要地域自成陆后至18世纪初属原海宁县南部沙地，位于钱塘江北岸。18世纪初，钱塘江河道不断冲刷北移，原南部沙地重新淤积并逐渐与萧山联结成陆，为便于管辖，遂于清嘉庆十八年（1813年）将此地区划归萧山。至20世纪初，南沙地区部分已成熟地开始垦殖。20世纪50~70年代，进入大围垦时期，现前进园区所辖地域即由数次对滩涂沙地筑堤围垦形成。1968年7月至1969年3月，萧山县围垦指挥部组织民工共围涂4200公顷，现前进园区内八工段直河以西、围垦沿塘河以南属于此域；1970年11月，萧山县围垦指挥部组织民工与部队联合围涂6666公顷，现前进园区内八工段直河以东、围垦沿塘河以南属于此域；1975年至1979年，义蓬、瓜沥区再在垦区北部数次围涂2666公顷，现前进园区内围垦沿塘河以北属于此域。1978年，在该区域内成立前进人民公社（后改为乡），另有部分区域当时归宏图人民公社（后改为乡）。

【区域沿革】开发区集工业开发区、出口加工区、高教园区于一体，由江北区块（下沙区块）和江东区块（前进工业园区）组成。其中江北区块位于杭州市下沙地区，前身为1990年8月15日经浙江省政府批准设立的杭州钱江外商台商投资区江北区块。1992年5月23日，江北区块启动建设。1993年4月4日，国务院在杭州钱江外商台商投资区江北区块内批准设立杭州经济技术开发区，规划面积10平方千米，首期开发面积5平方千米。1994年4月28日，浙江省第八届人大常委会第十次会议通过《杭州经济技术开发区条例》，明确开发区外围规划控制面积27平方千米。

1996年12月12日，杭州市政府对行政区域进行调整，原余杭市下沙乡（1998年10月更名为下沙镇）成建制划归杭州市江干区管辖。1999年8月1日，江干区下沙镇行政区域范围（含围垦区和部分钱塘江水域）成建制委托开发区管理，开发区管辖面积扩大至面积104.7平方千米。2002年4月29日，在下沙镇区域内切块成立白杨街道办事处。2004年7月13日，下沙镇建制撤销，成立下沙街道办事处。

2000年4月27日，浙江杭州出口加工区在开发区东部地块内批准设立，规划面积2.92平方千米，首期开发面积2.01平方千米。同年8月7日，浙江省政府以杭州绕城高速公路东线为界，分东西区块在开发区规划范围内建立杭州下沙高教园区，规划面积10.12平方千米，实际建成面积10.91平方千米。

2002年7月，杭州市委、市政府在萧山区江东围垦区域内设立杭州经济技术开发区江东工业园区。2003年6月，江东工业园区面积调整为40平方千米。2009年8月21日，杭州市委、市政府印发《杭州市大江东新城发展战略规划》，“杭州经济技术开发区江东工业园区”更名为“杭州经济技术开发区前进工业园区”，由开发区管委会对该区块负责开发建设。

至2011年末，开发区江北区块累计开发面积47平方千米，江东区块5.35平方千米启动区块完成重大基础设施配套和产业项目布点。

·地理气候·

【区域位置】杭州开发区地处长江三角洲南翼。江北区块位于杭州市东郊、钱塘江下游北岸。地理位置优越，交通便利，距上海176千米、宁波153千米、南京306千米；距杭州萧山国际机场15千米，离京杭运河杭州货运码头20千米，与杭州市中心相距约19.5千米。

管辖区域地理座标为北纬30° 15′ 14″~30° 23′ 13″，东经120° 17′ 35 ″ ~120° 24′ 25″ 。东北部与海宁市接壤，东南以钱塘江江心线为界与杭州市萧山区隔江相望，西部与江干区九堡镇交接，北至浙江省乔司监狱地块。

江东区块（前进工业园区），即杭州江东市本级区块，是杭州经济技术开发区在大江东区域的战略拓展区。2006年4月正式确定选址范围，四至边界为：东至九工段直河，南至钱江九桥（江东大桥）连接公路，西至钱江十桥（后改钱江隧道）连接公路，北至钱塘江南岸线，东面、南面与萧山临江工业园区相接，西面与萧山江东工业园区相连，规划总面积40平方千米。

【地质水文】开发区地域处于钱塘江江河口平原，按地貌成因形态类型划分，属于钱塘江淤积平原。地势平坦，地面自然标高5.1米~5.9米（黄海高程）。土壤多为泥沙，质地为沙壤土，以粗粉沙为主。地表以下5米~14米为粉砂、粉细砂。地域沉积厚度为60米~80米的第四纪地层，其基岩为砂岩、砂砾岩。大地构造单元完整，新构造运动不明显，地震活动微弱，属地壳较稳定地区。钱塘江自西向东从下沙区域东、南边界流过，年均流量1020立方米/秒。下沙地区由围涂造地而成，以明清老海塘（老01省道）为界自成水系，相对于运河水系略高1米，区域内人工河渠成网状，向南、东流经排水闸后注入钱塘江，河水含盐量2‰~3‰。浅表水位随区内河渠水位而变，水位标高约2.6米，略带咸性。地下水分松散类孔隙水和基岩裂隙水，水量贫乏。

【钱塘江潮】受月球和太阳引力作用及钱塘江江口喇叭状地形影响，钱塘江水面发生周期性涨落潮汐现象即称钱塘江潮，亦简称钱江潮。钱塘江开发区段附近分布有老盐仓、850盘头、120丁字坝、七格盘头等最佳观潮点。其中老盐仓观潮点，位于下沙排水闸北7千米的星星港湾楼盘东侧，可见“碰头潮”和“回头潮”；120丁字坝观潮点，位于下沙大桥东侧700米处，可见“一线潮”和“回头潮”；七格盘头观潮点，位于下沙气象雷达塔西1100米处。2011年钱塘江潮为9年来最高。由于2003~2009年钱塘江连续的枯水期，致使下游江道河床淤积较高，潮势变弱，而近两年钱塘江由枯水年向丰水年转变。2011年潮涌特点是涨潮时间短、流速快、潮差大、最高潮涌高度在2米以上。

【气候特征】开发区地处我国东部沿海，属亚热带季风气候，温和湿润、光照充足、雨量丰沛、四季分明。一年中随着冬夏季风逆向转换，天气系统、控制气团和天气状况均会发生明显的季节性变化，形成春多雨、夏湿热、秋气爽、冬干冷的气候特征。因季风在进退持续时间和强度上的不稳定性，易导致气象灾害发生。据2011年气象点监测，年平均气温16.3℃，极端最高气温40.7℃，极端最低气温-2.5℃，年温差较大。年均湿度63%。全年无霜日302天~339天，年日照时数1837小时，年均雨量730毫米~1685毫米。冬季多偏西北风，夏季多偏东南风；春秋两季风向多变不定，常风向为东北风，位于杭州上风向。全年大于8级风力日数69天，平均风速2.67米，最大风速17.2米。

【年度气候】2011年，开发区气候复杂多变，降水少、气温偏高、灰霾天较多。

旱涝急转。2011年开发区年降水偏少，气温继续偏高。1月和6月初，都发生过旱涝急转现象，集中暴雨引发钱塘江流域大洪水。6月3日后发生强降雨，暴雨强度为50年来之最。

灰霾日数较多。2011年，开发区灰霾日数较多，时段集中，主要发生在冬季的2月、12月。其中2月3~8日出现一次持续6天的灰霾天气，日平均PM10浓度最高达274微克/立方米，属重度影响。

秋末大雾频发。11月开发区大雾频发，大雾日数较常年偏多，其中11月28日出现强浓雾天气。

1月雨雪天气多。2011年1月开发区雨雪频繁，共出现5场较明显的降雪天气。1月18日早晨至21日上午的大雪，造成开发区内道路积雪较厚。

（黎似玖）

·管辖区划·

【管辖概况】杭州经济技术开发区管理体制系杭州市委、市政府的派出机构式运作，代表杭州市委、市政府对开发区实行统一领导、统一规划、统一管理。随着开发区经济社会的全面发展，已逐步作为准政府行使区域管理的职能。开发区有力推进便民服务和行政审批于一体的区级综合性政府服务平台“两家两中心”（即市民之家、网上市民之家，行政服务中心、网上行政服务中心）建设，政府式管理体制模式已进一步凸现。鉴于开发区“三区合一”（杭州经济技术开发区、浙江杭州出口加工区、杭州下沙高教园区）和委托管理两个街道的实际，开发区对管辖区域内的各区块也体现出不同的管辖权限与管理方式。其中，浙江杭州出口加工区管理委员会与杭州经济技术开发区管理委员会合署办公，实行“两块牌子，一套班子”的管理体制；下沙高教园区按属地管理原则，开发区管委会负责其规划建设及社会管理工作；下沙街道、白杨街道为江干区委托开发区对其进行全权开发与管理（人大工作除外）；前进工业园区作为杭州市在江东区域的市本级区块，开发区主要承担其基础设施建设与经济开发工作。

【浙江杭州出口加工区】浙江杭州出口加工区（简称出口加工区）位于杭州经济技术开发区，是2000年4月经国务院批准设立的首批出口加工区之一。批准面积2.92平方千米，首期开发面积2.007平方千米，2001年5月23日封关运作。出口加工区管委会设综合管理局，具体负责加工区日常管理事务。

2011年，出口加工区工业经济、外贸出口整体发展平稳，各项经济指标与上年（指2010年，下同）持平。产业、产品结构稳步调整，保税物流业务保持快速增长，结构更趋合理。出口加工区拓展保税范围，成功引进杭州钱盛进口商品展示有限公司。全年出口加工区实现工业总产值136.02亿元，比上年下降2%；实现税收7.71亿元，其中工商税收1.7亿元、海关代征税6亿元。实现工业增加值10.85亿元。进出口总额28.14亿美元，其中出口19.17亿美元，增长0.4%。

【前进工业园区】前进工业园区即杭州江东市本级区块，是开发区在大江东区域的战略拓展区。2009年2月18日，成立杭州经济技术开发区江东区块开发建设指挥部，指挥部设在杭州经济技术开发区管委会，负责前进工业园区开发建设和管理相关工作。指挥部设立综合管理处、经济发展处、招商投资处、规划建设处、土地利用处5个内设机构，机构级别为副处级。同年10月9日，经杭州经济技术开发区管委会同意，“杭州经济技术开发区江东区块开发建设指挥部”更名为“杭州经济技术开发区前进工业园区开发建设指挥部”。

2011年，前进工业园区紧紧围绕“招大商、能落地、早见效”的工作要求，进一步调整工作重心，把招商引资特别是“招大商、能落地”作为中心工作，推进大力度招商，成功引进长安福特马自达汽车、统一食品、加多宝饮料等大项目，开发建设取得阶段实质性成效。全年完成工业总产值16.51亿元，比上年增长43.6%，全社会固定资产投资17.57亿元，增长

62.6%；完成合同外资3.5亿美元，实到外资1.3亿美元，实到内资14.58亿元。

【杭州下沙高教园区】杭州下沙高教园区于2000年12月启动建设，园区北邻杭州德胜东路、南至开发区2号大街、西起开发区1号大街、东至钱塘江岸线，规划面积10.91平方千米。以杭州绕城高速公路东线为界，园区分东、西两区，其中西区4.03平方千米、东区6.88平方千米。园区规划总建筑面积503万平方米，总投资112亿元。

至2011年末，园区14所高校有全日制在校大学生18.6万人，教职工1.8万人。高教园区14所高校入学新生53804人。有国家重点学科7个，省、部重点学科80余个，硕士学位授予点313个，博士学位授予点26个，博士后流动站3个，国家、省部级重点实验室50个，自然科学科研机构100余所。2011年科研经费总量9.43亿元。

【街道社区概况】至2011年末，开发区受委托管理有下沙、白杨两个街道，共有建制社区25个。其中：下沙街道行政区域面积95.3平方千米，下辖头格、松合、中沙、智格、七格、东方、元成、湾南、新元、高沙、上沙、下沙、新沙、铭和、杭铣15个社区；白杨街道原管辖面积9. 2平方千米，受开发区管委会委托，托管辖区以东、以南至沿江及其他未建区域，面积31. 8平方千米，行政总管辖面积41平方千米，下辖景园、月雅苑、大北、高教、邻里、闻潮、云水、海天、多蓝水岸、朗琴10个社区及1个沿江社区筹建站。（年鉴编辑部）

·人口变迁·

【人口构成】2011年，全区人口总量平稳增长。至年末，总人口为401699人，比上年增长2.06%。其中，户籍人口101817人，下降5.36%；暂住人口279444人，增长33.5%；下沙高教园区中未办户籍迁入或暂住证的人口数20438人。户籍人口中，非农业人口为95336人，占总数93.6%，比上年减少5541人，下降率为5.49%。全年新生儿974人，出生率为9.57‰；死亡人数130人，死亡率为1.28‰；人口自然增长率8.29‰。

（区统计局）

表1 2010~2011年开发区人口情况对照

指 标	单位	2010年	2011年
一、基本情况			
总人口	人	393 593	401 699
户籍人口	人	107 599	101 817
其中：下沙街道	人	29 222	29 750
白杨街道	人	78 377	72 067
暂住人口	人	209 320	279 444
其中：下沙街道	人	71 139	90 353
白杨街道	人	138 181	189 092
二、人口增长情况			
出生人数	人	970	974
死亡人数	人	140	130
人口自然增长数	人	830	844
出生率	‰	9	9.57
死亡率	‰	1.30	1.28
人口自然增长率	‰	7.70	8.29

注：白杨街道户籍人口数下降主要基于大学生户口迁入人数下降

·经济社会发展·

【开发区地区生产总值实现420.6亿元】2011年，开发区实现地区生产总值420.6亿元，比上年增长10.2%；完成工业总产值1511.35亿元，增长13.8%。实现全区财政收入92.64亿元，增长15.5%；其中地方财政收入43.28亿元，增长29.7%。

优势产业更加壮大，结构调整步伐加快。其中，第二产业增加值332.2亿元，增长10%；第三产业增加值87.2亿元，增长11%；三次产业增加值结构由上年的0.35∶79.22∶20.43调整为0.30∶78.98∶20.72。全区规模以上工业中，机械制造、电子通信、食品饮料、生物医药四大主导产业工业销售产值合计完成911.97亿元，占全区规模以上工业销售产值比重的60.8%。

新兴产业快速发展，转型升级初显成效。汽车及零部件产业实现规模以上工业销售产值417.02亿元，增长27.21%，占全区规模以上工业总量的27.8%；新能源产业实现规模以上工业销售产值11.7亿元，增长16%。列入杭州市十大产业的装备制造、生物医药、新能源、节能环保四大产业共实现规模以上工业销售产值680亿元，占全区规模以上工业销售产值比重的45.3%。

【大企业大集团强势发展】2011年，全区281个规模以上工业企业中，年销售产值1亿元以上企业176个。其中，重点培育的38个大企业大集团实现销售产值1216.1亿元，比上年增长15.6%，占全区规模以上工业总量的81.1%。

【高新技术产业产值991.72亿元】2011年，开发区实现规模以上高新技术产业产值991.72亿元，占销售产值的66.1%。实现新产品产值270.2亿元，比上年增长23.1%；新产品产值率18%。新增市级高新技术企业20个，累计275个；新增国家重点支持高新技术企业8个，累计67个；新增省级企业研究院1个。新增市级创新型试点企业4个，累计7个；新增市级以上企业研发（技术）中心15个（其中省级5个），累计107个。开发区生物产业国家高技术基地新药创制平台建设获批“国家重大新药创制专项”。全年促成产学研合作项目31个；获得专利授权3089件，获得1项“国家发明专利优秀奖”。新增1个市级院士专家工作站，累计4个。

【引进大项目42个】2011年，开发区成功引进汽车整车、食品饮料、新兴产业等多个大项目，引进杭州中粮包装有限公司、立酷派服饰(中国)有限公司两个总部项目，引进外资注册资金1000万美元、内资6000万元以上工业大项目18个，服务业大项目24个。全年新批外商投资企业38个，实现合同利用外资10.44亿美元，实际利用外资6.42亿美元；批准设立内资企业1063个，引进内资注册资金32.63亿元。

【进出口总额87.32亿美元】2011年，开发区完成进出口总额87.32亿美元，比上年增长9.3%。完成进口总额34.71亿美元，出口总额52.61亿美元。出口产品中以机电产品、高新技术产品为主，其中机电产品出口总额32.82亿美元，占出口总额的62.4%。主要贸易方式仍为加工贸易，但一般贸易呈现快速增长势头，全年增幅23%。

【副城建设不断推进】2011年，开发区完成固定资产投资202.29亿元，比上年增长16.8%。新开工项目66个，新开工面积342.59万平方米。至2011年末，开发区累计开发土地面积41.16平方千米，其中工业用地15.91平方千米。实有铺装道路总长度222.33千米，总面积653.28万平方米。城市下水道总长度699.49千米。

新增5条公交线路，新增快速公交站点2对，新投放出租车30辆；新建公共自行车服务点60处，新增公共自行车2000辆。累计公交营业线路33条，营业线路总长度533.3千米；营运公共汽车数713辆，年客运总量6263.70万人次；出租车330辆；公共自行车服务点101处，投放公共自行车3300辆。地铁1号线下沙段4个站点主体工程完工并进入试车阶段。8月25日，作为德胜快速路建设工程的重要组成部分，德胜东路改造提升工程正式开工。

全年售电总量30.54亿千瓦小时，其中工业用电量25.86亿千瓦小时。自来水总用水量7727.20万立方米，用气总量623.37万吉焦，年供燃气量4366万立方米，电话设备开通总容量11.26万门，宽带设备开通容量5万门；通信线路总容量31.92万线。

【社会事业稳步发展】教育资源投入加大，基础教育质量提高。至2011年末，开发区有各类学校30所，其中大学14所、中小学校16所。大学在校生18.6万人，在编教职工1.8万人；中小学在校学生1.46万人，教职员工1329人。

以杭州市创建全国文明城市为契机，深入实施“环境品质化”战略，推进服务型政府建设。全年就业人数21.54万人，辖区无“零就业家庭”。有文化经营单位56个，新建1个街道综合文化站，成功创建两个市级“文化示范社区”。承办元宵灯会、第三届“下沙之韵”摄影大赛、纪念中国共产党成立90周年书画大赛、第四届职工运动会、“下沙新城·文明之星”系列评选等活动；6月19日，由下沙高教园区、杭州经济技术开发区联合举行庆祝中国共产党成立90周年大型晚会。全区拥有各类卫生机构66个，其中医院6个、社区卫生服务中心2个。有医生583人，医疗床位541张。加大传统体育项目学校及特色学校建设的力度，普及推广中小学生跆拳道，开展校园足球等活动。

【生态工业示范园区规划通过国家论证】2011年，

开发区空气质量状况Ⅱ级，优良天数319天，优良率87.4%。实现万元工业增加值综合能耗下降9.83%。新增绿化面积54.5万平方米，建成区绿化覆盖面积1342.7万平方米，绿化覆盖率42.5%。《创建国家生态工业示范园区建设规划》顺利通过国家综合评审。

（陶　青）

·机构概况·

【区级主要机构及负责人名单】

（2011年1月至2011年12月）

中共杭州市委杭州经济技术开发区工作委员会

书　记：盛成皿

副书记：陈　晨(2011年2月始)
俞建国(至2011年11月)
冯国明
邵立春(2011年11月始)

委　员：张学宁(至2011年11月)
施水祥　程　锋
林水荣（至2011年5月）
张振丰(至2011年11月)
李建平　詹国平
沈燕俊(至2011年11月)
何铨寿
王永芳 (2011年11月始)

杭州经济技术开发区管理委员会

主　任：盛成皿(至2011年3月)
陈　晨(2011年3月始)

副主任：冯国明
张学宁(至2011年12月)
施水祥　程　锋
张振丰(至2011年11月)
李建平　詹国平
沈燕俊(至2011年12月)
何铨寿
王永芳(2011年12月始)

纪工委、监察局

书　记：林水荣(至2011年5月)

副书记：王　勇　李朝航

局　长：王　勇

党工委、管委会办公室

主　任：虞付月

副主任：徐　臻　张国平　张　鹏　邵　明
李宗凯(2011年2月始)

组织部、人劳局

部长、局长：楼配平

副部长：朱伟忠

副局长：朱伟忠（至2011年2月）

副部长、副局长：吴　波

副局长：周阿寿

“两新”组织党工委副书记：童华清

人才市场管理办公室

主　任：吴丽华（女）

综治办

主　任：高云坤

副主任：袁阿兔

机关党委

书　记：俞建国

副书记、纪委书记：谢振武（至2011年2月）
朱伟忠（2011年2月始）

人民法院

院　长：叶玉秋（女）(2011年11月始)

人民检察院

检察长：吕金芳(2011年11月始)

经济发展局（安监局、统计局、物价局、农发局、科技局、知识产权局）

局　长：董　玮

副局长：李军民　王伟民　张　志
王荣祥　余　军

社会发展局

局　长：袁　月（女）

副局长：陈　红（女）　黄功胜　李跃清　钱华

文化执法大队

大队长：翟敏卫

公安分局

局　长：李建平

政　委：冯惠民

副局长：陈　琪　徐国宏
郭　强(2011年11月始)

纪委书记、督察长：郭　强(至2011年11月)
俞　婷（女）(2011年11月始)

巡特警大队
大队长：汪建平
刑事侦查大队
大队长：董 杰
下沙派出所
所 长：韩新港
白杨派出所
所 长：赵根国
闻潮派出所
所 长：盛 斌
财政局
局 长：左小元(至2011年2月)
张雨秋(2011年2月始)
副局长：潘敏琴（女） 章国民 傅 权
国土分局
局 长：郑国祥
副局长：李路宁（女）
规划分局
局 长：杨明聪
建设局
局 长：马佳骏
副局长：郝大龙 徐伟良 徐 立 吴立新
王国军(2011年12月始)
建设工程质量安全监督站
站 长：李 强
招商局
局 长：曲 伟
副局长：徐伟英（女） 郎 斌
城管办
主 任：毕建华
副主任：朱明亮
江堤河道监管中心
主 任：毛 坚
出口加工区综合管理局
局 长：张雨秋（至2011年2月）
汪新君（2011年2月始）
副局长：盛春灵
总工会（团工委、妇工委、企业党工委）
主席、企业党工委书记：宋惠安（女）
副主席、企业党工委副书记：陈德瑜
副主席：郭正良
团工委副书记：李 征（2011年6月始）
残疾人联合会
理事长：张永庆
下沙街道
党工委书记：戚桁华（至2011年2月）
刘晓平（2011年2月始）
党工委副书记：吴中荣 方 华
党工委委员：钟建荣 韩新港 梅广勤
郑建国（2011年12月始）
纪工委书记：钟建荣
人武部部长：梅广勤
办事处主任：刘晓平（至2011年2月）
吴中荣（2011年2月始）
办事处副主任：李永生 郑建国 汤丽玉（女）
人大工委主任：戚桁华（至2011年2月）
李永生（2011年7月始）
人大工委副主任：周梅香（女）
白杨街道
党工委书记：潘志松（至2011年2月）
吴照华（2011年2月始）
党工委副书记：杨朝辉 胡瑞祥
党工委委员：陈 平 赵根国 林建军 盛 斌
金 依（女）（2011年12月始）
纪工委书记：胡瑞祥
人武部部长：林建军
办事处主任：吴照华（至2011年2月）
杨朝辉（2011年2月始）
办事处副主任：金 依（女） 白明跃 陆贤超
人大工委主任：潘志松（至2011年2月）
胡瑞祥（2011年7月始）
人大工委副主任：陈 平
城管行政执法大队
大队长：陈国江
副大队长：徐志成 陶 峰
丁松法（2011年9月始）
城市建设发展中心
主 任：郝大龙
副主任：施慧烽 阮顺良
纪检组长：刘志豪
资产经营集团公司
副董事长、党委书记、总经理：陈开旭

董事、党委委员、副总经理：沈军玉　陈　冰（女）
党委委员、纪委书记：齐爱芳（女）
党委委员、副总经理：沈　磊
董事、副总经理：盛　开

前进工业园区指挥部

总指挥：盛成皿
副总指挥：施水祥　詹国平
纪检组长：李朝航
总指挥助理：史建峰
综合管理处处长：解长安
经济发展处处长：姚晨蓬
招商投资处处长：陈　静（女）
规划建设处处长：彭公进
土地利用处处长：李智梁
江东开投公司董事、总经理：柴　明（2011年1月始）
（丛　囡）

【进区直属管理服务机构及负责人名单】
（2011年1月至2011年12月）

开发区海关

关　长：徐建业

杭州出入境检验检疫局开发区办事处

主　任：颜贻明

杭州市工商行政管理局开发区分局

局　长：陈伟建

杭州市质量技术监督局开发区分局

局　长：陈其松

杭州市公安局交通警察支队开发区大队

大队长：周海淞（至2011年5月）
虞晓平（2011年5月始）

杭州市公安消防支队开发区大队

大队长：朱　江（至2011年11月）
续　进（2011年11月始）

开发区国家税务局

局　长：陆　江（至2011年7月）
林　晖（2011年7月始）

杭州市地方税务局开发区分局

局　长：叶　莉（女）

杭州市卫生局卫生监督所开发区分所

所　长：倪大中

杭州市疾病预防控制中心下沙工作站

负责人：胡连鑫

杭州市食品药品监督管理局下沙监督站

站　长：何美萍（女）

杭州市电力局城东供电局

局　长：操吴兵

杭州市水业集团有限公司下沙分公司

负责人：孙伟德（至2011年3月）
吴再腾（2011年3月始）

杭州市道路运输管理局开发区管理处

处　长：隋成中

杭州公共交通下沙有限公司

总经理：吴根法

中国电信杭州分公司下沙分局

局　长：张　言

杭州市邮政局开发区局

局　长：程水才

中国移动浙江公司下沙分公司

总经理：陈　杰

中国联通杭州分公司下沙经营部

总经理：樊　伟

中国银行经济技术开发区支行

行　长：毛强华（至2011年5月）
邹应军（2011年5月始）

中国工商银行经济技术开发区支行

行　长：方　晓

中国建设银行经济技术开发区支行

行　长：苏志春（至2011年12月）

中国农业银行杭州下沙支行

行　长：尤伟华（至2011年7月）
孙国峰（副行长，主持工作）
（2011年7月始）

交通银行杭州下沙支行

行　长：余　盛

杭州银行经济技术开发区支行

行　长：方言龙

兴业银行杭州下沙支行

行　长：鲍仕松（至2011年7月）
毛强华（2011年7月始）

中国民生银行杭州下沙支行

行　长：俞晓孟

中信银行下沙支行
负责人：沈利民
杭州联合银行下沙支行
行　长：葛国峰
中国人民财产保险股份有限公司经济技术开发区支公司
负责人：杨建良（2011年12月始）

（黎洪正）

【杭州下沙高教园区管委会办公室及各高校负责人名单】
（2011年1月至2011年12月）

杭州下沙高教园区管委会办公室
主　　任：王振斌
浙江理工大学
党委书记：费君清（至2011年9月）
　　　　　徐志平（2011年9月始）
校　　长：裘松良
杭州电子科技大学
党委书记：方　华（至2011年9月）
　　　　　费君清（2011年9月始）
校　　长：薛克安
浙江工商大学
党委书记：蒋承勇
校　　长：张仁寿（2011年3月始）
中国计量学院
党委书记：于永明
院　　长：林建忠
浙江财经学院
党委书记：韩翼祥
院　　长：王俊豪
浙江传媒学院
党委书记：奚建华
院　　长：彭少健
杭州师范大学
党委书记：崔鹏飞
校　　长：叶高翔
浙江水利水电专科学校
党委书记：楼玉宇
校　　长：符宁平
杭州职业技术学院
党委书记：李志海（至2011年10月）
　　　　　安蓉泉（2011年10月始）
院　　长：叶鉴铭
浙江金融职业学院
党委书记：李逸凡（女）（至2011年5月）
　　　　　周建松（2011年5月始）
院　　长：周建松（至2011年5月）
　　　　　盛　健（2011年5月始）
浙江警官职业学院
党委书记：周祖勇
院　　长：黄兴瑞
浙江经贸职业技术学院
党委书记：童学敏
院　　长：李曙明
浙江经济职业技术学院
党委书记：俞步松
院　　长：陈丽能
浙江育英职业技术学院
党委书记、院长：洪致平

（韩　鹏）

特 载

夯实基础 提升能力 优化作风 为全面实现开发区经济社会可持续发展而奋斗（摘要）

—— 在开发区2011年度总结表彰暨2012年作风建设大会上的报告

（2012年2月16日）

开发区党工委书记 盛成皿

这次大会主要任务是：贯彻落实市委十届十二次全会精神，动员全体干部职工进一步坚定信心、认清形势、真抓实干，以昂扬向上的精神状态，扎实务实的工作作风，切实抓好新的一年各项工作，努力实现开发区健康可持续发展。

一、肯定成绩、总结经验

2011年是我们经受复杂多变国内外形势考验的一年，也是全区经济社会发展取得显著成绩的一年。我们在市委、市政府的正确领导下，紧紧围绕“十二五”奋斗目标，沉着应对发展的新形势、新问题，深入实施“三化”战略，不断创新理念思路，加快推进产业发展、副城建设和社会管理的“三大转型”，全区上下凝心聚力、扎实工作，经济保持平稳健康发展，副城建设呈现新的面貌，社会各项事业全面进步，综合竞争力不断提升，连续3年位列全国国家级经济技术开发区投资环境综合评价“十强”，继续保持全省开发区首位，地位和影响力进一步凸显。

（一）加快产业转型，经济实力显著提升。2011年，我区工业销售产值迈上1500亿元新台阶，经济规模持续扩大；财政收入达到93亿元，质量效益不断提升；招商引资全面完成，发展后劲不断增强。一年来，我们坚持把构筑“四优四新”现代产业体系作为转型升级的总目标，发展壮大优势主导产业，加快培育新兴产业和新经济，汽车及零部件、食品饮料、生物医药等重点产业发展实现了突破。坚持把招大引强作为转型升级的关键抓手，集中精力、集聚资源抓好“3个500强”和战略性新兴产业龙头项目的招商，引进了福特汽车等一批具有重大战略意义的项目。坚持把科技创新作为转型升级的核心动力，不断加大高新技术产业、研发（技术）中心的培育力度，深入推进产学研合作，提高自主创新能力。坚持把培育企业作为转型升级的重要基础，着力扶持大企业大集团，加快工业项目建设，推进企业技术改造、增资扩产和上市培育，重点骨干企业支撑作用进一步凸显。坚持把平台建设作为转型升级的重要支撑，加快江东开发建设，完善基础配套设施，着力破解要素制约，打造工业经济、招商引资新的主平台；深入推进十大产业园区、平台载体建设，集聚带动作用进一步发挥；大力实施人才战略，“两园三中心”、“两高”人才队伍建设实现了新突破。

（二）加快城市转型，副城建设全面推进。我们紧紧抓住杭州加快东部开发建设的有利契机，坚持以政府投资带动全社会投资，以全年完成固定资产投资202亿元的大投入和新业绩，有力推动了副城建设。无缝连接主城全面加快，地铁1号线下沙段、德胜东路高架、之江东路等一批关系未来发展的重大交通项目顺利推进。三个社区回迁安置稳妥有序，为下一步全面推进积累了宝贵经验。优化完善金沙湖周边相关规划设计方案，加快“一广场、一通道、一隧道”和源水厂建设，为湖区的全面开挖创造了条件。体现城市形象的重点区块开发有序推进，沿江区块基本成型，中心区块全面拉开，大学城北区块着手启动；完善城市功能的一批星级酒店、商场卖场、特色街区、商务楼宇等项目加快推进。加强生态建设，创建国家生态工业园区规划通过国家3个部委评审，截污纳管、大气整治、节能减排、景观绿化等环境综合整治工程全面推进，环境质量有了新的提升。

（三）加快社会转型，民生保障不断改善。我们认真贯彻落实市委十届十次全会精神，加强社会建设，创新社会管理，社会文明水平有了新的提升。以创建全国文明城市和“国卫复评”为主抓手，坚持重点整治和落实长效相结合，建立完善“重心下移”等一系列工作机制，有力推动了社会管理和城市管理各项工作，全面带动了基层基础建设，充分发挥了基层党组织的作用，增强了基层干部做群众工作、处理实际问题的能力。大力实施“十大民生工程”，完善各项社会公共事业，基础教育结出新的硕果，公共卫生网络不断健全，社会保障水平显著提高，文化体育事业不断繁荣。牢固树立“稳定是第一责任”的理念，全面加强社会治安、安全生产、食品安全、维稳信访等工作，及时有效地化解了一批社会矛盾和突发性事件，社会大局总体和谐稳定。

回顾过去一年的工作，有三点经验和体会：

在于立足实际、加快转型。过去的一年，面对宏观形势的发展变化，我们坚定主题、主线、主旨不动摇，把加快“三大转型”作为推进新一轮发展的主抓手，理清了转型发展的思路、方法和举措，有力推动了经济发展、城市建设、社会管理的各项工作，实现了“十二五”开好局、起好步。通过加强科技创新、结构调整和人才支撑，努力保持经济健康平稳发展，促进了产业转型；通过优化规划布局、完善功能配套和提升生态环境，建设具有时代特征、下沙特点的“生活品质之城”，促进了城市转型；通过夯实基层基础、建立长效管理服务工作机制和提升文化软实力，实现了经济社会的统筹协调发展，促进了社会转型。加快三大转型，既是立足当前、更是着眼长远，符合科学发展的要求和开发区发展的实际，需要我们一以贯之地加快推进和抓好落实。

在于坚定目标、克难攻坚。过去的一年，面对工作中的突出矛盾和困难，面对保位争先的巨大挑战，我们坚定“十二五”发展目标不动摇，始终保持清醒头脑，把挑战和矛盾当做对自身的考验和能力的检验，积极抢抓发展机遇，大胆开拓思路、创新方法，勇于破解难题、克服矛盾，在挑战中求得了新的发展、开创了新的局面。如经济线各单位面临宏观政策趋紧、要素制约瓶颈和日本地震海啸等不利因素的影响，坚持走访企业、加强服务协调、深化工作措施，着力解决企业发展、项目推进过程中的一系列突出矛盾和困难，保持了经济平稳增长，积蓄了发展后劲。招商线各单位面对招商引资的激烈竞争和繁重的指标任务，充分发扬“四千”精神，不畏难、不叫苦、不懈怠，义无反顾、勇往直前，在主攻大项目、内外资并举和服务业招商等方面实现了新的突破，招商引资取得了历史最好水平。建设线各单位面对200多个工程项目的繁重任务，坚持特事特办、急事急办，完善工作机制、加强综合协调、及时解决难题，确保了重大建设项目的顺利推进。党群社会线各单位认真落实加强社会建设、创新社会管理和深化文明创建的工作措施，以强化基层基础为抓手，建立完善长效工作机制，切实保障和改善民生。维稳线各单位积极采取针对性的工作措施，突出关口前移、工作前置，努力把矛盾问题化解在萌芽状态，营造了平安稳定的发展环境。两街道积极发挥发展经济、管理城市、建设社区、服务居民作用，下沙街道及社区充分利用留用地资源，加大力度招商，加快项目建设，发展壮大集体经济；白杨街道及社区紧紧围绕创建全国文明城市的总体部署，开展专项整治、加强社区建设，全面提升了管理服务水平。江东开发指挥部坚持“四个一切”，及时调整工作重心，一手抓招引大项目，一手抓完善基础配套设施、破解要素制约，为加快项目落地奠定了基础。各进区直属管理服务机构紧紧围绕开发区发展大局，与管委会各有关部门紧密配合、通力合作，在各条战线上尽职尽力，积极主动做好服务管理工作，在保障区域经济社会健康发展上发挥了重要作用，作出了积极的贡献。

在于勇于担当、真抓实干。过去的一年，我们以开展庆祝中国共产党成立90周年活动为契机，深入开展“创先争优”活动，全面加强了各级领导班子和干部队伍建设；以“效能亮剑”活动为抓手，进一步加强了作风建设，“干事创业”的氛围更加浓厚，服务企业、服务基层取得显著成效，企业群众对我们工作的平均满意率比2010年提升了2.45个百分点，社会各界的满意度不断提高。在过去一年的工作实践中，涌现出了一大批先进党组织、先进集体、优秀共产党员、劳动模范和先进个人。今天大会隆重表彰的先进集体和先进个人，就是其中的杰出代表。在我们身边，有一批创先争优的典型。他们在任务面前全力以赴，关键时刻敢于担当，难题面前敢闯敢试，创造了不平凡的业绩，为开发区的发展作出了积极的贡献；在我们身边，有一批爱岗敬业的模范。他们在平凡的工作岗位上默默耕耘、无私奉献，用自己的实际行动，诠释着“白加黑”、“五加二”和“拼命干”的精神；在我们身边，有一批真诚服务的榜样。他们始终把企业的困难、群众的疾苦放在首位，深入一线、深入基层，及时掌握实情、认真解决问题，赢得了企业的信任、群众的赞誉。正是因为有了这些优秀的团队和干部，我们才能顺利地完成了目标任务，取得了显著的工作业绩。

二、认清形势、明确目标

2012年是党的十八大、省第十三次党代会和市第十一次党代会的召开之年，是实施“十二五”规划承上启下的关键之年，也是我们以优异成绩向建区20周年献礼的决胜之年。做好今年工作，至关重要、意义重大。

年初，党工委召开了扩大会议，明确了今年工作的指导思想、目标方针和工作举措。新的一年，我们要坚持以科学发展观为统领，全面贯彻中央、省、市的决策部署，按照新时期开发区“三并重、二致力、一促进”的发展新要求，坚持“强基础、稳增长、重创新、促转型、惠民生”的工作方针，深入实施“三化”战略，全面推进“三大转型”，努力实现经济社会平稳较快发展，全面提升可持续发展水平。

——直面挑战、增强紧迫感。总体来看，当前国内外宏观形势十分严峻复杂，欧债危机有蔓延升级的趋势，国际市场持续低迷，国际经济环境在短期内难以明显好转；国内经济增长下行压力和物价上涨压力并存，经济运行存在诸多不平衡、不协调、不可持续的复杂因素。面对兄弟开发区你追我赶的发展态势，争先进位的压力加大。同时，我区经济社会发展和城市化进程中还存在一些薄弱环节和突出问题：如综合经济实力还不够强，主导产业缺乏大项目的支撑，产业集群度还不够高，战略性新兴产业和现代服务业发展仍比较滞后；副城建设和江东开发的任务繁重，征地拆迁的制约瓶颈仍然突出，功能配套不够完善，资金平衡的压力加大；社会公共事业的基础仍比较薄弱，各类矛盾利益纠纷仍然此消彼长，维护社会稳定任务十分艰巨。在矛盾和挑战面前，我们必须保持清醒、未雨绸缪，把强基础、稳增长、重创新、促转型、惠民生更好地结合起来，扎实推进构筑产业集群、促进转型升级、加快江东开发、推进副城建设和加强社会管理等各项工作举措，变压力为动力，化挑战为机遇，努力克难攻坚、决战决胜。

——把握机遇、增强责任感。我们更要看到，当前开发区仍处于大有作为的重要战略机遇期。国家实施扩大内需、发展实体经济等一系列重大战略，有利于我们构筑现代产业集群、推进产业转型升级，增强发展动力；我省深入推进三大国家战略，加大14个产业集聚区建设力度，为我们打造工业发展主平台、增强发展后劲创造了有利条件；市委、市政府加快推进副城建设、大力发展“十大产业”等决策部署，为我们积极承接城市发展重心的战略转移，加快发展战略性新兴产业等带来了难得的机遇。我们必须坚定信心、增强斗志，充分认清自身在产业基础、发展环境等方面的优势条件，努力把这些优势和机遇转化为现实生产力，加快抢抓先机、乘势而上的步伐，全面突破各项目标任务，牢牢把握发展的主动权。

——奋发有为、增强使命感。严峻的宏观形势、复杂的矛盾难题，对我们干部的精神状态和能力素质带来了新的考验。因此，我们要经常深刻地反省自己，理念是不是与时俱进。固步自封、墨守成规，就无法有效攻克前进中的问题与困难，加快开发区发展步伐、争先进位就将成为一句空话；学习是不是勤奋刻苦。知识贫乏、能力不足，就适应不了新形势新情况新任务的要求，终究将会被社会无情地淘汰；工作是不是精益求精。要求不严、标准不高，就难以承担起建设国际化副城、高端化产业、品质化环境的历史责任，没有作为、哪来地位；作风是不是扎实务实。静不下心、沉不下去，就掌握不了实情、解决不了实际问题，最终将失去企业的信任和群众的拥护。为此，我们必须充分认清这些差距和不足，毫不松懈地抓好自身建设，保持奋发有为、昂扬向上的精神状态，坚持走在前列、干在实处的工作作风，努力建设一支适应发展要求、能打敢打硬仗的干部队伍。

三、提升能力、优化作风

面对严峻复杂的宏观形势，面对转型发展的迫切任务，绝不容我们有丝毫的松懈。各级干部必须始终保持良好的精神状态和优良的工作作风，切实发挥中坚骨干和先锋模范作用，脚踏实地、扎扎实实地贯彻落实好党工委、管委会重大决策部署，努力完成各项目标任务。为此，党工委、管委会把今年确定为“基层组织建设年”、“能力素质提升年”和“深化作风建设年”，落实扎实有效的工作举措，强组织、抓能力、优作风，为有力推进开发区各项事业发展提供坚强保障。

（一）以创先争优为动力，加强党组织建设

党的基层组织是党的全部工作和战斗力的基础，创先争优活动是有效促进基层党组织建设的重要抓手。今年，各级党组织要围绕“强组织、增活力，创先争优迎十八大”主题，按照“抓落实、全覆盖、求实效、受欢迎”的要求，着力完善加强基层党组织建设的体制机制，着力解决基层党组织建设中的突出问题，着力增强基层党组织的创造力、凝聚力、战斗力，使基层党组织成为推动发展、服务群众、凝聚人心、促进和谐的坚强战斗堡垒。

一是要深化创先争优活动。坚持围绕中心、服务大局，切实组织引导基层党组织和共产党员创先争优。深入推进窗口单位和服务行业为民服务创先争优，提升服务效率和水平。加强创先争优长效机制建设，每个党支部至少建立一项管用的创先争优制度，使创先争优常态化、长效化。深化拓展发展强、党建强“双品牌”示范点建设，深化“一个支部一面旗、一名党员一颗星”活动，努力打造“闪光的承诺、闪光的服务、闪光的阵地、闪光的形象、闪光的经验”。

二是要不断固本强基。深入推进区域化党建工作，全面加强各领域基层党组织建设。坚持党工委总揽全局、协调各方、科学决策的领导核心作用，组织协调和落实好中央、省、市的重大决策部署，进一步加强对各级党组织建设的组织领导和工作指导。深入推进机关党建工作，广泛深入开展干部下基层活动，建立联系走访的长效机制，切实增强机关党员干部服务企业、服务基层、服务群众的意识。全面加强社区党组织建设，以构建和谐社区为目标，深入推进网格化管理、片组户联系和组团式服务，提高管理基层社会、服务居民群众的能力；社区党组织要切实加强对业主委员会、物业管理机构、中介服务组织和新社会组织的领导和引导，使之在参与社区管理和事务上充分发挥作用；加大社区党组织班子、居民小组长和党员骨干三支队伍建设，加大社区干部的交流、培训和培养力度，着力增强应对复杂局面、解决实际问题的能力。加强新经济组织和新社会组织党建工作，全面推进“双培”工程，不断扩大党的组织和工作覆盖，充分发挥在增强发展动力、构建和谐劳动关系和建设先进企业文化方面的积极作用。以完善服务和增强活力为重点，切实加强党对工青妇群团工作的领导，充分发挥桥梁纽带作用。

三是要加强群众工作。到群众中去、拜人民为师，是掌握实情、推进工作的根本经验。沉到基层去、走进群众中，关注群众的冷暖、解决实际的困难，是衡量各级党组织和党员干部工作实绩、能力水平的核心标准。要深入开展“进社区入企业”大走访活动，走进社区、走进住户、走进企业，及时掌握第一手情况、帮助理清发展思路、有效解决实际困难和问题。要坚持分层分类指导，建立领导干部蹲点调研、问题解决落实等工作机制，不断完善“片组户民情联系、区域化统筹服务”工作体系。两个街道党工委要充分发挥好主体作用，通过开展“大走访”活动，下沙街道要努力在发展社区集体经济、征地拆迁安置、项目建设推进等方面求实效，白杨街道要努力在优化社区服务、深化文明创建和提升社会管理上求实效。机关部门要加强综合协调和指导服务，充分发挥服务保障作用，积极主动为基层排忧解难。

（二）以提升能力素质为关键，加强干部队伍建设

加强干部队伍建设，提升能力素质，是应对复杂形势、克服矛盾困难的必然要求。我们要主动适应科学发展、转型发展的新形势，大力开展“能力素质提升年”活动，不断强化队伍的创造力和战斗力。

一是加大教育培训力度。时代在发展、形势在变化、实践在深入，不学习就会落后。我们要通过不断学习，用最新的理论知识武装自己，提高对各项决策部署的理解和把握能力。今年，要采取多种形式，针对不同层次、不同岗位、不同类别，加大干部培训力度，开设一系列主体班次，学习构筑产业集群、发展战略性新兴产业和现代服务业的前沿知识，准确把握产业结构调整和转型升级的新趋势，提高招大引强、扶优扶强的能力；吸收现代城市规划建设和运营管理的先进理念，提高优化规划布局和增强城市功能的能力；掌握社会建设和社会管理的内在规律，提高加强基础建设、处理复杂矛盾、构建和谐社会的能力，不断提升广大干部推动经济社会发展的理论水平和政策水平。

二是加大实践锻炼力度。在实践中锤炼本领、攻克难题是促进干部成长的重要途径。今年，要把强化干部实践锻炼工作摆上重要位置，使一批基本素质好、学历层次高，但缺乏实际经验的干部尽快成长起来。要进一步加大轮岗交流力度，有计划地推进各级干部的部门内部轮岗、跨部门轮岗、机关与基层的双向轮岗，把一批思想解放、勇于创新、锐意进取、作风扎实的干部选配到重点岗位，丰富阅历、积累经验、拓宽视野，增长才干。要进一步加大基层锻炼力度，通过“下派、外派、挂职”等形式，鼓励和选派更多优秀干部到街道社区、招商引资、征地拆迁、江东开发、维稳信访等基层一线，更多地接触经济社会发展的具体工作、处理人民群众的实际问题，努力提高推进项目、服务发展、解决问题和驾驭复杂局面的能力。

三是加大改革创新力度。坚持“德才兼备、以德为先、注重实绩”的用人导向，细化德的考核工作、完善绩的评价标准，加大竞争性选拔工作力度，通过竞争上岗、公开选拔等多种形式，选拔一批优秀干部充实到领导岗位，让能干事、干成事者脱颖而出。要坚持从严管理干部，深化改革干部综合考评机制，着力解决“占位置”“不作为”的问题，完善奖惩激励、“末位淘汰”和问责等工作机制，真正体现“干与不干不一样，干多干少不一样、干好干坏不一样”，充分激发干部队伍的活力。

（三）以提高执行力为核心，加强作风建设

党的作风关乎民心向背、决定事业成败，抓作风促发展是开发区永恒的主题。要继续深化“作风建设年”活动，进一步改进工作作风，努力把优良作风转化为现实生产力。

一是坚持团结协作。懂团结是大智慧，会团结是大本事。全体干部特别是领导干部要进一步增强党性观念、政治修养，始终保持清醒头脑，坚定理想信念，做到自觉维护大局，倍加珍惜团结合作的良好局面。各级领导班子要严格执行民主集中制，对重要事项和重大决策必须按照议事决策机制办事，做到科学决策、民主决策，集聚集体智慧、凝聚各方力量，努力形成班子集体的强大向心力和凝聚力。

二是强化贯彻执行。只有强化执行意识、提高执行能力，才能把决策付诸实践、把任务落到实处、把目标变成现实。各级各部门要围绕中心、服务大局，始终与党工委、管委会保持高度一致，坚定不移地贯彻执行各项重大决策部署。要继续发扬知难而进、迎难而上的拼搏精神，拉高标杆、自我加压，各项工作都要努力创新创优。要解放思想、创新思维，善于灵活变通，学会“避峰绕道”，创造性地开展工作。要细化工作目标、倒排时间节点，将各项目标任务落实到部门、落实到责任人。要坚持结果为上，强化督查考核，确保各项目标任务落到实处。要强化绩效问责，对玩忽职守、延误工作、造成重大损失的事和人，要给予通报、批评和问责。

三是深化企业服务。在复杂多变的宏观环境下，今年企业发展中也将面临新的困难和问题。要不断深化满意不满意单位评选和人民满意基层站所评选活动，切实抓好意见建议责任分解和整改工作，不断提高人民群众的满意率。要继续深化优化企业服务，大力开展政策宣讲活动，对重点企业开展针对性宣传培训，帮助企业用好用足政策。深入开展为企业“送温暖”活动，帮助企业解决 “融资难”“招工难”，以及开拓市场等实际问题。改进行政服务中心服务方式，建设窗口服务评价体系，进一步强化办事效率。妥善处置企业裁员和欠薪等引起的不稳定因素，帮助企业稳定员工队伍，为企业发展创造和谐稳定的环境。

（四）以领导干部廉洁自律为重点，加强廉政建设

坚定不移地推进反腐倡廉工作，是推进开发区各项事业健康发展的有力保障。我们要认真贯彻落实十七届中央纪委第七次全会精神，深入推进廉政建设，全力打造党政清廉、干部勤廉、社会崇廉、风清气正的廉洁开发区。

一是要始终保持党的纯洁性。新形势下保持党的纯洁性，事关党的公信度和战斗力。要立足党建全局、把握关键环节，从严治党管队伍，综合运用教育、管理、惩处等手段，不断增强自我净化、自我完善、自我革新、自我提高的能力，始终保持党员干部思想纯洁、作风纯洁、队伍纯洁、清正廉洁，永葆党的蓬勃生机和旺盛活力。

二是要认真履行领导责任。抓好党风廉政建设，领导干部要责任先行。各级领导班子主要负责人是党风廉政建设的第一责任人，要全面落实廉政建设责任制，认真履行“一岗双责”，亲自主抓廉政建设，努力当好班长、抓好班子；要坚持以身作则、率先垂范，模范遵守党纪国法，正确使用权利，做到自重、自省、自警、自励；要认真落实“一把手”上党课等各项廉政制度，切实抓好干部队伍廉政建设。

三是要不断强化风险防控。廉政建设重在源头、重在防范。要深入开展“打造廉洁开发区”主题教育和公职人员岗位廉政教育活动，不断深化廉政谈话工作，促使党员干部树立正确的权力观和利益观，筑牢拒腐防变思想防线。各单位特别是重要部门和关键岗位要切实加强监督检查，健全完善各项监管制度，进一步规范行政行为，确保权力在阳光下运行。要支持各级纪检监察组织开展工作，及时发现倾向性、苗头性问题，提前作出预防。

四是要加大查处惩治力度。要继续保持廉政高压态势，坚持有案必查、违法必究，重拳整治影响较大的“行为不廉洁、作风不检点”的“两不”行为和“三公”经费使用不节约等问题，严厉查处各类违法违纪行为，确保党员干部廉洁从政。

注：文中数据为初步统计数

杭州经济技术开发区“十二五”发展规划纲要

（2011~2015年）

第一章　发展基础与发展环境

一、发展基础

“十一五”以来，开发区上下认真学习实践科学发展观，结合自身实际，转变经济发展方式、促进产业转型升级，走出了一条优结构、促转型、增效益的科学发展之路。为推进从“建区”到“造城”的战略转型，确立了“城市国际化、产业高端化、环境品质化”三大战略，面对工业经济发展“平台期”，深入实施了“主攻江东、决战江北”三年行动计划，促进了开发区的发展壮大。

1.综合实力显著增强。经济持续快速增长，2010年实现地区生产总值359.97 亿元，“十一五”期间年均增长16.07%；完成工业销售产值1328.62亿元，年均增长12.85%；完成财政总收入80.21亿元，年均增长17.16%。2008年、2009年连续两年综合竞争力位居全国国家级开发区十强，综合经济实力位居全省开发区首位，工业经济总量位居全市第二。

2.转型升级取得成效。大力实施“产业高端化”战略，确立了“四优四新”现代产业体系，高新技术产业自主创新能力显著提高，市级以上高新技术企业255家，国家重点支持的高新技术企业达到65家，高新技术产业产值占比达65.68%。现代服务业快速发展，服务业增加值比重比2005年提高8.68个百分点，达到20.43%。

3.城市建设进程加快。新城中心区、北部工业区、沿江区块、大学城北区块开发建设稳步推进，城市开发面积达到47平方公里。五年来，累计完成固定资产投资654亿元，有力推动了开发区城市建设。

4.社会事业加快发展。坚持以人为本，按照“保民生、保稳定”要求，深入实施“为民办实事”工程，社会事业得到快速发展。新迁建中小学8所、幼儿园4所，在校学生（在园幼儿）增加4765人；下沙三甲医院建设稳步推进，建成两个街道卫生服务中心、13个社区卫生服务站；社会保障体系不断完善，失土农民城镇医保参保率达94.48%，居全国领先水平。

5.生态环境持续改善。深入实施了“环境立区”战略，节能减排和“清洁生产”逐步推进，道路（河道）和大气质量综合整治效果明显。2010年，万元工业增加值综合能耗同比下降4.04%，空气质量达到或好于国家二级质量标准的天数为312天，绿化覆盖率达到38.5%，生态环境和城市面貌不断改善。

在取得成绩的同时，我们清醒地认识到，开发区发展还存在着一些问题。一是产业结构调整较慢，开发区的新兴产业起步较晚，基础还比较薄弱。二是项目招大引强不够，导致开发区在金融危机时期缺少大项目产生的带动效应。三是城市配套亟待完善，城市建设相对于其他城区较为滞后，有待进一步完善。四是创新能力有待增强，企业的自主创新能力、和高校的产学研合作等都有待进一步加强。

二、发展环境

“十二五”时期是开发区可以大有作为的重要战略机遇期，既面临难得的历史机遇，也面临诸多风险挑战。

从全球看，和平、发展、合作仍是时代潮流，经济全球化深入发展，科技创新孕育新突破，世界经济将逐步走出金融危机的阴影，进入“后金融危机”时期，以低碳经济、绿色产业、绿色能源为主要导向的“绿色经济”将赋予世界经济结构调整新的内涵，有利于开发区进一步扩大对外开放，推进科技进步和产业转型升级。同时，受国际金融危机影响，世界经济增速减缓，全球需求结构发生明显变化，各种贸易保护主义抬头，国际竞争更加激烈，对开发区以外向型为主的企业结构和出口为主导的产业结构带来严峻挑战。

从国内看，我国工业化、信息化、城镇化、市场化、国际化深入发展，经济发展方式转变和经济结构调整步伐加快，人民收入水平不断提高，市场需求潜力巨大，科技创新能力增强，有利于开发区经济社会又好又快发展。随着一系列国家战略的实施，区域发展态势发生变化，特别是珠三角、渤海湾及中西部地区国家级开发区依托发展空间、环境容量的优势，大力发展重化工业、战略性新兴产业，城市之间、国家级开发区之间的竞争日趋激烈，“前有标兵，后有追兵”，争先进位的压力巨大。

从省市看，“十二五”时期，《长江三角洲地区区域规划》全面实施，长三角地区加快发展、率先发展、和谐发展、一体化发展上升为国家战略，有利于我区接轨大上海、融入长三角。我省加大转型升级力度，积极支持国家级开发区整合提升，有利于推进江东区块的开发建设，拓展开发区的发展空间。我市提出了国内生产总值超万亿的宏伟目标，把推进“一主、三副、六组团”建设摆上了更加突出位置，有利于开发区进一步接轨主城、融入主城，加快下沙副城建设步伐。

第二章　总体思路和发展目标

一、指导思想

高举中国特色社会主义伟大旗帜，以邓小平理论和“三个代表”重要思想为指导，深入贯彻落实科学发展观，全面贯彻省委“创业富民、创新强省”总战略和市委建设“生活品质之城”总体要求，坚持国家级开发区“三为主，二致力，一促进”的发展方针，以科学发展为主题，以加快转变经济发展方式为主线，以富民强区、社会和谐为主旨，紧紧围绕“国际先进制造业基地、新世纪大学科技城、花园式生态型下沙副城”三大目标，深入实施“城市国际化、产业高端化、环境品质化”三化战略，着力调整优化经济结构，着力深化改革开放，着力加强科技创新，着力建设生态文明，着力实现统筹和谐发展，着力保障改善民生，全面提升综合竞争力和可持续发展能力，开创开发区科学发展新局面。

二、发展原则

坚持转型发展。把经济结构战略性调整作为加快转变经济发展方式、推动科学发展的主攻方向，促进经济增长向二三产业协同带动、消费投资出口协调拉动转变，坚持优化提升优势主导产业与大力发展战略性新兴产业并举，推动开发区经济社会全面转入科学发展轨道，提高发展的全面性、协调性和可持续性。

坚持创新发展。把科技创新和改革开放作为加快转变经济发展方式、推动科学发展的重要支撑和强大动力，充分发挥科技第一生产力和人才第一资源的重要作用，整合利用创新资源，完善区域创新体系，提高自主创新能力。继续坚持解放思想，深化体制机制创新，不断增强发展的活力和动力。

坚持和谐发展。把保障和改善民生作为加快转变经济发展方式、推动科学发展的根本出发点和落脚点，统筹城乡区域发展，突出富民惠民安民导向，推动经济社会发展相协调，保障人民权益，促进公平正义，提高生活品质，让开发区人民群众共享改革发展成果。

坚持绿色发展。把建设资源节约型、环境友好型社会作为加快转变经济发展方式、推动科学发展的重要着力点，深入贯彻基本国策，加强生态文明建设，大力发展低碳经济、循环经济，推进节能减排，建设国家生态工业园区和国家低碳产业园，促进经济发展与人口资源环境相协调，走可持续发展道路。

坚持跨越发展。准确把握宏观发展形势，按照新时期国家级开发区要成为排头兵、示范区、引领者、增长极，成为现代制造业、高新技术产业、现代服务业和战略性新兴产业“四个基地”的要求，以及市委、市政府明确开发区要努力成为转型升级先行区和示范区、战略性新兴产业核心区，发挥示范、辐射和带动作用以及继续争先进位的要求，解放思想、拉高标杆、敢争一流，努力实现跨越发展。

三、发展目标

“十二五”时期开发区经济社会发展的总体目标是：全区综合实力显著增强，可持续发展水平明显提升，国际先进制造业基地的地位更加突出，新世纪大学科技城的作用充分发挥，花园式生态型副城初步建成，成为加快转型升级的先导区、发展战略性新兴产业的核心区、新型工业化与新型城市化统筹发展的示范区、国家生态和低碳示范园区，努力在国家级经济技术开发区中争先进位，继续在全市科学发展中发挥示范、辐射和带动作用。

具体目标和预期指标如下：

1.经济快速健康发展。在进一步转变发展方式、提高发展质量的基础上，努力保持经济长期快速健康发展，地区生产总值年均增长12%以上，工业总产值年均增长15%以上，财政总收入和地方财政收入年均增长15%以上，全社会固定资产投资5年累计达到1000亿以上。对外开放呈现新局面，外贸国际化水平大大提高，出口总额年均增长10%，五年累计合同利用外资50亿美元、实际利用外资30亿美元，实际利用内资200亿元。

2.民生得到较快改善。城乡居民收入明显增加，居民收入差距逐步缩小，人民生活质量和水平不断提高。打造“充分就业开发区”，城镇登记失业率控制在4%以内。建立完善以社会保险、社会救助、社会福利为基础，以基本养老、基本医疗、最低生活保障制度为重点，以慈善事业、社会保险为补充的社会保障体系，社会保障综合覆盖

开发区“十二五”发展主要指标

表2

分类	序号	指标名称	单位	指标属性	2015年目标	年均增长
经济增长	1	地区生产总值（2010年价格）	亿元	预期性	630	12%
	2	工业总产值	亿元	预期性	2 670	15%
	3	财政总收入	亿元	预期性	160	15%
		其中：地方财政收入	亿元	预期性	60	15%
	4	固定资产投资	亿美元	预期性	1 000（五年累计）	—
	5	出口总额	亿美元	预期性	59.7	10%
	6	实际利用外资	亿元	预期性	30（五年累计）	—
	7	实际利用内资	%	预期性	200（五年累计）	—
结构调整	8	服务业增加值占GDP比重	亿元	预期性	25	1个百分点
	9	社会消费品零售总额	%	预期性	71	18%
	10	R&D经费支出占GDP比重	%	预期性	1.8	
	11	高新技术产业产值占工业总产值比重	项	预期性	70	1个百分点
	12	专利申请量和授权量	平方千米	预期性	3 000 1 800	—
城市功能	13	下沙新城建成区面积	平方千米	预期性	60	—
	14	江东开发建设规模	%	预期性	10	—
	15	下沙农居多层公寓建成率	万平方米	预期性	100	—
	16	商务楼宇建筑面积	‰	预期性	250	—
社会民生	17	人口自然增长率	%	约束性	6.5	—
	18	从业人员平均劳动报酬增长率	元	预期性	15	—
	19	社会保障综合覆盖率	%	约束性	80	—
	20	城镇登记失业率	张	预期性	4%以内	—
	21	每千人医院床位数	%	预期性	7	—
	22	群众安全感满意度	%	约束性	95	—
生态文明	23	地区生产总值电耗	立方米/万	约束性	完成市下达指标	
	24	单位工业增加值新鲜水耗	元	约束性	<9	—
	25	单位生产总值CO2排放量削减率	%	约束性	13	—
	26	主要污染物排放量	万吨	约束性		-5个百分点
	27	工业固体废物综合利用率	%	预期性	98	—
	28	建成区绿地覆盖率	%	约束性	40	—

率达到80%。

3.转型升级取得突破。经济结构明显优化，形成以高新技术、高附加值、低碳节能为特征的现代产业体系，服务业增加值继续稳步增长，到2015年占地区生产总值比重力争达到25%。内需进一步扩大，社会消费品零售总额年均增长18%。高新技术产业和战略性新兴产业大力发展，高新技术产业产值比重超过70%。自主创新能力明显增强，两园合作不断深化，研究与试验发展经费支出占地区生产总值比重达到1.8%左右，“创新型开发区”建设取得显著成效。

4.新城功能配套完善。下沙新城基本建成，60平方公里区域布局合理、功能定位清晰、基础设施配套的城市总体框架基本形成。以总部经济、科技文化、商务会展和休闲居住为主要功能的新城CBD建成并发挥作用。城市基础设施配套进一步完善，城市公建配套齐全，城市管理更加有序，公共服务功能完备，公共交通更加便捷，宜业、宜学、宜居的城市特色充分彰显。

5.江东开发快速推进。江东市本级区块（前进工业园区）启动区全面建成，完成梅林大道以西路网和梅林大道以东主骨架道路建设，建成水、污、热、气管网及电力配套设施。四大产业园区框架基本形成，龙头、基地型项目发挥效应，成为战略性新兴产业发展基地。五年累计完成全社会固定资产投资250亿元以上，其中政府性投资100亿元以上，工业性投资150亿元以上。到2015年实现工业总产值300亿元以上，力争400亿元。

6.生态文明明显提升。“低碳开发区”、国家生态工业园区建设取得明显成效，地区生产总值电耗完成杭州市下达的指标，二氧化碳排放量进一步下降，主要污染物排放总量进一步减少，生态建设和环境保护进一步加强，水环境、大气环境明显改善，空气质量达到或好于国家二级质量标准的天数达320天，建成区绿地覆盖率达40%。资源节约型、环境友好型社会建设进程加快，初步构建工业化、城市化和生态化融合发展新模式。

7.社会建设成效显著。文化、教育、卫生、体育等各项社会事业加快发展，基本公共服务均等化达到全市领先水平。公民思想道德素质、科学文化素质和健康素质进一步提高。义务教育质量显著提升，社区教育得到完善。医疗保障水平大幅提高，文化体育事业和产业加快发展。争取省级先进和创建平安示范区，群众安全感满意度达到95%。

第三章　加速产业转型升级

坚定不移地实施“产业高端化”战略，以“优化提升、高端高新、集聚集群、融合整合”为导向，以大平台大产业大项目大企业建设为抓手，以我市大力扶持和发展的“十大产业”为重点，结合开发区实际，提升发展优势主导产业，培育发展战略性新兴产业，加快发展现代服务业，优化发展特色农业，加快构建结构优化、技术先进、清洁安全、附加值高的电子信息、机械制造、食品饮料、生物医药、汽车及零部件、新能源新材料、服务外包和文化创意、现代物流为主的“四优四新”现代产业体系。

一、着力发展高端制造

以制造经济高端化为目标，做大做强主导产业，努力提高经济发展质量和效益，提升产业发展层次和水平，以大企业大集团为骨干，大力发展电子信息、食品饮料、生物医药、机械制造等传统优势产业，培育发展汽车及零部件、新能源、新材料、物联网等新兴产业，打造新的经济增长点。

（一）提升发展优势主导产业

电子信息产业。围绕建设国家级计算机及网络产品产业园区，重点发展以计算机、网络产品、集成电路等产业；积极引导现有企业紧贴市场需求，加大新产品开发力度，向价值链两端延伸，并大力引进一批高精尖的项目，提高自主创新能力和核心竞争力，做大做强电子信息产业链，打造特色支柱产业。

食品饮料产业。继续发挥可口可乐、百事可乐、娃哈哈、康师傅、王老吉等食品饮料企业拥有的品牌优势和规模效应，鼓励企业研制创新产品，提高企业生产智能化程度和新产品的科技含量及附加值，引进先进技术，开发新原料，拓宽新门类，打造长三角区域食品饮料加工制造和供应的重要基地。

生物医药产业。以建设国家生物产业高技术产业基地核心区为目标，坚持错位发展，重点培育发展医疗器械、疫苗及诊断试剂、生物医用材料、现代中药产业中试及产业化项目；完善生物医药公共服务平台，引进培育科技中介机构，成立CRO联盟，大力推进默沙东、艾博、中肽、易邦、康莱特、九源基因等优质企业的加快发展，积极引进一批生物医药龙头企业，并着力培育发展一批在孵的生物医药企业加快产业化进程，打造特色鲜明的“新药港”。

装备制造业。重点发展节能环保装备、关键通用设备、自动化控制设备、电气机械及器材、家用电器等产业，着力培育中高发动机、友嘉机电、中能汽轮、神钢等大企业，帮助企业开拓市场；积极引进高速铁路零部件、大飞机零部件等先进装备制造企业。

（二）培育发展战略性新兴产业

汽车及零部件产业。重点发展整车制造，着力培育新能源汽车，夯实汽车零部件产业基础；完善江东汽车产业园配套服务功能，鼓励青年、众泰等整车生产企业发展，支持引进国际知名品牌的核心技术和兼并收购国外知名汽车公司，整合一批汽车零部件企业，形成较为完整的汽车产业链，形成长三角地区重要的汽车及零部件生产基地。

新能源产业。以建设“国家低碳产业园”为目标，大力发展太阳能光伏产业、光热整机，鼓励发展超白玻璃、硅锭硅片、风机零部件、智能电网设备等产业，重点培育龙焱科技、天裕光能、龙驰太阳能幕墙、东照能源等大企业，大力引进产业链配套项目，打造新能源产业基地。

新材料产业。大力发展LED材料、先进储能及先进电池材料、太阳能电池材料等产业，辅助发展有机硅、半导体材料，积极扩大新材料产业规模，围绕低碳经济打造长三角重要新材料基地产业。

物联网产业。依托电子信息产业对新一代信息技术的发展，通过扶持现有企业转型和新项目培育引进，重点发展无线通信、计算机控制、光通信、自动化等产业，推动物联网及其相关产品、服务的产业化，打造具有开发区特色的物联网产业园区。

专栏1：产业集聚及目标产值规模

机械制造：400亿元

汽车产业（含橡胶轮胎等相关行业）：600亿元

食品饮料：600亿元

电子通信：500亿元

生物医药：260亿元

二、加快发展服务经济

以建设服务体系和完善服务功能为重点，大力发展文化创意产业、服务外包产业、商贸业、现代物流业和房地产业，加快楼宇（总部）经济发展，实现服务经济水平的全面提升。

（一）积极发展生产性服务业

文化创意产业。加快建设杭州市十大创意产业园之一的“下沙大学科创园”，重点培育和发展开发区工业设计产业园、传媒文化创意产业园、电子商务园，重点发展研发设计创意、建筑设计创意、文化艺术创意、时尚消费创意、咨询策划创意和影视传媒产业。鼓励其他大学科创园、新加坡杭州科技园、高科技孵化器等园区内的文化创意产业发展壮大，形成“百花齐放，突出重点”的发展格局。

服务外包产业。积极做大做强“国家服务外包示范园”，依托大学科技园和人才服务外包培训基地，重点发展研发设计、人力资源等外包产业；依托新加坡科技园和高科技孵化器，重点发展金融、研发测试、电子政务、软件服务等服务外包产业；依托生物医药产业基地重点发展CRO产业。引进从事金融后台外包、物流采购外包和测试研发外包的龙头企业，逐步集聚服务外包核心优势行业，打造全国一流的金融后台外包平台、医药外包基地和测试外包特色高地。

现代物流产业。改造提升军区农场以仓储、运输为主的传统物流企业，融入现代物流理念、改造物流设施、创新服务手段，提升集约化、专业化、标准化水平，增强规模效应、提高经营效益；深入推进出口加工区功能拓展，完善保税物流服务，打造国际物流体系；大力提升物流信息化水平，推进物流公共信息服务平台及总部大楼建设，增强物流信息服务与综合功能。

（二）大力发展生活性服务业

商贸服务业。加快商业基础设施建设，落实商业网点布局规划，加快流通基础设施的建设，改善商务设施，优化商贸发展的外部环境。加快行业创新，通过加大招商引资力度，进一步引进、消化、吸收和创新先进业态和经营方式，填补空白业态。积极培育一批龙头企业，特别是具有自主品牌、核心竞争力强、有较强辐射带动作用的商贸业龙头企业集团。

房地产业。充分发挥地铁等基础设施对房地产业的带动作用，注重房地产业的结构性调整，以打造集多种功能为一体的城市综合体为重点，抓好商业地产开发；提高住宅地产品质，进一步创造良好的住房消费环境及优化房地产业投资发展环境，合理引导房产消费和开发建设，促进市场稳定发展。大力发展总部经济、楼宇经济，突出特色楼宇、亿元楼宇“两重点”，积极鼓励区内企业新设总部，全面提高商务楼宇入驻率和入驻企业质量，使楼宇经济成为开发区经济发展的有效载体和重要形态。

三、优化发展特色农业

坚持“生态、科技、高效”的发展方向，积极引导辖区部队农场等农业项目基地加快农业转型升级步伐，突出休闲观光、无公害蔬菜、特色瓜果等现代农业特色，不断提升产业的科技含量、经济效益和用地集约化水平。围绕新型工业化和新型城市化建设，以构建城乡区域统筹发展新格局为载体，支持引导区内以农产品为主要原料的工业企业，通过定点采购、基地共建、投资建厂等方式与五县（市）开展合作，带动现代农业的发展。

四、推进产业集聚发展

全面提升产业层次和发展水平，培育具有国内外竞争力的现代产业集群，坚定不移地推进“大平台、大企业、大项目”带动，做好江东和江北两篇文章。

（一）构筑“大平台”

坚持“做大做强江东，做精做优江北”的发展思路，形成“一园多点、江东江北一体化”的产业格局。江东区块坚持“建区”与“造城”并重，坚持“3+1”产业定位，高起点编制、实施产业规划和空间布局规划，加快开发建设进度，成为开发区工业发展主平台和招商引资主阵地，努力建设“全省大平台建设的示范区，转型升级的示范区，新兴产业集聚的示范区，新城建设的示范区”。江北区块以整合提升为重点，全面推进“两港八园”十大产业园区建设，着力打造金沙湖区块、大学城北区块、北部工业园区、省军区物流区块和华春区块等五大潜力区块，通过建设高质量的生态环境、高水平的城市基础设施、高智能服务配套设施提升综合服务配套功能，通过实施“腾笼换鸟”提升产业发展层次，大力发展园区经济，提高单位面积的有效产出。

专栏2：五大潜力区块

金沙湖区块：大力发展总部经济，打造集观光旅游、休闲度假、购物娱乐、办公、科研、居住等功能于一体的城市综合体，有效提升下沙新城的城市形象和生活品质。

大学城北区块：以商业广场、体育公园、高档住宅区为主要功能，打造集商贸、居住、休闲、娱乐等功能为一体的下沙新城北部大型城市综合体。

北部工业园区：加快推进地块整合利用，坚持规划引导，围绕“四优四新”产业体系，着力建设汽车、生物医药、新能源、新材料等产业平台和示范园，打造江北工业新的增长极。

省军区物流区块：加快区块提升改造，以现有第三方物流和仓储基地为基础，打造杭州最大的为市区生活服务配套的都市型配送型物流基地。

华春区块：打造成集居住、办公、酒店、特色商业、休闲娱乐为一体的中高档城市综合体，并增加特色商业步行街，进一步增强下沙新城的商贸功能。

（二）招引“大项目”

坚持招商引资“生命线”工程和“一把手”工程，注重内外资并举，强化大项目带动，主攻世界500强、中国500强和中国民营500强大项目，继续发挥招商引资主平台、主战场作用；坚持选商引资、招商引优导向，优化引资结构，提高产业链招商水平，增强招商引资对建立现代产业体系、加快产业转型升级的推动作用，“十二五”期间完成引进总部级大项目不少于30个。

（三）培育“大企业”

深入实施大企业大集团培育计划、成长型中小企业培育计划（“瞪羚计划”）、科技型初创企业培育工程（“雏鹰计划”），进一步做大做强行业龙头企业，积极培育拥有国际知名品牌和核心竞争力的大中型企业，大力扶持高新技术企业和技术先进型服务企业，深化完善扶持政策，支持企业上市、增资扩产、兼并重组、技术改造、拓展市场、资本运营、品牌提升和人才引进，促进企业组织结构优化和运营能力提升。

第四章　加快下沙副城建设

坚持高起点规划、高强度投入、高标准建设、高效能管理的“四高”方针，大力实施“城市国际化”战略，以城市化带动工业化、信息化、市场化、国际化，增强承载力、辐射力和带动力，努力打造杭州东部经济发达、科教繁荣、功能配套、环境优美的下沙副城。

一、调整优化区域功能布局

适应全市城市建设重心向“三副六组团”转移的趋势，按照下沙副城的建设目标，全面完善下沙副城规划体系，统筹区域产业、居住和生态布局，整合提升规划结构、空间布局和城市空间形态。

（一）优化空间布局规划

进一步明确和优化各个区块的功能定位和发展目标，加快形成“一核一带、双区双园、跨江拥湖、两翼齐飞”的布局框架。

“一核”：新城核心区。依托建成区和建设中的中心区，打造以总部楼宇、商务会展、高端商贸、艺术中心和休闲住所为主要功能的中央商务区，不断完善城市综合功能和丰富文化内涵，积极发挥在杭州东部的示范引领和辐射带动作用。

“一带”：沿江居住带。依托12公里沿江景观资源，北上延伸至大学城北居住组团，西进直达钱江新城，发挥大品牌开发商、地铁终点站和沿江生态景观等资源优势，着力建设世茂百货、宝龙新城广场、和达东东城等一批大型商业配套设施，适度利用沿江40米绿化景观区域引入高端会所、餐饮、娱乐、旅游休闲等生活服务配套设施，打造杭州沿钱塘江岸线最具生活品质的居住带。

“双区”：南北工业功能区。依托现有产业基础，以构建“四优四新”产业体系为发展导向，以龙头企业、品牌企业、总部企业、上市企业为发展重点，通过政府主导大力建设一批产业园区，加快实现产业集聚化发展，提升产业质量、层次和效益，巩固在杭州市高新技术产业“金三角”的极核地位；出口加工区着力提高土地利用率，积极推进功能拓展与提升。

“双园”：下沙高教园区。着力于科研和人才资源优势的挖掘整合，深入实施“两园合作”战略，加快“产学研”融合步伐，大力支持高校与区内企业开展科研、人才和项目合作。以科研成果产业化为重点，以大学科创园为载体，大力发展高校经济，努力成为国家级开发区和高教园区“有机融合”的典范。

高科技研发园区。以新加坡科技园、服务外包人才培训基地、高科技企业孵化器为重点，大力建设一批科技研发楼宇，搭建公共服务平台，集聚一批科研能力强、发展潜力大、成长速度快的科技型中小企业，营造创业创新的发展氛围，打造在全市具有显著影响力的高端科技研发功能园区。

（二）拓展城市发展空间

加快对土地资源的梳理与分析，通过“腾笼换鸟”促进土地资源的集约节约利用，拓展发展空间，优化空间布局。着力优化江北区块工业布局，明确“腾笼换鸟”的具体实施方案。鼓励“腾笼换鸟”区块企业主动“退二进三”，有序推进“腾笼换鸟”区块工业企业搬迁，加大服务业集聚区建设力度，提升开发区综合服务功能。重点对化工园区用地逐步进行“腾笼换鸟”，形成沿江完整居住带。进一步提升新加坡产业园、出口加工区的土地利用效率，积极推进功能拓展与提升。

二、提升城市综合服务功能

以城市综合体建设为突破口，加大城市基础设施和公共服务设施建设，进一步提升开发区的综合服务功能和城市品质，增强承载力、辐射力和带动力，建成设施配套、功能完善的下沙副城核心区。

（一）加快城市基础设施建设

完善区域交通网络。大力推进重大交通基础设施建设，以“一绕四线”建设为重点，全面建成之江东路（沿江大道）、金沙大道，开通下沙西、下沙南

表3

对外综合交通网建设重点工程

序号	项目名称	建设主体	规划总投资（亿元）	“十二五”计划投资(亿元)
1	金沙大道（九沙大道）工程	城建中心	5.0	3.0
2	之江东路（沿江大道）工程	城建中心	6.0	3.0
3	绕城下沙西/南北出入口	城建中心	3.0	3.0
4	东湖路	市建委	3.0	3.0
5	德胜路高架东延伸段	市建委	15.0	10
6	文汇立交	市交通局	10.0	10
7	天城东路（北苑路）跨运河二通道桥梁	城建中心	3.0	3.0
8	地铁下沙段	市地铁集团	49.0	10.0
9	运河二通道	市交通局	35	20.0
	合　计		129	65

两个绕城高速新出口，积极配合推进文汇立交、运河二通道、九堡大桥及连接线东湖路建设。以“20分钟交通”接轨主城为目标，实现德胜快速路高架走廊向东延伸通车和之江东路（沿江大道）全线贯通，地铁一号线下沙段全线建成投用；围绕构建以7个地铁站点为辐射半径的地铁沿线“10分钟交通圈”，规划建设线路优化、覆盖全区的公共汽车交通和公共自行车慢行系统，全面构建“接轨主城、畅通四方”的综合交通网络。

湖周边地块的开发创造条件。启动北部热电厂及管网项目的建设，确保2012年建成投用。与道路建设同步，推进天然气管网项目。配合创建国家级生态示范工业园，抓好典范，启动太阳能综合利用项目。

加快江东市本级区块基础设施建设。坚持“以路带开发”理念，加快以道路为重点的基础设施及配套建设。构建连接杭州主城、下沙副城、萧山城区、大江东“三城”的交通要道，重点配合完成江东大道、钱江大道、高（快）速道路建设。全面建成“四纵”、“六横”，以及滨江二路、前进路、江东三路、丰乐路组成的内部主干环路，形成以方格网为基础，功能明确、级配合理的城市路网系统。全面建成11平方公里梅林大道以西区块，建成范围内水、污、热、气管网及电力配套设施等公共设施配套进一步完善。

（二）加强公共服务设施建设

坚持“政府大投入带动社会大投资”，大力建设公共服务和商贸配套设施，重点加快一批城市综合体的开发建设，高标准建成龙湖商业、盈都商业、世茂商业三大地铁上盖物业以及宝龙新城广场等城市综合体，加快推进华春区块商业综合体、沿江湿地公园综合体开发建设，基本完成金沙湖及周边基础设施建设。大力发展楼宇（总部）经济、服务经济、文创经济，着力提升金融商务、商贸服务、文化创意、旅游会展、国际交流等综合服务功能。完善农贸市场、连锁餐饮、超市、邮政、电信等营业网点布局，基本满足区域人口发展的品质生活需求。

（三）着力提高城市管理水平

积极引入现代城市管理理念，推进城市管理的规范化、科学化、精细化，提高城市运行效能和舒适度，提升城市综合环境竞争力。落实“两级政府、三级管理、四级服务”管理体制，创新城市管理举措，提高城市管理的市场化、社会化水平。完善“数字城管”，提高洁化、绿化、亮化、序化水平。强化影响市容市貌的无证摊贩等“五乱”整治，推进垃圾分类收集、清洁直运和无害化处理，不断提升“国内最清洁开发区”内涵。健全应急预案体系，提高城市应急防范能力。强化经营城市理念，以金沙湖、之江东路（沿江大道）、高教园区、产业园区为重点，充分挖掘、有效整合、高效运作城市资源，不断拓展城市资源的增值空间，提升城市的集聚力和美誉度。

三、促进区域一体化发展

“十二五”期间城市综合体建设规划

表4

序号	项目名称	建设地点	规划规模
1	大学科技园（含新加坡杭州科技园）综合体	新城东部	规划面积60公顷，总建筑面积约120万平方米
2	下沙地铁中心站上盖物业综合体	下沙地铁中心站	规划面积37.47公顷，总建筑面积125万平方米
3	下沙地铁西站上盖物业综合体	下沙地铁西站	规划面积20公顷，建筑面积60万平方米
4	下沙地铁东站上盖物业综合体	下沙地铁东站	规划面积13.33公顷，建筑面积50万平方米
5	下沙地铁终点站上盖物业综合体(世茂商业综合体)	下沙地铁终点站	规划面积20公顷，建筑面积60万平方米
6	大学城创业中心综合体	下沙高教园区内	规划面积15公顷，建筑面积27万平方米
7	大学城北商住中心综合体	下沙大学城北	规划面积20公顷，建筑面积60万平方米
8	沿江湿地公园综合体（湿地公园）	新城东部钱塘江畔	规划面积53.33公顷，建筑面积60万平方米
9	江东市本级区块公共服务中心综合体	江东市本级区块内	规划面积33.33公顷，建筑面积150万平方米
10	华春区块商业综合体		
11	金沙湖城市综合体	新城公共中心区的核心区域	规划面积93.33公顷，其中湖域面积40公顷，总建筑面积50万平方米

表5

“十二五”期间城市综合体规划重点建设项目

序号	项目名称	建设地点	规划总投资(亿元)	“十二五”计划投资(亿元)
1	东部国际商务二期	金沙湖北侧	16	11
2	下沙新城商业综合用房(盈都)	金沙大道以北,1号大街以西	6	5.85
3	龙湖商业综合体	新业北路以东,金沙大道以北	40	40
4	世茂商业综合体	14号大街南,24号大街东	17.95	13.65
5	宝龙新城广场	高教园区单元	29.5	29.5
6	江东城市综合体	前进园区核心区块	39	16.5
7	新城中心总部大厦	新城中心区	20	20
8	地铁西站总部		6.5	6.5
9	湿地公园	沿江湿地	10	3

坚持以新型城市化为主导,大力推进街道社区提升发展,积极推进与周边区域的互动发展,深入推进与建德市的联动发展,充分发挥国家级开发区和下沙副城的辐射带动作用,努力促进城乡区域一体化发展新格局的加快形成。

(一)强化街道社区转型提升

围绕形成全区规划建设、产业发展、要素配置、公共服务等一体化发展新格局,更加注重发挥街道社区在城市化中的主体和平台作用,着力抓好街道社区的转型提升。下沙街道要以完善新城中心区功能配套为主导,以发展社区集体经济为重点,充分整合利用社区10%留用地等重要资源,积极融入开发区的大平台、大产业建设,建设一批档次高、体量大、有特色的商业楼宇,大力发展楼宇经济、总部经济和现代服务业经济;完成社区集体经济股份制改造、新型小区建设及回迁安置,不断提高失地农民的生活质量。白杨街道要围绕高教园区、启动区块及沿江居住区、外来人员集中居住区等重要功能区,优化完善住宅区商业网点建设;整合利用高校土地资源和办公楼宇、企业闲置厂房等平台资源,大力发展服务经济。社区建设要围绕打造现代化新型社区的目标,创新社区公共服务模式,建立多元化投资机制,引导社区服务向产业化、市场化发展;积极落实外来务工人员帮扶政策,完善社区式公寓化管理服务。

(二)推进与周边区域的互动发展

充分发挥区位优势,强化融合发展,加强与钱江新城、城东新城、大江东新城的沟通对接,构建快捷便利的综合交通网。突显副城支撑地位,按照下沙副城分区规划,加强与江干、余杭的沟通对接,提高重大项目的投资效率,促进与九堡、乔司的互动发展。坚持“规划共绘、设施共建、产业共兴、环境共保、品质共享”,注重江东市本级区块(前进工业园区)开发建设与大江东新城建设的统筹,发挥对前进街道的辐射带动作用,协同推进前进街道基础设施建设和农转居进程。围绕实现“六个一体化”,不断创新体制机制,实施整合提升计划,继续深化与省军区、武警农场、海宁市等单位的合作开发,促进区域发展空间集约利用、生产要素优化配置。

(三)推进与建德市的联动发展

积极探索合作模式和运作机制,强化领导和体制保障,深入推进与建德市的合作开发。充分利用国家级开发区的产业集聚、管理服务、人才科技等优势,提升合作开发建设水平。以建立杭州经济开发区寿昌工业功能区、参与中心城镇建设改造为载体,积极拓展开发区产业发展空间水平的提升,加大产业向建德市的梯度转移力度,带动当地城乡居民致富和生活。深化结对帮扶,落实资金保障,不断加大帮扶力度、拓展帮扶渠道,继续支持建德市航头镇基础设施建设和文教卫体发展,帮助建设一批具有经济增长点作用的项目。

第五章　打造创新型开发区

按照全市创建国家创新型城市的战略部署,紧扣产业高端化发展目标,深入实施“科教强区”战略,以自主创新为主体,以科技创新为核心,以产业创新为重点，加快创新能力建设，将打造创新型开发区作为增强开发区综合实力的重要环节、争先进位的重要手段。

一、大力推进科技创新

坚持把科技创新能力建设作为开发区在新阶段的战略基点和重要支撑，围绕国家战略导向和开发区发展需要，持续强化外引内联，整合创新资源，明确重点领域和优先发展方向，完善区域创新体系。

（一）增强企业创新主体地位

强化企业技术创新主体作用，鼓励企业加大研发投入，支持企业申请专利、申报高新技术企业、设立研发中心（技术中心、工程技术中心、博士后工作站、院士专家工作站）和承担市级以上重大科研项目，提高综合创新实力。加大财政支持力度和跟踪服务力度，鼓励企业开展技术改造，积极引导企业通过消化吸收引进技术实现“再创新”。实施科技型初创企业培育工程，培育一批高成长性的科技型初创企业。到2015年，市级以上高新技术企业累计达350家，市级以上研发中心（技术中心）等研发机构累计达140家，新产品产值率达28%。

（二）大力推进产学研合作

深入推进区校合作、校企合作。深化“两园战略”，拓展“科研合作、人才服务、信息交流、资源共享”四大功能，以产学研合作联盟、大学科创园建设为重点，不断推进政府、企业、高校间优势互补、协同推进、虚实互动、合作共赢。加大与国内外大院名校、科研机构的战略合作，引进和共建一批创新载体、科技服务平台，着力建设一批主要面向中小科技企业创新活动的公共服务平台。大力推进新加坡科技园等科技创新平台建设。运作好院士专家工作站、博士后科研工作站、中科院理化所南方中心、江南大学研究院等大院名校，鼓励联合开展技术攻关，拓展产学研合作项目。

（三）强化政府引导服务功能

建设公共开放实验室、公共技术研发平台、科技文献及科学数据共享平台、成果转化公共服务平台、网络科技环境平台等，提供具有开放性、先进性和共享性的技术支撑服务。积极开展国际科技信息收集与处理工作，为高新技术产业化发展和国际交流合作提供基础性信息和服务。不断完善科技创新政策支持体系，对重大科技项目、科技基础条件建设项目给予积极支持。深入实施知识产权、品牌和标准化战略，大力推进质量强区建设。加强科普基础设施和科普人才队伍建设，充分利用高科技和信息化手段，提高科普宣传的现代化水平，提高全民创新意识和创新素养，营造浓厚的创新氛围。

二、优先发展教育事业

坚持教育优先发展和“适度超前”原则，把握开发区教育事业发展特点，牢固树立优质、均衡、开放的教育发展理念，大力实施“名校集团化”战略和“三名”工程，力争在全市乃至全省处于领先地位。

（一）推进学前教育健康有序发展

坚持政府主导发展学前教育事业，积极参与全市学前教育达标区创建行动，落实学前教育事业经费，加快实现学前教育普及化。争取到2015年，全区学前3年幼儿入园率达到98%以上，优质学前教育资源覆盖率达45%以上。大力实施幼儿园标准化建设，推进“两书两证”普查行动、改建扩建维修行动、教玩具按照标准配备等行动。依据浙江省幼儿园准办标准，对现有民办幼儿园进行达标检查。力争到2015年，各级各类幼儿园标准化建设达标率100%。

（二）推进义务教育均衡优质发展

按照下沙副城建设发展需要和国家对教育设施的要求，实施学校建设推进计划，力争三年内中小学（幼儿园）办学条件有显著变化，五年内有效缓解学前教育教育资源紧张和进城务工人员子女的入学问题。进一步推动学校在课堂教学、小班化教育、校园文化建设等方面取得突破性进展。改革教育评价方式，建立区域教育质量评估体系，发挥评价的激励和导向功能。高标准建设一批数字化示范

表6 **教育基础设施建设重点工程**

年份	工程项目
2011年	幼儿园、金隅幼儿园、世贸幼儿园、云水苑幼儿园、景苑小学和星河幼儿园。
2012年	新建上沙幼儿园、头格幼儿园、金隅小学、学正中学，国际幼儿园、中沙幼儿园、七格区块规划幼儿园、金保幼儿园、世茂小学、下沙三小。
2013年	新建学源街幼儿园、世茂二期幼儿园、景苑中学、金保小学、七格区块规划小学、松合小学、大学城北规划幼儿园。
2014年	新建元成幼儿园、元西路小学、大学城北规划小学、开发区单元幼儿园、开发区单元小学。
2015年	新建东方幼儿园、方元路幼儿园、湾南幼儿园、湾南小学、金保中学、元成南路中学。

教室和数字化示范学校，争取到2015年，全区100%的公办学校具有提供数字化学习的条件，努力打造“数字下沙教育”。加大对民工子弟学校的扶持力度，提升民办学校办学水平。健全学生资助体系，进一步完善低保家庭、困难家庭子女和残疾儿童入学的教育资助券制度。

（三）构建完善教育体系

加强社区学院建设，努力建构社区学院—社区中心学校—企业职工（社区居民）学校的社区教育网络，逐步构建一个能满足广大人们群众终身教育需求的学习型社会。坚持以“特殊教育学校（班）为骨干、以随班就读为主体，以家庭教育为补充”的思路办好特殊教育，探索以普通学校设立教学点、合作办学或委托培养等方式集中开展中重度智障儿童的教育和康复工作。

（四）加强教师队伍建设

建立以“按需设岗、公开招聘、平等竞争、择优聘任、科学考核、合同管理”为要求的教师队伍管理机制。深化人事制度改革，稳步推行事业单位绩效工资制度。实施教师成长助力计划，进一步探索以“委托管理”、“合作培养”、“自主培训”为思路的教师继续教育办法。完善教师继续教育考核制度，探索建立区域中小学（幼儿园）教师综合素质评价标准。坚持引进与培养并举的原则，实施“名师名校长”工程，力争到2015年引进25名“名教师”，引进和培养5名“名校长”。

（五）打造区域教育特色

实施“体艺科”品牌建设工程，不断提高学科特色建设的水平和区域品牌的影响力。实施教育合作拓展计划，继续做好与杭州师范大学、江干区教师进修学校的合作关系，逐步构建与国外教育机构、省市教科研单位、名校名园以及特色学校间的战略伙伴关系。进一步推进名校集团化战略，不断扩大优质教育覆盖面，推进名校建设。实施教育国际化工程，加强英语教学，引进国际教育机构，加强国际交流和合作。借鉴国际教育经验，推进国际化学校建设。

三、全力打造“东部人才港”

坚持“人才优先”的发展战略，继续强化“价值、尊重、发展”的人才理念，努力打造创新型人才“高地”，形成人才核心竞争力，为经济社会发展提供强有力的人才支撑。

（一）加大高层次人才引进力度

统筹利用国内国际两种人才资源，坚持“项目+人才”、“人才+资本”的模式，大力实施“高层次高技能人才引进和培养计划”。整合利用重点企业、高校、科研院所相关资源，打造“两园三中心”、院士工作站、博士后工作站、留学生和大学生创业园等人才平台，着力引进研发、技术、经营管理等方面的高层次人才。进一步打造海外招才引智新平台，加大海外高层次人才引进力度，储备“四优四新”产业高端人才。重视人才的柔性引进，采用兼职、聘请顾问、开办工作室、咨询、讲学等相对灵活的方式引进海内外高层次人才。

（二）加强人才的开发和培育

适当提高财政用于人才开发培育的投入比例，鼓励和引导社会、用人单位、个人以建立人才发展基金等多种方式加大投入，形成多元化人才投入体系。大规模开展企业经营管理人才培训、专业技术人员知识更新培训、高技能人才培养培训、大学生就业创业实训等。创建若干个国家级、省级先进制造业和先进服务业人才培养基地，构建适应开发区经济社会发展的职业技能培训体系，重点推进开发区服务外包人才培训基地、知识产权人才培训基地、国家示范软件职业学院、国际服务工程学院等人才培训基地和大学毕业生实习基地建设。

（三）创造良好人才发展环境

强化政府管理服务和市场的有效配置作用，完善和落实人才培养、引进、使用、评价、流动、激励等政策措施。加强人事代理、社会保险代理、企业用工登记、就业服务等公共就业服务，不断拓展服务领域，提升人才服务信息化水平和服务能力。进一步加强医疗保健、社会保险、子女入学、户籍管理等方面的服务，扩大人才专项房、大学生人才公寓建设规模。大力表彰和广泛宣传人才创业创新先进典型、重才爱才先进单位，调动企事业单位育才引才用才的积极性，营造尊重劳动、尊重知识、尊重人才、尊重创造的社会环境。

第六章 提升文化软实力

坚持社会主义先进文化前进方向，积极推进文化事业发展，充分发挥文化引导社会、提升素质、推动发展的功能，满足人民群众不断增长的精神文化需求，打造“文化下沙”金名片。

一、加强精神文明建设

构建社会主义核心价值体系，提升开发区文明程度和人民素质，不断丰富人民群众精神文化生活，加强人文精神对培育开发区文化、加快文化经济发展的积极作用。

（一）提升文明素质

加强走中国特色社会主义道路和实现中华民族伟大复兴的理想信念教育。倡导爱国守法、明礼诚信和敬业奉献，构建传承中华传统美德、符合社会主义精神文明要求、适应社会主义市场经济的道德和行为规范。深入推进社会公德、职业道德、家庭美德、个人品德建设，以社区、企业、学校为重点，不断拓展群众性精神文明创建活动，强化人文关怀，广泛开展志愿服务，综合运用教育、法律、行政、舆论手段，倡导知荣辱、讲正气、尽义务的价值观念，形成扶正祛邪、惩恶扬善的社会风气。大力净化社会文化环境，加强未成年人思想道德建设。

（二）培育人文精神

深入开展文明城市、文明社区、文明村镇、文明单位、文明行业创建活动，大力弘扬“开放包容、务实进取”的下沙人文精神，进一步挖掘开发区人文精神丰富的内涵、表现方式和重点领域，促进人文精神在各领域、各层面的渗透、融合，充分发挥凝聚和引领作用，增强城市文化环境的开放性与包容性。利用互联网络、电台电视、杂志内刊、墙报橱窗，加大人文精神的宣传；着力办好《下沙新城》杂志，创办覆盖全区的数字电视网，使之成为文化传播的主平台；深入开展“下沙十大人物”评选，充分发挥先进典型的示范引领作用。

二、加快发展文化事业和文化产业

加快公共文化设施建设，完善公共文化服务体系。深化文化体制改革，加强文化队伍建设，大力发展文化产业，培育具有核心竞争力的文化企业，促进开发区文化事业繁荣。

（一）加大文化投入

以政府为主导，社会文化事业单位共同协作，不断加大文体设施建设投入，基本形成布局合理、设施完善、功能齐备、覆盖城乡的公共文化服务设施网络体系。推进文化资源共享，狠抓文化惠民工程，引导文化资源向公共文化服务领域合理流动，保障人民群众基本文化权益。“十二五”期间，加快建设一批惠及广大群众的基础性公共文体设施和特色文化活动阵地，建成辐射全区的开发区青少年活动中心、科技文化中心、体育中心、图书馆、艺术中心等文化体育场馆及两街道综合文化站等。加强社区级文体设施建设，实现“五个一”目标。

（二）发展文化产业

充分发挥政府在文化产业发展中的积极引导和管理服务作用，优化文化产业发展政策，健全文化产业发展市场，发展文化创意、演艺传媒、著作出版、文体赛事等文化产业，提升艺术原创能力，着力打造一批具有开发区特色，在全省、全国有影响力的文化品牌和思想性、艺术性、观赏性俱佳的文艺精品。发现、培养和引进一批国内一流的文艺家。积极引导群众自主参与各种形式的文艺创作活动，建立群众文化优秀作品的创作、选拔和推广机制。广泛开展对外文化交流，承办省市及全国性文化交流活动，增强文化企业的竞争力。

（三）加强队伍建设

树立开发区“大文体”概念，以建设开发区文化工作人才阵地为中心，发掘、培养开发区优秀文化工作者，重视培养民族民间艺术资源开发人才。优化群众文化队伍结构，加快培养高素质的群众文化管理干部和专业骨干，组织开展对文体工作人员的业务培训，提高公共文化服务队伍的服务能力和服务水平。发展成立开发区摄影、书画、篮球等群众性文体组织，逐步形成区、街道和社区三级文化体育群众性组织网络，建成三级文化、体育人才库。

（四）理顺文化体制

进一步完善开发区文化管理体制，明确职责、健全制度，强化文化产业的统一规划、有机衔接和资源整合，增强文化活动的针对性和实效性。加快形成统一、开放、竞争、有序的现代文化市场体系，营造公平竞争的市场环境，促进文化资源和要素的自由流动。建立人民群众文化需求表达机制和公共参与机制。创新公共文化服务绩效考核与评估机制。

三、推进特色文化培育

积极促进企业、校园、社区文化的交流融合，继续推进高校、企业等文体资源向社会开放，培育具有开发区特色的文体活动，打造特色文化品牌。

（一）营造高校文化

大力培育“崇尚科学、尊师重教、尊重知识”的校园文化，加强与高教办的密切联系与合作，进一步办好大学生文化艺术节，引进适合大学生文化心理需求的摇滚、爵士等音乐节目，组织开展大学生喜爱的体育活动和赛事，丰富大学师生的文化体育生活。

（二）建设企业文化

完善“敬业诚信、尊重人才、尊重劳动”的企业文化，与总工会通力合作，依托开发区企业工会组织和文艺团队，培育开发区特色的企业文化，在全区各行各界大力倡导“奋发进取、争先创优、追求卓越”的创业进取文化。积极开展职工体育活动，形成开发区特有的企业文化体育特色。

（三）构建社区文化

健全“友爱互助、和睦融洽、共建共享”的社区文化，与两街道一起指导社区开展形式多样、丰富多彩的群众性文化体育活动，继续举办下沙文化艺术节，活跃居民的文化生活，逐步形成“一社区 一特色”的基层文体工作新格局。

（四）打造特色文体品牌

充分利用高校文艺社团、企业职工艺术团、社区民间文艺社团等文化阵地，创作编排形式多样、丰富多彩、群众喜闻乐见的文艺作品，着力打造下沙文化精品和文化艺术节品牌。继续完善“市队区办、学校联办”机制，积极培育具有影响力的品牌赛事和活动，打造开发区自行车运动特色品牌；积极争取承办世界体育电子竞技大师赛；举办“下沙之韵”摄影大赛、开发区迷笛音乐节等。开展多形式的闹元宵特色文化活动，将一年一度的元宵灯会打造成为杭州乃至全省最受瞩目的文化品牌之一。

专栏3：文体事业重点工程

文化工程：主要有下沙文化中心南侧广场、公共自行车租赁服务系统、沿江综合文化站、开发区群艺馆、科技文化交流中心、沿江社区综合服务用房、前进园区区口广场工程、四季潮公园等建设项目。

体育场馆：主要有（自行车、网球、羽毛球）综合馆、工商大学文体中心建设项目。

社区文体设施：主要包括一个老年人和少儿文化活动室，一个图书阅览（电子阅览）室，一个阅报栏或宣传橱窗，一个集健身、娱乐、教育、活动功能的综合活动室，一个室外的休闲公园、小广场或体育场的建设项目。

第七章　构建和谐社会

加强以改善民生为重点的社会建设，健全完善层次丰富、配置公平的公共服务体系，全面推进开发区社会事业健康快速发展，缩小区域、群体之间的基本公共服务差距，实现社会和谐稳定。

一、加强就业保障

按照 “城市化、工业化”两轮驱动发展要求，加强开发区就业工作，构建和谐劳动关系，打造覆盖城乡、全民共享的充分就业城市和国家创业型城市。

（一）促进充分就业

贯彻实施积极的就业政策，深入推进“双创”工作和“公益性岗位安置一批，灵活就业协议解决一批，自主创业鼓励一批，联系企业吸纳一批，劳务承包消化一批”等“五个一批”工作。扩大就业渠道，鼓励自主创业，推进以大学生创业为重点的创业带动就业工作，实现经济增长和扩大就业的良性互动，形成“创业带动就业”的下沙模式。全面落实各项就业创业扶持政策，健全覆盖城乡的就业管理服务组织体系，提升就业公共服务能力，加快建设开发区综合性人力资源市场，着力解决大学生、失土农民、“4050”人员、“新杭州人”等困难群体就业问题，城镇登记失业率控制在4%以内，打造“充分就业开发区”和“创业型开发区”。

（二）提升劳动者素质

强化就业培训，建立以开发区高校为主、街道成人教育中心、职业学校和社会培训机构为补充的城乡统一的开发区、街道两级的职业培训网络。完善以市场为导向、政府促进就业的就业机制，全面提劳动者技能素质，以“蓝领工程”为主要平台，加强在职人员培训，提高失土人员、下岗失业人员、外来务工人员等各类人员的就业能力。继续实施继续教育、技能强化培训，加强高技术和复合型的人才队伍建设。

（三）构建和谐劳动关系

全面推进企业社会责任建设，加强《劳动合同法》《就业促进法》《社会保险法》宣传教育。强化劳动监察网格化、网络化管理，健全工资支付保障机制，加大劳动执法力度，完善劳动争议处理机制，改善劳动条件，保障劳动者权益。发挥政府、工会和企业作用，加快推行劳动工资集体协商制度，努力形成企业和职工利益共享机制，构建和谐劳动关系。

二、健全社会保障体系

建立完善以社会保险、社会救助、社会福利为基础，以基本养老、基本医疗、最低生活保障制度为重点，以慈善事业为补充的社会保障体系，增强社会保障功能，提升基本公共服务均等化水平。

（一）提高社会保障水平

逐步提高居民社会保障水平，缩小城乡社会保障待遇差距。建立健全社会保障制度和管理服务体系，构筑社会保障安全网。加快推进城镇职工养老保险和年满60周岁的城乡居民社会养老保险制度，稳步提高养老保险金待遇。进一步扩大基本养老和医疗保险等社会保障覆盖范围，“十二五”期末，社会保障综合覆盖率达80%，城乡失业、工伤和生育等社会保险征缴率达98%。加强双拥优抚安置工作，力争退役士兵安置率达100%，自谋职业率达100%。

（二）健全社会救助体系

建立健全与其他社会保障体系相衔接的社会救助体系，整合社会各类救助资源，提升社会救助能力。进一步扩大救助覆盖面，逐步提高城乡居民最低生活保障标准和优抚对象的抚恤、生活补助标准。完善临时救助和医疗救助制度，切实保障失土农民、外来务工人员、低收入家庭等困难群众的基本生活水平。完善救灾预警运行机制，规范紧急救助行为，提高紧急救助能力，迅速、有序、高效地实施紧急救助。

（三）构建社会福利体系

积极应对人口老龄化，大力发展老年福利事业，逐步建立以居家养老为基础、社区服务为依托、机构养老为补充、政府扶持为后盾的养老服务体系。扶持社会兴办养老机构发展，落实新建养老机构床位补助和运营补贴。推进居家养老服务，到“十二五”期末，建成区级养老服务中心1家，街道养老服务中心2家，社区居家养老服务站20个，确保百分之三以上老年人享受机构养老服务，基本实现社区居家养老服务网点（站）全覆盖。支持发展残疾人事业，健全残疾人服务体系。

（四）完善住房保障体系

坚持政府主导、统筹协调、租售并举、以租为主、应保尽保原则，加快经济适用住房、外来人员公寓、人才专项用房、拆迁安置房等保障性住房建设，不断扩大保障性住房覆盖面，着力破解“住房难”问题，满足多层次的住房需求，让居民和外来创业务工人员安居乐业。“十二五”期间，完成下沙街道十二个社区安置房建设。加大保障性住房用地供应，加强保障性住房建设资金使用监管。

（五）积极发展慈善事业

进一步扩大慈善机构的覆盖面，形成“政府推动、民间动作、社会参与、各方协作”的开发区慈善事业发展新格局。深化扶贫助困、帮扶救助和“春风行动”，加大对拆迁过渡户、生活困难户、残疾人、下沙新市民的关心关爱，将慈善救助和城市居民最低生活保障、困难群众医疗救助等纳入春风行动的统一管理，打造具有开发区特色的慈善文化。

三、加快卫生医疗事业发展

坚持“以人为本”，深入推进医疗卫生体制改革，以创建健康开发区为目标，全面提高医疗卫生硬件建设和软件服务水平。加强人才队伍建设，加快信息化建设，提高医疗卫生保障水平，促进公共医疗卫生服务均等化。

（一）加强医疗服务体系建设

进一步加快医疗机构建设，建立以社区卫生服务机构、三甲综合医院为基础，专科医院、门诊部、诊所等为补充的医疗卫生服务体系。“十二五”期间，大力推进杭州市下沙医院及浙江省中医院下沙院区两大三甲医院的建设与发展。进一步完善医疗改革，逐步建立规范的双向转诊和会诊制度，提升医疗服务质量和服务水平。加强基本医疗保障制度建设，加大医疗救助力度，落实各项减免措施，切实缓解困难人群的“就医难”问题。

（二）完善公共卫生服务体系

建立健全疾病预防控制、卫生监督、妇幼保健、精神卫生、专业公共卫生服务网络，启动公共卫生中心和监督所建设，加强精神卫生专业服务机构和工疗站建设，提高对重大疾病以及突发公共卫生事件预测预警和处置能力。健全急救网络，到“十二五”

期末，基本建成杭州市急救中心—下沙急救分中心—下沙急救点—医院急诊室的开发区急救网络。巩固完善妇幼保健、精神卫生应急救治、健康教育和计划生育等工作，提升预防保健工作水平。“十二五”期末实现妇幼保健全区覆盖，全区孕产妇系统管理率达98%，新生儿疾病筛查覆盖率达100%。

（三）健全社区卫生服务体系

完善新型医疗卫生服务体系，加强社区卫生服务机构建设，“十二五”期间新建和迁建社区卫生服务中心5家、社区卫生服务站16家，逐步构建“15分钟公共卫生服务圈”，实现社区卫生服务站服务人口覆盖率达到100%。全面实施基本药物制度，改革社区卫生服务机构“以药养医”机制。培养社区卫生服务人才队伍，提高社区卫生服务水平。加快开发区卫生信息化的进程，建设“杭州经济技术开发区区域卫生信息化”项目，“十二五”期末，力争实现社区卫生服务机构信息化普及率达到90%以上，规范电子健康档案建档率达到90%。推进中医药特色社区卫生服务示范中心建设，社区卫生服务机构中医科设置率达到100%。继续开展爱国卫生运动，巩固发展国家卫生城市先进城区的创建成果。

（四）推进健康开发区创建

创新健康教育形式和内容，普及健康教育。积极推进健康促进工程建设，开展以健康学校、健康企业为特色的健康单位创建活动，加强对大学生和外来务工人员的健康教育。探索实施“国民健康工程”，提高健康管理和健康服务水平，加强对心脑血管病、肿瘤、糖尿病、重性精神心理性疾病等重点疾病的管理，加大对妇女、儿童、老年人、贫困人群、患病人群等的管理。发展生物产业，增强开发区健康产业集群的高科技含量。

四、强化社会管理

以开发区外来人口治安管理为抓手，加强社会管理，推进基层政权及和谐社区建设。健全平安保障体系，构筑全覆盖的立体化社会治安防控体系，打造“平安下沙”。

（一）推进和谐社区建设

加强基层政权和社区建设，以居委会自治机制为核心，深化居务公开，推进街道“两家两中心”建设向社区延伸，促进社区和街道的共驻共建。健全基层管理和服务体系，创新社区公共服务模式，加强社工队伍建设，充分发挥群众组织和社会组织的参与力量，提升社区管理和服务功能，为社区居民提供更为广泛优质的服务，打造和谐社区建设示范（模范）单位。“十二五”期间，力争建设一个国家级和谐社区，五个省级和谐社区，100%社区建设成为市级和谐社区。

（二）完善人口管理和服务

建立和完善流动人口与户籍人口的综合管理和服务工作机制，推进人口和计划生育服务体系建设，继续稳定低生育水平，人口自然增长率控制在6.5‰左右。加强流动人口管理，完善外来务工人员社区式公寓化管理服务，提高人口素质，做好特殊人群帮教管理和服务工作，增强开发区人口的核心能力和综合竞争力。进一步完善新下沙人在就业、教育、医疗、社保、救助等各项社会保障上实现同城同待遇。

（三）保障社会公共安全

深化“平安下沙”创建，强化“打、防、控、管、疏”五位一体的平安保障体系，整合提升四个“110联动”平台，强化社会服务联合行动，健全完善基层群防群治体制机制，加强对校园、企业以及大型活动的安全防范，严厉打击各种违法犯罪活动。深入推进社会管理创新，健全维护群众权益机制，完善大调解工作体系，建立化解矛盾纠纷综合平台，健全重大工程项目建设和重大政策制定的社会稳定风险评估机制，畅通和规范群众诉求表达、利益协调、权益保障渠道，正确处理人民内部矛盾。加大公共安全投入，加强安全生产监管，有效防范和遏制各类安全生产事故。完善食品卫生检验检测和监督执法，确保人民群众的食品健康安全。建立健全应急处置机制，提高应对事故灾难、公共卫生事件、食品安全事件的预防预警和处置能力。“十二五”期间，争创平安示范区，群众安全感满意度达到95%。

第八章　建设生态文明

坚持走生态立区之路，将低碳理念融入经济发展、城市建设和人民生活之中，以绿色、低碳、和谐、可持续为发展导向，提升生态文明水平，把生态优势转化为发展优势，努力创建“国家生态工业示范园区”。

一、推进节能减排减碳

以发展生态经济作为转型升级的重要抓手，加快推进产业结构战略性调整，发展绿色低碳产业。加强资源集约节约利用，打造节约型开发区。

（一）发展低碳经济

不断深化“国家级低碳产业园”建设，推进生产、流通、消费各环节低碳经济发展，积极应用源头减量、循环利用、再制造、零排放和产业链接等技术，推进资源再生利用产业化。积极倡导低碳生产方式，大力发展高新技术产业、现代服务业、文创产业等低碳产业，加大新能源产业的招引和培育力度，推动产业结构向低碳化发展；运用低碳技术改造提升传统主导产业，提高产业基底低碳和生产过程低碳化水平；全面实施企业清洁生产及高新化改造，创建一批循环经济示范企业、示范园区和基地。“十二五”期间，主要污染物排放量年均下降5%以上。

（二）推进节能减排

落实节约优先战略，大力发展循环经济，提高资源利用效率，实现万元生产总值综合能耗年均下降2%。继续加强塑料橡胶、纺织化纤、食品饮料、化工等重点行业和重点企业的节能减排减碳工作，坚持产业准入导向和环境准入标准，完善落后产能退出机制，利用政策扶持和倒逼机制推进高耗能、高污染项目的技术改造、结构调整、项目转移和关停，严控过剩生产能力盲目扩张和重复建设。建立健全能源节约和环境保护的保障机制，设立发展循环经济专项资金，落实各项节能减排补助政策，鼓励企业通过技术改造、产品结构调整和强化管理做好节能减排工作。

（三）倡导低碳生活

积极打造低碳建筑，全面提升开发区公共服务设施、商务楼宇和公寓住宅的低碳、节能水平，推行建筑节能“绿色评级”。建设完善低碳交通系统，推广低碳交通工具。打造低碳绿色示范社区，推进绿色学校、绿色办公等行动计划的实施。传播普及低碳文化，倡导低碳生活方式，推行绿色居家准则，开展节能减碳全民行动，促进人们衣、食、住、行、用等向低碳模式转变。

二、全面提升生态功能

完善开发区城市生态功能和生态工业园区建设，深入推进环境综合整治，加强环境污染监管，构建良好的生态系统，提升生态功能。

（一）加强生态整治

加强生态规划，以沿江景观大道、生态公园景观带、高教园区中央景观带、绕城公路、金沙湖、六桥沿江区块旅游综合体、九桥沿江北部区块休闲运动综合体为重点，构建“两纵两横三区”生态系统。加大环境保护投入力度，推进道路、河道综合整治等环境保护工程建设，以钱塘江、汇澜河、金沙湖、2号渠、6号渠、沿江湿地等为重点，打造水系生态，河渠水质基本达到5类水体标准，提高城市和居住生活的亲水性；注重“植树造绿”，完善绿化生态网络，增加“森林碳汇”， 建成区绿地覆盖率达到40%以上，空气质量达到或好于国家二级质量标准的天数达320天，营造“城在林中、路在绿中、房在园中、人在景中”的生态环境。

（二）强化环境监管

加大环保执法力度，强化水、大气、固体废物、噪声污染的综合整治，实施截污纳管整治工程，完善污水收集、输送、处理、排放系统，城市污水处理率达到100%。提高固废回收处理的机械化和自动化，工业固体废物综合利用率达到98%。增强绕城高速、城市快速路等交通要道的噪音隔离防护效果。加强与部队的沟通，推进截污纳管与建设污水处理设施相结合，扎实做好农业面源污染治理工作。

专栏4：民生保障重点工程

公共医疗卫生设施：主要包括下沙医院、东方医院扩建、公共卫生中心等建设项目。

社区卫生服务中心：主要包括下沙街道社区卫生服务中心一、下沙街道社区卫生服务中心二、下沙南社区卫生服务中心、白杨街道社区卫生服务中心、沿江社区卫生服务中心等。

社区卫生服务站：主要包括元成、湾南、松合、新元、高沙、东方、上沙、下沙、中沙、头格、七格、智格、高教、邻里、闻潮、云水等16个社区卫生服务站。

社会福利设施：主要有开发区亮灯工程、开发区环卫停车场及业务用房、前进工业园区保障性住房工程、前进工业园拆迁安置房及配套幼儿园工程、蓝领公寓、人才公寓工程、景园地块安置房、湾南、中沙、头格、元成、松合、下沙、东方、七格、上沙、新元社区拆迁安置房、开发区人才专项用房、开发区大学城北单元人才专项用房、开发区经济适用房、中沙、上沙、下沙、东方、新元、松合、湾南、头格外来人员公寓等建设项目。

第九章　深化改革开放

进一步深化体制机制改革，以提升服务水平为手段，建设服务型政府；继续加强对外区域经济合作，全面提升开发区国际化水平，实现开放型经济跨越式发展。

一、深化体制机制改革

坚持改革促进发展，围绕政府行政管理和社会管理体制机制改革，加快建设服务型政府，推动开发区产业发展与社会建设相适应的经济社会发展体制。

（一）建设公共服务型政府

完善政府管理体制机制，实行职能有机统一的大部门体制，建立“充分授权、封闭运行”的事权合一机制，加强各管理间部门协作，提高公共管理绩效，实现“办事不出区”。积极争取省市扶持政策，强化开发区的“特区优势”和“特区效应”。加快建设服务型政府，优化政府服务，提升行政效率，逐步形成公共服务的“准市场化”。健全开发区司法体系，完善司法行政职能，提高依法行政水平。进一步推行公开竞争机制，加强公共服务型政府人才队伍建设。

（二）创新社会管理体制

坚持“立足基层、重心下移、完善机制、健全网络”，大力推进区、街道、社区三级管理体制改革，强化街道、社区在社会管理服务和城市管理中的基础作用，健全基层管理和服务体系；培育扶持和依法管理社会组织，大力发展中介机构，支持引导其参与社会管理和服务，实现公共服务提供主体和方式的多元化，提高公共服务的“准市场化”水平。积极争取江东管理体制创新，努力实现“办事不出区”和“办事不过江”。

（三）完善公共财政体系

进一步理顺财政体制，优化财政支出结构，健全完善公共财政体系，提高财政管理的规范化、信息化水平；强化财政政策的杠杆效应，完善有利于产业转型升级和服务业发展的扶持政策，加大对科技创新、技术改造、低碳节能、新兴产业发展的政策支持；坚持“政府主导力、企业主体力、市场推动力”三力合一，进一步拓展筹资渠道；强化政府投资对社会投资的引导，探索建立多元化的开发区投资体制，完善风险投资、融资担保机制，加大对公共服务设施和高科技企业孵化、公共技术平台搭建的投入，实现长远效益和综合效益的统一。

（四）深化两园合作机制

进一步深化杭州经济技术开发区和下沙高教园区合作机制，全面落实战略合作发展规划。推动两园在科技创新、产业发展、大学创业实训、城市建设、社会事业等领域开展合作。健全两园合作的联席会议制度、工作例会制度、定期互访联系等沟通协调机制，完善政府、企业、高校“三位一体”合作模式，进一步发挥政府在项目、政策、资金等方面的促进引导、组织协调、统筹实施作用和企业、院校的主体作用，深入推进区校合作、校企合作。

二、提升对外开放水平

深入实施“城市国际化”战略，加快推进经济贸易、公共设施、管理服务、科教文化、生活居住、市民素质等方面的国际化，努力提高城区国际化水平。

（一）扩大开放合作

全面融入长三角，积极参与杭州都市圈建设，在更大范围、更广领域、更高层次上参与区域经济合作与竞争，拓宽对内对外开放合作渠道，深入拓展对外贸易和国际市场，提高外经外贸水平。进一步推进企业实行企业国际化经营，加强与国内外资源合作开发。完善开发区国际化金融服务体系，增强对国际资源要素的配置能力。加强与空港新城、钱江新城的对接合作，加快发展现代化国际物流业。

（二）提升国际化水平

加强城市化与国际化的有机融合，不断创新城市建设理念、思路和体制机制，完善城市国际化规划，加快构建现代化基础设施和公共服务设施体系。充分发挥开发区资源优势，从城市形态、管理服务、产业经济、主题文化、生活居住等方面推进城市国际化。大力建设国际化城市综合体，主动接轨钱江新城、城东新城和大江东新城建设，把江北区块打造成为具有国际化建设水准的杭州副城，全面提升杭州未来东部新地标的城市形象。

第十章 规划实施保障

要实现本规划纲要确定的目标任务，必须充分发挥市场配置资源的基础性作用，同时加强政府合理配置公共资源、调控引导社会资源的作用，增强规划实施各项保障。

一、完善规划体系

进一步建立健全规划实施机制，完善规划体系，提高规划的科学性、民主性，更好地发挥规划对经济社会发展的指导作用。不断完善由总体规划、专项规划、街道规划共同组成的全区国民经济和社会发展规划体系，增强总体规划对各级各类规划编制的指导作用。强化规划衔接协调，促进专项规划、街道规划与总体规划相互衔接以及各级各类相关规划之间的相互衔接，切实加强国民经济和社会发展规划与土地利用总体规划、城乡规划等规划的衔接协调，提高规划的统筹性和实效性。规范规划立项和编制程序，加强规划的审批管理。

二、形成发展合力

对本规划纲要确定的主要目标和任务进行分解，细化目标，明确责任，形成合力，使规划实施落到实处。各有关部门和街道要把规划与各类行动计划、有关建设计划以及年度计划紧密结合起来，制定具体措施，在实际工作中落实好规划中的相关任务。本规划确定的约束性指标要纳入各部门、各街道经济社会发展综合评价和绩效考核体系。要凝聚各方力量，调动各个方面积极性，做好规划纲要及相关信息的公开工作，面向社会广泛宣传规划，不断扩大公众参与，让更多的社会公众通过法定程序和渠道参与规划的实施和监督。

三、加强项目支撑

充分发挥重大项目建设对开发区推进城市国际化、产业高端化和环境品质化的支撑和引领作用，重点围绕产业转型升级、基础设施网络、公共服务和民生设施、生态环保设施等领域实施一批重大项目，“十二五”期间，开发区共实施重大项目289个，总投资1324亿元，其中“十二五”投资969亿元。加强重大项目前期工作，滚动储备项目，建立健全重大项目数据库。进一步完善重大项目推进机制，加强项目管理。确保政府性投资项目资金落实，引导和鼓励企业加快重大工业项目建设，扩大社会投资。优先保障重大项目用地需求。

表7 “十二五”重大建设项目汇总情况

类别	项目（个）	总投资（亿元）	“十二五”投资
政府投资项目	122	457	273
工业项目	67	282	236
房地产项目	33	388	307
其他项目	67	197	153
合 计	289	1 324	969

四、强化评估修订

加强规划实施的跟踪监测，经济发展部门负责对本规划纲要实施情况的跟踪分析，各有关部门负责对相关专项规划实施情况的跟踪分析。认真组织开展对规划纲要实施情况的中期评估，围绕规划提出的主要目标和重点任务，全面分析检查规划实施效果及各项政策措施落实情况，及时发现规划实施中出现的新问题，认真分析问题产生的原因，提出有针对性的对策建议，推动规划有效实施。经中期评估需要对本规划纲要修订时，可按程序进行合理调整。

·文明城市创建·

【文明城市创建概况】2011年，是杭州市成功创建全国文明城市、顺利通过国家卫生城市复评的收获之年，也是打造"国内最清洁开发区"五年规划的收官之年，开发区全区上下坚持不懈、团结奋斗，以创建全国文明城市为统领，围绕"走在前列"工作目标，深入实施"环境品质化"战略，全面推进城市社会管理各项工作，圆满完成创建、复评和打造任务，促进社会和谐稳定，提升市民文明素质和社会文明程度，营造良好发展环境。

4月14日，开发区召开创建全国文明城市动员大会，对创建全国文明城市作具体工作部署。文明城市创建过程中，以白杨街道辖区范围的启动区域、高教区域、沿江住宅区和下沙街道建成区域（含七格、智格和高沙社区）为重点，开展专项整治30余次；开展校园周边环境专项检查120次；定期和不定期组织开展文化市场联合执法专项行动68次；对"五乱"现象集中进行专项整治324次，以联合执法、街面巡查等形式集中开展整治活动1000余次；以"八小"行业为重点，实施专项整治105次；对开发区所有社区、中小学校、窗口行业、网吧的创建情况开展检查指导1500余次，着力改善城市管理面貌，努力营造居民良好的生活环境。

至2011年末，开发区制做发放文明宣传手册18.23万册，文明宣传光盘1000余张，调查问卷13.8万份，文明宣传横幅940余条，文明海报1.3万张，文明宣传专题报纸12万份，文明宣传展板162块，新增宣传橱窗34个，新增电子显示屏29处，文明诚信经营户牌匾30个，文明创建灯箱广告60个，文明创建高炮广告2个，文明创建大型立面广告2个，文明创建公交候车亭广告20个，网吧文明宣传标志500个，出租车文明标识1500份，文明创建环卫工作制服2490套，文明创建员工健康公示牌1000张，文明创建宣传围挡2420米，充分普及文明知识，营造创建氛围，推进创建工作。全年印发《开发区创建全国文明城市通报》25期、《抄告》64期、《开发区创建全国文明城市简报》（创建结束后改为《下沙文明天地》）84期，为总结提升创建工作提供支持。

【"下沙新城·文明之星"系列评选活动】10~12月，开发区组织开展"下沙新城·文明之星"系列评选活动。活动得到开发区市民的热情支持和积极参与，网络投票总点击率达近100万次。评选出8个类别各10名"文明之星"，有舍己救人、勇抓犯罪嫌疑人的见义勇为之星；多才多艺、快乐阳光的阳光之星；爱岗敬业、勇于创新的创业之星；热心公益、奉献社会的志愿之星；坚守岗位、服务群众的服务之星；执法为民、有案必破的执法之星；以身作则、无私奉献的教育之星；尊老爱幼、乐于助人的和睦之星。

【文明单位评选】2011年，开发区管委会及白杨街道办事处被评为杭州市创建全国文明城市工作先进集体；下沙街道高沙社区被评为"2011年度浙江省文明社区"；下沙街道松合社区、元成社区、东方社区，白杨街道云水社区、高教社区被评为"2011年度杭州市文明社区”；白杨街道月雅苑社区市民学校被评为“2011年度杭州市优秀市民学校”；下沙路海达路口被评为“2011年度杭州市文明交通示范路口”；《山水画墙绘》和《魅力新城、文化下沙》分获杭州市墙景美化作品评选活动一等奖和三等奖；白杨街道邻里社区获杭州市“最佳邻居节”奖，景园社区获“最有创意邻居节”奖。10月10～24日，开发区文明办开展区级文明单位、文明家庭、文明寝室和文明楼道评选工作，共评出文明家庭4741户、文明楼道5栋、文明寝室13间，并对现有的区级文明单位进行复评，共保留文明单位荣誉称号61个，取消杭州下沙农副产品综合市场、杭州相良塑料有限公司文明单位称号。

6月3日，首届“下沙新城文明杯”高教园区文明城市创建主题辩论赛决赛圆满落幕
（黄健员 摄）

【首届“下沙新城文明杯”辩论赛】4月19日至6月3日，开发区文明办、区团工委与白杨街道联合举办首届“下沙新城文明杯”高教园区文明城市创建主题辩论赛，下沙高教园区14所高校的14支队伍参加比赛。辩论赛历经46天、14场比赛，由70多位高校资深评委参与点评，影响面涉及高教园区20万名师生。辩论赛议题包括“流动摊贩的生存”“城市整洁和发展”“GDP的提高”“环境质量的改善”等文明城市创建相关主题，涉及就业、医疗、教育、交通、安全、卫生等领域。浙江财经学院、浙江育英职业技术学院和浙江水利水电高等专科学校分获冠、亚、季军。比赛还产生14名“最佳辩手”和浙江财经学院、浙江传媒学院、浙江水利水电专科学校3个“最佳组织奖”。

【文明城市创建系列活动】3～7月中旬，由开发区文明办、团工委主办，杭州移动下沙分公司团支部、浙江传媒学院团委、“掌上杭州”手机门户网站共同承办，下沙各高校志愿服务组织、下沙网联合协办，以“争创文明城市，我先行”“永不褪色的红——庆祝中国共产党成立90周年”两大内容为主题，举行文明城市创建短彩微博大赛。大赛设“最佳文字奖”“最佳提议奖”“最给力分享奖”3个奖项，通过综合评选共产生33个获奖名额，参与用户1.98万人次，分享点击率98.6万次。

5月25日至7月15日，开发区文明办（创建办）开展以“我身边的文明”为主题的摄影大赛。比赛共征集文明创建相关作品100余幅，评出一等奖作品3幅、二等奖作品5幅、三等奖作品6幅，以及优秀奖作品6幅。

5月20日至6月30日，开发区文明办（创建办）开展以“文明伴我行”为主题的征文活动，以散文、诗歌、小说等形式，激发市民群众创建文明城市的热情。比赛分为成人组、中学组、小学组。其中，成人组和小学组各评出一等奖1名、二等奖3名、三等奖5名；中学组评出一等奖1名、二等奖2名、三等奖4名；另评出优秀组织奖1名、指导老师奖2名。

5月中旬至6月中旬，开发区文明办（创建办）以“创建全国文明城市”为主题开展文明城市知识竞赛，共评出优秀奖20名。

6月23日至8月末，机关党委（文明办）开展百场“红色经典·传播文明”主题公益电影“五进”活动（即进机关、进学校、进社区、进企业、进工地），营造文明城市共庆共建浓厚氛围。

7月16～20日，开发区机关党委（文明办）组织开展文明交通劝导志愿服务活动，宣传“文明交通从我做起”，提倡文明、和谐的交通参与理念。

（惠蕴隆）

·庆祝中国共产党成立90周年·

【全省开发区红歌合唱汇演】6月12日，“锦绣下沙”——浙江省开发区纪念中国共产党成立90周年红歌合唱汇演在开发区举办。该次汇演由浙江省委对外宣传办公室、省商务厅、省文化厅和杭州经济技术开发区管委会联合举办。温州开发区、宁波开发区等16支来自全省各地开发区的队伍参加，演唱《爱我中华》《团结就是力量》等脍炙人口的经典红歌曲目。杭州经济技术开发区积极做好场地、安保、协调等汇演组织工作，并组织一支70人的合唱队伍，在汇演中演唱《保卫黄河》《在灿烂的阳光下》两首歌曲。经过角逐，杭州经济技术开发区和丽水开发区、余杭开发区等6支队伍获得金奖。

【开发区中小学生专题纪念汇演】6月1日，开发区中小学生纪念文艺汇演在杭州师范大学艺术中心举行，开发区管委会机关部门、街道、社区等负责人，各高校负责人，以及部分企业的代表和区内中小学师生家长代表观看演出。晚会由文海实验学校小学部表演的情景童声表演唱《妈妈教我一首歌》拉开序幕，演出分为“红领巾——心中的梦”和“红领巾——激荡的情”两个篇章。

【开发区先进和劳动模范表彰】6月29日，开发区党工委、管委会在杭州电子科技大学活动中心举行庆祝中国共产党成立90周年暨表彰大会，党工委书记盛成皿作题为《加强执政能力建设、永葆党的先进性，努力把开发区科学发展宏伟事业不断推向前进》的报告。会议对全区评选出的20个先进基层党组织、110名优秀共产党员、20名优秀党务工作者、30名劳动模范、10例“新城标兵·闪光言行之星”进行表彰，要求充分发挥先进典型的示范带头作用，在全区形成比、学、赶、帮、超的“创先争优”氛围。

【百场红色电影“五进”活动】6月28日，由开发区机关党委（文明办）主办的“红色经典·传播文明”——百场红色经典电影“五进”（进机关、学校、社区、企业、工地）系列活动启动仪式在宋都晨光国际广场举行。活动面向开发区机关工作人员、高校及中小学学生、社区居民、企业员工、工地民工等群体开展。开发区机关党委（文明办）联合相关单位，精选《建党伟业》《建国大业》《我的长征》《冰山上的来客》《沂蒙六姐妹》等40余部歌颂中国共产党的领导和丰功伟绩、反映改革开放伟大成就和民族团结为主旋律的影片。活动持续到8月末，为期两个月。

【高教园区党史理论知识竞赛】5月25日，下沙高教园区第八届大学生文化艺术节开幕式暨纪念中国共产党成立90周年党史理论知识竞赛在浙江理工大学举行。浙江理工大学、杭州电子科技大学、浙江财经学院、杭州师范大学、浙江金融职业学院、浙江警官职业学院6所高校代表队经过前期角逐，进入到党史理论知识竞赛决赛。比赛内容涵盖中国共产党党史、中国共产党在浙江的革命史以及浙江改革开放以来的成就等方面，题型分必答题、抢答题、风险题和论述题4种，每种题型以文字题、视听题等形式呈现。经激烈竞赛，浙江金融职业技术学院获冠军，浙江理工大学和杭州师范大学获得二等奖，浙江财经学院、杭州电子科技大学、浙江警官职业学院获得三等奖。

5月25日，高教园区党史理论知识竞赛在浙江理工大学举行

（黄健员 摄）

6月19日，开发区、下沙高教园区联合举办“永远跟党走”晚会

（黄健员 摄）

【《永远跟党走》大型晚会】6月19日，杭州经济技术开发区、下沙高教园区联合举办“庆祝中国共产党成立90周年大型晚会——《永远跟党走》”。省委常委、宣传部部长茅临生等领导出席晚会。晚会采用时序性结构，以“党魂党情”为轴线，以历史发展的脉络为结构点，分为“建党”“抗战”“建国”“复兴”4个主题和“星火燎原”“峥嵘岁月”“共和礼赞”“伟大复兴”4个篇章，选取各个时期为广大群众熟悉的红色经典革命歌曲及文艺作品，运用合唱、歌舞、交响乐、朗诵、情景表演、LED画面等舞台艺术表现手法，将历史与艺术融为一体。晚会在舞蹈《红旗颂》中开场，区内14所高校、中小学的演出团队和开发区职工艺术团等表演《山丹丹花开红艳艳》大合唱、钢琴演奏《保卫黄河》、歌剧《红梅赞》等展现共产党光辉历程的经典节目。

【“我为党旗增光彩”专项活动】4月起，开发区管委会细化全年工业经济、新城建设和招商引资等重点工作各项目标任务，制订详细工作方案，以庆祝中国共产党成立90周年为节点，倒排时间，加大督促力度。各级党组织围绕“我为党旗增光彩”活动主题，开展“服务企业、服务基层”专项行动；发挥各级党组织的组织和资源优势，扎实开展“送政策、送服务、送温暖”活动，为企业解决“用工难”等实际困难。以“奋战100天，实现双过半”活动为载体，实现优异成绩向中国共产党的生日献礼。

·十大民生工程·

【实施十大民生工程】2011年，开发区围绕构建“和谐开发区”的目标，大力发展社会事业，全力推进以“社会关注、百姓期盼”为重点的十大民生工程，切实加强民生保障，以为民办实事为载体，促进经济社会全面协调可持续发展。1月27日，开发区党工委、管委会召开2010年度总结表彰暨2011年工作部署动员大会，会议确定“公交便民工程、百姓安居工程、就业促进工程、教育强基工程、文化惠民工程、医卫利民工程、商贸配套工程、环境提升工程、职工素质提升工程、平安创建工程”为开发区2011年十大民生工程。

【公共交通工程优化】2011年，开发区大力优化交通服务功能，完善居民出行方式。完成公交“开三优四”计划，为“开三优四”公交线路配置公交候车亭，做到公交候车亭配置与公交开通优化线路同步。推进自行车慢行系统建设，完成出租车服务站建设。全年新开171线路，完成B支4线路优化和364、682线路优化前期准备工作，公交网络进一步优化；建成50个公交候车亭；新增自行车服务点60个，投放公交自行车1800辆；投入运营300辆出租车，并实现进主城、进机场服务，有效改善辖区居民出行条件。

【百姓安居工程推进】开发区保障性用房建设全面展开，全年开工建设拆迁安置房项目13个，竣工面积30余万平方米。4月，下沙街道完成智格社区215户居民回迁安置；12月，下沙街道完成高沙社区105户拆迁安置户的房屋抽签工作及七格社区31户拆迁户房屋抽签工作。至年末，开发区紫元地块、大学城北2个人才专项用房开工总建筑面积约41万平方米，预计2013年竣工；17万平方米外来务工人员和创业人才公寓加快建设。

【促进就业创业】2011年，开发区超额完成“双创”（创建充分就业开发区和创业型开发区）目标任务，新增就业岗位23万余个，城镇新增就业人数5405人，失业人员实现再就业1256人；培训高技能人才和专业技能人员2900余人，充分就业社区和街道创建成功率达100%，6个社区成功创建创业型社区；失土农民城镇医保参保率保持92%以上。

完善人才政策，全年兑现人才资助资金1408万元，累计引进各类人才2397名。深化“两园”战略合作，实施大学生“创业带动就业”下沙模式，继续组织开展“百家名企进高校、千名师生进名企”等活动。全年新增大学生创办企业111个，总数达476个，其中年产值1000万元以上大学生创办企业3个。大学生总创业人数987人，创业带动就业4012人，实训、见习、培训大学生1万名。

【教育师资强基础】开发区党工委、管委会始终把教育摆在经济社会发展的突出位置，坚持政府主导，强化财政支撑，提升内涵质量，坚持硬件、软件两手抓，努力解决“好上学”和“上好学”问题。9月，开发区景苑幼儿园、江湾幼儿园、景苑小学建成投用。全年开发区启动建设云水苑幼儿园等7所幼儿园、江湾小学等4所中小学。至2011年末，辖区内符合杭州市入学政策的外来务工人员子女全部进入公办学校就读，外来务工人员子女占全区中小学生总数的70%。中小学校数量自2004年以来以每年1所的速度增长，新建学校硬件及设施水平位于全市乃至全省前列。

【文化建设惠民众】开发区围绕打造“文化下沙”金名片的目标，坚持“强基础、抓品牌、创特色”思路，以推进街道综合文化站建设为动力，抓好辖区文化基础设施建设，加快推进文体事业发展。创办覆盖全区的数字电视网，在社区建立电子阅览室、图书室等，实施“新杭州人文化家园”配送健身器材活动。全年举办“下沙文化艺术节”、兔年元宵灯会、第四届职工运动会、“文化进社区、进企业、进工地”职工艺术团巡演等活动；与相关部门合作承办世界电子竞技大师赛（WEM）、中国男子篮球职业联赛（CBA）浙江赛区等大型体育赛事。开发区全年排定计划送200场电影到社区，确保每个社区一年内播放电影10场。

【医药卫生利民】2011年，开发区以落实国家新医疗改革方案为工作重心，全面推进公共卫生体系建设，提高医疗卫生服务水平，着力破解“看病难”“看病贵”问题。强化“六位一体”公共卫生服务，深化街道卫生服务中心运营模式创新，深化社区卫生服务内涵及综合改革，积极拓展优质医疗卫生资源。开发区在所属白杨街道采用“国有民营”“政府花钱买服务”的运作模式建设社区卫生服务中心；加大投入建设社区卫生服务站，建成投用下沙街道社区卫生服务中心，成立下沙街道铭和苑社区卫生服务站；开工建设白杨街道社区卫生服务中心，打造15分钟卫生医疗服务圈；对街道社区卫生服务中心进行以“收支两条线”为主的10项综合改革；实施基本药品制度，降低医疗费用，让居民看病就医享受更多实惠；省中医院下沙院区二期项目、下沙三甲医院建设顺利推进。全区居民电子健康档案的建档率进一步提高，户籍人口建档率超过90%，高于杭州市平均水平。

8月8日，开发区“全民健身日”特色体育项目展示活动在城建文化广场举行
（白杨街道 供稿）

【商贸配套工程完善】开发区注重引进有商业地产运营经验的龙头企业和大型品牌超市。完善农贸市场规划布点，提升经营档次。建设特色街区，通过打造特色餐饮娱乐街区，优化行业结构，丰富消费产品。2011年，龙湖天街、宝龙城市广场、福雷德广场、世贸商业、东东城、东沙商业中心等一站式商业综合体启动建设；新引进营业面积1万平方米以上大型品牌超市2个以上；营业额超1亿元以上商场超市5个以上。引进和培植品牌餐饮娱乐业，白洋桥特色餐饮美食街、歌江四星级酒店建成投用，引进品牌餐饮企业18个、大型综合娱乐项目6个。

美丽东部湾绿化 （委办 供稿）

【自然环境提升】2011年，沿江景观带整治提升工程启动，面积35万平方米沿江景观公园开工建设；在建及绿化养护项目63个，绿化面积为293.9万平方米，其中新建绿化项目12个、新增绿地面积54.5万平方米；重点实施3号大街、沿江大道、月雅苑、锦鳞公园、新加坡杭州科技园“美化家园”工程，通过增加多年生花卉、球宿根花卉及色叶乔木的合理配置，丰富植物的季相变化，突出“彩化”效果，加强视觉冲击力。加强环境监察管理，完成13个重点企业环境整治提升。

【“蓝领成才”教育工程】2011年，开发区围绕“服务开发区、服务企业、服务职工”的宗旨，依托区内14所高校，整合社会资源，开展“蓝领成才”职工素质教育工程，让职工“工余时间在厂门口上大学”，积极构建起以高校、企业、工会组织和职工为主体的职工素质教育网络。全年新增受教育人数4393人（次），累计受教育人数达2.91万人（次）；设立60万元免费培训专项资金，共开设7门免费培训科目，免费培训职工607人。

【平安开发区创建】为全面创建平安开发区，2011年完成街面、社区、居民小区、校园、企业及工地内部视频监控探头建设1.06万只。完善巡防体系，提高见警率，最大限度地减少治安防控的盲区、盲点，提高群众安全感。开发区公安分局利用视频监控系统破获案件31起；其他各视频监控应用单位及时发现和处置各类事件共99起，其中城管办24起、行政执法大队29起、运管处24起、防汛办12起。

（年鉴编辑部）

大事记

·2011 年开发区大事记·

1 月

4日 开发区社会服务联合行动工作指挥部成立，总指挥：俞建国；副总指挥：李建平、何铨寿。

△开发区石材商会一届二次会议召开。

5日 杭州市委政法委书记孙云率市委考核组到开发区考核2010年度平安综治、维稳工作。

6日 开发区沿江企业环境整治会议召开。

7日 开发区第六次“助学助困”慈善救助大会在城建文化馆召开。

8日 开发区召开高教园区高校校长、书记座谈会。

11日 开发区公安大楼开工典礼举行。

12日 开发区2011年春运工作领导小组成立，组长：何铨寿；副组长：董玮（安监局）等。

13~14日 开发区召开党工委扩大会议，传达贯彻市委十届九次全会精神，党工委书记、管委会主任盛成皿作题为《加快转型升级，推进科学发展，努力开创开发区“十二五”发展新局面》的报告。

18日 开发区公安工作会议召开，部署年度工作。

19日 开发区召开天然气电厂项目推进专题会议。

△杭州市防火安全委员会对开发区相关工作进行考核。

21日 开发区召开2010年度打造“国内最清洁开发区”暨城市管理工作会议。

23日 开发区管委会召开2011年企业新春团拜会，来自区内近600个企业的700多名负责人参加会议。

24日 开发区展示中心建设工作领导小组成立，组长：程锋；副组长：王勇。

25日 杭州松下家用电器有限公司延长合资合同正式签约。

△开发区举办外来务工人员新春团拜会。

27日 开发区召开2010年度总结表彰暨2011年工作部署动员大会，贯彻落实中共杭州市委十届八次、九次全会精神，部署2011年度工作任务，表彰2010年度开发区满意单位和先进个人。

△开发区招商局驻沪招商处被杭州市外经贸系统评为2010年度杭州市驻点招商优胜单位。

28日 开发区管委会机关迎春文艺晚会在浙江理工大学礼堂举行。

31日 开发区召开打造“食品安全示范区”工作部署会。

1月 由开发区地方志办公室编纂的《杭州经济技术开发区志（1990~2007）》和《杭州经济技术开发区图志（1990~2007）》出版发行。

1月 杭州市委、市政府授予开发区财政局局长左小元杭州市“勤政廉政好公仆”称号。

2 月

1日 开发区防火安全委员会更名为开发区消防

安全委员会，并对组成人员作出调整，主任：程锋；副主任：陈琪（公安分局）。

10日 《前进工业园区集中供热规划》获浙江省发改委批复，原则同意前进园区新建热源点的规划布局方案。

14日 杭州市副市长佟桂莉带队到前进工业园区调研，实地踏勘江东大道、西三路二期、青年汽车、丰乐路、市民中心等项目和工程。开发区管委会领导盛成皿等陪同调研。

△开发区破解企业“招工难”工作领导小组成立。组长：俞建国。副组长：楼配平（人劳局）。

15日 浙江省发改委主任崔凤军到前进园区调研，实地踏勘了江东大道等公建配套设施和部分产业用地区块，强调要按照现代化新兴城市的标准和适度超前的设计建设好城市公建配套，做精做优发展环境。

16~20日 开发区举办2011元宵灯会。

17日 前进工业园区指挥部新办公大楼（办事服务中心）正式启用。

△“IF杭州说明会”在开发区召开。会议由德国著名设计企业IF机构（International Forum Design）汉诺威国际论坛设计有限公司主办，杭州和达文化创意园管理公司承办。

△浙江省中医院血液病中心落户下沙院区（东方医院），标志国家中医临床血液病研究基地的学科建设正式启动。

18日 开发区全国“两会”期间信访维稳专项工作领导小组成立。组长：俞建国。副组长：李建平。

19日 开发区组织西门子（杭州）高压开关有限公司、东芝信息机器（杭州）有限公司、杭州松下家用电器有限公司等50余个区内企业，参加杭州市2011年春季人才交流会。

22日 开发区召开创建全国文明城市暨打造国内最清洁城市专题会议，传达市文明委全体扩大会议精神，研究部署开发区创建文明城市的准备工作，并提出6项工作要求。

23日 开发区召开2011年度经济工作会议，党工委书记、管委会主任盛成皿作题为《转型升级，科学发展，努力开创“十二五”经济发展新局面》的报告。

△江东大道二期工程正式通车，标志着江东大道全线贯通。江东大道即江东大桥东接线，全线长16.26千米，起点为江东大桥，终点为临江世纪大道，按一级公路标准设计，路基宽37.5米，双向6车道，设计行车速度80千米/小时。

24日 杭州市纪委副书记王叶林带领参加市纪委、监察局机关和派出机构干部读书会的200余名学员，到前进工业园区参观考察。

△开发区领导盛成皿等参加生物产业国家高技术产业基地建设领导小组会议，研究相关事宜。

△下沙街道新京集团项目签约仪式举行。

25日 浙江省发改委主任崔凤军带领参加省生物医药产业规划会议的代表30余人，到前进工业园区调研，并实地考察生物医药产业园。

28日 下沙单身青年教师宿舍开工建设。

2月 开发区组织部、人劳局获得2010年“全省人才交流工作先进单位”“杭州市劳动保障目标任务考核先进单位”等13项省市表彰，其中大学生创业的“下沙模式”被中共杭州市委组织部评为全市组织工作创新项目和优秀调研成果人才工作专项奖。

3月

1日 开发区首个免费婚前医学检查中心在下沙街道社区卫生服务中心挂牌成立。

2日 开发区移动4G网络建设推进小组成立，组长：程锋。

3日 华东国际商业城项目正式签约。该项目由下沙街道头格社区以10%留用地指标与浙江华东家具投资有限公司合作开发。

△浙江杭州出口加工区封关运作10周年（保税物流功能运作2周年）工作研讨会召开。杭州海关副关长曾马凯，开发区管委会副主任张学宁等出席会议。

4日 开发区召开2011年度综治、维稳、信访、拆违工作会议。

9日 开发区文海实验学校“省阳光体育后备人才基地”实施项目通过省、市体育局检查验收。

11日 杭州市政府督查开发区学前教育“1+4”文件落实情况。

△ 开发区管委会综合大楼、金沙湖隧道工程等十大工程集体开工。项目涵盖民生保障、工业经济、

现代服务业、楼宇经济、基础设施等领域，投资总额49亿元，建筑面积超过80万平方米。

△开发区2011年义务植树活动在沿江大道40米绿化带举行，委领导盛成皿、陈晨、俞建国、冯国明及300多名干部群众参加植树活动。

12日 开发区国家物流服务标准化试点工作领导小组成立。组长：陈晨。副组长：冯国明。

14日 由杭州市委组织部选派的9名市重点工程挂职干部到前进园区挂职锻炼。

16日 开发区社区建设领导小组成员作出调整，组长：俞建国。副组长：程锋、何铨寿。

18日 开发区党工委召开理论中心组学习会，传达全国“两会”及杭州市领导干部大会精神。委领导班子成员，委机关、前进园区指挥部、各街道、各直属单位主要负责人参加会议。

△开发区劳动模范评选委员会成立，主任：俞建国。

21日 杭州市副市长沈坚调研开发区食品安全整治工作，走访部分食品生产企业，检查食品安全工作情况。

23日 日本矢崎公司石间部长到访。

△开发区保密工作领导小组作出调整，组长：俞建国；副组长：李建平。

△开发区传媒文化创意产业园孵化中心企业入驻仪式在浙江传媒学院举行。

24日 开发区、江干区和建德市在建德体育馆联合举办区市协作人力资源交流大会，会上签订三地就业协作协议书和校企合作协议书。

25日 杭州市人大常委会副主任陈重华到开发区调研食品安全工作。

△开发区召开人口计划生育、国土资源、环境保护工作会议。

28日 开发区治理商业贿赂领导小组成员作出调整，组长：冯国明；副组长：王勇、虞付月。

△开发区文化市场管理暨“扫黄打非”工作领导小组成员作出调整，组长：俞建国；副组长：李建平、何铨寿。

29日 开发区、建德市区县（市）协作工作对接会在开发区市民中心召开。建德市领导陈春雷、董悦，开发区管委会领导盛成皿、陈晨等出席会议。

30日 默克集团亚太项目总监到访。

31日 前进工业园区在上海举办招商引资专场推介活动，邀请美国各州驻华协会、上海申英基建、安永中国等13个知名企业和商务中介机构参会。

△新加坡杭州科技园人才平台启动仪式举行。

3月 杭州出口加工区内的东芝信息机器（杭州）有限公司和杭州矢崎配件有限公司被杭州市政府评定为“2010年度杭州市外贸进出口100强企业”，并分别位居100强的首位和第4位。

3月 开发区6号大街综合整治、学源街综合整治工程获得杭州市建委主办的“西湖杯”优质工程奖。

4月

1日 开发区获得2012年度杭州市城区绿化养护管理考核“最佳管理奖”。

△开发区的杭州中肽生化科技有限公司等3个企业被杭州市人事劳动局认定为市级大学生企业实训基地。浙江三花汽车控制系统有限公司总经理王大勇等4人入选就业创业专家指导团导师。

△开发区召开文明城市创建工作专题会议，部署相关工作。

2日 开发区召开2011年度文化市场管理“扫黄打非”工作会议。

7日 开发区党工委副书记、管委会主任陈晨到浙江永康考察洽谈众泰项目。

△日本爱知株式会社社长佐藤则夫一行到访。

△开发区百千万“服务企业、服务社区”系列活启动仪式暨联合培养技能人才签约仪式在杭州职业技术学院举行。

△开发区召开2011年度公交工作意见征询会。

8日 前进工业园区汽车零部件产业研发孵化中心一期工程，商务、金融、产业办公楼主体工程以及江东六路等6个政府性投资项目集中开工；苏泊尔药业，亚德环保等6个招商项目集中签约。

△开发区管委会工作人员和松下集团员工到前进园区梅林大道西侧绿化带“中日友好森林”植树。

△中韩设计交流对接会签约仪式在开发区和达创意设计园举行。韩国设计振兴院与浙江省经济和信息委员会签约《设计合作框架协议书》；韩国设计企业协会与杭州工业设计协会签约《工业设计战

略合作框架协议》；韩国设计企业协会与杭州和达创意设计园签约《设计战略合作意向书》。

△开发区2011年“蓝领成才”职工素质教育工程推进大会召开。

11日 开发区第二次地名普查工作领导小组成立，组长：俞建国；副组长：袁月（社发局）。

△众泰汽车有限公司战略车型首次展示暨朗朗轿车批量交接仪式在开发区市民中心广场举行。

12日 开发区召开“创下沙先锋·争新城标兵”创先争优活动推进会。

13日 开发区创建全国文明城市领导小组成立，组长：盛成皿；第一副组长：陈晨；常务副组长：俞建国；副组长：冯国明等。

14日 开发区召开创建文明城市动员大会，贯彻落实市委、市政府有关工作部署和全市的目标任务。

△开发区科协组织召开生物医药产业发展院士专家座谈会。院士王威琪获开发区管委会颁发的聘书，成为第8位加入开发区院士专家工作站的进站专家；院士杨胜利与九源基因公司签订共建院士专家工作站的合作意向协议。

19日 中共湖南省委书记、省人大常委会主任周强率领湖南省党政代表团到访开发区，并考察娃哈哈集团公司。浙江省委书记、省人大常委会主任赵洪祝，浙江省委常委、杭州市委书记黄坤明等领导陪同考察。

△首届“下沙新城文明杯”主题辩论赛在浙江水利水电专科学校开赛，赛期至5月中下旬。

21日 国家物流服务标准化试点启动大会在开发区城建文化馆召开，来自中国计量学院、浙江工商大学、省标准设计院的专家学者和区内50多个物流企业的负责人参加会议。

22日 开发区招商选资综合评价体系工作领导小组成立，组长：张学宁；副组长：沈燕俊。

△深圳市重点民营企业考察团到访。

△杭州经济技术开发区国家生态工业示范园区建设规划论证会在北京召开，经环保部、商务部、科技部有关领导和专家审议，该项规划通过评审。

△浙江省人大常委会委员、教科文卫委员会副主任委员、中国工程院院士、省科协主席李兰娟一行，到开发区检查《中华人民共和国食品安全法》贯彻实施情况，现场检查杭州娃哈哈集团公司下沙基地，听取企业有关情况汇报，并与食品生产加工企业代表和开发区质监部门代表进行情况交流，提出加强食品安全管理的要求。

23日 开发区召开杭州生物产业国家高技术产业基地新药创建平台建设重大专项评审会。区内10个企业的20多个子项目参与答辩。

25日 开发区管委会领导冯国明、李建平与建德市领导对接有关城乡统筹、区县合作事宜。

△根据国家和省校园安保电视电话会议精神，开发区综治办、公安分局等部门组成联合检查组，开展中小学、幼儿园安保情况检查，实地检查6所中小学、幼儿园的安保设施、日常管理及食品卫生等情况。

27日 开发区创业训练营暨创业大赛决赛在浙江传媒学院举行。活动分项目初选、训练营初选、初赛、复赛、决赛5个阶段进行。

28日 开发区召开迎“五四”共青团表彰大会暨创建全国文明城市志愿服务队出征仪式，表彰2010年度共青团工作的先进集体和优秀个人。

△开发区在杭州东部国际商务中心工程现场，召开建设工程创建全国文明城市动员大会暨最清洁工地现场观摩会。

29日 开发区召开廉政和作风建设会议，党工委书记盛成皿在会上作《坚持以人为本，强化执政为民，以廉洁形象和优良作风为“十二五”发展开好局》的讲话，党工委副书记、管委会主任陈晨代表党工委与下沙街道、城建中心签订《2011年党风廉政建设责任书》。

4月 开发区获2009~2010年度杭州市无偿献血先进区、县（市）称号。区党工委组织部获杭州市无偿献血促进奖单位称号；杭州朝阳橡胶有限公司、浙江大安装饰件有限公司获“杭州市无偿献血先进单位”称号。

4月 据海关总署统计公布，浙江杭州出口加工区内企业东芝信息机器（杭州）有限公司入选2010年中国出口100强企业。

5月

3日 杭州市人大常委会副主任徐祖萼到开发区指导人大工委建立工作。

△开发区党工委副书记、管委会主任陈晨到香港出席加多宝项目签约。

△开发区与江干区、建德市青年代表举行三地共青团城市统筹团建五年协作计划启动仪式。以推动“组织共建、创业共扶、文明共育、爱心共献”的城乡团建一体化工作。

5日 开发区党工委副书记、管委会主任陈晨到建德市对接区、县(市)合作工作。

7日 开发区党工委召开市委巡视组巡视意见整改情况汇报会。

9日 开发区推进社会管理创新工作领导小组成立，组长：陈晨；常务副组长：俞建国；副组长：李建平、何铨寿。

△开发区国家卫生城市复评工作领导小组成立，组长：陈晨；第一副组长：俞建国；副组长：程锋、何铨寿。

10日 开发区党工委副书记、管委会主任陈晨到开发区招商局驻沪招商处调研，并走访上海商务中介机构。

12日 作为杭州市接受“国家卫生城市”省级复评工作组全面检查的内容之一，杭州市病媒生物防治和传染病防治专项组对开发区“除四害”工作和流动儿童预防接种工作进行专项检查。

13日 开发区资产经营集团公司主办的《和达报》创刊发行。

16日 开发区创先争优活动领导小组作出调整，组长：盛成皿；副组长：陈晨、俞建国、冯国明。

△开发区年鉴编纂领导小组成立，组长：俞建国；副组长：林水荣。

△国家外汇管理局综合司领导调研杭州出口加工区。

19日 开发区召开机关党建工作暨党务知识培训会议，市直机关党工委组织处处长陈永法以《知行合一，创先争优》为主题作辅导报告。

21日 开发区第四届职工运动会在杭州电子科技大学体育场开幕。该届运动会以“快乐工作、健康生活”为主题，竞赛项目分为广播操、趣味运动会、长跑接力等全民项目和足球、乒乓球、羽毛球3个竞技项目。

22日 开发区举行爱情主题公园落成典礼暨“我爱下沙，情定怡乐园”爱情联谊会。

23日 杭州市副市长佟桂莉调研开发区企业发展情况。

△开发区十大工业项目集体开工。开工项目有“顶益”“娃哈哈”“九阳”等追加投资、扩大规模的企业，也有“华银视讯”“杉杉科技”“曙光科技”“史陶比尔”等高科技企业。

△开发区管委会通知，确定中国电信股份有限公司杭州市分公司下沙分局等134个企事业单位为开发区治安保卫重点单位。

△开发区干洗行业挥发性有机物专项整治工作领导小组成立，组长：程锋。

24日 开发区与江干区、建德市合作举办城乡统筹、三方产业对接专场推介会，共同签署《2011招商引资产业对接协作协议》

25日 日本神钢精密机械(杭州)有限公司董事长黑田清和一行到访。

△下沙高教园区举行第八届大学生文化艺术节开幕式暨纪念中国共产党成立90周年党史理论知识竞赛。

△开发区重金属专项整治工作领导小组成立，组长：程锋；副组长：马佳骏。

27日 浙江省委常委、杭州市委书记黄坤明考察开发区中高柴油机有限公司。

31日 杭州市委副书记叶明到开发区调研文化创意产业发展情况，走访考察杭州和达创意设计园和杭州下沙电子商务园内的部分企业。

5月 开发区资产经营集团公司获浙江省“五一劳动奖”。

6月

1日 开发区城乡统筹发展工作领导小组作出调整，组长：盛成皿；第一副组长：陈晨；常务副组长：冯国明；副组长：张学宁、施水祥、程锋。

△纪念中国共产党成立90周年开发区中小学生文艺汇演在中国计量学院举行。

2日 开发区公务用车问题专项治理工作领导小组成立，组长：俞建国。

3日 首届“下沙新城文明杯”高教园区文明城市创建主题辩论赛落幕。14场比赛历经46天，浙江财经学院辩论队获得“下沙新城文明杯”。

8日 台湾统一集团总裁林苍生到访。

△开发区实施地下有限空间作业中毒事故应急救助演练。

9日 中国美国商会会长孟克文率代表团考察开发区。

△浙江省中医院下沙院区10周年庆典在开发区城建文化馆召开。

10日 杭州市人大常委会组织由市、区（县、市）两级人大和部分人大代表参与的调研组到开发区调研学前教育工作。

△开发区建设工程消防安全应急救援和应急疏散演练现场观摩会在高科技企业孵化器二期工地举行。

12日 开发区举办“锦绣下沙”——浙江省开发区纪念中国共产党成立90周年红歌合唱汇演，来自温州、宁波等全省各地开发区的16支队伍参加。

△开发区首届残疾人趣味运动会在杭州电子科技大学举行，有80余位残疾人参加车轮大战、投石寻宝等7个项目的比赛。

14日 开发区召开深化作风建设治庸治懒治散“效能亮剑”专项行动动员大会，党工委书记盛成皿作报告，纪工委书记林水荣作专项行动部署。

△开发区开展征地与房屋拆迁安置信访突出问题专项治理工作领导小组成立，组长：陈晨；副组长：俞建国等。

15日 开发区防汛防台指挥部召开全区“三防”及气象灾害防御工作专题会议。

△开发区管委会批复同意开发区消费者协会有关人事、章程、迁址等事项变更。

17~19日 开发区管委会及浙江海正药业股份有限公司、浙江万马药业有限公司、杭州天龙药业有限公司、旭化成医疗器械（杭州）有限公司、浙江易邦生物技术有限公司、杭州九源基因工程有限公司6个企业代表一行28人，组团参加在深圳举办的第五届中国生物产业大会。开发区作为杭州生物产业国家高技术产业基地核心区设展，展示企业的核心产品和最新成果，并开展成果转化、技术合作方面的交流活动。

17日 杭州横滨轮胎有限公司阳光屋顶光伏发电项目启动仪式在开发区举行。

18日 浙江省商务厅印发浙商开发〔2011〕188号文，杭州开发区以2010年度省级以上开发区综合考评第一的成绩受到表彰。

19日 开发区、下沙高教园区联合举办庆祝中国共产党成立90周年晚会。

20日 开发区的浙江华人数码印刷有限公司获“2011年中国服务外包100强成长型企业”称号。

21日 开发区企业安居工程领导小组成立，组长：陈晨。

△开发区推进企业上市工作领导小组成立，组长：陈晨。

22日 开发区召开德胜快速路、文汇立交工程及绕城高速公路南出口设计方案汇报会。

△开发区召开北部天然气电厂评审会。

24日 东芝信息机器（杭州）有限公司笔记本电脑生产量累计达到1000万台。

28日 开发区海关党总支被海关总署评为“全国海关先进基层党组织”。

△开发区“红色经典·传播文明”——百场红色电影“五进”（进机关、进学校、进社区、进企业、进工地）活动启动。活动为期两个月，展映《建党伟业》《建国大业》等红色电影10余部。

△开发区召开“三江两岸”环境保护与景观整治方案汇报会。

29日 开发区庆祝中国共产党成立90周年暨表彰大会在杭州电子科技大学活动中心召开。党工委书记盛成皿作题为《加强执政能力建设，永葆党的先进性，努力把开发区科学发展宏伟事业不断推向前进》的讲话。会议对开发区先进基层党组织、优秀共产党员、优秀党务工作者、闪光言行之星和劳动模范进行表彰。

△开发区推动十大产业发展领导小组成立，组长：陈晨；副组长：冯国明等。

△开发区节能工作领导小组成员作出调整，组长：冯国明；副组长：程锋。

△开发区有序用电工作领导小组作出调整，组长：冯国明；副组长：程锋。

7月

1日 开发区召开《杭州经济技术开发区年鉴》（2011卷）编纂工作会议，启动开发区首部年鉴编纂工作。

△前进工业园区召开梅林大道以东开发建设推进会，研究部署相关工作。

6日 开发区组团到法国、瑞士、奥地利开展招才引智活动，与法国海外留学人员创业者协会签订人才合作工作协议，成立“杭州经济技术开发区海外留学人才巴黎联络处”。

8日 开发区组织开展2011年IV级食品安全事故应急预案演练。

18日 开发区党工委书记盛成皿带队出席在上海国际会议中心举行的2011年杭州（上海）经济合作洽谈会暨第二届世界休闲博览会推介会。开发区参加洽谈引进中国澳门贺田房产项目、永赫新能源项目、亚德环保科技项目签约等招商活动。

20日 杭州市副市长佟桂莉到开发区调研半年度工作，实地考察“统一”“加多宝”及众泰汽车公司等企业。对开发区提出加快转型升级、加快江东开发建设、优化招商引资、加大固定资产投资、加强社会管理等要求。

△开发区“三江两岸”生态景观保护与建设工作领导小组成立，组长：陈晨；副组长：程锋。

28日 由开发区的中高柴油机有限公司制造的全球首台MAN8L27/38TierIIE3循环柴油机下线。

29日 开发区召开党工委扩大会议。学习贯彻胡锦涛总书记“七一”重要讲话精神，总结上半年主要工作。党工委书记盛成皿作题为《加快三大转型，推进创新发展》的报告。

8月

1~6日 开发区管委会副主任沈燕俊带队赴日本开展招商活动。其间，在东京召开投资说明会，走访横滨轮胎事业部、东芝株式会社日本总部等。

2日 开发区怡得乐（杭州）有限公司的蔡英在第三届杭州十佳HR（人力资源管理）经理人评选活动中，被评为“杭州优秀HR经理人”。

△开发区精神文明建设委员会组成人员作出调整。主任：盛成皿；第一副主任：陈晨；常务副主任：俞建国。

8日 开发区管委会领导冯国明、李建平参加浙江省军区农副业基地合作区域管理协调领导小组第一次会议。

12日 国家部委国家生态工业示范区调研团组到开发区调研。

16日 杭州市委组织部副部长戴文昌带队到开发区调研科技进步与人才工作。

18日 下沙街道杭铁社区成立。该社区的前身是浙江省第六监狱备勤生活区，地域面积约0.55平方千米，有居民1052户、2300余人。

19日 经浙江省军区后勤部和开发区管委会研究，杭州下沙军地园区管理服务中心成立。

22日 浙江省环保厅、省发改委等7个厅局联合对开发区进行海洋环境执法检查。

△杭州市城市区域统筹发展（新农村建设）工作督查组到开发区督查相关工作。

22~26日 开发区管委会领导张学宁、沈燕俊带队赴北京参加2011年杭州（北京）经济合作洽谈会及环渤海地区系列招商活动。

24日 浙江省副省长毛光烈到开发区调研工业设计基地建设工作，走访杭州和达创意设计园及部分工业设计企业，听取省市有关部门的工作汇报，强调要加强打造特色工业设计产业基地工作。

△开发区召开创建全国文明城市领导小组扩大会议。

△开发区文海实验学校与韩国新基小学结为友好学校。

25日 德胜东路改造提升工程开工。工程西起沪杭高速公路德胜立交收费站东侧，东至开发区文汇路西侧，全长约12.27千米，设计车速80千米/小时。

30日 开发区召开外贸促进和反走私工作会议，研究部署相关工作。

8月 开发区社发局开通杭州邵逸夫医院远程教育系统，开发区的卫生服务医务人员可通过该系统得到远程医学授课服务。

9月

1日 下沙电视台筹建领导小组成立。组长：柴志明（浙江传媒学院）、俞建国。

△国务院参事施祖麟一行考察开发区前进工业园区。

7日 浙江省发改委发文《关于杭州地铁1号线

下沙文泽路站至16号大街站段工程初步设计的批复》，标志着地铁1号线下沙缓建段工程建设进入实质性阶段，该路段总长约为5.45千米，设文海南路站、云水站、下沙江滨站3个站点。

△开发区慈善总会甘霖教育基金正式成立，首期捐款50万元。

8日 浙江省卫生厅副厅长王国敬到开发区调研卫生工作开展情况。

△由开发区投资企业协会主办的2011年投资企业中秋联谊酒会在沿江大道湿地公园举行。

13日 杭州市副市长佟桂莉到开发区检查安全生产工作，走访部分生产企业。管委会领导盛成皿、陈晨、冯国明陪同检查。

15日 开发区的杭州华银视讯科技有限公司、杭州钱江弹簧有限公司、杭州纸友科技有限公司、顾家集团有限公司4个企业经杭州市科技局、市经信委、市财政局等部门评审，被授予“杭州市创新型试点企业”称号。

19日 国际著名设计机构德国IF项目入驻开发区杭州和达创意设计园。该项目是杭州市文创产业重点项目，于7月通过审批，年扶持资金200万元，期限5年。

20日 中国生物医药国际化合作与发展论坛在开发区举办。来自美国加州大学代表团的17人和国内科研机构的专家学者，以及华海药业、海正药业、步长集团、华东医药等企业代表30余人参加论坛。

△开发区党工委副书记、管委会副主任冯国明出席在江苏镇江召开的国家级开发区综合发展水平评价大会。

21日 国家商务部公布《关于国家级经济技术开发区2010年投资环境综合评价情况的通报》，杭州经济技术开发区以453.6分的总得分在148个国家级开发区中排名第10位。

△杭州市委常委、萧山区委书记洪航勇到开发区前进工业园区调研。

△杭州市纪委副书记王叶林为开发区党员干部讲授反腐倡廉教育课。

22~23日 开发区党工委副书记、管委会主任陈晨到新疆阿克苏慰问开发区援疆干部，并考察阿克苏经济技术开发区。

22日 前进工业园区梅林大道4标段和丰乐路一期工程竣工验收。

27日 浙江省第八届全国残疾人运动会督查组到开发区考察指导相关工作。

28日 “天下游戏”展示交易中心在开发区开业，中国软件业协会游戏软件分会将“中国国际游戏机设备与软件交易中心”与“中国游戏与软件产业基地”授牌予杭州天下游戏科技经营管理有限公司。

△开发区召开“诚信民营企业”“诚信工商户”表彰会。

9月 开发区中高柴油机重工有限公司、浙江三花汽车零部件股份有限公司、顾家集团有限公司、浙江华人数码印刷有限公司等7个企业的研发中心被杭州市科技局认定为市级高新技术研发中心。

10 月

8~10日 开发区管委会组织23个单位（部门）的672名党员干部参观杭州市反腐倡廉成果展览。

9日 国际知名牛仔服品牌Lee cooper授权签约仪式暨发布会在开发区举行。该品牌大中华区域销售总部和全球研发中心落户下沙街道文化中心写字楼，运营方为立酷派服饰（中国）有限公司。

△开发区党工委召开理论中心组学习会，贯彻落实浙江省政府关于加强政府自身建设电视电话会议及杭州市贯彻落实会议的主要精神。

10日 国家3个部委正式联合下发批复，同意杭州经济技术开发区建设国家生态工业示范园区。

△前进工业园区首批3个20千伏电力开闭所工程开工，地点分别位于万轮项目、汽车零部件产业园二期和苏泊尔项目地块。

11日 开发区管委会领导张学宁、詹国平出席2011年西湖博览会外商投资项目签约仪式。

13日 开发区党工委书记盛成皿在中国保税区出口加工区协会第二次会员代表大会上再次当选为常务理事。

13~16日 开发区党工委书记盛成皿出席赴西藏慰问杭州援藏干部活动。

13~15日 开发区党工委副书记、管委会主任陈晨到国家发改委开展项目对接工作。

14日 开发区召开批而未供、供而未用土地清理专题会议。

16日 杭州市发改委主任、大江东产业集聚区管委会主任高乙梁一行到前进工业园区调研重大项目建设情况，实地考察园区的城市综合体、众泰汽车、华电天然气热电等项目建设现场。

16~25日 杭州市文海自行车队在第七届全国城市运动会场地自行车比赛中，获得1金、1银、2铜的成绩，其中马进获女子争先赛冠军。

17日 开发区管委会召开下沙电视网建设推进工作协调会。

18日 香港特别行政区政府驻上海经济贸易办事处投资推广总监陈婉贞一行，访问开发区的杭州市高科技企业孵化器园区。

21日 博世包装技术公司新厂房扩建落成并启动生产。该公司为世界知名的包装及加工技术整线系统供应商。

22日 开发区港台企业工会联合会召开理事会换届大会。会议通过上一届理事会工作及财务报告，选举产生第三届港台联合会理事会成员。

22~23日 开发区第七届中小学运动会在文海实验学校举办。

23日 开发区举行“我爱下沙”集体婚礼，共有66对新人参加活动。

25日 开发区召开浙江省第15个环卫工人节庆祝表彰大会。

26日 日本东芝公司江口董事一行到开发区访问。

△首届世界浙商大会的100余名代表考察前进工业园区。

27日 瑞士信贷银行投资访问团一行到访。

28日 开发区召开环保应急仓库建设和物资管理专题会议。

31日 开发区党工委召开理论中心组学习会，传达贯彻中国共产党十七届六中全会和全市领导干部会议精神。党工委书记盛成皿要求切实把全会精神贯彻落实到开发区文化事业发展和经济社会发展的实践中去。

△开发区人力资源输入（培训）基地签约授牌仪式举行。

△开发区管委会副主任张学宁参加第四届杭州国际服务外包商务发展年会。

10月 开发区的中能汽轮动力有限公司、杭州士兰明芯科技有限公司被国家科技部认定为国家火炬计划重点高新技术企业。

10月 开发区的浙江华人数码印刷有限公司、杭州九源基因工程有限公司等8个企业获得国家火炬计划项目立项；杭州华银教育多媒体科技股份有限公司的华银多媒体交互式学习一体机II型获得国家重点新产品计划项目立项。

11 月

2日 杭州市副市长沈坚到开发区调研默沙东项目。

△开发区流动人口服务管理领导小组成立，组长：俞建国；副组长：李建平。

7日 开发区党工委副书记、管委会主任陈晨出席浙江省政府召开的福特项目推进工作专题会议。

8日 开发区党工委书记盛成皿出席在广州市召开的国家级开发区和边境经济合作区工作会议。

△开发区党工委副书记、管委会主任陈晨出席杭州国际人才交流与合作大会开幕式。

△开发区公安分局举办“问计（续）于民大走访”警营开放日活动暨“亲民平台”建设启动仪式。

8~9日 开发区组团参加2011年浙江杭州国际人才交流与合作大会。开发区作为承办方，举办四大子活动之一“2011浙江·杭州生物医药国际人才交流与合作论坛”。

11日 中共中央委员、全国人大财经委副主任委员、浙江省前省长吕祖善率浙江省政府副秘书长刘援利、发改委副主任何中伟等领导到开发区考察三花杭州工业园，听取工作汇报。

△开发区管委会副主任詹国平出席在宁波召开的首届中国海洋经济洽谈会。

13日 开发区第二届篮球赛闭幕。该届联赛于10月22日开赛，23支队伍经过62场比赛，开发区消防大队代表队等8支球队获得名次。

15日 开发区召开2011年“公述民评”大会。

18日 开发区总工会举办2011年工会干部大讲堂。浙江省当代国际问题研究会副会长、博士渠长根作《以中日关系为视角漫谈当前国际形势》讲座。

△开发区杭州神钢建设机械有限公司举行万台

扩建技改工程竣工庆典。

19日 开发区星尚城开业。星尚城位于开发区4号大街，经营面积约1万平方米，是盛泰名都中心的组成部分。

22日 新加坡高级政务部长傅海燕一行到开发区参观考察。

23日 开发区政府质量奖评审委员会成立。主任：冯国明。副主任：虞付月（委办）、陈其松（质监分局）。

28日 开发区召开2012年工作思路务虚会暨创先争优蹲点调研问题汇总专题研究会议。

△开发区创建文明示范农贸市场工作领导小组成立。组长：冯国明。

29日 开发区党工委批复，同意设立中共杭州经济技术开发区国家税务局机关委员会，隶属中共杭州经济技术开发区机关委员会。

△开发区反（打击）走私综合治理工作领导小组成立，组长：张学宁；副组长：徐伟英。

△开发区召开2011年度星级文明市场授牌暨2011年市场诚信经营者表彰大会。

12月

1日 浙江省人大常委会副主任、浙江大学党委书记金德水，杭州市人大常委会主任王国平、副市长陈小平一行到开发区调研新医院合作建设工作。

2日 杭州下沙军地园区管理服务中心揭牌成立。

△开发区召开建设工程安全生产暨民工工资支付保障动员大会。

5~7日 开发区党工委书记盛成皿带队赴武汉，就加强和创新社会管理等方面问题进行考察学习。先后考察武汉开发区薛峰社区和武汉市常青花园社区，实地走访社区行政服务中心、老年大学，并与武汉开发区及相关单位召开座谈会，交流工作情况及经验。委领导俞建国、程锋、何铨寿陪同考察。

6日 浙江省副省长龚正到开发区调研台商企业生产经营情况。管委会副主任张学宁陪同调研。

△众泰汽车杭州生产基地Z300新车型下线。

8~10日 开发区党工委副书记、管委会主任陈晨带队赴广州开发区学习考察产业发展、转型升级、招商引资和城市建设等工作，考察广电运通金融电子股份有限公司、科技企业加速器和广州国际体育演艺中心。委领导施水祥、程锋、詹国平等随同考察。

9日 杭州市创建充分就业城市领导小组第四考核组到开发区，检查验收2011年度充分就业区创建工作。

14日 浙江省委常委、杭州市委书记黄坤明到开发区调研投资和重点基础设施项目建设情况。管委会领导盛成皿、程锋陪同调研。

15日 江干区政协到开发区进行工作对接，委领导俞建国参加有关会议。

16日 开发区建设浙江省特色工业设计基地试点工作领导小组成立，组长：冯国明；副组长：董玮。

26日 开发区党工委发文表彰“下沙新城·文明之星”，陈柏根等80人被授予文明之星。

△开发区社会建设和社会管理工作委员会成立，主任：盛成皿；第一副主任：陈晨；副主任：冯国明等。

27日 开发区解决基本养老保障遗留问题工作领导小组成立，组长：陈晨；副组长：邵立春。

28日 杭州市编制办公室到开发区进行工作对接，党工委副书记邵立春出席有关会议。

△开发区人力资源服务协会成立。

29日 开发区管委会召开天然气热电项目推进工作会，研究部署相关工作。管委会领导陈晨、冯国明出席会议。

31日 开发区管委会召开会议研究2012年经济发展政策等工作。管委会领导盛成皿、陈晨、冯国明、王永芳等出席会议。

12月 开发区经济发展局被浙江省经济和信息化委员会授予“2011年浙江省技术创新先进单位”称号。

注：“△”表示同日

工 业

·工业综述·

【工业产值与销售双超1500亿元】2011年，开发区工业经济平稳增长，全年完成工业总产值1511.35亿元，比上年（指2010年，下同）增长13.75%；完成工业销售产值1511.67亿元，增长13.51%。全区规模以上工业企业281个，完成规模以上工业总产值1499.99亿元，增长15.51%；完成规模以上工业销售产值1500.23亿元，增长15.25%。

优势产业不断壮大。全区规模以上工业中，机械制造、电子通信、食品饮料、生物医药四大主导产业工业销售产值合计完成911.97亿元，占全区规模以上工业销售产值比重的60.8%，其中机械制造业365.75亿元、电子通信业286.85亿元、食品饮料业223.90亿元、生物医药业35.47亿元，比上年分别增长14.62%、7.37%、11.81%、14.97%。

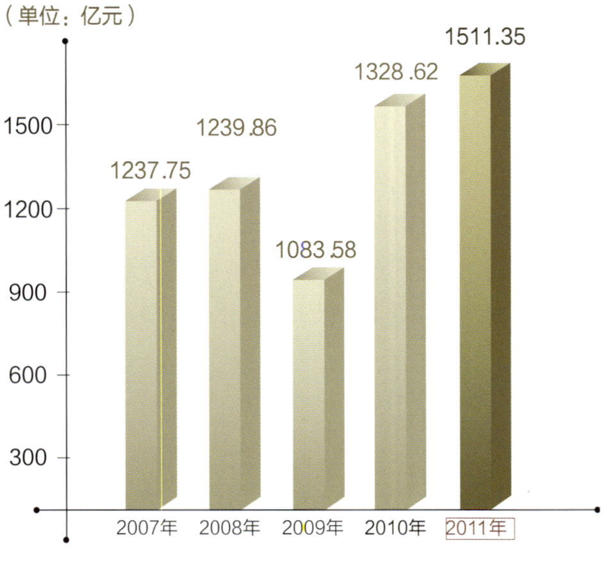

图1　　2007~2011年开发区工业总产值对比图

新兴产业发展速度加快。汽车及零部件产业实现规模以上工业销售产值417.02亿元，比上年增长27.21%，占全区规模以上工业总量的27.8%；新能源产业实现规模以上工业销售产值11.7亿元，增长16%。列入杭州市十大产业的装备制造、生物医药、新能源、节能环保和物联网五大产业共实现规模以上工业销售产值680亿元，占全区规模以上工业销售产值比重的45.3%。

大企业大集团支撑作用明显。全年新增销售产值超1亿元以上企业14个，累计176个，占全区规模以上工业企业总数的62.6%；"3366812"工程重点培育的38个大企业大集团实现销售产值1216.12亿元，比上年增长15.59%，产值占全区总量81.06%。其中，杭州中策橡胶有限公司、杭州中能汽轮动力有限公司、杭州横滨轮胎有限公司、杭州安费诺飞凤通信部品有限公司等11个大企业大集团增速达30%以上，引领全区工业经济发展。

▶▶资料："3366812"工程

"3366812"工程是开发区管委会2010年初启动的培育发展大企业大集团三年行动计划。具体为：截至2012年末，培育形成年销售产值10亿元以上的企业38个，即"3个双百亿元企业、3个百亿元企业、6个50亿元企业、6个30亿元企业、8个20亿元企业、12个10亿元企业"的大企业大集团梯队，简称"3366812"工程。

2011年开发区主要工业产品产量产值情况

表8

产品名称	单位	2010年	2011年	增长（%）
软饮料	万吨	216	303	40.28
其中：碳酸饮料	万吨	20	22	10
含乳饮料	万吨	22	28	27.27
饮用水	万吨	35	44	25.71
化妆品	亿元	51	66	29.41
高压开关	台	1 916	1 965	2.56
电力电缆	万千米	13 756	16 218	17.9
医用导管	万套	12 395	12 220	-1.41
发电量	万千瓦时	33 421	25 717	-23.05
化学纤维	吨	35 856	35 844	-0.03
轮胎外胎	万条	3 486	3 848	10.38
方便主食品	万吨	28	22	-21.43
笔记本电脑	万台	157	155	-1.27
集成电路	万块	127	145	14.17
电工仪器仪表	万台	161	187	16.15
电饭锅	万个	66	95	43.94
化学农药制剂	吨	6 961	6 434	-7.57
改装汽车	辆	985	1 018	3.35

主要产品产量保持增长。全年生产软饮料303万吨，比上年增长40.28%；化妆品产值66亿元，增长29.41%；电力电缆1.62亿千米，增长17.9%；轮胎外胎3848万条，增长10.38%；电工仪器仪表187万台，增长16.15%；电饭锅95万个，增长43.94%。

【积极培育扶持企业上市】2011年，开发区10个企业启动上市，其中杭州电缆股份有限公司、杭州华银教育多媒体科技股份有限公司等6个企业完成股改，顾家家居股份有限公司进入上市辅导期。至年末，浙江三花汽车零部件股份有限公司、杭州澳亚生物技术有限公司等5个企业已被列入杭州市上市培育对象。开发区管委会大力鼓励企业加快上市进程，实行上市全过程扶持。分企业改制结束、取得上市申报材料受理函和完成股票发行上市3个阶段，按50万元、150万元、200万元分期给予企业奖励。

【实施企业技改项目113个】2011年，开发区加快产业调整，推进企业技术创新，共实施技术改造项目113个，完成技改投资37.3亿元，比上年增长18.2%。至年末，共有14个技改项目获得各级技改资助资金8343.2万元。其中，杭州和昇塑料制品有限公司新增年产67.93亿只塑料瓶盖和17.54亿支食品叉子技术改造项目、杭州安费诺飞凤通信部品有限公司完成年产3000万套手机超细同轴电缆技术改造项目、杭州中萃食品有限公司完成自动化立体库及配套生产辅助设备技术改造项目、浙江三花汽车零部件有限公司新增年产400万套汽车空调热敏传感调节器技术改造等项目竣工投产。技改促进产品转型升级，全区有12个产品获得省级工业新产品备案；7个产品通过省级工业新产品鉴定；1个产品获得“省级优秀工业新产品二等奖”；4个产品获得“杭州市优秀新产品三等奖”。

【扎实推进重点项目】开发区加强项目综合管理，推进项目建设。完成工业性投资51.5亿元，比上年增长15.3%。截至年末，新增建设用地项目总计52个，用地419.29公顷。推进重点项目建设，全年共确定市重点实施项目5个，区重点项目60个，明确开发区9大项目责任单位及职责，实行项目推进月度汇报制度。扎实推进工业项目促投产工作，以15个促投产项目为服务对象，发挥促投产工作小组的协调推进作用，及时解决项目建设中的问题。全年15个促投产项目的目标任务完成14个，目标达成率93.3%。开发区经济发展局（简称区经发局）获得“全市投资及重点建设项目前期工作先进单位”和“全市发展改革工作重点工程先进单位”称号。

【深化企业服务和激励机制】2011年，开发区充分运用省、市各级企业服务机制，加强开发区党工委、管委会领导联系服务大企业、大集团的工作机制，以及管委会机关联系服务1亿元以上骨干企业等长效机制，切实帮助企业解决实际困难，加快推进项目建设和企业培育工作。加强政策宣传引导，加大市、区两级政府制订的各类工业企业奖励政策和扶持政策的宣传力度，宣传重点产业（工业和信息化专项）发展资金项目申报和“十大产业”政策，引导企业加强投资，实现节能增效、转型升级，通过点对点的政策解析和申报指导，切实帮助企业用好用足各类政策。

1月，开发区修订完善《关于加快工业经济发展的若干政策（2011年度）》。2月23日，开发区召开2011年度经济工作会议，对符合2010年度奖励政策的237个企业及单位兑现奖励4883万元，涵盖工业、科技、现代服务业、文化创意产业、安全生产5类奖项共521个，其中192个工业企业共兑现奖金2963.49万元。

【十大工业项目开工】5月23日，在杭州经济技术开发区批准为国家级开发区18周年之际，十大工业项目集体开工。杭州顶益食品有限公司、杭州娃哈哈集团有限公司、九阳股份有限公司等进驻开发区后不断发展壮大的大企业，持续追加投资、扩大规模，3个新项目达产后年产值计划超过100亿元；开工的另7个项目是杭州华银视讯科技有限公司、杉杉（杭州）茶叶萃取科技有限公司、浙江曙光科技有限公司、史陶比尔(杭州)精密机械电子有限公司、杭州美迪凯光电科技有限公司、杭州苏宁电器有限公司、新加坡杭州科技园软件工厂一期，均为投资强度大、附加值高的高科技企业。

【节能降耗成效明显】2月，开发区修订出台《2011年度节能减排奖励政策》，下达73个企业清洁生产审核、69个企业电平衡测试开展的计划。至年末，有22个企业通过清洁生产审核，25个企业通过电平衡测试，18个工业企业的新建（含扩建、改建及技改）项目完成节能评估和审查工作。全区节能降耗工作成效明显，2011年万元GDP电耗下降3.5%，万元工业增加值综合能耗下降10.23%，顺利完成全市下达的节能目标。

【34个企业获工业企业信息化示范认定】2011年，杭州市工业企业信息化推进工作领导小组发布《关于公布杭州市信息化应用示范试点企业的通知（第九批）》，公布市第9批工业企业信息化应用示范、试点企业134个，其中示范企业40个、试点企业94个。开发区杭州士兰集成电路有限公司、杭州安费诺飞凤通信部品有限公司等6个企业被认定为杭州市工业企业信息化应用示范企业，占全市的15%；宏讯电子工业（杭州）有限公司、杭州天裕光能科技有限公司等10个企业被认定为杭州市工业企业信息化应用试点企业，占全市的10.6%。

【支持企业开拓市场】开发区继续支持企业开拓市场工作，全年组织区内杭州九阳小家电有限公司、德帕姆(杭州)泵业科技有限公司、杭州金鱼家电有限公司、杭州杰玛箱包有限公司、康师傅集团等企业参加长沙名优特展销会（5月）、物联网产业博览会（9月）、西部国际博览会（10月）、中国食品博览会（11月）、杭州市名优特产品展销会（12月）等国内大型展销会。开发区积极推动区内重点企业负责人参加2011年全国CEO高层论坛会，组织区内企业营销干部参加“中国市场营销总监”的资格论证培训班等活动，进一步拓展视野，扩展营销，发展生产。

【拟上市企业负责人沙龙活动】6月14～15日，开发区举办拟上市企业高层沙龙活动，杭州电缆股份有限公司等15个拟上市企业负责人就中国资本市场的发展趋势和企业上市筹备过程中的问题进行探讨和交流。活动现场，浙江证监局、杭州市金融办、国信证券股份有限公司、中汇会计师事务所、天册律师事务所、杭州凯鹏投资管理有限公司的专家进行上市辅导，讲授“企业改制上市财务相关条件”“企业改制上市中的法律问题”和“证监会最新审核动向及企业上市需关注的问题”等专题内容。浙江康盛股份有限公司介绍上市经验。活动为企业、专家、政府和上市中介机构之间构建起多元化交流平台，企业负责人在沙龙活动中获取信息，实现资源共享、优势互补的目的。

【力推“十大产业”企业政策导向】9月22日，开发区组织重点企业高层负责人沙龙活动，宣传贯彻重点产业（工业和信息化专项）发展资金项目申报工作会议精神及“十大产业”政策。杭州松下家用电器有限公司、三花丹佛斯（杭州）微通道换热器有限公司、杭州神钢建设机械有限公司、史陶比尔（杭州）精密机械电子有限公司、杭州安费诺飞凤通信部品有限公司、杭州士兰明芯科技有限公司、杭州世宝汽车方向机有限公司、龙焱能源科技（杭州）有限公司、杭州天裕光能科技有限公司等15个企业负责人参加。活动通过政策解析和申报指导，切实帮助企业用好用足政策，引导重点企业紧紧围绕“十大产业”加强投资；对开发区工业投资和技术改造拉动工业经济稳步增长的情况作了通报；从出台年度经济发展奖励政策和上市、租购房等专项内容方面强化政策导向，在深化企业长效服务机制和优化投资环境等方面介绍开发区相关举措；对“十大产业”政策的申报工作提出具体要求，指导企业准确把握全市发展“十大产业”的战略方向。

【工业企业与工业设计企业对接会】6月29日，区经发局在和达创意设计园召开工业企业与工业设计企业对接活动，15个工业企业、3所高校、4个工业设计企业和1个快速制造中心参加会议。高校设计学院代表、工业设计企业与工业企业进行对接座谈。中国计量学院、浙江理工大学和杭州电子科技大学工业设计系分别介绍高校设计资源和取得的成果，4个工业设计企业介绍自身的优势及成功案例。与会企业、高校参观了和达创意设计园设计企业和杭州先临快速成型技术有限公司，进行深入对接，初步达成合作意向6个。

【经发局获省技术创新先进单位】12月，区经发局被浙江省经济和信息化委员会授予“2011年省技术创新先进单位”称号。开发区以推进企业创新能力提升、加快产品结构调整和企业转型升级方面所取得的显著成效获得表彰。开发区全年有杭州电缆股份有限公司、浙江中财型材有限公司、杭州九源基因工程有限公司等44个企业申报44个技术创新项目，涉及先进装备制造业、节能环保、生物医药、新能源和传统类产业等领域，所有项目累计总投资约1.47亿元，可为开发区新增销售收入8.95亿元，新增利润1.15亿元，新增税金4783万元。企业在技术创新项目研发生产过程中，同时涌现出许多工业新产品的开发，如“中策橡胶”的防刺型电动车胎产品、“天明环保”的转动极板电除尘器、“顾家工艺”的应用气动升降和极限锁定技术制造的装置调节沙发等产品，这些产品均获得2011年度省市优秀新产品奖。

【“十大产业”政策宣讲会】9月15日，市经信委“十大产业”宣讲组到开发区进行政策宣讲，区内近100名企业代表参加会议。市经信委法规与产业政策处、汽车工业处、综合处、投资与规划处、技术进步与装备

2011年开发区十大开工工业项目情况

表9

项 目	投资额	占地面积（公顷）	建筑面积（万平方米）	概 况
杭州顶益食品有限公司新生产基地	1.5亿美元	24.67	25	项目位于开发区乔司区块，新建24条世界最先进全自动生产线，生产速度达500包/分钟/线，单日最大生产能力67万包/线。达产后年产方便面2.4亿箱，产值约106亿元。
娃哈哈启力奶粉、饮料生产基地	4亿元	11.87	14	项目位于开发区乔司区块，达产后年产值约100亿元。
九阳股份有限公司欧南多二期	8.63亿元	19.47	26	项目是九阳股份公司投资建设的大型小家电生产研发基地，位于开发区元成区块，集研发、生产、仓储、物流于一体，生产销售豆浆机、电磁炉、料理机、榨汁机、开水煲、营养煲、电压力煲以及家庭净水设备等八大系列100多款产品，完全达产后将实现年产值约100亿元。
史陶比尔（杭州）精密机械电子有限公司新厂房	5 800万美元	4.3	5	项目主要用于生产电子多臂机和太阳能连接系统，同时新增Deimo控制柜HW2700、2500和2900系列、组合接头连接系统QMC、MPS、MCS等项目。达产后可实现年产值超过12亿元，利税总额超过1.5亿元。
杭州苏宁电器有限公司OEM厂房	3亿元	6.8	10	项目位于开发区南部区块，意在对杭州及其周边地区电器商品实现采购、OEM生产、销售的一体化管理，并建立集采购结算、贴牌生产、物流配送等业务为一体的多功能区域总部基地，达产后年产值将超过10亿元。
浙江曙光科技有限公司	1.2亿元	1.8	3	项目位于开发区乔司区块，预计达产后年生产术后防粘连隔离膜40万片，各类医用导管约5000万根。项目建成投产后，预计3～5年后将运作上市。
杭州美迪凯光电科技有限公司	1.2亿元	2	3	项目主要从事光学元件、光电元器件的研发生产，产品应用于数码相机、数码摄像机、手机、投影机等高科技电子产品，预计达产后年产各类光学器材2亿套。
杉杉（杭州）茶叶萃取科技有限公司	2 000万美元	2.67	3.2	项目主要生产茶叶提取物、茶粉、液态茶产品、脱咖啡因茶。达产后将年产1000吨速溶茶粉、1500吨二氧化碳超临界萃取物。世界领先的3500升二氧化碳超临界萃取装置将使开发区成为亚洲最大的植物萃取生产中心。
杭州华银视讯科技公司	1.22亿元	0.96	3.4	项目位于开发区元成区块，主要生产自主知识产权的视频展示台、中控设备、录播设备、多媒体一体机、电子白板，手持终端等系列产品，预计达产后年产各类设备42万台。
新加坡杭州科技园软件工厂一期（B）	2.7亿元	2	8	项目位于新加坡杭州科技园内，建成后将为服务外包、金融后台、文化创意、软件研发、工业设计等企业提供优良的办公空间。

处分别进行政策解读，与会代表就相关项目申报事项及遇到的疑惑，与各职能处室人员作了交流。开发区企业积极申报，区经发局、财政局对所有申报项目初步审查，符合申报要求及条件的企业有58个，项目总数109个，申报项目投资额达到20.16亿元，经初步审定后的补助（奖励）资金总额达到2.64亿元。

【“数字企业”创建宣传会】9月14日，区经发局联合中国电信下沙分局，召开开发区“数字企业”创建宣传会议。浙江三花汽车零部件股份有限公司、杭州岛文机械有限公司等10余个企业参加会议。“数字企业”创建活动旨在通过经济和信息化政策的支持与引导，基于杭州电信市内覆盖面最宽的有线、无线网络以及信息化领域综合运营能力，整合多方资源，采取服务租用模式，为开发区企业基础通信网络、办公自动化、培训、安全管理、电子商务等全方位信息化需求提供“六个一”（一条互联网高速接入通道、一套语音门户平台、一套利用电信手机实现企业内勤管理系统、一个企业内部视频监控平台、一个企业数据通信内网、一套基于电信ITV的员工职业教育及娱乐系统）整体解决方案。通过方案的实施，实现以信息化促进企业生产经营管理的科学化、网络化和智能化的目标，帮助企业推进产品更新换代，带动产业转型升级，提升企业的经济效益和竞争力。

·机械制造业·

【机械制造业概况】2011年，开发区机械制造业实现销售产值365.75亿元，比上年增长14.62%，占全区总量24.38%；完成出口交货值86.45亿元，增长22.69%；实现利润22.06亿元。至年末，全区机械制造业有规模以上企业86个，集聚有杭州松下家用电器有限公司、伊莱克斯（杭州）家用电器有限公司、杭州可迈特电器有限公司等知名企业，形成洗衣机、燃气灶具、燃气热水器、吸尘器、电饭煲、温水座便器、饮水机、豆浆机、电磁炉等为主的家电产品结构；集聚有杭州中能汽轮动力有限公司、杭州中高发动机有限公司为代表的大型装备制造企业，有汽轮动力、船用发动机、数控机床等装备制造产业结构。

【松下家电公司延长合资合同】1月25日，杭州松下家用电器有限公司延长合资合同正式签约。根据新协议，杭州松下家电合资合同将再延续20年。浙江省原省长沈祖伦、省政协原副主席徐鸿道、杭州市副市长佟桂莉等出席签约仪式。杭州松下家用电器有限公司是由杭州金鱼电器集团与日本松下电器产业株式会社于1994年合资组建的，2006年5月搬迁至开发区松下杭州工业园。杭州松下家用电器有限公司注册资金30亿日元，投资总额53.65亿日元，占地面积12.4公顷，建筑面积13.13万平方米，拥有员工3500余人，主要生产经营洗衣机、干衣机、洗碗机及其零部件，洗衣机年生产能力300万台，是松下集团在全球最大的洗衣机生产基地。松下集团在开发区还设有杭州松下马达有限公司、杭州松下厨房电器有限公司、松下家电研究开发（杭州）有限公司等5个公司。

1月25日，杭州松下家用电器有限公司延长合资合同签约仪式
（黄健员 摄）

【中高柴油发动机通过省工业新产品鉴定】5月11日，开发区杭州中高柴油机重工有限公司生产的6L21/31中速柴油发动机顺利通过浙江省经信委组织的浙江省工业新产品专家鉴定。该公司生产的6L21/31中速柴油机功率为1290千瓦，转速1000转/分，具有模块化结构、流线

型无管道、低维护要求、大功率、低噪音、运行经济和低废气排放等特点，各项指标完全符合德国MAN技术标准，并一次性通过法国船级社（BV）的验收，填补了浙江省在此类柴油机领域的空白，具有非常好的市场前景。

【新型号循环柴油机下线】7月28日，全球首台MAN 8L27/38 TierⅡ E3循环柴油机在开发区浙江中高恩曼柴油机股份有限公司下线。在新品交付仪式上，台州宏大船业有限公司和启东道达重工有限公司现场签约11台MAN 16/24和MAN 27/38机器。该循环柴油机用做6650DWT干货船项目。截至年末，中高柴油机手持船机及电站订单达到105台，生产计划已排至2012年6月。大功率柴油机作为一种重大动力装备，在海洋工程、陆用电站机车、船舶、国防等领域使用广泛，是一个国家和地区装备制造业水平的重要标志。

【博世公司新厂房启用】10月21日，全球知名包装及加工技术整线系统供应商博世包装技术（杭州）有限公司新厂房扩建落成并正式启用。博世包装技术公司自2001年在开发区成立以来，始终秉承“根植本土、服务本土”的理念，在持续投资扩建与拓展业务的同时，通过制订本地人才海外培养计划，强化本土研发能力，不断开发出服务于本土客户需求的创新技术和服务解决方案。博世包装技术杭州工厂拥有约400名员工，年均生产400余台机器，已发展成为博世包装技术总部在亚洲最大的厂区。此次扩建的新厂房投资约900万元，新增1400平方米办公室，将新增员工约120人。

【新增年产1万台挖掘机产能】10月1日，杭州神钢建设机械有限公司万台扩建技改项目开始试生产。该扩建项目于2011年1月1日动工，7月1日工程竣工，8月1日开始设备安装。杭州神钢建设机械有限公司万台扩建技改项目属于杭州市重点技改项目，总投资1.1亿元，在原有年产能3500台液压挖掘机的基础上，通过扩建厂房、增加设备的方式，新增年产6500台液压挖掘机的生产能力，投产后生产能力整体扩充为年产液压挖掘机1万台，且挖掘机品种更加齐全和环保节能。生产能力的大幅提高，促进市场占有率进一步扩大。

【泰瑞机器公司入选行业10强】根据中国塑料机械工业协会公布2010年经济数据统计报告和评选2011中国塑机排名，泰瑞机器制造（中国）有限公司（简称泰瑞机器公司）进入“2011中国塑料机械制造业综合实力20强企业”和“2011中国塑料注射成型机行业10强”。泰瑞机器公司以“打造泰瑞精品”为主线，学习国外技术，开展产学研合作，以“节能、高效、高精度”的产品为方向，不断研发新品上市，提高产品竞争力，拓展国内外市场，真正形成拥有自主知识产权的核心技术能力和拳头产品。

【家电企业参展杭州名优特展销会】12月22日，由杭州市政府主办，市经信委承办的“2011杭州市名优特产品大型展销会”在浙江世贸国际展览中心开幕。该次名优特展销会汇集来自全市13个区、县（市）和经济开发区的近200个本土知名企业，展销面积达10万平方米，参展产品包括杭产家电、杭派服装、家居家纺、绿色食品、工艺美术等多类产品，涵盖传统名优特杭产品和新兴的杭州制造产品，全面满足百姓衣食住行等方面的消费需求。开发区组织区内杭州

7月28日，浙江中高恩曼柴油机股份有限公司举行新型号循环柴油机下线仪式（黄健员 摄）

金鱼家电有限公司、杭州松下家用电器有限公司、杭州金松优诺电器有限公司、杭州九阳小家电有限公司、杭州奥普卫橱电器有限公司等家电制造企业进行特装展销，取得良好的销售业绩。

·电子通信业·

【电子通信业概况】2011年，开发区电子通信产业实现工业销售产值286.85亿元，比上年增长4.4%，占全区比重达19.12%；出口交货值139.1亿元，增长2.3%；实现利润14.7亿元；完成税收9.32亿元，增长11%。其中，计算机及网络产品产值232.3亿元，增长7.98%，出口交货值113.7亿元，增长1%；实现利润11.8亿元，增长2%；完成税收7.4亿元，增长21.3%；占整个电子信息产业总产值81.3%，占全区比重的15.5%。至年末，开发区有电子通信规模以上企业43个，集聚东芝信息机器（杭州）有限公司、宏讯电子工业（杭州）有限公司、和利时自动化有限公司、士兰集成电路有限公司、杭州立昂电子有限公司、浙江华虹光电集团有限公司、怡得乐电子（杭州）有限公司、史陶比尔（杭州）精密机械电子有限公司、乐金大自然（杭州）记录媒体有限公司、杭州安费诺飞凤通信部品有限公司等企业，形成移动通信、集成电路、印刷电路板、记录媒体、控制系统为主的产品结构。全年，开发区有15个项目获杭州市信息服务业发展专项资助，资助金额401.33万元。

【电子通信产业技改力度加大】2011年，开发区电子通信产业企业实施技改项目20余项，完成投资5.24亿元。其中，东芝信息机器（杭州）有限公司笔记本电脑品质提升技术改造项目总投资5100万元，2011年完成投资2789.6万元，项目建成后预计新增年销售收入5000万元；杭州安费诺飞凤通信部品有限公司年产3000万套手机超细同轴电缆(Cable)技术改造项目总投资9000万元，2011年完成6311.48万元，项目建成后将形成年产3000万套手机超细同轴电缆的生产能力，预计可新增年销售收入7亿元；杭州士兰集成电路有限公司年产2万片显示控制和驱动芯片技术改造项目投资9384.26万元，项目建成后预计新增年销售收入1.75亿元。

【东芝（杭州）公司入选中国出口100强企业】4月，海关总署公布2010年中国工业企业出口100强企业榜单，出口加工区内的东芝信息机器（杭州）有限公司榜上有名，居中国工业企业出口第74位。东芝信息公司为进一步提高核心竞争力，自2009年开始，着手对市场结构和产业结构进行调整，从单一面向欧美、日本高端客户的定制机型，转为覆盖中高端机型；从单一的笔记本生产基地，转为覆盖手机、液晶电视主机板等数码产品的综合性生产基地。2011年，东芝信息公司实现出口交货值88.43亿元。

东芝信息机器（杭州）有限公司　　（顾一进 摄）

【中国国际游戏机设备与软件交易中心开业】9月28日上午，开发区举行中国国际游戏机设备与软件交易中心开业典礼。中国软件行业协会游戏软件分会将“中国国际游戏机设备与软件交易中心”和“中国游戏与软件产业基地”授牌予杭州天下游戏科级经营管理有限公司。天下游戏项目首期投入2.8亿元，规划设计建筑面积约5.5万平方米，二期项目经营运作投入约2亿元，致力于打造动漫游戏全产业链的综合性、资源性公众服务平台。

该项目的实施对开发区动漫、游戏产业整体提升和迅速做大做强起到推动作用。

【友科电子公司成功重启鸿源科技】1月起，鸿源科技（杭州）有限公司开始恢复生产。鸿源科技公司是生产线路板的高新技术台资企业，自2008年6月起，因企业资金链断链，公司陷入困境，全面停止生产。企业停产后2年内，由深圳市世银联投资担保控股集团托管，先后与深圳五洲电路板集团等多个企业协商重整方案，计划恢复生产。2010年6月，鸿源科技企业进入法院拍卖程序，由杭州友科电子有限公司购买。

杭州友科电子有限公司作为区内友嘉实业集团的子公司，在全面接盘鸿源科技后，迅速组织力量对鸿源科技进行设备检修调试及厂房全面装修，启用友科电子的全新标识。全面恢复生产后，拥有企业员工300余名，一期线路板产能达到1.8万平方米，二期多层线路板项目4月启动生产。至年末，实现销售产值5500万元，预计2012年达到1亿元以上销售产值规模。

【摩托罗拉股权变更】诺基亚西门子公司自2010年7月宣布并购摩托罗拉网络业务资产后，包括中国在内的摩托罗拉遍布全球的网络业务部门，积极推进与诺西的整合事宜。2011年4月30日起，摩托罗拉解决方案在 GSM、CDMA、WCDMA、WiMAX 和 LTE 产品与服务领域所有客户工作移交给诺基亚西门子通信有限公司。8月，杭州摩托罗拉移动通信设备有限公司将51%的股权转让给诺基亚西门子通信有限公司，公司仍持有杭州摩托罗拉49%的股权。

【参展中国电子信息博览会】4月21~24日，第五届中国电子信息博览会在浙江世贸国际展览中心举行，大会以“绿能·生活·信息”为主题，由商务部外贸发展事务局、浙江省经济和信息化委员会、浙江省政府台湾事务办公室、杭州市政府、中国台湾地区电机电子工业同业公会共同主办。展会充分展现物联网、云计算、三网融合、电子商务、智能机器人、智能电网、LED、光伏、智能生活等相关的技术、产品及应用方案，展示各种感知技术、现代网络技术、人工智能与自动化技术聚合与集成应用的成果，展览面积12万平方米，参展企业约200个。区经发局组织信雅达系统工程股份有限公司、杭州士兰明芯科技有限公司参展。在博览会举办的两岸LED产业发展论坛上，杭州士兰明芯科技有限公司总经理江忠永就两岸固态照明产业技术与应用商机、LED驱动控制技术发展动态与展望等发表主题演讲。博览会是促进电子信息产业交流合作的重要平台，更是两岸电子产业中极具国际贸易效益的平台。通过展览和论坛，加强两地企业交流，拓宽合作领域，实现优势互补。

【安费诺飞凤公司参展东京技术展】6月22~24日，第十五届机械要素技术展在日本东京举行，杭州安费诺飞凤通信部品有限公司作为参展商参加展览。展会上，安费诺飞凤展示了公司主打生产的4块功能产品，以Touch Panel为中心，对MCC、Hinge、Lens产品进行展示。通过展览会，安费诺飞凤接触到日本富士通、日本松下、韩国三星等公司，并详细介绍公司的产品，为进一步开展商务合作奠定良好的基础。

【电子企业参与专家分析会】3月29日，杭州市举办电子制造业专家分析会，会议邀请省信息产业厅、市信息化专家委员会，以及电子制造业各企业专家作交流发言。会议介绍杭州市电子制造业的现状和《杭州市电子信息产业“十二五”发展规划》编制情况，专家与企业代表深入分析杭州市电子制造业的优势、特色和重点，并从国内外发展背景、人才储备、企业家队伍建设、政策引导与落地等角度，提出意见和建议。开发区经发局组织宏讯电子工业(杭州)有限公司、杭州百富电子技术有限公司等4个企业参加分析会。

·食品饮料业·

【食品饮料产业概况】食品饮料行业是开发区特色产业，也是重要支柱产业，形成以软饮料（碳酸饮料、饮用水和茶饮料）和方便面为主的产品结构，主要有杭州娃哈哈集团有限公司、杭州百事可乐饮料有限公司、康师傅（杭州）控股有限公司、杭州中萃食品有限公司（可口可乐饮料）、杭州加多宝饮料有限公司等。2011年，全区食品饮料产业有规模以上企业27个，全年完成销售产值223.90亿元，比上年增长11.81%，占全区总量14.92%；完成出口交货值0.33亿元；实现利润17.36亿元。

【康师傅集团参展中国食品博览会】12月1～4日，以“创造客户价值与引领产业发展”为主题的2011中国食品博览会在宁波国际会展中心举行。该博览会是国家商务部重点培育的精品展会，自2005年落户宁波以来，已发展成为中国食品行业规模最大的龙头展会。该届食博会设置7个展馆，展览面积6万平方米，国际标准展位达3000个，汇聚国内众多食品品牌。

开发区康师傅集团以特装形式参展，展销的所有产品均由康师傅集团设立于开发区的子公司生产，包括杭州顶益食品有限公司的方便面系列、杭州顶津食品有限公司的茶饮品系列、杭州顶园食品有限公司的饼干系列、杭州味全食品有限公司的酸乳饮系列，杭州味全生技有限公司的婴幼儿奶粉系列等。

康师傅集团在开发区设有12个生产基地，除食品饮料企业外，还聚集杭州顶正包材有限公司、杭州和昇塑料制品有限公司、杭州秉信纸业有限公司、杭州禾康包装材料有限公司、杭州普罗星淀粉有限公司等原材料生产企业，总投资额达8亿元，员工1.5万人。全年康师傅集团实现销售产值173亿元，比上年增长7.84%。

杭州顶津食品有限公司自动化立体仓库

（顾一进 摄）

【两个企业商号被认定为浙江省知名商号】5月9日，浙江省工商行政管理局公布2010年度浙江省知名商号名单，全省共有105件企业商号被认定为浙江省知名商号，开发区杭州中策电缆有限公司“中策(电缆)”和浙江五丰冷食有限公司“五丰”两件商号上榜。企业商号被认定为“浙江省知名商号”，标志着增加一把法律“保护伞”，有利于企业做大做强。

▶▶资料：浙江省知名商号

企业商号，即字号，是指企业名称中除行政区划、行业或者经营特点、组织形式外显著区别于其他企业的标志性文字。浙江省知名商号的认定由省知名商号评审委员会根据《浙江省企业商号管理和保护规定》《浙江省知名商号认定办法》等规定负责评审，一年一次，有效期6年，自认定公告之日计算。认定因素包括：申请人的销售额、税收、市场占有率等主要经济指标在本省同行业中的排位；申请人近4年内遵守法律法规、诚实守信和承担社会责任的情况；相关公众或者行业对该商号的知晓和认同程度；该商号连续使用的年限以及被国家和省认定为老字号的事实；该商号宣传工作的持续时间、程度和地理范围；该商号的独创性和显著性；该商号知名的其他因素等。浙江省知名商号在本省范围内享有跨登记机关、跨行业的全方位排他性保护权利，他人申请登记的企业名称，其商号不得与浙江省知名商号相同或近似，有投资关系的企业之间另有约定的，从其约定。

【中萃食品公司SwireCokeOne系统上线】4月3日，杭州中萃食品有限公司SwireCokeOne系统上线使用。销售人员为客户下订单时能及时查询到产品库存，下单成功率明显提升，公司总部中央后台能清楚地看到公司每日销量即时数据的变化，使公司跨部门的沟通变得顺畅，实现业务前线和服务后台无缝衔接。跨经营地点的业务由于流程和数据的标准化无地域限制。新系统的上线，推动公司的销售前台、物流、财务后台的流程改进，促使系统与供应商和客户开始更紧密合作和流程整合，标志着杭州中萃食品有限公司成功地向世界级工厂迈出了第一步。杭州中萃食品有限公司在开发区投资总额2亿元，占地面积13.33公顷，年饮料生产能力8000万标准箱，拥有2万垛位立体自动货仓。

【5个乳制品企业领到新证】4月5日，浙江省质量技术监督局公布乳制品及婴幼儿配方乳粉企业生产许可条件重新审核结果，开发区杭州娃哈哈饮料有限公司、杭州味全生技食品有限公司、杭州味全食品有限公司、浙江省杭江牛奶公司乳品厂4个企业通过审核。浙江省质量技术监督局组织4个专业审查组，依据国家质检总局最新发布的《企业生产婴幼儿配方乳粉许可条件审查细则(2010版)》和《企业生产乳制品许可条件审查细则(2010版)》，按照新的审查细则和准入门槛，对全省已获得生产许可证的乳制品及婴幼儿配方乳粉企业重新审核生产许可条件。全省原有获证乳制品及婴幼儿配方乳粉生产企业35个，其中婴幼儿乳粉企业5个；新审核后，有乳制品及幼儿配方乳粉生产企业19个，其中婴幼儿乳粉企业3个。

·生物医药业·

【生物医药产业概况】开发区是杭州市打造“新药港”的主要基地，被认定为杭州生物产业国家高技术产业基地核心区。开发区生物医药产业主要以生物制药和中成药企业为主，企业技术含量高，发展潜力大，外向性强，主要生产高端生物医药产品，超过一半产品出口海外市场。截至2011年末，开发区拥有国家中医临床研究基地（血液病）、国家重点支持高新技术医药企业9个、省级以上医药研发技术中心5个。核心企业有杭州默沙东制药有限公司、眼力健（杭州）制药有限公司、浙江康莱特药业有限公司、浙江史密斯医学仪器有限公司、泰尔茂医疗产品（杭州）有限公司、杭州九源基因工程有限公司、艾博生物医药（杭州）有限公司和杭州下沙生物科技有限公司等，形成生物医药、现代中药、新型化学药物、新型医疗器械四大行业。全区生物医药产业有规模以上企业22个，全年完成销售产值35.47亿元，比上年增长14.97%，占全区总量2.36%；完成出口交货值29.76亿元，增长12.2%。

【开发区获批国家“重大新药创制”专项】4月23日，科技部“杭州生物产业国家高技术产业基地新药创制平台建设”重大专项评审会在开发区高科技企业孵化器召开，区内10余个生物医药企业共20余个子项目参与答辩。杭州生物医药国家高技术产业基地投资管理有限公司向与会专家介绍开发区“新药创制平台建设”课题获批国家“重大新药创制”专项的背景、评审会流程及评审标准。浙江省产学研领军人物、国内外生物医药行业专家和学者对参评项目进行详细了解和分析。结果23个子项目纳入“杭州生物产业国家高技术产业基地新药创制平台建设”课题。2011年9月，“杭州生物产业国家高技术产业基地新药创制平台建设”课题成功获批，核定获得中央财政资助资金2684.71万元。

▶▶资料：国家“重大新药创制”科技重大专项

国家“重大新药创制”科技重大专项是经国务院批准，由科技部组织，国家发改委、财政部、教育部、卫生部等11个部委共同参与制定实施的国家重大科技专项计划。全国人大常委会副委员长桑国卫任专项技术总师，卫生部和解放军总后卫生部为牵头单位，科技部设重大专项办公室实施管理，是中国医药科技领域有史以来规格最高、规模最大、社会关注度最高的重大科技专项。全国15个主要生物医药园区参与承担专项课题。

【国家中医临床血液病研究基地启动建设】2月17日，浙江省中医院血液病中心在下沙院区（东方医院）落户运行，国家中医临床血液病研究基地的学科建设正式启动。作为重点研究血液病的国家中医临床研究基地建设单位，浙江省中医院承载着国家级科研项目、中医临床研究、医疗教学等多项工作任务，近两年重点开展再生障碍性贫血和白血病两个病种的研究，学科建设稳步推进，在血液病研究领域内起到全国引领的作用。血液病中心移至开发区后，扩建床位30张，以满足患者的需求。

【国家高技术产业基地实验中心建成运营】11月1日至12月31日，杭州生物医药国家高技术产业基地公共实验中心投入试运行，试运行期间免费为区内生物医药企业提供服务。实验中心于2010年11月获得浙江省发改委立项批复，2011年2月启动建设，9月竣

4月14日，开发区召开生物医药产业发展院士专家座谈会（黄健员 摄）

工建成。中心由开发区管委会投资1800万元，由杭州生物医药国家高技术产业基地投资管理有限公司负责建设和运行管理，是创建六大生物医药园区和六大公共服务平台战略规划的第一步。生物医药实验中心位于杭州高科技孵化器内，一期建筑面积600平方米，投资1000万元，其中工程施工及相关投入130万元、仪器购置870万元。实验中心设置理化实验室、仪器分析室、核磁共振室、生物实验室、万级洁净区等功能区域，满足各类实验和检测需求。公共实验中心投入使用后，为基地内20余个企业提供800余项（次）检测和仪器使用服务，并与杭州培乐生物技术有限公司、杭州中肽生化有限公司建立长期合作关系，深受生物医药企业的好评。

【组团参加第五届中国生物产业大会】6月17～19日，第五届中国生物产业大会在深圳举行，大会以“培育生物产业，发展绿色经济”为主题。全国人大常委会副委员长桑国卫、国家发改委副主任张晓强、科技部副部长张来武等领导出席会议。来自美国、德国、加拿大和中国台湾、香港地区的企业，以及国内众多科研机构和知名生物企业组团参展，大会展览面积3万平方米。参与人数4.6万人次，突破历届展览规模。大会汇集中国科学院、中国工程院、中国医科院和农科院的最新技术成果518项，现场签署合作协议22个，签约金额282.28亿元。浙江省发改委、杭州市发改委、开发区管委会，以及浙江海正药业股份有限公司、浙江万马药业有限公司、杭州天龙药业有限公司、旭化成医疗器械（杭州）有限公司、浙江易邦生物技术有限公司、杭州九源基因工程有限公司5个企业一行28人组团参加大会。

开发区作为杭州生物产业国家高技术产业基地核心区，在展厅的中心区域特装设展，全面展示和宣传开发区在发展生物产业方面所取得的成果、生物产业中远期发展规划和产业优惠政策。参展企业在会上展示核心产品和最新成果，并与国内外同行就成果转化、技术合作等方面开展积极交流，浙江代表团还参加国家基地建设座谈会等相关活动。

【九源基因公司获批“院士专家工作站”】6月7日，杭州市院士专家工作站建设协调小组正式发文，批准杭州九源基因工程有限公司为2011年第1批“杭州市院士专家工作站”。为促进该公司在“十二五”期间抓住发展机遇期，区经发局（科技局）牵线搭桥，促成九源基因工程有限公司和中科院生物技术专家委员会主任委员、中国工程院院士杨胜利达成合作意向，聘任杨胜利为公司科学顾问。双方正式签约，继尔积极申报开发区首个企业院士工作站。该院士专家工作站的正式建立，对公司制定战略规划、加大创新力度、提升学术层次等具有重大意义。九源基因工程有限公司是国内仅有的几个销售收入超1亿元的生物制药企业之一，2011年实现销售收入2亿元，上缴税金近3700万元。公司还通过乌克兰、阿根廷、巴基斯坦、印度、埃及等11个国家的原料药及制剂注册，产品出口欧洲、南美、东南亚等10余个国家和地区。

【中国生物医药国际化合作与发展论坛】9月20日，中国生物医药国际化合作与发展论坛在开发区举办。论坛由中国医药企业管理协会国际化工作委员会联合开发区管委会共同主办，杭州生物医药国家高技术产业基地投资管理有限公司承办。论坛邀请包括美国南加州大学代表团在内的17名海外嘉宾和

10余位国内外行业知名专家、学者、企业家代表，以及浙江华海药业股份有限公司、浙江海正药业股份有限公司、步长集团、华东医药集团有限公司等15个国内知名生物医药企业和30余个区内生物医药企业负责人参加会议。

论坛组委会特别邀请中国医药企业管理协会会长于明德、华海药业副董事长杜军、美国南加州大学药政学院主任Frances女士和悉尼大学教授陈克俭博士等10位嘉宾，围绕“国际化合作与发展”进行主题演讲，由杭州市经信委对杭州市生物医药产业“十二五”规划进行解读。论坛期间，美国南加州大学代表团参观开发区生物医药产业基地和高教园区。论坛为国内外行业专家、学者及企业家搭建经验交流、成果分享和商业合作的良好平台，促进开发区生物医药产业接轨国际化。

·汽车及零部件业·

【汽车及零部件产业概况】2011年，开发区汽车及零部件产业完成销售产值417.02亿元，比上年增长27.21%，占全区比重27.8%；完成出口交货值 95.56亿元，增长14.82%；实现利润19.2亿元。至年末，开发区汽车及零部件产业有规模以上企业34个，有杭州益维汽车工业有限公司、杭州青年汽车有限公司为代表的汽车整车生产企业，以及杭州爱知工程车辆有限公司、杭州神钢建设机械有限公司等专用车辆生产企业；有杭州中策橡胶有限公司、杭州矢崎配件有限公司、杭州世宝汽车方向机有限公司、杭州三花汽车零部件股份有限公司、杭州飞亚电子有限公司、杭州钱江弹簧有限公司、杭州杭城摩擦材料有限公司、杭州泰明顿摩擦材料有限公司等汽车零部件企业，形成汽车、液压高空作业车、改装车、挖掘机、汽车用电子连接器、仪表、方向器、汽车桥、摩擦片等为主的汽车产业结构。

【福特汽车落户前进园区】10月27日，开发区管委会与长安福特马自达汽车有限公司签约长安福特马自达浙江（杭州）汽车项目。项目总投资75亿元，是开发区建区以来引进的最大工业项目，预计2015年投产，首期年产能为25万台乘用车。投资方为中国南方工业集团公司（世界500强）下属长安汽车集团（中国企业500强）、福特汽车公司（世界500强）和马自达汽车公司（世界500强）。该项目投产后，预计年产值1500亿元以上，对于开发区打造“千亿产业”，推动经济跨越发展具有重要的促进作用。

【汽车生产资质获批准】1月初，浙江省金华青年汽车制造有限公司乘用车项目通过国家发改委核准批复，同时获批的还有投资5.57亿元的项目研发中心。该乘用车项目位于开发区前进园区，总投资27.91亿元，建筑面积34.93万平方米。至年末，该项目冲压车间、焊装车间、涂装车间、总装车间4大生产部门以及相应的辅助设施、研发大楼、基础研究室等均在紧张建设中。

在工业和信息化部颁布的“车辆生产及产品（第221批）公告”中，众泰杭州基地轿车整车（型号为众泰Z200）生产资质获批准。众泰杭州基地已具备整车量产条件，获批后可以上牌和上市销售。至2011年末，众泰集团年产15万辆轿车项目在前进工业园区选定地块。

【众泰汽车首次实现批量出口】11月11日，众泰

众泰汽车生制造车间 （黄健员 摄）

杭州中策橡胶有限公司生产线 （顾一进 摄）

Z200HB型轿车出口阿尔及利亚、秘鲁的装车仪式在开发区举行。出口数量64辆，其中阿尔及利亚54辆、秘鲁10辆。这是众泰集团杭州基地在6月末首批8辆Z200HB车出口以来，首次实现批量出口。众泰汽车产品销售已覆盖中国各大城市及二、三线城市的近1000个网点，在中东、北非、南美、东南亚等70余个国家和地区实现销售，并已在印度、斯里兰卡、乌克兰、巴西等国建成组装工厂。众泰Z200HB汽车自4月实现量产并在全国上市后，已接到南亚、非洲、中南美洲的客户订单近1000辆。

【众泰新车型Z300下线】12月6日，众泰战略新车型Z300下线。Z300是一款1.5L的中型轿车，具有动力性、经济性、安全性和环保性等特点，整车排放达到欧Ⅳ标准，使用兼容平台，是一款绿色环保轿车。该车型是众泰首次涉足A级紧凑型车市场，布局未来车市的战略新车型。2011年，众泰汽车实现销售产值9.21亿元。

▶▶ 资料：众泰汽车杭州生产基地

众泰汽车杭州生产基地于2009年8月开工，规划产能9万辆/年，有员工900人。众泰Z200HB是该基地生产的主力车型，是在菲亚特汽车的设计生产平台上，结合中国消费者追求实用的消费习惯而设计的欧派经典两厢车型。

【三花汽车零部件公司获评省转型升级示范企业】1月，浙江三花汽车零部件有限公司被省工商局、省民营企业发展联合会评定为“浙江省百家转型升级引领示范企业”。三花公司是专业从事汽车空调器配件生产的制造型企业，拥有“专利示范企业”“国家重点支持的高新技术企业”“优势骨干企业”“最具成长型的中小企业”“社会责任先进企业”“和谐人事劳动关系先进单位”等多项荣誉称号。公司自投产以来，着力转型升级，不断加大企业技术研发、改造和设备投入，先后完成新增年产150万套、250万套、400万套“汽车空调热敏传感器”的技术改造项目。

【朝阳轮胎获评中国客车零部件十大品牌】9月15~17日，首届国际客车零部件展览会在武汉举办，在中国城市公共交通协会组织下，北京、天津、重庆、杭州、武汉等17个直辖市、省会城市的公交企业参展。大会评选产生中国客车零部件十大品牌，朝阳轮胎和玉柴发动机等10个著名客车零部件上榜，朝阳轮胎是唯一入选的轮胎产品。朝阳轮胎生产商杭州中策橡胶有限公司是中国最大的轮胎生产企业之一，公司采用国际先进的生产技术和轮胎制造、检测设备，致力于为中国公交系统研发生产节能环保、安全耐用、性价比高的客车轮胎产品。杭州中策橡胶有限公司已形成年产4050万套、1000余个品种规格汽车轮胎的生产能力，产品包括年产1100万套全钢子午线轮胎、2500万套轿车子午线轮胎、450万套斜交轮胎等，轮胎技术和生产能力在中国处于领先地位。

·新能源新材料·

【新能源产业概况】2011年，开发区新能源产业，主要拥有杭州立昂电子有限公司、史陶比尔（杭州）精密机械电子有限公司、杭州天裕光能科技有限公司、龙焱能源科技（杭州）有限公司、龙驰幕墙工程有限公司等14个企业，其中有规模以上企业3个。全年实现工业销售产值11.7亿元，比上年增长16%；实现增加值3.18亿元，增长18.6%。

6月17日，由杭州天裕光能有限公司研制生产、安装于横滨轮胎公司屋顶的光伏发电项目正式启用 （黄健员 摄）

【立昂电子公司项目列入市重大工业项目】2011年，杭州市经济和信息化委员会经过审核、筛选程序，在全市范围内共确定22个项目作为市领导联系的重大工业项目，开发区杭州立昂电子有限公司“新增年产36万片6英寸功率肖特基芯片技术改造项目”等3个项目入选。该改造项目是企业利用现有场地，通过进口离子注入机、光刻机、扩散炉、蒸发台等设备，购置激光打标机、空压机、纯水系统等国产设备，在现有生产线基础上实现新增年产太阳能专用肖特基芯片36万片的生产能力，达到年产54万片的生产能力。项目计划总投资6899万元，建成后预计可新增销售收入3.3亿元，新增利润6242万元，新增税金1100万元，创汇2000万美元。

【首个阳光屋顶光伏发电项目启动】6月17日，开发区内横滨轮胎有限公司阳光屋顶光伏发电启动。该项目投资300万元，太阳能电池组件安装总面积为1200平方米，覆盖厂区全部屋顶面积，总装机容量100千瓦，25年年均发电量约为9.2万千瓦小时，主要用于横滨轮胎厂区办公用电。项目年均减排温室气体二氧化碳约为130吨，与传统的火力发电厂相比，年均节约标煤约为37吨。项目采用的非晶硅薄膜太阳能电池组件，是由区内新能源科技企业杭州天裕光能科技有限公司研制生产。开发区积极鼓励企业实施低碳环保项目，发展绿色经济，杭州中策橡胶有限公司、杭州朝阳轮胎有限公司、杭州横滨轮胎有限公司等18个企业确定2011年对污染治理设施进行提升改造，总预算投资额3000余万元。

【商务部调研开发区低碳产业园区】8月29日，商务部外资司调研组到开发区调研低碳产业园区建设情况，实地考察三花中央研究院新能源技术建设项目、龙焱能源科技碲化镉太阳能电池项目。杭州三花研究院有限公司（原杭州三花科技有限公司）是三花控股集团2009年成立的科研类公司，分为中央研究院和自动化事业部两大部门，中央研究院是专注于新能源产品和技术研发的省级企业研究中心，主要研究开发的产品与技术有太阳能碟式热发电技术、新能源汽车空调、车用电子膨胀阀等。龙焱能源科技（杭州）有限公司自主研制开发碲化镉薄膜太阳能电池项目，9月正式投产。

【天裕光能新产品研发投产】12月，区内新能源企业杭州天裕光能科技有限公司自主研发的一款高品质薄膜太阳能电池“安普宝”成功投入生产。该公司专业从事非晶硅及其微晶硅薄膜太阳能电池组件的开发、生产和销售，为光伏行业提供高质量高标准的薄膜太阳能电池，同时也为客户提供定制的产品和服务。天裕光能公司拥有行业领军人才、较强的科研实力和先进设备，初步形成从薄膜太阳能电池及组件到光伏产品应用的产业链，在开发区经济发展和产业转型升级中发挥积极作用。 （陆 丹）

服务业

·服务业综述·

【开发区服务业全面发展】2011年，开发区大力营造促进服务业发展的良好环境，在加大外延型规模扩张的同时，着力提升服务业的内涵质量，服务业成为经济社会发展的重要组成部分。全年开发区服务业实现增加值87.2亿元，比上年（指2010年，下同）增长11%，占全区地区生产总值（简称GDP）的20.7%。全年实现社会消费品零售总额37.99亿元，增长19.7%；批发和零售业商品销售额144.38亿元，增长65.82%；住宿和餐饮业营业额7.61亿元，增长30.44%；三项指标的增长速度均高于GDP增速。

全年开发区新增服务业行业企业1034个，其中注册资金2000万元以上企业38个。引进德国IF机构等一批国际顶尖企业、米奥兰特会展等一批国内知名品牌。

2011年，开发区（国家服务外包产业基地城市示范区）获批国家级服务业试点基地；开发区（国家级物流标准化试点园区）获批国家服务业标准化建设试点项目；和达创意设计园项目列入服务业引导资金试点项目；高科技孵化器项目列入国家级企业孵化器；新加坡杭州科技园国家服务外包基地城市拓展区、浙江传媒学院国家动画教学研究基地拓展区成为杭州市国家级试点和基地拓展区；建成市级以上服务业集聚区——新加坡杭州科技园；杭州八方物流有限公司、杭州和利时自动化有限公司入选杭州市服务业100强企业。

【鼓励服务业发展政策】1月，开发区修订出台《关于鼓励现代服务业发展的若干政策（2011年度）》，鼓励发展现代物流、中介服务、金融服务等生产性服务业项目及商贸（零售）、旅游、文化娱乐、社区服务等生活性服务业项目，鼓励发展总部经济、楼宇经济。分别从地方财政贡献排名、区财政贡献增长、总部经济、制造业主辅分离、中介服务业、物流信息化、星级市场、名牌商标、标准化试点、重点项目等方面进行资助，鼓励相关产业发展。

【兑现服务业奖励600余万元】2月23日，开发区召开全区经济工作会议，会上对全区各类优秀企业和个人进行表彰和奖励，其中涉及服务业共兑现奖励资金673.9万元。浙江保利房地产开发有限公司、好易购家庭购物有限公司等6个企业获"年度突出贡献服务业企业"称号，上述企业负责人获"优秀服务业企业经营者"称号；杭州天天物美商业有限公司、北京埃顿酒店服务有限公司杭州分公司等6个企业获得企业财政贡献奖；杭州八方物流有限公司获得固定资产及信息化建设投入奖和品牌建设奖；杭州禾家酒店有限公司、杭州上牛餐饮有限公司获得品牌连锁企业发展奖；白杨投资管理有限公司获得企业优秀管理奖。18个企业分别获得31个不同奖项及相应奖励资金。

2011年，开发区加大财政扶持力度，对于限额以上的物流企业参与国家、地方产品技术标准制（修）订及开展实施国家标准化试点项目给予相应财政补助。杭州八方物流有限公司、杭州德邦货运代理有限公司、杭州和达物流有限公司、杭州龙润物流有限公司、杭州外海物流有限公司、杭州华商物流有限公司6个企业分别实施“国家物流标准化试点”、申报“地方标准起草单位”等不同形式的标准化建设。至年末，开发区管委会对上述单位合计兑现标准建设专项奖励45万元。

【服务业专项课题研究】为进一步理清开发区服务业发展的现状、方向、策略和思路，2011年，区经发局联合浙江工商大学有关专家，组成联合课题组，对全区各类服务业企业进行全面调研，编制完成《开发区服务业发展研究报告》和《开发区现代服务业发展“三年行动计划”（征求意见稿）》，对区内服务业产业发展现状作出分析，对开发区服务业发展工作明确重点和方向。

【服务业发展三年行动计划】2011年末，开发区制订首个服务业专项行动计划《开发区现代服务业发展三年行动计划（2012—2014）》，加快现代服务业发展步伐，提升服务业发展水平和层次，把服务业打造成为推动开发区经济持续快速发展的重要引擎。计划提出加快发展和提升现代商贸、金融服务、商务服务、科技服务、文化创意、现代物流、休闲旅游、社区服务八大重点产业门类；实现“五大指标”，即服务业增加值、服务业年均投资、全社会消费品零售额、服务业增加值占地区生产总值、服务业税收占财政总收入比重的全面增长；重点布局和构建“五区一中心”，即金沙湖国际商务商贸中心、文创产业集聚区、物流和专业市场集聚区、综合商贸集聚区、高新科技集聚区、休闲旅游集聚区的产业功能体系。

【再生资源回收监管】6月，开发区聚兴废旧物资回收有限公司通过杭州市贸易局、市工商局等部门参与的市级联合验收，成为开发区第1个市级再生资源回收体系试点企业，下辖数个小型网点。开发区积极落实回收企业经营备案制度，全年完成12个企业的备案登记。加强督促检查，至年末，开展集中整治检查6次，对发现问题多、整改不达标的企业作出不予备案，并建议暂缓年检的处理。注意应急事件反应处理，强调规范企业经营操作行为，杜绝污染事件发生。

【家电下乡和以旧换新】全年开发区积极做好家电下乡和以旧换新新设网点备案，以及销售记录审核和补贴发放的审核工作，开展网点督导检查，确保商品价格合理、标志准确、服务到位。至年末，开发区已备案家电下乡销售网点4个，累计销售家电产品1283台，成交额398.3万元。家电以旧换新网点7个，累计回收旧家电13.43万台，向消费者发放回收补贴237.5万元。全年全区累计销售家电1.47万台，总销售额4851万元，向消费者发放财政补贴资金193.6万元，对区域家电类产品消费起到促进作用。

▶▶资料：家电下乡销售

家电下乡销售指面向农村户籍消费者特定人群的消费惠民措施。一般优惠幅度为特定商品价格的13%。家电以旧换新指面向全浙江省户籍的消费者，在交回旧家电后，可在购买新家电时获得10%额度的以旧换新补贴。

·商贸流通业·

【商贸流通业概况】2011年，开发区城市功能进一步提升，商贸网络进一步健全，特色街区加速发展，城乡市场繁荣活跃。全区基本形成以4号大街、高沙商业街、学源街服饰街为轴，沿街商业点为链的商贸圈，以及以福雷德广场、金沙数码港、华元十六街区为中心的高教商贸带2个综合商贸集聚区，新增白洋桥美食公园、盛泰星尚城和东沙商业中心3个特色商业点。区内大学生创意集市、丰乐夜市和白杨美食城3条特色夜市街区经营走上正轨，发挥繁荣夜间经济、服务周边学生居民的作用。年末，区经发局被杭州市夜市建设工作领导小组评为“杭州市夜市建设和‘夜杭州’活动先进单位”。

【高沙商圈】至2011年末，高沙周边商圈有商贸企业近300个，分布业态有大型超市、餐馆饮食、足浴休闲、手机通讯、百货、服饰、美发、药店、眼镜、网吧、花店等。商业街（文渊路至景苑北路段）主要以餐饮美食为特色，各类餐饮占全部业态的1/3。该商圈位于开发区下沙街道东北部，下沙高教园区以西，德胜快速路以南，占地面积约2平方千米。商圈位于建设中的地铁1号线之高沙站辐射范围内，居住人口众多、交通便利，是开发区内发展较早、人气较旺的商业区块。

【4号大街商圈】至2011年末，4号大街周边商圈有各类业态的商业网点150余个，经营面积10.6万平方米，年销售额约8亿元，主要网点有物美超市、新美商城、下沙商贸城、福雷德广场、华元电影大世界、十六街区、鑫瓯大酒店、凯恩戴斯大酒店、文汇大酒店，以及建设中的五星级盛泰名都酒店。主要发展模式是发挥阳光星城、福雷德等大型商业楼宇作用，提供区域内居民的休闲、娱乐、健身和文化活动场所。该商圈是开发区最为成熟的商业街区，以购物、休闲、商务为特色，东起9号大街，西至1号大街，南至6号大街，北至学林街。其中，4号大街商业街全长1.6千米，商圈面积约2.5平方千米。

【大学生创意集市】下沙高教园区大学生创意集市自2008年5月营业以来，参与学生600余人。摊主多数来自下沙14所高校，也有中国美术学院、浙江工业大学的学生。其中，有学工业设计、艺术设计、服装设计等艺术类专业的学生，有学习工程机械、计算机编程、物理学等理工专业的学生，还有学习市场营销、会计、经济学等专业的学生。除专科生、本科生外，还有研究生48人。参与创业集市的学生社团有24个，社团社员轮流到集市摆摊体验创业。有在校大学生创意公司24个，产品主要以原创设计和个性定制为主，充分体现原创、创意、展卖的理念。3月2日起，大学生创意集市营业时间调整为每周7天，每天17：30至21：00。

▶▶资料：大学生创意集市

大学生创意集市位于下沙学林街浙江理工大学生活二区对面南侧段，自2008年5月起开始试营业，是由杭州经济技术开发区管委会发起，白杨街道投资管理，大学生创业企业下沙网负责日常运营管理的公益项目。创意集市坚持免费为大学生提供创新创业服务指导及实践摊位，旨在培育和挖掘当代大学生创新创业理念。2010年创意集市成为杭州市首批19个特色夜市之一。白杨街道先后投入近60万元，完善创意集市配套，提升创意集市品味。

【星尚城开业】11月19日，开发区星尚城商场举行开业仪式。星尚城位于4号大街505号，属于盛泰名都酒店项目的裙房组成部分，占地面积约1公顷。星尚城分上下两层，引进肯德基、一茶一坐、必胜客、屈臣氏等知名品牌，汇集时尚品牌、潮流服饰、特色百货等138户商户，引进欧美及日韩商业模式，融购物、休闲、娱乐为一体，进一步丰富开发区现有商业业态，打造体验式消费模式，适应高、中端客户需求。

4号大街商圈新美商城夜景　　（委办 供稿）

▶▶资料：盛泰名都中心

盛泰名都中心占地2.6万平方米，以五星级开元酒店为主体，包含酒店式公寓、住宅小区、星尚城商场等。整合商务、旅游、商业、居住等多元资源与功能，是开发区首个地标性综合体项目。

【韩国服装馆签约东沙商业中心】8月12日，韩国合三那株式会社上海合三那贸易有限公司与杭州东沙商业中心签约，双方将合作打造杭城最大的以“韩派服饰、韩流风尚”为主题的“韩国服装馆”。杭州东沙商业中心位于开发区天城东路（1号大街与4号大街交叉口以西），建筑面积4.3万平方米，韩国服饰馆位于东沙商业中心3层，营业面积约5000平方米。

【福雷德广场】至2011年末，福雷德广场有商户310户，中心面积4.5万平方米。设有地下超市、精品百货区、休闲餐饮广场、电器卖场和娱乐游戏世界等多种业态。已吸引苏宁电器、屈臣氏便利店、沃和超市、两岸咖啡、肯德基、必胜客、知味观、冰雪皇后DQ、许府牛杂、新远电影院等数十家品牌商家加盟。福雷德广场位于开发区学源街和文泽路交叉口西北角，东临高教西区生态公园，周边聚集杭州电子科技大学、浙江传媒学院等诸多高校。

【东东城项目建设】至2011年末，东东城项目与浙江时代电影大世界、外婆家、神采飞扬、顺旺基、禾绿回转寿司等知名品牌签订合作意向，项目预计2012年末开业。项目商业经营面积约2万平方米，位于10号大街多蓝水岸小区东侧。东东城项目作为开发区"2011年十大民生工程"之一，是沿江居住板块的首个大型商业项目，首创C-mall商业概念，即要打造成集Canteen餐饮、Close亲和、Carnival嘉年华式、Creative充满创意、Community邻里社区的地标性商业项目。

【奥特莱斯广场实现营业额7亿元】1月22日，奥特莱斯广场ARMANI(阿玛尼)折扣店正式开业，至此广场所有店铺全部开张营业。下沙百联奥特莱斯广场是百联集团有限公司打造的第2个奥特莱斯广场，占地面积近13万平方米，一期营业面积8万平方米，拥有能停放3000余辆机动车的大型停车场。奥特莱斯广场位于开发区北部启潮路199号，南靠下沙大学城，东临海宁钱塘江观潮区，距离杭州绕城高速公路下沙出口处2000米。奥特莱斯广场2010年6月26日营业，拥有260多个店铺、300多个品牌，集购物、休闲、餐饮于一体。2011年，实现营业收入7亿元。

·餐饮旅游业·

【台湾国际美食城落户】8月27日，浙江省餐饮协会、中华国际美食艺术协会（台湾）与东沙商业中心共同签约，两岸三方共同打造的台湾国际美食城正式落户开发区。台湾国际美食城总规模近5000平方米，位于东沙商业中心4楼，规划有美食档口20余个，餐位700余个，是集台湾小吃、精品店、水果饮料吧为一体的综合商业区域。

【特色美食街区】10月，开发区"白洋桥美食休闲园"正式营业，美食休闲园是集餐饮和景观为一体的景观公园，位于开发区6号大街与11号大街交叉口，周围6号渠及11号渠环绕，属于3号景观大堤重要段，南北向长约1000米，东北向宽约175米~200米，总设计面积约20万平方米，水面面积约2万平方米，绿地面积约14万平方米，建筑占地面积约7000平方米。美食休闲园业态定位为商务会所、各式餐厅、咖啡厅等，内设10幢特色餐饮会所，小来峰、长毛、阿正等下沙知名农家菜餐馆和小绍兴、四季汇、春夏秋冬等各色中高端特色餐饮陆续开业。白洋桥美食公园的建设，为周边居住配套和开发区的餐饮业发展注入了新的活力。

【酒店业起步发展】截至2011年末，全区拥有住宿酒店类企业（注册公司）17个，注册资本7058万元，

白洋桥美食休闲园入口　　（黄健员　摄）

总建筑面积13.4万平方米，实际经营面积9.2万平方米，上述企业年营业额1.12亿元。其中，星级酒店1个、综合性商务酒店5个、经济型酒店11个。区内一批高档酒店项目正在建设中，盛泰开元名都大酒店、希尔顿逸林酒店两个五星级酒店进入内部装修阶段。

【旅行社服务网点】截至2011年末，开发区有注册旅行社3个，分别是杭州好易购旅行社有限公司、杭州鼎盛旅行社有限公司、华宇旅行社有限公司。在开发区内经营和备案的旅行社分社两个，分别是杭州天缘国际旅行社有限公司下沙分公司和吉林省环球国际旅行社杭州分公司。

其他旅行社设立的各类服务网点有浙江省中国旅行社、杭州市中国旅行社、杭州东方海外旅行社、杭州西子旅游社、康泰国际旅行社、百事通旅行社等9处。主要业务类型涉及国内旅游、入境旅游和出境旅游业务，主要旅游目的地覆盖国内及东北亚区域。

【国际旅游访问点建设】2011年，具有开发区特色的工业旅游、文化旅游、休闲旅游等特色旅游逐渐起步。区经发局对区内下沙工业城、下沙大学城、玫琳凯亚太生产中心、娃哈哈下沙生产基地4处旅游访问点，积极开展日常联系、指导，做好优化参观访问路线，加强人员培训等工作。上述4处旅游访问点全年接待中外游客4000余人次，其中娃哈哈下沙生产基地和下沙大学城被杭州市旅游委员会评定为“2011年度杭州市优秀旅游访问点”。

【盛泰开元名都酒店签约】9月8日，浙江盛泰房地产开发公司与浙江开元酒店集团管理公司举行杭州盛泰开元名都大酒店全权委托管理合同签约仪式，双方合作打造五星级标准酒店——杭州盛泰开元名都大酒店。该酒店由浙江盛泰房地产开发公司投资建设，浙江开元酒店集团负责管理，酒店位于开发区中心商业圈，紧邻地铁1号线文泽站。酒店地面33层，地下2层，高139.8米，总建筑面积约6.5万平方米，总投资4.8亿元。酒店预计2012年开张营业。

▶▶资料：浙江开元酒店集团

浙江开元酒店集团是中国最大的民营高星级连锁酒店集团，位列最具规模中国饭店集团第2名、全球酒店集团50强，旗下拥有“开元名都”（豪华商务酒店）、“开元度假村”（豪华度假村）、“开元大酒店”（高档商务酒店）和“开元商务酒店”四大产品系列100余家酒店，客房总数逾3万间。

【前进园区首个星级酒店开工】4月8日，开发区前进园区商务酒店主体工程开工。该项目位于前进园区启动区块城市综合体一期地块，是园区规划建设的首个星级酒店。项目总投资2亿元，用地面积约2公顷，建筑面积5.2万平方米，由20层的四星级酒店及地下2层车库组成，预计2012年末竣工。

·现代物流业·

【物流仓储业概况】2011年，开发区物流仓储业全年实现营业收入13.67亿元，比上年增长6.7%；实现物流业增加值3.16亿元。全区拥有年营业收入500万元以上的物流、仓储企业55个。拥有普洛斯物流园、达物流园和出口加工区等4大物流基地。出口加工区作为杭州地区唯一的集保税加工和保税物流两大功能于一体的综合性政策平台，成为连接国际国内两大市场，培育第三方、第四方物流企业的重要节点，继续发挥着重要作用。

【新蛋电子商务物流园区签约】4月8日，新蛋电子商务物流园区项目签约落户前进工业园区。该项目是以新蛋网为网络平台，以奥硕物流的电子商务系统、仓储物流设施为核心，向第三方商家提供电子商务系统服务、仓储服务、物流服务以及结算服务，是新蛋在华东地区的总部。项目总投资4000万美元，首期注册资本约2000万美元，用地8公顷。项目建成后，园区电子商务及物流配送营业额将达到20亿元。

【国家物流服务标准化试点启动】4月21日，开发区“国家物流服务标准化试点”启动大会在开发区城建文化馆召开。中国计量学院、浙江经济职业技术学院、浙江工商大学、浙江省标准化研究院等专家和区内50余个物流企业负责人参加会议。会议回顾区域物流产业发展和政府在制定规划、政策、机制等方面取得的成绩，分析物流服务标准化的重要意义及产业存在的不足，强调试点工作要发挥企业主体作用，进一步完善相关政策措施。会议部署总体目标和主要工作任务，要求各企业和有关部门严格按照工作步骤抓好项目实施，完成各项工作。杭州八方物流有限公司等3个企业代表发言，对开展物流服务标准化工作积极支持，表示要发挥好龙头企业的示范作用，带动区域物流产业发展。

【八方物流公司通过省级服务业标准化试点验收】 1月，杭州八方物流有限公司通过浙江省服务业标准化试点项目验收组对该公司的服务业标准化试点项目验收，成为全省第2个通过验收的物流企业。杭州八方物流有限公司结合企业实际，制订符合自身发展的标准化实施方案，并依照项目任务书的要求搭建快运网平台，在"长三角"及广东、山东等地区建立服务网点26个，收集并补充相关法律法规和标准180个，在全公司范围内加强标准化知识的宣传贯彻和培训。通过标准化工作的实施，八方物流快运网项目已达到到货时间标准化、货运单据标准化、货物回单返回时间标准化等多个标准化目标，取得很好的经济效益、社会效益和管理效益。

·商品专业市场·

【商品市场概况】 截至2011年末，开发区拥有杭州下沙石材市场、浙江石材市场、杭州金沙数码港、杭州下沙商贸城、开发区五金建材市场、杭州恒大陶瓷建材交易市场、杭州机床交易市场、杭州木材交易市场、杭州瑞纺联合轻纺城9家登记在册的商品专业市场，涉及经营范围主要是石材、建材、五金、数码产品、服装、纺织、百货、木材、闲置设备等门类。合计占地面积66.7公顷，经营面积91.3万平方米，经营户6200余家。

登记在册农贸市场有杭州下沙农副产品综合市场、杭州经济技术开发区农贸市场、高沙农贸市场、湾南农贸市场、智格农贸市场、七格农贸市场、星野农贸市场、云水苑农贸市场共8家，合计经营面积约3万平方米，设计摊位1500个，营业房530间，经营户1230家，年成交额约5.6亿元。

【农贸市场新建布点规划】 2011年，开发区编制完成《杭州经济技术开发区农贸市场新建布点规划》，重点做好白杨街道东南沿江区块和下沙街道拆迁新建区域的农贸市场规划和建设。规划在未来3~5年左右，新建（含临时市场迁建）17家农贸市场，实现两街道各布点设立10家左右农贸市场、净菜超市的目标。其中，白杨街道近期建设海天城地块、时代山地块、金隅地块3家农贸市场；中期建成精欧地块、大学城北地块、世茂地块3家农贸市场；远期规划华春地块、东北区块和南部地块3家农贸市场；下沙街道近期建设中沙农贸市场；中期建设高沙、元成、头格、中心区、智格、新元6家农贸市场；远期建设北部区块农贸市场。

【"最佳最差"农贸市场评比】 3月，开发区重新修订出台《杭州经济技术开发区"最佳最差"农贸市场评比活动实施方案》，参评对象为区内8家农贸市场。评比方式主要是"每月明察（暗访）、双月评比、年终总评"，旨在加大对消费流通领域的管理力度，再次加强日常督查，健全长效管理机制。开发区市场改造与建设工作领导小组办公室（设在经发局）根据新的评比方案，通过明察暗访、综合考评等方式，每两月组织开展区级"最佳最差"农贸市场评比活动，年末，评定云水苑农贸市场为"年度最佳农贸市场"。全年累计开展专项检查12次，其中联合检查6次。义务监督员暗访检查50余家次，发布通报6次。

【首个四星级文明规范市场】 4月，浙江省工商局公布2011年度全省新认定的三星级以上文明规范市场，开发区下沙商贸城被认定为"四星级文明规范市场"，云水苑农贸市场、高沙农贸市场被认定为"三星级文明规范市场"，认定有效期为2011~2013年。至此，开发区累计拥有四星级市场1家、三星级市场2家、二星级市场5家。

【市级"最佳最差"市场评比】 2011年，开发区高沙农贸市场、智格农贸市场、云水苑农贸市场同时参加杭州市级"最佳最差"农贸市场评比，在杭州市104家参评市场中排位有明显提升（每月排位不同）。年末，高沙农贸市场、智格农贸市场、云水苑农贸市场获杭州市"管理规范农贸市场"称号，并各获杭州市奖励资金1.5万元。

【华东国际商业城签约】3月2日，开发区下沙街道头格社区10%留用地招商项目"华东国际商业城"正式签约。"华东国际商业城"是下沙街道头格社区与浙江华东家具投资有限公司合作开发的项目。项目位于下沙路以南，紧依钱塘江北岸，用地面积约2.67公顷，注册资金2500万美元，总投资约6亿元。项目建成后将有效助推金沙湖西畔商贸领域的快速发展。

【红星美凯龙金茂MALL开业】11月19日，杭州红星美凯龙金茂MALL·环球家居CSD中央集采中心开业。杭州红星美凯龙金茂MALL·环球家居CSD中央集采中心位于开发区德胜东路2777号，占地面积16公顷，总建筑面积36万平方米，是华东区域单体面积最大的家居商场。红星美凯龙·金茂MALL经营范围涵盖家具、建材、家饰、家电、数码、红木家具、木雕根艺等，汇集1000多个知名家具、建材品牌，首次提出家居CSD（中央购物区）概念，打造一站式家居购物集采模式。

【杭州木材交易市场迁入开发区】5月28日，杭州木材交易市场整体由上城区搬迁至开发区德胜东路2539号（近江物流园区内），市场面积由原来的3.6公顷，扩建至6公顷（加仓库面积），其中4000平方米为大型停车场。杭州木材交易市场是1999年经杭州市政府批准，由杭州木材有限公司主办的专业市场，新市场营业房采用大开门、开放式结构，各交易厅道路宽度为20米左右，市场拥有商户180多户，主要经营各类木材、夹板、集成吊顶、油漆涂料、五金、橱柜等。

【台湾纺织品展示中心揭牌】5月17日，台湾纺织品拓展会设立在中国轻纺城·杭州瑞纺联合市场的"台湾纺织品展示中心"正式揭牌。杭州市委常委、副市长沈坚,中国纺织工业协会会长杜钰洲等领导出席仪式。瑞纺市场自2010年7月28日试营业以来，首期共有包括50多家日本客商、180多家中国台湾客商在内的1300多家客商入驻。台湾纺织业拓展会在瑞纺设立"驻杭州台湾纺织品展示中心"，有利于瑞纺打造国际采购高端市场服务品牌，树立销售现代服务模式。大陆服装品牌企业、成衣制造商通过"驻杭州台湾纺织品展示中心"合作服务平台，与台湾化纤、纱线、面料客商进行互动合作与贸易往来。

【海天城农贸市场开工】12月，开发区海天城农贸市场开工。海天城农贸市场（暨白杨街道外来人员服务中心工程）开工建设。该项目位于开发区沿江区域，25号大街以东，规划支路以南，规划商业金融业用地以北，总用地面积0.3公顷。主要包括农贸市场、外来人员服务大厅、社区配套用房及地下车库等，是一个多方位为居民服务的社区服务综合体。

【食品安全和市场准入】2011年，根据杭州市统一部署，开发区对全区8家农贸市场和部分大型餐饮企业开展肉菜追溯工作，通过信息化手段，加强对流通节点和经营主体的责任控制，加强市场肉菜追溯工作的监管和培训。通过会议传达和多轮业务培训，确保各市场货物进场刷卡工作按照全市"肉菜追溯"工作统一时间节点全面铺开。

加强对农贸市场商品的准入工作。严把准入监管，督促市场做好肉类、禽类、蔬菜、豆制品的索证、索票、验章工作，做好市场台账管理，全区8家农贸市场全年完成上缴肉禽类"一票证"2.74万张，有效提高了流通环节的食品安全水平。　（王坚栋）

农 业

·农业综述·

【农业经济稳中略降】2011年，开发区农业经济稳中略降，全年实现第一产业增加值1.3亿元，比上年（指2010年，下同）下降8.1%。农林牧渔业总产值1.98亿元，增加308万元，增长1.58%。其中，农业产值6159.9万元，增长2.51%；畜牧业产值8731.3万元，增长1.73%；渔业产值4891.8万元，增长0.18%。全区农作物播种面积为1318公顷，下降3.65%。主要农副产品及水产品中，禽蛋产量保持平稳，肉类、牛奶、水产品产量均有下降。

加快推进农业产业升级，积极推进农产品基地、设施农业和农产品品牌建设。全年开发区成功申报外向型农业企业奖励补助1个；成功申报杭州市“菜篮子”基地建设项目4个，其中叶菜功能区1个、肉蛋奶基地3个；成功申报市农发基金项目1个；走访验收市级农业龙头企业2个。

农民收入进一步多元化，收入逐年增加。全年全区农民人均纯收入20479元，比上年增加1971元，增长10.65%。农村保障制度和服务网络更趋完善。开发区城乡居民基本医疗保险人均筹资水平达到800元，城乡医保参保率达100%；失土农民城镇基本医疗保险参保率达95.9%。街道的社区卫生服务中心均建成开放，实现15分钟医疗服务圈。

全年推进城乡统筹区市镇街协作项目33个，产业转移和中心镇建设项目5个，落实城乡统筹帮扶资金5000万元，为建德航头镇筹措“联乡结村”帮扶资金236.6万元。

2010~2011年开发区农林牧渔业总产值

表10　　单位：万元

指标名称	2010年	2011年	比上年增长（%）
农林牧渔业总产值	19 475.6	19 783	1.58
其中：农业产值	6 009.6	6 159.9	2.5
牧业产值	8 583	8 731.3	1.73
渔业产值	4 883	4 891.8	0.18

【农发局获评市农办系统先进单位】3月4日，杭州市委、杭州市政府农业和农村工作办公室表彰农办系统优胜单位和先进集体。区经发局（农发局）获评2010年度农办系统先进单位。区经发局（农发局）发挥“三农”（农业、农村、农民）工作“决策参谋部”“政策咨询部”“综合协调部”和“群众工作部”的作用，为加快开发区城乡统筹发展作出积极贡献。

【农产品企业参与迎新春大联展】1月13~16日，“中国农产品品牌博览会暨杭州市·都市圈优质农产品迎新春大联展”在和平会展中心举办。联展以“品牌、生态、竞争力”为主题，由农业部、浙江省政府主办，杭州市政府、浙江省农业厅、浙江大学联合承办。包括台湾在内的全国21个省、自治区、直辖市的著名农业企业86个组团及杭州都市圈400余个农业龙头企业参展。区经发局（农发局）组织区内浙江宇航农业科技有限公司、杭州尝响食品有限公司、杭州周宏蜂业有限公司、杭州百穗农产品种养殖场和杭州下沙酒厂5个农产品企业参展，重点展示开发区内农业企业的特色产品。参展4天时间，开发区农产品得到市民的青睐，销售额总计10万余元。迎新春大联展提高了开发区农业企业的知名度，拓宽了市场销路。开发区经发局（农发局）2011年度获得“杭州市农业会展工作优秀组织奖”。杭州下沙酒厂获得“中国农产品品牌博览会优质农产品金奖”。

·种植业·

【种植业概况】开发区种植业主要集中在乔司农场、杭钢农场、省军区农场、省武警副食品基地等。种植业以蔬菜为主，粮食、瓜果（草莓）、苗木为副。2011年，全区农作物播种总面积1320公顷，比上年下降3.65%，其中粮食作物367.33公顷、蔬菜瓜果940公顷、苗木36公顷。粮食作物主要种植水稻和小麦，年产粮食1300余吨，蔬菜种植以叶菜、茄果、葱蒜、豆类为主，年产无公害蔬菜2.4万吨。

【首家农民专业合作社成立】8月18日，杭州雅格果蔬专业合作社从开发区工商分局领到农民专业合作社营业执照，标志着开发区首家农民专业合作社正式成立运营。农民专业合作社是在农村家庭承包经营基础上，由同类农产品的生产经营者或者同类农业生产经营服务的提供者、利用者自愿联合、民主管理的互助性经营组织。作为新型的农村生产经营组织，农民专业合作社有利于稳定家庭承包经营制度，提高农业的组织化程度，促进农业和农村经济发展。杭州雅格果蔬专业合作社成立运营，为这一生产经营方式作了有益的探索。

【百穗农产品首次直销社区】针对杭州市蔬菜销售面临的各种问题，杭州市农业和农村工作办公室、市农产品推广中心组织杭州农产品(暨地产蔬菜)进社区直销系列活动。4月29日，首场直销走进大关街道大关南苑社区，开发区百穗农产品种养殖场成为首批进社区直销活动企业之一，主要以销售黄瓜、番茄、南瓜、长瓜等新鲜蔬菜为主，产品价格低于市场零售价15%以上。活动有效缓解杭州本地蔬菜滞销情况，减轻农户负担，同时丰富市民菜篮子。

·养殖业·

【养殖业概况】随着开发区城市化推进，截污减排要求更为明确，区内养殖业规模逐渐缩小，主要反映在畜禽养殖和水产养殖。畜禽养殖以奶牛为主，生猪、家禽、羊较少。截至2011年末，开发区奶牛养殖场（户）5家，比上年减少2家，存栏数5315头，仍占杭州地区奶牛存栏数50%以上；生猪养殖场4家，存栏数5666头；家禽存栏9250羽；羊存栏367只。全年实现牛奶、肉类产量分别为1.98万吨、699吨，分别下降3.41%、10.84%；禽蛋产量50吨，与上年持平。实现畜牧业产值8731.3万元，增长1.73%。水产养殖以南美白对虾、湖蟹为主。2011年，全区投放鱼种46吨、虾6500万尾、蟹1150万只。全年实现水产品总产量1948吨，下降6.26%。其中，淡水养殖1920吨，淡水捕捞28吨。实现渔业产值4891.8万元。

【养殖整治减排见成效】根据《杭州市“十二五”主要污染物总量减排规划》和《杭州市2011年主要污染物减排计划的通知》的要求，开发区全年推进养殖整治减排工作。至年末，关停奶牛养殖场2家，削

2010~2011年开发区农作物播种面积和产量

表11

指标名称	2010年			2011年		
	播种面积（公顷）	每公顷产量（千克）	总产量（吨）	播种面积（公顷）	每公顷产量（千克）	总产量（吨）
农作物播种面积	1 368	—	—	1 318	—	—
油料（油菜子）	13	1 800	24	3	1 497	5
粮食（谷物）	311	4 380	1 361	267	4 875	1 300
蔬菜 瓜果	948	26 690	25 301	940	25 898	24 344

减存栏养殖1家，实现污水纳管养殖1家。大力实施氧化塘清淤、新建有机肥生产钢棚、氧化塘周围种植绿化等措施，基本完成开发区养殖业全年减排任务。

4月21日，全国食品安全整顿考核组督查杭江乳品厂（杨敏杰 提供）

【规范养殖场畜牧投入品使用】2月24日，区经发局（农发局）联合市畜牧兽医局的动物卫生监督执法人员对辖区内的两家奶牛场畜牧投入品使用情况进行检查。执法人员实地检查两家单位的药房，查看登记台账，并详细了解生产经营情况。通过检查发现企业存在着对药品采购把关不严、药品使用记录不完善等现象。检查组当即要求两个企业进行整改，完善管理制度，加强药品管理。

【杭江乳品奶站获全国食品安全考核满分】4月21日，全国食品安全整顿工作评估考核小组对开发区杭江乳品厂奶站进行实地考核检查。考核组查看收奶厅、储奶厅、检测室和加工车间，对照《全国食品安全整顿工作评估考核记录表之企业主体责任之奶站情况》内容和要求，对生鲜乳收购许可证、生鲜乳车辆准运证、食品质量安全管理制度、从业人员健康证明、人员培训资料、检测台账、储奶设施消毒记录、生鲜乳运输销售交接单填写情况等进行全面细致的检查，并抽查生鲜乳日常检测原始数据。考核组对杭江乳品厂奶站在日常生产中严格按照各项制度落实管理措施给予充分肯定，打出考核满分。

【生鲜乳抽样监测工作】4月7日，区经发局（农发局）对全区生鲜乳收购站、生鲜乳运输车和奶牛养殖场（户）的生鲜乳开展“拉网式”抽样监测。经发局（农发局）通过健全监管体系、严格审批程序、加强抽样检测等措施，加强生鲜乳质量安全监管。坚持对辖区内奶站每月至少2次的常规巡查，监督奶站按照相关条例、规范、标准及制度进行安全生产；督促奶牛养殖场（户）健全奶牛养殖生产、饲料兽药使用、防疫消毒等各项管理制度，规范养殖档案；引导奶牛养殖场（户）科学饲养，以确保生鲜乳质量符合国家标准。该“拉网式”抽样监测，共抽检生鲜乳75个批次，检测合格率100%。

·水利气象·

【水利整治工程建设】2011年，开发区根据《杭州市城郊河道整治工程实施意见》精神，结合实际情况，对绕城公路以外乔司农场内的石塘河、北闸北河等3条河道实施清淤、护岸、绿化等综合整治，整治总长度4300米，累计完成土方1.5万立方米，清淤5.63万立方米，护岸4550米，绿化7.17万平方米，投入资金700余万元。开发区坚持“城市更新”理念，以河道有机更新带动城市有机更新，全年完成城郊河道整治7条，整治长度12.97千米，总投资1100余万元。开发区通过城郊河道整治，逐步改善河道面貌，沟通河网水系，全面提升水环境质量，为防汛安全渡汛和环境质量提升创造了良好的条件。

【气象灾害防御组织体系建设】6月，开发区成立由管委会分管领导任组长，机关部门、街道、进区直属管理服务机构等23个职能部门和重点单位负责人为成员的气象灾害防御工作领导小组，明确经发局为气象灾害防御工作责任部门，下辖两个街道分别成立气象灾害防御工作领导小组，明确分管领导、具体部门和责任人员，并将防灾减灾示范建设工

开发区内整治后的石塘河　　（杨敏杰　提供）

作列入年度工作考核内容。针对街道和社区人员变动，及时调整街道和社区气象协理员、信息员队伍，并组织进行气象灾害防御技术指导和培训，进一步规范新建项目防雷装置“三同时”（同时设计、同时施工、同时验收）审批制度。

【气象灾害防御知识科普】区经发局动员社区、企业和学校，针对新外来务工人员和高校新生开展防台、防潮知识宣传，增强群众自防自救意识，形成全民参与、预防为主的良好局面。在“3·23”世界气象日、“5·12”防灾减灾日等活动日，通过发放宣传手册、进社区张贴宣传画等多种形式，开展科普宣传工作。在钱塘江边主要道路设立潮水信息电子显示屏，在江堤坝上书写防潮警示标语。与高教办联系，将防潮、防台等知识宣传纳入区内14所高校教学课程，对入学新生开展一期防汛、防台知识的普及宣传。在市气象局的帮助指导下，对重点防雷单位和气象协理员、信息员进行培训，进一步增强全区重点防雷单位和气象协理员（信息员）的气象灾害防御知识及防范意识。

【实现气象灾害防御目标】2011年，开发区先后修订完善《杭州经济技术开发区防汛防台应急预案》《开发区钱塘江防潮安全应急预案》《杭州经济技术开发区抗雪防冻应急预案》和《杭州经济技术开发区气象灾害防御预警应急预案》等预案，并组织两个街道开展气象灾害应急演练，提高汛期应对台风和强降雨处置能力。通过落实各项举措，在“6·18”强降雨和抗击强台风“梅花”期间，区、街道两级信息发布平台、气象预警显示屏和各社区信箱网站第一时间接受和发布气象灾害信息，有效降低了气象灾害带来的损失，开发区全面实现道路积水3小时内排除，工业企业、住宅小区居民家中不进水的工作目标。

【白杨街道获市防灾减灾先进奖励】开发区管委会将气象防灾减灾标准街道和示范社区建设纳入2011年度考核目标，要求相关街道和社区全面落实气象防灾减灾创建工作。全年超额完成年度创建目标任务，辖区内下沙街道、白杨街道和大北社区完成创建工作并成功通过省、市验收，其中白杨街道高教社区、白杨街道气象协理员王泓分别被评为杭州市2011年防灾减灾先进集体和先进个人。

【防雷安全管理工作】2011年，开发区在杭州市气象局的指导下，确定区内26个单位为市防雷重点单位，并按要求委托有资质的检测单位做好年度检测工作。完善防雷装置审批制度，要求新、改、扩建项目的防雷装置必须执行与主体工程。根据市气象局、市安监局开展防雷安全工作检查的通知精神，区经发局与安监局、建设局、社发局等部门，结合区内实际情况，联合对区内防雷重点单位防雷安全情况进行检查（自查），帮助企业及时消除安全隐患。同时，开发区专门安排经费，对区内中小学校的防雷设施进行完善，进一步提高防雷安全性。

·动植物防疫监管·

【动物防疫监管概况】2011年，开发区加强组织领导，落实防控经费，组织开展各项动物疫病防控和畜产品质量安全工作。加大畜产品安全监管力度，全面完成重大动物疫病免疫工作。规范产地检疫工作，全年走访检查养殖场（户）和生鲜乳奶站100余家次，出动督查人员200余人次，抽检生鲜牛奶75批次，饲料样品4批次，未发现有违法添加各类违禁药物的行为，检测合格率100%，从源头上保证畜产品的质量安全。

开展春、秋两季重大动物集中免疫工作，并针对夏季和冬季的不同特点，部署和开展各项防控工作。全年使用口蹄疫疫苗10.4万毫升，免疫牲畜3.69万头次，其中生猪1.53万头次、牛2.12万头次、羊367头次。使用猪瘟疫苗6万头份，免疫生猪1.36万头次；用高致病性猪蓝耳病疫苗2.83万毫升，免疫生猪9585头次；使用禽流感疫苗3.15万毫升，免疫家禽2.74羽次；免疫犬300余只，全区未发生狂犬病病例。

【突发重大动物疫情应急演练】9月7日，区经发局（农发局）组织突发重大动物疫情应急小组各成员单位，开展突发重大动物疫情应急演练，以书面的形式配合视频，模拟疫情发生后各成员单位如何开展各项应急措施，进一步提高各成员单位对重大动物疫情防控的认识和应急处理知识。

【夏季重大动物疫病防控行动】7月，区经发局开展“抗灾保安全”夏季重大动物疫病防控行动。召开下沙街道、白杨街道动物防疫工作人员会议，分解防控工作任务。根据夏季高温疫情多发的特点，开展以高致病性猪蓝耳病集中免疫为主的“免疫周”行动，共免疫生猪蓝耳病900头、猪瘟1000头、猪口蹄疫1370头，对新增和补栏畜禽的免疫率达到100%。实施消毒灭源行动，区经发局采购500余千克消毒药品，配发给养殖场（户），引导养殖场（户）认真做好卫生清洁和消毒工作，消灭病原，消除隐患。加强流通检疫监管，共检疫生猪648头、奶牛43头，检出病猪10头，对检出的病畜进行无害化处理。开展“瘦肉精”、生鲜乳、兽药等专项整治，对养殖场的饲料进行抽样检测，共抽检饲料12批次。

【启用动物检疫合格证明新规范】5月31日，区经发局（农发局）进行区内检疫人员动物检疫合格证明规范使用培训，明确新动物检疫合格证明的使用方法。6月1日起，开发区启用新的动物检疫合格证明。在日常检疫中，区经发局（农发局）督促养殖场建立养殖场档案和质量安全承诺制度，印发养殖场监督管理档案，规范建立养殖档案，记录养殖的品种、数量、来源以及进出场日期等信息，兽药、饲料、饲料添加剂的来源和名称，免疫、消毒、预防和治疗用药等情况，严格按照免疫程序做好各项免疫工作，保证做到防疫长期化、规范化。全年共检疫生猪6143头，奶牛693头。

【生猪耳标信息追溯】2011年，开发区根据农产品质量安全追溯管理工作要求，制订《2011年杭州经济技术开发区生猪及产品质量安全追溯体系建设方案》，对辖区内年出栏超过1000头生猪的杭钢农场猪场和武警副食品基地猪场开展耳标信息追溯工作。配备两台耳标识读设备，并为产地检疫人员也配备耳标识读设备，全面录入和上传生猪耳标追溯信息，实现动物疫病及动物源性食品安全事件的快速追踪。对辖区内动物产品经营单位发放杭州市动物及动物产品分销信息凭证，确保在产地、运输、屠宰、流通、餐饮等环节实现溯源追踪。全年共上传生猪耳标佩戴和免疫信息1.34万条，发放分销信息凭证6500余份。

【生产源头管理】开发区深化动物卫生监督管理，对

9月7日，开发区召开秋季动物疫病防控暨重大动物疫病应急演练会议（杨敏杰 提供）

辖区内养殖企业加强生产源头管理，进行实时监督，及时完善信息数据。为确保畜产品在市场流通领域中安全无忧，区经发局（农发局）联合工商分局、卫生监督站、质监分局等部门对区内的8家农贸市场肉食经营户、物美超市、肯德基冷库及部分餐饮单位开展现场检查，全年进行现场检查10余次，发现违规销售经营行为2起，查处不合格肉品100千克。

【奶牛两病检测】区经发局（农发局）在市畜牧兽医局的指导和帮助下，开展奶牛结核病和布鲁氏菌病检测工作，全年共检测奶牛结核病和布鲁氏病1.03万头次，结核阳性奶牛的数量比往年有明显的下降。对查出的阳性奶牛及时向市畜牧兽医局报告检测结果，按规定及时处理。加强人畜共患传染病的防控工作，对“两病”检测合格的奶牛场，发放奶牛“两病”健康场证，并按要求做好奶牛户口薄的登记工作。

【植物疫病监管】开发区高度重视生态环境安全，将植物疫情防控作为生态环境保护的重要内容。开发区管委会与各责任主体单位签订《重大农业植物疫情防控责任书》，要求按照“属地管理、分块管理”原则，采取“拔、耕、除”的综合防治措施，确保“零星发生区及时扑灭，成片发生区不扩散”的目标。对区内绿化养护单位开展外来侵害生物知识培训和疫情防控技术讲座活动，充分利用网络、讲座、图册等各种形式的宣传，全面提高防控认识。

适时普查，掌握植物疫情动态。各职能部门分工协作，经过详尽普查，辖区内未发现柑橘黄龙病、梨枯梢病等有害生物。一枝黄花的发生面积也有所减少，并已绘制分布图。根据植物疫情分布状况，对一枝黄花分布相对集中的地块，各部门通过加快土地出让、招商引资、项目开工建设、完善基础配套设施、临时耕种等方式，逐步减少闲置地面积，有效做好一枝黄花防控工作。

·城乡统筹发展·

【城乡统筹发展项目概况】2011年，开发区作为第三区、县（市）协作组的一员，始终把区、县（市）协作作为加快转变经济发展方式、实现科学发展和统筹发展的一项中心工作抓紧抓好。发挥自身优势，以抓平台、抓项目、抓人才、抓机制为重点，全面参与统筹协作，实现五年协作的良好开局。全年共实施区、市协作项目32个，其中市级项目16个、镇街结对项目16个。至年末，25个项目已完工，4个项目已进入后期建设。引荐5个企业到建德投资，协议总投资33.3亿元。全年筹措到位帮扶资金236.6万元，比上年增长20%。小塘源社区服务活动中心、乌龙溪河堤整治、珍贵苗木基地建设、13.33公顷无公害新品莲子连片引种发展基地、航景村农民饮用水入户安装等14个帮扶项目年内全部完工。

5月24日，江干区、开发区、建德市举行城乡统筹产业对接推介会
（杨敏杰 提供）

【联动工作机制建立】开发区根据杭州市城乡统筹“二对一”协作机制，与江干区、建德市共同制订《杭州市城乡区域统筹发展第三区市协作组城乡区域统筹发展五年行动计划》《杭州市城乡区域统筹发展第三区市协作组协作项目和资金使用管理办法》《杭州市城乡区域统筹发展第三区市协作组联席会议制度》《杭州市城乡区域统筹发展第三区市协作组2011年度工作计划》等一系列政策文件，建立健全长效联动的工作机制。3月29日，建德市委书记陈春雷带队到开发区对接

交流工作，协商共建建德经济开发区合作事宜。5月5日，开发区党工委副书记、管委会主任陈晨带队到建德市踏勘统筹城乡区域发展建设项目，与建德市委、市政府共同探讨统筹城乡区域发展工作。8月3日，开发区党工委书记盛成皿带队考察建德经济开发区和新安江温泉项目，与建德市委、市政府就建德经济开发区的发展方向和模式进行探讨，并就进一步加强两区市协作工作进行流。8月3日，“第三区市协作组”半年度联席会议在建德召开，杭州市委副书记叶明，市委常委、宣传部部长翁卫军，副市长佟桂莉出席会议并讲话，会议总结交流上半年江干区、开发区和建德市“两区一市”协作工作情况和经验，明确下阶段“两区一市”协作工作重点和举措。

【新增镇街结对主体两个】2011年，按照杭州市对区、县（市）协作双方建立乡镇结对制度的要求，开发区在下沙、白杨两个街道分别与建德市航头镇和大同镇结对的基础上，新增资产经营集团有限公司和前进工业园区指挥部两个主体，分别与建德市寿昌镇和新安江街道结对，进行“一对一”帮扶，每年安排不少于50万元资金用于支持结对乡镇的项目建设。

【协作资金双倍支持】按照杭州市委办公厅、市政府办公厅《关于建立区县（市）协作机制推进城乡区域统筹发展的实施意见》的要求，每个协作组的相关城区每年安排5000万元协作资金支持协作县（市）协作项目建设。开发区除落实市委、市政府规定的每年2500万元的区市协作专项资金外，与建德市委、市政府友好协商，每年再安排2500万元资金，专项用于支持建德经济开发区的基础设施建设。

【建德产业园区挂牌】开发区创新工作思路，支持建德市打造工业产业集聚平台，在建德经济开发区增挂杭州经济技术开发区建德（寿昌）园区牌子，这是两地共同探索飞地开发、产业链合作、资源互补等联动发展的全新模式。开发区对建德经济开发区的园区规划、招商引资、基础设施建设等方面提供支持。2011年，建德经济开发区利用开发区支持的2500万元专项协作资金，在卜家蓬区块顺利征地40余公顷，并选派招商人员到开发区学习招商谈判技巧等经验。

【产业转移初显成效】2011年,开发区积极鼓励引导区内企业到建德投资，全年成功引荐杭州下沙建筑工程有限公司、杭州金沙置业投资有限公司等5个企业到建德投资，促成大同府东新区、华东国际商贸城、桥南新城综合开发、华电电站设备搬迁、德邦检测5个产业项目签约，协议总投资33.3亿元。至年末，3个新公司已完成注册，注册资金约1.42亿元。

【人才双向交流】5月24日，开发区与江干区、建德市共同举办“建德市、江干区、杭州经济技术开发区城乡统筹产业对接专场推介会”，有40个制造业、服务业企业进场招聘，提供就业岗位1300余个，现场达成就业意向130余人。全年开展人才“双向互派”，开发区派出3名优秀干部到建德市基层挂职锻炼，吸收建德市11名优秀干部到开发区挂职学习，实现两地干部双向交流。

【开展“联乡结村”共建活动】3月31日，由开发区牵头的杭州市“联乡结村”第31帮扶集团，在建德市航

3月24日，江干区、杭州经济技术开发区、建德市举办人力资源交流大会
（杨敏杰　提供）

3月31日，由开发区牵头的2011年度"联乡结村"共建会议在建德市召开
（杨敏杰 提供）

头镇召开新一轮"联乡结村"共建活动第一次成员单位负责人会议。会议要求新一轮帮扶集团各成员单位要充分发挥各自优势，有钱出钱，有力出力，有点子出点子，全力支持航头镇经济社会又好又快发展。杭州市文广新局、开发区资产经营集团公司、金隅（杭州）房地产开发有限公司、浙江新名城房地产开发有限公司、杭州世茂置业有限公司、中国邮政储蓄银行杭州分行、杭州长江实验小学等10个帮扶成员单位参加会议。会议确定2011年实施帮扶项目14个，帮扶资金在2010年的基础上增长10%，其中老帮扶成员单位落实帮扶资金比上年增长20%，新增5个帮扶单位，每个落实帮扶资金15万元以上。

【城乡统筹团建交流活动】3月18日，开发区团工委组织前进园区指挥部、街道、社区、企业及高校志愿者代表，前往西湖区、建德市开展共青团工作三地合作交流。在建德召开的下沙、建德共青团工作学习交流会上，建德团市委介绍共青团工作的特色及合作项目，新安江工团工委、社区团支部介绍各自团工作的基本情况及开展的活动。开发区团工委介绍开发区的基本情况，走出与建德志愿服务合作"十二五"规划安排。开发区社区团委与建德团干部交流"好心情工作室""东芝大讲堂"和"青春交流联谊会"等特色活动。此次交流活动还安排参观、学习杭州西湖志愿服务微笑亭和"全国青年文明号"建德新安江水电站。

【城乡统筹团建五年协作计划启动】5月3日，开发区、建德市、江干区启动共青团城乡统筹团建五年协作计划，100多名三地青年代表参加活动，以特殊形式共庆"五四"青年节。启动仪式上，开发区青年代表与建德低收入农户青少年代表进行爱心助学结对，青年企业家代表与建德市青年企业家代表互赠礼品。协作计划启动以后，三地将形成以城乡团建一体化新格局为目标，以"组织共建、创业共扶、文明共育、爱心共献"为主旨，推进城乡团组织的覆盖形式、运行机制、外部环境等团建要素产生聚合效应和整体优化。三地将共同举办青年企业家成长论坛，加强三地青年企业家的交流与合作；发动各级团组织共同为建德低收入农户青少年开展"手拉手""爱心助学""关爱留守儿童"等活动，帮助农村困难家庭青少年顺利就学等。（杨敏杰）

·招商引资综述·

【招大商促转型】2011年，开发区招商局围绕加快转变经济发展方式的主线，坚持大项目带动，不断提升招商引资的质量和水平。从强化项目意识、服务意识和创新意识入手，整合招商资源，拓展招商渠道，改进招商方式，细化招商服务，全面完成年度各项任务指标，为开发区"十二五"规划的顺利推进作出积极贡献。

坚持大项目带动，成功引进汽车整车、食品饮料、新兴产业等大项目42个。其中，"三个500强"（世界500强、国内500强、民营企业500强）项目7个；杭州中粮包装有限公司和立酷派服饰(中国)有限公司总部项目2个；引进外资注册资金1000万美元、内资6000万元人民币以上工业大项目18个；引进服务业大项目24个。

全年实现合同外资10.44亿美元，比上年（指2010年，下同）增长7.39%；实际利用外资6.42亿美元，增长5.62%。新批外商投资企业38个，其中1000万美元以上大项目23个。截至2011年末，累计引进外资企业646个，合同外资89.16亿美元，实际利用外资48.21亿美元。世界500强企业中，已有33个跨国公司在开发区投资了65个企业。

全年引进内资实到资金32.63亿元，比上年增长94.4%。新批内资企业1063个，增长10.83%。其中注册资金在3000万元以上的项目21个。内资项目中服务业项目1010个，增长12.23%，占内资项目总数的95.01%。截至2011年末，全区累计引进内资企业4219个。其中，工业企业414个，服务业企业3722个。内资实到资金188.55亿元。

【杭州开发区列入综合竞争力10强】9月21日，商务部公布《关于国家级经济技术开发区2010年投资环境综合评价情况的通报》，杭州开发区以总得分453.6分在128个国家级经济技术开发区中排名第10位，这也是杭州开发区继2008年、2009年后连续第3年跻身综合竞争力10强。排名前9位的经济技术开发区依次为天津、苏州、广州、昆山、青岛、烟台、北京、上海漕河泾、大连开发区（工业区）。该次评价包括8个方面的评价指标，其中杭州经济技术开发区的"技术创新环境""人力资源及社会责任""管理体制建设"三大类指标名列前茅。

【招商引资目标任务全面完成】2011年，杭州市政府下达给开发区管委会的招商引资任务指标为合同外资10.4亿美元，实际利用外资6.4亿美元，实到内资18.1亿元。开发区克服欧洲主权债务危机、人民币升值、货币政策收紧、区内土地空间有限等不利因素，不仅在开发区历史上首次实现招商引资任务"时间过半、任务过半"，且全面提前完成3项考核指标任务。全年实现新批项目225个，其中外资新批项目 37个、内资新批项目188个；增资项目59个，其中外资项目26个、内资项目33个；股权转让项目15个；累计引进合同外资10.43亿美元，完成全年任务目标的100.4%，实际利用外资6.42亿美元，完成全年任务目标的100.3%；累计引进实到内资31.3亿元，完成全年任务目标的1.78倍。2011年招商引资最大特点就是引进大项目数量多、质量高，为完成年度目标任务奠定良好的基础。

【驻沪招商处获评市驻点招商优胜单位】 1月27日，杭州市召开2010年度全市外经贸系统总结表彰大会，对获评2010年度杭州市外经贸系统综合考评奖、杭州市驻点招商优胜单位、系统先进工作者、驻点招商先进个人和利用外资、对外贸易、对外经济合作、服务外包特别贡献的单位奖进行表彰。杭州经济技术开发区招商局获综合考评三等奖；开发区招商局驻沪招商处获杭州市驻点优胜单位。开发区于2010年起在北京、上海、深圳三地全面铺开驻点招商，充分利用各地资源，建立健全各项制度，积极开展“敲门招商、定向招商”，招商工作取得新突破。全年提供有效项目信息79个，落地项目合同外资2.36亿美元。开发区招商局深圳招商处为宝龙商业地产和碧桂园项目的落地作出了积极贡献。

【企业新春团拜会】 1月23日晚，开发区管委会邀请区内近600个企业的700余名负责人参加2010年度新春团拜会。杭州市副市长佟桂莉致祝酒辞，并偕开发区党工委、管委会领导向区内来自世界各地和国内各省市的企业家拜年，送上新年问候。开发区党工委书记、管委会主任盛成皿代表开发区党工委、管委会，向企业家通报全区经济和社会全面发展的各项成就，向一直以来关心支持开发区建设发展的各位企业家和社会各界朋友表示感谢。杭州娃哈哈集团有限公司、康师傅控股有限公司、东芝信息机器（杭州）有限公司、松下集团等入驻开发区多年的企业高层负责人，与杭州默沙东制药有限公司、众泰集团等新进区企业的负责人欢聚团拜会，交流各自在开发区创业发展的心得。

·招商体制机制·

【创新招商体制机制】 2011年，开发区坚持招商引资“一把手”工程、“生命线”工程不动摇，把招商引资作为推进产业转型升级、加快经济发展方式转变的重要抓手和推动力量，不断创新完善招商体制机制。根据开发区多区块、多板块的发展模式，调整完善“1+6+1”招商体制，调动开发区街道办事处、资产经营公司等主体的招商资源和积极性。根据新兴产业发展需求，新增生物医药投资管理公司招商主体，专职生物医药产业招商平台。推进驻外招商信息网络建设，选派精兵强将开展驻点招商，广开信息渠道。

完善招商工作机制。修订考核激励机制，增强招商工作的指导性和方向性；建立项目督查月例会制度，及时把握项目进度，推进工作进展；建立项目领导联系包干制，重大项目由开发区党工委、管委会主要领导亲自谈判，确保顺利签约落地。

中粮包装投资有限公司包装产品展示　　（委办 供稿）

▶▶资料：“1+6+1”招商体制

“1+6+1”招商体制即“1”指招商局；“6”指招商主体，分别为开发区招商中心、前进工业园区指挥部招商投资处、下沙街道、白杨街道、驻外招商处、资产经营集团有限公司；“1”指招商平台——杭州生物医药国家高技术产业基地投资管理有限公司。

【实施招商引资目标考核新办法】 4月1日，开发区管委会出台《杭州经济技术开发区2011年度招商引资目标责任制考核办法》，对全区各招商主体的任务指标进行分解落实，对招商引资工作体制机制进行全面规范。办法对开发区年度招商指标进行修订，要求合同外资11.4亿美元，实际利用外资6.7亿美元，实际利用内资（市本级前进工业园区除外）35亿元。2011年任务指标中取消合同内资指标以及经营性用地项目、新经济项目相关指标。办法以“各招商主体以属地招商为原则”条款首次明确属地招商概念，避免各招商主体之间恶性竞争。

对“1+6+1”招商体制部分主体予以调整，驻外招商处在原驻北京招商处、驻上海招商处基础上，增加驻深圳招商处。2011年起，驻外招商处工作职能划入招商局，其担负的招商任务考核仍按照招商主体考核。招商平台由原新加坡杭州科技园更改为杭州生物医药国家高技术产业基地投资管理有限公司。

【明确招商主体责任】根据2011年开发区新考核办法，对涉及招商引资的相关部门职责进一步明确。招商局全面承担杭州市下达给开发区的招商引资各项指标任务；负责招商引资工作中的综合协调、服务保障、政策研究、信息处理、业务指导、考核监督及外经外贸管理等工作。招商中心主要负责江北区块招商引资工作，重点招引高新技术产业、现有工业增资扩产、房地产及三产服务业、总部经济、服务外包、文创经济等项目。前进园区指挥部招商投资处负责江东区块招商引资工作，重点招引先进制造业项目（其他相关工作职能由前进园区指挥部予以明确）。下沙街道负责下沙街道招商引资工作，重点招引辖区内10%留用地、现代服务业等项目。白杨街道负责白杨街道招商引资工作，重点招引辖区内楼宇经济、商贸等服务业项目和大学科技园文创产业项目。驻外招商处负责提供招商信息，并协助各主体完成招商信息落地工作，在招商局领导下做好驻点城市及周边区域国内招商的推介活动。资产经营集团公司负责开发区内产权属于资产经营集团公司的、由资产经营集团公司开发建设、经营的楼宇（厂房）、文创园和孵化器的招商引资工作。杭州生物医药国家高技术产业基地投资管理有限公司负责对开发区拟引进生物医药项目的前期研判和业务指导；负责杭州生物医药国家高技术产业基地内生物医药产业项目的初期谈判。开发区管委会其他各部门、进区直属管理服务机构主要负责项目引进过程中相关问题的协调和配合，各项审批手续的协助办理以及招商信息的提供。

【强化招商引资考核】2011年，开发区管委会从完善招商体制、明确工作职责、推进合力招商、强化考核激励等方面进一步规范招商工作机制，落实监督考核职能。《杭州经济技术开发区2011年度招商引资目标责任制考核办法》要求，开发区管委会各部门在年度工作中至少提供有效招商信息1条（即要求注册资本100万美元以上或1000万元人民币以上，并经招商局登记分配），在全区营造全员招商的工作氛围。为强化对相关部门的激励，设置大项目配合奖、信息提供奖等奖项，对各配合部门（个人）在合力推进大项目落地以及招商有效项目信息提供中所付出的努力予以奖励。而对“6+1”招商主体的激励考核则首次引入考核评分标准，采取综合评分办法，设置基本分100分。同时实施优质项目及超额完成任务加分制度，根据全年得分对应给予奖励，调动招商人员工作积极性。

【招商法规及业务培训】4月，开发区招商局全面梳理招商引资相关法律法规，并结合开发区招商引资工作特点，整理汇编《招商引资审批工作指南》，工作指南对外商投资项目核准、外商投资企业设立合同章程审批及其变更审批、招商项目管理办法等内容进行了规范。招商局及时组织全区“6+1”主体招商人员共80余人开展业务培训，规范过程控制，强化业务指导，提升招商人员素质。

【规范投资协议书】3月，为切实加强对各类投资协议书政策扶持、内容合法性的审查把关，并做好保密工作，规范归档管理。开发区招商局细化出台《关于进一步规范投资协议书签订及归档管理工作的通知》，对全区各招商项目投资协议书从起草、签订、保存、政策兑现等环节实施全过程业务把关，确保每一个项目的引进都经得起检查考验。经过实践检验，该规范通知进一步强化了开发区项目投资协议书的起草、签订、归档等工作。

·招商项目引进·

【项目引进概况】2011年，开发区“1+6+1”招商主体先后引进福特汽车、统一食品、王老吉、贝莱胜电子等注册资本1000万美元（6000万元人民币）以上工业大项目18个，引进中粮包装总部、立酷派大中华区总部、世纪互联、贺田房产、丰隆地产等1000万美元（6000万元人民币）以上服务业大项目24个，特别是中粮包装总部、立酷派大中华区总部项目的成功引进，切实推动开发区总部经济的发展；福特汽车项目的引进更是对开发区经济发展方式的转变具有里程碑的意义。

招大引强成效明显。全年引进注册资本1000万美元（6000万元）以上大项目42个，其中工业大项目18个，服务业大项目24个，“三个500强”项目7个。在省市领导和相关部门的大力支持下，历时5个多月、40多轮艰苦谈判，引进美国福特汽车项目，全部达产将形成1500亿元产值规模，为构筑杭州市1000亿级汽车产业集群和新一轮工业经济提速奠定坚实基础。

十大产业招商成效突出。开发区深入贯彻落实市政府十大产业招商引资工作会议精神，加快推进产业结构调整。十大产业共引进合同外资5.06亿美元，占完成总额的48.53%；实际利用外资2.34亿美元，占完成总额的36.51%；实到内资17.86亿元，占完成总额的57.25%。

产业链招商成果丰硕。开发区现有700多个工业企业所构成的“四优四新”产业体系是招商引资一大优势。开发区以实现产业聚集和产业资源优化配置为目标，加强招商引资政策针对性，加速现有产业链的延伸扩展。王老吉、统一食品等食品饮料项目的引进进一步巩固开发区食品饮料产业在华东地区的龙头地位；科泰电气、贝莱胜电子等项目将显著提升电子信息产业质量；世纪互联、上海数码港等项目将带动开发区高科技服务业发展；中粮包装总部、立酷派大中华区总部的落户为总部经济和现代服务业发展奠定基础。

增资转股势头强劲。企业增资是实现转型升级的重要途径，开发区积极鼓励企业通过增资扩产、技术改造向上下游延伸价值链。2011年，全区实现外资增资约2.5亿美元，占合同外资总额的25%，实现内资增资17.73亿元，占比达到56.8%。

【长安福特马自达汽车项目】10月27日，开发区管委会与长安福特马自达汽车有限公司签署汽车项目落户协议，这是开发区建区以来引进的最大工业项目。该项目总投资75亿元，计划用地186.57公顷，计划于2012年下半年正式动工，2015年投产，年产能为25万台乘用车，全部达产将形成1500亿元年产值规模。投资方长安福特马自达汽车有限公司由中国南方工业集团（世界500强）下属长安汽车集团（中国企业500强）、福特汽车公司（世界500强）和马自达汽车公司（世界500强）合资参股设立，是一个具有跨地域和多品牌生产及经营能力的大型现代化汽车企业。截至2011年末，该公司在中国汽车总销量超过130万辆。

▶▶资料：福特汽车公司

福特汽车公司是世界最大的汽车企业之一，总部设在美国密歇根州迪尔伯恩市，旗下拥有福特(Ford)和林肯(Lincoln)汽车品牌。福特汽车公司全球雇员16.6万人，制造和装配业务的约70个工厂遍及全球，产品行销全球六大洲。福特汽车（中国）有限公司成立于1995年，在中国市场为消费者提供多元化的福特产品和服务。福特汽车已在中国市场推出福特锐界、福特蒙迪欧-致胜、福特福克斯、福特麦柯斯、福特嘉年华、福特全顺等车型。福特在华全资及合资企业包括：福特汽车（中国）有限公司、福特汽车工程研究（南京）有限公司、福特汽车金融（中国）有限公司、长安福特马自达汽车有限公司、长安福特马自达发动机有限公司及江铃汽车股份有限公司，员工总数超过2万人。

【统一食品项目】4月8日，统一项目签约落户开发区前进工业园区。该项目是统一企业在浙江省内设立的第一个食品企业，将作为浙江省的总部基地，主要生产方便面及饮料。项目分两期实施。一期总投资9000万美元，注册资本为3000万美元。一期投资由统一企业(中国)投资有限公司出资25%，昆山统一企业食品有限公司出资75%。二期投资总额增加至1.5亿美元，注册资本增加至6340万美元。项目将建设10条方便面快速生产线、二冷二热4条饮料线。其中一期建设4条方便面生产线、一冷一热两条饮料生产线。项目总用地为21.13公顷。

统一企业1967年在台湾台南市成立，是台湾著名的食品制造企业，名列台湾企业前20名，集团年销售额2000亿元。统一企业在国内外投资的企业已达100余个，在中国大陆拥有36个分公司。除食品制造业以外，统一企业在商业领域也实力雄厚，旗下拥有众多国际品牌的经营权，如7-Eleven、星巴克、家乐福、Cold Stone等。公司经营项目涵盖多项民生消费相关的商品与服务，是一个多元化经营的综合生活产业集团。

【中粮包装总部项目】6月，中粮包装（香港）有限公司在开发区投资设立中粮包装投资有限公司（中国区总部），注册资本10250万美元。其中，现汇出资7000万美元；股东全资持有的杭州中粮包装有限公司股权出资3250万美元。公司主要从事在国家允许外商投资的包装领域依法进行投资，并管理所投资企业；受其所投资企业的书面委托，向其所投资企业提供协助或代理公司所投资企业从国内外采购该企业自用的机器设备、办公设备和生产所需的原材料、元器件、零部件，以及在国内外销售其所投资企业生产的产品，并提供售后服务；在外汇管理部门的同意和监督下，在其所投资企业之间平衡外汇；为公司所投资企业提供产品生产、销售和市场开发过程中的技术支持、员工培训、企业内部人事管理等服务；协助其所投资的企业寻求贷款及提供担保。

【立酷派总部项目】10月9日，“Lee Cooper”（立酷派）品牌授权签约仪式暨发布会在杭州开发区举行，该品牌大中华区域销售总部和全球研发中心落户下沙街道文化中心写字楼C1楼，运营方为立酷派服饰（中国）有限公司。该项目是英国Lee Cooper公司在大中华区（含内地、港澳地区）独家品牌授权的全外资公司，注册资本1000万美元。签约仪式上，立酷派全球公司和中国公司签约，授予中国公司在大中华区25年的独家品牌经营权。

牛仔品牌——Lee Cooper1908年始创于英国伦敦，拥有一支来自全球多个国家的国际化专业品牌运作团队，从事服装开发与贸易。100余年来，该产品已行销至全世界70多个国家和地区，在中国内地入驻北京三里屯和东方广场、上海港汇和正大广场、无锡百盛、杭州银泰、温州银泰、宁波银泰、重庆王府井和太平洋、成都王府井、重庆北城天街等国内多家一线时尚商场。“立酷派服饰”作为在下沙街道落户的首个外资楼宇项目，为杭州开发区加快转变经济发展方式、大力发展楼宇经济注入新的活力。

【全家便利店项目】11月8日，杭州顶全便利店有限公司签约落户。该项目为全家便利店浙江地区总部，项目总投资600万美元，注册资本300万美元，由中国便利店(开曼岛)控股有限公司投资设立，计划5年内开设300家门店，销售额预计达到25.8亿元。

FamilyMart品牌源自日本，于1972年成立，是亚洲最大国际连锁便利店之一，其服务网点遍及日本、韩国、泰国、美国洛杉矶等国及中国台湾地区，门店超过1.2万家。中国大陆地区则于2002年成立上海FamilyMart筹备处，2004年上海福满家便利有限公司获商务部批准成立。截至2010年，“福满家”在上海开出400余家连锁店，在苏州开设30余家。2010年，“福满家”销售总额10亿元，成为中国最大连锁便利店。

10月9日，“Lee Cooper”品牌授权签约仪式暨发布会在开发区举行 （下沙街道 供稿）

【贝莱胜电子项目】4月，贝莱胜电子项目落户开发区。贝莱胜项目总投资9600万美元，注册资本3200万美元。项目用地为围垦路以南，五洋路以东，面积5.33公顷。投产后，预计年产值将达12亿元。

贝莱胜亚洲有限公司是美国纳斯达克上市公司，世界十大电子加工制造服务企业之一，在电子加工行业列世界第7位，市值位列世界之首。2008年9月，贝莱胜进入杭州，在杭州高新区内成立贝莱胜电子(杭州)有限公司，租赁1万平方米厂房，2010年产值达1亿元。贝莱胜生产产品有工业打印机电路板、电源、电压转换板、B超声波设备整机、高频电刀等几千个种类，在医疗产品领域，是全球唯一拥有医疗电子许可证的集成电路设计生产企业。

【澳门万城房产项目】6月14日，澳门万城置业投资有限公司竞得杭政储出〔2011〕14号地块开发权，土地性质为住宅（设配套公建）用地，土地出让金总额3.55亿元。项目用地位于开发区下沙街道，东至规划道路，南至规划道路，西至七格北路，北至规划北苑路，占地面积1.83公顷，地上建筑面积约4.4万平方米，地下建筑面积约1.7万平方米，总建筑面积约60.97万平方米。该项目由澳门万城置业投资有限公司全资设立的杭州濠江房地产开发有限公司运营管理，总投资1.1亿美元，注册资本5500万美元。

【味全食品增资项目】8月，杭州味全食品有限公司增资项目开工建设。味全食品于2002年7月在开发区注册成立，投资方为味全（BVI）有限公司，此次增加注册资金910万美元，增资后公司总投资达8185万美元，注册资本4170万美元。味全公司主要从事液体饮料、乳及乳制品、炖奶的生产，以及收购本企业生产所需要的农产品。增资项目用地为开发区北M-03-2地块，位于农垦路以北、育新路以西，总面积7.75公顷。计划于2012年4月投产，预计年产值11.6亿元。

【友科电子增资项目】1月，杭州友科电子有限公司正式运营生产。友科电子是台湾上市公司友嘉实业股份有限公司下属企业，公司于2010年收购开发区鸿源科技（杭州）有限公司后设立电路板生产项目，项目总投资2500万美元，注册资金1000万美元，位于开发区16号大街33号。公司主要从事多层电路板、软式印刷电路板、双面印刷电路板、铝基板、陶瓷基板的生产和销售，金属表面处理及电镀加工，电子零售的设计、生产、销售。2011年，友科电子新增注册资本2000万美元。计划于2015年追加注册资本到5000万美元，项目达产后预计实现年产值10.8亿元。

【世纪互联项目】6月，世纪互联数据中心有限公司（21ViaNet Group, Inc，简称世纪互联）正式选址开发区为其华东区数据服务中心。项目一期租用出口加工区内钱塘房产标准厂房5000平方米，二期自建厂房。项目注册资金2000万美元，是杭州市积极倡导引进的“十大产业”之——物联网产业。

世纪互联创立于1996年，是中国最早的ISP/IDC服务商之一，是中国电信中立互联网基础设施服务提供商。公司总部设在北京，在上海、广州、成都、日本东京、美国硅谷等地设有分支机构。2010年，公司营业收入5.2亿元。2011年4月，世纪互联（21Vianet）在美国纳斯达克股市进行股票增发，融资1.5亿美元。世纪互联在国内33个城市运营47个数据中心，在北京拥有超过1万平方米的电信级数据中心，在华南、华东及全国其他城市拥有超过5万平方米的大型电信级数据中心。2008年，公司获国内唯一“最可靠第三方绿色数据中心服务提供商奖”。

【精功新材料项目】9月14日，浙江精功科技股份有限公司通过《关于与朝阳绿色科技有限公司成立合资公司的议案》，合资公司名称最终核定为浙江精功新材料技术有限公司。精功新材料项目由精功科技以现金投入、朝阳科技公司以多晶硅氯氢化（冷氢化）系统集成专有技术投入，在开发区设立独立法人的中外合资公司——浙江精功新材料技术有限公司。合资公司注册资本8750万元，主营业务是向国内外太阳能和半导体行业的企业提供多晶硅生产最先进的氯氢化（冷氢化）技术和整体解决方案，其最终产品为多晶硅原料制造的系统技术和相关装备，主要应用于太阳能光伏电池、太阳能发电等太阳能级晶硅料和半导体晶硅料生产等领域。

浙江精功科技股份有限公司创立于1992年，是一个主要从事太阳能光伏专用装备、建筑建材专用设备、轻纺专用设备及太阳能多晶硅片等产品的国家重点高新技术企业。朝阳绿色科技有限公司主营业务是高新技术投资开发。公司主要由一批曾经在国际一流多晶硅生产技术装备公司的技术专家和管理团队创建组成。该团队在多晶硅材料工艺研发、工艺设计与优化、工程设计、项目管理、采购、施工、试车、开车、操作等各环节具有丰富经验。

杭州九阳小家电有限公司产品展示 （顾一进 摄）

【加多宝项目】5月3日，由武汉加多宝饮料有限公司为投资主体的加多宝项目签约开发区前进工业园区。该项目占地21.33公顷，注册资本3亿元，计划2013年末前增资至5.4亿元，建设后年产值达20亿元。项目设备均为意大利进口，投入不少于4条塑料瓶装生产线，每条投入2.2亿元；铁罐装生产线每条投入1.2亿元。

加多宝集团是以香港为基地的大型专业饮料生产企业，1995年推出第一罐红色罐装“王老吉”茶饮料，1999年在广东省东莞市长安镇设立工厂。为配合开拓全国市场策略，已在北京、浙江、福建、广东、武汉、青海设立生产基地，集团年销售额约180亿元。

【苏泊尔药业项目】4月8日，苏泊尔药业项目签约落户开发区前进工业园区。该项目总投资7亿元，注册资本3亿元，占地约12.67公顷。项目是集研发、生产、销售配套功能为一体的现代化药品生产基地，预计投产后年产值20亿元。产品包括中药一类新药治疗痔疮“柠檬苦素”，三类新药治疗口腔溃疡新剂型“冰硼膜”，以及已生产的独家主导品种“克痢痧胶囊”“宽胸气雾剂”“理通气雾剂”等。

中国苏泊尔集团是中国民营企业500强，集团成立于1994年，旗下的浙江苏泊尔股份有限公司于2004年8月在深交所上市，是国内同行业首家上市公司。总资产67亿元，在浙江玉环、杭州、绍兴和湖北武汉建有4个药业生产基地。集团下属的浙江南洋药业公司、浙江苏泊尔制药公司等已具备一定的产业规模和市场地位。

【青年汽车增资】2011年，杭州青年汽车有限公司增资1.26亿元，增加工业销售产值6.5亿元。青年汽车项目总投资27亿元，主要进行L5D车型（SUV）及公交车等产品的生产。项目一期规划用地53.6公顷，总投资19.3亿元，建成后形成年产15万辆SUV整车和4000辆公交车的生产能力，预计年销售额150亿元以上，年创税收约20亿元。项目公司杭州青年汽车有限公司于2008年5月注册，注册资本3.7亿元。

【绿嘉实业项目】2011年，杭州绿嘉实业有限公司（原名称为九阳欧南多小家电有限公司）增加注册资金2.36亿元，项目用地19.33公顷，位于元成及乔司地块。项目投资方为九阳股份有限公司，主要从事豆浆机、电磁炉、料理机、榨汁机、开水煲、营养煲、电压力煲和家庭净水设备八大系列产品的研发、生产及销售，达产后预计年产值29.5亿元。项目预计新增年产量800万台家用小家电和年产25万台商用豆浆机的产能规模。

【益维汽车增资】2011年，杭州益维汽车工业有限公司增资3亿元，增加工业销售产值21亿元。众泰汽车项目总投资26亿元，主要进行“派力奥”“力博朗”和“多博朗”3款轿车，以及相关汽车零部件的生产。项目分开发区下沙和江东两个基地，下沙基地采取代建和租用普洛斯厂房的形式，总占地约8.67

公顷，建有焊装、涂装和总装三大车间；江东项目占地100公顷，首期用地40公顷，设计建成冲压、焊装、涂装、总装四大工艺车间，全面建成投产后将形成年产能20万辆轿车。公司以建立众泰集团新总部的模式建设集团管理、研发和销售的中心，形成众泰集团最核心的总部基地。项目公司杭州益维汽车有限公司于2009年8月注册，注册资本为3亿元。

【宁野农机项目】6月27日，浙江杭拖实业投资有限公司旗下的“杭拖”牌拖拉机生产基地项目签约落户前进工业园区。浙江杭拖实业投资有限公司前身是浙江宁野农业装备有限公司，是省内规模最大的民营轮拖式拖拉机制造企业和杭州市农业龙头企业。新项目拟建5.88万瓦~9.56万瓦拖拉机和大型农机具的生产线；2.06万瓦~4.41万瓦的生产线扩产。项目注册资金3亿元，总投资6亿元，其中固定资产投资3.3亿元、土地购置及整理4000万元、技术研发经费及流动资金约2亿元。项目建成达产后，可实现年产1.5万台套5.88万瓦~9.56万瓦的拖拉机，预计实现销售收入约28亿元。

·项目投资促进·

【接待国外和地区考察团27个】全年，开发区招商局邀请和接待来自全球25个国家和地区的各类商务考察团27批、360人次。先后接待英国—杭州可持续发展合作伙伴考察团、东海日中贸易中心总部事务局次长大野大介一行、中法夏斗湖经贸合作区管委会考察团、中国美国商会代表团孟克文（Christian Murck）一行等，进一步加强开发区与境外商务机构、组织的信息沟通和交流合作。

【发挥政企桥梁作用】2011年，在服务业招商项目审批手续复杂、外汇结汇难度大的情况下，招商局主动到相关审批部门进行协调公关。全年10余次赴中国商务部、国家发改委、国家工商总局，几十次赴省、市部门进行沟通协调，为开发区招商引资工作争取上级部门的支持与理解，为项目及时落地创造良好的审批环境。在康师傅股转、中粮包装总部、友科电子增资、碧桂园、龙湖增资等项目审批过程中，开发区招商局30余次上门与杭州市外经贸局、浙江省商务厅进行协调汇报，报送各类资料120余件，为大型项目的后续审批疏通渠道。

【投资企业协会服务企业】2011年，开发区投资企业协会5次组织区内企业开展政策座谈会、形势报告会和融资政策咨询会等活动。协会组织企业前往太原参加第六届中国中部投资贸易博览会，前往新疆阿克苏经济技术开发区考察对接合作。

9月8日晚，由开发区投资企业协会主办的2011投资企业中秋联谊酒会在沿江大道湿地公园举行。开发区管委会各级领导以及区内东芝信息、中策橡胶、众泰汽车、金鱼集团、中高重工等200余个投资企业的董事长、总经理共300余人出席活动。开发区党工委书记盛成皿致辞，回顾开发区与各投资企业18年来的奋斗历程，高度评价开发区取得的成就，对“十二五”时期各项事业发展提出新的目标。金鱼集团、友嘉集团等企业还自编自导，分别选送表演节目。

【投资企业协会家电分会年会】12月20日，开发区投资企业协会家电分会召开2011年度会议。开发区30余个家电及相关配套企业的主要负责人近80人参加会议。会议以“创新、创意、创未来”为主题，家电分会会长作题为《2011年家电行业概述与展望》的主旨报告，全面总结2011年家电行业发展所面临的机遇和挑战，并对开发区家电行业的未来进行展望。杭州九阳小家电有限公司、杭州奥普卫厨科技有限公司、杭州金鱼集团有限公司相关负责人作具有前瞻性和启发性的代表发言。年会的召开，有利于区内家电企业总结经验，形成具有行业影响力的品牌项目，推进家电行业产业集聚效应。

▶▶资料：开发区投资企业协会

开发区投资企业协会成立于1993年，拥有固定会员企业149个，协会设立机械装备制造业分会、家电分会、电子信息分会、轻工食品分会、生物医药分会、现代服务业分会、服务外包及文化创意产业分会、新能源新材料产业分会8个分会。作为开发区招商局的合署办公机构，协会主要任务是通过加强政企联系，推进“以民引外”及“以外引外”，推动建立友好融洽的政企合作关系。

【破解企业难题】2011年，杭州世宝方向机有限公司、富士康科技集团钱塘科技园、杭州玫琳凯化妆品有限公司等企业在进口设备免税申报、产品出口分类环节中遇到难题，导致企业正常经营受到影响，招商局10余次与杭州海关、开发区海关等相关部门协调，帮助企业解决问题，将生产经营影响减到最小。开发区招商局积极发挥好政府部门与企业间的桥梁作用，帮助中高船用发动机有限公司、杭州太空高压射流科技公司等生产的“高精尖”技术门类产品拓展市场，推动企业做大做强。

9月6日，开发区投资企业协会举办企业中秋联谊酒会 （黄健员 摄）

【外资企业网上联合年检培训】3月23日，开发区招商局邀请杭州市网上联合年检办公室、浙江省外汇管理局、开发区工商分局等相关部门，组织开展外商投资企业2010年度网上联合年检业务培训。培训就2011年外商投资企业联合年检需注意的填报内容、办理程序等相关问题进行讲解，年检系统维护网络公司工作人员演示了系统网上填报过程。招商局投资促进科对开发区外商投资企业网上年检，及合同章程变更行政审批方面的注意事项进行业务指导。通过培训，120余个参训企业熟悉网上年检填报流程，增强实际操作能力，也加深年检相关部门与外商投资企业的沟通交流。

【强化招商对外宣传】2011年，开发区招商局安排招商宣传经费40余万元，开展境内外招商宣传工作。先后在日本国际贸易促进会、英国曼丽投资、美国在线等网站投放广告；在韩国大韩贸易投资振兴公社合作门户网刊登开发区招商引资专栏；与国内中华招商引资网开展合作，全年投入5.5万元在该网站首页投放漂浮广告。4月，对开发区投资网站内容进行全面改版，多角度对外展示开发区形象；6月，会同管委会办公室，在浙洽会展会现场及会刊上投放广告，加强在浙江省内的招商宣传。11月，邀请日本《日经杂志》采访团进行专题采访和报道，开发区管委会副主任张学宁、招商局相关工作人员详细介绍开发区18年的发展历程、建设成就、产业布局和发展方向，邀请日本企业到开发区考察投资。日本《日经杂志》刊登开发区专题报道，提升开发区在日韩地区的知晓度和影响力。

【举办6期拓展业务培训班】全年开发区招商局组织6期全区招商人员招商业务培训，招商中心、前进工业园区投资促进处、下沙街道、白杨街道、资产经营公司等招商主体相关招商人员共计260余人次参加培训。培训主要包括外商投资项目核准、外商投资企业设立合同章程审批及其变更审批、招商项目管理办法、项目投资协议书拟订常见问题答疑等内容。通过培训，开发区招商人员提高了业务能力，打好招商基本功。

·项目开工促进·

【项目促开工概况】2011年，开发区招商局作为项目促开工主体，在开工竣工投产协调推进工作小组和相关部门的共同努力下，加快推进招商引资成果向实际工业产能转化，全年累计完成工业性投入50亿元，完成环评立项项目14个，完成扩初设计项目14个，完成开工工业项目12个，竣工工业项目16个。全年开发区克服“促开工”工业项目占地大、建筑要求高、协调难度大等问题，完成杭州孟氏建材有限公司、杭州顶可食品有限公司、杭州苏宁电器有限公司OEM厂房、杭州顶益食品有限公司新生产基地、味全食品有限公司、九阳家电股份有限公司欧南多二期等12个项目开工建设，共用地70.86公顷，投资额约3.4亿元，列入考核计划的10个项目均于年内完成开工任务。

招商局促开工推进协调小组积极协助企业从供地前期、环评立项、方案设计、工艺布局、扩初设计、基础勘探等各个环节着手，理顺审批程序。加强与国土、规划、建设等相关审批部门间的沟通、协调，大幅压缩前期审批时间，特别是杉杉、明锐、玫琳凯、味全等项目，都提前进行项目前期工作，为项目早开工争取时间。开发区针对工业项目批准进区至供地环节周期过长的问题，研究制订《工业项目土地招拍挂办事流程的实施意见》，把工业项目土地招拍挂从项目用地出让计划审批、将土地组件上报市政府审批阶段的流转程序进行梳理，将审批时间由原来38个工作日缩至22个工作日，审批时间缩短42%以上，最大限度简化、归并办事流程。

【孟氏建材项目开工】4月，杭州孟氏建材有限公司项目开工建设。该项目位于开发区南部区块，占地面积约1公顷，注册资金800万美元 。项目建成投产后主要承担着卫生陶瓷生产、安装及销售。预计达产后年产值约1.5亿元。杭州孟氏建材有限公司是孟伟凌有限公司的子公司，在家装建材和风能产业集采购、制造、物流和供应链于一体。

【顶可食品项目启动建设】2月，顶可食品项目开工建设。该项目位于开发区乔司区块，用地面积约2公顷，建筑面积2.4万平方米，建成投产后主要从事沙拉、调味酱及调味食品等系列产品的研发、生产和销售。顶可食品项目是台湾味全与日本商用色拉酱第一品牌“健可”公司合资成立的公司，计划打造中国大陆最大的色拉酱和调味品企业。杭州顶可食品有限公司于2010年成立，总投资1500万美元，注册资金600万美元，计划2012年投入生产，投产3年后产值达到2亿元。

【史陶比尔新基地开工】5月23日，史陶比尔（杭州）精密机械电子有限公司新生产基地开工建设。该公司新生产基地位于开发区乔司区块，总投资约5800万美元，注册资金1600万美元。占地面积约4.2公顷，总建筑面积约5万平方米。主要用于生产电子多臂机和太阳能连接系统，同时新增Deimo控制柜HW2700、2500和2900系列、组合接头连接系统QMC、MPS、MCS等项目。投产后可实现年产值12亿元，利税总额超过1.5亿元。史陶比尔（杭州）精密机械电子有限公司是法国史陶比尔集团全资子公司，1997年10月在开发区建立，是史陶比尔集团在欧洲以外建立的第1个制造工厂，也是集团在中国的总部。公司主要从事高精密机电产品，如电子多臂机、电子提花机、工业接头、太阳能连接器、工业机器人的研发、设计和制造。

5月23日，开发区举行十大工业项目开工典礼　　（黄健员 摄）

【协调推进美迪凯光电项目】6月，杭州美迪凯光电科技有限公司项目开工建设。该项目位于开发区南部区块11号大街与20号大街交界处地块，占地面积约2公顷，注册资金6100万元。项目建成投产后主要以人造水晶（石英晶体）、特种光学玻璃为原材料，制造各类光学器材。产品主要应用于数码相机、数码摄像机、监视器、拍照手机等信息技术（IT）领域。预计达产后产值约3亿元。

美迪凯公司是2009年在开发区投资设立的省级高新技术企业，2010年3月下旬取得土地，2010年10月完成项目建设前期工作。由于该项目相邻地块的德帕姆项目和曼哈顿项目等待供地，导致公司地块的唯一出入口处的蒸汽管道施工延后。2011年2月28日，德帕姆项目和曼哈顿项目取得用地确认书，迁移蒸汽管道的条件成熟。3月3日，开发区工业项目推进协调小组会同开发区行政服务中心、建设局、杭州杭联热电有限公司和美迪凯公司召开协调会，明确由开发区建设局负责完成该路段上绿化、污水、路灯、电信、交通信号灯的迁移协调工作，开发区行政服务中心做好周边企业蒸汽需求调查及停气配合工作，杭州杭联热电有限公司提前做好管道布线和施工前期准备，确保3月末完成20号大街蒸汽管道迁移。项目开工后，计划于2012年一季度实现试生产目标。

【杉杉茶叶项目开工】5月23日，杉杉（杭州）茶叶萃取有限公司项目开工建设。该项目位于开发区建成区块，占地面积约2.67公顷，总建筑面积约3.2万平方米，注册资金1450万美元。项目建成投产后主要承担着茶叶提取物、茶粉、液态茶产品、脱咖啡因茶的研发、生产、销售及批发、进出口业务，预计达产后年产1000吨速溶茶粉、1500吨二氧化碳超临界萃取物，产值约4亿元。世界领先的3500升二氧化碳超临界萃取装置将使开发区成为亚洲最大的植物萃取生产中心。

杉杉（杭州）茶叶萃取有限公司由浙江杉杉茶叶有限公司、德国马丁鲍尔萃取有限公司合股投资，2010年在开发区设立。主要从事茶叶及相关植物产品的生产、萃取。马丁鲍尔集团在植物产品研发与萃取行业中占有领先地位，涉及食品饮料、保健品、药品、化妆品等众多领域。

【明锐食品项目开工】5月，杭州明锐茶叶科技有限公司新建项目开工建设。杭州明锐茶叶科技有限公司是杉杉集团与香港明锐公司合资项目，项目位于开发区建成区块，占地面积约0.6公顷，建筑面积7200平方米，总投资800万美元，注册资金400万美元。项目建成投产后主要承担着茶叶及天然植物的收购、生产、拼配、储存、加工、包装和销售，年产480万盒袋泡茶及200吨超微粉碎茶，预计年产值约1亿元。

【苏宁电器新厂房开建】5月23日，杭州苏宁电器有限公司新建OEM厂房项目开工建设。项目位于开发区南部区块，占地面积约6.8公顷，总建筑面积约10万平方米，总投资3亿元，注册资金2.7亿元。项目建成投产后主要将对杭州市及其周边地区电器商品实现采购、销售一体化管理，建立一个集采购结算、物流配送、培训、服务、信息为一体的多功能总部基地，同时也是以OEM加工为主、集约配送为辅的覆盖华东区域的生产基地。预计达产后产值约10亿元。

苏宁电器是中国3C（家电、电脑、通讯）家电连锁零售企业的领先者，也是国家商务部重点培育的全国15个大型商业企业集团之一。杭州苏宁电器有限公司于2005年入驻开发区，2009年公司增资建设集团区域产品全国分销中心、电子商务及OEM中心。

【“康师傅”新工厂动工】8月，杭州顶益食品有限公司新工厂开工建设。该项目位于开发区乔司区块，占地面积约24.67公顷，总建筑面积约25万平方米，总投资1.5亿美元，注册资金9250万美元。新建24条全自动生产线，生产速度达500包/分钟/线，单日最大生产能力67万包/线。项目建成投产后主要承担着生产、加工方便面、挂面、包装方便粉丝、调味料及相关的包装材料（除印刷）等业务。达产后年产方便面2.4亿箱，产值约106亿元。杭州顶益食品有限公司成立于1994年7月，注册资金1.32亿美元，产销量位列康师傅控股公司方便面事业群之首，是杭州市重点扶持的大企业、大集团、纳税大户。

【新加坡科技园开建二期项目】11月，新加坡杭州科技园二期项目开工建设。该项目位于开发区新加坡杭州科技园区内，占地面积约2公顷，总投资约4亿元，注册资金1700万美元。项目建成后主要包含腾飞公司开发，管理和营销、信息科技园、工业园物流园、产业园、科学园、高科技设施、写字楼和商场。腾飞集团提供一条龙房地产服务，为企业客户商务房地产开发管理的全过程提供支持。预计达产后产值约20亿元。

【九阳欧南多续建二期项目】5月23日，九阳欧南多二期项目开工建设。该项目是九阳家电股份有限公司投资建设的大型小家电生产研发基地，位于开发区元成区块，占地约19.47公顷，总建筑面积约26万平方米，总投资8.63亿元，注册资金1.65亿元。项目建成投产后主要从事豆浆机、电磁炉、料理机、榨汁机、开水煲、营养煲、电压力煲以及家庭净水设备等八大系列产品的研发、生产及销售。完全达产后预计实现年产值约29.5亿元。九阳家电股份有限公司于2004年入驻开发区，生产经营取得快速健康发展，年均增长率超过40%，成为国内豆浆机及小家电第一品牌。

【娃哈哈再建启力营养项目】5月23日，娃哈哈启力奶粉饮料生产基地项目开工建设。该项目位于开发区乔司区块，由娃哈哈集团投资，占地面积4.13公顷，总建筑面积约14万平方米，注册资金2100万美元。项目建成投产后主要承担着果蔬饮料、茶饮料、咖啡饮料、含乳蛋白饮料、婴幼儿配方奶粉、活性酸奶的生产和销售。预计达产后产值65亿元。

·招商活动·

【招商活动概况】2011年，开发区招商部门组团11次赴国外招商，拜访东芝、日本电装、富士康、法液空、迪卡侬等全球20多个国家的40多个企业总部，挖掘了一批潜在项目。借助省市各级活动平台，大力宣传开发区投资环境政策，先后12次在日本及中国台湾地区和大陆主要城市召开招商推介会。在东京和中国台湾地区分别举办招商推荐活动，收获一批项目信息，直接推动横滨胶管配件（杭州）有限公司、杭州友科电子有限公司、杭州联发纤维有限公司增资项目的落地。开发区招商人员开展“珠三角”、环渤海地区主动敲门招商，全年累计出动招商人员2700余人次，发放各类宣传资料4000多份，收集内外资项目信息256个。

【“珠三角”地区敲门招商】4月11～13日，开发区管委会副主任沈燕俊带领开发区招商部门，赴“珠三角”地区开展系列招商活动。招商局、招商中心、前进园区指挥部招商处、下沙街道、白杨街道、开发区驻深圳招商处等派员参加招商活动。招商团队全程参与“浙江·广东经济结构调整洽谈会”项目签约仪式和“2011年杭州（广州）经济合作洽谈会”，推介开发区尤其是大江东的投资政策、环境，展示开发区的发展成果，吸引大批知名企业前来咨询。开发区招商人员分成几个招商小分队，分别赴深圳、东莞等“珠三角”城市，开展以信息电子、生物医药、装备制造、服务外包及总部经济项目为主题的“敲门”招商活动。拜访大族激光科技股份有限公司、先锋高科技（东莞）有限公司、东信和平智能卡股份有限公司、广东加多宝饮料食品有限公司等15个知名企业，挖掘一批潜在客户和意向企业，扩大开发区在“珠三角”地区的影响力和吸引力，加强与“珠三角”知名中介机构、商会、在粤知名浙商代表的沟通与交流，对扩大与“珠三角”地区的国内项目合作起到良好的推动作用。

【组团参加宁波浙洽会】6月7～9日，开发区管委会副主任张学宁、沈燕俊带领招商局、招商中心、下沙街道、白杨街道、江东招商投资处等招商主体，参加在宁波举办的第十三届浙江投资贸易洽谈会及第十届中国国际日用消费品博览会。其间，开发区参加了重大外资项目签约仪式，张学宁、沈燕俊分别代表开发区同客商代表完成总投资2.93亿美元、合同外资1亿美元的中粮包装总部项目，以及总投资2.1亿美元、合同外资1750万美元的统一项目浙江总部和生产基地项目的签约。开发区各招商主体分成4个小分队，参与浙江产业集聚区与跨国公司对接会、现代服务业投资合作对接会、浙江—日本企业投资合作对接洽谈会、海外华侨华人投资合作对接洽谈会等一系列议程，接触日本、德国企业和海外华侨，以及国内外生物医药、高新技术、机械制造、文化创意、服务外包等产业的专业客商，介绍了区域投资环境和政策，收集一批有价值的项目信息。会后，开发区各招商小分队分赴宁波鄞州区、江东区和梅山保税港区等地开展敲门招商，主动拜访潜在客户企业。

【参加杭州（上海）经济合作洽谈会】7月18日，2011年杭州（上海）经济合作洽谈会暨第二届世界休闲博览会推介会在上海国际会议中心举行，杭州市领导黄坤明、邵占维、王国平、孙忠焕等出席会议。开发区党工委书记盛成皿带领招商局、招商中心、前进园区招商投资处、下沙街道、白杨街道、资产经营集团等招商主体参加推介会。根据会议安排，开发区参加洽谈引进的澳门贺田房产项目、永赫新能源项目、亚德环保科技项目签约仪式。开发区招商人员主动接洽出席会议的在沪相关中介机构、大企业、大集团和各界商会代表，推介开发区的投资环境政策，发放宣传资料200余份。会后，各招商主体分成招商小分队，分别拜访在沪主要中介机构及各大跨国企业、集团总部，实施敲门招商，认识新客户，挖掘潜在资源。通过参与杭州市党政代表团赴沪交流访问，进一步加强开发区与在沪大企业、大集团、浙商（杭商）企业以及与政府部门的合作与交流，推动开发区“十六产业”招商。

【开发区召开东京投资说明会】8月1~6日，开发区管委会副主任沈燕俊带领招商局、招商中心、江东招商投资处等主体赴日本开展系列招商活动。8月2日，开发区招商团队在东京召开开发区投资说明会，沈燕俊详细介绍杭州市及开发区的投资环境和政策，邀请日本各界、各行业投资者到杭州开发区旅游、考察、投资。日本三井住友银行、三井物产、昭和金属、丸运国际物流等28个企业近40人参加说明会，对开发区的投资环境表示了浓厚兴趣，并针对投资中可能存在的电力供应、企业工人招聘等问题进行咨询交流。会后，开发区招商团队分别拜访横滨轮胎事业部、横滨胶管事业部、东芝株式会社日本总部、日本电装等知名企业，介绍杭州市、开发区近年来的巨大变化和产业发展现状，并针对日本企业管理层普遍关心的招工等问题予以详细解答。日本相关公司表达了要在杭州开发区实施投资或进一步扩大投资的意向。

【北京地区敲门招商】8月22~26日，开发区管委会副主任张学宁、沈燕俊带队赴北京参加2011年杭州（北京）经济合作洽谈会及环渤海地区系列招商活动，开发区招商局、招商中心、江东招商处、白杨街道办事处、开发区驻北京招商处参加招商活动。招商团队全程参加经济合作洽谈会，沈燕俊拜会企业高层、在京知名浙商代表、各大中介机构，推介了大江东地区特别是前进园区的产业规划和投资环境政策，积极展示开发区近年来取得的工作成就，吸引了一批企业前来咨询。会议安排招商项目签约仪式，注册资本3亿元、总投资6亿元的宁野农机项目签约落户开发区。会后，招商团队分成3个小分队，在张学宁、沈燕俊等领导带领下分赴北京各城区和天津市，开展以汽车及零部件、装备制造、文创产业及总部经济项目为主题的敲门招商活动。与北京福特汽车总部进行深入洽谈并取得突破性进展。拜访中财集团北京总部、CIGS太阳能薄膜公司、富华国际集团、北京华录百纳影视股份有限公司等20多个在京知名企业，挖掘了一批潜在客户和意向企业。扩大开发区在环渤海地区的影响力和知名度，加强开发区与京津地区大型中介机构、商会、在京知名浙商代表的沟通与交流，对扩大开发区与环渤海地区的国内项目合作起到良好的推动作用。

【赴台湾招商推介】8月31日至9月6日，杭州市政府组织大型代表团赴台湾进行为期1周的经济文化交

8月1~6日，开发区在日本东京举办投资说明会　（区招商局 供稿）

流活动。开发区管委会副主任张学宁带领招商人员组成分队，随杭州市经贸代表团在台湾开展系列经贸交流和敲门招商活动。开发区招商分队先后参加了“杭州台北风云会”“精英领袖交流会”“两湖论坛”等多项大型经贸文化交流活动。在“两岸产业合作发展契机与展望”论坛上，张学宁作了题为《杭州生物与医疗产业投资环境分析》的主旨演讲，对开发区生物医药产业投资环境及鼓励政策进行重点推介，提出将以开发区建设“杭州生物产业国家高技术产业基地”为契机，打造国内领先、引领高技术产业化生物医药园区的目标，欢迎台湾知名医药企业到开发区投资发展。在台期间，开发区招商分队跟随杭州市代表团走访顶新、友嘉、鸿海、统一等大企业集团，并先后拜访了新光、得力、联发、茂宇等在开发区投资多年的老企业，通过与企业决策层深入洽谈，促进多个在谈项目的有效进展，了解台湾企业界最新投资动态，掌握一批项目信息。

【参加厦门国际投资贸易洽谈会】9月7~10日，第十五届中国国际投资贸易洽谈会在厦门召开。招商局及各招商主体共8人参加招商推介。“厦洽会”期间，开发区招商人员参加由商务部召集的国家级开发区座谈会，汇报开发区18年来的发展成果及经验，并就未来发展方向与商务部领导及与会人员进行充分交流。会后，开发区招商分队开展敲门招商，分头拜访厦门及海西地区的贝莱胜电子（厦门）有限公司、ABB集团、厦门灿坤实业股份有限公司、厦门建发集团有限公司等多个大型企业，取得诸多合作意向信息，加大与台湾及海西地区经济合作力度。

【借助西博会平台招商】9月17日至11月18日，第十三届中国杭州西湖国际博览会在杭州举办。开发区积极借助西博会招商引资的平台作用，结合自身城市定位、资源环境、产业基础等特点，组织各招商主体先后参加西博会投资合作日、杭商大会、西湖金融峰会、科技合作周、海外精英创业论坛等活动，围绕十大产业发展、大项目引进、大企业培育等主题，大力宣传、推介开发区投资环境，积极展开招商引资行动，收获一批有效项目信息。

【创新技术产品在广州招商展示】11月8~11日，由中国机电产品进出口商会、中国对外贸易中心主办，国家7个部委及广东省政府支办的首届“中国国际绿色创新技术产品展”在广州中国进出口商品交易会展馆举行。开发区党工委书记虞成皿率招商局、招商中心、驻外招商处、新加坡杭州科技园等部门招商人员参加展览。开发区响应商务部外资司和中国开发区协会的安排部署，出资20余万元设立展位，占地面积54平方米，由13块展板组成30余平方米的文字及图片。展示内容包括江北低碳科技园区、江东市本级区块、金沙湖绿色规划区、沿江湿地居住区、下沙高教园区、新加坡杭州科技园，以及杭州天裕光能科技有限公司、龙焱能源科技（杭州）有限公司、杭州和利时自动化有限公司等区内企业的绿色产品，充分展示开发区近5年来取得的成就和“十二五”规划中关于“绿色低碳”的规划情况。（俞志根）

外经外贸

·对外经济贸易·

【对外经济贸易概况】2011年，国际经济环境不稳定，主要出口市场逐渐萎缩，企业订单数量减少，杭州开发区外贸出口形势严峻。开发区积极采取应对措施，不断创新方法手段，加强企业服务，鼓励企业巩固欧、美、日传统市场，拓展东南亚、中东、西亚、拉丁美洲等新兴市场。全年外贸出口继续保持稳定增长，外贸结构更加优化。全年实现进出口总额87.32亿美元，比上年（指2010年，下同）增长9.29%。其中出口总额52.61亿美元，增长10.17%；进口总额34.71亿美元，增长7.98%。

出口产品中以机电产品、高新技术产品为主，其中机电产品出口总额为32.82亿美元，占出口总额的62.38%。主要贸易方式仍为加工贸易，但一般贸易呈现快速增长势头，比上年增长22.99%。

主要贸易关系遍布五大洲，从上年的160个贸易关系国和地区增加到169个，其中对日本、东盟、非洲、南美洲和亚太经合组织的出口，以及对欧盟、美国、大洋洲的进口呈现快速增长势头。出口企业从上年的253个增加到268个，进口企业从257个增加到275个；大企业继续保持对全区外贸出口强有力的支撑作用。

全年新批境外投资项目6个，比上年增加2个。其中，股权受让项目1个，新设企业项目5个。总投资金额195万美元，其中中方投资额183万美元。历时5个多月40多轮艰苦谈判，引进长安福特马自达汽车项目，全部达产将形成1500亿元产值规模。

2011年开发区新批客商投资1000万美元以上企业

表12

序号	企业名称	所属行业
1	东照能源（杭州）有限公司	工业
2	浙江贝莱胜电子有限公司	工业
3	杭州统一企业有限公司	工业
4	杭州杭钢富春工程机械有限公司	工业
5	海安电子科技（杭州）有限公司	工业
6	杭州铁格机械有限公司	工业
7	杭州宝庆医疗设备有限公司	工业
8	杭州恒业印刷有限公司	工业
9	超然电器（杭州）有限公司	工业
10	杭州宏拓包装材料有限公司	工业
11	杭州娃哈哈精密机械有限公司	工业
12	浙江精功新材料技术有限公司	工业
13	杭州默沙东制药有限公司	工业
14	杭州碧桂园房地产开发有限公司	服务业
15	杭州濠江房地产开发有限公司	服务业
16	中粮包装投资有限公司	服务业
17	杭州世纪互联信息技术有限公司	服务业
18	杭州苏永贸易有限公司	服务业
19	莱盟能源科技（杭州）有限公司	服务业
20	杭州俊国科技有限公司	服务业
21	杭州苏比贸易有限公司	服务业
22	秋沙商贸（杭州）有限公司	服务业
23	立酷派服饰（中国）有限公司	服务业

外贸进出口骨干企业增势强劲。由于出口产品价格的上涨，杭州中策橡胶有限公司全年出口增幅

23.2%；松下电化住宅设备机器（杭州）有限公司全年出口增长2.31倍，进口增长1.35倍；两个在各自行业具有代表性的企业为全区外贸进出口的增长起到重要支撑作用。一般贸易涨幅远大于加工贸易。全年一般贸易出口增幅23.5%，进口增幅18.1%；加工贸易增速减缓，直接影响全年任务的完成。外贸主体及加工贸易审批数量略有减缓。全年25个外贸企业进行对外贸易经营者备案登记，比上年减少3个；加工贸易中变更审批392件、批准审批237件、内销审批283件、能力证明审批93件，累计1005件，比上年减少352件。

表13

2011年开发区出口企业20强

序号	出口企业名称
1	东芝信息机器（杭州）有限公司
2	杭州中策橡胶有限公司
3	杭州矢崎配件有限公司
4	杭州松下家用电器有限公司
5	松下电化住宅设备机器（杭州）有限公司
6	泰尔茂医疗产品(杭州)有限公司
7	杭州松下住宅电器设备(出口加工区)有限公司
8	杭州松下马达有限公司
9	浙江新迪国际食品集团有限公司
10	杭州庄盛家具制造有限公司
11	国际香精香料（浙江）有限公司
12	乐金（杭州）记录媒体有限公司
13	艾博生物医药(杭州)有限公司
14	旭化成医疗器械(杭州)有限公司
15	浙江蓝天环保高科技股份有限公司
16	杭州安费诺飞凤通信部品有限公司
17	拜耳作物科学(中国)有限公司
18	杭州得力纺织有限公司
19	杭州金陵科技有限公司
20	眼力健(杭州)制药有限公司

【对外投资初显成效】2011年，开发区按照“起好步、稳步走”总要求，积极探索对外经贸途径，构建“走出去”扶持、保障和服务体系，鼓励企业加大对外投资力度，努力拓展市场空间。全年有浙江顾家工艺沙发制造有限公司、三花控股集团有限公司、杭州杰玛箱包有限公司等4个企业累计对外投资6个企业，合计总投资195万美元，主要投向日本、美国、波兰、阿联酋、印度等国家和地区。截至年末，开发区对外投资企业累计已达10个。

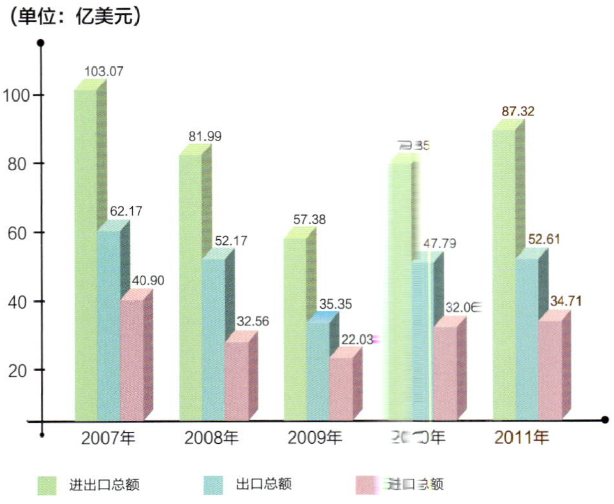

图2　2011年开发区进出口情况

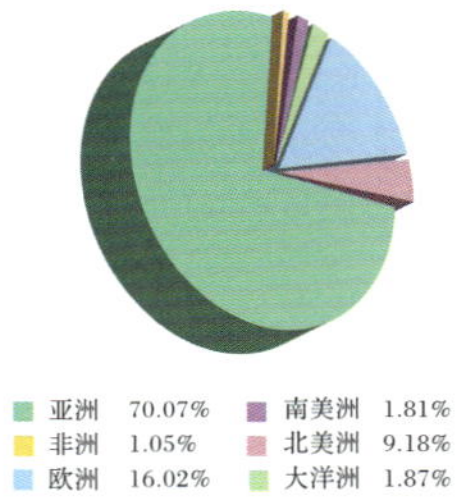

图3　2011年开发区进口分布情况

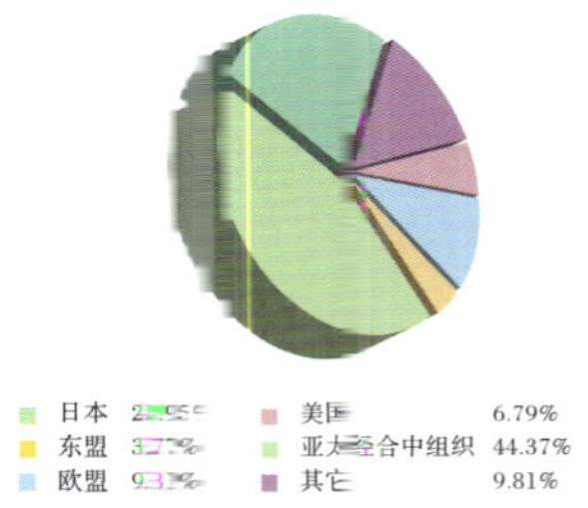

图4　主要国家和经济组织出口情况分布

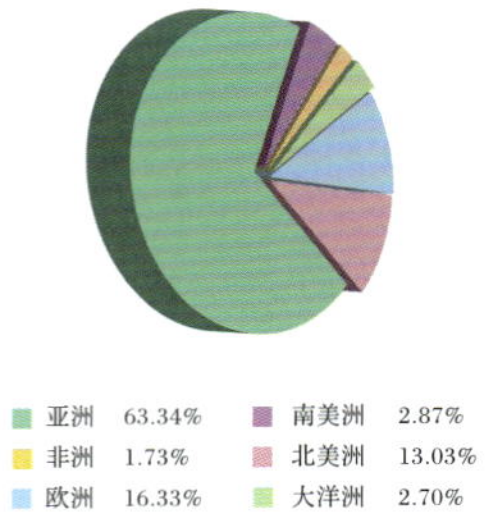

图5　2011年开发区出口分布情况

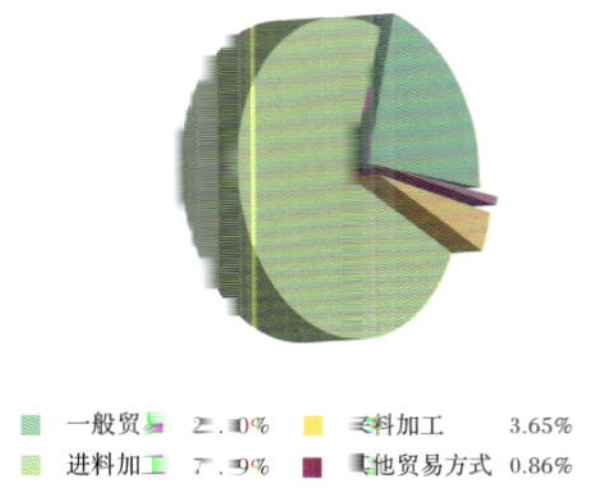

图6　2011年开发区主要贸易方式分布

【服务外包产业稳定发展】开发区落实杭州市服务外包产业发展战略规划，努力推进园区和载体建设，完善和优化服务外包政策。截至2011年末，开发区已聚集服务外包企业55个，基本覆盖ITO、BPO、KPO三大类别，服务外包培训机构14个，全年培训各类外包人才2554名。据商务部统计数据显示，2011年开发区服务外包离岸合同金额为4.64亿美元，比上年增长28.5%；离岸合同执行金额为3.01亿美元，与历史最高年份基本持平。

2011年开发区外商投资项目按国别（地区）分类

表14

国别（地区）	项目（个）	总投资（万美元）	占总投资比例%	国别（地区）	项目（个）	总投资（万美元）	占总投资比例%
美国	92	174 246	11.71	萨摩尔	2	4 960	0.33
维尔京	44	167 181	11.24	匈牙利	1	4 800	0.32
日本	94	162 619.2	10.93	丹麦	2	3 754	0.25
新加坡	27	67 023	4.51	泰国	2	3 042	0.20
塞舌尔	13	36 492.4	2.45	百慕大	1	2 998	0.20
开曼岛	11	31 750	2.13	文莱	4	2734	0.18
英国	15	20 234	1.36	澳大利亚	3	2 674	0.18
德国	17	19 568	1.32	巴西	1	2000	0.13
法国	5	15 150	1.02	毛里求斯	1	1 210	0.08
萨摩亚	6	13 284	0.89	新西兰	4	1 150	0.08
意大利	10	13 259.4	0.89	芬兰	1	765	0.05
韩国	16	12 338	0.83	南非	1	710	0.05
马绍尔	1	9 888	0.66	希腊	1	476	0.03
卢森堡	1	8 650	0.58	马来西亚	4	439	0.03
瑞典	5	8 085	0.49	瑞士	2	435	0.03
加拿大	3	7 322	0.49	土耳其	3	81	0.01
西班牙	4	6 975	0.47	玻利维亚	1	75	0.01
荷兰	4	6 708	0.46	其他	254	668 860.7	44.97
巴巴多斯	1	5 400	0.36				

▶▶资料：服务外包企业三大类别（ITO、BPO、KPO）

ITO(InformationTechnology Outsourcing)，即信息技术外包，是指服务外包发包商委托服务外包提供商向企业提供部分或全部信息技术服务功能，主要包括信息技术的系统、应用管理及技术支持的服务。BPO（Business Process Outsourcing），即业务流程外包，是指企业将一些重复性的非核心或核心业务流程外包给供应商，以降低成本，同时提高服务质量。KPO (Knowledge Process Outsourcing)，即知识流程外包，它是业务流程外包（BPO）的高智能延续，是BPO最高端的一个类别，是指将公司内部具体的业务承包给外部专门的服务提供商。KPO的中心任务是以业务专长而非流程专长为客户创造价值，工作的执行要求对某一特殊领域、技术、行业或专业具有精准、高级的知识。

【打击走私综合治理】7月，开发区招商局首次接手反走私工作。组织召开打击走私与综合治理工作协调会议，研究制订工作机制，成立以开发区公安分局、开发区海关、开发区工商分局、检验检疫局开发区办事处、出口加工区综管局、开发区综治办、开发区招商局、开发区财政局及下沙街道、白杨街道为成员的领导小组，落实主要工作责任。全年先后协调处理了杭州世宝汽车方向机有限公司、富士康科技集团钱塘科技工业园、玫琳凯（中国）化妆品有限公司等企业在进口设备免税申报、产品出口分类环节中，因企业相关办事人员误操作而被海关查处，导致企业正常经营受到严重影响等问题。2011年末，开发区打击走私与综合治理工作在杭州市年度综合考评中获评“杭州市优胜单位”称号。

【生物医药出口预警示范点升格】11月，开发区市级生物医药出口预警示范点通过省、市现场考核，升格为省级预警点。全年，该预警点共发布网站预警信息329条，行业出口统计分析报告5篇，对外贸易预警信息报告5篇，预警信息简报5期，组织相关培训4次，提高了各企业对预警信息的全面掌握程度，有效做好防范对外贸易摩擦的各项措施。成功协助杭州华春化纤染织有限公司应对欧盟聚酯高强力纱反倾销案的诉讼，并最终取得终裁零税率的成果。

【五大举措确保外贸出口增长】2011年，因人民币升值、原材料涨价、劳动力成本上升等因素，全区出口增幅由1月的24%逐月下降到11月的10%左右。开发区招商局积极采取对策，通过申报建立省级生物医药出口基地和省级出口预警点，大力推广出口信用保险制度，适度放松自营进出口权限审批，以及在出口加工区内探索建立进口基地扩大进口等举措，及时扭转被动局面，促进全区外贸出口任务指标的顺利完成。

【应对日本特大地震对涉日企业的影响】3月11日，日本东海岸发生里氏9级强烈地震，造成日本人员财产巨大损失，多个在华日资企业供应链受到影响。开发区高度重视，相关部门启动紧急预案，通过上门走访、致电、电子邮件等多种形式，加强和相关企业的联系，及时掌握有关情况，了解企业生产经营情况，掌握进出口通关状态，告知企业开发区将及时帮助解决困难和问题。开发区辖区有日资企业87个，从企业报检情况看，灾难并未对开发区中日进出口产生明显负面影响。据检验检疫开发区办事处统计，3月11日至4月11日期间，检验检疫共受理中日出入境货物报检1100批次，货值1.03亿美元，比上年分别下降17.90%和增长40.9%。其中受理出口至日本的货物报检735批，货值8718.4万美元，分别下降9.26%和增长74.70%。出口货物为家用吸尘器、马达、洗衣机等；受理从日本入境的货物报检365批，货值1625.1万美元，分别下降31.10%和增长30.90%，涉及货物为化妆品、零部件等。从统计数据看，报检批次较上年同期有所下降，但货值均有不同程度增长。（鲁　佳）

·出口加工区·

【出口加工区概况】2011年是浙江杭州出口加工区（简称出口加工区）封关运作10周年暨保税物流功能启动2周年。出口加工区综管局以实现可持续发展为目标，通过“优服务、促转型、良环境”的各项举措，全力推进园区各项建设协调发展，工业经济、外贸出口整体发展平稳，各项经济指标与上年持平。产业、产品结构稳步调整，保税物流业务保持快速增长，结构更趋合理，进一步拓展保税范围，成功引进杭州钱盛进口商品展示有限公司。全年实现工业总产值136.02亿元，比上年下降2%；实现税收7.71亿元，其中工商税收1.7亿元、海关代征税5亿元。实现工业增加值10.85亿元。进出口总额28.14亿美元，其中出口19.17亿美元，增长0.4%。全年实现固定资产投资1.62亿元，下降19.8%。投入主要集中在矢崎配件更新设备和希赛瓶盖扩大场地、增加流水线。两个企业分别新增固定资产投资10050万元和4085万元，占全年新增固定资产的62.03%和25.21%。

3月3日，开发区召开杭州出口加工区封关运作10周年工作研讨会
（黄健员 摄）

出口加工区开展基础设施完善工程项目，基础设施逐步提升。5月，在杭州天裕光能科技有限公司、杭州矢崎配件有限公司、杭州泰谷诺石英有限公司、真珠乐器杭州有限公司等6个企业周边设置5米宽的绿化隔离带，总面积1万余平方

米，解决部分企业周边未利用地的火灾隐患情况。11月，西巡逻道地下雨水管连通、主要干道十字路口信号灯、标准厂房区域主要道路路灯及地下管线改造工程开工建设。19号、14号、16号大街两侧绿化带以及16号大街中央绿化带景观提升项目，完成初步设计。启动出口加工区广场环境提升及配套工程。

园区管理不断细化。通过组织月度考核等方式，落实城市管理任务。出台《浙江杭州出口加工区施工管理》等规范性文件，加强施工备案管理。建立加工区生产型企业环保联系人队伍，到7个企业进行环境安全情况检查，督促4个企业及时整改环保问题。统计、核对加工区土地、房屋使用情况，摸清闲置资源。协调解决企业存在的员工住宿问题，促成杭州天裕光能科技有限公司和真珠乐器（杭州）有限公司两个企业与下沙街道七格社区签订老年公寓租房协议。修订《浙江杭州出口加工区防汛抗台应急预案》，检查落实情况，督促企业做好抗

表15

浙江杭州出口加工区主要经济指标

指标名称	计量单位	2010年	2011年	历年累计
一、招商引资				
外资项目批准数	个	1	1	28
外资项目投资总额	万美元	2 000	2 000	49 771
其中：增资额	万美元	0	0	21 492
合同利用外资	万美元	1 600	1 000	21 871
其中：增资额	万美元	0	0	7 505
实际到位外资	万美元	400	100	25 506
内资项目批准数	个	0	0	5
内资项目注册资本数	万元	0	0	70200
二、工业经济				
工业总产值	万元	1 389 342	1 362 916	10 169 365
工业产品销售额	万元	1 387 457	1 353 276	10 093 939
工业企业利润总额	万元	33 996	28 008	185 626
税收总额	万元	56 577	77 154	212 244
进口值	万美元	98 227	89 766	792 055
出口值	万美元	190 913	191 704	1242 093
三、物流仓储业				
物流仓储业营业收入	万元	5 691	5 269	31 426
物流仓储业税收收入	万元	394	355	1 698
四、基本建设				
固定资产投资	万元	29 745	16 815	345 337
厂房建设面积	平方米	0	15 000	—
厂房竣工面积	平方米	0	0	569 187
五、其他				
从业人员	人	12 220	10 388	—
工业产值前5位的企业	东芝信息、矢崎配件、杭州松下、希赛瓶盖、中日龙			
出口主要产品名称	笔记本电脑、汽车连接线和仪表配件、小家电、数码相机配件、饮料瓶盖			
入区企业主要产业类型	电子类、汽车配件类、轻工类、体育用品类			

雪防冻、防汛防台工作，确保出口加工区安全。

全面落实安全生产责任制。出口加工区综管局与28个生产经营单位签订安全生产目标管理责任书，加强日常检查、督促，全年共检查企业58个次，发现一般隐患166处，均已落实整改。通过部署“安全生产月”活动、组织企业开展应急预案演练、参加机械行业安全生产标准化培训辅导等活动，不断提高企业安全生产的意识和能力。

【出口加工区封关运作10周年】出口加工区经过10年的发展，先后引进日本、美国等10个国家和地区的33个企业，其中生产型企业25个、物流企业7个。累计总投资4.97亿美元，合同利用外资2.18亿美元。进区企业包括东芝信息机器（杭州）有限公司、杭州松下住宅电器设备（出口加工区）有限公司、杭州矢崎配件有限公司等世界500强企业，形成以笔记本、汽车配件、家用电器为主的产业结构。3月3日，成功召开杭州出口加工区封关运作10周年工作研讨会议，理清发展思路，进一步明确加工区转型升级、优化功能，实现可持续发展的目标。

【龙头企业积极转型】2011年，出口加工区大部分企业积极实施转型，骨干企业发展良好。全区实现利润总额2.5亿元，增加值10.8亿元，区内电子信息产业企业实现总产值116.05亿元，占加工区总产值的85.1%。龙头企业东芝信息机器（杭州）有限公司积极转型，年产值89.3亿元，生产笔记本154万台、手机68万台，通过转型调整夯实可持续发展的基础。希赛瓶盖系统（杭州）有限公司抓住机遇，扩大生产规模，年内新增1条生产线，年产值2.43亿元，比上年增长12%。杭州天裕光能科技有限公司作为加工区的新能源企业，实现总产值2.02亿元，成为出口加工区新的产值超1亿元企业。

【保税物流业务开展】自2009年3月起，出口加工区正式启动拓展保税物流功能及研发、检测、维修等业务，出口加工区综管局相继在富阳、桐庐、滨江、绍兴等地召开功能拓展推荐说明会。经过积极引导，保税物流业务种类更趋丰富，结构更趋合理。2011年，实现保税物流业务总金额5.56亿美元，合计征税4.93亿元，最具发展潜力的“仓储配送业务”增长迅速，进出区货值分别比上年增长1.32倍和3.07倍，占业务总量的33.48%。即进即出、生产型企业物流配送、仓储企业物流配送三大业务分配比重为6:1:3，结构更趋合理。其中，东芝信息机器（杭州）有限公司设立单独的研发中心和电波检测室，承接对外检测业务。

【出口加工区入选“两区”协会常务理事单位】10月13日，在中国保税区出口加工区协会第二次会员代表大会上，浙江杭州出口加工区再次被选为常务理事单位。浙江杭州出口加工区管委会高度重视协会工作，一直与协会保持着密切的联系，在推动制订特殊监管区政策、区域经济分析等方面为协会提供许多素材和支持，获得“两区”协会的肯定。

【钱盛进口商品展示公司引进】12月末，杭州钱盛进口商品展示有限公司在杭州出口加工区内注册成立。钱盛公司是出口加工区为扩大进口、实现贸易平衡引进的一个内资企业，注册资金1000万元。其母公司浙江钱盛控股集团是一个从事贸易、地产、园区投资、高科技产品

浙江杭州出口加工区广场　（委办 供稿）

开发、电子商务等多个项目的综合性企业，具备多年从事大宗商品进口贸易的经验。经营范围包括服务、进口商品展示和货物进出口等。拥有场站、批发零售、道路运输经营许可和食品流通许可资格。该公司在出口加工区项目占地5.6公顷，建筑面积10万平方米，拥有展示中心、交易大厅、仓库、卸货平台等相应配套设施，计划总投资3亿元，在加工区内打造一个以进口商品保税物流为主，集展示、电子商务、金融服务、交流研讨等功能为一体的进口商品贸易服务平台。

【两个企业获市外贸进出口100强】3月，杭州出口加工区内东芝信息机器（杭州）有限公司和杭州矢崎配件有限公司被杭州市政府评定为“2010年度杭州市外贸进出口百强企业”，分别位居100强企业的第1位和第4位。2011年，面对复杂多变的国际国内经济形势，两个公司积极开拓市场，加强自主创新，加大技改投入，加快转型升级，逐步走出金融危机的阴影，产值大幅度回升，接近历史最好水平。东芝信息机器（杭州）有限公司加快新产品个人移动通讯设备项目的上线进程，全年完成生产总值92亿元，比上年增长84%。杭州矢崎配件有限公司上年技改投入7000万元，有力增强了企业2011年度持续发展的能力。

【东芝信息公司入选中国工业企业出口100强】4月，海关总署公布2010年中国工业企业出口前100强企业榜单，浙江杭州出口加工区内企业东芝信息机器（杭州）有限公司榜上有名，以实现出口13.25亿美元，位列中国工业企业出口第74位。东芝信息机器（杭州）有限公司为进一步提高核心竞争力，自2009年开始，着手对市场结构和产业结构进行调整，从单一面向欧美、日本高端客户笔记本电脑定制机型，转为覆盖中高端机型；从单一的笔记本生产，转为覆盖手机、液晶电视主机板等数码产品生产的综合性生产基地。

【东芝笔记本电脑生产累计1000万台】4月，东芝信息机器（杭州）有限公司被杭州市政府列入签约设备供应商，入围杭州市政府采购清单，东芝笔记本电脑进一步拓展了市场。2003年4月至2011年6月，笔记本电脑生产累计超过1000万台。6月24日，东芝信息机器（杭州）有限公司举行第1000万台笔记本电脑下线仪式，东芝总公司董事长柴钱纯治等出席仪式。

【新能源产品欧普宝实现内销】12月，杭州天裕光能科技有限公司自主研发的手机太阳能充电产品——欧普宝，正式投入国内市场。

在获得欧美市场准入证后，杭州天裕光能科技有限公司通过市场调研、自主设计，大力拓展国内市场，实现产品内销。欧普宝是一款针对国内市场手机用户研发的便携式太阳能手机送电器，配有多种品牌手机的USB接口连接线，具有方便携带、能对手机进行太阳能充电和通过蓄电池充电等特点。天裕光能科技有限公司专业从事非晶硅及其微晶硅薄膜太阳能电池组件的开发、生产和销售，为光伏行业提供高质量、高标准的薄膜太阳能电池，也为客户提供定制的产品和服务。太阳能光伏产业是开发区着力发展“四优四新”现代产业体系的重要组成部分，公司拥有行业高级人才、较强的科研实力和先进设备，初步形成从薄膜太阳能电池及组件生产

6月24日，东芝信息机器（杭州）有限公司举行第1000万台笔记本电脑下线仪式 （黄健员 摄）

到光伏产品应用的产业链。

【报关、报检员实务操作培训】4月14日，出口加工区综合管理局组织召开2011年度报关、报检员实务操作培训会（一期），出口加工区内20余个生产型企业和物流企业的报关、报检员参加培训。会议邀请开发区海关、检验检疫开发区办事处的业务骨干进行授课。培训中，检验检疫部门就日本核辐射事件后检务方面的最新政策作了详细讲解，以实际案例说明区内企业操作中常发生的问题和注意事项，指导企业报检人员从自身出发，寻找报检效率提高的突破点。海关围绕出口加工区2011年报关具体实施细则、业务操作流程等方面进行讲解，向企业报关人员说明海关在便利通关方面所作的努力。培训专门设置现场交流环节，企业报关、报检人员与海关、检验检疫工作人员进行了交流与讨论。

【国检辅助管理系统宣介会】9月16日，出口加工区召开国检辅助管理系统宣介会。综管局、检验检疫开发区办事处、系统开发单位昆山华东信息科技有限公司以及出口加工区内各企业参加会议。综管局、检验检疫开发区办事处分别阐述国检辅助管理系统开发的背景、作用和意义，提出阶段性的工作重点与要求。系统开发单位介绍国检辅助管理系统开发的原则、功能和基本操作流程，现场解答企业提出的问题。在出口加工区业务量不断增长、业务类型日益多样化、现有监管力量（技术）明显不足的情况下，通过检验检疫辅助管理系统可以及时掌握进、出区货物的信息、跟踪货物状态，解决信息不对称等现象。该系统改变了传统检验检疫的通关监管模式，弥补传统监管系统的不足，大幅度降低逃避和疏漏检验检疫机率，既做到有效把关，又提高通关效率，降低通关成本。系统进一步深化出口加工区检验检疫监管模式改革，提升加工区通关监管服务质量和效率，为出口加工区检验检疫水平向国际先进靠拢提供技术支持。（周郑宇）

海关通关检查　　　　　　　　（委办　供稿）

·海关·

【海关概况】杭州经济技术开发区海关是1995年5月经国务院批准设立，是隶属于杭州海关的正处级海关。同年6月起开展部分海关业务，1997年2月正式开关。业务管辖范围为杭州经济技术开发区及其管理的下沙街道、白杨街道区域。2009年1月，杭州海关批复开发区海关增加管辖江东前进工业园区40平方千米的海关业务。开发区海关主要任务是办理杭州经济技术开发区（含浙江杭州出口加工区）内企业报关注册备案，审批企业进口设备减免税手续，办理加工贸易审批手续；监管区内进出口货物和运输工具；征收关税和进口环节税；编制开发区海关统计；维护进出境贸易秩序，防范、打击走私违规违法行为。

2011年，开发区海关依法征收关税和海关代征增值税17.56亿元，比上年增长32%；办理减免税审批563份，核定减免关税和海关代征增值税0.59亿元。海关受理进出口报关单12.4万份，下降3.3%；监管进出口货物17万吨，下降1.1%；货物总值38亿美元，增长3.6%，审结进出口报关单12.4万份，占杭州关区的16.4%，排杭州关区第2位。监管运输工具3.7万辆，集装箱（标箱）2.6万只，分别增长11.[illegible]%和2.5%。加工贸易项下进出口总额44.3亿美元，增长4.8%，其中出口加工区进出口总额 23.9 亿美元，下降0.1%。内销征税1.03亿元（不含加工区），下降17%。

【深化分类通关改革】在2010年分类通关改革的基础上，8月，开发区海关启动报关单证企业暂存试点。试点企业在向海关申报货物进出口时，可用电脑完成电子申报，不再需要提交纸质单证。开发区内A类及以上的高资信企业可以优先享受"单证暂存"带来的好处。企业中不涉及许可证件、不涉及征税、减免税和海关查验的进出口货物，可轻松应用"无纸通关、单证暂存"模式报关，海关定期到企业对相关的报关单证进行复核。

▶▶资料：分类通关

分类通关是一种根据进出口企业资信、货物和物流风险要素，按照风险高低对进出口货物实施差别化管理的通关程序，被海关通关系统判别为低风险的货物可予以快速验放。"报关单证企业暂存"是海关总署遵循"信任管理"的原则，进一步提速高资信企业通关效率而推出的一项新举措。在这种模式下，企业进出口货物时只需通过网络向海关提交相关电子数据，海关通关系统予以自动判别和审核无误后即可办结通关手续，无需提交纸质单证。

【海关出口加工区管理改革】2011年，开发区海关以出口加工区封区运作10周年为契机，推出"属地申报，口岸验放"和"分批进出区，集中申报"等海关业务改革，降低加工区内企业通关成本，并为加工区内保税物流配送、研发维修和检测等服务业的发展拓宽空间，助推出口加工区发展由工业加工转变为工业加工和服务业"两轮驱动"。全年出口加工区进出口总额28.14亿美元；办理服务性功能拓展业务9392批次、2.29万票，货值2.6亿美元；征税2.7亿元，新增维修检测70余批次。

"属地申报、口岸验放"的区域通关模式是企业最便捷的通关模式。企业只需在开发区海关进行申报，即可在口岸海关清关。2011年，开发区海关加强与宁波、上海等口岸海关及国检等部门联系配合，规范畅通区域通关渠道和流程，享受区域通关便利的企业由上年的39个上升为47个，开展区域通关业务2181票，货值4.4亿美元，比上年分别增长8.1%和29.6%。

【企业诚信培育】2011年，开发区海关加大诚信企业培育力度，新增A类、AA类企业12个，辖区A类、AA类企业累计91个，占辖区企业总数19%。《中华人民共和国海关企业分类管理办法》设置5个管理类别。AA类为经海关验证的信用突出企业；A类为信用良好企业；B类为信用一般企业；C类为信用较差企业；D类为信用很差企业。根据海关总署的规定，分类通关改革中只有被海关评定为A类、AA类的高资信企业，才可以享受便捷通关的待遇。

【保税监管信息化推进】开发区海关用电子账册和电子手册替换纸质加工贸易手册，有效降低加工贸易企业通关管理成本。全年开发区海关核发电子账册4本，比上年增加33%，至年末，15个企业获得联网监管资质，其他企业手册全部实现电子化，全面实现台账电子化管理，开发区海关加工贸易联网监管覆盖率100%。

▶▶资料：海关对加工贸易企业实施联网监管

《中华人民共和国海关加工贸易企业联网监管办法》规定：海关对加工贸易企业实施联网监管，是指加工贸易企业通过数据交换平台或者其他计算机网络方式向海关报送能满足海关监管要求的物流、生产经营等数据，海关对数据进行核对、核算，并结合实物进行核查的一种加工贸易海关监管方式。海关根据联网企业报送备案的资料建立电子底账，对联网企业实施电子底账管理。电子底账包括电子账册和电子手册。其中，电子账册是海关以企业为单元为联网企业建立的电子底账；实施电子账册管理的，联网企业只设立一个电子账册，海关根据联网企业的生产情况和海关的监管需要确定核销周期，按照核销周期对实行电子账册管理的联网企业进行核销管理。电子账册以企业为单元的管理根本改变了传统加工贸易以合同为单元的管理，更加贴近企业生产实际，降低企业管理成本。

【加工贸易转型升级调研】9月，开发区海关起草《关于推动杭州经济技术开发区加工贸易转型升级的调研报告》，并报送开发区管委会。开发区海关就开发区加工贸易的发展现状和特色、发展遇到的问题、转型升级的出路等内容经过深入调研，进行了梳理和分析，正式形成调研报告。

【缉私和进出口秩序维护】开发区海关始终保持打私高压态势，加强反走私综合治理，加强中后期稽查核查力度。2011年，查获违法货物277票，立案查处12件，开展保税核查、减免税后续检查136个次。

开发区海关大力加强政策法规宣传，降低企业违法风险，开展知识产权海关保护、海关禁毒、海关减免税审批、海关行政许可等法制宣讲12次，组织海关业务培训4次，向企业宣传“属地申报”“减免税”“保税监管”等政策，联合开发区经济发展局共同组织对辖区32个企业及高校的知识产权海关保护和减免税设备管理等进行宣传。

【应对日本地震对日企的影响】3月11日，日本东海岸发生了里氏9级强烈地震，造成人员财产巨大损失，多个在华日资企业供应链受到影响。开发区海关成立应急小组，并启动紧急预案，通过上门走访、致电、电子邮件等形式，了解开发区日资企业生产经营情况，掌握进出口通关状态，公布紧急联系人电话，承诺特殊时期随时可以预约加班验放货物。开发区海关联系口岸海关和报关企业，疏导物流方向，解决已在转关至口岸的货物。开发区海关联系货运代理，协调货物出口，引导企业将货物转机到大阪机场。

【海关党总支被评为全国海关先进基层党组织】6月28日，杭州经济技术开发区海关党总支被海关总署评为 “全国海关先进基层党组织”。2006~2008年，杭州经济技术开发区海关党总支连续3年被杭州市直机关党工委评为先进基层党组织；2008~2009年，被杭州海关直属机关党委评为先进党支部；2010年被中共浙江省直属机关工作委员会评为先进基层党组织。2008年以来，开发区海关先后有32名党员被上级党委评为优秀党员、优秀党务工作者和先进个人，并立功受奖。

【海关队伍效能建设】2011年，开发区海关以开展文明窗口活动和创建群众满意基层站所为载体，开展行风效能建设和党风廉政建设，加强政务公开，聘请社会监督员，开通运行“12360”通关服务热线，统一解答企业咨询。坚持常态化加班服务，确保有需求的企业在海关工作时间以外和法定节假日能顺畅通关，全年累计加班488人次。在应对日本地震海啸对辖区日资企业通关影响、夏季大雨导致交通迟滞，以及“限电生产”影响企业常规物流安排等情况时，及时推出预约通关措施，确保企业物流正常，受到辖区企业的好评，全年收到锦旗、表扬信17面（封）。

（王　勇）

·出入境检验检疫·

【出入境检验检疫概况】浙江出入境检验检疫局于2001年1月成立杭州出口加工区办事处筹建办公室，入驻浙江杭州出口加工区，开展出口加工区前期检验检疫业务；同年9月，经国家质量监督检验检疫总局批准成立正处级机构，浙江出入境检验检疫局杭州出口加工区办事处正式成立，为浙江检验检疫局的派出机构。2002年12月，出口加工区办事处挂牌运作，杭州口岸国际物流中心检验检疫工作划归办事处统一管理。2007年6月，成立杭州出入境检验检疫局杭州经济技术开发区办事处（简称检验检疫开发区办事处），为杭州出入境检验检疫局的派出机构，负责杭州经济技术开发区辖区内出入境检验、检疫、鉴定和监督管理工作。办事处内设办公室、动植食科、工业品科、检务科、出口加工区现场办和口岸物流现场办6个科室。

2011年，检验检疫开发区办事处检验检疫出入境货物4.42万批次，比上年增长2.5[illegible]%；货值225.19亿美元，增长15.1%。其中，出境货物3.5[illegible]万批次，增长4.5%；货值20.12亿美元，增长23.3[illegible]%；入境货物9009批次，下降3.86%；货值5.07亿美元，下降9.04%。出入境集装箱检验检疫2.39万标箱，增长10.55%。

检验检疫开发区办事处先后获得杭州经济技术开发区2011年度满意单位评选活动的“先进单位”称号，“浙江检验检疫文明服务窗口”和“浙江检验检疫窗口服务文明标兵”等荣誉称号。

【不合格货物检出及索赔】2011年，开发区办事处共检出出入境货物不合格96批次，涉及金额1399.83万美元。主要有进口意大利婴儿洗手液检出甲醛含量超标、进口美国婴儿营养混合谷物粉黄曲霉毒素超标等案例。及时组织协调有关部门，监督企业对货物进行退货或销毁处理。国家质检总局依据检验检疫开发区办事处上报的进口食品不合格信息，两次发布警示通报。共出具对外索赔证书25份，为企业挽回损失160万美元。

检验检疫开发区办事处对企业进行日常监管监察　（刘丽丽　提供）

【口岸集装箱检疫处理】3月1日起，根据国家质检总局的部署，对来自德国、日本、韩国等国集装箱开展为期3个月的检疫处理。面对增量业务，检验检疫开发区办事处会同地方主管部门，加强对企业和代理报检公司的宣传和引导，促使企业自觉提高疫情防控意识。会同有关卫生处理单位严格熏蒸处理程序和时间节点要求。加强对熏蒸场站的管理，保障熏蒸工作有序开展。及时安排人员加班做好散气和查验，确保企业按时卸货投产，工作规范有序。通过检疫截获与检疫处理，有效杜绝了国外有害生物的侵入，保护开发区生态环境的安全。

【完成松下吸尘器生产线检验】杭州松下住宅电器设备（出口加工区）有限公司由于整体战略调整，决定将杭州出口加工区内的吸尘器流水线整体搬迁至开发区松下工业园。松下生产线搬迁于2010年5月正式启动，到2011年4月基本完成。检验检疫开发区办事处帮助杭州松下住宅电器设备（出口加工区）有限公司完成吸尘器生产流水线的检验检疫工作。杭州松下住宅电器设备有限公司9条吸尘器整机生产线、吸尘器组件生产线及相关的187台检测仪器设备均检验合格后给予放行。

【检验检疫执法】2011年，检验检疫开发区办事处执法立案5起，涉案货值41.7万美元，罚款3.91万元。开发区办事处注重以组合稽查为主要手段，通过稽查与日常监管相结合、专项稽查、突击稽查等形式，强化执法，截获一批违法案件，如重大进口逃漏检案、擅自进口的旧机电案、出口原产地不实申报案，以及未经检疫处理擅自调离检疫物案等。

【“一站式”服务全面推进】6月13日，检验检疫开发区办事处启动“一站式”服务。以检务科牵头，其他部门参与，召开“一站式”服务业务改革培训会，熟悉、掌握流程要求、操作规范和服务软件。利用报检大厅检务窗口、滚动屏、公告栏、企业端口等方式，告知企业“一站式”服务报检流程、流程周期、企业档案保管等规定和时间节点。各部门在证单传递、审核、证书签字、证单档案保管、企业宣传等方面密切配合和衔接,确保工作落到实处，取得实效。根据“一站式”服务承诺，企业报检由检务窗口统一受理、内部各工作程序及信息实行无纸化流转、企业按公开承诺的流程周期到检务窗口领取相关单证。“一站式”服务简化报检程序，减少企业成本和往返办事处的次数，加快签证通关速度，提高了办事效率。

【特殊监管区域的检验检疫】随着出口加工区功能拓展，检验检疫监管工作面临新情况、新问题，迫切需要一套专门针对特殊监管区域的检验检疫信息管理系统来提升把关能力。该信息系统于2009年上半年启动，经过调研和探索实践，2011年成功开发引进了该系统。出口加工区综管局牵头召开信息系统上线宣介会，历时两年半的特殊监管区域检验检疫信息管理系统进入试运行阶段，标志着检验检疫把关服务出口加工区现代物流业的发展上了一个新台阶。

【检验检疫质量大检查】4月8日至5月31日，检验检疫开发区办事处组织开展检验检疫业务工作质量大检查。检查以立足实际、查找问题、纠正不足、持续改进为出发点，从三个“全覆盖”（即主要产品全覆盖、检验人员全覆盖、工作流程全覆盖）入手，围绕检验依据、检验流程、原始记录、结果判定以及检务业务等方面的工作，查找薄弱环节和漏洞，全面分析归纳了工作中的不足和问题，为推行精细化管理打基础、上台阶。

【检验检疫专项整治行动】2011年，检验检疫开发区办事处开展各类专项整治行动3次。开展食品农产品认证监管专项检查，辖区内有2个企业需要检查，涉及3份有机产品认证证书。通过国家认监委的中国食品农产品认证信息系统进行核查，3份证书与信息系统查询到的信息一致，符合要求。开展打击伪造检验检疫证书及假冒原产地等违法行为专项检查，结合年审及日常签证，采取检务部门与检验部门、现场办等有关部门联合调查的方式，对辖区内12个原产地证书申领企业进行现场核查，主要涉及机电、轻工、化妆品、纺织、动植、生化类产品生产企业。对辖区内10余个企业的原产地标记使用管理情况进行突击检查，被调查企业占辖区注册企业的10%以上。对进出口食品、农产品、饲料非法添加和滥用食品添加剂开展专项检查。加强对进出口食品、农产品、饲料非法添加和滥用食品添加剂的监管和打击力度，确保区内进出口食品、农产品和饲料安全。

【对接前进工业园区工作】全年，检验检疫开发区办事处3次走访开发区前进工业园区开发建设指挥部，组织召开前进园区进驻企业座谈会，宣传检验检疫法规、政策和进出口检验检疫程序，听取企业落户过程中的检验检疫需求和意见建议。通过上门送检验检疫政策、现场咨询答疑和与企业负责人面对面交流，检验检疫开发区办事处以主动服务、主动介入、主动对接的方式，为进驻江东区块展开工作奠定了良好的基础。

【检验检疫文明单位创建】2011年，检验检疫开发区办事处结合实际，制订强化内部管理、提高服务水平、营造创建氛围、美化办公环境、丰富职工文化生活等16项文明创建工作实施计划，提出“文明在于一言一行、创建源于一点一滴”的创建口号。同时，将“创先争优”与“文明创建”紧密结合，达到相互促进、共同推进的作用。

积极贯彻落实国家质检总局窗口标准化建设的工作部署，从服务窗口布局、办公设施配置、公共区域服务设施配置等硬件上积极配备，对窗口人员工作能力和质量要求作严格培训，深入企业走访座谈，不断改善服务。窗口标准化建设得到国家质检总局检查验收组的充分肯定。 （刘丽丽）

·科技创新综述·

【科技创新新进度】2011年，开发区以“城市国际化、产业高端化、环境品质化”为指导，大力推进科技工作和新经济产业的发展。全年实现规模以上高新技术产业产值991.72亿元，占全区产值比重的66.1%。实现新产品产值270.2亿元，比上年（指2010年，下同）增长23.1%，新产品产值率18%。

开发区拥有省级企业研究院1个；新增市级创新型试点企业4个，累计达到7个；新增市级以上研发（技术）中心15个，其中省级5个，累计拥有市级以上企业研发（技术）中心107个。开发区生物产业国家高技术基地新药创制平台建设获批“国家重大新药创制专项”。全年促成产学研合作项目31个；获得专利授权3089件，比上年增长41.1%，其中企业专利授权量增长13%，获得1项“国家发明专利优秀奖”。新增1个市级院士专家工作站，累计达到4个。

载体建设继续完善，为科技创新活动提供有力支撑。开发区与区内12所高校合作建设了12个特色科技创业园，入驻企业252个。2011年，中国计量学院大学科创园、杭州高职科技创业园被评为浙江省科技企业孵化器，传媒学院的传媒文化创意园被评为杭州市科技企业孵化器，中国计量学院、杭州市高科技企业孵化器被认定为“杭州市青蓝计划试点基地”。截至年末，全区拥有大学科创园、和达创意设计园、杭州市高科技企业孵化器、新加坡杭州科技园、生物医药公共服务平台、下沙电子商务园和杭州下沙服务外包人才培训基地7大类平台，汇集创新型企业560个。

项目申报成效显著。全年开发区组织企业申报市级以上各类科技项目180余个，其中国家级项目37个、省级项目20个、市级科技项目123个，项目申报总数比上年增长近30%。组织企业申报市级以上各类文化创意产业项目20余个。其中，市文化创意产业专项资金项目12个，先进单位、先进街道等其他项目10余个。

高新技术企业发展良好。开发区全年组织10次市级以上高新技术企业申报培训会。至年末，开发区新增市级以上高新技术企业20个，累计275个；新增国家重点支持的高新技术企业8个，累计67个；新增国家火炬计划高新技术企业2个，累计7个。

区经发局（科技局）全年组织区内企业、高校开展高新技术企业、知识产权、科技政策专场培训会、座谈会20余场，累计培训人员800余人次。与中国计量学院合办“4·26”知识产权日宣传活动，与文海学校合办防震减灾宣传活动。科技创新促进技术进步，开发区内企业先后10余次获得国家、省、市级科技进步奖。艾博生物医药（杭州）有限公司的甲乙型流感病毒（Flu A/B）检测试剂盒项目获得杭州市科技进步二等奖，杭州纸友科技有限公司郑丽萍等6名科技工作者获得杭州市优秀科技工作者、先进工作者称号。

【新加坡杭州科技园软件工厂开工】5月23日，新加坡杭州科技园软件工厂一期（B）开工建设。该项目总投资2.7亿元，位于新加坡杭州科技园内，占地面积约2公顷，总建筑面积约7.7万平方米，计划2012年中建成投入使用。项目建成后，将为服务外包、金融后台、文化创意、软件研发、工业设计等企业提供优良的办公空间。新加坡杭州科技园通过配套功能的增强，带动周边区域的科技氛围和活力，致力于成为开发区产业升级的示范区。

【提升创新政策扶持力度】2011年，开发区对科技产业、文化创意产业、服务外包产业3个产业的政策进行修订，出台2011年度《关于鼓励科技发展若干政策》《关于鼓励文化创意产业发展的若干政策》《关于鼓励服务外包产业发展的若干政策》，进一步扩大扶持范围、提升扶持力度。同时，兑现2010年度科技、文化创意政策，223个企业获得奖励，奖励金额1700余万元。其中，科技奖励政策对198个科技工作先进单位进行表彰，奖励金额1492万元；文化创意产业奖励政策对25个文化创意产业工作先进单位进行奖励，奖励金额209.09万元。

【文化创意产业形成规模】以杭州和达创意设计园、杭州下沙电子商务园和传媒文化创意产业园为主要发展园区，建成面积5.75万平方米，重点发展工业设计、电子商务、影视传媒和服装设计四大产业。截至年末，开发区入驻文化创意企业累计357个，从业人员7486人。

【服务外包产业稳步发展】2011年末，开发区进入中国商务部服务外包统计系统的服务外包企业总数为55个。其中，离岸外包实绩的企业18个，服务外包培训机构14个。全年培训各类外包人员2655人，完成服务外包合同总金额4.67亿美元，合同执行总金额3.01亿美元，其中离岸外包合同总金额4.64亿美元、离岸外包合同执行金额3.01亿美元。杭州中肽生化有限公司被评为杭州市离岸外包出口成长前10位企业；10余个服务外包企业通过信息安全认证等各类国际认证，离岸外包能力得到较大提升；杭州中肽生化有限公司等服务外包企业还参与国家相关标准的制定，外包服务水平已处于国内领先地位。

【游戏机设备与软件交易中心落户】9月28日，杭州“十二五”规划文化创意产业重大项目之一——天下游戏展示交易中心在开发区开业。中国软件行业协会游戏软件分会将“中国国际游戏机设备与软件交易中心”与“中国游戏与软件产业基地”两块牌子正式授予杭州天下游戏科技经营管理有限公司。该项目位于开发区松合社区，规划面积1.5万平方米，一期投入使用营业面积约0.51万平方米，是浙江省第1家游戏机设备与软件交易中心，也是华东地区规模最大、品种最全、服务项目最多的电子游戏机产品展示交易中心及售后服务中心。国内多个知名游戏机生产厂商进场开设专馆，展出400多款新型游戏机。

【两个企业认定为国家火炬计划高新技术企业】10月，开发区内杭州中能汽轮动力有限公司、杭州士兰明芯科技有限公司两个高新技术企业被国家科技部认定为国家火炬计划重点高新技术企业。“国家火炬计划重点高新技术企业”是由科技部在全国国家重点支持的高新技术企业范围内择优选择发展特色高新技术产业化的骨干企业，被誉为“高企中的高企”。截至年末，开发区获得该项重点认定的企业总数升至7个。

【8个企业获得火炬计划项目立项】2011年，开发区内浙江华人数码印刷有限公司、杭州九源基因工程有限公司、杭州和利时自动化有限公司、艾博生物医药（杭州）有限公司、杭州专用汽车有限公司、泰瑞机器制造（中国）有限公司、德帕姆（杭州）泵业科技有限公司、杭州高腾机电科技有限公司8个企业获得科技部国家火炬计划项目的立项，立项数和立项率较往年都有大幅提高；杭州华银教育多媒体科技股份有限公司的华银多媒体交互式学习一体机Ⅱ获得国家重点新产品计划项目的立项。2009年起，开发区有70余个企业申报国家级科技项目，有36个企业获得立项。各类科技项目的申报正逐步成为企业提高行业地位和争取外部科研经费支持的重要途径。

【新增省级高新技术企业研发中心5个】12月9日，杭州士兰明芯科技有限公司、三花丹佛斯(杭州)微通道换热器有限公司、杭州富尔顿热能设备有限公司、杭州天裕光能科技有限公司、立华油墨化学有限公司5个高新技术企业的研发中心，被浙江省科技厅评为省级高新技术企业研究开发中心。申报省级研发中心的企业必须拥有多项自主知识产权，每年投入一定比例的研究开发费用；企业应设有市级高新技术企业研发中心，研发中心的专职工作人员不少于15人（其中本科以上学历或中级以上职称的工程技术人员比例高于60%）；研发中心场地面积在500平方米以上，科研资产总额在500万元以上；企业近3年内要有9项以上的科技成果转化。截至年末，开发区内省级企业研发（技术）中心总数升至31个。

【新增创新型试点企业4个】9月15日，市科技局、市经信委、市财政局、市国资委、市质监局、市总工会等部门组织专家对申报杭州市第4批创新型试点的企业进行评审。开发区企业通过完善技术创新体系，逐步加大研发投入，切实增强自主创新能力和企业核心竞争力，经过专家评审，杭州华银视讯科技有限公司、杭州钱江弹簧有限公司、杭州纸友科技有限公司、顾家集团有限公司4个企业获得立项，并被授予“杭州市创新型试点企业”的称号。创新型试点企业必须具有较强的持续创新能力、赢利能力，并已取得较多的创新成果。开发区已有3个企业获得市级创新型试点企业，至年末累计7个。

【“雏鹰计划”企业培育座谈会】4月29日，开发区经发局（科技局）组织召开“雏鹰计划”企业代表座谈会，30余个“雏鹰”企业和拟申报“雏鹰计划”的企业代表参加会议。杭州市科技局高新处针对雏鹰计划、种子资金、创新基金、研发中心等科技政策进行辅导解答,鼓励符合条件的企业积极申报。会议就企业目前发展遇到的问题，急需解决的困难进行座谈，“雏鹰计划”项目负责人和生产力促进中心对企业提出的相关问题进行了解答。

▶▶ 资料：“雏鹰计划”

“雏鹰计划”：即从2010年开始，用5年时间，在杭州市重点培育和扶持1000个科技型初创企业，形成技术水平领先、竞争能力强、成长性好的科技型企业群，建立一个“雏鹰企业”培育库。“雏鹰计划”首次将区、县（市）纳入科技型初创企业培育工程中，对企业的选择也从高新技术产业扩展到文化创意产业、现代农业等多个领域。通过实施“雏鹰计划”，杭州市目标培育50个以上年营业额超5000万元的企业、5个创业板上市企业、15~20个创业板上市后备企业。

【华人数码公司再获中国服务外包成长型企业100强】6月20日，2011年中国服务外包领军企业及成长型企业发布仪式在南京举行，开发区内企业浙江华人数码印刷有限公司获评“2011年中国服务外包100强成长型企业”。该次评选活动增加重点企业走访与调研环节，参选企业需提交公司当年的年度审计报告或财务报表，在专家团队综合考量企业服务外包业务总额、离岸业务额、企业规模、人均营业额、成长性、创新能力等指标，评选标准更具国际化和权威性。浙江华人数码印刷有限公司作为杭州服务外包优秀企业，一直致力于为世界知名IT/电子厂商提供从产品设计、印制到物流配送的全方位一流的外包服务，开创了印刷企业发展的新模式。

【全市首个起草数字印刷标准企业】5月19日，全国印刷标准化技术委员会在杭州举行《数字印刷品质量要求及检验方法》和《数字硬打样样张质量要求及检验方法》两项数字印刷国家标准起草组成立会议。会议就两项标准起草组的组建和框架结构等问题进行协商与研究，确定浙江华人数码印刷有限公司为《数字硬打样样张质量要求及检验方法》标准的第一起草单位，总经理徐卫健为该项数字印刷国家标准起草组组长。这是全国印刷标准化技术委员会第一次选定杭州印刷企业牵头起草国家印刷行业技术标准。浙江华人数码印刷有限公司坚持运用数字印前、色彩管理和数字化生产流程等最新数字印刷技术，在印刷过程上采用数字化控制方法、标准化作业手段、规范化生产作业流程，印刷工艺达到国际ISO12647标准，印刷设备、承印材料特性以及环保性需求等方面均走在全国数码印刷企业前列。

·创新平台建设·

【创新平台建设概况】平台建设作为开发区科技创新工作的重点，从2007年高科技孵化器一期建成投用，到2011年和达创意设计园入驻企业基本满园，开发区科技创新园区的建设经历了从无到有的探索过程。经过5年的发展，开发区共建成16个创新园

杭州电子科技大学国家示范软件职业技术学院　（委办 供稿）

区，建成面积17.7万平方米，在建面积22万平方米，入驻企业524个，从业人员7000余人。2011年，园区企业主营业务收入约7.5亿元，纳税总额1580万元，其中对区财政的贡献约700万元。

2011年，开发区深入贯彻实施“两园融合”战略，大力推进校、区合作。已创建安防科技产业园、传媒文化创意产业园、高职科技园、电子商务创业园、IT服务外包创业园、理工大学创意产业园、计量学院科技创业园、现代物流科技创业园、杭师大大学科创园、杭电大学科技创业园、工商大学现代服务业大学科技园和江南大学创意产业园12个大学科创园。园区规划建设面积12万平方米，实际使用面积已超过5万平方米，入驻企业230个，80%以上为大学师生创办企业，其中市级以上高新技术企业17个。园区培育了杭州言实科技有限公司、杭州浩基生物科技有限公司、杭州宙捷科技有限公司等一批由高校教师创办的初具规模的科技型企业，也涌现出杭州墨融文化创意有限公司、杭州爬爬网络科技有限公司等颇具潜力的大学生创业企业。

开发区科技创新平台建设着重培育高新技术产业、文化创意产业和服务外包产业，吸纳大学老师、大学学生、海外留学人员等各种类型的创新创业人才，承担科技企业孵化器、产学研合作、培养创新创业人才、支持大学生创业和实践、支持大学学科建设等多重功能。园区建设形成政府与社会共同投资、政府与大学共同创建等多种模式。开发区科技创新平台建设紧跟产业发展步伐，有各自的产业定位。截至年末，开发区高科技孵化器、新加坡杭州科技园、和达创意设计园、下沙电子商务园、12个大学科创园等16个创新园区累计获得18个市级以上特色园区称号，园区已形成一定的吸引力，社会影响力不断提升。

【高科技企业孵化器跻身国家级】12月，根据国家科技部火炬中心文件批准，杭州市高科技企业孵化器有限公司成功通过审核，被正式认定为国家级科技企业孵化器。杭州市高科技孵化器位于开发区6大街、23号大街交叉口西北侧，总投资近6亿元，分两期建设，总建筑面积15.5[illegible]万平方米。孵化器内设生物医药研发实验室、服务外包、IT办公用房、生物医药公共服务平台、员工餐厅、西餐厅、健身休闲、银行等配套用房，打造成集科研办公、会务交流、教育培训基地等功能为一体的多功能、综合性的孵化园区。孵化器跻身国家级科技企业孵化器后，将极大地提升园区整体孵化能力和品牌塑造，能为园区企业获得更多政策支持并提供更全面的服务，为开发区产业转型升级提供更好的平台支撑。截至年末，杭州市高科技孵化器有91个企业在孵，其中生物医药企业39个、服务外包企业2个、IT及物联网企业28个、新材料及新能源企业13个、其他行业9个。

开发区创新园区基本情况

表16

创新园区名称	建成面积（平方米）	在建面积（平方米）	入驻企业（个）	主营业务收入（亿元）
高科技孵化器	29 947	126 000	93	1.9
新加坡杭州科技园	56 200	80 000	58	2.3
大学科创园（12个）	43 000	13 800	251	1.1
和达创意设计园	20 000	0	62	0.4
下沙电子商务园	28 000	0	60	1.8
总 计	177 147	219 800	524	7.5

开发区创新园区功能定位情况

表17

创新园区名称	功能定位	建园模式
高科技孵化器	孵化科技型中小企业	政府投资
新加坡杭州科技园	培育服务外包、信息软件、研发企业、总部经济	政府与企业共建
大学科创园(12个)	推进科技成果转化、鼓励和支持大学师生创业，支持大学学科建设	政府与大学共建
和达创意设计园	集聚以工业设计为主的文化创意企业	政府投资
下沙电子商务园	集聚电子商务企业	社会投资

【两个科创园通过省级科技企业孵化器认定】10月14日，开发区杭州高职科技园和中国计量学院科技创业园被浙江省科技厅认定为2011年度浙江省级科技企业孵化器。2011年浙江省通过认定的园区有6个，其中杭州市的园区有3个，开发区园区占2/3。经过几年的发展，开发区大学科创园工作的重心从建园逐步转向园区管理,区内12所高校建立特色科技创业园，其中2个园区被认定为浙江省级科技企业孵化器外，传媒文化创意产业园被认定为杭州市级科技企业孵化器。

【快速制造国家工程研究中心落户】5月，开发区引进快速制造国家工程研究中心。该中心由国家发展和改革委员会批准设立，为国家级先进制造技术创新平台。该中心以强势企业和投资机构作为产业化和融资的基础，以提高国家制造业核心竞争力为目标，以市场需求为导向，以快速制造技术、工艺及成套装备的研究开发和产业化为根本任务，为开发区企业构建快速制造集成系统，提供工业设计创新平台及快速原型制造服务。该中心已与杭州奥普电器有限公司、杭州九阳家电股份有限公司、杭州金松集团有限公司、伊莱克斯电器(杭州)有限公司等20余个企业建立了合作关系。

开发区创新园区所获荣誉情况

表18

创新园区名称	所获得的奖励、荣誉
高科技孵化器	2007年、2009年、2011年分别获得市、省、国家级科技企业孵化器
开发区高职科技创业园	2009年、2011年分别获得市、省级科技企业孵化器 2009年杭州市文化创意产业大学生创业孵化基地 2010年国家级大学生科技创业见习基地
中国计量学院大学科创园	2010年、2011年分别获得市、省级科技企业孵化器 2010年杭州市文化创意产业大学生创业孵化基地 2011年杭州市青蓝计划首批示范基地
传媒文化创意产业园	2011年杭州市科技企业孵化器
新加坡杭州科技园	2010年杭州市特色工业设计园 2010年杭州市文化创意产业特色楼宇 2011年获得国家发改委的生产性服务业试点项目资助
和达创意设计园	2010年杭州市文化创意产业特色楼宇 2010年市文化创意产业大学生创业孵化基地 2011年杭州市科技企业孵化器

【电子商务产业园聚合发展】电子商务产业园是由开发区管委会与杭州盛天仓储有限公司合作共建的特色园区。园区位于开发区白杨街道19号大街571号，占地1.3公顷，建筑面积2.8万平方米，其中办公场所面积2.5万平方米，配套用房3000平方米。为优化园区软硬件环境，园区对原有设施进行较大规模的改造和装修，陆续完成展示厅、咖啡吧、便利店、电子商务体验中心、餐厅、会议中心，技术服务中心、摄影中心等配套设施建设。截至年末，园区共入驻电子商务企业56个，其中电子商务服务性企业4个，从业人员2000人，实现销售总额10亿元，完成利润8000万元。

【国家服务业发展引导资金补助】11月，杭州市发改委转发浙江省发改委《关于下达2011年中央预算内投资国家服务业发展引导资金计划的通知》，杭州和达文化创意设计园项目作为杭州市国家服务业综合改革试点区域生产性服务业试点项目，列入国家发改委2011年中央预算内投资国家服务业发展引导资金计划，补助资金500万元。杭州和达创意设计园作为杭州经济技术开发区政府打造的文化创意园区，定位以发展工业设计为主导，通过搭建公共服务平台、构建工业设计产业链，为设计企业与产品

和达文化创意设计园广场的大型公共艺术雕塑“八爪鱼”（黄健员 摄）

生产企业两端的紧密结合提供公共服务平台。

【IF（中国）分公司落户和达创意设计园】9月19日，德国IF机构签约入驻和达创意设计园，IF机构总经理Ralph Wiegmann出席签约仪式。IF机构作为世界三大工业设计机构之一，是全球最有影响力的工业设计奖项和推广服务机构。和达创意设计园秉承“创意企业的生长引擎”的理念，通过为制造业企业提供更精准的服务，带动区域转型升级，为制造业创新发展注入强劲动力，达到设计企业、制造业企业、创意园区三赢的局面。由于园区工业设计的定位以及支持创新设计的良好氛围，经过一年多的谈判，IF机构选择在杭州和达创意设计园设立分公司。

【大型公共艺术雕塑“八爪鱼”落户开发区】7月21日，大型公共艺术雕塑“2011–八方进宝”落户开发区和达创意设计园广场。“2011–八方进宝”高13.88米、单条触角长16.2米，造型现代，张力夸张，结构复杂。由于和达设计园是以工业设计为主体的艺术园区，雕塑突出工业设计元素，利用机器造型来塑造工业化的传统艺术，展现工业信息中生命的新活力和新形态。雕塑由青年艺术家周景崇创作基地制作，是亚洲最大的八爪鱼雕塑。该雕塑设计工作于2008年3月启动，聘请了雕塑、动漫、工程、建筑等领域的专家共同参与，由中国艺术家和法国艺术家经过3年设计、论证、竞争、评审和征求意见，雕塑方案确定、制作完成。

【中韩设计交流对接会暨签约仪式】4月8日，浙江省经济和信息化委员会与韩国设计振兴院(KIDP)在开发区和达创意设计园举行“设计合作框架协议”签约仪式。根据该协议，双方将在工业设计教育、培训、展示与论坛，以及韩国设计企业在省内落户等方面展开全面合作与交流，并将利用各自在工业设计教育、培训方面的资源和优势，推动中韩工业设计的共同发展。双方将以和达创意设计园为平台，为设计企业和制造企业对接交流，提供高端增值服务，实现互利双赢。交流会除了韩国设计团队WOOFER DESIGN、GO2UNITS、CDR ASSOCIATES、SOMC等知名设计公司参加外，还吸引了杭州益维汽车工业有限公司、杭州养生堂有限公司、杭州老板电器股份有限公司、杭州西子奥的斯电梯有限公司、杭州华银视讯科技有限公司等多个本地制造业企业参加。

【举办大学生创意设计作品展】6月15日，“创意扬帆2011在杭高校大学生创意设计作品展”在杭州和达创意设计园展示服务中心举行。该次活动由中国杭州文博会组委会办公室、杭州经济技术开发区管委会主办，杭州和达创意设计园、青年时报社、杭州酷思文化创意有限公司承办。作为2011年杭州文博会的预展活动，设计展聚集了浙江理工大学、中国计量学院、杭州电子科技大学、浙江财经学院、浙江大学、浙江树人大学等在杭1[illegible]所高等院校的学生作品。经过3个多月的精心筹划和作品征选，共征集60多位优秀大学生设计师的20[illegible]多件作品。作品覆盖工业设计、服装设计、平面设计、空间设计、环艺设计、动画创作等多种类型，均具有独特创意理念和实际应用价值。

【开发区参展市文创产业博览会】10月14～17日，

2011年中国杭州文化创意博览会在杭州和平国际会展中心举行。展会以“创意城市，休闲生活”为主题，促进国内外文化创意产业交流、贸易与发展。开发区以政府出资，企业和园区参展的组团方式参加博览会，重点展示和达创意设计园和杭州先临快速成型技术有限公司。和达创意设计园是首批杭州市“特色工业设计园”，是开发区设计类企业集聚地，重点展示IF（中国）分公司（IF工业设计大奖在国际工业设计领域享有“设计奥斯卡”的美誉），宣传了杭州冠群科技开发有限公司、杭州斯帕克造型艺术有限公司、杭州谷田工业产品设计有限公司、杭州水者工业设计有限公司等一批工业设计企业。杭州先临快速成型技术有限公司重点展示了为客户提供三维测量、三维检测、逆向设计、快速制造、快速模具、快速开发等综合服务，对新产品的设计研发起关键作用，吸引许多专业人士咨询、洽谈。

展会期间，开发区还集中宣传了下沙电子商务园、天下游戏国际娱乐产业园、传媒文化创意产业园和新加坡杭州科技园等文化创意产业的特色园区。

·产学研合作·

【产学研合作概况】2011年，开发区依托产学研合作联盟和产学研合作中心，整合“政产学研介资”六方力量，围绕开发区实施“科教强区”战略和“两园融合”战略，积极开展各项工作，成效显著。全年开发区累计投入产学研合作专项经费超过1300万元，促成产学研合作项目30余个，组织企业申报杭州市产学研合作项目15个，累计促成产学研合作项目150余个，合作成员单位累计240余个。

1月，开发区出台《关于鼓励科技发展的若干政策》《杭州经济技术开发区大学科创园管理办法》等政策，设立“产学研合作专项资金”1000万元，用于对合作中心成员单位开展产学研项目合作、共建合作、人才合作、仪器设备共享、科技创新平台建设等方面的扶持和补贴。设立区级产学研合作项目，第1批有13个企业的项目获得立项。全年企业申报项目有17个，其中13个项目与开发区高校合作。

鼓励校企联合建立各种研发技术平台，杭州钱塘江特种玻璃技术有限公司和中国计量学院共建无机新材料研发及检测中心；浙江曙光科技有限公司与浙江大学共建生物医学材料研发中心；浙江华人数码印刷有限公司和杭州电子科技大学共建印刷技术研发中心。

开发区围绕区内重点发展产业，以活动为载体提升区内企业的科技创新能力，促进产学研对接。开发区经发局（科技局）举办科技沙龙产学研专场活动，邀请区内企业技术负责人和下沙高教园区高校二级学院院长参加，达成10余个项目合作意向；组织开展孵化器生物医药企业和高校各相关学院教授的专场对接会，17个企业参加，取得良好成效；组织高校教师进企业，到现场与企业技术人员进行交流，如组织中国计量学院教师到杭州钱江弹簧有限公司交接，组织杭州电子科技大学教授到杭州立昂电子有限公司、安瑞医疗器械(杭州)有限公司交流等，通过活动促进校企双方签订合作协议。

【中国工程院院士王威琪受聘】4月14日，开发区科协组织召开生物医药产业发展院士专家座谈会，

杭州生物医药国家高技术产业基地实验室 （黄健员 摄）

邀请中国工程院院士杨胜利、侯惠民、王威琪参加。开发区17个生物医药企业的负责人和技术经理参加座谈会。开发区管委会向医疗器械领域知名专家王威琪院士颁发聘书。王威琪院士是复旦大学首席教授，在国内医疗器械领域享有盛誉，他的加入使开发区院士专家工作站进站院士达到8位。杨胜利与杭州九源基因工程有限公司签订共建院士专家工作站的合作意向协议，双方将在团队组建、项目合作、人才培养、建立院士专家工作站等方面开展合作。参会的企业负责人介绍各自企业情况，就企业的技术需求、研究方向、发展问题等与院士们进行探讨交流。部分企业向院士表达了合作的意愿，与院士进一步沟通交流。

【实施“青蓝计划”】2011年，杭州市出台“青蓝计划”，用于扶持高校教师利用技术资源进行创业，推进高校科技成果产业化。根据实施办法，开发区内杭州高科技企业孵化园区、中国计量学院科技创业园，以及浙大科技园、中国美院科技园、省大学科技园、海创园共同成为“青蓝计划”6个实施试点基地。开发区共有12个教师企业获得创业资助。截至年末，开发区已注册青蓝企业20个，注册资本3390万元，经营范围涉及自动化控制、光电传感、计算机、网络技术、金属材料表面处理技术等多个领域的研发。

▶▶ 资料：杭州“青蓝计划”

杭州“青蓝计划”是由杭州市政府实施的，为鼓励和扶持高校教师与科研院所专家通过带技术、带专利、带项目、带团队等形式在杭创业，实现高校院所与企业、知识与资本、创业与创新的高效融合，推动杭州经济社会又好又快发展，鼓励和扶持高校教师与科研院所专家团队式创业的计划。

申请“青蓝计划”必须符合两个条件：一是必须是2011年6月1日以后，由高校教师、科研院所专家带领团队创办，在杭州市注册登记、纳税，具备企业法人资格，有健全财会制度的科技型企业，高校教师、科研院所专家以货币、无形资产等形式投资参股，股权比例在企业注册后1年内不低于20%，企业使用的技术成果系自主研发，无知识产权纠纷；二是高校教师指全日制高等学校中（包括非在杭高校）具有中级以上（含）专业技术职务、职称的教职员工，专家指省级以上科研院所中（包括非在杭院所）具有中级以上（含）专业技术职务、职称的研究人员。

【杭州电子科大与立昂电子合作】3月22日，杭州电子科技大学材料与环境工程学院院长季振国带队到杭州立昂电子有限公司进行产学研交流。双方就技术开发、分析测试、人才培养等方面作了探讨并

表19

2011年开发区“青蓝计划”企业名单（获得资助）

企业名称	教师姓名	所在高校	学历	职称	教师情况
杭州法格电子有限公司	陈志强	中国计量学院	博士	讲师	
杭州固洁环保工程有限公司	谢正苗	杭州电子科技大学	博士	教授	省“151”人才、所长
杭州光络科技有限公司	董新永	中国计量学院	博士	研究员	副院长、省“151”人才、钱江人才特聘教授
杭州国量科技有限公司	李　青	中国计量学院	本科	教授	院长、省特殊贡献
杭州坚迪金属表面技术有限公司	葛洪良	中国计量学院	博士	教授	处长、省“151”人才
杭州科爵智能设备有限公司	张朋越	中国计量学院	博士	副教授	院长助理
杭州热尔网络科技有限公司	陈光平	中国计量学院	硕士	工程师	
杭州帅元电子科技有限公司	王向文	杭州电子科技大学	博士	副教授	省“151”人才
杭州顺软科技有限公司	徐小良	杭州电子科技大学	博士	教授	省“151”人才
杭州硕航生物科技有限公司	万亚坤	东南大学	博士	副教授	海归
杭州天筹光电科技有限公司	金尚忠	中国计量学院	博士	教授	省“151”人才
杭州中亘智能科技有限公司	蒋　庆	中国计量学院	博士	副教授	

达成合作意向。校企双方都希望进行产学研合作，为学院和企业的发展开辟新的道路，双方就肖特基芯片的研制项目达成合作。该项目研制成功后将为企业新增利润400万元，新增税金200万元。

11月9日，2011年浙江·杭州生物医药国际人才交流与合作论坛在开发区举办 （黄健员 摄）

·科技人才引进·

【科技人才引进概况】2011年，开发区设立3000万元人才专项资金，制订出台《关于进一步鼓励留学人员来开发区创业发展的若干意见》《关于加强高层次人才队伍建设的暂行办法》《关于鼓励设立博士后科研工作站的暂行规定》《关于促进大学生创业实训就业工作的暂行办法》等人才专项政策，高层次人才的引进和创业提供政策支撑。截至年末，累计拨发各类人才资助资金4600万元，引进高层次人才40名，其中省“千人计划”入选者3名。

【浙江杭州国际人才交流与合作大会】11月8日，2011年浙江杭州国际人才交流与合作大会在杭州黄龙饭店开幕。大会面向海外、服务浙江，坚持“交流、合作、创新、创业”的主题，通过引进高端智力、技术和项目，提升杭州市人才资源核心竞争力，助推杭州经济转型升级、创新发展。在前两届国际人才交流与合作大会上，开发区有9个项目落户，其中生物医药类7个、电子信息类1个、新材料类1个。

该次大会，杭州经济技术开发区承办四大子活动之一——“2011浙江·杭州生物医药国际人才交流与合作论坛”。118名生物医药高端人才齐聚下沙，在市场、技术、资金等方面进行交流与合作，共同推动生物医药产业发展。开发区共签约项目49个，签约人才46名。11个海外人才创业项目落户，项目注册资金共计1.1亿元。

【开发区院士专家工作站】4月，随着复旦大学首席教授、国内医疗器械领域专家王威琪院士的加盟，开发区院士专家工作站进站院士达到8位。开发区院士工作站作为公共技术服务平台，通过院士、专家研究团队与企业技术创新团队的结合，有效发挥高端人才在企业重大项目研发、高层次人才培养、科技合作与交流等方面的作用，深化产学研合作，提升企业技术创新能力和核心竞争力。自2009年建站以来，邀请化学、生物、医药等领域的顶尖专家沈家骢、李兰娟、李大鹏、杨胜利、沈倍奋、侯惠民、郑树森7位院士进站。开发区院士工作站还在浙江康莱特药业有限公司、浙江曙光药业有限公司设立了企业工作站。2011年，新建九源基因企业院士专家工作站，企业院士专家工作站增加至3个。

【海外留学人才巴黎联络处成立】7月，杭州开发区组团赴法国、瑞士和奥地利开展招才引智活动，并在法国巴黎举办招才引智座谈会。7月6日，与法国海外留学人员创业者协会签订人才工作合作协议，正式成立“杭州经济技术开发区海外留学人才巴黎联络处”。巴黎联络处设在法国国家卫生研究院干细胞国家研究所内，电子邮箱是ghyang119@163.com，主要负责在巴黎及周边区域宣传杭州开发区的投资环境、创业政策，举办招才引智、招商引资相关活动，举荐海外高端人才和创业项目等。

【园区人才解决方案平台落户】3月31日，“腾飞园区人才解决方案平台”合作备忘录签约仪式在开发区举行。新加坡腾飞集团联合世博集团所属上海东浩人力资源有限公司，上海对外服务有限公司，新加坡职总恒习私人有限公司(NTUC Learning Hub)，以及莱佛士教育集团(Raffles Education)等知名人力资源服务提供商，为新加坡杭州科技园人才解决搭建先进的方案平台。该平台有助于园区内企业建立专业人才数据库，提供人才一站式服务，使企业员工得到更多在职培训和提升工作技能的机会，实现人才资源和产业发展的良性对接，使企业真正享受到综合、规范、高效的人力资源管理外包服务。

【美国硅谷清华学子考察开发区】4月26日，开发区作为“美国硅谷清华学子杭州行”重要一站，在城建文化馆接待清华大学海外学子一行18人。开发区管委会工作人员介绍园区发展基本情况、主导产业以及相关政策，对相应的人才政策进行详细介绍。清华学子一行参观开发区孵化器内的留创企业，并与杭州联川生物信息有限公司和杭州领业医药科技有限公司负责人进行交流。27日，开发区组织7个有项目和人才需求的企业参加清华海外学子创新创业项目对接洽谈活动，企业家与海外学子作了探讨与交流。

·知识产权保护·

【知识产权保护概况】2011年，开发区经发局（知识产权局）以创建“国家知识产权试点园区”为契机，做好知识产权创造、运用、保护和管理等工作，有效地运用知识产权制度特别是专利工作推动开发区自主创新和经济社会发展。1月，开发区出台《关于鼓励科技发展的若干政策（2011年度）》，加大对专利申请、授权以及专利试点示范企业的奖励力度；出台《杭州经济技术开发区专利试点企业管理办法》，完善对区级专利试点企业的管理；加大专利工作经费投入，专门划拨10万元专项经费，用于全年专利培训、宣传等，为专利工作的开展提供资金保障。开发区还设置专项奖励经费，重奖区内专利企业，2011年奖励专利企业74个，兑现奖金239.31万元，比上年增长1.29倍。

专利申请量和授权量创历史新高。全年开发区专利申请4093件，比上年增长32.25%；专利授权量3089件，增长41.05%。其中，发明专利申请1217件，占专利申请总量的29.7%，增长66.9%；职务专利申请3586件，占专利申请总量的87.6%，增长26.7%，专利结构进一步优化，各项指标继续创历史新高。

企业专利工作取得新突破。全年，开发区企业专利申请量989件，专利授权量696件，增长25%，企业科技创新和知识产权保护工作迈上新台阶。全年新申报市级专利试点（示范）企业8个，新增区级专利试点企业11个。截至年末，开发区已拥有区级以上专利试点（示范）企业51个，增长27%。开发区累计有规模以上专利工业企业86个，占规模以上工业企业总数25.9%。

新加坡腾飞集团投资开发的新加坡杭州科技园　　（委办 提供）

【“顾家工艺杯”沙发设计大赛】1月，开发区发动企业积极参与“创意杭州”工业设计大赛。开发区内企业顾家集团有限公司第5次承办“创意杭州”工业设计大赛“顾家工艺杯”沙发设计分赛场。活动中，该公司与中国美术学院、浙江大学、中国计量学院、清华大学、沈阳理工学院、西安工业大学等省内外高校进行校企对接，吸引了全国众多国内知名院校的产品参赛。大赛共征集作品407件，比上年增长28.8%。浙江瓦栏文化创意有限公司第一次承办"瓦栏杯"工业设计分赛场，征集到作品1000余件，反响热烈。

【开展知识产权周活动】4月19日～26日，开发区经发局（知识产权局）围绕"4·26"世界知识产权日，以"知识产权助推经济转型"为主题，精心组织系列宣传活动。组织高校学生实地参观企业，使学生更好地了解现代企业的运作模式和知识产权管理模式；在社区开展宣传咨询活动和图板展示，现场接受群众咨询，发放各类宣传资料1000余份；举办大型知识产权培训会，从开发区实际情况出发，针对区内文创企业和复审高新技术企业举办专题知识产权培训会，参训200余人次；开发区经发局（科技局）特别邀请国家知识产权局专利审查协作中心的3位专家，为开发区高新技术企业代表、高校师生代表开展专利讲座，重点讲解专利申请材料撰写、专利信息检索利用等内容，提高开发区企业、高校专利申请业务水平。

【助推高校专利工作发展】11月15日，开发区经发局（科技局）组织召开高校专利工作座谈会，加强与区内高校的沟通联系，做好开发区高校专利资助工作，提升开发区高校专利申报数量。浙江理工大学、浙江工商大学、杭州电子科技大学和中国计量学院等区内8所高校专利管理人员参加座谈。

会议介绍开发区专利发展情况，讲解2011年开发区科技政策中有关高校专利奖励政策和市专利资助政策，强调2011年杭州市专利资助金发放方式和高校专利申报注意事项。参会高校分别介绍各自专利发展情况，并就相关问题进行交流讨论。开发区经发局（科技局）与各高校就提高开发区专利成果转化水平，以及做好"创意杭州"工业设计大赛推广等议题达成共识。

【知识产权保护和进口设备免税政策宣讲会】9月28日，开发区经发局联合开发区海关，召开知识产权保护和进口设备免税政策宣讲会，进一步做好知识产权保护工作，提高企业在进出口贸易中知识产权保护的意识和处理侵权问题的能力。区内8所高校、24个进出口企业50余人参加会议。

会议介绍开发区科技工作情况、工作的重点、目标和任务。开发区海关列举了相关案例，详细讲解外资项目和科教用品的免税政策、免税情况和流程要点，以及海关知识产权保护概况、定牌加工及专利权的知识产权保护，并对高校和企业提出了相关建议。宣讲会深入浅出，结合实际，对推动开发区高校、企业进一步了解海关免税政策，以及海关知识产权保护起到了很好的指导和帮助作用。

【国家知识产权局调研开发区专利工作】5月10日，国家知识产权局专利审查协作中心化学发明审查处17位审查专家到开发区调研专利工作。开发区邀请协作中心的3位专家为开发区80余个高新技术企业代表、中国计量学院等高校师生开展专利知识讲座，提升开发区企业专利申请业务水平，提高专利申请成功率。培训内容包括专利申请材料撰写、专利信息检索利用、审查文件答复等，专家们还现场解答部分企业关于专利申请及保护的相关问题。培训讲座后，协作中心专家分4组，到杭州中策橡胶有限公司、艾博生物医药（杭州）有限公司、浙江蓝天环保高科技股份有限公司、杭州九源基因有限公司调研，实地了解企业专利工作开展情况。

·企业技改研发·

【企业技改研发概况】2011年，开发区加大技改投入，重点鼓励企业加快、加大技术改造，提升产品市场竞争力和附加值。开发区新修订《关于鼓励科技发展的若干政策》，着重鼓励企业提高科技创新能力，加大科技研发投入，加快对科技型企业的培育。

全年开发区规模以上工业企业高新技术产业销售产值991.72亿元，比上年增长14.58%，占全区规模以上工业销售产值比重达66.1%；全年新增市级以上高新技术企业20个，累计275个；新增国家重点支持的高新技术企业8个，累计67个。全年规模以上工业完成新产品产值270.24亿元，增长23.08%，增幅高出工业销售产值近8%。

全年有3个企业成功申报市级企业技术中心，22个省、市级技术中心企业完成书面的评价；16个项目申报2011年杭州市技术创新项目计划；7个产品获得省级工业新产品鉴定；全年组织6个企业申报浙江省高新技术产品开发项目。截至年末，开发区新增市级以上研发(技术)中心15个,其中省级研发(技术)中心5个。累计拥有市级以上企业研发(技术)中心107个,已成为企业开展科技创新活动的重要载体。

【首家省级企业研究院认定】2011年,开发区在加快建设企业研发中心的同时,大力发展企业研究院。杭州三花研究院有限公司被认定为省级企业研究院,是开发区首家省级研究院。该研究院是三花控股集团有限公司的科研孵化器,致力于整合全球制冷空调自控元器件产业资源和三花控股集团有限公司内部技术资源。研究院下设制冷空调研究所、汽车空调研究所、清洁技术研究所、智能电控研究所4个单元。研究院还具备向三花控股集团有限公司各产业公司提供技术服务、技术支持、人才输出等职能,是三花控股集团有限公司核心战略发展单元之一。

【46个项目列入市重点技改项目】2011年,开发区有46个项目列入杭州市重点技改项目。重点技改项目计划总投资43.03亿元,截至年末,完成投资17.19亿元。三花(丹佛斯)杭州微通道换热器有限公司年产“新增120万套节能空调组件用微通道换热器技改项目”、杭州立昂电子有限公司“新增年产36万片6英寸功率肖特基芯片技术改造项目”、杭州安费诺飞凤通信部品有限公司“年产3000万套手机超细同轴电缆(cable)技术改造项目”3个技术改造项目列入2011年市领导联系重大工业项目。全年,有14个技改项目获得技改资助资金8343.2万元,其中市级资助资金共4141.6万元,区配套资金4201.6万元。

【离心式压缩机机体技改】2月,开发区内联德机械(杭州)有限公司启动新增年产2000套离心式压缩机机体技改项目。项目总投资3500万元,用于购置进口卧式镗铣加工中心、立式加工中心等设备。该项目建设期为两年,项目建成后,达到年产3000套离心式压缩机机体的生产能力,预计可新增年销售收入5000万元。

【冻干粉针生产线技术改造】1月,开发区内杭州澳亚生物技术有限公司投资4097万元,实施年产8000万瓶冻干粉针生产线技术改造项目。通过购置真空冷冻干燥机、自动灌装加塞机等国产设备,建成后将形成新增产能8000万瓶冻干粉针,达到年产2亿瓶冻干粉针的生产能力,项目投产后预计年新增销售收入3500万元。

【康师傅集团饮料技术改造】4月,康师傅(杭州)饮品有限公司茶饮料、果汁饮料和其他非碳酸饮料技术改造项目开始启动。项目总投资1亿元,通过购置进口吹瓶机、茶萃取系统及相关配套设备,形成新增年产1764万箱茶饮料、果汁饮料和其他非碳酸饮料,达到年产1914万箱的生产能力。

【中能汽轮公司高新产品研发】2011年,杭州中能汽轮动力有限公司投入3200万元用于高新技术产品研发,共完成新产品开发项目10项,实现新产品销售收入1.2亿元。该公司承担的国家重大产业技术开发专项“冶金行业用余热汽轮机节能关键技术开发项目”顺利通过由浙江省发改委组织的项目验收。生产的余热利用汽轮机在国内余热发电市场已占据约30%的市场份额,公司成为国内具有竞争力的“冲动式工业汽轮机”制造基地之一。另一重点项目“超高压发电机组锅炉给水泵用双出轴凝汽冲动式汽轮机”的开发顺利通过杭州市科技局组织的项目验收,成为杭州市重大科技创新项目,为公司创造经济效益4800万元,且节能效果显著。公司全年实现工业销售产值11.25亿元。

【纸友科技自主创新再创佳绩】2009~2011年,杭州纸友科技有限公司不断自主创新,销售额年均增长41.97%,企业用于高新技术产品研究、开发的经费占本企业年销售总额的3.1%。2011年,该公司科技成果转化率达100%,承担的多项国家、部、省、市重大科技项目均已通过验收,其中国家发改委项目“连续流态管道化淀粉改性绿色工艺关键技术的开发”经省石化协会鉴定,技术达到国际先进水平,项目获得杭州市优秀新产品新技术一等奖。杭州纸友科技有限公司拥有国家级新产品10个和国家发明专利12项,并在浙江、吉林、河南、山东等地建立5个成果转化基地,产品涵盖造纸、食品、纺织、医药、建筑等多个领域,成为全国变性淀粉领域科研与生产的龙头企业。

(傅淑娟)

·城市建设综述·

【城市基础建设加快】2011年，开发区城市基础建设步伐加快，全区道路竣工12条，总长10.8千米，新增道路6.9千米；开工道路13条，总长6.31千米。德胜快速路高架东延伸段、杭州地铁1号线下沙缓建段开工建设；上沙变电站、元东变电站投入使用；北部第二热电厂开始基础施工，5号大街、23号大街、乔下线3条道路整治完成。至年末，全区在建项目总建筑面积832万平方米。（田 钰）

【完成固定资产投资202.29亿元】全年开发区完成固定资产投资202.29亿元，比上年（指2010年，下同）增长16.8%。其中，工业性投资51.48亿元，增长15.3%；基础设施投资34.63亿元，下降12.8%；房地产开发投资98.23亿元，增长39%。全年新开工项目66个，新开工面积342.59万平方米。（黎洪正）

【3个社区完成回迁安置】2011年，下沙街道智格社区、高沙社区、七格社区3个社区352户拆迁户共计2018人实现回迁安置。其中，智格社区于4月8日实现回迁，安置215户；高沙社区于12月10日实现回迁，安置106户；七格社区于12月16日实现回迁，安置31户。在外过渡2~3年的拆迁户住进安置新房，标志着下沙街道智格、高沙、七格3个社区回迁安置工作正式完成。

【功能配套设施不断完善】2011年，开发区盛泰、希尔顿两座五星级酒店主体封顶，歌江维嘉酒店开业。盛泰星尚城、福雷德广场、白洋桥美食休闲园等投入运营。世茂酒店、物美沿江店等项目开工建设，下沙街道7个社区楼宇全面开展招商，东沙商业中心试营业。受宏观形势影响，房地产价格出现波动，但项目建设总体进展顺利、发展平稳。公交线路“优三开四”（优化公交线路3条，新开区内公交线路4条），新增快速公交站点2对，新建公共自行车服务点60个，居民群众出行条件得到改善。

4月8日，下沙街道智格社区拆迁户顺利实现回迁 （尹若章 摄）

【城建目标考核任务完成】2011年，开发区城建部门完成幸福路二期开工建设、服务外包人才培训大楼建成、纬三路三期竣工等18项列入杭州市重点考核任务项目；实现中沙、松合、七格、元成、新元5个社区安置房竣工；金沙湖绿轴下沉式广场主体工程完成80%；沿江40米绿化带开工建设；文安路、汇安路、建安路竣工；5号大街、23号大街完成整治等。25项列入开发区管委会年度考核的城建项目中，除公安业务大楼外，年内均完成目标考核任务。

（尹若章）

【开发土地41.16平方千米】至2011年末，全区累计开发土地面积41.16平方千米，其中工业用地15.91平方千米。实有铺装道路总长222.33千米，总面积653.28万平方米。城市下水道总长699.49千米。建成区绿化覆盖面积1342.7万平方米，其中公共绿地面积689.2万平方米，建成区绿化覆盖率42.5%。

（黎洪正）

·城市规划·

【城市规划概况】2011年，杭州市规划局经济技术开发区分局（简称开发区规划分局）以完善城市规划体系、增强城市综合功能、提升下沙新城品位为目标，着力提升规划编制的前瞻性、科学性和规范性。全年完成《元成单元控制性详细规划修编》报批稿、《下沙新城近期建设规划（2011—2015年）及2011年度实施计划》送审稿、《开发区消防“十二五”规划》成果稿、《开发区学前教育规划》送审稿、《下沙新城城市雕塑专项规划》初稿、《下沙新城亮灯照明总体规划》中间稿、《下沙新城城市功能提升规划研究》报批稿、《下沙新城城市空间优化规划研究》报批稿、《开发区松合物流园区规划研究》9项规划编制任务。

执行“一书两证”规划审批制度，规范规划审批和审查。全年受理办事项目14类、事项478件，核发选址意见书204件，用地规划许可证122件，建筑面积735.3万平方米。工程规划许可证89件，建筑面积326.2万平方米，户外广告及门面装修20件。加强建设项目批后跟踪管理，核发竣工验收合格确认书63件，建筑面积162.71万平方米；灰线验收39件。开展规划设计专项审查，对20个建设项目核发方案设计审查批复，会同相关部门对13个建设项目开展交通影响评价审查。

修订《开发区规划分局规划编制经费使用管理办法（试行）》，做好规划项目合同签订和编制项目经费管理、审查、报批等程序。加强规划宣传，普及城乡规划法律法规。9月，召开《杭州市城乡规划条例》专题培训会，宣传城乡规划条例，通过在开发区主要道路、人口密集处、街道主通道等悬挂横幅、摆放宣传展板、张贴海报，发放法律法规文本，提高群众对城乡规划的认识和法律意识。10月，举办城乡规划培训讲座，增强规划工作人员法律意识。

▶▶资料：“一书两证”

“一书两证”指建设项目选址意见书、建设用地规划许可证、建设工程规划许可证。根据《中华人民共和国城市规划法》，城镇规划管理实行由规划建设行政主管部门核发选址意见书、建设用地规划许可证、建设工程规划许可证的制度，简称“一书两证”。

【元成单元控制性详细规划修编】11月，《开发区元成单元控制性详细规划修编》送审批稿完成。元成单元（XS14）东至2号坝路、南至德胜路、西至新业北路、北至新建河，总用地面积472公顷。2006年4月市规划局对原《开发区元成单元控制性详细规划》批复后，开发区规划分局于2011年3月委托浙江工业大学建筑规划设计研究院进行规划修编。

该编制项目结合原《开发区元成单元控制性详细规划》资料、已批资料、四线资料和相关专项规划，对元成单元原控制性详细规划实施中存在的问题、用地布局、市政基础设施、交通状况等进行研究，致力于开发区“一带、两界面、三片区、五轴”的空间结构目标，通过对元成单元功能定位及用地结构调整、路网系统完善和整体环境状况治理，引导规划单元各功能区块有序发展，使元成单元建设成为开发区重要组成部分，逐步将其建设成交通便捷、设施完善的城市新型工业集聚区。（裘陈芳）

▶▶资料：开发区“一带、两界面、三片区、五轴”

“一带”指位于元成单元西片区的公共居住区服务带；“两界面”指城市绕城公路形成的城市景观界面和沿新建河形成的自然滨水景观界面；“三片区”指东、

西部两个产业发展区和南侧的居住生活片区；“五轴”指沿海达北路、文渊北路、文泽北路形成的3条城市交通发展轴，沿金乔街的生活联系轴、沿围垦街的产业发展轴。

【沿江特色生态景观居住区规划】8月，由市规划局组织编制的《开发区湿地单元（XS29）控制性详细规划》完成。该规划东、南、西濒钱塘江，北为20号大街、13A号大街、22号大街、19号大街转20号大街所围合范围，总面积5.2平方千米。规划将整个规划区块建成具有现代化、国际性的高品位的沿江特色生态景观居住区和科技创新基地。规划形成“一体、一心、二带、四片”的规划结构。“一体”指单元中部的下沙沿江湿地公园综合体，它将形成以科技研发、生态休闲、商业办公、生活居住综合的城市功能体。“一心”指集中布置在29号大街两侧成规模的公共设施形成的公共主中心，服务于整个单元居民及北侧沿江居住区、周边产业及旅游者。“二带”指沿钱塘江形成的集自然景观、历史文脉及生态人居景观为一体的钱塘江景观带以及绕城公路及其两侧绿地形成的生态带。“四片”指被19号大街、绕城公路及13A号大街分隔而成的四个功能片，包括东侧3个居住区及西侧的综合科研功能区。　（下沙新城网）

【下沙新城亮灯照明总体规划推进】11月，《下沙新城亮灯照明总体规划》中间稿编制完成。该规划稿立足下沙地理区位、自然条件、功能区位、交通区位等规划背景，研究分析国内外成功规划案例，就开发区各功能区块亮灯照明现状提出包括城市美学、城市空间、灯光技术等规划策略，为塑造城市品牌形象提供规划依据。

【消防“十二五”规划定稿】10月，《开发区消防“十二五”规划》成果稿编制完成。该规划稿通过总结开发区“十一五”时期消防事业发展的基本情况，分析未来消防事业发展趋势，提出“十二五”时期消防规划的期限、范围、依据、原则、指导思想及发展目标，从公共消防基础设施建设、社会消防管理建设和规划实施的推进保障措施3个方面，探索“十二五”时期消防规划工作发展规律，为开发区创造良好的消防安全环境提供规划理论指导。

【学前教育规划送审稿完成】8月，《开发区学前教育规划》送审稿编制完成。该规划稿对开发区学前教育需求开展预测，明确专项规划范围、期限、依据、指导思想、目标及原则，提出相应规划建设标准、各单元学前教育设施配置及发展时序，就专项规划提出政策保障、土地供应、规划协调、建设资金等实施意见。根据杭州市委、市政府《关于加快推进学前教育均衡优质发展的若干意见》，对住宅小区配套幼儿园设置规模标准适当调整。根据开发区外来务工人员数量占总人口数比例高于杭州市平均水准的实际情况，开发区规划分局在2009年编制完成《开发区文教体卫专项规划》基础上，完成《开发区学前教育规划》项目。

【下沙新城城市雕塑专项规划修编】12月，《下沙新城城市雕塑专项规划》初稿编制完成。该规划稿通过分析城市雕塑与城市人文间的关系，提出城市雕塑的作用与价值，将整个下沙板块划分为金沙湖核心区、大学区、生活区、产业区、沿江景观带等区域，针对各区块自然与人文特色，提出不同设计方案。

【城市功能提升与空间优化研究】10月，《下沙新城城市功能提升规划研究》和《下沙新城城市空间优化规划研究》两个报批稿编制完成。城市功能提升规划研究稿从功能演化过程、产业结构、人口结构等多个角度分析下沙发展现状，借鉴国内外成功规划案例，结合SWOT（态势分析法）理论、波特“钻石模型”理论及产业链视角提出下沙功能提升策略。城市空间优化规划研究稿主要探讨下沙空间现状与问题，从整体机构优化、空间系统优化、重要片区活化、景观美化等研究下沙新城空间优化战略，为后期规划指明技术路线及相关规划依据。

【松合物流园规划研究】12月，《开发区松合物流园规划研究》编制完成。该规划研究梳理概括国内外物流规划实践历程，提出松合物流园区规划方案、发展对策及需要重点解决的问题，为引导开发区物流产业发展提供规划思路。松合物流园位于开发区松合单元西侧，东靠元成单元，南接下沙城公共中心，与杭州九堡客运中心和四季青服装交易中心相邻。松合物流园区位优势明显，周边物流需求充足，是开发区产业升级和提升竞争力的有力引擎。

（裘陈芳）

·城建投资·

【完成城建投资16.8亿元】2011年，开发区城市建设发展中心（简称区城建中心）以“五大类工程”（城市推进类、工业发展类、服务保障类、社会发展类和生态环境类）为重点，进一步完善城市基础和公建服务配套设施建设。全年城建计划实施项目156个，其中新开工项目54个、续建项目48个、预备项目54个。计划完成城建投资额15.35亿元，实际完成16.8亿元，比上年下降23.6%。其中，建筑和安装工程完成投资13.3亿元。

（尹若章）

【综合体建设完成投资23.08亿元】2011年，杭州地铁1号线金沙湖站、下沙西站、高沙路站、下沙江滨站、新加坡杭州科技园、下沙大学城创业中心、前进工业园区公共服务中心7个城市综合体完成土地出让。下沙大学城北商住中心、沿江湿地公园2个综合体概念性规划设计优化完善。全年开发区9个城市综合体（下沙副城8个、前进工业园区1个）建设完成投资23.08亿元。

【3个新城建设项目完成投资1.92亿元】2011年，新城彩虹绿轴下沉广场2010年动工，年末钢筋混凝土底板结构、斜坡混凝土、侧墙混凝土工程均已完成，钢箱梁加工完成65%。幸福路下穿金沙湖隧道（金沙大道—南苑路）开工，全长850米，宽40米。金沙湖工程预水处理厂主体结构完工，进入设备安装阶段；金沙湖输水管线工程完工，湖区工程、金沙湖游泳公园土建施工完成。全年新城彩虹绿轴下沉广场、幸福路下穿金沙湖隧道、金沙湖工程合计完成投资1.92亿元。

【快速路网建设完成投资1.3亿元】4月，沿江大道开发区段（开发区界至1号大街）工程二标段（月雅河至聚首路智格排灌站）开工。三标段沿江大道跨运河二通道桥梁及连接线（聚首路至江干区界）年末完成方案设计、招标等前期工作。全长394[illegible]米的金沙大道（开发区界至1号路）分三期实施，一期为月雅路至聚首路，工程因涉及部队用地未开工；二期为新华河至1号大街，一号港河桥、幸福河桥已完成建设，雨污水管、人行道、主车道（沥青路面层除外）完成1500米；三期为金沙大道跨运河二通道桥梁及连接线，年内完成施工图设计。全年开发区快速路网建设完成投资1.3亿元。

（田　钰）

·城市道路建设·

【城市道路建设概况】全年开发区开工道路13条，分别是19B路、幸福路二期、幸福路三期、上沙北路三期、景苑北路三期、纬三路三期、东方路二期、经四路二期、闻潮派出所北侧支路、北苑路一期甩顶段、下沙街道上沙社区安置房与外来人员公寓共用道路、高沙社区安置房与商业用房共用道路和湿地单元规划支路。竣工道路12条，分别是下沙南路二期、农垦路六期、纬一路三期、北苑路二期、南苑路一期遗留段、学林街三期、幸福路一期、下沙文化中心南侧支路、文安路、汇安路、建安路、春[illegible]路东侧[illegible]支路。完成5号大街、23号大街、乔下线3条道路整治。新增雨

2011年开发区城市道路开工情况

表20

道路名称	起迄点	长度(米)	宽度(米)	总投资(万元)	开工时间
19B路	金隅地块中间	685	16~22	1 140	2011年7月
幸福路三期	德胜路—元成南路	507	40	1 216	2011年4月
幸福路二期	下沙路—北苑路	417	40	1 000	2011年5月
上沙北路三期	九沙大道—下沙路	881	24	850	2011年5月
景苑北路三期	九沙大道—南苑路	711	24	770	2011年5月
纬三路三期	东方路—新业北路	1 000	40	1 800	2011年4月
东方路二期	纬三路—农垦路	560	35	600	2011年6月
经四路二期	农垦路—新建河	200	30	5[illegible]	2011年6月
闻潮派出所北侧支路	25号路—百合路	180	24	3[illegible]	2011年6月
北苑路一期甩顶段	新北路—下沙南路	300	40	2[illegible]	2011年4月
上沙安置房与外来人员公寓共用道路	上沙北路与新业北路	286	8.5	[illegible]	2011年4月
高沙安置房与商业用房共用道路	学源街—德胜路	243	15	1[illegible]	2011年4月
湿地单元规划支路	19B—19号路	340	20	6[illegible]	2011年6月
合计	—	6 310	—	917[illegible]	—

水管道1.54千米、污水管道1.07千米，新增绿化面积1.09万平方米，改造绿化面积4662平方米。

（胡霖浙）

【德胜东路提升改造】8月25日，德胜东路改造提升工程开工，浙江省委常委、杭州市委书记黄坤明宣布工程开工。德胜东路改造提升工程是德胜快速路建设工程的重要组成部分，西起沪杭高速公路德胜立交收费站东侧，沿现状德胜路向东至文汇路西侧，全长12.27千米。提升工程结合“高架+地面主干道”形式实现快速路标准，设计车速80千米/小时。其中，沪杭高速公路至文泽路东为高架快速路，全长约9.65千米，双向6车道；文泽路东至文汇路西为地面快速路，全长约2.62千米，双向6车道。工程预计2013年完工。

（黎洪正）

【东北部区块3条道路竣工】8月30日，位于开发区东北部区块的汇安路、文安路、建安路3条道路竣工。汇安路西起文汇北路东口汇安桥东，东至长安路，为城市支路，全长约1504米，宽26米。文安路西起文汇北路东口文安桥东，东至规划支路四，为东西向城市支路，全长约1376米，道路路幅宽20米。建安路南起安澜路北口，北至海宁地界，为南北向城市支路，全长1250米，宽26米。整个工程内容包括道路、排水工程及交叉口预埋管线等项目。

【两条道路完成综合整治】5月30日，开发区5号大街、23号大街综合整治工程竣工。5号大街南起6号大街，北至德胜路，全长2.4千米。23号路南起6号大街，北至学源街，全长1.85千米。该道路综合整治工程于2010年9月开工，主要对道路路面、绿化景观、交通设施和城市家具设施等内容进行改造。通过整治，道路与沿线高校、房产、商业中心相互映衬，开发区城市面貌和环境品质得以提升，居民出行条件改善。

【沿江大道工程推进】2011年，开发区持续推进沿江大道开发区段工程建设。3月，该工程二标段（月雅河至聚首路）开工，全长117米，即为四格排灌站桥梁工程，年末桩基工程、承台浇筑工程基本完成，东西两侧箱梁工程完成总工程量70%。三标段（聚首路至江干区界），即新增的沿江大道跨运河二通道桥梁及接线，全长1300米，涉及开发区范围长1058米，12月招标完成。沿江大道工程（1号大街以西至江干区界），总长3497米，宽30米。2009年末，该工程一标段（1号大街至月雅河）基本完工，全长2080米。

（俞芳芳）

【沿江大道运河隧道主体完工】10月，沿江大道运河隧道主体结构完工。隧道全长1188米，双向4车道，时速50千米，通行净高4.5米。与已开通的庆春路过江隧道相比，运河隧道内部逃生通道、防火及监

表21

2011年开发区城市道路竣工情况

道路名称	起迄点	长度(米)	宽度(米)	总投资(万元)	开工时间	竣工时间
下沙南路二期	下沙路—北苑路	562	20	800	2008年12月	2011年5月
农垦路六期	2号坝路—经四支路	925	40	1 100	2010年6月	2011年6月
纬一路三期	东方路—新业北路	1 000	24	1 530	2010年9月	2011年12月
文安路	文汇路—规划支路	1 200	24	1 150	2010年8月	2011年8月
汇安路	沪杭二通道东侧—文汇路—长安路	1 500	24	2 680	2010年8月	2011年8月
建安路	九桥连接线—海宁地块	1 000	24	2 100	2010年8月	2011年8月
南苑路一期遗留段	新业路以西至幸福北路	660	24	1 000	2009年	2011年3月
北苑路二期	幸福路—武警农场	650	40	2 000	2010年5月	2011年5月
学林街三期	幸福路—规划支路	884	40	1 700	2010年6月	2011年5月
幸福路一期	九沙大道—德胜路	1 200	50	2 000	2009年4月	2011年8月
下沙文化中心南侧支路	新业北路—下沙南路	343	16	715	2010年10月	2011年5月
春澜路东侧各支路（长安路、长垦路）	春澜路、沿江大道、农垦路、德胜路合围区域（包括长安路）	1 200	—	3 000	2010年12月	2011年8月

控设备均有改进。主体结构完工后将进行隧道路面板铺设、内部装修等工程，预计2012年3月建成通车。运河隧道是沿江大道的一部分，位于运河和钱塘江交汇处，三堡船闸附近。（下沙新城网）

【两条道路整治项目获“西湖杯”奖】3月7日，经杭州市市政行业协会评选，开发区6号大街综合整治、学源街综合整治工程4个标段获评2010年杭州市建设工程“西湖杯”优质工程奖。6号大街整治工程西起5号大街，东至沿江大道，全长4000米，整治设计道路红线宽度为43.5米，道路等级为主干路1级，项目投资4500万元。该工程于2009年10月开工，2010年4月竣工。

学源街综合整治工程西起文渊路，东至沿江大道，全长6000米。整治分为两个标段，一标段（文渊路至文津路）长约2600米，二标段（文渊路至文津路）长约3330米。该工程于2009年6月开工，9月主车道通车，12月市政道路、交通标志线、绿化景观改造项目完成，通过验收。整治内容为市政道路面层将原来水泥混凝土路面改建为沥青混凝土路面，同步实施交通设施标志、标线改造及绿化景观改造等。（尹若章）

▶▶资料：开发区获省市优质工程奖工程

2007年，开发区沿江大道获评杭州市“最佳人居环境奖”“打造国内最清洁城市”示范点。2008年，下沙路综合整治四标段获市“西湖杯”奖，下沙农居多层公寓一标段4号楼获评“西湖杯”奖，沿江大道工程绿化二标段、六标段获评省优秀园林工程金奖。2009年，城建文化馆获评省“钱江杯”优质工程奖。

·城市公建配套·

【配套保障项目加快推进】2011年，开发区加快推进教育配套项目建设。9月，开发区景苑幼儿园、江湾幼儿园、景苑小学开学，有效缓解幼儿和适龄儿童上学难题。云水苑幼儿园、星河幼儿园二期、世茂幼儿园3个幼儿园在建。12月，头格幼儿园、上沙幼儿园开工建设。

保障性用房建设加快。全区开工建设拆迁安置房项目13个、人才专项用房项目2个。4月，智格社区215户居民实现回迁安置。上沙、七格2个拆迁安置房项目年内竣工。年末，元成拆迁安置房建设完成。全年实现竣工面积30余万平方米。紫元地块、大学城北两个人才专项用房项目开工，总建筑面积40万平方米，预计2013年竣工。（黎洪正）

【配套设施建设协调】全年开发区建设局配合杭州市电力局完成110千伏上沙变电站和220千伏元东变电站工程建设，两个变电站建成投运。实施上沙变电站10千伏电力出线、元东变电站进线、元东变电站至学林变电站至沿江变电站的110千伏出线的电力沟建设，完成龙坞科技开关站、默沙东10千伏开关站、超群站等开关站的建设。协调解决110千伏学林变电站施工单位工程造价事宜，协调完成沿江大道DN1500水管过和睦港实施方案，解决杭州宝龙城市广场、杭州顶益食品有限公司、杭州味全食品有限公司、开发区第二热电厂等企业施工临时用水和杭华油墨化学有限公司、杭州中能汽轮动力有限公司等5个企业的供热问题。（田钰）

8月31日，开发区景苑小学竣工投入使用（尹若章 摄）

【十大工程集体开工】3月11日，开发区金沙湖隧道工程等10大工程集体开工。十大工程建设项目涵盖民生保障、工业经济、现代服务业、楼宇经济、基础设施等多个领域。投资总额49亿元，建筑面积逾80万平方米。新动工的世茂幼儿园、云水幼儿园，分别规划18和12个班级，建成后可缓解开发区东部地块幼儿入学压力，完善该区块配套设施。由顶可（香港）控股股份有限公司投资的杭州顶可食品有限公司新厂房工程，总投资1.5亿美元。金沙湖开挖工程中实施的幸福北路下穿金沙湖隧道工程（一期），沟通金沙湖南北交通，幸福路二期、三期等工程的同步建设，进一步完善下沙新城中心区路网结构。管委会综合大楼项目总建筑面积6.5万平方米，建成后是新城中心区发展楼宇经济的重要载体。　（黎洪正）

【公安业务用房开工】1月11日，开发区公安分局业务用房开工。该项目用地位于幸福北路以东、学林街以北，项目总用地面积8850平方米，总建筑面积1.72万平方米（含地下建筑面积7500平方米）。项目以利剑出鞘作为设计理念，建筑布局方正，板式高层形成三片布局，两侧实体似剑鞘，中间玻璃体如利剑般耸立，整个建筑布局与设计动静结合，刚劲有力。

【江湾幼儿园竣工投用】8月30日，开发区江湾幼儿园竣工投用。该幼儿园由教学楼、音体活动室、传达室等组成，总建筑面积4251.7平方米，总投资900万元。幼儿园从设计到施工均按照省、市级标准规划建设，有现代化教室、多功能活动室、音体室、医务室、保安室等。室外建有戏水区域、沙坑、种植园、跑道、大型玩具、休息区等设施。

【回迁房和人才房建设加快】2011年，全区在建安置房项目10个，总建筑面积150.15万平方米。该10个项目分别是七格社区、上沙社区、新元社区、元成社区、东方社区、松合社区、下沙社区、湾南社区、头格社区、中沙社区安置房项目。七格社区安置房、上沙社区安置房项目分别于8月、10月竣工，其中七格社区年内完成回迁安置。开发区紫元地块人才专项用房项目、大学城北人才专项用房项目总建筑面积41.5万平方米，至年末，桩基工程完成并进入地下室施工。

8月31日，七格社区安置房项目竣工　（尹若章 摄）

【两个社区安置房竣工】8月31日，七格社区安置房竣工验收。该安置房项目位于七格小区北、七格商业大楼西，建筑面积1.46万平方米，共建安置房115套，由1号楼、2号楼及地下室组成。10月16日，新元社区安置房竣工验收。该安置房位于新元社区经济合作社区以北、上沙路以南，建筑面积11.84万平方米，共建安置房1020套，由15幢住宅、1幢会所及地下室组成。

【上沙社区安置房获“西湖杯”奖】5月，开发区上沙社区拆迁安置房工程20号、21号楼被评为2010年度杭州市建筑工程“西湖杯”奖，是开发区继新沙家园4号楼之后又一个获得该项奖杯的优质工程。该安置房位于海达南路以东、金沙大道以南，总建筑面积13.37万平方米，房屋分138平方米、110平方米、82平方米、55平方米4种基本户型，合计1042套。工程由区城建中心负责建设，2008年6月开工，2010年12月竣工。

（尹若章）

【“三房”协调和停车位建设】2011年，区建设局发挥开发区“三房”办（经济适用房、廉租房和公共租赁房）工作职能，完成《开发区拆迁安置房建设六大计划（2011~2015）》编制工作。召开两次“三房”建设例会，解决“三房”建设10余项具体问题。响应市政府解决老百姓停车难题的要求，完成888个公共停车位建设，比市停车办要求建设570个公共停车位的任务增加318个，目标任务超额完成。

（田　钰）

【中石化区南加油站方案设计获批】4月，开发区规划分局组织环保、消防、卫生、城管等部门及相关专家，召开中国石油化工集团公司浙江杭州石油分公司区南加油站新建项目方案设计评审会。该项目位于开发区22号大街以南、绕城高速公路以西，包括加油站用房及附属用房。项目总用地面积0.26公顷，建筑密度26.6%，容积率0.35，绿地率15.6%。油罐总容积为120立方米，加油站等级为二级。（黎洪正）

·金沙湖项目开发·

【金沙湖项目开发概况】开发区金沙湖项目开发建设指挥部负责金沙湖项目开发建设，杭州金沙湖投资发展有限公司（简称金沙湖投资公司）代理湖区及周边公共设施建设。金沙湖项目南起北苑路，北至金沙大道，东临海达北路，西接规划聚首路。湖区面积86公顷，湖面面积36公顷。整个项目分金沙湖湖区、源水预处理厂、输水管线3大公建项目工程及相关附属配套项目工程。其中，湖区建设含游泳健身公园工程、临水公园工程、金沙湖公园二层3大区块。

2011年，游泳健身公园土方工程完工，湖岸线成型1400米，湖区北侧沙滩部分开始施工；源水预处理厂工程完成中间结构验收，工艺设备进场安装；管线工程艮山东路段顶管完成施工，其余管线铺设完成（除聚首路）。环金沙湖首个作品——杭州东部国际商务中心（IBC）二期工程完成主体结构验收，进入装修阶段。全年金沙湖投资公司完成投资6.15亿元，其中直接支付金沙湖公园项目土地款[illegible].74亿元。

【周边工程施工有序推进】8月，游泳健身公园完成水体工程招标。9月动工，开始土方开挖、防水毯铺设。至12月，累计完成土方开挖[illegible]万立方米，防水毯铺设累计4万平方米，驳坎砌筑9[illegible]3米，松木桩驳坎270米。年末，湖区土方工程基本完工。地铁西站临水公园（样板段）加快推进。11月，完成临水公园样板景观施工招标，进入海砂采购。12月，人工沙滩沟槽开挖基本成型，海砂招标报建完成。

水处理厂主体结构通过验收。11月，水处理厂主体结构工程完成，室外雨污管道开始施工，全部设备进入基础浇筑。12月，通过主体结构验收，工艺设备进场完成安装，加药间、平衡池、管理用房、脱水机房、机修间完成粉刷，开始窗门安装。管线工程加快铺设。输水管线分为取水头部至水厂段、聚首路段、沿聚首河段、穿艮山东路段、七格北路段、北苑路段，总长1890米。11月，完成沿聚首路管线和艮山东路段顶管外其余管线铺设。12月，完成艮山东路段顶管（混凝土管）115米、顶管（钢管）70米。

2011年，金沙湖项目建设加快推进。图为建设中的金沙湖一角

（郑体兵　摄）

【金沙湖景观设计不断深化】4月，开发区管委会对金沙湖跨湖人行桥进行国际方案征集，英国Zaha Hadid（扎哈·哈迪德）、英国Grimsham（格林姆肖）、加拿大

PPA（裴多福）、澳大利亚DCM（丹顿·廊克·马修）4个国际著名设计公司参与方案设计。经评审，Zaha Hadid方案大气、亲切，与湖心岛沟通较好；PPA方案轻灵、柔美，与金沙湖整体景观协调一致。该2个方案进入第二轮方案深化。

7月，完成金沙湖步行景观桥第二轮方案设计招标，3个知名桥梁设计单位参与竞标。方案设计报金沙湖开发建设指挥部后，设计单位根据要求进一步加以完善。10月，PPA（加拿大裴多福建筑师事务所）提交金沙湖景观扩初设计方案，召开景观扩初设计方案评审会。开发区建设局、区国土分局、区规划分局、区环保局等职能部门参加评审并提出建设性意见。根据金沙湖规划设计，湖区成形后原幸福北路被湖区水面隔断，规划在金沙湖幸福北路穿湖隧道上方修建金沙湖跨湖人行桥。（潘　超　杨俊清）

杭州地铁1号线开发区段铺轨现场　（俞芳芳　提供）

【项目完成交地29.74公顷】3月31日，金沙湖湖区幸福路与北苑路交界地块顺利移交，新交地面积2.76公顷。至年末，整个金沙湖项目合计交地面积29.74公顷，占总面积37.2%，其中可实施土地面积22.58公顷。（杨俊清）

·地铁建设·

【地铁开发区段建设概况】2011年，杭州地铁1号线开发区段进展顺利，年度工作目标任务全面完成。4月，地铁开发区段完成铺轨工程。8月，机电设备安装工程、车站变电所工程、无线通信系统安装工程、接触网工程等顺利完工；地铁1号线一期工程开发区段率先进入车辆试运行阶段。9月，地铁1号线下沙缓建段工程初步设计方案通过省发改委审批，12月开工。至年末，地铁开发区段累计完成投资2.51亿元。

▶▶资料：杭州地铁1号线开发区段

2007年3月，杭州地铁1号线开发区段开工建设。地铁1号线开发区段全长10.25千米，包括下沙西站、金沙湖站、高沙路站、文泽路站、文海南路站、云水站、下沙江滨站7个站点。先期开工建设的为下沙西站、金沙湖站、高沙路站、文泽路站4个站点、2个盾构区间及1个主变电站，总长约4.8千米。获批的地铁1号线下沙缓建段总长5.45千米，设文海南路站、云水站、下沙江滨站3个站点。

【4个车站机电设备安装完成】8月，杭州地铁1号线开发区段下沙西站、金沙湖站、高沙路站、文泽路站4个车站机电设备安装工程完工，进入安装调试阶段。这是开发区自4月领先杭州市其他城区完成铺轨工程之后，再次在全市率先完成机电设备安装工程。机电设备安装完成后，开始实施车站公共区装修工程和出入口及风亭的景观工程。

【地铁1号线缓建段工程开工】12月，杭州地铁1号线下沙缓建段绿化迁移工程开工，标志着缓建段工程正式进入实施阶段。绿化迁移工程包括3个站点及1个区间风井，整个工程分两期实施，先期实施地铁工程施工范围内涉及的中央隔离带、机非隔离带和人行道的大树，后期实施中央隔离带、机非隔离带和人行道的乔木及灌木。工程需迁移大树261棵。

（俞芳芳）

公用事业

·公用事业综述·

【水电热气供应保障】2011年，开发区水电热气供给保障能力提高。全年自来水总用水量7727.2万吨，比上年（指2010年，下同）增长4.7%。售电总量30.54亿千瓦时，下降12.8%，其中工业用电量25.86亿千瓦时，占全区总用电量84.7%。供热管网长66千米。供气管网长258千米，供热总量623.37万吉焦，下降4.5%。年供燃气量4366万立方米，下降7.7%。

【城市公共交通不断改善】2011年，开发区城市公共交通不断改善。全年新开公交线路5条（停驶4条，实际新增1条），新增快速公交站点2对；新投放出租车30辆；新建公共自行车服务点6[illegible]处，新增公共自行车2000辆。至年末，全区有公交营业线路[illegible]3条，营业线路总长度533.3千米；营运公共汽车713辆，年客运总量6263.7万人次；出租车330辆；公共自行车服务点101处，投放公共自行车3300辆。轨道交通建设加快，杭州地铁1号线下沙段4个站点主体工程完成并进入

2011年开发区供电、供水、供热、供气、电信、邮政情况

表22

	项　目	单　位	2010年	2011年	比上年增长（%）
供电	总供电能力	万千伏安	163.10	163.10	—
	全年售电总量	亿千瓦时	35.04	32.89	-6.1
	总供水能力（自来水）	万吨/日	60.50	60.50	—
供水	已运行供水能力	万吨/日	20.5	21.20	2.4
	总售水量	万吨	7 382.62	7 727.20	4.7
	平均日供水	万吨/日	20.23	21.17	4.7
供热	总供热能力	吨/小时	1 060	1 060	—
	已运行供热能力	吨/小时	460	550	19.6
	年用汽总量	万吉焦	652.76	623.37	-4.5
	供热管网	千米	64	66	—
供气	总供燃气能力	万立方米/小时	2.29	4.80	9.6
	已运行供燃气能力	万立方米/小时	2.29	4.80	9.6
	年供气总量	万立方米	4 728.05	4 366	-7.7
	供气管网	千米	233	258	—

注：2011年5月起，停止向海宁供燃气

表23

2011年开发区电信、邮政营运情况

项　目		单　位	2010年	2011年	比上年增长(%)
国际互联网的出口带宽		兆位／秒	100	100	12.50
线路总容量		线	479 144	319 201	-33.38
线路开通总容量		线	180 642	114 665	-36.52
电话设备总容量		门	150 271	213 422	42.02
电话设备开通总容量		门	101 996	112 566	10.36
宽带设备总容量		门	156 074	157 258	0.76
宽带设备开通总容量		门	85 149	100 092	17.55
邮电业务	总收入	万元	2 818.9	4 616	63.73
	函件	万元	340.0	588	72.94
	包件	万元	206.0	246	19.42
	速递	万元	1 792.9	3 000	67.33

试车阶段，地铁延伸段工程开工。

【电信邮政业务营运稳定】全年开发区电信国际互联网出口宽带100兆位/秒，电话设备总容量213422门，增长42%；电话设备开通总容量112566门，增长10.4%；宽带设备总容量157258门，增长0.8%；宽带设备开通总容量100092门，增长17.6%；线路总容量319201线，下降33.4%；开通总容量114665线，下降36.5%。全年邮政、电信业务总收入实现4616万元，增长63.7%。其中，函件业务收入588万元，增长73%；包件业务收入246万元，增长19.4%；速递业务收入3000万元，增长67.3%。　　（黎洪正）

·供水供电·

【水业下沙分公司保障供水】杭州市水业集团有限公司下沙分公司（简称水业下沙分公司）承担杭州经济技术开发区、江干科技园区、九堡、七堡、乔司、彭埠镇高速公路以东部分区块的供水业务，供水服务面积83平方千米。2011年，公司设管网管理科、营业管理科、生产管理科、综合办公室和1个营业厅，下辖泵站3座，负责供水区域内DN100（直径100毫米混凝土管）以上385.7平方千米的管网、6174只供水阀门的抢修、维护、保养等工作，承担1.18万只水表抄表收费、3座区域性供水加压泵站管理、管网测绘、巡检、检漏、新用户发展和一户一表改造等工作。全年公司售水7727.2万吨，比上年增长4.7%。

水业下沙分公司阿力便民服务队开展用户走访活动，提供供水知识宣传、水费收缴、一户一表受理、咨询等服务。全年服务接待200余位用户，发放宣传资料300余份，解答咨询130件，受理服务需求12件，征集建议1条。对14个高校和部分中小学、两个医院、20个单位用户进行延伸服务，获得用户好评。

【管网管理加强】2011年，水业下沙分公司组织管网抢修193次，其中DN300（直径300毫米混凝土管）以上管道抢修12次，无抢修停水超时情况发生。实施巡检、检漏计划，发现DN300以上管道漏损两次，巡检DN100以上阀门5931只，整改238只。接水受理流程并下达任务124件，完成施工受理单123件，新装DN100以上供水管道8342米，安装水表318只。实施一户一表工程，完成海景城小区、九堡三村村和明珠公寓3处一户一表立管预置和装表接户工作，装表入户713户。配合供水管道基建工程施工，完成14条新建管道单项验收。

【抗冻保供水】1月下旬，杭州冰冻雨雪天气持续不断，温度降至-5℃。水业下沙分公司安排工作人员走访社区、学校和医院等单位用户，宣传水表防护保温知识。在冰冻停水的小区开展供水车送水服务，对冻破水表进行更换，确保用户正常生活用水。至月末，累计更换冻破的DN20水表31只，DN25的商铺水表21

只，保证用户冬季正常生活用水。

【现代化供水营业所创建】2011年，水业下沙分公司将创建浙江省城市供水现代化营业所（简称“创现”）作为工作重点，实施“创现”项目结算制度，分解“创现”工作目标任务；建立每周一次“创现”工作例会制度，总结工作并协调解决存在的问题。7月25~26日，通过ISO 9001质量管理体系和ISO 14001环境管理体系第一次监督审核。8月19日，在“创现”工作推进会上，分公司提出的14项需市水业集团职能部门支持解决的问题完成11项。年末，完成辖区内47个住宅小区管线录入工作。通过全年有序推进，水业下沙分公司“创现”基础管理工作取得阶段性成效。

【加强员工技能培训】水业下沙分公司全年组织50余人参加招投标业务知识培训、保密法培训等15次，12人取得相应证书。组织水表技术交流、水质管理培训、泵站人员技术比武、消防安全培训、管网抢修管理培训等10项培训工作，有105人次参加培训。组织员工开展安全电化教育与安全制度知识竞赛，成绩良好。

（翁焕钧）

【城东供电局保障供电】开发区供电业务由城东供电局负责，供电区域为运河以东、绕城公路以南、钱塘江以北，北至与余杭区、海宁市接壤地块，供电营业面积152平方千米。主要服务对象及供电区域为杭州经济技术开发区、江干区九堡镇、彭埠镇，主要承担辖区内安全生产、配网建设、营销服务等。2011年末，城东供电局辖区范围拥有220千伏变电所3座，110千伏变电所8座。10千伏公用配电变压器1196台，容量72.5万千伏安。10千伏线路195条，总长1300.98千米（电缆995.01千米）。总用电营业户数10.62万户，其中商业用户3777户、大工业用电385户、非工业和普通工业用电5036户、农业用户96户、居民生活用电9.69万户。全年售电量37.5亿千瓦时，比上年增长7.1%；实现最大负荷55万千瓦，增长4.96%。城网供电可靠性99.98%，农网供电可靠性99.94%，城网综合供电电压合格率99.91%。

【电网建设】全年城东供电局完成城网投资5705万元，完成大修、技改项目工程投资1084.3万元。新建110千伏变电所上沙变1座，一期新增变电容量2×50兆伏安。新增10千伏线路14条，总长度17.[illegible]千米，其中公用线路12条。新投运10千伏开闭所185座，其中调度站18座、自管站167座。新投运10千伏/0.4千伏临街变压器176台，新增系统电缆约[illegible]千米。新增杆上SF6负荷开关47台。

【用电营销服务】2011年，城东供电局设立有序用电办公室，通过“政府、供电、企业三方有序用电合作机制，预测用电需求，推进有序用电，在开发区政务网上公开《有序用电工作日报》，用电高峰前组织用户制订节能减排方案，为实现用户优化用电模式提供技术指导。组织建立有序用电用户及指标属地化管理，邀请政府职能部门进驻，开展有序用电管理。编制电力保障方案，成功完成第八届全国残疾人运动会保供电工作。开展服务进社区活动，全年服务社区21个，接待电力客户咨询1742人次，解决居民用电难题47项。7月，集中开展企业用户服务月活动，了解企业用电需求和生产形势，扶持企业发展。（[illegible]倩蓉）

·供热供气·

【杭联热电公司热电联产集中供热】杭州杭联热电有限公司（简称杭联热电公司）是开发区热电联产、集中供热的基础能源供应企业。公司拥有较完备的热力网，主要向开发区企事业单位集中供热和对华东电网并网发电。2011年，公司供热662万吉焦，发电2.57亿千瓦时。新接网硕维科技（杭州）有限公司、可口可乐装瓶商生产（杭州）有限公司、杭州世宝汽车转向机有限公司、上正服饰（杭州）有限公司等用户4个，停用伊比利亚电子（杭州）有限公司、杭州奥特尔电梯部件有限公司热用户2个，在用热用户115个。

推进能源节约，保护区域环境。全年公司实施完成2号抽凝机组改背压机组、高参数热网供热系统改造等多项技术改造项目。2011年，杭联热电公司节能工作成绩出色，先后被评为省能源计量示范单位、市十佳环境保护企业、市“十一五”期间主要污染物减排工作先进企业、市重点企业环境行为信用绿色企业、市能源计量示范单位、开发区生态建设与环境保护先进单位。

【供热节能改造】2011年，杭联热电公司实施2号抽凝机组改背压机组项目，拆除原抽凝机及附属系统，采用NG50/40/25机组，同时改造主蒸汽系统、供热管道、循环水、高加、仪表控制系统等。改造完成后，不存在凝汽器冷凝损失，循环水用量大幅减少，供热能力增加。9月17日，2号背压机完成调试和72小时试运行。

杭联热电公司实施高参数热网供热系统改造，新增1台50吨/小时减温减压器，更换5号机抽汽管道及在3号、5号机抽汽管道上加装连接管道。7月18日，该工程实施完成。高参数热网供热系统改造后为杭州横滨轮胎有限公司、国际香料香精（杭州）有限公司、杭州朝阳橡胶有限公司、杭州中策橡胶有限公司等热用户的扩建及投产做好准备，同时高参数管线运行可靠性得到提高。

【新建热网管道2.1千米】全年杭联热电公司新建热网管道2.1千米。管道建设包括至国际香精高压热网、至医疗检验所支线热网、至新中能支线热网以及20号大街企业道口改造、旭医疗支线热网改造、中策专管补偿器改造工程、中策二线热网工程等。

【热网监测系统升级改造】3月，杭联热电公司热网计量结算监测系统升级改造工作完成。改造后的热网监测系统具备GPRS（通用分组无线服务技术）实时传输功能，数据传递可靠性有提高，能实时反映用户用热情况。该系统运行情况良好，有利于提高蒸汽计量管理水平和控制管损，同时给热用户掌握用热情况及做好节能带来便利。

【烟气脱硝工程施工】作为杭州地区热电企业脱硝工程试点单位之一，杭联热电公司根据市环保部门对热电锅炉烟气脱硝的具体要求，于2011年12月展开一期2号炉、3号炉脱硝工程施工。工程采用先进的SNCR脱硝技术（选择性非催化还原）。

【热价调整联动方案】根据开发区煤热联动方案，杭联热电公司依据市物价局公布的杭州地区煤价进行热价调整。2011年煤价较为平稳，年内联动一次，9月1日上调热价3.12元/吉焦。公司于2010年完成脱硫改造，由市物价局成本调查与价格监测分局审核脱硫成本，经向市物价局备案后于2011年4月1日起实施脱硫热价，脱硫加价2.34元/吉焦（含税）。（裘明静）

【钱江燃气公司保障燃气供应】杭州钱江燃气有限公司（简称钱江燃气公司）是开发区内唯一从事燃气管道建设和供应服务的企业。2011年末，公司拥有总资产1.75亿元，累计建成中低压燃气管道258.91千米。工业公建用户101个，居民用户1.66万户，年销售天然气量4366万立方米。公司坚持抓好“两保一优”（保安全、保供应、优服务），受到用户好评。公司被评为开发区2011年度区级文明单位、创建全国文明城市工作先进集体、市创建劳动关系和谐企业活动达标企业。

【供气服务窗口创“三星级”】2011年，开发区市民中心钱江燃气服务窗口在11个配套服务企业季度考核中，分获一季度第2名和二、三、四季度第1名，同时获年度先进单位三等奖。窗口工作人员莫华芳被评为市民中心年度先进工作者、开发区“服务之星”以及市城投系统先进工作者。钱江营业厅2011年度窗口服务平均满意率99.9%，11月通过“三星级”服务窗口评审验收，被杭州市城市建设投资集团有限公司授予

杭州钱江燃气有限公司营业厅　（宋天生 摄）

钱江燃气公司巡检东尚国际寓所小区燃气调压箱　　（宋天生 摄）

"三星级基层站所（服务窗口）"。

【供气市场营销与应用合作】2011年，钱江燃气公司围绕年度新增气量指标，对50余个用能企业展开调研。重点对油改气和电改气潜在用户进行调研，加强与目标用户沟通。全年新增工业公建用户34个，点火33个。拓宽天然气应用领域，与杭州能源公司、燃气空调厂家启动合作营销模式，开展三联供和燃气空调的宣传与推广。

【安全供气保障】2011年初，钱江燃气公司与员工签订"保安全、保供应、优服务"目标责任书，将安全责任落到实处。为保障安全供气，公司实施膨胀节专项整治，完成膨胀节更换862只。9月，启动小区高层建筑立管专项整治，完成5700户民用户入户安装和4个小区合计69支金属软管的安装，整治不规范用气298处，对新安装用户点火前实施100%安检。

【天然气应急保障】全年钱江燃气公司完成用户远程表具安装98只，利用用户远程抄表系统，实时掌握用户用气情况。4月，购置激光检漏仪，为日常管道巡检提供高科技测定方法，保证燃气管道正常运行。推进天然气应急供应保障体系管理，完善应急供应保障方案，为确保在上游减供限供情况下启动实现有序供气做准备。

【推出多项便民举措】为解决居民用户交费难题，杭州钱江燃气有限公司积极拓宽气费收缴渠道。2月，公司进驻开发区下沙市民中心开展窗口服务，增加营业服务网点1个。与工商银行开发区支行、支付宝沟通洽谈气费代扣业务，并开通气费托收业务。全年公司开展现场服务活动12次，为开发区居民用户提供开户、收费、安检、更换皮管等服务项目。建立工业公建用户代办制，推行从设计委托、安装施工、竣工验收"一站式"服务。

（周奇雄 张晓延）

·公共交通·

【公交网络体系建设加快】2011年，开发区完成4个地铁站点建设，推进"地铁、普通公交、快速公交、出租车、公共自行车"公交网络体系建设。新开区内公交线路3条（173、377、611区间），优化公交线路4条（B支4、K320、364、373）；新增快速公交站点2对（月雅桥、智格村）；投入资金180[illegible]万元，新建公共自行车服务点60处，新增公共自行车[illegible]辆；投入资金275万元，新建公交候车亭45处。全年区内公交、公共自行车财政补助超过1000万元。（罗福明）

【下沙公交营运优化】全年杭州公共交通下沙有限公司新辟公交线路7条，对2条公交线路进行优化。1月，开通下沙城至元城南路K173路。5月，开通沿江商住区至七格小区南K171路。9月，开通下沙城至格畈小区K365路。10月，开通下沙商贸城至海宁高铁西K611专线。12月，开通下沙城至省第六监狱K363路和下沙行政中心至下沙城K377路，以及大关经下沙至海宁皮革城K868专线。

根据客流出行需求，9月停驶下沙城至格畈小区K684路，12月停驶下沙商贸城至湾[illegible]社区K532路。为改善乘客出行条件，年内报废17座中巴车7辆，处置11座小区巴士30辆。投资2635万元，购置欧Ⅳ排放公交大客车50辆、索纳塔车型出租车30辆。至年末，杭州公共交通下沙有限公司有公交车辆[illegible]0辆、出租汽车

330辆。年客运总量5607.87万人次，总行驶里程5582.13万千米；区内营业线路23条，线路总长406.7千米。

（马春洪）

【公共自行车二期服务点建设】 2011年，开发区启动公共自行车二期服务点建设，投入1800万元新增服务点60处，投放自行车2000辆。至年末，全区有公共自行车服务点101处，投放使用公共自行车3300辆。

开发区城管办作为责任单位负责实施，杭州市公共自行车服务有限公司负责亭棚安装及后续运行管

2011年，开发区新投放的30辆索纳塔车型出租车　（马春洪 摄）

表24

2011年开发区45座公交候车亭设置情况

序号	公交候车亭地址	序号	公交候车亭地址
1	银沙路学林街以北（路东侧）	24	8号大街11号大街路口以西（路南侧）
2	银沙路学林街以北（路西侧）	25	11号大街10号大街路口以西（路东侧）
3	幸福北路德胜路口以南（路东侧）	26	11号大街12号大街路口以北（路西侧）
4	幸福北路德胜路口以南（路西侧）	27	11号大街14号大街路口以北（路西侧）
5	学源街海达北路以东（路北侧）	28	12号大街出口加工区前（路北侧）
6	学源街海达北路以东（路南侧）	29	14号大街11号大街以东865线起点站（路北侧）
7	学源街上沙北路以示（路南侧）	30	14号大街5号大街路口以西（路北侧）
8	学源街上沙北路以东星河幼儿园（路北侧）	31	14号大街3号大街路口以东（路北侧）
9	学源街文渊路以西下沙街道门口（路南侧）	32	14号大街1号大街路口以东（路北侧）
10	学源街文渊路以西下沙街道门口（路北侧）	33	14号大街1号大街路口以东（路南侧）
11	松乔街2号坝路以西锦阳人力（路南侧）	34	16号大街0号大街路口以西（路南侧）
12	松乔街2号坝路以西锦阳人力（路北侧）	35	16号大街5号大街路口以东（路南侧）
13	文津路2号大街北学林街南下沙高教文津站（路东侧）	36	16号大街11号大街路口以西（路南侧）
14	文津路2号大街北学林街南下沙高教文津站（路西侧）	37	20号大街1号大街路口以东（路南侧）
15	听涛路10号大街路口以南多蓝水岸门口（路东侧）	38	23号大街16号大街路口以南（路东侧）
16	听涛路10号大街路口以南多蓝水岸门口（路西侧）	39	23号大街16号大街路口以南（路西侧）
17	听涛路25号大街路口以东（路北侧）	40	24号大街东口保利东湾门口（路南侧）
18	27号大街6号大街路口以南朗诗国际门口（路东侧）	41	24号大街东口保利东湾门口（路北侧）
19	27号大街6号大街路口以南朗诗国际门口（路西侧）	42	25号大街10号大街路口以南（路东侧）
20	27号大街学正街以南云水阁门口（路东侧）	43	25号大街10号大街路口以南（路西侧）
21	27号大街学正街以南云水阁门口（路西侧）	44	25号大街听涛路以南171线起点站（路东侧）
22	学正街25号大街路口以东金沙居门口（路南侧）	45	1号大街18号大街路口以南（路西侧）
23	学正街25号大街路口以东金沙居门口（路北侧）		

2011年杭州公交下沙有限公司新辟公交线路情况

表25

线路名称	起讫点	距离（千米）	配车数（辆）	车型	服务时间
K173	下沙城—下沙行政中心	9	3	金旅大客车	7:00—18:30
K171	沿江商住区—七格小区南	10	12	金旅大客车	5:45—19:15
K365	下沙城—格畈小区	15	12	金旅大客车	6:00—18:40
K363	下沙城—浙江省第六监狱	19	6	金旅大客车	6:00—19:00
K377	下沙行政中心—下沙城	11	5	金旅大客车	6:30—18:30
K868专线	大关—海宁皮革城	74	2	金旅大客车	6:30—17:00
K611专线	商贸城—海宁高铁西	20	1	中巴车	6:30—17:30

理。4月，完成60处服务点选址。新增服务点主要分布在共建单位、商贸聚集区、高校及生活区、居住区、大型企业或企业集聚区域以及公交首末站或BRT（快速公交）站点周边位置。12月，全部服务点开通使用。（罗福明）

·邮政·

【邮政概况】2011年，杭州市邮政局经济技术开发区局（简称市邮政局开发区局）辖下沙邮政支局、下沙营业所、九堡邮政所、上沙邮政所、高教邮政所、浙江工商大学邮政所6个自办局所以及浙江传媒学院、杭州电子科技大学、星野3个邮政代办所。年末，邮政从业人员86人，邮路25条。其中，汽车邮路5条，电动车邮路20条，邮路总长度914千米。全年实现业务收入1616.28万元，比上年增长51%；人均劳动生产率38.48万元/人，增长29.9%。

邮政业务快速发展。函件业务收入完成588.05万元，比上年增长89.5%；包件业务收入完成246.35万元，增长55.5%；汇兑业务收入完成168.74万元，增长52.1%；集邮业务收入完成166.68万元，下降11.3%；报刊业务收入完成220.66万元，增长70.4%。全面完成2011年度报刊流转额收订任务，一次性收订流转额比上年增长6.4%；代理信息业务收入完成48.81万元，增长7.3%；其他业务收入完成68.99万元，增长93%。

通信质量指标明显提高。总包规模合格率96.7%，收寄规模合格率96.9%；挂号信函、普通包裹、印刷品全程时限准时率97.4%，投递信息反馈率97.3%，平信妥投率92.9%，给据邮件损失率为零；服务品质进一步提升，用户满意度86.7分，大客户满意度96.2%。

【实施四大板块发展战略】2011年，市邮政局开发区局根据开发区经济特点和邮政业务发展需求，制订企业、校园、电子商务、商住四大板块邮政业务发展战略。其中，企业板块重点发展国内企业函件、包件业务，大力开发集邮品和礼品市场，对中小企业和有潜力的企业进行需求扶持和培育；校园板块以扶持学生自主创业为重点，大力发展报刊、包裹、集邮和信息等业务，培育新型邮政市场；电子商务板块以宣传网购业务的目录册直邮业务开发为重点；商住板块重点发展楼盘广告、800米商圈直接邮寄广告等业务。

【邮政网点建设与管理】6月10日，下沙邮政营业所开张营业。该所为邮政营业和储蓄一体化网点，改变开发区没有邮政储蓄网点的状况。至年末，该所完成储蓄余额8100万元。7月5日，下沙邮政支局重新划归市邮政局开发区局管理。8月25日，市邮政局开发区局对下沙营业所、九堡邮政所、浙江工商大学邮政所和高教邮政所负责人重新招聘，并实行动态管理。

【推出便民上门服务】2011年，市邮政局开发区局主动与杭州下沙高教园区高校联系、沟通，在学生毕业和放假期间，组织员工深入学生生活区，上门收寄包裹并实行包装、捆扎、搬运、收寄等一条龙服务。全年收寄校园包裹2553件，增长7.69倍；收寄职工福利包裹3421件。开展“爱心包裹”助学活动，捐助学生爱心包裹17个，捐款1700元；开展夜投给据邮件，为社区居民和外来务工者提供周到服务。

【加强基础管理和技能培训】2011年，市邮政局开发区局加强基础管理，健全规章制度，制订《2011年绩效考核办法》《平安保险销售劳动竞赛办法》《邮政营业员理论考试考核办法》《职工技能考试考核办法》《邮政专用发票管理制度》等制度和管理办法。加强技能培训，组织营业、投递等工种进行岗位练兵，每月举办技术比武，提高业务知识和操作技能。做好职工继续教育和职业技能鉴定，全年组织培训班8期，参加培训241人次，39人通过职业技能鉴定考核，为有序发展邮政业务提供了保障。（叶　辉）

·电信通信·

【电信通信概况】中国电信杭州分公司下沙分局（简称杭州电信下沙分局）设综合支撑办公室、销售部、网络运营中心3个部门。下设支局3个（开发区支局、九堡支局、下沙支局），辖运营维护片区7处、属地电信营业厅2个、天翼直营店7个。服务区域约125平方千米，有局站227处。2011年，完成业务收入1.72亿元，比上年增长24.1%。

4月，校园营销中心由开发区支局转为隶属杭州电信下沙分局市场部（7月更名为销售部），内设社会渠道销售管理、营业渠道销售管理、综合业务支撑职能模块，实行扁平化管理。开展网格化营销，全年先后完成网格化渠道落实、二级渠道拓展。至年末，杭州电信下沙分局有一级渠道代理6个，发展二级代理网点103个；有代理商42个、专营店8个、活跃网点41个。PMS系统（代理商管理系统）在用网点活跃度97%，月均业务发展大于20户的18个，占比例42%；发展新建核心渠道4个、代理点4个。

提升服务，降低投诉。杭州电信下沙分局专设服务质量管控岗，负责各类投诉咨询接单、转派、时限管控、回复审核与通报考核。10月，在杭州分公司组织的“天翼飞扬之五心服务我最优”比赛中，杭州电信下沙分局获投诉处理技能铜奖和组织奖。在营业厅设投诉处理岗，降低营业受理差错造成的服务投诉。网运专业抽调人员组成稽查岗，对装维服务、工程质量、材料管理等进行稽查考核，提高装维服务标准化能力。

【新电信营业厅试营业】9月23日，杭州电信下沙分局开发区营业厅迁新址后试营业。新营业厅位于开发区5号大街139号，服务面积240平方米，内设业务处理室、业务体验区、业务受理区、产品演示区、3G手机应用辅导区、用户等候区、终端销售体验区、VIP客户俱乐部、咨询服务区。

【电信宽带光纤改造】全年杭州电信下沙分局完成杭州九阳小家电有限公司、泰尔茂医疗产品（杭州）有限公司等35个FTTH（英文Fiber To The Home的缩写，指将光网络单元安装在住家用户或企业用户处）改造工作。年末，FTTH覆盖用户2.91万户，其中新建和改造FTTH2.26万户，完成平移2.26万户。完成杭州九阳小家电有限公司、顾家家居股份有限公司等19个园区闪讯业务上线，新增闪讯用户2145户。

【提升网络设备运营能力】2011年，杭州电信下沙分局对UT接入网点电源告警系统进行测试，对问题接入点进行整改或上报，并对部分设备进行ATM改IP。配合杭州分公司完成接入网光路优化项目，对属地3个标杆单位开展双路由保护工作；对10个接入环

杭州电信下沙分局电信营业厅新大楼　（刘寰平　摄）

光路进行查勘与梳理，完成DSLAM（数字用户线路接入复用器）点位的ADSL（非对称数字用户环路）设备清洗。

精确光网资源数据，完成3个母局机房光路资料清查和梳理。推进主干线路调网、“光进铜退”和末梢层线路整治，对九堡区域4个主干线路进行调网，使九堡片区交接箱至用户端的铜缆距离均小于1千米；对开发区、下沙两个支局18个配线区进行整治和“光进铜退”工作，使原局端至交接箱的主干铜缆距离超2千米缩至0.5千米，下移宽带用户1256户，语音用户3412户。至年末，杭州电信下沙分局完成7个交接箱跳线治理，基本解决因铜缆距离过长或线路状况较差而造成的线路故障。

▶▶资料：“光进铜退”

“光进铜退”是固网运营商对接入层网络部署的一种方式，主要是指实现以“窄带+铜缆”为主网络向以“宽带+光纤” 的网络转变的具体实践。

【节能降耗成效明显】全年杭州电信下沙分局完成九堡、下沙、开发区3个支局8个接入机房的归并，通过整合接入机房的宽带设备资源、修复与设备板卡更新，宽带设备利用率有提升，坏端口率降低。对属地EPON（太网无源光网络）小区电源设备进行整改，缩小电源线路的距离衰耗，实现节能降耗。对九堡和下沙两个支局的出局主干、配线区实施“光进铜退”，拆除电缆62.46吨，并上缴废旧利用物品。在工程增补与抢修中，利用旧铜缆587.98线对千米，至年末，杭州分公司下达的44.95吨的退铜指标全面完成。

【开展“装维服务学海尔”活动】杭州电信下沙分局开展“装维服务学海尔”活动，推出“五项服务承诺”“百日装维劳动竞赛”，并将其融入装维服务标准化建设。全年重点加强对服务短板、重复障碍率、3次以上重复障碍、催装（催修）率、错时服务和宽带测速情况的对标分析与通报。加强对催装率、装机质量的把控，抽查并对不合要求的单件进行分析、通报。至年末，品牌客户和普通客户故障率分别为3.89%和3.76%，催装催修率2.81%，预约改约和催装催修的规范执行率均为95%，装维服务有责任投诉率控制在0.003%，装维“两单”用户满意率99.23%。

（沈 怡）

·移动通信·

【移动通信概况】中国移动通信集团浙江有限公司下沙分公司（简称中国移动下沙分公司）主要承担下沙区域内14所高校、800余个企事业集团、12万常住居民的语音、网络、信息等通信服务。2011年，公司完成运营收入4.3亿元，收支差3.78亿元。TD客户（移动3G网络用户）净增数2.07万户，累计通话用户数53.82万户。新业务收入9200万元。

加快网络建设，提升通信质量。全年新建基站和室内分布186个，新增政企综合接入99个，新建WLAN1个。TD业务信道利用率5.[illegible]%，固定资产账实匹配率93.3%。至年末，中国移动下沙分公司拥有基站183个（含30个VIP基站）、室分系统288个（含4个室外直放站、76个WLAN站点）、综合接入转维站点190个，在用传输汇聚节点站4个。

优化服务，提升品质。成立网络、新业务、资费、投诉专项整治小组，梳理制度11项，改善流程管理。实施全流程服务监控，控制批量投诉，全年实现“零批量”投诉，三大客户满意度短板之有效改善。

【拓展校园特色营销】2011年，中国移动下沙分公司根据下沙高教园区迎接高校新生5.3万人的状况，设摊86场次，发卡5.38万张，预缴率平均75.3%，通话率平均92.7%，虚拟网通话率88.4%。9月，净增通话用户5万户，新增市场占有率逾90%。有线宽带发展用户4712户，宽带市场占有率71%，比上年增长3%。WLAN（无线局域网络）总发展量[illegible].25万户，活跃用户数3.09万户，占杭州市活跃用户量[illegible]3%。新增移动公司“一卡通”推行的高校4所，S70卡发卡2.68万张，SIMPASS卡（双界面的多功能应用智能卡）净增用户1900户。

【发展社区宽带用户4144户】全年中国移动下沙分公司已和46个社区签订网络接入协议，包含开发区11个属地社区（原下沙本地农居点）和12个外来务工人员社区。社区宽带发展初具规模，可营销小区30个，涉及信息点3.73万个；在建社区11个，涉及信息点

1.7万个。年末，累计发展社区宽带用户4144户，其中活跃存量3547户。

【4G网建设】2011年，中国移动下沙分公司启动建设TD-LTE试验网，下沙成为全国首批建设TD-LTE 4G网络的地区之一。全年新建LTE基站和室分升级改造38个，逐渐覆盖快速公交沿线4G网络，为2012年中国移动4G网络在杭州试商用奠定基础。

（邵　烨）

·联通通信·

【联通通信概况】中国联合网络通信有限公司杭州市分公司下沙分公司（简称杭州联通下沙分公司）是杭州联通公司的分支机构，下设营销部、集团客户部、客户服务部、综合部，服务区域东至开发区沿江大道与海宁开发区交界，南至沿江大道，西至规划运河二通道，北至农艮路以北的新艮路。2011年，公司主营预算完成率101.7%，在杭州市分公司中排名第5位，比上年增长22.8%。其中，移动专业预算完成率105.2%，在杭州市分公司中排名第3位，增长25.6%。

【3G业务营销体验】杭州联通下沙分公司由传统营业厅向体验式营销营业厅转型，汇聚有三星、华为、HTC（宏达）、NOKIA（诺基亚）等3G手机市场的主流品牌，10余款热销终端的真机体验将联通WCDMA（宽带码分多址）网络优势和终端进行结合，吸引客户兴趣。公司营业厅打破展示区、销售区的局限，各区域都是用户体验区，配备销售顾问，从合约讲解到手机应用，为客户提供全方位服务。用户可参与游戏软件下载、新浪微博注册应用，体验微信、3G手机在线音乐和手机电视功能等服务。

【联通WCDMA网络优化】针对建筑密度过高导致信号衰减快、相关设备参数设置不合理、网内外无线电频率干扰严重、天线位置或天线性能不理想等问题，杭州联通下沙分公司在机房内增加近端机，利用光纤拉远至需要加强覆盖的小区楼顶放置MIMO天线，解决建筑密度高、信号衰减快问题；对相关基站小区参数进行优化，提升覆盖率和用户感知度；通过合理的频率规划和基站覆盖范围控制，降低来自网内小区同频和邻频干扰；优化小区频率配置，覆盖区域内信号明显改善；通过天线移位、升高天线、更换大增益天线等方式，改善弱覆盖区域信号强度。开展基站专项整治活动，将新、老机型设备替换，室分与室外设备替换，分布式与机柜式设备替换，进行无线资源调整和优化，解决市场需求响应和早期小容量设备的拥塞控制问题。

【服务质量改进】2011年，杭州联通下沙分公司在协议执行、投诉处理、信息举报、宽带服务、计费误差、VIP服务6个方面努力改进服务质量。公司服务协议禁止出现“单方变更”电信服务协议的解释条款，确保用户知情权；投诉处理落实“首问负责、限时办结”，设立投诉处理岗，由专职人员处理并回复投诉；设立公开举报电话，受理不良信息举报；宽带实行“三限时”（限时装机、限时移机、限时修障）服务，宽带装移修障限时服务及时率90%以上；对移动电话业务中存在的“错收的超长超短话单”“不该收费的语音提示和免费电话”“未按业务办理单据中客户选择的业务资费标准收费”“错收的增值业务费”（强行定制）4项计费误差实行双倍返还，涉嫌“内置卡吸费”短信信息费和联通在信业务信息费误差先行赔付；从提高新增用户回访完成率、完善稽核管理制度和绩效考核制度等方面着手，提升VIP客户服务质量。（宗　丽）

城市管理

·城市管理综述·

【“四化”管理水平提升】2011年，开发区城市管理办公室（简称区城管办）结合打造国内最清洁开发区、国家卫生城市复评、全国文明城市创建及国家环境保护模范城市复评迎检等工作，修订城市管理工作目标考核办法，提高“四化”（洁化、绿化、亮化、序化）长效管理标准，“四化”管理水平得以提升。

提升60条道路保洁等级，新增道路机扫车、洒水车、清洗车12辆，机械化保洁覆盖率由上年（指2010年，下同）的81.1%提升至94.4%。引进环卫机械化移动视频监控系统9套，对主要干道机扫保洁作业情况进行监控。推进绿地分级管理，增加养护经费，对二级以上绿地实施“以奖代拨”考核奖励。加大“双最”（最佳与最差公园、道路和河道绿地）活动考评力度，制订《开发区开展市级“双最”道路绿地评选活动方案》，对养护企业实施末位淘汰，推动开发区绿地养护质量提升。加快亮灯工程建设，全年完成亮灯工程建设项目26个，亮化管理覆盖率98%，道路照明亮灯率和景观照明亮灯率99%。

出台《关于进一步完善序化管理工作的实施方案》《关于完善序化管理工作机制有关情况的补充说明》《开发区街面保序检查考核办法》和《开发区街面保序检查考核评分细则》等文件，对部门职责、人员管理及责任落实等事项进行优化调整。全年开展序化专项整治265次，联合执法取缔非法食品加工点94个，序化类办案量和投诉量分别比上年下降33.75%和65.29%。序化整治后，群众对无证摊贩投诉量下降90%。（张　翼）

【数字化城市管理延伸】2011年，开发区数字城管网格覆盖面积扩展至20.25平方千米，部件数增加至17.92万件。优化调整《开发区数字化城市管理部件和事件立案、结案规范（暂行）》，删除35类事部件、修改14类事部件立结案规范和处置时限，新增3小类部件。修订《关于进一步完善开发区数字城管问题及时解决率考核办法的通知》，取消“提前解决数”考核，限制缓办类别，对缓办、延期或多次派遣案卷实施“零回退”标准。全年数字城管上报问题4.72万件，立案4.36万件，其中区级问题处置单位核定案卷数为3.9万件，问题解决率98.8%。（褚斯靓）

▶▶资料：数字城管

数字城管又叫“数字化城市管理”，是运用现代信息技术，集成地理空间框架数据、单元网格数据、管理部件数据、地理编码数据等多种数据资源，综合利用GIS(地理信息系统)、GPS（全球定位系统）、RS（遥感技术）等多种技术和各类业务平台，形成完整、闭合、互通互联的城市综合管理系统。在此基础上，通过实行新的科学管理方法，使城市管理的区域达到精细化、管理部件的内容数字化，管理事件的处置精确化。实现城市管理由粗放型到集约型的转变，进而全面提高城市管理的效率、质量和水平。

【多个实事工程实施完成】2011年，区城管办实施背街小巷改善工程，完成对白杨街道邻里小区东侧支路、十六街区南侧支路，下沙街道新滥园小区道路和立面的铺装、绿化等集中整治；完成对建成区55处跨街热力桁（网）架的装饰美化；完成对高教西区、1号泵站的设备改造和环境提升；完成下沙路、高教东公园和西公园零星绿化的改造和提升。实施3号大街、沿江渠、新加坡杭州科技园、锦鳞公园、月雅苑社区5处美化家园工程，其中3号大街获市"美化家园工程"道路类第1名。完成对学林街、学源街、文渊路、2号大街4条道路无障碍设施改造，以及89块灯箱式路名牌、36个信息柱、426块交通指示牌的改造和新建工作。

为确保市政设施良好运行，实施1号大街污水管改造，以及文汇北路、24号大街和沿江景观7号桥市政设施大修工程。实施截污纳管整治工程58处，组建雨水预留井巡查队伍，发现、整改雨污水混排问题169处，检测排水户558家次。实施小区生活垃圾分类，为20个居住小区配置垃圾分类基础配套设施，小区环境卫生品质提升。完成115块、合计10.67平方千米空地测绘管理。开工新建环卫业务用房2处，配套环卫职工宿舍300套，大型环卫车辆停车位100个。

（张　翼）

【第12次"万名市民清洁大行动"】9月29日，开发区组织开展"迎国庆、迎残运"第12次"万名市民清洁大行动"。管委会机关部门、直属单位，辖区14所高校、150余个企业、23个社区和97个建筑工地等共计5700余人参加清洁大行动。其间，清扫面积13.89万平方米，清除卫生死角170余处，清运生活、建筑垃圾41吨，清洗"城市家具"390个，清理城市"牛皮癣"280处，主要道路绿化美化2800平方米，文明劝导70余人次。（宋　仁）

【6号大街评为"市最佳道路绿地"】2011年，为提升参评绿地养护质量，区城管办对高教西公园、下沙路、21号大街、25号大街等绿地实施改造。提高养护经费，并将参与"双最"系列评比的绿地纳入"以奖代拨"考核范围。制订《开发区开展市级"双最"道路绿地评选活动方案》，将评比结果与责任主体年终城管工作综合考评挂钩，对退步较大的养护企业扣除一定额度的养护经费，并实施末位淘汰等措施。全年开发区有11条道路和1个公园参加市级"双最"系列评比。3月30日，在2010年度杭州市区"双最"系列评选活动总结表彰大会上，开发区6号大街因注重精细化养护，美化、彩化度高，绿地景观效果好，在全市78条道路评比中脱颖而出，被杭州市"双最"活动评委会办公室评为"最佳道路绿地"。

（嵇宏伟　华　芳）

·城市管理维护·

【市容保洁管理加强】2011年，区城管办启用在线抄告系统，加强市容保洁考核。该系统涉及单位30个，可完成"洁化、绿化、亮化、序化"四方面的市、区两级抄告、责任主体抄告及企业自查自改的抄告、二次抄告及月度考核信息汇总，抄告体系更趋完善。实施市容保洁GPS监管，全区69辆环卫机械化车辆均纳入环卫作业GPS监管。对GPS监管软件中地图及分部程序进行更新，普查道路171条，收集道路路段信息433条，设置临时感应点41处。建立环卫保洁机械化GPS考核处置机制，实施企业申请、街道签署意见、城管办签署意见的电子版二级审批制，确保GPS监管实时、高效运行。

9月29日，开发区组织开展第12次"万名市民清洁大行动"。图为清扫社区卫生死角

（宋　仁　摄）

3号大街美化项目获杭州市2011年“美化家园工程”道路类第1名
（嵇宏伟 摄）

组织市容保洁培训，全年环卫集中培训9次。3月，邀请环卫作业单位参加广州国际环卫设施展，学习亚运会广州环卫先进经验。4月，邀请杭州市上城区小营环卫所指导开发区环卫标准化及安全生产工作；同月，开展全区机械化联合作业现场培训会。6月，开展公厕管理及公厕保洁作业培训会。7月，组织环卫工人开展防暑降温安全自救培训会。10月，赴杭州小营街道开展“我是杭州保洁员”现场作业培训；同月，对高教园区保洁、和达物业公司等3个单位开展环卫培训。（顾 登 张海涛）

【市政设施排查维修】结合属地管理部门对道路现场勘查情况，区城管办制订印发《开发区2011年度市政大修计划》。开展市政设施维修排查，全年修复砼路面1.03万平方米，修复沥青面积4.21万平方米，修复人行道2.5万平方米。新铺人行道2.07万平方米，窨井盖更换3100个，沥青勾缝27.41万米，侧石修复1.7万米。对辖区137座市政管养的桥梁开展隐患排查。对工程项目中标单位进行安全生产检查，全年开展检查11次，组织参加75人次，发现问题6处，均已整修完成。

【城市建设工程验收移交】2011年，由区城管办委托设计单位完成的“城市基础设施建设工程验收移交管理系统”投入使用。该系统对城市项目移交办法所涉及的内容、流程、表式、规程及节点安排等进行规划和完善。参与城市基础设施建设项目方案审查、项目论证、竣工验收等工作，全年共计参与方案审查23个，参与项目验收52个，其中市政道路（桥梁）项目29个、景观亮灯项目8个、交通设施项目15个。完成项目移交31个，其中市政道路项目11个、景观亮灯项目6个、交通设施项目14个。（金 明）

【推进垃圾分类工作】2011年，区城管办研究制订《开发区垃圾分类工作计划》《开发区垃圾分类考核办法》和《垃圾分类工作奖励办法》等文件，明确全区垃圾分类工作任务及重点。推进垃圾分类工作，组建3支队伍，开展分类宣传、培训及指导工作。至年末，开发区有20个生活小区实施生活垃圾分类，占全区生活小区总数60%，参与居民1.96万户，小区入户宣传率和居民知晓率100%。（张 翼）

【户外广告整治】4月起，区城管办（户外广告管理办公室）对金沙居学正街南侧、景云小区、铭和社区、智格社区、七格社区、省军区农场等沿街外立面广告进行整治，排查整改不合规范的店招店牌；对6号大街灯箱广告、德胜东路、5号大街等处灯箱广告进行整治，拆除违规设置灯箱广告70余块；整治沿江大道、4号大街道旗广告，拆除违规设置道旗120余幅；对违规设置立柱式指示牌进行整治，拆除违规设置立柱式广告10余块；对高炮广告、大型落地广告、工地围挡广告开展安全检测。（罗福明）

【桥梁养护管理标准培训】6月2[illegible]日，区城管办组织召开桥梁养护管理标准业务培训会。下沙街道、白杨街道和桥梁设施管养单位杭州和达市政园林工程建设有限公司参加培训，主要学习市城管办新版的桥梁隧道管理养护标准。6月1[illegible]日，市城管办在现行管理标准基础上重新制订《杭州市城市桥梁隧道管理养护标准（试行）》，新标准严格界定养护原则、养护要求和养护标准，明确桥梁养护工作职责和工作要求。（顾 登）

【亮灯项目建设完成22个】2011年，区城管办（亮灯办）着力推进新城外来人员公寓、拆迁安置房、沿江楼宇、沿江大道等标志性建筑和重点路段亮灯建设。全年完成亮灯工程项目22个，分别是开发区服务外包培训基地等5个公建配套项目，伊萨卡国际城三期等8个房产项目，下沙街道新沙家园等3个拆迁安置房项目，沿江大道等5条城市主干道项目，以及下沙社区外来人员公寓项目。沿江大道40米景观带、盛泰五星级酒店、万亚·金沙湖1号、东区公交枢纽及区域调度中心、杭州世茂江滨花园三期等23个亮灯方案完成审查工作。

杭州世茂江滨花园亮灯夜景　（严建明　摄）

【城市亮灯年度计划推进】全年区城管办（亮灯办）召开亮灯领导小组会议3次、景观亮灯专题会议1次，协调解决亮灯工程问题25个。1月26日，召开全区亮灯领导小组会议，重点研究2011年度亮灯项目计划，明确亮灯项目33个。4月26日，亮灯领导小组会议就亮灯工程建设费用的结算事宜进行明确，对杭政储出〔2010〕37号地块商业金融业用房工程、万亚·金沙湖1号亮灯工程设计方案进行审查。9月2日，亮灯领导小组会议对沿江大道40米景观带亮灯工程设计方案进行审查，研究2011年亮灯工程的进展情况、5个高架通道夜景照明工程施工等事宜。

（严建明）

【获市级绿化评比多个奖项】3月，杭州市城区绿化办组织市春季绿化宣传活动，由区城管办选送的《绿色地球》和《家庭苗木养殖小知识》宣传板报，分别获2011年绿化宣传板报评选二等奖、鼓励奖。5月，开发区参展的“新天地”“城市之星”花卉作品，在杭州市“五一”自然花境、时花花坛评比创作竞赛活动中，分别获得自然花境二等奖、时花花坛三等奖。2011年，开发区“美化家园工程”项目受到验收组肯定，获多个奖项。其中，3号大街获杭州市“美化家园工程”道路类第1名，沿江渠获河道类第1名，月雅苑社区获社区类第2名，新加坡杭州科技园获窗口单位类第3名。

（嵇宏伟　华　芳）

【“五乱”现象整治】区城管办对“五乱”（摊点乱摆、车辆乱停、广告乱设、杂物乱堆、垃圾乱扔）现象进行重点整治，全年抄告问题154个，告诫问题9个，召开专项整治专题会议7次。建立由200余人组成的专业序化员队伍，开展城市序化管理整治，出动5000余人次，劝导流动摊贩、无序经营店1000余家，取缔无证摊点1200余个。设置便民疏导点位8个，年末，全区建有便民商亭64个，安置流动摊贩4000余个。　（宋　仁）

【“犬类服务进社区”活动】4月24日，区城管办邀请杭州市犬类管理办公室在白杨街道朗琴社区开展犬类服务活动。活动包括接种免疫、新办犬证、年度注册、信息咨询和相关法律法规宣传等内容。工作人员现场解答犬类办证、免疫、违章养犬、销售等问题，宣传《中华人民共和国动物防疫法》《杭州市限制养犬规定》等相关法律法规，以及预防狂犬病、文明科学养犬等知识。活动期间，新办理犬证6本，年度注册犬27只。接受咨询90余人次，发放宣传资料160份。

（张海涛）

·城管综合执法·

【城管综合执法概况】2011年，开发区城市管理行政执法大队（简称区城管执法大队）围绕加快推进“产业转型、城市转型、社会转型”，不断加强城市

“四化”（序化、绿化、洁化、亮化）管理工作和执法队伍建设，全面履行市容环卫、市政公用、城市规划、城市绿化、环境保护、工商行政、公安交通7个方面城管行政执法职能。全年大队查处各类违法、违章案件2979件，教育劝导3933起，受理投诉举报2862起，比上年下降27.6%。承办数字城管案卷6038起，下降26.1%。无行政复议和行政诉讼。大队获得“杭州市依法行政示范单位”称号。

结合开发区文明城市创建工作，开展街面序化整治行动，重点整治无证流动摊贩。全年通过联合执法、“网格化”管理、数字城管、有序疏导等工作，使占道经营、出店经营、车辆违停等问题得到有效整治，做到“主要道路严禁、次要道路严控、背街小巷有序”，总体序化水平位居杭州市前列，市城管委对开发区序化管控工作给予肯定。

为治理渣土乱倒和工地乱象，执法大队运用阵地控制、蹲点守候、远程监控、GPS车辆定位等措施，对施工建设和渣土产、运、消实行全程监控，对边远地区、空地周边的巡查加大管控。全年对工程渣土违法运输、随意倾倒及运输抛洒滴漏、夜间施工等状况开展突击整治、局部行动、联合执法104天次，检查工程车1020辆次，检查工地230个次，查处渣土及工地违章案件202起，比上年增长49.6%。其中，渣土类案件150起，增长49.6%；工地类案件52起，增长1.89倍。

推进区域环境综合治理，区城管执法大队牵头组织开展沿江大道占绿毁绿联合整治行动，部署开展铭和苑周边环境秩序综合治理、大型户外广告集中治理、居住小区周边违停专项整治、城郊接合部无证犬集中抓捕等专项行动，拆除户外广告1772平方米，捕杀无证犬只107条，查处违停2087辆次。

【城市管理服务民生】2011年，区城管执法大队建立“专访”解决工作机制，采取问访、接访、化访、回访等措施，妥善解决铭和苑小区居民环境秩序意见投诉。落实“三办”（专人专办、挂号查办、重点督办）要求，处置金沙学府商铺油烟扰民、空调噪声问题。出台聘请热线监督员、定期分析通报等6项管理措施，提高投诉举报处置率。全年市民投诉2632件，比上年下降25%；重复投诉率下降2.9%。

做好建设施工源头管理。全年与施工单位签订文明施工责任书80份，办理厢体合格证[illegible]04份。推出人性化服务举措，新设违停处理窗口，方便机动车驾驶人办理业务。联合“浙江在线”辟建网络投诉受理渠道，透明“96310热线”接诉处置工作。利用“民工学校”“工地直通车”等平台，为民工送知识、送清凉、送服务。完善执法保障机制，完成第八届全国残疾人运动会、文明城市创建、国家卫生城市复评、国家环境保护模范城市复评迎检等执法保障任务16次，配合开展食品安全、“八小”行业（小餐饮、小旅馆、小副食、小加工作坊、小美容美发、小洗浴、小网吧）、综治维稳、防汛抗灾等专项活动3[illegible]次。清理拆除违法建筑6.91万平方米。

【渣土专项整治】4月15日至5月[illegible]0日，区城管执法大队对渣土偷倒乱倒、工程车辆抛洒滴漏和无准运证运输等违法行为进行专项整治。其间，开展“渣土乱象”整治17次，检查工程车100余辆次，发现问题50余处，立案查处37起，其中偷倒渣土11起、抛洒滴漏2起、无渣土准运证24起，累计罚款[illegible]9.9万元，单笔最高罚款1.1万元。

【城管执法创新】按照城市管理“两级政府、三级管理、四级服务”体制要求，区城管执法大队建立重心下移、属地管理、执法支撑的序化管理工作新机制，牵头实施街面保序检查考核，组建序化执法专职中队，与街道社区建立“三联机制”（信息联通、管理联勤、服务联动），密切与街道在序化管理上的联动协作，实现序化管理水平提升。

发挥城管执法大学生志愿者队伍作用，联合浙江工商大学、中国计量学院等8所高校大学生志愿者开展“四不”（不乱扔果皮、不乱扔纸屑、不乱扔烟蒂、不随地吐痰）劝导活动。借助高校团委、青协、环保社团的学生力量和社会监督资源开展文明倡议活动，组织浙江财经学院参加“执法开放日”，邀请行风监督员、热心市民参与“执法体验日”活动和基层站所“执法接待日”活动，夯实城市管理群众基础。

加强教育引导，全年开展“进企业、进社区、进学校、进工地”活动宣传教育154场，累计发放“禁噪护考”“爱绿护绿”“规范运输”“文明施工”等宣传单和办事指南资料1.5万份（册）。利用“3·12”植树节、“6·5”世界环境日等特定纪念日，进行展板巡展和法律咨询活动。加强在电视、报纸、网络等主流媒体的宣传报道，展示执法管理工作和执法队伍形象，优化执法环境。

【规范城管行政执法】2011年，区城管执法大队抓住重点人（一线执法队员调查取证能力、办案人员综合素质）、重点事（扣押流程、立案监督、自由裁量、案后管理）等因素，加强训练、规范程序、完善制度，执法能力稳步提高。经市政府法制办考核评议，大队被评为2010年度“杭州市依法行政示范单位”。

坚持依法行政，大队制订《“六五”普法规划及2011年普法计划》，开展执法理念讨论。执法管理突出说服教育和释法说理，慎用强制措施，对机动车贩卖水果、出店经营和工程渣土违章行为采取“软着陆”执法，减少执法冲突。落实片区队员责任制，编制“时间网、巡查网、监控网”动态防违控违体系，主动发现问题并予以解决。

结合日常执法实践，对自由裁量权实施、执法责任落实、案件质量评查等工作制度进行修订，简化、规范《违法停车告知单》《接受调查处理通知书》等7种文书，重点加强案件流转时限监控。以调查取证、现场执法、文书运用、信访处理、争议处置和装备使用为主要内容开展“执法技能大练兵”活动，制订《年度法制考核细则》，编写《说理性处罚决定书分类型模版》和《查处偷倒工程渣土违法行为的知识要点》，提升整体办案能力和个案查处水平。

加大市政、规划、环保执法力度，全年大队查处市政类案件22起，比上年增长69.2%；查处规划类案件23起，增长4.6%；查处环保类案件52起，增长1.89倍。全年查办一般程序案件421起，未发生行政争议。健全案件回访制度，强化案件执法监督，成功就5起当事人逾期不履行处罚决定的案件申请法院强制执行。全年结案率99.6%。

▶▶资料：“软着陆”执法

“软着陆”执法指在城管执法中以消除城市管理违法现象为根本目的，以和谐执法为核心要求，以规范执法为基本主线，以慎用行政强制为重要特征，以属地管理、部门联动、条块结合、多方参与为主要运行机制的执法方法。“软”代表稳妥，“着陆”指解决问题，即执法要以有效解决为第一追求。

【执法队伍建设】2011年，区城管执法大队结合庆祝中国共产党成立90周年系列活动、“创先争优”和治庸治懒治散“效能亮剑”专项行动，在政治学习、行风效能、廉政教育等方面开展培训教育，执法队伍正规化建设加强。大队工业园区中队通过市城管执法局二星级中队复评验收，投诉受理指挥中心获开发区“巾帼示范岗”称号。组建专职纪律督查队伍，推进治庸治懒治散“效能亮剑”行动，完善绩效考核评价，加大内部督查力度。全年开展街面管探督查284次，劳动纪律督查233次，发布通报73期。市城管执法局督查队对大队开展督查48次，发现问题12个，扣除考核分12.75分。

建立“岗位廉政风险点数据库”，落实信访问题干部谈话制度，观看“杭州市反腐倡廉成果展览”。利用远程教育创新党课形式，举行南湖红色之旅、“十佳城管执法队员”评比和“闪光言行”评选活动。分批组织队员（包括协管员）进行封闭集训，集训内容包括政治理论、政策法规、执法业务和纪律宣讲。安排12名科级干部分4批参加市城管执法局15天封闭轮训。全年开展各类法制学习、业务技能培训38次。

（王　娴　沈迪娜）

·道路运输管理·

【道路运输管理概况】2011年，杭州市道路运输管理局开发区管理处（简称开发区运管处）进一步加强行业管理，全力保障客货运市场安全有序、健康发展。全年开展道路运输安全生产大检查活动105次，检查人次356人次。组织道路运输行业安全专项整治5次，检查企业30余个，整改企业12个。开展道路运输企业片组化管理，组织召开运输企业主要负责人片级专题会议6次。开展安全生产知识宣传活动，悬挂标语（横幅）20条，发送宣传资料500份，张贴宣传画350张。

打击无证营运、站外组管等违章行动，全年查获违章车辆1210辆次。其中，涉嫌无证营运车辆86辆次，“四小车”740辆次，大客车违章90辆次，出租车违章182辆次，货运车违章112辆次。配合市交通局做好市交通系统基层基础建设工作，受到市交通局领导肯定并确立为全系统先进典型。5月，开发区运管处获“浙江省交通运输行业文明示范窗口”称号。

2011年春运期间，开发区运管处工作人员检查下沙新城客运站运输情况
（何 胜 摄）

【春节运输管理】1月19日至2月28日，是为期40天的2011年春运时段。为做好春节运输管理，开发区成立春运工作领导小组，在开发区运管处设立春运办公室，负责全区春节运输综合协调工作。为方便旅客安全出行，开发区运管处推出多项服务举措，与相关客运企业联系，让其提供上门包车服务，同时开通民工返乡车和学生返乡车。春运期间，下沙新城客运站发车班次810班，发加班车次93班，发送旅客逾1.5万人，日均400人次，未发生安全事故。

【出租车行业管理】开发区运管处对出租车加强稽查管理，打击拒载、强行拼载等违章行为。制订有关政策举措，提升出租车服务质量。日常稽查中实行刷分考核，督促驾驶员做好规范服务。

为满足出租车司机工作需求，开发区管委会出资建设出租车服务区。12月，开发区出租车服务区整体装修完成。该服务区建筑面积1700平方米，集车辆维修、保养、饮食、休息、会务等多功能服务于一体，委托杭州公交集团下沙公司运营管理。

【“96520”投诉举报受理】2011年，市道路运输管理局“96520”投诉举报中心热线进一步拓展服务功能，根据市道路运输管理局投诉中心反馈的举报和投诉，全年开发区运管处工作人员在规定时间报送、办理信息303条；24小时受理投诉案件，为乘客提供咨询服务。受理投诉案件214件，查处反馈率100%；接受咨询272件，帮助出租车乘客找到失物31件。

【文明城市创建迎检】9月1~17日，开发区运管处调整勤务，以出租车管理和市场监管为重点，加强各项工作措施，迎接文明城市创建检查。迎检期间，开发区运管处联结各场站、路口和重点区域的视频监控摄像头、移动稽查车及GPS定位系统，形成全局性调度、指挥网络和统一构架，实现市场整治实时监管。除窗口值班人员外，从早上8时至晚上23时全员上路，各监管区域执法人员工作不间断。取消放弃中秋节3天假期，工作在一线岗位。创建期间，辖区道路运输市场监管到位、秩序良好，开发区运管处全面完成文明城市创建迎检任务。
（何 胜）

·江堤河道管理·

【江堤河道管理概况】开发区江堤河道监管中心（简称区江堤河道中心）负责全长13.13千米的钱塘江开发区段（下沙段）标准堤塘的监督管理。2011年，区江堤河道中心实施工程维护、江堤安全观测、堤塘除险加固、防潮安全设施建设等工程，完成专项经费298万元；对全区34条河道（总长132千米，水域保洁面积300余万平方米）投入河道维护经费500万元。全年累计泵站运行1539台时，闸门运行3250孔时，配水7600万立方米，排水1.6亿立方米，投入排灌资金155万元。2011年，开发区位列市城市河道长效管理考核副城区第1名、市标准堤塘管理工作考核第1。

区江堤河道中心委托白杨街道对开发区标准堤塘进行养护、保洁，全年总投工7200余工，补种草坪980余平方米，补种树木树苗1498株。绿化养护面积17万平方米，年修剪草坪7遍，年人工拔草3遍。堤塘保洁面积32万平方米，清理垃圾130吨。防病治虫3.4万平方米。委托开发区洁沙保洁服务有限公司对堤塘进行维修，全年累计修复雨淋沟6处，修复路标46个，对堤顶全线1280只路标进行油漆，修复路肩

22.5米，修复外坡伸缩缝890米，堤顶路面裂缝沥青灌缝2415米。修复破损路面313.5平方米，外坡面层破损维修163.8平方米。对开发区标准堤塘挡浪墙内侧和顶部1.45万平方米的墙面进行修补和油漆。修复堤顶排水沟盖板500余米。

3月，开发区对11号渠阻水点进行清淤。图为清淤施工现场

（王世刚　摄）

针对江道滩地不断刷深的状况，2011年开发区标准堤塘的沉降观测、隐患探测、江道滩地探测和全线堤脚外滩地观测4项检测工作委托浙江中水勘测设计研究院实施。经观测分析，临江堤脚外滩地和镇压层有明显下降，局部区段接近允许刷深高程。组织实施河道配水，全年配水约7600万立方米。合理控制区域内河道水位水质，满足乔司农场种养殖业用水需求。通过下沙闸、850排涝闸、四格排灌站3个排涝口，确保梅汛期和主汛期排涝通畅。改善河道环境，委托杭州帮帮控虫服务有限公司对区内河道灭蚊、灭鼠；种植聚草、圆币草等水生植物，改善文泽渠水质。新设河道安全警示牌100余块，提高公众安全意识。

开展河道清淤，实施驳坎修复。3月，实施下沙公路渠及18处局部阻水点、2号坝河的清淤工程，挖泥、碎石3万立方米。8月，实施临江护塘河、下沙公路渠、20号渠等驳坎修复工程，修复280米，投入资金30万元。针对卫生死角，开展垃圾集中清理，清除新建河卫生死角建筑垃圾10余吨；开展幸福河、新华河、新建河、月雅河、聚首河5条河道偷倒垃圾集中清理，清除垃圾100余吨。（徐建华　梅仁爱）

【堤塘工程除险加固】3~5月，针对标准堤塘全线11个丁坝盘头周围和护坦下钢筋笼锈蚀现象，区江堤河道中心对半山电场3号丁坝坝头和850盘头进行除险加固。采用水下立模，合金钢丝网兜抛石作支撑，进行混凝土灌注封闭钢筋笼外壁。施工抛投400立方米3毫米丝径的合金钢丝网装石网兜，浇灌商品混凝土360立方米，修复护坦30平方米。

外江常水位较低、洪水潮水较大，堤脚外镇压层高程降低。11月，对开发区堤塘七格2号、3号坝坝根上游进行抛石加固，采用3毫米丝径2立方米合金钢丝网兜装石，用小型车辆运输吊机抛投，抛投500立方米。

【投入防潮资金34.1万元】2011年,区江堤河道中心投入资金13.5万元，用于提升防潮安全宣传效果。对堤塘挡浪墙上450条宣传标语进行更新喷刷，更换45块小型宣传牌牌面，增设28块大型宣传牌牌面。为防止观潮人员下堤观看潮水和游玩，对堤塘全线防护网片进行更换，更换网片810平方米，投入资金17.6万元。投入资金3万元，对全线挡浪墙外则混凝土进行修复，修复混凝土小板700余块。全年投入防潮资金34.1万元。

【打造景观堤塘】打造景观堤塘，提升堤塘整体形象。5月，区江堤河道中心投入25.8万元对挡浪墙墙面和钢管扶手等进行全面维护。9月，投入48万元对3处堤塘主要路段进行沥青路面翻修，翻修面积9200平方米。在江堤增设便民设施，方便群众休闲。7月、9月两次共投入11万元，在休闲人群较为集中区域的堤塘内路肩边增设30只垃圾箱和100条花岗岩休闲凳。

【排灌设施维修更新】2011年，开发区落实排灌资金155万元，对四格排灌站、下沙排涝闸、850排涝闸进行维修更新。年内，四格排灌站完成水泵机组和闸门检修、微机监控系统升级维护、闸门液压系统维护以及电动机柜断路器机构升级，下沙排涝闸完成玻璃房维修、建筑物沉降观测、防汛应急抢险等设备更新，850排涝闸完成泵房整治。（徐建华）

【水政监察】全年区江堤河道中心组织水政巡查80余人次，办理涉河工程施工初审10件。做好批后监管，推进河道管理与行政执法工作，全年向区截污纳管工作办公室移交偷排污水案件13起，向区城管行政执法大队移交涉河违法案件16起。

【启动水利普查工作】5月，区江堤河道中心成立水利普查办公室（简称区水普办），启动水利普查对象清查工作。在完成清查表格回收、审核和数据录入后，区水普办于6月8日召开全区清查数据验收会议，并将清查登记数据成果上报市水普办。7月，水利普查通过省级验收。8月起，区水普办组织力量开展普查样表发放、回收、普查数据审核和录入等工作。10月，委托市水利水电勘测设计院对空间数据进行坐标采集，收集审核后进行空间标绘。至年末，全区清查对象单位400个，印发普查样表371张，建立台账对象321个，采集空间数据250个，录入对象的静态数据完整。（王世刚）

·抢险减灾管理·

【防汛防台应急储备】2011年，开发区防汛防台指挥部办公室（简称区防汛办），修订《开发区防汛防台应急预案》，将社区防汛工作纳入全区防汛防台应急处置保障网络。对预警机制、应急抢险措施和应急保障等内容进行修改调整，组建应急抢险排涝队伍10支。

部署防汛防台工作。全年召开“三防”（防汛、防台、防潮）工作会议2次、专题会议3次、座谈会1次。增设防汛会商系统，落实防汛会商系统专职人员。组织抢险排涝演练2次，举办防汛防台业务培训1次。防御第9号台风“梅花”，防范措施到位。储备防汛排涝物资，全年购置进口大功率水泵2台、移动式应急抢险照明车辆8台；对原有大功率水泵进行检修，修复小型汽油泵60余台。至年末，有大功率进口水泵10台、小型汽油泵200台、国产大功率水泵7台、编织袋2.2万只、草包1.38万只，另备有钢材、桩木、电缆等专用防汛物资及编织布、救生衣、雨鞋、雨衣、草席等常用防汛物资。

【钱塘江防潮安全管理】2011年，开发区防潮安全管理工作领导小组办公室（简称区防潮办）修订《开发区钱塘江防潮安全应急预案》，明确街道及相关职能部门防潮职责任务。制订《开发区防潮巡查制度》，在潮前、潮后1小时重点时段，加强防潮安全巡查。对重点观潮地段和人流密集区域，实行定人定岗值守；编印《钱塘江观潮安全手册》2万册、防潮安全宣传海报6000张，发至沿江企业、建筑工地、社区、高校等；更新防潮安全防护网1873平方米，喷洒安全标语340条，修缮更新宣传牌78块，新增防潮巡查岗亭3个，新设大型彩色显示屏1座，配备防潮巡查车3辆；在沿江大堤设置视频监控点44个，在开发区防汛防台指挥中心、属地街道巡防大队分设3个视频监控室，对全区16.9千米沿江大堤实施视频实时监控管理，确保防潮安全。

（张建强）

9月，开发区江堤河道中心在钱塘江堤塘上开展巡查（张建强 摄）

【防汛防台成效初显】2011年，区防汛办制订《开发区2011年防汛防台工作要点》，充实防汛保障、防汛巡查、积水排涝、应急抢险4支防汛应急队伍。完善全区防汛防台三级应急响应指挥体系，建立属地街道应急指挥机构。新增防汛视频会商系统1套，储备充足防汛防台物资，配置应急抢险车辆20辆，大功率水泵17台、移动式照明车9台，小型汽油泵200台。对文汇北路、文泽路等28个道路积水点和3处堵塞严重的雨水排出口实施整治，拆除雨污水管道封头20余个；拆除涉河围堰4处，对下沙路月雅河桥下等20处河道阻水点进行清淤，疏浚河道10千米。"6·18"强降雨、抗击强台风"梅花"期间，全区实现"道路积水3小时内排除，工业企业、住宅小区居民家中不进水"的工作目标。

1月20日，开发区管委会机关组织清除积雪行动　　（蒋少炜 摄）

▶▶资料：防汛会商系统

防汛会商系统是一项重要的综合性工程防汛减灾系统。其利用计算机网络技术、数据库技术、中间件技术、地理信息系统和信息可视化等技术，将信息采集、预测预报、分析决策过程有机结合在一起，为决策人员提供有力的信息支持与辅助决策工具。

【防御台风"梅花"】8月4~7日，开发区全力防御第9号强台风"梅花"，启动防台应急预案。区防汛办印发《关于做好防御台风工作的紧急通知》，要求对学校、工业企业、建筑工地、居民小区及临时过渡房、户外广告、绿化支撑等进行安全隐患排查。区党工委书记盛成皿带队检查在建工地、住宅小区、地下空间、水利设施、临时过渡房、危旧房、户外广告、行道树、防汛物资等防台措施落实情况，指导全区防台准备工作。防御台风期间，开发区先后启动防汛防台四级、三级应急响应，区防汛防台指挥部多次召开防汛防台专题会议，部署落实防汛防台措施，组织人员对建筑工地、过渡房、危旧房等进行安全隐患排查，对涉危人员转移安置。台风"梅花"期间，全区实现顺畅排水和无人员伤亡的工作目标。

【清扫积雪大行动】1月18~20日，开发区连续强降雪。开发区管委会动员机关干部、企事业单位、市政、环卫、街道社区共9500人次，派出车辆121辆次、除雪铲车50辆次、高压冲洗车52辆次，消耗融雪剂21.75吨、草包9400只、人工推雪板400把，对下沙路、德胜路、海达南路等45条路段进行积雪清扫工作，清扫积雪面积335万平方米。组织绿化养护单位500余人，出动19辆高压冲洗车、电锯油锯36把，连续对行道树积雪进行清除，消耗支撑竹竿1000余根，钢管2175根、清除断枝2.9吨，清除积雪大树1.5万余株。对11所中小学校、21所幼儿园、200处施工项目现场、18处临时过渡房进行排查和处置，及时清除积雪，确保通行安全。

（蒋少炜　奚宇飞）

【排水监测许可】5月，区防汛办通过公开招标，确定杭州市政材料测试站承担开发区排水户的污水日常检测及排水许可证发证工作。全年杭州市政材料测试站检测排水户592家次，水质不达标单位有114家次。对不达标单位发放整改通知书，并完成对接整治工作。

（王 冰　张建强）

建设管理

·国土资源管理·

【国土资源管理概况】2011年，杭州市国土资源局经济技术开发区分局（简称区国土分局）贯彻落实"合理利用土地和切实保护耕地"的基本国策，编制完成《下沙地区土地利用总体规划（2006~2020）》。完成农转用项目组件上报37个，面积108.8公顷。对公建类项目实施供地68宗，面积177.53公顷。完成经营性用地做地63公顷，储备6.8公顷，可出让29.6公顷。推进经营性用地出让，挂牌成交工业用地13宗、42.4公顷。加强土地出让金征收催缴，完成合同土地出让金18.14亿元，收缴土地入库出让金56.6亿元。查处违法用地5宗，面积64.33公顷。开展土地登记发证业务，受理大宗地发证267宗；商品房发证4354本，当场办结279本。

【发展用地保障】4月，《下沙地区土地利用总体规划（2006~2020）》经浙江省政府批准，通过修编外移元成单元、松合单元区域内424.47公顷基本农田。开展用地调查，对至2009年末已供未建、已用未尽和用而未产的工业用地进行排查，形成调查成果。

启动基本农田划区定界工作，完成基本农田数据采集，拟定划区定界实施单位。推进征地拆迁，落实《征用土地公告办法》，实施批后网上公示及社区公告制度，全年公告项目28个。推进下沙集镇和企业拆迁，加快湾南社区农居拆除，完成盈都总部、幸福路下穿金沙湖隧道、星河北路、幸福北路、聚首路、金沙湖西区等重点项目涉及的房屋拆迁。全年拆迁农居556户，拆迁企业20个，房屋拆除总面积20万平方米，收回国有土地15.87公顷。

【节约集约用地】2011年，区国土分局实施节约集约利用土地专项行动，加快公建类项目供地进度。出台《开发区工业用地项目评价考核实施细则》，明确工业用地后续评价考核分工及职责，落实项目开竣工申报、挂牌施工、督促动工等管理制度。实施建设项目全程动态管理，核发用地公示牌2[illegible]块，发出《提示动工通知书》1份。加强批后监管，实施工业用地场地平整，全年累计平整土地7.51公顷，严格临时用地管理，批准临时用地50宗，面积16.54公顷；落实土地移交制度，移交土地67.31公顷。与2[illegible]个单位签订土地年租金收缴协议，累计收取土地年租金[illegible]71.8万元。

【土地执法监察】全年区国土分局出动人员890人次，开展土地巡查445次，发现违法行为1[illegible]起，协助拆除违法建筑6.92万平方米。开展部、省、市三级卫星监控执法检查，查处违法用地5宗，责令退还土地64.33公顷，没收建筑物5.33万平方米，限期拆除违法建筑3.84万平方米，限期复耕土地[illegible]0.[illegible]4公顷，收缴罚没款1267.24万元，建议党纪处分1人。规范信访办理程序，提高办件质量和办结率，全年受理涉国土信访13件，办结率100%。

【土地利用信息系统投入使用】8月，由市国土资源局牵头建立的"杭州市土地利用规划管理信息系统"在开发区正式投入使用。该系统采用先进的信息技术手段，涵盖土地规划管理部门日常的规划成果管理、实施管理等技术环节，实现土地规划管理业务办公自动化，可为土地利用总体规划实施、管理和决策提供基础数据和信息化管理等技术支持。

【服务房地产企业】2011年，区国土分局根据《杭州市国土资源局系统"双保双服务"活动2011年行动方案》，推进做地、储备、出让3个计划，上门为进区房地产企业服务。根据国家对房地产行业调控政策，对杭州金隅房地产开发有限公司、浙江保利房地产开发有限公司、浙江德信置业有限公司、杭州宋都房地产开发有限公司等区内房地产企业进行走访，询问企业销售、资金、计划拿地时间及感兴趣区域等情况，介绍开发区重点工程落实和金沙湖开挖，以及地铁、德胜路高架开发区段建设等情况；针对市政府提出保障房建设的要求，向开发商宣传政策，提高其对保障房建设的认识。

【民生服务保障】区国土分局维护被征地农民合法权益。全年开发区支付征地补偿款7191万元。妥善处理征地补偿标准调整，累计支付补差款1.96亿元。对下沙街道12个社区"农转非"额度的核定及使用情况进行梳理，下达"农转非"任务书4份，核定"农转非"人员588名。

优化审批和窗口服务。区国土分局设置便民箱，缩短大宗土地登记办理工作时限，推出单套房屋土地登记简化服务，推行大宗土地验证提前告知。服务窗口连续4个季度评为行政服务中心"优秀窗口单位""优秀柜组""服务示范岗"，年末评为区级"巾帼文明岗"。加强宣传教育。区国土分局建立政务信息员队伍，全年在市国土资源局和开发区宣传载体报送信息56篇。编印《征地拆迁简报》25期，与《下沙新城》杂志合作编印国土资源专刊。

【"6·25"土地日宣传】6月25日，是第21个全国土地日。区国土分局围绕"土地与转变发展方式——促节约、守红线、惠民生"主题，在开发区车流量密集的道路及社区居民点悬挂宣传横幅8条，宣传2011年土地日主题和口号；在管委会机关18块液晶屏幕打出土地日主题口号，营造土地日氛围；制作国土资源宣传板报18块，在机关、社区巡回展出；开展电影进社区活动，组织两个社区放映红色电影两场。

【土地基础管理】2011年，区国土分局推进信息图库建设，在全市率先启动"一张图"工程，加快信息数据整理录入，建立农转用层、供地层和征收层数据库；加强二次调查成果在规划修编、用地报批、执法监察等工作中的应用；启动新一轮土地利用变更调查；实施土地测绘招投标工作。

完善和规范登记发证业务流程，全年完成大宗地登记业务220宗。健全和完善商品房当场办结机制，完成商品房发证4250本。实施大宗地证书年检提前告知制度，发送告知书125份，通过年检110宗。规范国土资源业务流程，制订印发《国土资源工作手册》。出台"六五"普法、依法行政五年规划，规范行政执法案卷；每月开展机关干部学法活动，干部职工依法管地用地意识增强。区国土分局获得全市国土系统2011年执法案卷综合优秀单位。（邵志根）

▶▶资料："一张图"工程

"一张图"是指遥感、土地利用现状、基本农田、遥感监测、土地变更调查及基础地理等多源信息的集合，与国土资源的计划、审批、供应、补充、开发、执法等行政监管系统叠加，共同构建统一的综合监管平台，实现资源开发利用的"天上看、网上管、地上查"，从而实现资源动态监管的目标。

·建设行业管理·

【建筑市场监管】开发区建设局履行建筑市场监管职能，每周开展建筑市场巡查，全年巡查发现违法开工案件14起，完成行政处罚8起，共处罚款61万元；移交有关部门处理6起。加强本地企业管理，新增建筑企业3个，撤销资质企业2个，资质晋升企业3个，资质增项企业3个，龙驰幕墙有限公司取得装饰装修一级资质。

区属企业资质实力加强，结构更趋合理，有建筑业企业32个，园林企业5个。引进注册资金2168万元的建筑总承包企业1个，注册资金200万元的劳务企业1个。杭州市工程承包公司、杭州下沙建筑工程有限公司、杭州和达市政园林建设有限公司进入市首批政府承包商预选名录。全年开发区核发施工许可证107本，总建筑面积380万平方米，总造价58.18亿元。其中，区属建筑业企业项目8个，总造价4346万元。

（田　钰）

【应对建筑市场要素价格波动】2011年，为应对建筑市场主要材料和人工价格波动新情况，开发区建设局召开6个代表性工程施工单位和监理单位负责人座谈会，从外部因素、企业自身、市场监管等5个方面分析材料和人工涨价原因，探讨价格波动引起的矛盾及应对策略。根据市建委〔2011〕198号文件精神，在调查研究的基础上形成《关于进一步加强开发区建设工程市场要素价格动态管理的指导意见》，提交管委会领导决策。

【招标代理机构考核通报】2011年，为掌握建设工程招标代理机构的市场行为信息及从业人员信用状况，开发区建设局联合区监察局、区财政局、区城市建设中心、区资产经营集团公司、下沙街道、白杨街道对政府投资建设工程招标代理机构开展考核。对考核中问题突出、代理服务质量差、综合考核排名末两位的浙江科佳工程咨询有限公司和浙江求是工程咨询监理有限公司进行通报批评。6月1日至8月31日，暂停其开发区政府投资建设工程招标代理机构预选名录资格。（李汉敏）

【工程重大变更管理】为加强开发区工程变更管理，2011年开发区建设局修订出台《开发区政府投资项目工程变更管理实施意见》，组织区内相关建设单位、施工单位进行宣传贯彻。规范工程变更管理，完善重大变更管理制度，全年召开重大变更专题会议6次，审议批复工程变更62项，比上年（指2010年，下同）下降5%；涉及变更金额5048万元，下降37%。（刘辉光）

【人防工程建设管理】全年开发区建设局（人防办）受理办结人防许可事项175项。其中，施工图设计审批26项，审查实建人防面积16.9万平方米；人防工程竣工验收16项，人防工程竣工面积7.69万平方米；人防工程易地建设审批75项，完成人防易地建设费征收共1726万元。完成人防工程区域确认41项。公用人防工程平时利用许可15项，地下空间兼顾人防审批2项。（徐红亮）

【建筑节能和住宅工程分户检验】按照《浙江省建筑节能工程施工质量验收规范实施细则》《浙江省建筑节能管理办法》和杭州市有关建筑节能规定，开发区建设局加强民用和住宅建筑节能监管，从节能设计、图纸审查与交底、节能材料复试、节能检测与验收等方面进行抽查和把关，并实施专项验收。按照《杭州市建筑节能示范工程管理暂行办法》要求，对申报"西湖杯"优质工程项目，需申报建筑节能示范工程。

对房屋住宅验收工作，需按照《杭州市住宅工程质量分户检验管理暂行规定》《杭州市住宅工程分户检验指引》和《住宅工程质量分户检验监督管理实施意见》进行分户检验、监督抽查。对验收和检查中发现有违反建设工程质量管理规定行为的责令整改。全年分户验收项目14个，面积2[illegible]万平方米，总户数5375户，分户检验230户，一次性通过分户检验172户，经过整改后通过分户检验数58户。（廖仲亮）

【建设工程消防安全应急救援演练】6月10日，开发区在高科技企业孵化器二期工地举行"建设工程消防安全应急救援和应急救援演练"现场观摩会。下午，高科技孵化器二期建设工地2号楼7层装修施工，电焊明火引燃推放在7层楼板上的装修易燃材料，发生大火并沿建筑预留洞直往上部高层蔓延。接到火灾报告后，项目负责人启动消防安全应急预案集结抢险救援队，手持灭火器、消防水带和水枪等开展自救和疏散被困人员，同时报警请求支援。"110""120""119"迅速出动，"119"指挥中心调集下沙消防中队2辆消防车和1辆消防登高车赶到火场。半个小时后，消防官兵完成灭火救援任务，事故人员被抢救出来送往医院接受治疗。（黎洪正）

·房产物业管理·

【房产物业管理概况】2011年，开发区建设局（房管局）贯彻落实国家房产调控政策，执行市政府商品房限购、商品房预售管理等政策规定，做好预售资金监管和销售方案审核，规范开发区房地产市场交易秩序。督促房地产开发企业加快开工，增加市场有效供给。对物业行业加强指导与监督，全年对4[illegible]个项目进行现场检查考核，对8个物业企业进行扣分处理。发放各类权证和登记说明3.74万本。查处制止房屋违法行为253件，行政处罚5件；办理装修备案9[illegible]件，行政

许可7件。（朱邻玲 田 钰）

【房产“统一平台、多点发证”系统启用】1月4日起，开发区启用“统一平台、多点发证”操作系统，涉及个人的商品房买卖、存量房买卖、存量房买卖加抵押、房改购房、继承、赠与、析产、交换、一般存量房抵押、最高额抵押、抵押注销、夫妻共有产变更、其他转移13类房产交易登记业务，均可在杭州主城区及之江国家旅游度假区、杭州经济技术开发区办理。个人房产交易登记业务可出区办理，市民办理登记业务更加方便。（田 钰）

【保障性住房新规与受理】2011年，杭州市经济适用房颁布新规定，明确供应对象收入标准从人均年收入低于上年度城镇居民人均可支配收入60%以下，调整为低于上年度城镇居民人均可支配收入80%以下。同时明确经济适用房覆盖范围从低收入家庭扩大至中低收入家庭，家庭2010年人均可支配收入低于24028元的市区常住城镇居民户口纳入新规范围。2011年对申请人（不含未婚、离异）年龄不再限制。

根据杭州市新规定，开发区建设局（房管局）明确要求申请家庭提供2010年度基本养老保险缴费记录及个人所得税完税证明。4月，按照新规定开始受理。至年末，全区经济适用房受理和初审127户。扩大廉租房覆盖面，保障范围扩大至低保标准2.5倍以内低收入家庭，全年受理廉租房申请1户。11月起，集中受理公共租赁住房（大学毕业生、外来务工人员公寓与市本级建设的经济租赁住房更名公共租赁住房）。至年末，受理公共租赁住房申请22户。

【房产企业负责人预售首谈制度】2011年，开发区建设局（房管局）建立房产开发企业负责人预售首谈制度，对房产开发企业的开发项目在核发第1本商品房预售证前，进行企业负责人约谈，宣传商品房预销售管理的相关法律法规，督促完善销售现场公示制度。取得商品房预售证后，须在规定时间开盘，及时上报开盘后3天的预销售情况进行备案；每月15日前及时上报建设工程完成的形象进度和监管银行出具的预售资金收缴、支出对账单等资料。委托销售的销售公司须进行资格申报和备案，对销售人员要加强培训和指导，营销宣传有理有度，预售前严禁开展存抵优惠等促销手段。

【房产办证中心获评市房管局红旗窗口】1月13日，开发区房产办证中心被评为杭州市房产管理局红旗窗口。开发区房产办证中心采用统一、开放的行政服务中心管理模式，房屋产权登记、管理等业务从受理、审批、制证到发证一条龙完成。至2010年末，该中心受理房产登记1.26万件，发放产权登记2.82万本，其中房产权证1.16万本、他项权证6916本、预告登记证9596本。利用市房产管理局统一的管理系统，开发区房产办证中心合理配置业务权限，业务受理均有AB角，简单业务一级审批，复杂业务二级审批；设置督查岗，定期督查、抽检业务办理；推出人性化服务，加班受理业务，双休日或节假日到交房现场开展身份验证等便民服务，获得房地产开发商和验房业主好评。

【铭和苑房屋出租专项检查】2011年，开发区房产执法监察大队对铭和苑小区经济适用房违规出租开展检查。5月，发放不得出租的告全体业主书3000封，与杭州易沙网络科技有限公司（下沙网）交涉，要求屏蔽铭和苑经济适用房出租信息200余条。至年末，处理经济适用房出租189户，87户住户完成整改，清退承租人员364人。受理保障房网上信访66件，电话投诉64件。（朱邻玲）

【物业维修资金管理】开发区建设局下设物业维修资金管理中心，履行全区物业维修资金管理职能。至2011年末，全区物业维修总缴交项目38个，累计缴交本金额3.17亿元；总使用项目5个，累计使用本息额38.23万元。其中，2011年缴交项目9个，缴交本金额6427.84万元；使用项目1个，为香榭里花园消防设施改造工程，因工程未完工，列支预拨款10.65万元。物业保修金年末总缴交项目20个，累计缴交本金额1.13亿元。其中，2011年缴交项目9个，缴交本金额3668.63万元。

做好物业维修资金、物业保修金年度计息工作，保障业主权益。年初，登报公布2010年度开发区物业维修基金缴交与使用情况、物业保修金缴交情况。1月和7月向市资金管理中心报送2010年度资金管理数据。开发区物业维修资金管理中心开设咨询电话，接受业主、业委会和物业服务企业对基金数据的查询，基金管理透明度增强。

【物业指导与监督】2011年，开发区建设局（房管局）结合开发区文明城市创建工作，通过市区联合检查、区级自查等方式，对43个小区和楼宇大厦进行检查，召开企业负责人会议，通报检查情况并落实迎检工作。加强物业管理项目主任考核，按照考核标准对存在问题的物业企业扣分处理。举办开发区物业管理实务培训及物业服务收费纠纷处理讲座，对物业服务企业现场管理负责人进行业务培训，提高物业公司日常行为规范意识。对社区和业委会工作加强指导，宣传普及物业管理相关法规知识，印发物业管理文件汇编208份。配合街道社区指导梦琴湾、野风海天城、多蓝水岸、北银公寓、四季风景苑、大都文苑风情6个小区业委会成立和换届工作，指导梦琴湾、月雅苑、天元公寓3个小区业委会完成物业公司换聘。

【物业历史遗留问题处理】针对大北四季风景苑一期热水系统、大都文苑风情物业用房、铭和苑小区物业区域分合、金沙学府和金沙居物业区域分合、福雷德广场物业管理和物业用房手续办理、清雅苑小区业委会与物业管理纠纷6个物业管理遗留问题，开发区建设局（房管局）物业科联合街道、社区，利用业委会与开发公司交流会、业委会业主恳谈会等方式，推进历史遗留问题的解决。通过努力，大都文苑风情小区物业用房问题得到解决，大北四季风景苑热水系统问题初步与开发公司达成解决意见，开发公司报其公司董事会讨论确定。

【物业管理优秀住宅小区（大厦）评比】12月，为促进物业管理规范发展，提高物业管理服务水平，开发区建设局（房管局）组织开展2011年度开发区物业管理优秀住宅小区（大厦）考评工作。经各物业公司组织推荐，属地社区签署意见，专家考评小组检查验收，公示确定东海未名园等6个项目为2011年度开发区物业管理优秀住宅小区，城建文化馆项目为2011年度开发区物业管理优秀大厦。

【物业招投标和物业用房缴交】开发区建设局（房管局）推进前期物业招投标和物业用房缴交工作，全年完成景冉佳园、精欧荣寓、保利玫瑰之湾等15个项目前期物业招投标，完成东部国际商务中心等19个项目部分物业用房预缴和伊萨卡三期、世茂江滨花园二期等5个物业用房缴交确认工作。（田　钰）

2011年度开发区物业管理优秀住宅小区（大厦）

表26

项目名称	管理单位
一、优秀住宅小区	
东海未名园	杭州东海物业有限公司
邻里中心	开发区和达物业管理有限公司
野风海天城	浙江野风物业服务有限公司
朗诗国际街区	南京朗诗物业管理有限公司
保利东湾	保利广州物业管理有限公司
文汇苑	杭州海都物业有限公司
二、优秀大厦	
城建文化馆	开发区和达物业管理有限公司

·招投标管理·

【招投标管理概况】2011年，杭州市建筑工程招标投标管理办公室经济技术开发区办事处（简称开发区招标办）完成工程施工及材料设备项目核准登记183项次，监理项目核准登记80项次，合计263项次。施工中标备案187项次，监理中标备案77项次，合计264项次。累计施工中标金额53.86亿元，监理中标金额8872万元。其中，完成房产及配套项目26个标段招投标，建筑面积123.79万平方米，中标金额[illegible].8亿元；完成6个房产及配套项目21个标段招投标，建筑面积42.39万平方米，中标金额8.13亿元；完成工业项目31项招投标，建筑面积84.5万平方米，中标金额14.33亿元；完成市政基础配套设施工程2[illegible]个标段招投标，中标金额4.12亿元；完成绿化景观工程8个标段招投标，中标金额6090万元；其他公建及配套[illegible]6项招投标，建筑面积15.74万平方米，中标金额6.8[illegible]亿元。召开招投标领导小组会议5次，讨论议题87项，处理招投标活动中相关信访及投诉6件。

【实行政府预选承包名录制度】根据杭州市建委规定，工程造价在500万元以上的房建、市政、装饰装修及相应的监理项目，投标单位须是政府预选承包名录中的单位。2011年开发区招标办执行市建委规定，全面推行政府预选承包商名录制度，全年区内中标单位均为实力、信誉较好的单位，工程造价在500万元以上项目中，基本杜绝供人挂靠的外地、外省不知名的小单位进开发区建筑市场。

【完善招标文件条款设置】2011年，开发区招标办对招标文件进行相应调整和完善，落实杭州市对工程施工出台的系列文件及规定。根据《杭州市建设工程推广应用预拌砂浆管理办法》，开发区招标办明确规定，施工过程不允许采用现拌砂浆，须采用预拌砂浆，并允许增加相应费用报价；根据住房和城乡建设部《建设工程施工现场消防安全技术规范》，要求建设单位增加“临时设施建筑构筑构件的燃烧性能等级应为A级，当采用金属夹芯板时，其芯板材料的燃烧性能应为A级”的条款。开发区招标办还明确，外弃土方须全部运至开发区以外地方，相应增加的费用在投标报价中予以考虑。

【招投标参与主体监管】开发区招标办对招标代理机构加强监管，要求在区进行招标代理活动的招标代理人须是经过培训合格的人员，要求持证上岗，人员、证书、IC卡要一致。规范工程发包市场秩序，在非国有投资建设工程发包备案时，要求发包人提供合同价格审核证明，该证明须由专业造价工程师或工程造价咨询单位出具。针对开发区亮灯建设，招标时要求建设单位执行亮灯工程“三同时”原则，即亮灯工程与建筑主体工程同时设计、同时招标、同时施工。（杜伟中）

【小型建设工程交易招评标】2011年，开发区建设工程招标投标管理中心（简称开发区招投标管理中心）改良施工项目评标办法，由原来均价90%法，改变为“二次平均价法”，通过实践，中标价格有提升，体现竞争和择优。以“公开、公正、公平、竞争”为原则，形成建设工程、勘察设计、工程代建、材料设备的有形市场。对工程相关的空调、电梯、变压器、高低压柜、成品门等材料设备进行公开招投标。完善开发区拆房招投标制度，将开发区拆房招标纳入正常程序。

【招投标监督管理】8月，开发区招投标管理中心对“白杨工商所装修”项目评标过程中，发现两家投标单位（浙江科佳工程咨询有限公司和浙江求是工程咨询监理有限公司）标书雷同，经评标专家认定为串标。启动处罚程序，提请开发区建设局对两家单位实施暂停开发区范围政府工程市场行为6个月的行政处罚。按照《杭州市建设工程招标代理机构监督管理实施细则》查处，对代理公司诚信扣分1个，约谈2个，清退1个。

【招投标政策法规贯彻宣传】根据2011年杭州市出台的《杭州市建设工程方案设计招标投标管理办法》《杭州市政府投资项目代建制管理暂行办法》等系列新规定，开发区招投标管理中心进行宣传贯彻。实施《杭州市建设工程方案设计招标投标管理办法》，杜绝建设单位要求对勘察设计进行邀请招标的现象，推广勘察设计公开招投标，规范勘察设计收费标准；宣传《杭州市政府投资工程项目建设单位内控管理办法》，规范招投标评标工作；宣传贯彻《杭州市建设工程代理机构管理细则》《关于进一步贯彻落实招标代理管理制度的补充规定》，规范代理公司市场行为，对招标代理专职人员加强监督管理。

【加强招投标服务】2011年，开发区招投标管理中心加强政务公开，梳理服务流程，完善对外办事指南。通过网站和窗口发放资料的形式，对办理事项实行告知，根据政策法规的调整及时完善办事指南。办理事项、关键环节向社会公布，同时公布办事服务承诺、投诉电话等。开展“一事一评价”“上门服务”和“为重点工程服务”活动；在窗口报建、开标、评标等关键环节，应用计算机信息技术，开发应用“网上咨询平台”“表格下载专区”，通过信息传递，提高窗口办事效率。建立和完善各项管理制度，实行首问责任制、AB岗责任制、岗位责任制、政务公开制、工作绩效考核、目标考核等；完善中标项目经理刷卡制度，方便投标单位中标锁卡工作。（徐　立）

·工程质量监督·

【工程质量监督概况】2011年，开发区工程质量安全监督站（简称区质安站）新受理质量监督项目90

个，总面积305万平方米。至年末，累计监督房屋建筑工程234个，总建筑面积1247.5万平方米。其中，在建房屋建筑工程161个，面积1012.4万平方米；竣工验收项目73个，面积235.1万平方米。出具质量监督报告77份，处置投诉30余起。妥善处理“湾南农居桩基础”“61号地块桩基础”“元成大厦钢筋质量”等质量投诉案件16起。全年开发区获得“钱江杯”优质工程奖2个，结构优质奖11个，省标准化工地1个、市样板工地5个、市示范绿色工地1个、市绿色工地8个，申报“西湖杯”项目4个。

【工程质量执法检查】2011年，区质安站每季度组织建设工程质量执法检查，分别针对责任主体及项目经理、总监等人员执行国家法律法规和工程建设强制性标准情况，施工、监理企业质量保证体系运行情况，施工单位材料检测、同条试块养护、隐蔽验收情况，监理旁站、见证取样执行情况，建筑节能检测和施工质量通病预防措施落实等情况进行重点检查。全年进行执法大检查4次，累计抽查项目129个，下发停工通知书17份，整改通知单114份。打击非法违法建设行为，重点打击建设工程项目不办理施工许可、安全监督等法定手续而擅自开工行为，以及在安全生产、文明施工的方面违法违规行为。全年对企业诚信扣分54个、128分，项目经理扣分97人、295分，项目总监扣分87人、230分。通报批评企业40个，限制市场行为企业8个。实施一般程序行政处罚2起，处罚单位2个，处罚金额14.94万元。

3月25日，开发区工程质量安全监督站进行桩基工程检查 （夏贞勇 摄）

【建设工程“质量强区”方案制订】2011年，区质安站制订印发《开发区开展建设工程“质量强区”活动实施方案》。具体工作目标：到2015年诚信监管体系覆盖率100%；全区建筑施工全面禁止现场搅拌砂浆；重点工程建设无重大质量安全事故；建设工程交付使用合格率100%；建设工程获国家级优质工程奖2项以上，获得省、市级优质工程奖30项以上。

【建设工程实体质量检测】区质安站全年检测混凝土结构实体强度构件1985个，钢筋保护层厚度构件869个，层高、板厚各760个点，钢筋位置及钻芯取样检测混凝土强度构件203个，钢筋原材料34[illegible]个规格1004组，钢筋连接69组，钢管及扣件16组272个。监督检测数量为2010年的1.4倍。

【工程施工质量原材料检测】全年区质安站开展3次钢筋原材料和钢筋连接质量抽查，委托第三方监督检测机构对钢筋原材料和钢筋连接力学性能进行监督检测。8月起，对钢筋重量偏差和三级抗震要求“强屈比”和“超强比”指标进行检测，累计抽查85个项目、282个规格、836组钢筋，检测合格811组；抽查钢筋连接23个规格、69组，检测合格57组。针对个别工地圆钢调直委托外加工存在拉细的情况，抽查20个项目的φ8（8毫米直径）光圆钢筋，查出1个项目委托外加工的φ8圆钢箍筋直径未达设计要求。开展钢筋原材料质量执法检查，抽查15个项目的59个规格168组钢筋，检测合格162组。

【建筑工地视频监控65个】开发区建设局，执行国家法律、法规和工程建设强制性标准，抓工程质量和安全生产责任制，把好工程质量验收关和检测关，加大建设工程实体质量安全监督检测力度。在住宅工程尤其是保障性住房分户验收抽查、安全隐患排查监督检查、行政处罚、诚信监管处罚、起重机械管理和监督检查等方面加强监管力度。针对安全文明施工监管，推进建筑工地视频监控和质量安全监管系统建设，至2011年末，全区建筑工地在线视频监控安装项目65个，安装探头400个。

4月28日，开发区召开建设工程创建全国文明城市动员大会暨“最清洁工地”现场观摩会 （黄健员 摄）

【保障性住房质量监管】 2011年，区质安站制订《开发区保障性住房工程质量安全监督管理工作制度》，突出保障性住房建设过程中的质量控制，重点整治空、渗、漏、裂等质量问题；严格责任主体质量安全行为、实体质量安全、建筑节能、监督检测、结构验收、竣工验收等程序。提高监督检查频率，每月对主体阶段保障性住房项目进行检查，分户检验率由2%提高至5%。召开监理企业座谈会，对住宅工程桩基施工质量加强监管，要求监理单位对桩基工程施工旁站，提供不少于10%的摄像资料、100%照片印证。突出住宅工程过程中层高、板厚检测，减少后续质量缺陷。全年检测层高760个点，合格697个点；检测板厚760个点，合格688个点。

【第10个“安全生产月”活动】 6月，是全国第10个“安全生产月”。开发区发放建筑安全知识宣传挂图、防潮安全宣传挂图和安全手册、安全知识扑克牌等资料100套，发放《钱塘江观潮安全手册》《潮水凶险、珍爱生命》宣传警示挂图1500套。开展安全知识竞赛，举办“安全电影进工地”“安全知识教育进工地”活动各10场。组织应急预案演练周活动，并举办高层建筑消防安全应急救援演练现场观摩会。

【文明工地创建】 2011年，开发区结合全国文明城市创建工作，推进文明工地创建活动。开展“党徽在工地闪光”党员志愿者进工地服务活动，开发区建设局全体党员和入党积极分子每周开展文明工地创建监督检查活动，到工地“民工学校”开展文明城市创建宣讲活动。组织工地文明施工和扬尘污染执法检查，开展大门出入口硬化冲洗、生活用品专柜、食堂卫生许可证和健康证、“五小”（小食品经营及加工单位、小理发美容店、小旅店、小浴室、小歌舞厅）设施环境卫生、围挡美化，以及文明工地创建台账专项整治检查，进行优秀围挡评选活动。突出市级、区级备查点的蹲点督查，加强重点备查项目线路周边和主要道路两侧工地的督查力度。全年累计检查工地376个次，下发限期整改单154份，实施简易行政处罚54起，罚款金额4.98万元。

【建筑施工从业技能培训】 2011年，区质安站根据杭州市建委《关于调整建筑业作业人员岗前培训考试及实名制管理工作流程的通知》要求，抓好不符合“自培自考”项目从业人员岗前教育培训。全年累计报名培训人员8764人，考试通过人员8734人。9月，针对混凝土质量控制技术和住宅工程常见质量缺陷防治等问题，邀请专家为全区建设、施工、监理项目的质量管理人员470人授课培训，加强专业技能教育。

（田 钰 廖仲亮）

综合经济管理

·工商行政管理·

【工商行政管理概况】2011年，杭州市工商行政管理局经济技术开发区分局（简称区工商分局）落实"巩固、提升、转型、创新"方针，履行"服务发展、监管维序、维护民生"工商管理职能，各项工作取得新成效。全年开发区新登记内资企业1137个、外资企业38个，新登记个体工商户1764个，内资企业年末累计4041个、外资企业502个、个体工商户6670个，各类市场主体合计11213个。下沙、白杨两个工商所均被浙江省工商局评为三星级文明规范工商所，区工商分局评为开发区先进单位。

支持企业优质资产重组，指导企业开展上市股改，完成5个有限责任公司改为股份有限公司，指导2个工业企业设立生产性服务业企业。支持大学生创业，编发《大学生创业工商指导手册》4500本，新登记大学生创业企业318个，减免工商登记费7.7万元。支持高校教师团队创业，新登记"青蓝"企业19个、农民专业合作社1个、融资性担保公司2个。

参与文明城市创建和国家卫生城市复评迎检工作，责令无照经营户关停157个，责令无证农贸市场关停2家，督促、落实亮照经营200家次。针对大坝路九乔下三角区域情况，下沙工商所与江干九堡工商所、余杭乔司工商所建立行政执法和消费维权协作机制，定期通报辖区信息、协同执法维权，共同打击跨区域违法行为。

构建安全消费环境，完善消费维权网络化管理。设立消费维权联络站69个，聘任消费维权监督员和联络员106人。全年受理消费举报投诉6[illegible]2件，为消费者挽回经济损失32万元。通过开发区消费维权网（下沙消费维权一点通）发布维权信息1[illegible]3条。开展"3·15"现场消费维权活动，设立一个分会场举办消费警示教育活动。指导汽车销售及维修、商品房买卖及中介等企业规范合同文本，全年格式合同条款备案28件。开展消费教育进学校活动，向11所中小学校发放消费教育书籍200本。组织消费者代表走进"康师傅"饮料和方便面生产车间，开展食品安全消费体验活动。联合下沙高教园区管委会办公室，发放《低碳消费知识手册》2000本。

【服务企业发展】区工商分局全年走访企业90余个次，引导企业培育自主品牌，做好注册商标增量和品牌提质工作。全年认定省著名商标5个、市著名商标7个。开展"诚信企业、诚信工商户和市场诚信经营者"创建和评选活动，认定区级诚信民营企业16个、诚信工商户49个、市场诚信经营户[illegible]0个，指导云水苑农贸市场创建省级文明示范农贸市场。新增市级诚信民营企业2个、诚信工商户3个；新增省"守合同重信用"AAA级企业1个、AA级企业[illegible]0个、省第八届消费者信得过单位1个。信用监管平台由农贸市场覆盖至全区17个商品交易市场，上传信息14.6万条。

多渠道帮助企业融资，全年办理动产抵押登记14件，帮助企业融资27.95亿元；办理股权出质登记10件，帮助企业融资26.85亿元。下沙、白杨两个工商所推出便民举措，上门为市场经营户办理验换照手续。搭建新平台，开通行政服务中心工商窗口微博，完善服务大企业大集团QQ群，发布注册登记指南等信息100条，回答咨询230件。

【工商执法力度加强】2011年，区工商分局查办案件160件，其中大要案件37件，罚没款总计120万元。移交公安部门案件3件。保护知识产权，举办商标印制管理培训班，11个商标印制企业负责人参加培训并签订承诺书。构建开发区打假维权护企协作网，帮助杭州中策橡胶有限公司打击假冒“朝阳”牌轮胎，帮助顶新集团跨区域打击假冒“康师傅”方便面。

开展“双打”（打击侵犯知识产权和制售假冒伪劣商品）专项行动，出动执法人员662人次，检查经营场所1813个，查获假冒宝马等汽车玻璃3000片，ARMANI（阿玛尼）等服装、箱包5900件，朝阳轮胎160件、西子涂料500千克；捣毁网店售假窝点2处。打击传销活动，联合公安等部门取缔涉嫌传销场所2处、网络传销点4个，遣散参与人员35人。

【9个企业评为市第八届消费者信得过单位】5月27日，杭州市第八届消费者信得过单位评选结果揭晓，开发区9个企业榜上有名。获评企业分别是好易购家庭购物有限公司、杭州中萃食品有限公司、杭州味全食品有限公司、杭州金沙数码科技有限公司、杭州下沙商贸城有限公司、杭州文汇大酒店有限公司、杭州下沙石材市场、杭州松下家用电器有限公司、杭州天天物美商业有限公司第一分公司。

【20个企业被认定为省级“守合同重信用”单位】7月，开发区20个企业被新认定和续展认定为2011年度“浙江省工商企业信用AA级‘守合同重信用’单位”。其中，新认定杭州电缆有限公司、浙江华银非织造布有限公司、杭州九源基因工程有限公司、好易购家庭购物有限公司等9个企业；续展认定的杭州下沙商贸城有限公司、浙江三花汽车零部件有限公司、杭州下沙建筑工程有限公司、西门子（杭州）高压开关有限公司等11个企业为“浙江省工商企业信用AA级‘守合同重信用’单位”。

【星级市场授牌暨市场诚信经营者表彰】11月29日，开发区星级文明规范市场授牌暨市场诚信经营者表彰大会在城建文化馆召开。四星级文明规范市场下沙商贸城，三星级文明规范市场高沙农贸市场、云水苑农贸市场，二星级市场金沙数码港及60个市场诚信经营者领到牌匾，获得表彰。开发区通过星级市场创建和诚信经营者评选等活动，倡导依法经营、诚实经营、文明经营，营造文明消费氛围，满足辖区群众日益增长的消费需求。

【汽车类合同格式条款备案】5月24日，区工商分局召开全区汽车类合同格式条款备案行政指导会，2个汽车制造企业、6个汽车销售企业、10个维修服务企业的负责人共30余人参加会议。会议对企业合同备案工作进行指导与培训，引导企业修改“问题条款”，鼓励企业将实际使用的各类合同进行备案，履行好保护消费者权益的义务。

【编发《工商经营管理知识百问》1万册】7月，由区工商分局编印的《工商经营管理知识百问》1万册陆续发放至经营户手中。该手册2.2万字，分职业道德篇和经营常识篇，汇集100个常用易懂的问题，以问答的形式重点介绍经营者职业道德、食品安全、公平交易、侵权责任、产品质量、网络交易、禁止传销、商标知识、广告发布和合同管理10个方面的内容，对日

11月29日，开发区管委会对2011年度星级市场进行授牌表彰
（史小雄 提供）

常监管中经营者常问、多问、疑问的工商经营管理知识进行收集、归纳和整理，是经营者比较直观、通俗的工商知识读本。 （史小雄）

·统计·

【统计概况】2011年，区经发局（统计局）围绕开发区“产业转型、城市转型、社会转型”和全年经济社会发展目标，完善统计调查制度，探索新兴产业、现代服务业、十大产业、科技创新、转型升级等统计制度和评价体系，深化工业、投资、服务业等统计监测预警机制；加强基层业务培训、统计法制宣传和统计检查，完善街道、社区、企业统计基础工作，全区统计工作取得良好业绩。开发区经济发展局（统计局）被评为浙江省第二次全国R&D（研究与试验发展）资源清查先进单位、杭州市第六次全国人口普查市级先进集体、市统计调查系统综合考评优胜单位。

围绕全市十大重点产业、产业集聚区和开发区新兴产业发展需要，落实十大产业统计调查制度，对各产业按季度开展数据测算和调研分析。发挥窗口服务功能，将统计单位登记、统计从业资格考试报名、统计专业技术资格考试报名等工作纳入开发区市民中心行政服务窗口，方便基层单位办理。全年统计单位登记300个，注销剔除法人单位65个，新增产业活动单位48个。

【统计监测和调研分析】区经发局（统计局）深化完善对工业、投资、服务业比重、社会消费品零售总额、能耗、十大产业等重点指标的监测分析。面对2011年复杂的经济形势和下行压力，对全区38个大企业、大集团和176个1亿元以上企业进行调研，走访大企业、大集团100多个次；编制重点行业、十大产业、固定资产投资数据监测快报，形成月度重点企业走访调研、月度工业生产快报、经济运行分析会和工作例会等制度。研究经济社会发展难点、热点问题，开展用工短缺、日本地震对日企影响、企业成本、企业用地情况等专题调查，完成《开发区用工情况调查分析》《产业用地效益情况》等分析报告。全年撰写专题调查、工业生产快报、经济运行分析等材料33篇。

【统计信息服务】开发区经济发展局（统计局）每月定时发送统计月报和快报。在《统计月报》中增加“大企业大集团”“重点行业”“部分国家级开发区主要经济指标”版面，全面反映开发区经济发展情况。加强统计信息公开宣传，在开发区统计信息网、区经济发展网发布全区主要经济指标数据、统计信息和分析。编印《2010年度开发区经济社会发展公报》，在公报中增加“辉煌‘十一五’”特刊，为上级部门和社会各界了解开发区提供详细数据。在《下沙新城》《开发区简报》等刊物上发布统计信息，发挥统计宣传作用。

【推进企业“一套表”统计】2011年，区经发局（统计局）对全区规模以上工业企业、具有资质的建筑业企业和房地产开发企业，以及限额以上批发零售住宿餐饮企业开展“一套表”宣传和指导，加强企业“一套表”数据审核，做好“一套表”程序衔接。推进部门合作，统计单位登记建立由招商局、工商分局等部门提供月度新增单位的联系制度，将名录库的更新维护节点延伸至街道、社区。针对建设项目情况难掌握等问题，固定资产投资统计建立由统计局和招商局、建设局、街道等责任主体组成的两级统计管理，固定资产投资数据质量全面提高。

▶▶资料：企业“一套表”

企业“一套表”指以统计调查对象为核心，整合现行报表制度，消除不同统计调查制度，对同一调查单位的重复布置和重复统计，运用现代信息技术，实现数据采集方式的统一组织管理和统计资源共享的一种新的统计调查制度。主要特点是统一设计调查内容、规范设置统计指标、统一管理单位信息和统一布置网上填报。

【统计宣传与检查】2011年，区经发局（统计局）制订实施《开发区第六个五年统计普法规划》及年度法制学习计划。通过开发区统计信息网、“12·4”法制宣传月活动等平台进行业务培训，深化统计法制“进社区、进企业”活动。全年发放统计法制宣传资料500本，悬挂宣传横幅20条，举办法制培训班12期。

成立统计检查工作小组。对全区550余个工业、贸易、房地产、建筑业“四上”单位（规模以上工业单位、资质以内建筑业及房地产开发业单位、限额以上批发和零售住宿餐饮业单位、限额以上服务业单位）进行统计数据检查。抽取30个企业开展统计数据质量和基础工作检查，对企业年报数据、基础台账、原始资料进行检查，未发现严重统计违法行为。

【第六次全国人口普查】2011年上半年，开发区完成第六次全国人口普查工作。6月，开发区第六次人口普查领导小组办公室（简称开发区人普办）发布《开发区第六次全国人口普查主要数据公报》，开发区政府门户网、区经济发展网、区统计信息网、区人口普查网等网站和《下沙新城》杂志及时对人普数据公报进行宣传公布。普查显示：2010年11月1日零时，开发区常住人口310733人，与第五次全国人口普查63587人相比，增长3.89倍，年均增长17.2%。下沙街道100515人，白杨街道210218人，全区常住人口中家庭户42282户。

结合开发区“十二五”规划和发展实际，开发应用普查数据课题研究，编写人普资料册。开发区人普办撰写《浅谈高校人口普查工作的创新与实践》等文章，总结普查工作经验。开发区白杨街道人普办被评为省人口普查先进集体，景园等11个社区被评为市人口普查先进集体，40名普查工作人员被评为省人口普查先进个人。

▶▶资料：第六次全国人口普查

根据国家普查项目和周期安排的有关规定，国务院于2010年开展第六次全国人口普查。此次人口普查标准时点为2010年11月1日零时，人口普查主要调查人口和住户的基本情况，内容包括性别、年龄、民族、受教育程度、行业、职业、迁移流动、社会保障、婚姻生育、死亡、住房情况等。人口普查的对象是在中华人民共和国（不包括香港、澳门和台湾地区）境内居住的自然人。2011年4月28日，国家统计局发布2010年第六次人口普查登记（已上报户口）的全国总人口为13.4亿人。

【统计工作基础建设】全年区经发局（统计局）召开街道统计工作专题会2次，组织街道、社区统计业务骨干参加省、市统计业务培训会各1次。下沙街道、白杨街道均将统计工作纳入经济发展科工作职责，配备专职统计人员，开展服务业、贸易、名录库、规模以下工业、法制宣传等统计工作。

辖区群众填写人口普查登记表　　（黄健员　摄）

落实政府购买社区统计调查服务机制。全区两个街道所辖29个社区、3个农场均实施统计调查服务机制，社区配备兼职统计人员，其中8人取得统计从业资格。该机制通过社区统计工作目标管理考核和平均每个社区3万元/年的经费保障，为开发区建立一支兼职社区统计员队伍，配合区经发局（统计局）完成多项临时性统计调查和“六五”人口普查任务。

推进基层统计队伍建设。全年区经发局（统计局）组织街道、社区、工业、服务业、房地产、投资、劳资等12个专业场次统计培训会，培训人员1500人次。组织统计从业资格考试、职称考试和统计继续教育，180人报名参加开发区统计从业资格考试，13人参加统计专业技术资格考试。（邵勤华）

·物价管理·

【物价管理概况】2011年，区经发局（物价局）着力在价格举报投诉处理、价格监督检查和价格法律法规宣传教育三个方面做好工作，先后开展食盐销售价格、医药卫生服务价格、商品房销售明码标价和节日期间市场专项检查。全年受理和查处价格投诉举报52件、价格咨询41起，查办价格违法案件7起，没收违法所得及罚款2万余元。

3月，针对部分辖区民众受社会传言影响出现抢购食盐的情况，开展食用盐市场价格违法行为专项检查。其间，查处加价销售食盐案件2起，没收违法所得226元、罚款646元。5月，开展医药卫生服务大检查，着重规范药品价格和医疗服务收费，提高医疗服务质量，减轻患者不合理费用负担；检查5个民营医疗机构，发现存在药品定价超过政府规定的最高零售价格、医疗服务价格明码标价不到位、开具发票和处方填写不规范等问题，立案查处3起，没收违法所得2.24万元。

6月起，开展商品房明码标价专项检查，对商品房价格行为实施重点监管。对开发区取得商品房预售许可证的房地产开发项目明码标价进行实地检查，通过看现场、查资料等方式，了解各楼盘对《商品房明码标价规定》《浙江省商品房销售明码标价实施细则》等政策规定的执行情况，检查了解房地产销售项目均对房屋销售价格及楼盘相关情况进行标示，未发现违规行为，执行情况总体良好。

11月29日，区经发局（物价局）在朗琴社区开展“价格服务进社区活动”（翁柘文 摄）

【出租车运价调整】针对2011年油价攀升、出租车运价与运营成本矛盾日益突出的情况，开发区经济发展局（物价局）与杭州下沙公交有限公司积极沟通协调，进行专题调研，宣传价格政策，经向开发区管委会、杭州市物价局请示汇报后，10月20日起对开发区内出租车运价结构进行调整。起步价由5元/3千米调整为5元/2千米，其他收费标准不变。即起步5元/2千米，超起步里程后每千米2元；超过3千米以上部分加收40%回空补贴费；出租车燃油附加费调整参照油运价联运机制执行。

【行政事业性收费验审】5月，区经发局（物价局）对区内26个行政事业单位和民办单位开展行政事业性收费验审。经验审，2010年收费总额为5733.45万元。其中，行政性收费1637.77万元，事业性收费（包括学校住宿费）283.39万元，民办学校收费3352.5万元，民办幼儿园收费459.79万元。

【价格服务进社区活动】11月29日，区经发局（物价局）在白杨街道朗琴社区开展“价格服务进社区活动”。活动主要向社区居民展示反映价格政策的宣传展板，介绍商品购物、水电煤汽油、旅游、交通运输等价格和服务收费标准及有关政策，发放《杭州市价格政策服务指南》《杭州物价》和价格宣传环保袋等宣传资料600份。工作人员还为海天城和朗琴湾小区3户低保困难家庭送上粮、油等副食品。服务活动受到社区群众欢迎和好评。

【举办价格法规专题讲座】针对全国各地价格欺诈事件和区内物业收费纠纷有所增加的情况，开发区经济发展局（物价局）于3月、9月分别举办法律法规培训会和物业服务收费常见纠纷处理专场讲座，全区街道社区监督员、大中型超市及区内物业公司管理人员120人次参加讲座，有效增强相关经营管理主体的价格法律意识。

【编印价格宣传资料】□月，区经

发局（物价局）重新编印《价格政策法规汇编》2000册，收录更新涉及价格关注及投诉热点问题的政策、法律法规共21篇。梳理开发区现有行政事业性收费，与《浙江省定价目录》一起附后，供消费者查阅。拓展宣传手段，挑选使用范围广、适用人群多的价格常识编印“价格知识台历”600本，发放到管委会机关部门、街道社区及商贸企业。

（翁柘文）

4月21日，开发区召开国家物流服务标准化试点启动大会（王淑玲 提供）

·质量技术监督·

【质量技术监督概况】2011年，杭州市质量技术监督局经济技术开发区分局（简称开发区质监分局）以“质量强区”工作为主线，全力做好质量和标准化管理、执法监督检查、计量监督管理、特种设备监察等工作，努力保证区域内食品安全、产品质量的稳定与提高。编制撰写开发区“十二五”时期质量强区纲要，指导企业导入卓越绩效管理；培育省、市名牌各9个；推进物流行业国家级标准化工作试点，帮助企业制订、修订国家标准48项、行业标准15项、地方标准3项；参与制订、修订国家标准72项、行业标准50项。

加强质量技术监督检查，全年抽查产品382批次，合格率99%；充实完善“三员”（质监员、协管员、安全员）队伍，开展家用电器、电线电缆、室内加热器、燃气灶具、建材、汽配、农资等专项检查。加强计量监督管理，农贸市场电子秤检定合格率升至98%；召开能源计量交流会，推荐8个年耗3000吨标煤以上用能单位申报市能源计量示范单位。做好特种设备监察，全年召开专题会议4次，组织应急救援演练2次，查封违法设备7台，拆除非法安装设备2台，办理特种设备告知804台，协调技术机构为企业服务16次。

【国家物流服务标准化试点】1月，由杭州八方物流有限公司承担的服务业标准化试点项目《八方物流快运网标准化管理系统》通过省标准化试点验收。2月，该公司与杭州中策橡胶有限公司合作发展的“杭州中策橡胶物流服务外包”项目申报“制造业与物流企业联动发展”国家示范项目。4月，开发区召开国家物流服务标准化试点启动大会，50余个物流企业负责人参加会议，开发区国家物流服务标准化试点工作领导小组组长、党工委副书记管委会主任陈晨与物流企业签订《浙江省杭州市物流服务标准化工作承诺书》。

开展标准化试点培训，提升物流服务水平。4月，举办物流标准化试点培训，区内30余个物流企业40余人参加培训。6月，启动《物流网络平台服务规范》和《冷链仓储物流服务规范》两项市服务标准规范项目制订工作；联合市物流与采购行业会、市标准化研究院参与谋划，组织物流企业开展试点培训。9月，开展物流标准化试点第二期培训，根据GB/T1.1–2009标准化工作导则中“标准的结构和编写”等内容展开培训。

【4个物流企业批准参与国家标准制定】7月，经国家物流信息标计委批准，开发区内杭州八方物流有限公司、杭州和达物流有限公司、杭州华商物流有限公司、杭州德邦货运代理有限公司4个企业参与《托盘编码及条码表示规范》《自动分拣过程包装箱条码规范》两项国家标准的起草和应用试点。根据《杭州市现代服务业标准化发展规划》，开发区质监分局组织指导企业积极参与国家标准的制定工作，推动

开发区物流产业向更高标准发展。

【农贸市场计量管理】全年开发区质监分局通过召开会议、计量宣传、年检分析、专项检查等形式，对农贸市场计量工作进行重点管理。4月，召开全区农贸市场计量工作会议，部署计量工作任务，明确工作重点。5月，开展“5·20”世界计量日宣传活动，为辖区农贸市场开展电子秤免费检定、修理服务，宣传计量法律法规，发放标准砝码。9月，召开电子秤年检结果分析会，针对部分市场一次检定合格率低、红色封缄、绿色合格标志不全等情况，就推进电子秤统一配置进行讨论。10~11月，开发区质监分局出动30人次，对农贸市场计量进行专项检查。受检的云水苑农贸市场等3个农贸市场台账完整，计量基本正常。11月24日，市质监局计量处对开发区农贸市场进行计量抽查，未发现异常情况。

【能源计量考评工作完成】8月，开发区能源计量考评工作全面完成，杭州横滨轮胎有限公司、杭州中粮包装有限公司、杭州士兰集成有限公司、杭州杭联热电有限公司、浙江蓝天环保高科技股份有限公司下沙生产基地、杭州朝阳橡胶有限公司、杭州顶津食品有限公司、康师傅（杭州）饮品有限公司8个参评企业均高分通过。近年来，开发区企业重视能源计量管理工作，保证财力、物力、人力投入，计量工作人员配备到位，计量制度健全，计量器具配置齐全，建立较为完善的能源计量网络。其中，杭州杭联热电有限公司能源计量考评成绩突出，公司于2008年11月完成的浙江省地方电厂管理信息系统公司级客户端，投用运行良好。该系统与互联网联通，公司、区、市、省各级能管部门可通过网络查询该公司生产、能耗情况，为能源管理工作带来方便。

【推进“质量强区”工作】开发区积极推进“质量强区”工作，3月印发《开发区“质量强区”建设工作计划》。8月，开发区成立“质量强区”工作领导小组及办公室，统筹推进“质量强区”工作。同时，召开“质量强区”工作集中办公会议，讨论出台开发区“质量强区”实施意见，加快推进各质量领域实施方案，明确牵头部门联系人制度。9月，举办“千争创、万导入”活动暨《卓越绩效评价准则》培训会，全区70余个重点骨干企业、服务业企业、工程建设企业的100余名高级管理人员和质量负责人参加培训。11月，开发区管委会召开“质量强区”建设推进大会，部署开发区“质量强区”建设工作，实施《关于推进“质量强区”建设的实施意见》《开发区政府质量奖评审管理办法（试行）》等政策文件。

【物流服务标准化分析报告】2月，开发区质监分局结合国家物流服务标准化试点项目，通过调研和对全区52个物流企业的问卷调查，走访3所高校及11个企业，撰写完成《国家级物流服务标准化试点质量专题分析报告》。该报告从开发区物流企业现状、物流服务标准化存在问题、原因分析及开展试点工作对策建议等6个方面进行深入研究，为后期制订科学的工作目标和实施方案奠定基础。

【特种设备管理监察】1月，开发区质监分局组织特种设备监督人员检查电梯16台，发出安全监察指令书1份。针对区内石材市场多、起重机械多的实情，2月召开石材市场特种设备整治布置会，传达市质监局《关于进一步加强起重机械安全工作的通知》精神，宣传贯彻《特种设备安全监察条例》。3月，开发区质监分局对区特种设备专家队伍进行调整。调整后的专家队伍由市特种设备检测院、浙江理工大学、杭州友高精密机械有限公司、杭州富尔顿热能设备有限公司等单位的6名专家组成。制订《下沙高教园区院校特种设备安全管理指导规范》，对特种设备购置、安装、注册登记、报废与产权转移，管理和使用人员培训，安全检查、事故处理、4种禁用的特种设备6个方面的内容作出明确要求。6月10日，开展电梯被困人员救援演练，27个物管公司负责人和电梯安全管理员参加观摩；18日，开展“电梯安全宣传进社区”公益活动，普及电梯相关知识。

【质监执法检查】开发区质监分局全年加强质监执法检查，联合检查汽车配件产品，重点检查企业成品检验、标识标注、认证和许可等；开展大宗出口商品专项检查，对2个加热器生产企业、2个服装企业进行检查；对杭州下沙酒厂、杭州都尚超市和高沙农贸市场开展计量监督检查；开展名酒专项打假行动，检查餐饮企业5个、酒类经销单位1个，依法处理3个涉嫌假冒“五粮液”的单位；开展以钢筋为重点的建筑工地执法检查，检查万亚名城、中沙农居点等8个建筑工地，对涉嫌存在问题的钢筋进行查封；按照《浙江省质量技术监督行政执法封存、扣押工作规定》和《浙江省质量技术监督行政执法涉案物品管理和处置规定》，销毁一批罚没物品。

【“十小”行业整治】4月，开发区质监分局制订《景园小区“十小”行业整治方案》，明确整治小食杂店39个、小餐饮店68个，小药店、小蔬菜店、小液化气供应点各1个，小美容美发店37个、小旅馆60个。7月，开展餐饮业集中整治，对景园等7个社区餐饮经营户进行重点整治；至月末，景园小区185个小食杂店、小餐饮店、小药店、小美容美发店、小旅馆通过整治，150余个经营店取得相应证照。8月，联合卫生、环保、行政执法、街道等部门，出动30余人次，取缔无证无照生产快餐的加工店1个；召开云水社区小餐饮经营户座谈会，商讨解决该社区小餐饮超范围经营及投诉较多等问题。11月，高沙商业街接受杭州市“十小”行业整顿规划组检查，商业街整顿获检查组肯定。

▶▶资料：“十小”行业

“十小”行业指食品加工小作坊、小食杂店、小餐饮店、小药店、小农资店、小菜场、小音像店（包括网吧）、小美容美发店、小客运、小液化气供应点。

【与前进园区对接质监工作】8月10日，开发区质监分局赴开发区在前进工业园区，就特种设备制造许可、强制性认证企业、质量管理与认证、食品生产许可证、计量器具制造许可证等事宜，与前进工业园区相关部门进行对接协调。前进工业园区作为杭州市本级区块，由开发区负责开发建设和实施相关管理工作。2007年进入实质性开发，2011年开发建设已取得实质性成效，首个企业年内进入试生产。随着园区开发条件不断成熟和产业项目即将投产，开发区质监分局决定提前介入该区域内质量技术监督工作。

（陈建山）

·安全生产监管·

【安全生产监管概况】开发区安全生产监督管理局（简称区安监局）是开发区管委会主管全区安全生产综合监督管理的职能部门，秉承“以人为本、安全发展”理念，坚持“安全第一、预防为主、综合治理”的方针，强化监督管理，加大整治力度，2011年全区安全生产形势总体稳定。

全区全年发生各类事故74起，死亡9人，受伤65人，直接经济损失289.48万元。其中，工矿商贸（含建筑工地）事故4起，死亡4人；道路交通事故54起，死亡5人，受伤65人；火灾事故16起，无伤亡人员。与2010年相比，事故减少4起，下降5.1%；死亡人数减少10人，下降52.6%；受伤人数减少18人，下降21.6%；直接经济损失增加0.63万元，上升0.2%。开发区在杭州市政府2011年安全生产目标责任制考核中首次获得优秀等次。

完善安全生产制度和政策。全年出台《开发区外包项目安全管理办法》《开发区关于进一步加强企业安全生产工作的实施意见》《开发区安全生产“黑名单”管理制度》等制度办法，对企业安全生产管理和外包项目等领域的安全监管进行明确，加大

6月14日，开发区举行地下有限空间作业中毒事故应急救援演练 （谢 镜 提供）

对死亡事故企业的“一票否决”制度，对发生死亡事故企业连续两年取消享受开发区经济发展鼓励政策的资格。

推进安全标准化创建。全年有14个企业通过省级以上标准化审核，其中省级标准化企业9个、国家二级标准化企业5个。至年末，全区累计通过省级以上安全标准化审核企业36个，其中国家一级企业1个、二级企业10个、三级企业7个，省级标准化企业13个，市级标准化企业5个。

夯实安全监管基础。全年完成6个危险工艺企业的安全自动化控制系统改造，500余辆工程车、客运包车安装车辆行驶记录或GPS卫星定位装置，大部分企业机械传动设备配备安全连锁装置。加强应急管理，开发区管委会办公室成立应急管理科，履行应急值守、预案管理、信息汇总和综合协调职能；出台《开发区危险化学品事故应急救援预案》，制订预案配套操作手册，为事故应急救援能力做好基础工作。

12月，浙江省军区和开发区管委会共同设立杭州下沙军地园区管理服务中心，对军地园区安全生产进行监管。下沙街道、白杨街道专门成立安全生产科，分别配备科长和2名专职人员，基层安全生产监管力量得到加强。

【安全生产专项整治】全年开发区通过安全生产专项整治，检查企业713个次，发现隐患1540条，整改隐患1480余条，落实整改资金884.93万元，关停企业6个次，行政处罚企业5个，处罚金额7.54万元；组织开展预防建筑施工高处坠落、预防较大及以上道路交通事故、预防有限空间作业中毒窒息和预防外包项目事故专项整治4次，消除事故隐患500余条。被市政府列为重大隐患挂牌单位的杭州华春化纤染织有限公司年内按期完成整改。

6月，开展电动车非法营运整治，深入企业就职工电动车非法营运等交通违法行为进行宣传；对下沙路至幸福桥、1号大街至4号大街口等重点路段开展稽查，查获电动车违章717辆次，其中非法营运73辆次、交通违法644辆次。9～12月，开展“清剿火灾隐患”专项活动，检查企业580个次，发现火灾隐患65处，实施行政处罚33起，罚款37.4万元。12月，开展打击非法经营烟花爆竹专项行动，查获非法经营（储存）烟花爆竹案件5起，没收烟花爆竹180余箱，罚款2万元。

【安全生产责任制落实】3月，区安监局修订出台《开发区各部门（单位）安全生产目标责任制考核办法》《安全生产目标责任书》，管委会主要领导与27个部门负责人签订责任书，各部门与监管范围内1320个企业签订责任书。结合安全生产目标责任，管委会分管领导每季度召开安全生产形势分析会，研究部署工作重点和任务，将工作目标分解落实到部门单位。职能部门负责人履行“一把手负责制”和“一岗双职制”，落实安全生产问责制。邀请开发区监察局派员参与生产安全事故调查和工作督查。通过季度督查、年度考核，对安全生产责任制落实情况进行全程监管。

【安全生产大检查】根据市委办公厅、市政府办公厅《全面开展安全生产大检查切实防范发生较大以上事故的通知》精神，以及杭州市统一开展的“三查、四促、两保”为主要内容和工作目标的安全生产大检查总体部署，开发区制订下发安全生产大检查实施方案。8月15日至9月20日，全区开展安全生产大检查，出动检查人员1137人次，检查企业300余个，发现隐患900余条，整改隐患800余条。

▶▶资料：“三查、四促、两保”

“三查”指查安全生产认识是否到位、隐患是否消除、责任是否落实。“四促”，指促进安全生产整改责任落实、促进安全生产主体责任落实到位、促进重点领域较大和重特大事故防控工作水平的提高、促进基层基础工作和长效机制建设。“两保”，指确保较大事故和重特大事故得到积极防控、确保全年安全生产3项指标“零增长”目标的实现。

【开展安全生产事故“回头看”活动】6月，区安监局主要领导带队对全区2010年发生过安全事故的5个生产经营单位进行“回头看”活动，了解企业是否按照“四不放过”原则和事故调查组的处理意见，进行事故整改及对相关责任人员追究教育。活动通过对事故单位管理人员培训授课，向企业宣传国家安全生产管理的法律法规，帮助企业在安全生产制度建设、安全管理组织体系、责任落实、劳动纪律、现场管理、事故查处等方面扫除安全盲区，提高企业安全管理水平。检查企业现场曾发生事故的部位或车间，查看事故警示牌设立、安全生产责任制落实、安全教育培训、事故隐患整改、劳动防护品发放与佩戴、安全生产领导小组或管理机构工作开展等情况，促进生产经营单位落实安全生产主体责任，整改安全隐患。宣传开发区安全标准化优惠鼓励政策，总结安全生产标准化示范企业先进经验并予以交流推广，鼓励事故企业开展安全标准化创建。

▶▶资料："四不放过"原则

"四不放过"原则指事故原因未查清不放过，当事人和群众没有受到教育不放过，事故责任人未受到处理不放过，没有制订切实可行的预防措施不放过。依据《国务院关于特大安全事故行政责任追究的规定》(国务院令第302号)，安全生产"四不放过"原则是事故处理的基本原则。

【安全生产信息化建设与利用】 2011年，开发区投入10万元用于升级安全生产信息系统。升级后的新系统包含基本信息、执法监察、隐患排查、事故管理、培训管理、危化品管理、信息通告7个模块。该系统可与区内规模以上企业实现互动，系统内部模块之间互相关联，可提供企业基本信息查询、统计；执法监察存档、分析；隐患排查上报、统计、评比；事故统计分析；持证培训报名、开班、考核等功能。

6月1~30日，开发区首次开展"安全生产隐患大扫除"活动，利用开发区安全生产信息管理系统的"隐患排查"功能模块进行操作。根据企业在系统中上报的安全隐患条数、隐患质量、投入整改资金、整改完成率4项指标，活动进行全电子化统计和参评。116个企业参加活动，28个企业获奖，发放奖金2万元。其中，获一等奖企业3个、二等奖企业10个、三等奖企业15个。其间，企业上报隐患577条，消除隐患400余条。

【安全生产宣传教育】 全年开发区通过网站、电视台、期刊杂志等平台进行安全生产宣传报道80余次；组织7期企业负责人和安全管理员培训班，200余人参加培训；开展安全管理主题培训4期，危险化学品、机械电子、纺织等行业200余个企业600余名安全管理人员参加培训。6月，开展"事故应急救援演练周"活动，先后组织预防有限空间中毒事故、人员密集场所火灾逃生、电梯事故和高层建筑火灾事故应急救援演练，1000余名企业和建筑工地安全管理员观摩并接受教育。11月，开展《危险化学品安全管理条例》学习宣传会，市安全生产宣教中心培训专家就"条例"修订背景、主要变化和章条内容进行讲解；结合《开发区危险化学品事故应急救援预案》，授课老师还对应急救援管理作专题培训。开展安全生产月和安全知识"五进"（进社区、进校园、进企业、进园区、进工地）活动，发放安全生产知识挂图、手册、光碟2000份。 （谢　镜）

·食品安全监管·

【食品安全监管概况】 开发区在质监分局设立食品安全管理委员会办公室（简称区食安办），负责全区食品安全综合协调工作。2011年，开发区食品安全各项整治成效显著，食品安全考核位居市年终考核评价第2名。对各领域食品开展检测，全年农产品抽检蔬菜、生鲜乳、饲料等3000余批次，检测合格率99.9%；生产企业抽样产品624批次，合格623批，抽检合格率99.8%；对食用油、方便食品、调味品、饮料、糖果等开展定性检测，抽检55批次，合格53批次，抽检合格率96.4%。

对大中型餐馆、企业食堂、学校食堂、集体用餐配送单位等开展抽检，抽样65件，合格60件，合格率92.3%，合格率均高出全市平均水平。对邻苯二甲酸酯、罗丹明B、"瘦肉精"、地沟油等开展专项整治，对馒头、蜂蜜、贻贝（淡菜）、藕粉、血燕、辣椒等问题食品进行专项治理，全年组织检查780余次，出动6500余人次；检查5230家次，抽检973批次；取缔无证馒头加工点6个，查办食品违法案件35起，罚没款9.58万元。

规范食品生产经营，全年签订食品安全责任书1061份，规范食品生产经营户2680家次，发出责令改正通知书823份，疏导办照（证）896个。全区应量化分级餐饮服务单位649个（集体食堂269个、餐饮业单位380个），已量化分级649个，量化分级率100%；开展《杭州市餐饮业食品卫生监督信息公示牌》上墙工作及食品卫生监督公示评定，全年公示评定1253个，其中"笑脸"（卫生优良）185个、"平脸"（卫生一般）741个、“哭脸”（卫生较差）327个。

【疏堵并举治理食品流动摊贩】2011年，区食安办联合职能部门，对多蓝水岸小区流动摊贩窝点多次开展集中整治，取缔无证餐饮小推车105辆、非法地下食品加工点94个。采取堵疏结合，以白杨商亭、便民服务车为模式，分工业区块、生活区块、高教区块共设商亭64个、便民服务车2辆；建设夜市及美食广场，安置流动摊贩，加强指导管理，以满足辖区群众生活需求，确保食品安全。全年流动摊贩整治活动累计出动1.18万人次，治理问题摊贩2700余起。

【推动乳品企业建立电子系统】2011年，开发区质监分局在乳制品企业巡查中加入系统建设跟踪检查内容。8月，选取玫琳凯（中国）化妆品有限公司的电子信息系统作参考，组织4个乳制品企业品管、软件系统负责人16人，开展“乳制品企业电子信息记录系统现场观摩及交流活动”。玫琳凯公司电子信息系统由美国总部设计、维护，公司派出不同部门的系统使用人员给观摩人员演示电子信息系统操作流程，重点介绍JDE供应链管理信息系统和CIMS实验室信息系统的应用。系统通过产品批号、检验批号、物流条码编号、原料批号、供应商批号等的溯源，实现从成品到原料的全程追溯。通过供应链、生产、检验信息的电子化，优化企业资源，提高系统管理能力。经过近一年努力，开发区婴幼儿乳粉生产企业——杭州味全生技有限公司在原系统基础上进行增补，年末实现企业电子信息追溯系统设定的各项功能。

【有关领导检查食品安全工作】3月21日，市委常委、副市长沈坚一行到开发区检查食品安全（小餐饮）整治工作，实地查看高沙社区餐饮店、小食杂店、富士康钱塘科技园门口的白杨商亭及智格社区的美食广场；25日，市人大常委会副主任陈重华一行调研开发区食品安全整治工作，对食品经营户证照、厨房卫生、进货台账及索证索票等情况进行检查。

4月20日，国家工商总局食品流通监管司副司长兰德政率考察组，对开发区杭江牛奶乳品厂、味全生技食品有限公司进行考评，走访现场并查阅资料，对许可考评、制度、检验能力等进行综合考评。上级领导通过实地检查，对开发区食品安全工作均给予肯定。

【市食品安全会议在区召开】4月24日，杭州市食品安全工作会议暨食品安全整顿现场会在开发区城建文化馆召开。全市13个区、县（市）政府和杭州经济技术开发区、西湖风景名胜区管委会，以及各责任部门分别与市政府签订2011年食品安全目标责任书。市委常委、副市长、市食安委主任沈坚出席会议并讲话，要求进一步加强生产加工、餐饮服务、食品流通、农产品种植养殖、生猪屠宰等环节监管，深化食品安全专项整治，全力保障人民群众身体健康和生命安全。开发区管委会副主任何铨寿代表开发区作专题汇报，与全市其他地区进行经验交流。

【“质检邀你看企业”活动观摩九阳公司】9月19日，国家质监总局食品司“2011年质检邀你看企业·食品安全大家行活动”第三小组，到开发区对杭州九阳有限公司进行现场观摩。省市人大、政协委员代表，中央电视台、《经济日报》、新华网、中国质量万里行促进会、《杭州日报》、杭州电视台、杭州网、杭州电台等媒体代表32人参与活动。通过现场观摩，九阳公司“以人为本”的企业文化和员工优良素质，九阳在品牌建设、产品创新、国标制定等方面所作努力受到代表的认可和赞许，九阳公司应对食用润滑油事件体现出的信息公平、反应迅速、品质保证举措得到肯定。

【残疾人运动会食品安全保障】10月11～19日，第八届全国残疾人运动会轮椅篮球等5项比赛在开发区举行。为保障残疾人运动员食品安全，区食安办对区内凯恩大酒店、文汇大酒店等5个接待宾馆从现场卫生、索证索票、进货台账、原材料等方面开展食品安全专项检查，同时派驻监督员，做好杭州市重大活动现场卫生监督工作记录表登记；召集厨师长及领班开例会，跟踪问题并整改；保障小组对接待点进行巡回检查，重点检查定点宾馆及周边场所食品质量和卫生状况。为维护运动会期间流通环节食品市场秩序和食品安全，区工商分局开展食品安全大检查，对食品经营主体进行清查和规范，检查食品经营主体资格情况，重点检查辖区超市、农贸市场、小食杂店的进货查验、索证索票、购销台账和质量承诺等制度落实情况。比赛期间，区工商分局出动执法人员46人次，检查食品经营户256户次，对5个未落实索证索票食品经营户责令改正。通过严格监管和全力保障，区内未发生食物中毒事件和公共卫生事件。

【食品安全宣传培训】3月，区食安办开展“你关心、我努力、食品安全不忘忘”为主题的食品安全现场宣传活动。5月，以“人人关心食品安全、家家享受健康生活”为主题，开展食品安全宣传周活动。5月25日，联合市质监局召开杭州市食品企业主体责任落实交流会，聘请教授、专家分析食品安全风险控制和企业主体责任落实过程中的风险控制点。6月，召开中美食品安全标准化管理交流会和食品添加剂座谈会，围绕食品安全标准与法规、加强控制认证过程、提升食品质量及安全监控等内容进行座谈。

6月16日，80名大学生志愿者参加开发区食品安全调查启动仪式

（史小雄 提供）

7月，开发区组织开展2011年四级食品安全事故应急预案演练，全区食品生产经营单位150余人参加观摩。10月，开展校园食品安全整治及中小学、幼儿园食品安全食堂现场会。12月，根据《浙江省实施〈中华人民共和国食品安全法〉办法》，区食安办制订学习贯彻方案，分5期对食品监管人员和生产、流通、消费领域的食品从业人员进行培训，宣传“实施办法”主要内容。根据《开发区食品安全工作方案》部署，区食安办全年组织培训68次，培训从业人员4000人次。

（王淑玲）

【大学生志愿者参与食品安全调查】6月16日，开发区在浙江经贸职业学院举行食品安全调查启动仪式，80名大学生志愿者参加启动仪式。区工商分局对大学生志愿者从食品安全知识、工商部门如何开展食品安全监管、志愿者如何开展工作等方面进行专题培训。6月16~26日，志愿者分8个小组，对开发区物美大卖场、都尚超市等8个主要商场、超市进行调查，重点调查食品质量、台账登记资料和消费投诉处理等情况，以掌握开发区流通环节食品安全状况和经营管理情况。

【工商分局开展食品安全教育】3月，开发区举办大型食品安全宣传活动，区工商分局在都尚超市广场、智格社区、邻里社区、中国计量学院和浙江工商大学5个会场，对居民、大学生和外来务工人员，开展食品安全法规知识宣传、食品安全知识教育和消费常识讲解。活动张贴食品安全知识宣传海报16版，悬挂横幅10条，放置展板12块，发放食品安全宣传资料400份。11月，举办防止传销进校园专题讲座，下沙高教园区高校教职员工200人参加讲座。12月，区工商分局与区个体民营协会举办税务知识专题培训会，60名协会会员参加培训。同月，举办首期食品安全协管员培训班，为15名食品安全协管员培训理论知识和监管技能。

（史小雄）

财税金融

·财政·

【财政概况】2011年，面对复杂多变的国内外经济形势，开发区财政局（简称区财政局）围绕全区重点工作目标，积极组织收入、优化支出结构、深化财政改革、强化财政监督，充分发挥财政职能作用，促进全区经济社会事业发展。全年开发区完成一般预算财政总收入92.64亿元，比上年（指2010年，下同）增长15.5%。其中，地方财政收入43.28亿元，增长29.7%，占财政总收入46.7%。一般预算财政支出38.5亿元，增长52.4%。一般预算累计净结余1.72亿元。全年开发区政府性基金收入（不含土地出让金）2.26亿元，政府性基金支出1.53亿元，政府性基金累计净结余1.58亿元。土地出让金入库66.02亿元。

【民生事业保障】全年开发区财政一般预算用于教育、医疗卫生、社会保障和就业、住房保障、文化方面的民生支出合计3.3亿元，比上年增长94.1%；用于农业水利、公共交通运输、节能环保、城乡社区事务等方面的支出合计26.2亿元，增长1.28倍。其中，教育支出2.43亿元，增长1.18倍，落实民办幼儿园扶持资金425.58万元；医疗卫生支出3117万元，增长90.1%；社会保障和就业支出2518万元，增长70.5%；公共安全支出1.16亿元，增长13.7%。

【环保和公交投入加大】2011年，为促进区域生态和城市环境改善优化，区财政对环保和公交投入加大。全年区财政安排专项资金3.7亿元用于环境综合整治和生态建设；投入1000万元用于区内新公交线路、公交候车亭、快速公交站和出租车的投放；新建公共自行车服务点60处，新增公共自行车2000辆。投入资金350万元用于提高洁化标准，为20个居住小区垃圾分类配置基础配套设施。

【支持企业发展】全年开发区预算安排企业财政扶持资金4.8亿元，实际完成扶持资金3.99亿元。年初，兑现开发区2010年度工业、科技奖励资金4452万元，服务业奖励资金395万元，文创产业奖励资金209万元。服务企业100余个次，协助解决企业实际问题，争取到省、市各级财政专项资金1.1亿元。帮助鼓励企业申报项目，加大开发区配套扶持力度，全年用于项目配套资金6900万元。其中对2011年杭州市重点产业（工业和信息化专项）12个企业增加扶持额度，争取市级资金3664万元，区配套资金3664万元。加大科技创新扶持力度，鼓励和支持留学回国人员在区创业，全年拨付各类人才资助资金1600余万元。深入大企业大集团了解生产经营情况，帮助企业解决困难和问题。

【确保财政收支平衡】2011年，在中央加强地方政府负债管理、清理地方政府融资平台的政策要求下，区财政局根据土地出让金实际入库进度，努力降低政府债务规模。全年开发区分期分批提前归还政府贷款47.7亿元，2011年到期贷款基本提前归还。至年末，开发区各项地方政府性债务风险指标控制在省政府要求范围内。

2011年开发区财政收支情况

表27　　单位：万元

收入项目	累计数		
	2011年	2010年	为上年(%)
地方财政收入小计	432 777	333 634	129.7
一、税收收入	417 270	328 835	126.9
增值税	93 379	101 529	92.0
营业税	88 449	79 650	111.0
企业所得税(40%部分)	118 993	89 361	133.2
企业所得税退税	—	—	—
个人所得税(40部分)	18 459	16 302	113.2
城市维护建设税	33 202	9 639	344.5
耕地占用税	—	—	—
契税	—	—	—
房产税	14 185	10 584	134.0
其他税收	50 603	21 770	232.4
二、非税收入	15 507	4 799	323.1
专项收入(教育费附加)	12 096	3 511	344.5
行政事业性收费收入		292	
罚没收入	1 933	574	336.8
国有资源(资产)有偿使用收入	1 478	422	350.2
上划中央二税小计	287 448	309 947	92.7
消费税	7 311	5 360	136.4
国内增值税(75%部分)	280 137	304 587	92.0
中央所得税收入小计	206 179	158 495	130.1
企业所得税(60%部分)	178 490	134 042	133.2
个人所得税(60%部分)	27 689	24 453	113.2
财政总收入合计	**926 404**	**802 076**	**115.5**
附：政府性基金收入	36 743	60 406	60.8

支出项目	累计数		
	2011年	2010年	为上年(%)
一般预算支出	385 004	252 664	152.4
一、一般公共服务	28 239	26 159	108.0
二、国防	34	32	106.3
三、公共安全	11 583	10 188	113.7
四、教育	24 334	11 169	217.9
其中：教育费附加支出	11 720	1 764	664.4
五、科学技术	22 109	14 235	165.4
六、文化体育与传媒	2 822	2 745	102.8
七、社会保障和就业	2 518	1 477	170.5
八、医疗卫生	3 117	1 640	190.1
九、环境保护	3 080	3 586	85.9
十、城乡社区事务	257 134	110 937	231.8
十一、农林水事务	1 376	895	153.7
十二、交通运输	414	—	—
十三、资源勘探电力信息等	15 026	64 618	21.0
十四、商业服务业等事务	2 788	578	482.4
十五、地震灾后恢复重建支出	2 841	2 583	110.0
十六、国土资源气象等事务	1 684	1 087	154.9
十七、住房保障支出	421	98	429.6
十八、粮油物资管理事务	—	—	—
十九、储备事务支出	—	—	—
二十、国债还本付息支出	—	—	—
二十一、其他支出	5 484	637	860.9
二十二、预备费	—	—	—
附：政府性基金支出	408 685	638 156	64.0

【国库集中支付和公务卡改革启动】为推进开发区财政管理体制改革，建立以国库单一账户体系为基础、资金缴拨以国库集中收付为主要形式的财政国库管理制度，2011年区财政局启动开发区国库集中支付改革和公务卡改革试点工作。制订《开发区财政国库集中支付管理暂行办法》《开发区国库集中支付会计核算暂行办法》《开发区财政国库集中支付资金银行清算暂行办法》《开发区预算单位公务卡管理办法》，选择确定改革代理金融机构，建立国库单一账户体系及国库集中支付信息系统平台，在试点单位开展改革动员和业务培训。7月1日，在开发区人事劳动社会保障局、开发区公安分局等6个单位正式启动国库集中支付改革和公务卡改革试点。

【会计管理与监督】全年区财政局以会计执法为主线，提高服务质量，对会计机构和人员加强管理。完成3000余名会计人员继续教育培训，进一步完善会计人员继续教育网上学习系统，实现会计人员网上报名、学习、考试一体化。在开发区设立会计从业资格考试考区，完成1.49万人参加的会计从业资格考试的考务工作。完善高级会计师、会计专业技术职称、会计从业资格、会计电算化等会计类考试管理系统，完成2012年会计类考试网上报名，1.91万人参加报名。通过管委会信息中心的技术支持，对会计从业资格的行政许可事项实现网上受理。

【审计监督检查】2011年，区财政局（审计局）提高审前调查质量，找准审计切入点，开展区招商局局长、区城管办主任等领导干部任期经济责任审计；对开发区文海实验学校、杭州学正小学等7所学校食堂财务收支和机关事业单位、社团、国企“小金库”实施专项检查，做好财政财务监督。以建立预算绩效管理体系、提高资金使用效益、改进项目资金后续管理为目标，做好开发区留学人员创业资助项目和中小学接送车项目财政支出项目绩效评价。（孙小平）

·国家税务·

【国家税务概况】2011年，杭州经济技术开发区国家税务局（简称开发区国税局）通过重点税源企业预测、分行业分税种分析、增进各方协作等措施，推进开发区国税收入平稳增长，确保年度收入任务全面完成。全年开发区国税入库税收收入67.3亿元（含免抵调），比上年增收2.28亿元，增长3.5%。其中，增值税入库（含免抵调）37.55亿元，减少3.8亿元，下降9.2%；消费税入库0.73亿元，增收0.19亿元，增长36.4%；企业所得税入库29.02亿元，增收5.9亿元，增长25.5%。

【税收征管水平提升】开发区国税局推进税源专业化管理，按税源类别划分重点税源、特定税源、一般税源，设立纳税评估岗、日常基础管理岗、综合事务管理岗，实行专人专岗、属地专人专业、项目团队专业管理。2011年，制订《个体税收征管的操作规程》，对个体税收征管节点进行规范和细化；对所辖街道和市场的代征单位全部实现“集中管理、统一开票、按月申报、定期结算”的管理模式。通过税源专业化管理和征管流程的不断优化，开发区国税局税收征管水平逐步提升。

【完成纳税评估116户】开发区国税局将一般评估与专项评估相结合进行纳税评估。全年完成纳税评估116户。其中，评估有问题户数48户，占总评估户数41.4%。2011年度评估入库补缴税额1724.2[illegible]万元，其中增值税税额82.04万元、企业所得税税额1642.2万元。弥补此前年度亏损额1293.96万元，补缴滞纳金10.38万元。

【落实国税优惠政策】开发区国税局以科学管理、规范审批着手，全面落实国家税务各项优惠政策。全年办理企业所得税优惠358户次，减免税款6.4[illegible]亿元；办理增值税减免税备案登记41户次，合计减免0.51亿元。生产型出口企业认定327户，正常出口退税申报企业196户，审核企业出口退税2318批次；审核免抵退税额19.3亿元，其中免抵10.[illegible]亿元、退税8.7亿元。

2011年，开发区国税局结合“创先争优”活动，开展以“擦亮窗口、展示形象”为主题的服务品牌创建活动。全年局领导带队走访27个重点税源企业和管委会经济职能部门及街道，了解办税难点。每季召开税收政策宣讲会，为纳税人讲解税收政策变动，做好涉税辅导。

对企业面临的共性问题，开展专题政策辅导，全年举办高新技术企业、出口加工区及电气退税企业

2月14日，开发区国税局工作人员到杭州益维汽车工业有限公司走访送服务（王黎明 摄）

等专题辅导会4期，参会企业350余个。推进自助办税，宣传推广“网上抄报税”和“网上办税”等业务。在办税服务厅推出自助办税一体机，纳税人可自助完成发票验旧购新、增值税专用发票认证和通知书打印、纳税申报等办税事项。

【行风政风建设】开发区国税局结合“深化作风建设”“效能亮剑”专项行动、民主评议政风行风工作及开发区满意单位评选等活动，推进全局政风行风建设。完善行风效能建设长效机制，定期召开行风效能监督员座谈会，组织明查暗访等活动；组织科室自查、监察员检查和监察部门巡查，发现问题及时整改；开展各类文明创建活动，参加地方党委、政府组织的行风（政风）评议、满意评选等活动，推进基层规范化建设。开展满意度问卷调查，对175户纳税人发放调查问卷，收到意见建议13条，纳税人对国税工作满意率98.9%。2011年，开发区国税局服务厅被评为市“文明服务示范点”。作为全市国税系统两个推荐单位之一，办税服务厅还参加市级“人民满意基层站所（服务窗口）”评选。

【国税队伍建设】开发区国税局从业务培训着手，全面提高干部队伍素质。以年初培训调研情况为依据，设计培训项目，制订培训方案，有步骤地组织实施集中培训。与湖州税校等合作院校加强联系，采取“走出去、请进来”的方式开展培训，提升培训质量。组织各科干部自训，结合科室工作实际选课题，提高培训实用性。以国家税务总局、省国税局财务会计知识抽考和全市国税系统税收政策业务与财务会计知识竞赛为契机，开展学习业务活动，全年举办各类业务培训17期，参加培训1057人次，组织考试6次。

（陈　方）

·地方税务·

【地方税务概况】开发区各税（费、基金）由杭州市地方税务局开发区税务分局（简称开发区地税分局）负责征收管理。开发区地税分局在开发区3号大街银都商厦西北侧一楼大厅设立延伸申报点，管理二科具体负责开发区纳税人地方各税（费、基金）征收管理。2011年，开发区地方财政收入43.28亿元，比上年增长29.7%。开发区片区组织各项收入46.76亿元，增长42.2%。其中，税收收入24.9亿元，增长44.3%；其他收入入库21.58亿元，增长38%；工会经费收入2774万元。

【规费征收与管理】全年开发区片区规费收入21.86亿元，比上年增长40%。社保费入库17.48亿元，增长34.5%。水利建设专项资金入库1.33亿元，增长50.1%。教育费附加和地方教育费附加入库2.39亿元，增长68.3%。残疾人就业保障金入库3605.86万元，增长34.8%。

加强规费管理。市地税局开发区分局通过“地税社区”“财税通”“在线咨询”等平台，多渠道宣传政策。开展报表统计、季度分析，落实催报催缴制度。跟踪管理社保费欠费名单，开展缴费非正常户清理认定。利用纳税评估优势，完成国税、地税信息比对工作。全年89个企业补缴教育费附加25.45万元和地方教育费附加22.82万元。

【落实政策支持企业发展】开发区地税分局落实税费优惠政策，支持企业转型升级。全年批准减免房产税、城镇土地使用税4149万元，195个企业享受各类所得税优惠，优惠总额1.67亿元；高新技术企业优惠政策减免企业所得税额4949万元；落实研究开发费加计扣除优惠政策，减免企业所得税额2643万元。

【促进分离发展服务业】2011年，开发区地税分局根据税收优惠政策，分析企业分离前后税负情况，向企业提供分离方案，促进企业分离发展服务业。重点发展工业园区物流基地、大企业研发中心、国际贸易、文化创意等配套服务。全年促进分离发展服务业企业8个，其中分离从事购销业务的商贸企业1个、科技服务企业5个、电子商务企业1个、其他服务业1个，新增税收140余万元。

▶▶资料：企业分离发展服务业

企业分离发展服务业指企业根据产业发展规律及产业分工，将其生产流程中的一个或几个服务环节从原企业中分离出来，设立独立的法人企业或者外包给专业的社会化服务企业。

【加强税源管理】开发区地税分局推进重点税源监控，将具有潜在税源增长趋势的企业纳入监控体系，170个重点税源企业入库36.8亿元，占税收总量77.5%。与开发区财政局建立定期协调会制度，协同做好税源引进、培育工作。加强村级经济管理，规范军地园区企业税收管理。实行行业税收管理制度化，对物联网产业、大学科技园等产业税源进行调研。加强税源预测，制订实施《三级税源预测分析管理办法》，走访重点税源企业，掌握税源增减变动情况。建立制造业、餐饮业、房地产业等行业协作组织，定期召开税源分析会，使开发区税源管理进一步制度化、可控化。

【提高纳税服务水平】开发区地税分局推行午间服务、预约服务、领导值班制等举措，简化涉税办事程序。为大企业提供纳税筹划方案，尽力解决企业诉求。推行纳税服务回访制度，开展“三个到一线”（宣传政策到一线、征求意见到一线、解决问题到一线）活动。走访纳税户，宣讲税务机关支持企业转型升级、发展生态经济理念，征求企业意见和建议。全年开展纳税服务志愿者活动5场，开展税收政策宣讲会15场，对500个企业进行纳税“体检”。开通开发区纳税服务网，通过税企QQ群发布地税政策及通知。开展第20个全国税收宣传月活动，开发区地税分局举办的“同心汇聚”纳税人演讲会活动被省地税局评为2011年度税收宣传优秀项目。（杨　舜）

4月14日，开发区地税分局举办“同心汇聚”纳税人演讲会活动。图为演讲获奖者合影（沈建庆　摄）

·金融·

【金融概况】2011年，开发区有各类金融机构26个，其中银行11个、保险公司5个、担保机构4个；自助银行或（ATM）网点111个，离行网点89个，ATM机221台。金融业发展态势良好，服务经济能力持续增强。全年实现金融服务增加值25.04亿元，比上年增长13.7%。至年末，全区银行存款余额265.93亿元，贷款余额216.75亿元。人民币存款余额254.79亿元，人民币贷款余额212.90亿元。外币存款余额1.8[illegible]亿美元，外币贷款余额0.57亿美元。完成保费总收入1.17亿元，其中企业财产险保费收入1.12亿元。（黎洪正）

【中行开发区支行业务稳定发展】2011年，中国银行股份有限公司杭州经济技术开发区支行（简称中行开发区支行）拥有辖属网点4个、自助银行网点3个、ATM机48台，在职员工133人。至年末，支行完成人民币存款余额41.78亿元，外币存款余额7564万美元；人民币贷款余额25.71亿元，外币贷款余额3479万美元。实现中间业务收入3068万元，净利润8134.61万元。完成国际结算量16.04亿美元。

调试新操作系统，支行年内启用中国银行新系统——“IT蓝图4.0”。该系统采用可视化操作界面，整合多个业务平台，实现全国范围内的数据集中，数据处理构架不断优化。组建钻石团队，服务中小企业，5月成功受理浙江省首笔兰亭通宝业务，7月受理开发区首单网络通宝业务。全年中行开发区支行新增新模式下中小企业授信客户4户，授信金额1800万元；网络通宝客户3户，授信余额580万元。发展跨境人民币业务。[illegible]月受理首笔全额存单质押跨境人民币信用证业务，金额为1997万元，7月受理首笔跨境人民币出口收汇，金额1[illegible]35万元。全年人民币跨境结算量5.23亿元。（刘　敏）

▶▶资料：IT蓝图4.0

IT蓝图4.0，是新上线的中国银行的信息系统，集中录入中国银行所有的业务信息。

表28

2011年开发区金融机构业务情况

项　目	单　位	年末数		
		2011年	2010年	为上年(%)
一、存贷款情况				
1. 银行存款年末余额	亿元	265.93	270.02	98.5
2. 银行贷款年末余额	亿元	216.75	201.69	107.5
3. 人民币存贷款情况				
人民币存款余额	亿元	254.79	257.96	98.8
人民币贷款余额	亿元	212.90	193.70	109.9
4. 外币存贷款情况				
外币存款余额	亿美元	1.80	1.55	116.1
外币贷款余额	亿美元	0.57	1.26	45.2
二、保险				
保费总收入	亿元	1.17	1.02	114.7
其中：企业财产险保费收入	亿元	1.12	1.02	109.8

【工行开发区支行经营绩效水平提升】2011年，中国工商银行股份有限公司杭州经济技术开发区支行（简称工行开发区支行）以“扩存款、调结构、增收益、强考核、抓管理”为工作重点，努力推进精细化营销与管理，绩效与管理水平全面提升。至年末，支行实现拨备前利润1.62亿元。其中，中间业务收入3863万元，比上年增加542万元；本外币各项存款45.56亿元，比年初增加2.54亿元；国际结算量累计13.2亿美元，结售汇业务5.3亿美元。电子银行两个专业大部分指标超额完成任务，其中结算专业年度排名位居杭州地区银行前列。

优化管理服务，全年支行增设自助机具21台，其中在开发区区域16台，重点投向新建小区、繁华商业区、批发市场和高校等人流量大的区域。针对客户排队高峰期，各网点调配人员，开足柜口，必要时通过增开低柜或增设低柜功能，缓解高柜排队压力。开展网点“零投诉”竞赛活动，实施网点客户投诉AB角制度，受理客户咨询、建议及投诉事宜。加强网点服务工作考核，对营业部及支行每月检查情况、网点自助机具运行率、离柜业务率、自助柜员机运行率、自助终端开机率、自助网银机使用率（U盾下载率）等进行考核。

2011年，支行重新修订绩效考核，实行部门（网点）绩效考核与穿透式考核相结合。发行《经开动态》《经开支行对公业务发展简报》《经开支行个金业务发展简报》《经开支行中间业务发展简报》等内部刊物，健全完善系统性的业务拓展和经营管理分析制度。深化落实市、开发区布置的创建“平安金融”工作任务，在2010～2011年公安机关金融单位安全评估活动中，获开发区内支行级成绩第1名。连续被评为市平安示范金融单位和2011年度省安全示范单位。　（赵志斌）

▶▶资料：穿透式考核

穿透式考核属银行业务专业术语，是指上级银行直接向辖属各级分支机构和关键个人下达经营目标，并直接对承担任务的机构或个人进行绩效考评和福利分配，取消辖属以下分支机构对经营目标的层层分解和考评，以减少或消除因本机构利益而造成的目标扭曲和弱化。

【建行开发区支行业务提升】2011年，中国建设银行股份有限公司杭州经济技术开发区支行（简称建行开发区支行）围绕省分行决策部署，团结一致、克难攻坚，较好完成省分行下达的经营任务。全年支行实现一般性时点存款33.97亿元；贷款投放39.42亿元，其中个人贷款15.87亿元，实现中间业务收入4395万元，增幅位居城区支行前列。

交通银行杭州下沙支行对私区域　　（杨博宇　摄）

支行调整优化客户结构，新引入杭州冠亚饮料有限公司、杭州杭联热电有限公司、浙江传媒学院、康师傅控股有限公司等优质客户与支行合作。推动网络银行贷款、联保联贷等新业务，成功组合7个联保体，投放贷款金额5000万元，扶持开发区周边石材加工、建筑设备租赁等小微企业（小型企业、微型企业、家庭作坊式企业、个体工商户的统称）。参与杭州市高科技企业孵化器项目金融服务，促进区域经济转型升级。

提高服务意识，全年客户有效投诉为零，客户满意度领先城区支行，获得建设银行省分行“百佳网点”称号和“旺季营销产品销售突出贡献奖”。加强与开发区管委会沟通联系，推进银企、银政合作。加强安全保卫与风险防范，全年堵截电话诈骗7起，堵截入室偷盗案件1起。　（朱　远）

【农行下沙支行业务快速发展】2011年，中国农业银行股份有限公司杭州下沙支行（简称农行下沙支行）按照“扎根开发区、服务区内实体经济、为区域经济提供有力支撑”的经营理念，拓客户、强基础、优结构，各项业务均保持快速发展。至年末，支行本外币各项存款36亿元，比年初增加5亿元。实现中间业务收入3600余万元，新增优质法人客户和优质中小企业客户的基础性指标完成良好。

基础管理进一步夯实。2011年，支行再次评为农业银行内控评价一类行，获得总行级内控先进支行和省分行级案件防控先进单位等称号；支行管理层被评为省分行营业部“四好班子”称号。在省分行营业部举行的“基础管理提升年”活动中，支行内部管理良好，获得综合考评二等奖。

4月，农行下沙支行辖属范围进行调整，由原先东起彭埠镇区域缩至月雅桥路以东范围之内，原彭埠镇区域至月雅桥路以西区域由新成立的农业银行九堡支行统筹业务管理工作。辖属情况变更后，农行下沙支行职工总数由原先120人减至79人，业务规模相应减小近50%。隶属关系不变，农行下沙支行仍为省分行营业部辖属一级支行。（杨文杰）

【交行下沙支行业务稳步增长】2011年，中国交通银行股份有限公司杭州下沙支行（简称交行下沙支行）围绕存款指标，拓宽思路抓项目，通过境内外联动、公私联动、本外币联动，开辟存款新增长点，存款业务持续稳健增长。至年末，支行实现总存款29.21亿元，比年初增加7.27亿元。其中，对公存款22.8亿元，比年初增加6.2亿元；对私存款6.41亿元，比年初增长1.07亿元。全年完成国际结算5.7亿美元，内部考核实现利润3115万元。

改进营销管理，支行推进客户名单式营销，开拓新客户，业务延伸至开发区前进工业园区、海宁市，以及杭州市区，全年对公、对私客户发展计划基本完成。推进结构调整，由做指标向做客户转型，带动存贷款、电子银行业务、国际业务的共同发展。面对信贷资源硬约束，主动适应调控，控好总量、腾挪存量、用好增量，积极服务开发区经济发展。全年新增一批优质对公、对私客户，支行经营能力有较大提升。

坚持实施客户发展战略，运用供应链、现金管理、境内外联动、“创业一站通”等手段，提升金融服务水平。针对差异化需求，推出多项增值服务，建立包含理财、亲子、教育、医疗、奢侈品鉴赏在内的高端特色服务体系。推动浙江商汇卡、家易通、联合在线、交银通等新型产品服务，推动业务交叉销售。实施内部调整，加强队伍建设。1月，成立交通银行杭州下沙中心支行，九堡支行作为二级支行纳入下沙中心支行管理。修订岗位责任制、中心支行考核办法及内部管理的有关制度，全行精细化管理水平提高。

（孙同键）

▶▶资料：创业一站通

创业一站通是交通银行服务微小企业的信贷产品。其目标群体是处于创业初期、经营规模小、融资需求小，但能创造价值的各类微小企业，客户准入为资产总额1000万元（含）以下或企业年销售总额1000万元（含）以下的法人小企业。

【杭州银行下沙支行业务完成良好】2011年，杭州银行下沙支行在年初机构调整后，及时调整自身角色和定位，努力稳定和发展支行业务，完成杭州总行下达的大部分年度考核业务指标。至年末，支行各项存款余额12.15亿元，比年初增长1.33亿元。其中，公司客户存款余额7.94亿元，比年初增加8912万元；小企业客户存款余额1.54亿元，比年初增加804万元；零售客户存款余额2.66亿元，比年初增加3609万元。日均存款余额11.11亿元，比年初增加7781万元。各项贷款余额4.59亿元，比年初增加5686万元。其中，公司条线贷款余额2.56亿元，比年初增加5686万元；小企业条线贷款余额1.55亿元，比年初增加1582万元；零售条线贷款余额4726万元，比年初减少1301万元。银行承兑汇票余额4.95亿元，比年初减少1.39亿元。国际业务结算量3177万元。贴现2.27亿元。

（潘　晔）

【兴业银行下沙支行业务拓展】2011年，兴业银行股份有限公司杭州下沙支行通过梳理链条、拓展平台、公私联动、产品改良等举措，进一步拓展业务，经营业绩良好。全年支行完成营业收入6211万元，实现营业利润5264万元。人民币年末存款余额8.04亿元，其中企业存款6.07亿元、居民储蓄存款1.97亿元；人民币年末贷款余额12.57亿元，各项资产总计14.15亿元。

支行通过委托贷款的方式，介入新型社区业务，支持村级留用地开发建设；通过“联保贷款”等支持浙江石材市场，通过“兴业通”“个人经营贷款”“信用卡”等零售业务产品支持杭州恒大建材市场、杭州四季青服装市场等集聚型市场。创建平安银行，支行全年客户投诉为零；增设“营业厅主任”岗位，全面负责营业厅服务。以“争创金融安全评估先进单位”为目标，梳理安保工作制度，防范“固定电话、短信诈骗”等风险，确保客户资金安全。

（姜菲菲）

【民生银行下沙支行加快发展】2011年，中国民生银行股份有限公司杭州分行下沙支行（简称民生银行下沙支行），调整结构，实施转型，银行经营状况改善，综合管理水平提升。至年末，支行各项存款余额18.67亿元，比上年增加1.74亿元，增长10.3%。各项贷款余额5.63亿元，增加1.46亿元，增长35%。营业收入3473.86万元，增加971.62万元，其中利息收入1810万元，增加685万元。中间业务收入37万元。

贯彻“做民营企业、小微企业、高端客户的银行”的发展方针，调整支行发展战略，开发小微企业客户，拓展市场零售业务。至年末，实现储蓄存款余额1.48亿元，比上年增长24.4%；个人贷款余额2.08亿元，增长17.5%；新增市场收银工具212台，完成收支交易6.04亿元；个人网银新增1967户。全年理财产品销售1.97亿元，增长2.8倍。

（陈玉姣）

民生银行杭州下沙支行营业楼外景　　（朱　琳　摄）

开发区北部区块鸟瞰 （[illegible]体兵 摄）

【中信银行开发区支行稳步谋发展】2011年，是中信银行杭州经济技术开发区支行（简称中信银行开发区支行）业务稳步发展的一年。至年末，支行各项存款余额11亿元，各项贷款余额5.5亿元，净利润2768万元；国际业务进出口收付汇量5亿美元，不良资产为零。 （陈钊钦）

【联合银行下沙支行优化服务创新业】3月，杭州市下沙农村信用社更名为杭州联合农村商业银行股份有限公司下沙支行，辖二级支行1个、营业部1个、分理处5个，员工68人。支行以服务“三农”和中小企业为导向，主要经营各类存贷款、中间业务、代理业务等。2011年末，支行完成各项存款36.7亿元，比年初增加1.91亿元；各项贷款20.8亿元，比年初增加1.73亿元。实现贷款利息收入1.47亿元，比上年增加2616万元。

注重以人为本，优化各项服务。支行根据杭州总行星级服务支行考核标准，成立文明规范服务化领导小组，制订规范化服务实施方案、服务应急预案、服务承诺制度、工作责任制度、首问责任制等制度。完善客户投诉受理机制，建立客户满意度调查机制，定期进行客户满意度调查。完善硬件设施，加大自助服务网点布局，建立24小时自助银行，配备ATM取款机11台，每台日均接受服务200余笔。至年末，支行下辖机构被杭州联合银行总行评为2011年度四星级分理处1个、三星级分理处4个。 （朱 刚）

【邮储银行开发区支行业务提升】6月10日，中国邮政储蓄银行杭州经济技术开发区支行（简称邮储银行开发区支行）迁址学林街1378号，营业总面积近800平方米，设有VIP贵宾室、理财室、24小时自助银行、自助网上银行体验、信贷受理中心及签约室等软硬件设施。2011年，支行以“扩规模、调结构、增收益”为工作重点，努力推进创新营销与管理，业务规模与管理水平全面提升。至年末，支行实现业务收入1349万元，比上年增加859万元，人均创收[illegible]7.6万元；实现存贷款规模6.5亿元，办理票据贴现2[illegible]亿元，各项业务增幅均列杭州地区支行前列。 （张霞萍）

【人保开发区支公司保费收入8920万元】中国人民财产保险股份有限公司杭州经济技术开发区支公司主要开办企业财产保险、建筑安装工程险、家庭财产保险、机动车辆保险、交通事故责任强制保险、产品责任险、公众责任险、意外险、国内运输和进出口运输保险等险种，涉外办理财产一切险、现金保险、机器损坏险、雇主责任险、货运预约险等保险产品。公司设车商业务部、非车险业务部、电子商务业务部、九堡营销服务部、人力资源部（办公室）、客户服务部6个部门，职工42人。2011年，公司承担风险总额330余亿元，承保机动车辆逾1[illegible]万辆，实现保费收入8920万元，各类赔款7210万元（含未决赔款）。 （姚 哲）

环境保护

·环境保护综述·

【生态建设与环境保护推进】2011年，开发区围绕创建国家生态示范工业园区和国家环保模范城市复检，实施“环境质量改善三年行动计划”，开展截污纳管三年行动、重点工业企业污染整治、“三江两岸”（三江指钱塘江、富春江、新安江流域，两岸指三江两岸沿线可视范围）生态建设与环境综合整治等工作；启动“大气环境质量改善三年行动计划”，并将环境提升工程确定为开发区2011年民生工程。通过全年努力，开发区生态建设与环境保护成效明显。10月，“国家级生态工业示范园区”建设规划获国家批复。开发区环境保护局（简称区环保局）获评2011年杭州市区、县（市）环保局长目标责任书考核优秀单位，开发区获得2011年杭州市“三江两岸”生态景观保护与建设工作优秀组织奖。

【水环境质量显著提升】开发区围绕“环境品质化”战略，引导和监督企业对污水处理设施进行提升改造，持续推进工业企业截污纳管，区域水环境质量显著提升。至年末，60个区级以上污染重点防控工业企业废水飞行监察达标率从年初77%提高至95%以上。地表水环境水质大幅提升，对区内14条河渠的16个断面采样监测结果显示，主要污染指标高锰酸盐指数、氨氮、总磷等，下半年较上半年下降35%～40%。

【节能减排稳步推进】全年开发区实现万元工业增加值综合能耗下降9.8%。完成15个工业企业废气处理设施提升改造项目和7个加油站的油气回收整治。推进燃煤炉清洁能源改造，以及燃煤炉使用天然气、电力等清洁能源替代工作。全年开发区空气质量状况为Ⅱ级，优良天数319天，优良率87.4%。

【完善环境应急处置机制】开发区全面评估企业环境安全风险与事故防范措施落实情况，针对年内开发区发生的杭州绕城高速公路东线出口匝道危化品泄漏事故、娃哈哈乐乐维有限公司生产车间少量氨气泄漏、3号大堤不明车辆倾倒废节能灯管、杭州朝阳橡胶有限公司炼胶车间爆炸事故等状况，区环保局修订健全环境事故应急预案体系，建设环境应急物资贮存仓库，增强环境应急物资贮存，做好环境应急事故物资保障，进一步完善环境应急处置机制。开发区事故应急由区应急办（委办公室）牵头，发生事故后由区应急办牵头协调开发区安监、公安、消防、卫生、环保等部门紧急处置，同时不断修订完善该应急预案处置机制。

【环境监督联络员制度建立】6月，开发区建立环境监督社区联络员制度，环保工作拓展延伸到23个社区，每个社区选择1名环境监督联络员。环境监督联络员主要承担加强社区居民与区环保局之间的沟通了解，协助参与区环保局开展的环境执法检查，收集居民对环境工作的意见建议，宣传区环保局开展的环保工作及环保动态等任务。区环保局每月召开一次联络员会议，同时建立QQ群，适时进行信息交流。

表29

2011年开发区工业"三废"排放及处理率情况

项目	单位	2011年	项目	单位	2011年
工业企业数	个	44	工业废水集中处理率	%	99.71
污水处理厂污水处理能力	万吨/日	60	工业废气排放总量	万标立方	1 3[illegible]5 968
年污水处理量(污水处理厂)	万吨	3 440	二氧化硫	吨	1 076
工业废水排放总量	万吨	1 190.6	烟尘	吨	30.08
化学需氧量	吨	468.74	工业固体废物产生总量	万吨	13.78
氨氮	吨	55.72	危险废物	吨	2 994.51
工业企业废水处理量	万吨	1 190.6	其他废物	吨	1[illegible]4 776
工业企业废水处理率	%	100	工业固体废物综合利用率	%	93.12

注:《工业"三废"排放及处理率》表格中的调查企业数44个,为2011年开发区重点调查企业

·环境综合整治·

【截污纳管三年行动见成效】2011年是开发区开展截污纳管三年行动计划的第二年。全年完成3000吨/日的污水减排任务,对出口加工区等区域内的工业企业、石材加工厂开展水污染专项整治,处理一批雨污混接、超标排放的企业。对日排水量30吨以上的工业企业进行排水整治,完成109个工业企业合计411个雨污水排放口的标准化设置。

对住宅小区及公用设施开展截污纳管。全年完成住宅小区整治50处、小区局部截污纳管工程14处、市政道路管网整治工程6处;对松合、东方、湾南、头格等社区过渡房小区建设污水生态处理设施;对元成、智格、高沙等7个社区实施纳管工作,累计完成管线铺设1000余米。对10个规模养殖场进行整治,对污染严重的养殖场实施重点整治。

开展结构性减排。淘汰关闭三大力奶牛场、兴隆奶牛场,对杭江奶牛场、杭钢猪场进行氧化塘清淤,铺设场内污水管道,完善其粪便干湿分离处理设施。开发区全面完成市环保局2011年度下达的养殖污染物2.8%的COD(化学需氧量)减排目标。

2011年,开发区开展5号渠河道生态修复工程。图为2号大街至4号大街段
(王罡 摄)

【大气环境整治工作启动】2011年,开发区继续落实《开发区大气环境整治第七阶段实施方案(2010~2012)》,重点落实《开发区2011年沿江工业企业废气提标整治实施方案》,督促企业对废气治理设施进行提升改造。至年末,杭州朝阳橡胶有限公司、杭州中策橡胶有限公司、国际香料香精有限公司、浙江蓝天环保高科技股份有限公司等15个重点企业,合计投入改造资金逾3000万元,开发区大气环境整治行动顺利展开。2011年9月,区环保局编制《开发区大气环境整治三年行动初步方案》,并正式启动大气整治。

【河道综合保护与整治】围绕杭州市河道水质改善三年行动,开发区加快推进河道综合保护与整治。年

内，完成高沙河二期整治，上沙渠西延伸段（幸福河至新华河）、新华河（金沙大道至下沙路）、2850路（绕城高速公路至沿江大道、绕城高速公路至3号大堤）3项整治工程及月雅河节制闸建设工程完成年度计划任务。至2011年末，全区累计完成22条河道的综合整治，总长48千米，占开发区河道总长度92%，总投资6亿元。

【重点排水企业整治】2011年，区环保局督促区内杭州旭化成纺织有限公司、杭州顶津食品有限公司等10个重点工业企业，实施污水污染物治理设施改造，至年末已全部完成改造任务。推行纺织印染企业中水回用项目，督促完成杭州旭化成纺织有限公司800立方米/天、浙江福发纺织有限公司650立方米/天中水回用项目，总的中水回用量1450立方米/天；启动杭州华丝夏莎纺织科技有限公司、杭州天马思宏染织有限公司、杭州金晶纺织整理有限公司中水回用项目。

开展重金属污染排查整治及铅污染及汞污染等调查，从原材料、工艺、产污点、“三废”（废气、废水、固体废弃物）处理等环节进行控制，对涉铅、汞等企业实施重点监管。

据市监测显示，开发区进水断面水质——四格排灌站断面比上年（指2010年，下同）有恶化；河道出水断面——850排灌站断面主要污染物浓度呈下降趋势，高锰酸指数、氨氮、总磷分别比上年监测平均值下降10.9%、36.9%、70.5%。（冯甜甜）

▶▶资料：中水回用

“中水”一词，相对于上水（给水）、下水（排水）而言。企业中水回用主要指用各种物理、化学、生物等手段对工业所排出的废水进行不同深度的处理，达到工艺要求的水质，然后回用到工艺中去，从而达到节约水资源、减少环境污染的目的。

·环保科研监测·

【环保科研监测概况】2011年，开发区环境监测站（简称区环境监测站）结合实验室计量认证复检（扩项）工作，完成实验室仪器维护及期间检查；对计量认证复检中不符合项目进行整改，获得省质量技术监督局颁发的资质认定计量认证证书，向社会出具证明作用的数据和结果增至52项。贯彻执行环境监测质量管理三年行动计划，参与省质量技术监督局组织的能力验证比对，自行开展能力验证内外部比对14项。省质量技术监督局年度检验机构能力验证结果为满意、合格；被市环境监测类检验机构监督检查评为B类。全年参加省、市以上环境监测机构组织的业务培训和学习13人次，连续3年参加市环保局组织的年度考评。

【为企业提供监测服务】全年区环境监测站完成200余个企业的委托检测和32个企业的竣工验收监测，编写委托监测报告240份、竣工验收监测报告32份，监测数据1600余个。简化办事程序，实行电话接收委托或现场采样补填；组织辖区20余个企业进行污水监测质量比对，对检测不符合的单位进行技术指导和分析。为杭州电缆股份有限责任公司、宁波沁园水处理工程有限公司等企业上市环保检查提供监测服务。联系上级监测站进行炉窑监测，并与检查单位省环境保护科学设计研究院沟通探讨有关技术问题，为企业解决实际难题，受到企业欢迎。

【环境质量指标监测】全年区环境监测站在区内14条河道、16个断面监测地表水6次，10个监测项目获得数据1000余个。编写监测报告6份、地表水水质分析报告2份。对16个监测点增测Mn（锰）、Cr（铬）、Ni（镍）、Pb（铅）、Cd（镉）、Zn（锌）、Fe（铁）、Cu（铜）8个指标的重金属浓度。

在裕园公寓等5处地点开展环境监测，并上报监测数据。开展特征污染物监测，做好地表水和空气的铅监测、乔司农场渔业用水挥发性有机物和半挥发性有机物监测、污染源油烟监测、环境空气苯系物、甲醛监测和氨的挂片监测。开展道路交通噪声和区域噪声监测，对16条道路交通干线18个测点和100个区域噪声测点进行监测。

【空气环境监测】2011年，开发区空气质量明显提高。全年优良天数319天，比上年增加7天；优良率87.4%，提高1.9%；平均污染指数73，减少2。全年空气二氧化硫、可吸入颗粒物浓度下降，二氧化氮浓度上升。大气降尘平均浓度为7.03吨/平方千米·月，

9月21日，区环保局对宏讯电子工业（杭州）有限公司烤漆废气处理设施技改项目进行环保验收 （韩 涛 摄）

比省环保厅推荐标准（8吨/平方千米·月）低12%，平均浓度降低18.9%。

【噪声环境监测】2011年，开发区道路交通噪声平均等效声级为66.8分贝，比上年增加0.5分贝，达标率77.8%。监测时段大车流量平均为161辆/小时，小车平均为595辆/小时，大车比上年增长7.3%，小车基本持平。对辖区100个区域噪声测点监测，全年平均等效声级为55.1分贝，达标率94%。

【污染源监测和飞行监测】区环境监测站全年对辖区内60余个重点水污染企业和市政管网进行监督监测，配合区环保局进行飞行监测、减排检查。全年对130个（次）企业200个水样进行分析，完成数据800余个，编写监督监测报告130余份。对市政总管进行纳管污水监测，监测次数24次，完成数据96个。对杭州百事可乐饮料有限公司、杭州朝阳橡胶有限公司等5个企业进行比对监测，组织或参与企业应急监测3起。 （詹保民）

·污染治理与减排·

【推进杭联热电脱硝减排】2011年，开发区启动杭州杭联热电有限公司（简称杭联热电公司）2台75吨/小时脱硝改造工作。燃煤火电厂是氮氧化物主要排放源，通过对电厂废气排放进行脱硝治理是减少氮氧化物排放的主要措施。8月，区环保局和杭联热电公司派员参加市环保局组织的调研学习，赴广东深圳考察脱硝设施运行状况。10月，杭联热电公司委市环保局脱硝文件并确定脱硝技术指标，开展方案招投标工作。11月，再赴深圳考察4个同类企业脱硝技术，学习循环硫化床脱硝技术。年末，杭联热电公司完成脱硝减排项目方案专家评审。

【废气整治】区环保局开展燃煤锅炉清洁能源改造，全年淘汰关停杭州利华豆制品厂、杭州康特电梯部件有限公司、浙江浪潮精密有限公司、杭州景江华瑞科技有限公司下沙分公司4个企业的燃煤锅炉，关停杭州铣床制造有限公司4台冲天炉及1台燃煤烘干炉。开展干洗行业废气治理，对30余个干洗行业经营户、经营单位进行排查。实施挥发性有机废气整治，完成市环保局要求的开启式干洗衣机淘汰工作。开展工地扬尘治理，加强建筑工地渣土运输、建材堆放等环节监管，减少扬尘飘散。

【炼胶废气处理技术改造】针对老百姓投诉较多的橡胶废气污染问题，区环保局督促区域内二型橡胶生产企业对废气处理设施进行技术改造和升级。5月试运行“干式氧化反应器+自还原吸附反应器”的新处理技术，经过近半年的监测，炼胶机投料口废气经过处理后，净化率和厂界臭气浓度明显提高。经处理后的废气气味降低，废气排放对外环境影响减轻，治理效果明显。杭州朝阳橡胶有限公司排气筒出口废气浓度净化率在72%~82%之间。9月，杭州中策橡胶有限公司和杭州朝阳橡胶有限公司两个企业的炼胶机投料口废气治理改造项目通过专家验收。

【臭氧层保护专项执法调查】9月，区环保局就消耗臭氧层物质与泡沫行业CFC-11大气污染物进行专项执法调查。通过发布公告、走访企业等形式，开展臭氧层保护宣传工作，鼓励取消ODS（消耗臭氧层物

2011年开发区主要污染治理设施提升改造工程

表30

项　目	提升改造项目	投资额（万元）
杭州朝阳橡胶有限公司	14套炼胶废气处理设施技改项目	300
	硫化烟气处理设施改造	1 500
国际香料香精（浙江）有限公司	工艺废气及污水处理臭气处理设施改造	200
	污水处理设施改造升级项目	115
杭州朝阳橡胶有限公司	工艺尾气治理项目	60
杭州立昂电子有限公司	酸碱废气、有机废气、氮氧化物废气3个吸收塔技改项目	50
浙江福发纺织有限公司	废气处理设施改造项目	50
杭州澳亚生物技术有限公司	污水处理设施改造升级项目	60
杭州中策橡胶有限公司	12套炼胶废气处理设施技改项目	315
杭州旭化成纺织有限公司	污水处理设施改造升级项目	650
杭州神钢建设机械有限公司	喷涂有机废气治理项目	300
杭州横滨轮胎有限公司	炼胶废气处理技改项目	160
浙江中大食品有限公司	污水处理设施改造升级项目	25
杭州丘比食品有限公司	污水处理设施改造升级项目	15
杭州下沙生物科技有限公司	污水处理臭气治理项目	106

质）的使用；成立调查小组，开展ODS生产和使用现状调查并备案登记，指导企业填写调查表，督促完成整改和规范管理；组织环境监察人员对涉违企业进行执法检查和抽查，通过听汇报、查环评、对台账、看现场等形式，核对数据。对涉及违法使用禁止类原材料造成环境污染的企业进行立案处罚。

【月雅河排污专项整治】2011年初，针对月雅河水质黑臭现象，区环保局出台《月雅河沿线排污整治方案》，对月雅河两岸排污单位进行专项整治。月雅河是辖区一条主要河道，流经江干区九堡镇、余杭区乔司镇等多个行政区域，监管单位主体多、沿线排污单位复杂。3月，区环保局联合下沙街道、区河道办等单位，对月雅河沿线石材加工厂等重点排污单位开展现场整治，对石材加工厂违法行为现场采样取证，出具监察意见书，要求限期整改。因该河道污水源较多，且沿线不具备污水纳管条件，实际整治效果有限。区河道办牵头计划在月雅河开发区分界处新建一座节制闸，以阻断其他区域污水，同时继续联合相关部门开展现场整治。

·环境管理执法·

【环评审批及“三同时”制度跟踪】开发区严格项目准入制度，从源头防止重污染项目进入，建设项目审批严格执行“三结合”（项目审批与产业结构调整、环保基础设施建设、区域环境质量相结合）。区环保局全年参与建设项目审批联席会议3次，对“两高一低”（高污染、高能耗、低产出）项目实行一票否决，淘汰不符合开发区产业发展名录的项目；对化工、印染等行业新建项目实行严格控制；将项目审批与环保基础设施建设相结合，对污水无法纳管的区域进行限批；将项目审批与区域环境质量相结合，区域环境质量达不到功能区标准的，建议停止相关污染新项目进入。全年完成建设项目环评审批496个，环评执行率100%。“三同时”制度跟踪验收148个，执行合格率90%以上。

▶▶资料：“三同时”制度

根据《中华人民共和国环境保护法》第26条规定：“建设项目中防治污染的措施，必须与主体工程同时设计、同时施工、同时投产使用。防治污染的设施必须经原审批环境影响报告书的环保部门验收合格后，该建设项目方可投入生产或者使用。”这一规定通称为“三同时”制度。

【环境监察执法】开发区环境监督大队加大对社会热议、群众关注污染源的监察力度，对涉及环境执法的事件予以严查。全年出动人员1100余人次，开展重金属、在线监控、危险废物、畜禽养殖、小餐饮等执法检查20余次。对158个工业企业进行现场执法，对71个违规企业发出整改通知及监察意见，查处违法企业24个，处罚金额111.26万元。

【环境信访件处置】开发区设立环保24小时信访热线，接受群众信访投诉，处置重大环境信访问题。注重职能部门协调配合，处置沿江居住区恶臭信访事件，通过市环境监察支队对七格污水处理厂一、二期和在建三期工程进行排查；运用边界环境执法协调联动机制，对位于海宁与开发区交界处的连杭经济开发区内的省农科院畜禽养殖基地进行调查处置。全年开发区受理环境信访件1033件，其中省转投诉件12件、市转投诉件40件，区级投诉件357件，直接电话投诉受理621件，其他3件。在全市各区、县（市）信访满意度回访中，开发区连续4年获满意率100%。

【危险废物管理】4月，区环保局聘请专家对企业危险废物管理人员进行集中培训，提高企业危险废物管理能力；对近100个企业开展排查整治，制订下发危废污染防治情况抽查表，对企业进行考核评分。做好服务指导，利用微博、QQ群、电子邮箱和短信平台等，宣传危险废物处置管理知识；对排污申报、许可证年审及新项目排污许可进行控制，设置监管卡口。全年开发区转移危险废物1吨以上企业90个，转移危险废物7000余吨，比上年多转移1500吨。区环保局被评为2011年度浙江省危险废物管理先进单位。

【“9·10”环保事件处置】9月10日17时，开发区“环保24小时值班热线”接到信息，反映下沙街道湾南社区阳光小学东南空地废品收购站发生工人切割空桶中毒事件。经现场勘查，废品收购站露天堆放97只来自海宁的200升废旧塑料空桶，通过废品回收暂堆放在该处，尔后转运至九堡进行处理。导致操作人员中毒的事故，发生于江干区九堡某废桶破碎加工场内。为消除环境隐患，开发区环境监察人员对该批疑似危险固体废弃物进行清理，联系杭州立佳环境服务有限公司对现场废弃桶进行转移，避免可疑污染物扩散。22时，现场废旧原料空桶转移完毕，隐患消除。

【排污申报及许可证发放】9月，区环保局提前启动企业排污申报工作，增加危险废物申报登记事项。建立排污单位联系人短信平台，通过短信督促排污单位及时申报。全年开发区完成400余个工业企业、“小型三产”（指小规模的第三产业中的行业）类企业、个体工商户、养殖业单位的排污申报及许可证年审工作，全年新发排污许可证30个。收取工业企业废水、废气排污费104万元，出具企业环保守法证明89份。

（马甜甜）

·生态示范区建设·

【生态工业示范园区获批】4月22日，开发区召开创建国家生态工业示范园区建设规划论证会。环保部、商务部、科技部及浙江省环保厅、科技厅、商务厅等20余位专家领导对开发区建设规划工作进行综合评审。与会专家认为开发区规划思路清晰、理念先进、依据充分、方法科学、内容详实，具有较强的前瞻性、科学性和可操作性，同意通过评审。9月12日，国家生态工业示范园区创建领导小组考察组调研开发区生态园区建设，就国家工业园区未来发展中面临的环境问题与开发区管委会领导作了探讨，要求开发区继续加大经济发展转型升级的力度，严格环境执法，加大节能减排力度，为全国工业园区生态化建设树立标杆。10月10日，国家3个部委正式联合下发批复，同意杭州经济技术开发区建设国家生态工业示范园区。根据评审要求，开发区开始全面推进水资源综合利用、天然气第二热电厂、家电企业废旧电器综合利用等19个生态工业网链的构建。

【沿江生态景观整治工作启动】6月，开发区启动沿江生态景观整治工作，这是贯彻落实杭州市‘三江两岸”生态景观保护与建设工程的重要组成部分。开发区成立领导小组和现场推进办公室，编制整治方案，确定生态景观优化、促进生态工业发展和加强环境管

4月22日开发区生态工业园区建设规划论会在北京召开　（盛　斌　摄）

理等三大主题的11项具体工作内容。实施"三江两岸"生态景观整治，提升沿江18千米钱塘江岸线的生态景观，推动全区生态环境保护和发展。至年末，沿江大道景观带试验段等11项目标任务顺利完成。（冯甜甜）

【11号渠东侧景观生态整治竣工】8月，开发区11号渠东侧景观生态整治竣工。该工程清理场地2.24万平方米，土方回填1.57万立方米，种植乔木1494株，种植灌木地被1.79万平方米，景石点缀61吨，园路铺装1239平方米，节点铺装960平方米，绿化给水管安装965米，人工洒水栓安装37个，水表井安装2座。通过整治，11号大街周边河渠道路景观得到提升，环境品质进一步改善。（尹若章）

【市督查组核查开发区生态目标完成情况】11月29日，杭州市生态办组织市环保局、市城管委等相关职能部门组成的督查组对开发区2011年度生态目标完成情况进行现场核查。督查组分资料审查组、生态建设组、环境整治组对开发区生态建设与环境保护目标任务完成情况同时进行资料审查与现场检查。结合开发区生态建设，督查组在清洁生产和循环经济、基础设施和生态景观建设、大气污染综合整治、下沙生态文明系列创建等方面提出意见和建议。

【绿色创建工作持续推进】围绕杭州市节能减排目标，开发区大力推进绿色企业、绿色工地、绿色社区、绿色学校等绿色创建工作。2011年，玫琳凯（中国）化妆品有限公司、高丝化妆品有限公司、浙江康莱特药业有限公司、杭州杭联热电有限公司、眼力健（杭州）制药有限公司5个开发区企业通过省级绿色企业验收；杭州东部国际商务中心二期、开发区杭政储出〔2009〕17号地块商业金融用房工程、杭州默沙东制药有限公司新建生产基地项目、浙江金融职业学院学生宿舍新建工程、浙江省质量技术监督局检测实验室、杭政储出〔2009〕90号地块3号、8号楼，头格社区农转居多层公寓西区二标工程、浙江工商大学金工实训中心、浙江省医疗器械检验所扩建项目一期9个工地通过市级绿色工地创建验收。成功创建省绿色社区1个，市级绿色学校1个，区级绿色社区4个，区级绿色学校4个。

【三花汽零股份公司获评为省绿色企业】12月12日，浙江省经济和信息化委员会授予全省72个企业为"2010年度浙江绿色企业"称号，开发区内浙江三花汽车零部件股份有限公司名列其中。该公司注重环境治理工作，重视企业工艺、技术节能和管理节能，产品单耗控制在全国领先水平，2010年清洁生产审核中获评90分。截至11月，开发区有141个工业企业通过清洁生产审核，占规模以上企业数44%。2011年通过审核的16个企业投入节能减排资金2789万元，节电702万千瓦，节蒸汽1.67万吨，节水20万立方米，直接取得经济效益2186万元。

【生态环保宣传教育】区环保局注重环保宣传教育，全年在市级（含）以上报纸、环保系统网及开发区网站发表环保稿件36篇；在"6·5"世界环境日，联合高校环保协会举办环保治理成果社区巡展、环保主题大型文艺演出等系列宣传活动；开展"大手拉小手、环保系列行"活动，宣传绿色生活理念；通过杭州电视台《生态杭州》栏目播出环保节目2期、《活力新城》栏目播出1期、《下沙资讯》栏目播出1期，在区域性内部刊物《新下沙》《文明风》《潮韵》上刊登多篇环保信息。（冯甜甜）

国有资产运营

·资产经营集团公司·

【资产经营集团公司概况】开发区国有资产经营集团有限公司（简称资产经营集团公司）是隶属于开发区管委会的国有独资企业。2011年末，公司拥有注册资金22亿元，直属全资企业7个，控股企业7个，参股企业17个。公司业务涉足房地产、物业租赁、市政园林、环卫清洁、物业管理、保税物流、工业投资、能源开发、生物医药、产业孵化、创业投资、文化创意等多个领域。

2011年，公司实现主营业务收入17.92亿元，比上年（指2010年，下同）增长45.5%。实现利润7041万元，增长1.9%，上缴税金1.7亿元。招商指标超额完成，完成合同外资9073万美元，实际利用外资3520万美元，实际到位内资1.51亿元。所属企业主要经济指标完成良好，盈利能力逐步增强。全年公司获得“浙江省五一劳动奖”“浙江省工商企业信用AA级‘守合同、重信用’单位”“杭州市五四红旗团委”等荣誉。

【调整经营思路促发展】2011年，资产经营集团公司制订企业发展“三年行动计划”，提出“以大项目开发带动发展，以管理创新推动发展，以人力资源经营保障发展”的经营新思路。通过盘活存量资产回笼资金，对所属企业进行改制和重组整合，争取金融机构支持，利用开发区城市经营资源，培育壮大所属房地产企业经营实力。

参与开发区房地产市场经营，先后启动和实施17个投资项目，总建筑面积100万平方米；完成投资额45亿元，建成面积15万平方米。其中，3个经营性项目实现销售，经营效益良好；代建5个公共项目交付使用。由集团公司开发的金沙湖综合项目工程是下沙新城重要的标志性设施，东部国际商务中心（IBC）一、二期和高科技孵化器一、二期等一批项目带动了开发区产业升级，文化创意产业园项目获“杭州市特色楼宇”和首批“工业设计示范园区”。

（田 彬）

【项目建设管理成绩突出】2011年，为规范工程项目管理，资产经营集团公司制订《在建项目工程变更管理试行办法》《政府投资工程项目建设单位内控管理办法》《建设工程招标管理办法》等多个规章制度。5月，集团公司成立招投标管理及工程变更审查领导小组，进一步加强和完善建设项目招投标管理和工程变更管理。

2011年，资产经营集团公司建立劳动竞赛考评领导小组，持续开展以“施工进度、工程质量、安全生产”为主题的在建项目管理劳动竞赛。实行“季度考评、年终总评、结果通报、奖励优胜”的工作机制，提高项目投资效能。全年集团公司有10个在建项目开展劳动竞赛。孵化器二期、物流信息中心大厦、东部国际商务中心（IBC）二期等项目保持考评领先。全年资产经营集团公司在建项目获得省、市和开发区建设行政主管部门颁发的多个奖项。东部国际商务中心（IBC）一期先后获“杭州市优秀建筑装饰工程奖”“浙江省优秀安装质量奖”“浙江省建设工程钱

2011年开发区资产经营集团有限公司获市级及以上荣誉情况

表31

公司名称	获得荣誉
杭州经济技术开发区资产经营集团有限公司	浙江省五一劳动奖状 杭州市五四红旗团委 浙江省第2批人口计生基层群众自治示范企业 浙江省工商企业信用AA级——守合同重信用单位
杭州万国投资管理有限公司	杭州东部国际商务中心（IBC）——2011年中国城市综合体新地标大奖 杭州东部国际商务中心（IBC）——2011杭州春季人居展我最关注的商业地产 杭州东部国际商务中心（IBC）——2011年度中国民生地产最具投资价值楼盘。 杭州东部国际商务中心（IBC）——2011年改变地产城市的十大综合体 杭州东部国际商务中心（东峰）——2011年中国（浙江）十大领袖商业地产 杭州东部国际商务中心（IBC一期）——2011年度浙江省建设工程钱江杯奖 杭州东部国际商务中心（一期）——浙江省优秀安装质量奖 杭州东部国际商务中心（一期）——2011年浙江省优秀建筑装饰工程奖（智能化类） 杭州东部国际商务中心（二期）——杭州市文明施工工地 杭州东部国际商务中心（一期）——2011年上海市建筑装饰奖（建筑幕墙类） 浙江省企业档案工作良好单位
杭州和达房地产开发有限公司	和达·御观邸项目——“建设部A级住宅预审”证书 和达·御观邸——2011年度创新楼盘 和达·御观邸——2011年度期待楼盘 和达·东东城——2011年度创新楼盘 和达·东东城——2011年度刚需代表楼盘 自由港——浙江省建筑安全文明施工标准化工地参选工程 自由港——杭州市“平安工地”
杭州和达市政园林建设有限公司	2011年杭州市“市政行业先进单位” 杭州市社会责任建设试点单位 2011年度杭州市抗雪防冻工作先进基层单位 浙江省工商企业信用AA级“守合同重信用”单位。
杭州和达物业管理有限公司	2011年度杭州市市容环卫先进集体 2011年度浙江省卫生先进单位
杭州经济技术开发区报关有限公司	浙江省“巾帼文明示范岗”
杭州市高科技企业孵化器有限公司	孵化器二期工程3号楼获得“西湖杯”优质工程奖 孵化器二期工程3号楼获得浙江省优秀安装质量奖 孵化器二期工程3号楼获得浙江省建设工程“钱江杯”奖 杭州市科技企业孵化器考核优秀奖 浙江省科技企业孵化器考核优秀奖 孵化园区被评定为国家级科技企业孵化器 首批杭州市“青蓝计划”6个实施试点基地之一
杭州和达文化创意产业园管理有限公司	国家级重大服务业试点项目 杭州市工业设计协会副会长级单位 杭州市文创协会理事单位 杭州市信息产业常务理事单位
杭州生物医药国家高技术产业基地投资管理有限公司	杭州市生物产业国家高技术产业基地新药创制平台——认定为第1批 国家“十二五时期重大新药创制”科技重大专项
杭州万海投资管理有限公司	和茂大厦——杭州市创建文明工地优秀围挡奖

杭州市高科技企业孵化器有限公司二期工程3号楼获2011年度浙江省建设工程钱江杯奖　（陈丽丽 提供）

江杯奖”；东部国际商务中心（IBC）二期评为杭州市文明施工工地；杭州市高科技企业孵化器有限公司二期工程3号楼获浙江省优秀安装质量奖、浙江省建设工程钱江杯；和达·自由港项目被杭州市建委评为“平安工地”。

（楼志英）

【五年发展战略宣讲】4月22日，资产经营集团公司召开2011~2015年发展战略暨2011年绩效考核管理宣传贯彻大会。会议对集团公司五年期发展战略规划编制背景和主要内容作了介绍，对集团公司本级和直属企业2011年度绩效考核目的、原则、对象、方式方法、加分激励、实施程序等作了说明。该发展战略文本是集团公司聘请太和顾问咨询公司，根据开发区“十二五”发展规划，结合集团公司定位及职能，历经一年多的沟通研究及不断修改完善，制订出《开发区资产经营集团公司2011~2015年发展战略》，提出未来五年战略目标、业务发展、管理提升举措等途径和方向。（赵 穗）

【服务开发区成效显著】资产经营集团公司以服务开发区发展为使命，抓社会效益成效显著。自2007年改制以来累计提供近7500万元的服务性支出，为开发区产业转型升级和改善投资环境发挥积极作用。集团公司所属的市政园林公司、物业管理公司等承担区内道路管护、绿化养护、环境保洁任务，为打造“最清洁开发区”和创建“生活品质之城”作出贡献。在抢险救灾中承担重任，确保开发区公共设施正常运行。集团公司先后获“杭州市社会责任建设先进企业”“市创建和谐劳动关系先进企业”“市先进女职工组织”“市‘三八’红旗集体”“市先进团委”“市帮扶先进单位”等称号。

（田 彬）

【集团公司获浙江省五一劳动奖】4月29日，在浙江省庆祝“五一”国际劳动节暨劳模先进表彰大会上，开发区资产经营集团公司获“浙江省五一劳动奖”。“浙江省五一劳动奖”由省总工会组织评选，旨在表彰为经济建设和社会发展作出突出贡献的先进集体。近3年来，集团公司把握开发区经济转型、产业升级和城市化建设的发展机遇，坚持“扩投资、抓项目、强管理、树品牌、创文化”的经营理念，企业经营业绩取得显著成效。至2010年末，集团公司总资产由2007年改制时的49.63亿元，增至82.63亿元，增长65.[illegible]%；企业经营效益实现扭亏为盈，3年累计实现净利润1.17亿元。资产负债率逐年下降，资产结构不断优化，所属企业均实现盈利。

（田 彬）

·政府项目运作·

【完成项目投资28亿元】2011年，资产经营集团公司完成项目投资28亿元。实施建设项目10个、预备项目4个。其中，2个新开工项目是开发区综合大楼（和茂大厦）和开发区群众文化艺术中心（含老年活动中心）；1个竣工项目是综合停车场一期工程；7个续建项目是杭州东部国际商务中心（IBC）二期、金沙湖项目、物流信息大厦、东东城（多蓝水岸商业项目）、和达城、和达·御观邸、高科技企业孵化器项目二期。全年新开工项目面积8.34万平方米，续建项目面积70.9万平方米，竣工项目面积7700平方米。在建项目总建筑面积80余万平方米（金沙湖项目除外）。（田 彬）

▶▶资料：杭州东部国际商务中心（IBC）

杭州东部国际商务中心（IBC）占地面积5.97公顷，总建筑面积约23万平方米。项目分两期开发，一期工程开发区市民服务中心于2007年10月开工，建筑面积5万平方米，2010年5月竣工，10月大楼投入运营。二期工程为国际商务中心写字楼、配套地铁连接线工程以及周边市民公园配套工程。2009年1月，国际商务中心写字楼工程开工，2011年12月完成主体结构验收。市民公园地下空间工程于2009年7月开工，2010年10月竣工。

【开发区综合大楼开工】3月11日，开发区十大重点工程之一的开发区综合大楼（和茂大厦）开工。该项目位于开发区新城中心，北沿学源街，东南为规划路，西靠幸福北路，东北向为开发区下沙派出所。项目总用地约1.36公顷，总建筑面积（含地下室）6.49万平方米，建筑限高100米。该地块属区域性中央商务区，交通便捷、配套齐全。项目由开发区资产经营集团公司所属子公司杭州万海投资管理有限公司承担建设，建成后为开发区8个进区管理服务机构提供行政办公、对外服务场所。（杜媛媛）

【东部国际商务中心“东峰”产品发布】9月17日，杭州东部国际商务中心（IBC）在杭州凯悦酒店举行旗下A级精装写字楼——“东峰”产品发布。该写字楼位于开发区金沙湖畔，南向金沙湖全景，高层可眺钱塘江景，毗邻地铁1号线金沙湖站。拥有挑高9.8米大堂，每层2.9米净高及1400平方米标准层面积。办公区域均设置15厘米网络架空地板，全面接轨总部企业办公需求。每座楼配备6台1600千克高荷载日立电梯，电梯轿厢不低2.8米。物业品质参考希尔顿逸林酒店技术标准，匹配接轨五星级国际商务空间。

【东部国际商务中心（IBC）获地产金砖奖】7月1～4日，博鳌·21世纪房地产论坛2011届年会在海南三亚召开，由开发区资产经营集团公司所属控股企业杭州万国投资管理有限公司负责建设的杭州东部国际商务中心项目（IBC东峰），获博鳌·中国地产金砖奖——“2011年度中国城市综合体商务新地标大奖”，连续两年蝉联该全国性奖项。这是杭州地产项目在博鳌地产评选中获得的唯一城市综合体商务新地标大奖。年会以“房地产转型之惑，求解有效性”为论坛主题，共同探讨房地产经济和社会公平效应。（楼志英　徐秀芳）

·招商交流合作·

【招商交流合作概况】2011年，资产经营集团公司完成合同外资9073万美元，实际利用外资3520万美元，到位内资1.51亿元，全面完成开发区管委会下达的招商指标。所属和达文化创意产业园和高科技孵化器园区招商成绩可喜。全年文化创意产业园新引进企业30个，累计引进企业118个，服装设计、电子商务、影视传媒等企业占整个园区2/3，以工业设计为主导产业的发展主线日渐清晰；高科技孵化器园区新引进企业38个，累计引进企业92个，以电子信息、生物医药为园区主导产业。商业项目招商成效明显，集团公司充分利用东东城、和达城、国际商务中心（IBC）写字楼等商业项目作为招商平台，与时代院线、外婆家、肯德基、金田中日式料理等知名商业连锁品牌签订协议；与星巴克、德克士、世纪联华、韩村韩国料理、斗牛士牛排等知名品牌建立合作关系。（楼志英）

【招商交流与项目对接】4月21～25日，资产经营集团公司派员参加第五届中国杭州电子信息博览会。博览会期间，集团公司对外推介和达物流信息产业平台，接触客商20余个，并与一批企业建立初步合作关系。

11月8日，“2011浙江·杭州国际人才交流与合作大会”在杭州举行。集团公司及所属高科技企业孵化器公司招商人员随开发区管委会团队参加大会，围绕高科技孵化器和文化创意产业园两个产业平台，与海外留学人员开展面对面交流。大会期间，集团公司洽谈留学生项目80余个。其中，“与淋巴癌分子诊断”“超标浓度生物标记物检测芯片”等10个项目达成合作意向，与“汉土网络123图书馆”和“太阳能跟踪机电一体化”两个项目完成签约。

12月21日，2011“海外清华学子浙江行”活动在杭州启动。集团公司和开发区创业投资有限公司派员参加启动仪式和项目对接会。集团公司累计接洽项目30余个，其中与“创口贴式远程生命监护系统”和“手掌型空气质量及健康监测仪”2个项目创始人达成合作意向。（李　峻）

【东东城与多个商业品牌合作】经过与10余个知名商业品牌近1年的谈判，和达·东东城商业中心与多个著名商业品牌确立合作关系，其中包括“外婆家”杭州东部首个店、浙江时代电影大世界、学大教育、Familymart（全家便利店）杭州首批店、台海岸、顺旺基、粉壹仟越食等。至2011年末，东东城商业中心完成可租赁面积近70%的招商，招商团队与多个著名品牌保持合作关系。东东城商业中心位于开发区沿江大道与10号大街交界处，总建筑面积4.58万平方米，东靠钱塘江，西邻沿江居住区，是沿江居住板块的引领型商业项目。（严　平）

【香港政府官员访问孵化园区】10月18日，中国香港特别行政区政府驻上海经济贸易办事处投资推广总监俞陈婉贞、投资推广经理郑婉瑜访问杭州市高科技企业孵化园区，与杭州市高科技企业孵化器有限公司（简称孵化器公司）及园区企业负责人进行交流和洽谈。孵化器公司对孵化园区综合情况及发展规划作了介绍。俞陈婉贞表示欢迎国内优秀企业到香港设点，投资推广署将提供帮助和服务，希望与孵化园区加强交流与沟通，为企业提供更好的服务，同时表示愿意帮助促进香港科技园与高科技企业孵化园区在科技项目领域的合作。（陈丽丽）

5月14日，万国公司在中国（杭州）第十一届人居环境展览会上与杭州肯德基有限公司签约（徐秀芳 提供）

·国有资本经营·

【万国公司地产开发经营】杭州万国投资管理有限公司（简称万国公司）是资产经营集团公司所属全资子公司，主要经营投资管理与咨询、实业投资、酒店管理及房地产开发。2011年，公司开发建设的杭州东部国际商务中心工程完成投资2.3亿元，二期项目销售金额8637万元，销售回款7347万元，存量回收6839万元。全年完成合同外资800万美元，实际利用外资350万美元，实到内资1500万元。6月，杭州东部国际商务中心（IBC）二期3号楼希尔顿逸林酒店和4号楼莎玛公寓顺利结顶；10月，项目地下室结构（地基与基础分部工程）通过结构验收。

2011年末，由万国公司参与建设的和达城项目住宅楼部分基本结顶。商务楼部分完成塔楼3层，商业裙房结顶。全年完成和达城项目投资1.3亿元，销售金额1.26亿元，销售回款9614万元，存量回收8452万元。和达城项目由杭州万豪房地产开发有限公司负责开发，万国公司承担建设。该项目位于开发区2号大街与5号大街口交界处，为地铁上盖综合体物业。

【人居展成交国际公寓33套】5月13～16日，万国公司推出杭州东部国际商务中心（IBC）国际公寓、和达城两个项目参加中国（杭州）第十一届人居环境展览会。人居展4天时间内，IBC国际公寓累计成交33套，认购金额逾4200万元，成交量占此次人居展商业地产总成交量3[illegible]%。5月14日，万国公司与杭州肯德基有限公司举行签约仪式，全面推进IBC国际公寓、和达城项目品牌商户签约活动。整个人居环境展览会上，万国公司是成交活跃、人气最旺的参展单位之一。（徐秀芳）

【和达房产公司项目经营】杭州和达房地产开发有限公司为资产经营集团公司所属全资子公司。公司主营房地产开发，兼营房地产开发技术咨询、装饰装潢及物业管理，2011年实现净利润775[illegible][illegible]22万元，完成主营业务收入8568.06万元。公司开发建设的和达·自由港、和达·东东城两个项目完成主体结顶，和达·御观邸项目开工。和达·自由港项目于2010年4月开工，占地面积9527平方米，总建筑面积4.2万平方米。和达·东东城于2010年11月开工，是开发区12千米沿江商业带启动项目，位于10号大街与沿江大道交界口，建筑面积4.6万平方米，在“2011EJU杭州创新峰会”上获评“2011年度创新产品楼盘”。和达·御观邸项目为地铁高端住宅楼盘，用地4.08公顷，建筑面积16.05万平方米，总投资14亿元。由7个单体组成，一标段、二标段分别于2011年4月和6月开工。项目获“建设部A级住宅预审证书”，在“感恩同行、共创双赢2011年房地产年会”上评为“2012年度最值得期待楼盘”大奖。

【斥资360万元改造邻里中心】杭州和达房地产公司在注重企业效益的同时，也关注社会效益，通过文明创建、关注民生及公益事业，营造“追求品质、追求创新、有社会责任感”的房地产企业形象。2011年，响应杭州文明城市创建号召，斥资360余万元对开发区邻里中心小区实施提升改造，通过建设美食广场、提升园林绿化、增添消防监控等配套设施及商业调整等整改措施，小区品质与环境得到全面提升。（郑　驹）

【万海投资公司项目推进】杭州万海投资管理有限公司主营开发区内政府配套投资工程建设服务，业务包括和茂大厦（开发区综合大楼）、和达大厦（群众文化艺术中心）项目的工程建设。2011年，公司负责建设的两个项目工程建设顺利推进。3月，和茂大厦项目开工；6月，和达大厦项目动土开建。12月，由公司负责建设的和茂大厦项目获评“杭州市创建文明工地优秀围挡奖”。

（杜媛媛）

【和达物业提升经营能力】开发区和达物业管理有限公司（简称和达物业公司），由原开发区环卫清洁有限公司与开发区北杭物业管理有限公司合并而成，属资产经营集团公司子公司。注册资金630万元。主营物业服务、道路保洁（垃圾清运）、工程管理及广告发布。2011年，公司为开发区管委会大楼和区内企事业单位提供物业和保洁服务，为区内交通指示牌、景观照明、广告牌等设施设备提供维护保养，实现主营业务收入4297.46万元，实现净利润416.81万元。

2011年，新增两个物业管理项目，调整10余个项目服务价格。树立高科技孵化器园区、城建文化馆两个优质物业标杆项目。公司全面推行物业管理项目预算制，各项目主任统筹安排人、财、物，公司根据项目差异列出预算，并对项目经济指标、服务质量、有效投诉、人员流失率和安全管理进行考核。启用公司24小时服务热线，实现24小时值班，内容包括记录、督促、事项处理和结果回复。

【环卫和工程养护能力提高】2011年，和达物业公司结合创建全国文明城市和国家卫生城市复评工作，严格贯彻养护标准，城管养护考核良好。公司道路保洁、公厕养护、数字城管问题处理、中转站养护均获得高分。机械化作业实现日机扫里程480千米，日洒水里程360千米，周清洗里程155千米；完善GPS（全球定位系统）监管，区内企业及高校垃圾日产日清有保障。至年末，公司道路保洁面积345万平方米，

12月21日，和茂大厦项目获评“杭州市创建文明工地优秀围挡奖”

（杜媛媛 提供）

绿化保洁面积251万平方米，公厕养护41座、道班房养护13座，新增服务企业18个，服务企业累计240余个。全年垃圾清运5万吨，吸粪9200吨，均比上年有所增加。公司养护工作提高标准，养护份额逐年增多。2011年，公司城市家具养护平均得分97.26分、景观亮灯养护平均得分95.55分。

【广告发布拓展市场】2011年，和达物业公司根据开发区户外广告管理3项制度的文件精神，承担政府公益广告发布任务。配合完成"感动下沙"十大人物、创建全国文明城市、前进工业园区指挥部宣传、第八届全国残疾人运动会等公益广告制作和发布。客户资源数量和品质均比上年有提升，拥有世茂置业公司、名城房产公司、中国联通公司、大地保险公司、方正证券公司，以及开发区万国投资公司、万豪房产公司、东源房产公司等高端客户，以及杭州中策电缆有限公司、卓尚服饰（杭州）有限公司等区内知名企业客户。至年末，公司已建路灯杆灯箱250杆，道路F杆（指由一根电线杆或桅杆和两层支架构成）7处；开发区公共产权纳入公司经营管理的公交候车亭139个、路名牌205块、过街桁架40余处。（凌　燕）

【和达市政园林公司获评市政行业先进】杭州和达市政园林建设有限公司（简称和达市政园林公司）是资产经营集团公司所属全资子公司，前身是开发区北方市政工程建设有限公司。公司年产值2亿元以上，拥有市政公用工程总承包二级、城市园林绿化二级、土石方三级资质的综合性施工企业。2011年，公司实现主营业务收入1.3亿元，完成工程产值1.43亿元，实现净利润650.98万元。全年承建市政园林工程88项，零星绿化工程30项，承担市政养护工程254项。接管的11个永久性污水泵站，全年排污7499.1万吨；5个终极泵站排污3506.8万吨；9个临时雨污水泵站运转良好。10月，和达市政园林公司被杭州市评为2011年度"市政行业先进单位"。

2011年，由杭州和达市政园林建设有限公司承建的学源街综合整治工程竣工（黄天进 提供）

【和达停车场竣工投用】10月，和达市政园林公司投资建设的停车场一期工程竣工投用，和达市政园林公司同时设立杭州和达停车场服务公司实施运营。该工程位于杭州绕城高速公路开发区枢纽入城口，占地面积2.93公顷，总投资预算3978万元，2010年12月开工建设，2011年8月竣工。一期工程投资917.06万元。（黄天进）

【和达物流公司推进物流基地二期】杭州和达物流有限公司由资产经营集团公司和海宁江滨投资开发有限公司投资设立，注册资金1.05亿元。主营货运代理、仓库租赁、国内配送等业务，承担物流供应链组织管理、信息平台搭建及后期运营维护等。和达物流项目总占地面积15.34公顷，总建筑规划面积10万平方米。一期工程2007年竣工投用，主要包括办公楼、服务用房、中转库、变配电所和消防泵房等建构筑物。二期工程将新建中转库、加工中心、消防泵房等，规划建筑面积3.03万平方米。2011年9月，和达物流项目期工程初步设计方案获批。（章国芳）

【大树工程提升城市景观】海宁江滨投资开发有限公司（简称海宁江滨公司）于2003年10月成立。由开发区财政全额出资组建，负责海宁200公顷地块的管理和开发建设。2008年1月，公司投资主体变更为资产经营集团公司，主要实施房地产开发和经营、城市道路基础设施建设、园林绿化工程建设、投资开发和林木批发零售等业务。

为提升开发区城市景观，海宁江滨公司投资引种苗木。至2011年末，公司共引种40余个品种、2.41万棵大树，建成100余公顷苗木基地，是浙江省内规模较大的大树引种单位。公司累计向开发区德胜路、纬三路、迎宾路、6号大街、25号大街等多项工程提供大树1.2万棵。2011年，公司对第1批种植大树12个品种6263棵大树进行盘查，清理不良大树600余棵，加强养护管理。年末，完成基地两批养护期大树最终检 验。全年累计配合景观提升验收工程14个，验收大树1435棵。（李文华）

杭州市高科技企业孵化器园区实景（陈丽丽 提供）

【打造国家级科技企业孵化器】杭州市高科技企业孵化器有限公司由开发区资产经营集团公司与杭州市高科技投资公司组建成立，注册资金5500万元。孵化园区以生物医药和服务外包产业为主导，以政府扶持引导、公司化管理模式运作，为初创型科技企业提供优惠政策和配套服务。2011年，园区孵化企业实现总产值近2亿元，上缴税收近1000万元，提供就业岗位1000余个。园区引进管理咨询、投资公司、园区食堂、便利店、西餐厅等配套项目，配套服务功能不断完善。至年末，园区有市级高新技术企业29个、国家重点扶持高新技术企业5个，“雏鹰企业”18个，“青蓝企业”4个，“省千人计划”专家2名、“国家千人计划”专家2名，拥有专利和自主知识产权50余项。杭州领业医药科技有限公司、杭州联川生物有限公司、杭州奥腾电子有限公司等科技型中小企业发展势头好、成长快。2011年12月，园区被国家科技部认定为国家级科技企业孵化器。

▶▶资料：杭州市高科技企业孵化器园区

杭州市高科技企业孵化器园区位于开发区大学科技园内，于2004年批准组建。2007年，孵化器一期建成投用，总建筑面积1.9万余平方米，内设生物医药研发实验室、服务外包、IT办公用房以及生物医药公共服务平台。2009年，孵化器二期开工，总建筑面积13.6万平方米，由9层附楼和24层蝶形主楼组成，主要为办公和实验用房，附设食堂、健身休闲、银行等配套用房。2011年末，主楼和园区的整体建设完成。

【孵化园区成为市“青蓝计划”试点基地】7月15日，杭州市“青蓝计划”启动。该计划由杭州市政府推出实施，旨在鼓励和扶持高校教师与科研院所专家通过带技术、带专利、带项目、带团队等形式在杭州创业，实现高校院所与企业、知识与资本、创业与创新的有机融合，鼓励和扶持高校教师与科研院所专家团队式创业。作为杭州“青蓝计划”首批6个实施试点基地之一，杭州市高科技企业孵化园区在开通仪式上接受市领导授牌。（陈丽丽）

【和达创意设计园】和达创意设计园是杭州市首个主导发展工业设计产业的集聚区。项目占地面积1.83公顷，规划总建筑面积约6万平方米，一期完成建设面积3.5万平方米。2010年2月工程完成立项，通过对标准厂房外立面改造和内部结构调整，10月完成一期建设面积3.5万平方米并正式投入使用。园区依托开发区人才、环境、文化、产业四大优势，定位以发展工业设计为主导，与开发区产业经济特点相吻合的创意产业园。杭州和达文化创意产业园管理有限公司是开发区资产经营集团公司所属全资子公司。负责园区日常运营服务，经营文化创意项目孵化、成果交易、展示、转化以及会展承办等。2011年，文创园公司实现主营业务收入（租金）595.62万元。自主招商进驻企业40个，累计完成租赁面积1.26万平方米，出租率90.1%。全年完成招商引资1770万元。

【大学生创意设计作品展】6月15日，“创意起航2011在杭高校大学生创意设计作品展”在开发区和达创意设计园举行。活动由杭州文化创意博览会组委会办公室、开发区管委会主办，和达创意设计园、《青年时报》、杭州酷思文化创意有限公司承办。作为杭州文化创意博览会的预展活动，此次设计展聚集在杭州11所高校的学生作品。经筹划和征选，征集展示60余位大学生设计作品200余件，作品包括工业设计、服装设计、平面设计、空间设计、环艺设计、动画创作等多个设计类型。（朱晓史）

【创投公司风险投资市场化运作】开发区创业投资有限公司于2008年10月由开发区管委会组建，2010年划转开发区资产经营集团有限公司管理运作。公司主要从事创业投资、创业投资咨询服务，注册资金4000万元。作为开发区政府创业引导基金受托管理机构，创投公司在负责创业引导基金的日常管理和投资运作的基础上，还以参股基金和直投业务两种模式推进风险投资市场化运作。参股基金出资原则为参股不控股，公司不参与所投基金的管理，但对所投基金的投资决策及运作进行必要监督。直投业务主要为风险投资，以培育开发区内中小高新企业为主，实施市场化运作。（叶　蕾）

【生物医药投资公司打造生物医药产业园区】杭州生物医药国家高技术产业基地投资管理有限公司（简称生物医药投资公司）于2010年4月成立，是开发区资产经营集团公司所属全资子公司，负责开发区生物医药国家高技术产业基地建设与运营管理。2011年11月，公司投资1800万元建设的首个公共服务平台——杭州生物医药国家高技术产业基地公共实验中心投入试运行。实验中心设置理化实验室、仪器分析室、核磁共振室、生物实验室、万级洁净区等功能区域；配备包括500兆赫核磁共振仪、基质辅助激光解析质谱、全自动流动化学工作站、蛋白质纯化仪器、气相色谱、液相色谱等仪器。实验中心可满足各类实验和检测需求，与区内多个生物医药企业建立合作关系。

2011年12月，生物医药投资公司建设的“多肽产业功能园区”破土动工，建设面积[illegible]万余平方米。园区计划建成生物多肽产业专业孵化区，主要引进多肽产业上下游企业及相关CRO（合同研究组织）企业，推进多肽产业发展。

公司作为课题主体申报的“杭州市生物产业国家高技术产业基地新药创制平台”建设项目，于年内被认定为国家“‘十二五’重大新药创制”科技重大专项，是浙江省首个列入国家重大专项的生物医药产业园区。该项目主要推进多肽新创制、基因工程、个体化和CMO（合同生产组织）基地1个新药创制公共技术平服务平台建设。9月，生物医药投资公司获中央财政2011年度补助资金1064.71万元，用于推进该项目的建设。（徐洁楠）

前进工业园区

·前进工业园区综述·

【园区开发建设取得实效】前进工业园区（江东市本级区块）是开发区在大江东区域的战略拓展区，是大江东新城“三城一区”（江东新城、临江新城、空港新城、前进工业园区）中的“一区”。前进工业园区（简称前进园区）东至九工段直河，南至江东大道，西至钱江大道，北至钱塘江岸线，范围涉及新湾镇部分区域，东南面与萧山临江新城相接，西面与萧山江东新城相连，规划面积40平方千米。

2011年，前进园区开发建设指挥部（简称前进园区指挥部）加大招商引资力度，成功引进统一食品、加多宝饮料等大项目，开发建设取得实质性成效。全年完成工业总产值16.51亿元，比上年（指2010年，下同）增长43.6%；全社会固定资产投资17.57亿元，增长62.6%；完成合同外资3.5亿美元，实际利用外资1.3亿美元，实到内资12.12亿元。

【园区基础设施日趋完善】2011年，前进园区梅林大道以西“二纵四横”（二纵，指丰乐路、西三路；四横，指江东三路、江东六路、临鸿东路、滨江二路）建成贯通，新增道路长度9.5千米。至年末，园区开发面积增至11平方千米，道路总通车里程25.5千米，供水、供电、供气、排污等管线随路铺设。园区总供电能力28万千伏安，日供自来水8万吨，日处理污水6万吨。城市综合体、汽车零部件产业园等公建配套设施加快建设，“众泰汽车”“统一食品”“加多宝饮料”等大项目前期工程加快推进。前进园区构筑大产业条件进一步具备，大平台作用初步显现。

【5.35平方千米启动区块全面建设】前进园区坚持“高起点规划、高强度投入、高标准建设、高效能管理”，推进大开发大建设大发展。至2011年，5.35平方千米启动区块进入全面建设，“四纵七横”11条道路构成的主骨架路网全线贯通，水、电等设施配套到位，大江东新城核心区首座城市综合体、汽车零部件产业园（研发、孵化中心）标准厂房一期启动建设。

▶▶资料：“四纵七横”

“四纵”，指梅林大道、西三路、丰乐路、经一支路。“七横”，指江东一路、江东二路、江东三路、江东五路、江东六路、临鸿东路、滨江二路。

【市领导调研前进园区】2月14日，杭州市副市长、江东市本级园区建设领导小组组长佟桂莉一行调研前进园区，实地踏勘江东大道、西三路二期、青年汽车、丰乐路、办事服务中心等项目建设情况，听取前进园区工作汇报。佟桂莉肯定前进园区已具备项目落地建设的条件，工业项目加快推进，为“十二五”期间的建设与发展奠定扎实基础。12月30日，佟桂莉一行再到前进园区调研，协调解决土地方面有关问题，检查城市综合体一期等公建配套建设情况。在听取前进园区2011年工作汇报后，佟桂莉指出前进园区2011年在招引重大项目、产业龙头项目上已经实现突破，在基础设施及公共配套上实现突破，在破解土地难题和项目落地上实现突破。（金如森）

【省发改委领导调研前进园区】 2月15日，浙江省发改委副主任崔凤军一行调研前进园区，实地踏勘江东大道、梅林大道、江东五路、丰乐路、办事服务中心等公建配套设施，听取前进园区开发建设情况汇报。崔凤军充分肯定前进园区经过4年多建设，已形成高起点规划、高标准建设的基础设施，适度超前的配套服务，以及“3+1”现代产业体系（交通运输装备制造产业、高技术产业、新技术产业、现代生产性服务产业），为园区发展注入活力、增添后劲，省发改委将在招商引资、项目落地、土地指标争取、融资和科技扶持等方面继续做好支持与服务，共同做优前进园区发展环境。

【园区办事服务中心启用】 2月16日，前进园区办事服务中心建成启用。新启用的办事服务中心位于前进园区城市综合体西南角，占地1.67公顷，建筑面积1.2万平方米。中心大楼共8层，其中3层以上为行政办公，2层预留进区配套服务机构办公，1楼大厅为办事服务窗口，具备投资项目审批、工商注册和企业经贸审批等各项功能。

【与松下公司共建“中日友好森林”】 4月8日，开发区党工委副书记俞建国带领开发区投资企业协会、前进园区指挥部工作人员到梅林大道西侧绿化带，与松下公司在杭员工共同植树，为“中日友好森林”增添绿色。2010年起，日本松下株式会社在中国推出“10年植树100万棵”植树活动，松下在杭企业承诺以“每人每年种植一棵树”的形式开展，得到开发区支持，在前进园区内划出区域种植苗木，品种包括樟树、早樱、晚樱、金桂等。2010年双方共同种下7000余棵树，2011年双方再植树7000棵。（郑　炜）

2月16日，前进工业园区办事服务中心建成启用　（潘海波 提供）

·园区规划·

【园区规划概况】 2011年，前进园区规划体系不断优化。全年先后完成园区近期建设规划及2011年度行动计划、行道树规划、梅林大道沿线景观规划方案、生物医药园总体规划方案、沿江生态湿地概念规划方案，以及众泰汽车、福特汽车地块控制性详细规划局部调整方案和梅林大道以东排污方案。前进园区东、西工业区单元控制性详细规划经萧山区政府批复，园区核心区单元控制性详细规划和东、西居住区单元控制性详细规划完成送审稿。依法办理规划审批，全年累计核发选址意见书39件，建设用地规划许可证34件，建设工程规划许可证2件。

【园区近期建设规划】 11月，《前进园区近期建设规划》编制完成。规划提出至2015年，园区完成10.6平方千米基本农田外移区块的土地流转征用和拆迁，建成5.35平方千米启动区块，启动梅林大道以东剩余基本农田调整和征地拆迁，完成梅林大道以西路网和以东三骨架道路建设，建成水、气、污管网及电力配套设施，产业园区框架基本形成。在此基础上，完成全社会固定资产投资250亿元以上、实现工业总产值300亿元以上等规划目标。（徐　彪）

【产业功能分区规划】 11月，前进园区根据省发改委《关于组织编制省级产业集聚区产业功能分区规划的通知》文件要求，配合开展《大江东产业集聚区产业功能分区规划（前进园区篇）》编制工作。该规划提出，大江东汽车产业园区前进片区重点规划区面积4.12平方千米，先进装备制造产业园区前进片区重点规划区面积2.48平方千米，电子信息产业园区前进片区重点规划区面积2.01平方千米，新能源产业园区前进片区重点规划区面积1.2平方千米，生物医药产业园区前进片区重点规划区面积2.48平方千米。

【园区集中供热规划获批】2月10日，《杭州经济技术开发区前进工业园区集中供热规划》获省发改委批复。随着前进园区开发建设加快推进，符合产业发展导向的工业项目陆续落户，企业投产后热力需求加大。据测算，至2015年园区最大热负荷235吨/小时，平均热负荷181.3吨/小时。根据该供热规划，前进园区热负荷（最大）258吨/小时，远景规划热负荷（最大）532吨/小时。规划提出采用的“燃气—蒸汽”联合循环热电冷联产机组生产模式，利用天然气作燃料，是一种清洁环保的生产模式。项目实施后除能提供可靠热力供应外，还有效平衡区域内供电能力，可实现供热、供冷、供电“三联供”功能，对推进周边环境质量改善和节能减排起到示范、推动作用。（顾超蓝）

【萧山区乡级土地利用规划获批】4月6日，萧山区前进街道等30个乡级土地利用总体规划获省政府批准。前进园区土地利用规划属于萧山区乡级规划范畴。2010年12月，《萧山区土地利用总体规划（2006~2020）》获批后，萧山区30个乡级土地利用规划顺利获批，标志着前进园区项目用地可按浙江省新一轮土地规划的要求报批。（翟俊生）

表32

2011年前进工业园区拆迁情况

名 称	拆迁面积（平方米）
萧山围垦指挥部	440.31
城厢街道垦种	20 717.45
蜀山街道垦种(第二批)	69 335.28
所前镇	1 202.5
坎山镇	51.23
衙前镇	3 502.44
新塘街道	2 883.5
靖江垦种（第二批）	65 566.52
合 计	163 699.23

·征地拆迁·

【征地拆迁概况】2011年，前进园区征地拆迁交地涉及9个镇街、100余个村。全年园区完成拆迁企业6个、镇村集体经济15个、种养殖承包大户72户，合计拆迁面积16.4万平方米。完成交地349.47公顷，临鸿东路一期、滨江二路一期等40余个项目征地交地难题得到解决。

【完成所前镇征地1.05平方千米】2月，前进园区指挥部在所前镇完成28户个体承包户、2个企业共105公顷土地拆迁补偿的谈判及交地任务。所前镇涉及征地区域是2011年前进园区基础设施和工业项目落地的集中区域，涉及西三路、丰乐路、“众泰”汽车、13.33万平方米标准厂房、220千伏变电所、四工段直河整治工程等10余个项目。该镇征地交地工作顺利推进，为2011年项目落地和固定资产投资任务完成奠定了基础。

【基本农田外移及土地指标争取】4月，萧山乡镇土地利用规划获省政府审批通过，前进园区1066公顷基本农田成功外移。

争取土地“农转用”指标。全年园区争取指标136.22公顷。其中，争取报省国土厅指标2.13公顷，争取报国土资源部指标134.09公顷。至2011年末，园区累计争取农转用指标480.67公顷。

调剂土地占补平衡指标。2011年，园区从湖州市安吉、长兴等地调剂解决占补平衡指标60.27公顷。其中，从长兴县调剂33.6公顷，从安吉县调剂26.67公顷。

【完成供地127.31公顷】全年前进园区完成供地127.31公顷。其中，江东五路、西三路、丰乐路等13个基础设施项目面积66.17公顷；“青年汽车二期”“中特幕墙”“赛莱斯实业”“顾家家居”等6个工业项目面积61.14公顷。至2011年末，园区累计完成供地253.47公顷。

【3个工业项目用地挂牌出让】4月，前进园区签约落户项目“中特幕墙”工业用地挂牌。6月，“青年汽车二期”“赛莱斯实业”两块工业用地挂牌。3个工

2011年前进工业园区供地情况

表33

项目名称	项目面积（平方米）
杭州恒科精工机电有限公司二期	104 113.52
标准厂房	39 528.20
杭州青年汽车有限公司二期	259 330.30
110千伏变电站	4 122.02
江东三路（丰乐路—钱江通道）	12 650.06
临鸿东路（梅林大道—西三路）	73 034.37
顾家家居	106 895.53
赛莱斯	44 155.22
中特幕墙	57 373.29
江东五路（丰乐路—钱江通道）	55 418.28
江东五路（梅林大道—九工段直河）	117 831.59
西三路（江东五路—江东六路）	19 178.10
丰乐路（江东三路—江东六路）	55 151.28
滨江二路（梅林大道—东三路）	120 517.60
临鸿东路（梅林大道—九工段直河）	115 028.58
前进小学	31 834.16
八工段直河河道整治工程	31 369.16
江东三路拓宽	7 134.04
江东五路拓宽	18 396.09
合　计	**1 273 061.39**

业项目选址地块分别位于萧土工出〔2011〕88号地块、萧土工出〔2011〕89号地块和萧土工出〔2011〕108号地块，总用地面积36.09公顷，是2011年度前进园区首批开工的工业项目。3个项目涉及先进装备制造、新能源和医药产业。（翟俊生）

·基础配套建设·

【基础配套建设概况】前进园区按照“适度超前、综合配套”的原则，加快基础配套设施建设。2011年，连接开发区的江东大道全线贯通，钱江大道前进园区段启动建设。丰乐路一期、梅林大道四标段、江东二路一期、江东六路一期等8条道路竣工通车，滨江二路二期、东二路一期等3条道路开工建设。首座110千伏变电站和污水泵站建成投用，首个110千伏“上改下”（义前1245线、义建1247线由架空线改为地下电缆敷设）工程和3座20千伏开闭所开工建设。城市综合体项目人才公寓主体工程结顶，商务酒店5层楼面完成。汽车零部件产业园标准厂房一期项目结顶，农居二期28户建设完成。全年园区政府性投资10.5亿元，比上年增长1倍。

【江东大道全线贯通】2月23日，江东大道二期工程通车，标志着江东大道全线贯通。江东大道即江东大桥东接线，全长16.26千米，起点为江东大桥，终点为萧山临江新城世纪大道。按一级公路标准设计，路基宽37.5米，双向6车道，设计行车速度80千米/小时。江东大道在江东大桥西接线下沙绕城高速公路出入口连接起杭州绕城高速公路、德胜快速路，在前进园区内与在建的钱江通道连接线高速公路交汇，连接河庄大道、青六公路、梅林大道、世纪大道等道路，大江东区域内的江东新城、前进园区、临江新城与下沙副城、杭州主城区连接在一起，极大完善区域道路网功能，使钱塘江两岸道路接线交通状况得到改善。

2月23日，全长16.26千米的江东大道全线贯通　（潘海波　提供）

2011年前进工业园区市政道路建设情况

表34

道路名称	起迄点	长度（米）	宽度（米）	双向车道	设计时速	投资额度（万元）	开工时间	竣工时间
梅林大道四标段	临鸿东路—滨江一路	2 234	52	双向8车道	50千米/小时	17 286	2009年12月	2011年7月
丰东路一期二标段	江东五路—临鸿东路段	1 316	34	双向6车道	50千米/小时	5 956	2010年8月	2011年8月
江东三路二期（延伸段）	钱江通道—丰乐路	276	42	双向6车道	50千米/小时	923	2010年10月	2011年10月
江东六路一期	丰乐路—梅林大道	1 153	28	双向4车道	50千米/小时	10 570	2010年10月	2011年11月
江东五路二期	钱江通道—丰乐路	1 180	42	双向6车道	40千米/小时	10 780	2010年9月	2011年11月
江东二路一期	钱江通道—梅林大道	1 496	30	双向4车道	50千米/小时	8 835	2010年10月	2011年12月
滨江二路一期	钱江通道—梅林大道	2 360	60	双向6车道	50千米/小时	13 593	2010年12月	2011年12月

【钱江通道南接线工程开工】5月，钱江通道南接线工程各标段相继开工。钱江通道高速公路北接沪杭高速公路，经桐乡、海宁，穿越钱塘江，经萧山、绍兴，向南接入杭甬高速公路，全长43.6千米。路面宽33米、双向6车道、设计时速100千米/小时（其中钱塘江过江隧道为80千米/小时）。整个项目分北接线、钱江隧道（钱江通道过江部分）和南接线3个部分，分别由嘉兴交通集团、上海隧道股份有限公司、杭州交通集团投资建设。钱江通道南接线工程经过前进园区的路段全长8.06千米，南起江东大道，北至钱江隧道南入口，投资29亿元。工程预计2013年建成通车。

【城市综合体酒店及办公楼主体开工】4月8日，前进园区商务酒店主体工程和商务、金融及产业办公楼主体工程正式开工。商务酒店投资总额3亿元，建筑面积5.6万平方米，酒店主楼地下2层，地上20层，按四星级标准建造，酒店客房450间。产业办公楼、金融办公楼、商务办公楼3幢办公楼呈“品”字形排列，地下2层，地上3栋“百米塔楼”，最高建筑高度120米。投资总额4.5亿元，建筑面积12.9万平方米。

▶▶资料：城市综合体

城市综合体，指将城市中的商业、办公、居住、旅店、展览、餐饮、会议、文娱和交通等城市生活空间的3项以上进行组合，并在各部分建立一种相互依存、相互助益的能动关系，从而形成一个多功能、高效率的综合体。

【汽车零部件产业园标准厂房一期开工】4月8日，前进园区汽车零部件产业园（研发、孵化中心）标准厂房一期开工。该项目位于前进园区青年路以东、梅林大道以西、江东三路以北、江东五路以南，总投资1.7亿元，用地3.93公顷。总建筑面积8万平方米，由8幢4层标准厂房和1幢5层综合楼组成，其中标准厂房建筑面积7.45万平方米、综合楼建筑面积5500平方米。总建筑面积为34万平方米的汽车零部件产业园开工，标志前进园区平台建设再次取得突破。

【前进中心小学开工】12月，投资7000万元、占地面积3.18公顷的前进中心小学开工建设。学校位于前进园区江东二路以南，东三路以东，东临八工段直河，南侧为前进初级中学，总建筑面积2.33万平方米，其中地上建筑面积1.95万平方米，容积率0.61，绿地率34.5%，设地下停车库，有机动车泊位72个。按浙江省九年制义务教育普通学校完全小学一类标准建设，设自然班36个，可接收学生1200名。

【前进中心幼儿园完成设计】12月，投资2500万元的前进中心幼儿园完成设计。幼儿园规划用地面积0.8公顷，总建筑面积6700平方米，容积率0.84，绿地率26.2%，停车位13个。幼儿园由18个班组成，可接收学生540名。

【丰乐路污水泵站竣工投用】6月10日，前进园区丰乐路污水泵站竣工投用。该污水泵站是前进园区首个建成投用的污水泵站，主要收集八工段直河以西部分地块的污水，设计规模近期为3万吨/日，远期为6万吨/日，最高排水能力9万吨/日。

【丰乐变电站竣工投用】9月29日，前进园区110千伏

6月10日，前进园区丰乐路污水泵站竣工投用　　（潘海波　摄）

丰乐变电站竣工投用。该变电站是前进园区首个建成投用的变电站，设计装机容量为3×8万千伏安，先期投用容量为2×8万千伏安，可基本解决园区用电需求。

【3个20千伏开闭所工程开工】10月，前进园区首批3个20千伏电力开闭所工程开工，分别是红统站（梅林大道与临鸿东路交叉口）、标房站（西三路与江东六路交叉口）和万轮站（丰乐路与经一支路交叉口）。该3个开闭所为110千伏丰乐变电站配套设施，是前进园区首批20千伏进出线的电力开闭所，同时也是整个大江东区域首批20千伏进出线的电力开闭所。

（徐　彪）

·招商引资·

【招商引资概况】前进工业园区坚持招商引资“一把手”和“生命线”工程，立足招大引强。2011年，园区在3个“500强”（世界企业500强、中国企业500强、中国民营企业500强）企业招商引资方面取得突破，成功引进总投资2.1亿美元的中国台湾“统一食品”、总投资12亿元的中国香港“加多宝饮料”和总投资7亿元的“苏泊尔药业”等大项目，跟踪推进“长安福特汽车”“西子航空飞机零部件”“横滨胶管”“华电江东热电”等优质项目。全年完成合同外资3.5亿美元，实际利用外资1.3亿美元，实际引进内资12.12亿元。

【参加大型投资洽谈会4次】全年前进园区4次参加大型招商洽谈会。6月7~9日，开发区管委会副主任、园区指挥部副总指挥沈燕良带队参加在宁波举行的第十三届浙江投资贸易洽谈会。9月8日，园区招商投资处随开发区招商团参加在厦门举行的第十五届中国国际投资贸易洽谈会。10月20日，园区招商投资处再次随开发区招商团，参加在杭州西湖国际博览会期间举办的第十四届杭州国内经济合作洽谈会。11月10~12日，开发区管委会副主任、园区指挥部副总指挥詹国平带队参加在宁波举办的首届中国海洋经济投资洽谈会。通过参加洽谈会，前进园区收集了多个项目信息。

【6个招商项目集中签约】4月8日，落户前进园区的“统一食品”“苏泊尔药业”“亚德环保科技”“锥环式无级变速器”“德国科瑞数控机床”“新蛋电子商务物流园区”6个招商项目集中签约。该6个项目总投资45亿元，涵盖食品饮料、生物医药、新材料、装备制造、现代物流等领域，具有行业领先、技术含量高、规模效益好的特点，是园区重点鼓励和培育发展的主导产业，达产后年产值140亿元。

【引进大项目3个】2011年，前进园区引进的“统一食品”项目，是中国台湾统一集团在浙江省内建立的首个综合性食品饮料生产基地。该项目一期总投资2.1亿美元，拟建10条方便面快速生产线和一条饮料生产线，其中固定资产投入10亿元，全面引进台湾进口设备，生产能力可达现有设备的1.5倍。全部达产后，年产值逾50亿元。

引进的“加多宝饮料”项目，是中国香港加多宝集团在前进园区新建的塑料瓶装及铁罐装凉茶饮料生产线项目。该项目一期总投资12亿元，生产设备为意大利进口。全部达产后，年产值逾30亿元。

引进的“苏泊尔药业”项目，总投资7亿元，将设立集研发、生产、销售配套功能于一体的现代化药品生产基地，全部达产后年产值20亿元。投资方为中国

民营企业500强、中国制造业企业500强——苏泊尔集团有限公司。（沈江丽）

·项目推进·

【固定资产投资】 2011年，前进园区完成全社会固定资产投资17.57亿元，比上年增长62.6%。其中，基础设施建设投资10.51亿元，工业项目投资7.06亿元。至年末，园区在建工业项目8个。累计实现工业销售产值16.38亿元，增长128.3%。

【首个企业进入试生产】 5月，浙江福隆鼎玻璃科技有限公司进入试生产及设备调试阶段，这是前进园区首个进入试生产的工业企业。该公司主要从事温控智能玻璃、低辐射镀膜玻璃、导电膜夹层玻璃、单片防火玻璃和车载玻璃、城市轨道交通专用玻璃的生产、出口、销售和售后服务，企业综合实力居建筑安全玻璃深加工行业前列，项目总投资1.5亿元。

【5个在建项目建设加快】 至2011年末，落户前进园区的浙江美通重机有限公司、光昱汽车零部件（杭州）有限公司、易东机电制造（杭州）有限公司3个项目厂房及办公楼主体结构基本完成。杭州青年汽车有限公司项目一期总装、焊装、冲压车间3个车间土建基本完成，总装、焊装车间部分设备进场安装。杭州恒科精工机电有限公司一期厂房、食堂、办公楼主体土建基本完成。

【两个工业项目开工】 7月，浙江中特幕墙工程有限公司项目地面基础进入施工。该项目主要从事幕墙及光电幕墙的研发、设计及生产，项目总投资3亿元。10月，赛莱斯实业（杭州）有限公司项目地面基础进入施工。该项目是一个生产和销售医用弹性敷料和护创材料、膏药的外商独资企业，项目总投资4500万美元。

【3个项目前期工作完成】 2011年，落户前进园区的“顾家家居”“宁野农机”“万轮工贸”3个项目初步设计方案审查、施工图编制、能评审查、环评审查、土地挂牌和现场施工准备等前期工作完成。“顾家家居”项目总投资5.95亿元，项目内容为汽车座椅及沙发生产。“宁野农机”项目总投资6亿元，项目内容为建立宁野农业装备工业园，生产销售拖拉机及大型复合农机具生产线。“万轮工贸”项目总投资3000万美元，项目内容为生产销售高档越野自行车、公路自行车、儿童自行车和自行车零件。

（顾超蓝）

·前进街道·

【前进街道概况】 前进街道由萧山区人民政府直辖。由临江、前峰、三丰3个行政村和16个镇、街（场）的垦种地组成，总行政区划面积40.3平方千米。其中，3个村区划面积10.2平方千米，人口7975人，农户2148户。街道本级辖区有企业31个，其中规模以上企业6个。街道办事处内设党政（人大）办公室、经济发展科、城市管理科、社会事务科和综合治理科。前进街道先后获得“杭州市生态街道”“萧山区文明街道”“萧山区平安镇街”“萧山区综合治理先进单位”“萧山区信访工作先进集体”和“萧山区充分就业街道”等称号。2011年，在萧山区镇街综合考评中，列大江东区域第1名、萧山区第3名。

前进街道办公楼　　（金如森　提供）

前进街道新农居　　（金如森　提供）

▶▶资料：前进街道

2009年8月，杭州市委、市政府规划建设大江东新城，撤销大江东新城范围内的镇级建制，对原有各镇行政区划范围进行调整优化，建立与前进工业园区规划范围基本对应的前进街道。前进工业园区对前进街道实行"以城带街"的管理体制。

【实现生产总值5.64亿元】2011年，前进街道实现生产总值5.64亿元。完成工农业总产值20.36亿元，比上年增长40%。其中，完成规模以上工业销售产值13.6亿元，新产品产值率33.8%。完成全社会固定资产投资17.5亿元，限额以上工业投资6.9亿元。实现农业产值1.4亿元，村级可分配收入540万元。农民年人均收入1.62万元，增长8%。农作物播种总面积8.14平方千米，其中粮食播种面积5.63平方千米。

【征地拆迁工作推进】7月，前进街道启动三丰村五路以北338户农居、"统一食品"项目地块和临时过渡房地块征地拆迁工作；8月，338户房屋丈量工作全部完成。12月，江东大道拆迁安置的28户农户房屋竣工，安置小区的污水管网、电力、电信、燃气、广播、电视、自来水等外围配套工程同步完成。

【新村镇建设】5月，前进街道投入300余万元，对三丰村13条道路进行地面硬化工程。6月，投入100余万元，对九工段直河西直路临江段路面进行改造。投资40余万元，在1472米的九工段直河西直路临江段和1000余米临江村新峰中心横路的道路实施亮灯工程改造。2011年，临江村评为"杭州市计划生育先进村""杭州市卫生村"和萧山区"粮食生产优胜村"；前峰村评为"杭州市计划生育模范村"和萧山区"婚育新风示范户"；三丰村评为"萧山文明村"和"萧山卫生村"。

【文化与新农保】6月，投资40万元、总面积1200平方米的前进街道文化广播站建立。广播站内设综合活动室、图书阅览室、综合培训室、数字化服务室、沙地文化展示室、书画摄影非遗工作室、体育健身室7大功能服务室。12月，前进中心小学开工建设，前进中心幼儿园完成设计。2011年度新型农医保参保工作全面完成，全街道应参加新农保6011人，实际参加新农保5965人，参加率99.2%。

【社会治安总体平稳】2011年，前进街道辖区有综治城管队员20人，应急小分队47人，义务巡逻队员30人，确保辖区社会治安总体平稳。全年调处化解各类矛盾50起，未发生民转案件。组织安全生产检查10次，发现隐患31条，整改企业5个，整改率95%。拆除违法建筑6.3万余平方米，其中历年违法建筑2.86万平方米。2011年，前进街道被评为"萧山区平安镇街""萧山区综合治理先进单位"和"萧山区信访工作先进集体"。

（潘　婷）

党政群团

·重要会议·

【党工委扩大会议】1月13~14日，开发区党工委召开扩大会议。会议传达贯彻市委十届九次全会精神，回顾总结2010年及“十一五”时期主要成绩和经验，分析形势，明确“十二五”时期发展目标，部署2011年工作任务。党工委书记、管委会主任盛成皿作题为《加快转型升级，推进科学发展，努力开创开发区“十二五”发展新局面》的报告，党工委副书记俞建国作会议小结。

7月29日，开发区党工委召开扩大会议。会议学习贯彻中共中央总书记胡锦涛“七一”重要讲话精神，总结回顾上半年主要工作，分析存在差距和不足，明确目标任务，加快推进开发区产业、城市、社会“三大转型”，努力实现新一轮科学发展、可持续发展。党工委书记盛成皿作题为《加快三大转型，推进创新发展》的报告，党工委副书记、管委会主任陈晨作会议小结，11个部门（单位）代表作交流发言。

【召开19次党工委会议】2011年，开发区党工委召开19次党工委会议，讨论和决定事项32项。重点研究明确了贯彻落实杭州市纪委十届七次全会精神、文明城市创建总体方案、中国共产党成立90周年表彰大会、学前教育优质均衡发展若干意见、维护社会稳定工作、开发区劳动模范和文明之星评选方案、加强机关作风与效能建设工作等事关开发区经济社会发展和平安稳定的重大问题。

【召开13次主任办公会议】2011年，开发区管委会召开管委会主任办公会议13次，讨论决定事项50项。研究事项包括全社会固定资产投资计划、道路命名方案、城建文化馆展示中心建设方案、经济发展政策、十大民生工程、招商信息网络建设实施办法等开发区重大问题，进行研究部署。

【党工委理论中心组学习】2011年，开发区党工委

1月13~14日，开发区党工委召开扩大会议，总结部署工作 （黄健员 摄）

表35

2011年开发区党工委、管委会重点调研课题

序号	课题名称	主持人	牵头单位
1	以创建全国文明城市为抓手推进社会管理创新研究	盛成皿	委办
2	下沙新城文化建设研究	陈　晨	委办
3	“金沙湖”项目综合效益分析报告	邵立春	委办
4	解决“用工荒”、“招工难”长效机制研究	俞建国	人劳局
5	开发区加快发展现代服务业研究	冯国明	经发局
6	围绕专业园区建设深化产业二次招商研究	张学宁	招商局
7	前进园区与大江东建设互动关系研究	施水祥	前进园区指挥部综合处
8	“三区”融合发展研究	程　锋	规划分局
9	关于对小型建设工程招投标监管的思考	林水荣	纪工委（监察局）
10	开发区深化社会治安防控体系建设研究	李建平	公安分局
11	前进园区城市功能配套研究	詹国平	前进园区指挥部规建处
12	开发区江东、江北产业互动发展研究	沈燕俊	前进园区指挥部招商处
13	以“五乱”整治为抓手提升开发区城市管理水平研究	何铨寿	城管办

召开理论中心组学习会3次，会议内容包括学习传达十一届全国人大四次会议和全国政协十一届四次会议精神；贯彻学习杭州市委书记黄坤明在全市领导干部会议上的重要讲话精神；贯彻落实浙江省政府关于加强政府自身建设电视电话会议及杭州市贯彻落实会议主要精神；传达贯彻中国共产党十七届六中全会和杭州市领导干部会议精神等。

【专题及联席会议】2011年，开发区管委会召开专题及联席会议100余次，讨论研究项目引进、建设项目、城市管理、征地拆迁、教育、医疗卫生、产业等开发区招商引资、城市建设、社会发展等相关议题。

·机关党建·

【机关党建概况】2011年，开发区机关党委所属党（总）支部32个，党员575名。对出口加工区综管局党支部、城建中心第三党支部、质监分局党支部、消防职工党支部4个党支部进行换届改选或作补充、调整；成立管委会机关联合党支部、行政执法大队新城中队党支部和国税局机关党委。制订出台《2011年机关党委党员发展计划》；组织管委会机关50名入党积极分子参加开发区党工委组织部举办的两期入党积极分子培训班；发展新党员27人，预备党员转正31人，确定为入党积极分子发展对象15人。按照“五好”党支部创建标准和要求，经支部自评申报、开发区机关党委审核并报市直机关党工委审批，开发区建设局党支部被评为2010年度市直机关“五好”党支部。在市直机关“两优一先”评比中，开发区建设局党支部被评为市直机关工委优秀基层党组织，5名优秀共产党员和1名优秀党务工作者受表彰。

【机关党员政治理论学习】3月22日，开发区机关党委制订印发《杭州经济技术开发区管委会机关党委2011年工作要点》，组织各党（总）支部开展机关政治理论学习、党建理论研究课题及各项专题学习。重点学习胡锦涛总书记在庆祝中国共产党成立90周年大会上的讲话、《社会主义核心价值体系建设实施纲要》和《中共杭州市委关于加强社会建设创新社会管理提高社会文明水平的决定》等文件精神；以“知行合一，创先争优”为主题，举办机关党建工作暨党务知识培训会；组织开展学党史、读经典、创先进“读书月”活动，向直属各党（总）支部全体党员发放《毛泽东自传》《中共杭州历史要览》《中共杭州历史九十年》和《朱镕基讲话实录》等书籍。

【开展爱国主义教育】2011年开发区机关党委围绕庆祝中国共产党成立90周年，开展“党在我心中”征

文活动，征集到诗歌及散文30篇；开展以“永远忠于党”为主题的重温入党誓词教育活动；带领党员干部赴嘉兴南湖等红色革命纪念地开展主题教育实践活动；组织开展清明节扫墓和纪念辛亥革命100周年系列活动；组织参观“光辉历程、生动实践——浙江省庆祝中国共产党成立90周年展览”；组织观看《建党伟业》《辛亥革命》《郭明义》《杨善洲》和《飞天》等爱国主义教育影片。

【机关创先争优活动】2011年，开发区机关党委积极推进“创下沙先锋·争新城标兵”创先争优活动，组织各支部召开“创先争优”专题组织生活会，开展领导点评和民主评议工作；深入基层指导群众评议工作，参加评议群众795人，召开评议会议70次，发放调查问卷1.4万份；开展机关党组织和机关党员新一轮公开述诺践诺工作；开展“新城标兵·闪光言行”展示评选活动；开通“创先争优微博”，累计发布区内机关信息动态129条；推进窗口单位为民服务创先争优活动；根据党工委领导基层联系点部署，各党支部赴基层联系点开展创先争优活动。根据各党（总）支部推荐，评选并表彰5个先进基层党组织、53名优秀党员和6名优秀党务工作者，推荐区级先进基层党组织2个，优秀党务工作者2名，优秀党员22名。参加市直机关党工委组织的2011年度杭州市机关党建理论调研征文比赛，获优胜奖。扎实开展文明机关创建工作，提升机关文明程度和机关人员文明素质。

【机关廉政建设】2011年，开发区管委会机关党委组织学习贯彻中国共产党十七届五中、六中全会精神和中央、省、市纪委全会精神，加强机关作风建设和反腐倡廉建设。各基层党组织根据新形势、新任务，及时对党风廉政建设责任制及责任分工进行修改、补充和完善，坚持把党风廉政建设与业务工作紧密结合，实行“一岗双责”。开展岗位廉政知识测试；组织党员干部参观杭州市反腐倡廉成果展；参加杭州市首届“清风杯”公职人员廉政书法大赛和“廉洁让生活更美好”图片征集活动；“七一”期间组织党员干部开展“红色之旅”“清风之旅”教育实践活动；开展反面典型教育，组织机关党员干部观看反腐倡廉警示剧《两面局长》、反腐倡廉话剧《这是最后的斗争》。深入开展治庸治懒治散“效能亮剑”专项行动和廉政风险防控机制建设“回头看”活动；指导各党（总）支部开展观看一本电教片、读一本案例剖析书、“访贫促廉”教育等活动；配合开发区纪工委、组织部开展“打造廉洁开发区、共建下沙新城”主题教育活动；以个人自查，各组互查，文明监督员督查的形式加强对机关党员干部廉洁自律情况的监督检查，促进党员素质和工作绩效的提升。

【机关党员志愿服务队系列活动】1月，开发区机关党委携手杭州电视台综合频道推出“下沙老大哥在行动”系列活动；组织机关工作人员参加区第6次“助学助困”慈善救助活动、春节“送温暖、促和谐”慰问贫困残疾人活动和全市第11次“春风行动”；出口加工区综管局党支部联系运输企业与需求企业对接，为区内企业职工返乡服务。3月，与开发区团工委等群众团体，在开发区物美广场联合举办以“弘扬志愿者精神、雷锋就在你我身边”为主题的志愿者广场服务及招募活动。4月，参与全国文明城市创建活动，开展劝导交通、序化门前管理、制止和劝导乱扔垃圾等不文明行为的志愿服务工作；参加“迎动漫、迎五一”第11次万名市民清洁大行动；在物美超市广场组织开展法律法规集中宣传咨询活动。5月，与开发区总工会、团工委在下沙新美商城门口，联合举办开发区“红五月”大型广场宣传、爱心义卖、健康义诊和文明创建等志愿服务活动。7~8月，开展走访困难家庭“送清凉”活动，组织机关党员干部深入困难家庭走访慰问。全年两次组织开发区109名副处以上干部、20个事业单位开展“结对帮扶”走访慰问贫困户、特困户、孤寡老人及病残人员，送去资助金、生产物资25.8万元。积极与建德市航头镇航头村开展“联乡结村”活动，协调落实帮扶资金，全年落实区级帮扶资金5万元。（惠蕴隆）

·组织人事·

【组织工作概况】2011年，开发区有中共基层党组织307个，比上年（指2010年，下同）增加15个；党员5977名，增加148名。实现15个大学生创业园党组织建设和工作全覆盖；举办两期入党积极分子培训班，培训

364人，发展党员232人。确立50个“发展强、党建强”先进企业培育单位，成功培育示范点30个。其中，中粮包装有限公司被评为省级“双强百佳”，松下电化住宅设备机器（杭州）有限公司等7个企业被评为市级“双强百佳”，杭州杭联热电有限公司等12个企业被评为区级“企业党建示范点”。继续深入推进创先争优活动，开展庆祝中国共产党成立90周年系列活动。

【党工委民主生活会会前准备】3月，根据中共中央组织部《以贯彻落实〈党员领导干部廉洁从政若干准则〉切实加强领导干部作风建设》有关文件精神，按照开发区党工委召开民主生活会的工作安排，做好意见征求等工作，采取座谈会、上门走访、问卷调查等形式，对党工委作风建设、组织干部工作、创先争优等方面征求意见，先后召开7个层面的座谈会，走访企业、高校、直属机构47个，发放问卷329份，收集汇总意见建议204条，为党工委民主生活会顺利召开奠定基础。

【深化创先争优活动】4月，开发区召开全区“创下沙先锋·争新城标兵”创先争优推进大会，全面推进新一轮承诺践诺、闪光言行展示评选、领导点评和民主评议党员等工作，组织800余名党员通过远程教育网络学习收看“创下沙先锋·争新城标兵”创先争优推进大会实况。开发区党工委组织部开通“下沙先锋”和“下沙组工”创先争优微博，各党（工）委先后开通创先争优微博。5月，开发区机关事业单位、窗口单位和服务行业、非公企业“双强争先”活动全面铺开，大力培育和推广基层党建工作先进典型，党工委领导班子成员和党工委创先争优活动领导小组成员共建立基层联系点92个。6月，在全区开展“两优一先”“新城标兵·闪光言行之星”评选活动，评选出先进基层党组织20个、优秀共产党员110名、优秀党务工作者20名，“新城标兵·闪光言行之星”10例，成功推荐申报省、市级先进11例，并在开发区庆祝中国共产党成立90周年大会上进行表彰。8月，为推进创先争优窗口单位和服务行业的示范点建设，全面征集各党（工）委、各单位以及行政服务中心等开展创先争优活动情况，整理各部门领导到联系点走访调研材料，汇总每月闪光言行之星材料，制作创先争优展板，在全区各级基层党组织单位进行巡展。

【庆祝中国共产党成立90周年系列活动】4月，开发区启动“向建党90周年献礼”系列活动。5月，举行“党在我心中”党史教育活动，现场向全区300个基层党组织和160名党员干部发放党史书籍450册。5月31日，结合学习型机关活动，举办庆祝中国共产党建党90周年“党在我心中”系列讲座第一期，浙江省委党校党史党建教研部副主任、党建研究所所长郭亚丁为全区党员干部作《中国共产党的历史与经验》专题讲座。6月3日，举办“党在我心中”系列讲座第二期，杭州市委组织部副部长、杭州市委社会工作委员会书记洪永跃应邀作《努力学习科学发展观，争当“创先争优”模范》专题讲座。6月19日，杭州经济技术开发区、下沙高教园区联合举行“永远跟党走”大型晚会。4~7月期间，开展“读一本党史书籍”等党员教育活动，举办各类讲座30余场次，发放党史书籍5000余册；开展“百名书记上党课、万名党员大轮训”活动，160余名基层党组织书记开办党课220余场，参训党员1.2万人次；举办红歌赛、红色之旅等“百场党员主题活动”。

【打造党建远程教育系统】2011年，开发区深入推进社区党员干部现代远程教育“远教广场”工程，投入80余万元，在10个社区的广场和楼道安装远程教育终端设备LED电子显示屏。通过“远教广场”平台，推出红色电影、生产技术、科普知识、文化活动、养身保健等专题课程。全区各级基层党组织开通以“创先争优”为主题的党建微博31个，开办“党建手机在线”，发送党建手机信息15.1万条。完善党建信息系统建设，打造移动电话信息网络平台，畅通信息传递渠道，完成远教平台管理员培训，加强党员教育力度。该项工作获得市委组织部“2011年度工作创新奖”。

【社区干部队伍建设】2011年，开发区深入推进社区“领头雁”工程，加强社区干部队伍建设，不断增强社区党组织的领导核心作用。4月，召开社区书记、主任助理座谈会，完成社区书记、主任助理调研报告，拟订新一批助理招聘方案。5月，开办“社区大讲堂”，开展社区干部大轮训工作，累计培训社区干部1200余人次。6月，面向社会新招聘11名大学生到社区担任书记、主任助理。5~7月，选派22名机关干部到社区挂职锻炼，从社区选调8名优秀社区大学生村官到委机关挂职，实现双向交流。7月，组织社区书记、主任和省市级“双强百佳”基层党组织负责人一行59人，赴井冈山开展为期7天的学习培训。

【推进区域化党建工作】2011年5月，开发区启动区域化党建调研工作，深入街道、社区、企业、大创园、工业园区和综合市场进行走访调研，了解党建工作开展情况，围绕加强和创新社会管理，提出了“统、联、合、共”的总体工作思路，印发《关于推进杭州经济技术开发区区域化党建工作的实施意见》，探索建立以街道、社区党组织为基础，机关事业单位、辖区企业、高校、物业公司、业主委员会、社会机构党组织结对共建的“1+X”党建共同体，构建区域化党建新格局。

【服务型党组织建设初显成效】2011年，开发区党工委通过抓好“片组户”民情联系制度，推进“网格化”管理，整合资源，进一步形成党组织和党员服务基层群众的整体合力。以“服务企业、服务基层”为主题，建立健全领导干部联系点制度，发动党员干部深入企业、基层，进行结对服务，为群众办实事、办好事。全年，开发区建立领导干部基层联系点97个，各级党员干部服务群众2000余人次，解决问题165个。

【干部竞争性选拔】开发区党工委严格贯彻执行市委关于竞争性选拔干部要求，切实加大竞争性选拔干部工作力度。2011年初，开发区在全市市直部门率先采取“两轮推荐、两轮票决”方式选拔4名委管正职领导干部。

不断改进选任方式，对干部选拔的重点环节进行探索。在考试环节，针对竞争岗位特点，分别设置不同的试题，做到“用什么，考什么”；在考察环节，采用量化评价办法，对考察对象的基本条件、群众评价和考察组评价按一定权重进行计分；在测评推荐环节，对所有单位参加民主测评的人员范围进行合理界定，让真正熟悉了解的人参加测评，增强测评结果的真实性、客观性和可比性；在决策环节，专门制订《关于开发区党工委会议无记名投票决定干部任免的实施意见》，对新提拔的干部全部进行票决；在公示环节，增加了拟任人选的照片、工作简历等方面的信息，更好地接受群众的监督。

【实施干部轮岗交流】2011年，开发区为培养锻炼干部，激发干部队伍活力，全面实施三个层面的干部轮岗交流工作。一般干部进行双向交流，分批组织委机关干部到基层进行为期一年的挂职锻炼，同时组织社区“大学生村官”到机关工作锻炼，实现双向交流。对科级干部进行轮岗交流，根据干部交流工作有关规定和开发区实际，以在同一部门任职时间较长，从事执纪执法、干部人事、工程管理等重要岗位，以及需要多岗位锻炼的年轻干部为主体，开展全委范围内的科级干部轮岗交流，共轮岗交流科级干部91名，进一步优化干部队伍结构。实施委管干部轮岗交流，对全委22个部门走访调研，结合近年来部门班子和委管干部年度考核结果、测评推荐情况，按照“立足当前，着眼长远，满足需要”的总体要求，对委管干部实施大规模轮岗交流，至2011年末，共调整17个部门39名委管干部，进一步充实加强委办、区财政局、区综管局、街道等部门领导班子力量。

【干部挂职锻炼】2011年，开发区积极采取“交流、下派、外派”等方式，抓好干部实践锻炼工作。共接收和选派58名年轻干部到一线挂职。按照市委城乡统筹、区县协作的总体部署，加大与建德市干部交流挂职锻炼的力度，选派4名干部赴建德锻炼，接收11名建德市挂职干部；按照市委组织部要求，推荐1名委管干部赴新疆阿克苏浙江产业园支援当地建设，接收市重点工程挂职干部9名，接收安徽马鞍山市挂职干部5名、湖南常德经济技术开发区跟班学习干部5名。

【实施干部素质能力提升工程】2011年，开发区实施干部“素质转型，能力提升”工程，加大干部教育培训力度。充分利用培训资源，首次组织“生态型城市建设与管理”境外培训班，19名委管干部、后备干部和科级干部，赴新加坡进行为期16天的培训。

借助市委党校、井冈山干部学院等区外资源，以委管干部、组工干部、社区干部等为重点对象，开设“思想政治建设班”和“组工干部培训班”，110余名干部参加培训。依托“学习型机关”活动载体，始终坚持每月在全委集中组织1~2次学习活动。全年组织领导干部参加集中学习22次，参训干部达到8000人次。将“学习型机关”活动拓展到企业、社区，全年共组织开展“学习型企业”“学习型社区”活动80

8月，开发区人劳局组织“生态型城市建设与管理”境外培训班
（胡敏华 提供）

余期，培训企业、社区干部7000余人次。资产经营公司、前进园区指挥部等单位举办“和达讲堂”“江东课堂”等学习载体，通过邀请名师授课、专家辅导、开展主题研讨等形式开展学习培训。2011年，管委会各部门（单位）组织各类学习活动200余次，累计培训干部9000余人次。

【加强干部管理服务】开发区党工委落实中央《关于进一步从严管理干部的意见》，运用谈心谈话、述职述廉、经济责任审计等方法，加强对领导班子和领导干部的日常管理。2011年，实施96名委管干部述职述廉，对4名领导干部进行经济责任审计。按照市委组织部严肃换届纪律教育宣传工作的要求，组织全委领导干部、组工干部进行学习，并不定期对换届纪律知晓情况进行电话抽查，涉及干部200余人次，确保党员领导干部对换届纪律的知晓率达到100%。

加强对干部的关心关爱。专门设立党员干部关爱基金，走访慰问患病、生活困难党员干部、老干部205人次。积极做好离退休干部的体检保健、帮困解难等服务保障工作，组织区内离退休干部开展“红色之旅”活动。2011年，开发区党工委组织部被市委老干部局评为老干部工作先进集体。

【推进机构改革】2011年，根据全市机构改革工作的统一部署，开发区机构编制委员会办公室在听取开发区管委会各部门意见、到4个兄弟开发区学习调研、7次与市编委办沟通汇报的基础上，经过反复修改完善，拟订上报市委关于完善开发区管理体制的请示，以及上报市编委办的“三定”（定编、定岗、定员）设想意见；9月，向市分管领导进行专题汇报；10月，正式将请示和意见分别上报至市委和市编委办。

【完成事业单位岗位设置1260个】开发区管委会在完成事业单位分类工作的基础上，制订开发区事业单位岗位设置实施方案和实施意见，完成事业单位岗位设置核准工作，共核准40个事业单位计1260个岗位。在岗位设置过程中，坚持深入调研、摸清底数、上门指导、集体培训等多种方式，结合开发区事业单位特点，分步推进岗位设置工作。针对管委会事业单位规模小、编制少的特点，按照事业单位主管部门统一进行岗位设置核准工作；针对专业性较强的事业单位，在专技岗位等较高等级比例结构设置上，予以一定的政策倾斜；针对开发区中小学校和幼儿园起步较晚、基础较弱的实际，在专技岗位设置上，采取“就高”原则进行核准。

【开发区设立法院、检察院】2011年，开发区大力推进司法体制建设。在专题调研其他国家级开发区法院、检察院设立情况的基础上，开发区人劳局（组织部）逐级上报关于设立开发区法院、检察院的相关请示，并于4月完成最高人民法院、最高人民检察院组织的开发区实地考察调研工作。4月，最高人民法院批复同意设立杭州经济技术开发区法院。5月，浙江省高级人民法院批复同意设立杭州经济技术开发区法院。6月，最高人民检察院和浙江省人民检察院批复同意设立杭州经济技术开发区检察院。

【机构编制项目化管理】2011年，开发区人劳局（组织部）集中受理13个单位上报46个机构编制事项。努力为各局室高效有序开展工作提供机构编制保障，其中设立老干部科、学前教育管理科等5个内设机构。全年还批准设立开发区医保办、景苑小学、景苑幼儿园、江湾幼儿园和星河幼儿园等机构和单位。

【新建6个事业单位】2011年，开发区人劳局（组织部）完成开发区事业单位登记管理局、就业管理服务处、社会保险办公室、劳动争议仲裁院、机关事业单位会计核算中心、安全生产监察大队6个事业单位相关资料的上报及审批，以及相关人员资格审查、公示和参加过渡考试等相关工作。

【规范机关人事管理】2011年，开发区人劳局（组织部）出台《开发区管委会机关事业单位工作人员考勤及请销假管理规定》和《关于受处分、效能问责人员工资待遇的处理意见》，拟订《开发区事业单位专业技术职务聘任管理暂行办法》初稿，通过制度的健全完善，进一步规范人事管理。

【公务员网上学习完成率实现“双百”】2011年，开发区人劳局（组织部）以“干部学习新干线”为平台，加强公务员网上学习监督，率先在全市市直单位学习完成率达到100%，居排行榜第一位。组织公务员795人次参加《防止三公领域利益冲突若干规定》《2011年度学法用法网上作业》《创建全国文明城市测评问卷》3门课程的网上作业，完成率为100%。组织公务员130余人次参加5期公务员知识大讲堂和1期艺术人文大讲堂活动。

【开展“4·27”公务员学法日活动】围绕开发区人事中心工作和依法治区的要求，开发区人劳局加强法制宣传教育，制订《开发区2011年机关事业单位工作人员学法用法活动实施方案》。5月，开发区人劳局针对管委会机关各部门、各街道、前进园区指挥部、委直属各单位各类工作人员，开展依法行政法律知识“短信月”活动；5月24日，人劳局联合委办，组织委机关各部门、各街道、前进园区指挥部、委直属各单位公务员及参照公务员法管理人员开展法律知识竞赛，进一步加强法制宣传力度。（丛　囡）

·纪检监察·

【纪检监察概况】2011年，开发区纪工委、监察局围绕打造“廉洁开发区”的目标，坚持“标本兼治、综合治理、惩防并举、注重预防”的方针，加强以完善惩防体系为重点的反腐倡廉建设和以治庸治懒治散“效能亮剑”专项行动为重点的作风建设，以落实党风廉政建设责任制为抓手，着力提升反腐倡廉科学化水平。

全年开发区纪工委、监察局共办理和查处各类信访件43件、“96666”投诉24件，办结率为100%。开展正处级领导干部任期经济责任审计监督。对开发区城管办主任、招商局局长、国土分局局长、人劳局局长4位正处级领导干部进行任期经济责任审计和监督。

【全区廉政和作风建设会议】4月29日，开发区召开廉政和作风建设大会。党工委书记盛成皿在会上作题为《坚持以人为本，强化执政为民，以廉洁形象和优良作风为“十二五”发展开好新局》的重要讲话，党工委副书记、管委会主任陈晨代表党工委与部门代表下沙街道、城建中心签订《2011年党风廉政建设责任书》。纪工委书记林水荣点评2010年开发区满意不满意单位评选情况，通报机关作风检查情况；开发区公安分局和地税分局代表满意单位上台作表态发言。年初，开发区修订完善党风廉政建设责任书的考核细则，年末对各部门（单位）党风廉政建设责任制落实情况开展检查考核。

【党风党纪教育】1月，开发区纪工委、监察局、人劳局（组织部）组织开展《关于防止国家工作人员在公共资源交易、公共产品采购、公共资产管理中发生利益冲突的若干规定（试行）》网上作业。4月，组织全区处（副处）级领导干部参观全国检察机关惩治和预防渎职侵权犯罪展览浙江巡展，观看反腐倡廉警示剧《两面局长》，组织开展“廉洁让生活更美好”图片征集活动。6月15日，组织处（副处）级领导干部观看反腐倡廉话剧《这是最后的斗争》。8月，组织全区处（副处）级以上干部参加庆祝中国共产党成立90周年反腐倡廉知识测试活动。9月21日，市纪委副书记王叶林为全区科以上干部350余人上了一堂题为《遵纪守法、做人勤廉，小心谨慎、永保安康》的反腐倡廉警示教育课。10月，组织全区机关各级党组织672名党员干部参观杭州市反腐倡廉成果展。全年，开发区纪工委、监察局为每位市管领导干部发放《公仆情怀》和《大道行》两本廉政教育书籍，为副处级以上领导干部发放《〈关于实行党风廉政建设责任制的规定〉和〈中国共产党党员领导干部廉洁从政若干准则〉适用〈中国共产党纪律处分条例〉汇编》。为全区新进工作人员上了一堂廉政课。组织开展机关“清风之旅”活动。

【开展廉政谈话】全年，开发区纪工委书记分别与开发区领导班子4位成员进行年度廉政谈话；两位纪工委副书记分别与6位正处级领导干部及前进园区指挥部6个部门（单位）的“一把手”进行廉政谈话。开发区纪工委与14位新任职和转任重要岗位的处（副处）级领导干部开展任前廉政谈话，与11位新任纪检干部进行任前谈话，对有信访反映的同志及时开展信访谈话。对新提拔的处（副处）级领导干部进行任前廉政法规考试。

【廉政风险防控机制建设】开发区纪工委、监察局组织开展廉政风险防控机制建设“回头看”活动，组织干部学习省委、省政府《关于全面推进廉政风险防控机制建设的意见》和市委、市政府《关于全面推进廉政风险防控机制建设的实施意见》，以及全国现场会和省纪委书记任泽民到杭州调研重要讲话精神。组织全区各岗位公职人员对各自岗位风险点进行梳理，组织新进公职人员按照要求及时补找岗位风险点。检查各部门（单位）的廉政风险防控措施。

【廉政文化“七进”活动】开发区纪工委、监察局积极开展廉政文化“七进”（进机关、进社区、进学校、进企业、进农村、进家庭、进工地）活动，继续与7个相关部门在签订《党风廉政建设责任书》时，明确开展廉政文化“七进”活动的要求。白杨街道云水社区被命名为第一轮杭州市“党风廉政建设示范社区”。各建设主管部门相继开展廉政文化进工地活动。开发区纪工委实行每周一条廉政短信的做法，提醒广大党员干部清正廉洁，远离腐败。

【重点领域监督检查】开发区纪工委、监察局开展《中国共产党党员领导干部廉洁从政若干准则》贯彻执行情况专项检查。在自查自纠基础上，及时开展重点督查。制订重点督查方案，对开发区经发局、建设局、社发局、下沙街道、白杨街道、城建中心、资产经营公司等8个涉及工程建设、征地拆迁、经济社会发展管理等职能部门进行重点督查。开展工程建设领域突出问题专项治理工作，对全区26个市区留用地项目开展清查，对土地出让、土地征收和价格评估情况，以及两个重大市政工程项目开展监督检查。完成“开发区工程建设领域项目信息公开专栏”建设；开展对开发区管委会投资的重大建设工程项目招投标预算审价工作的监管，全年“预审”建设项目21个，审价金额7.56亿元；开展工程招投标工作的监督，全年参与招投标现场监督11次，对开发区建设工程招投标管理中心招标工作进行监管。开展建设工程项目变更工作的监督，监督制订实施《杭州经济技术开发区政府投资项目工程变更管理实施意见》。

【加强机关作风和效能建设】6月1[illegible]日，开发区召开深化作风建设治庸治懒治散“效能亮剑”专项行动动员大会，党工委书记盛成皿作重要讲话，纪工委书记林水荣对专项行动进行全面部署。管委会成立开发区治庸治懒治散“效能亮剑”专项行动工作机构，制订《关于开展深化作风建设治庸治懒治散“效能亮剑”专项行动的实施意见》，严肃处理9名违规工作人员。

组织开展明查暗访，对管委会机关大楼、下沙街道、白杨街道上班情况进行检查；通过现场和电话查询等方式对管委会和两个街道工作人员的工作效率和服务态度进行检查；通过技术手段，对工作人员上班时间玩游戏情况进行检查。组织开展评述承诺和建章立制活动，组织委机关各部门结合实际分别开展评述承诺，向社会公开承诺整改措施、目标和效果，接受社会各界监督，并对整改落实情况进行督查。

【开展“公述民评”活动】11月15日，开发区召开“公述民评”大会，开发区财政局副局长、社发局副局长、公安分局副局长、规划分局规划管理科和规划编制科科长、国土分局土地规划耕保科和地籍科科长、管委会行政服务中心副主任等6人述职并接受群众评判。开发区政风行风监督员、人大代表、政协委员，以及来自区内企业、学校、医院、商场、社区的代表共计55人作为民评代表参加会议。代表们对6位民评对象及其所在部门的工作，总体上表示满意和给予肯定，并分别就医疗、教育、财政、规划、治安等方面工作提出意见和建议35条。

【机关满意不满意单位评选】12月，开发区2011年满意单位不满意单位评选结果揭晓。经评选，党工委管委会办公室、公安分局、质量技术监督分局、国税分局4个单位被评为满意单位；人事劳动社会保障局、经济发展局、总工会、行政执法大队、工商分局、消防大队、出入境检验检疫局开发区办事处、地税分局8个单位被评为先进单位；其余16个受评选单位均被评为达标单位。评选活动在委机关和进区直属管理服务机构、企业、学校、街道、社区、建设施工和监理单位、驻地军（警）、人大代表和政协委员、效能与行风监督员、居民和外来务工者等多个层面开展。共发放评选票649张，收回646张，回收率99.53%。评选共收到社会各界提出的意见建议126条。

【开展“优环境促发展”推进年活动】2011年，开发区纪工委、监察局组织开展“优环境促发展”活动，印发《杭州经济技术开发区“优环境促发展”工作评价办法（试行）》；组织开展基层站所（服务窗口）规范化建设活动，对全区14个基层站所（服务窗口）的规范化建设开展集中检查。下沙街道社会治安综合治理工作中心被评为第三轮杭州市“人民满意基层站所（服务窗口）”。

3月2日，开发区纠风办召开2010年度“满意基层站所（服务窗口）”表彰大会。白杨街道综合服务中心、白杨街道社会治安综合治理中心、出入境办证大厅、下沙街道社会治安综合治理工作中心4家单位获开发区“满意基层站所（服务窗口）”称号。

【参与市《民情热线》节目】10月26~27日，由开发区党工委书记盛成皿带队，组织参加杭州市政府纠风办、考评办、效能办共同主办的杭州电视台《民情热线》节目，解答群众关于杭州经济技术开发区经济、社会、城市建设等方面的问题7个，反馈问题的处理结果7个。

【纪检监察队伍建设】2011年，开发区纪工委、监察局对区内有关纪检组织的人员做出调整。6月23日，设立杭州经济技术开发区经济发展局纪检组。9月20日，调整下沙街道、白杨街道纪工委委员，增补经发局、社发局、城建中心纪检组成员。5月27日，开发区纪工委、监察局组织开展纪检监察和建设系统的干部培训，邀请市纪委监察局执法室主任作“政府投资工程项目建设单位内控管理”的培训，为全面贯彻执行《杭州市政府投资工程项目建设单位内控管理办法》奠定基础。

【“勤政廉政好公仆”评选】1月，杭州市委、杭州市政府下发文件表彰市“勤政廉政十佳公仆”和“勤政廉政好公仆”。开发区财政局局长左小元被授予杭州市“勤政廉政好公仆”称号。杭州市“勤政廉政好公仆”评选活动历时9个月，评选出杭州市各条战线上涌现出的勤政廉政先进典型，是全市公务员队伍中的杰出代表，是杭州老百姓心中的优秀“公仆”。

【公安分局获市优秀教案三等奖】5月，在杭州市纪委组织开展的岗位廉政教育优秀教案评选活动中，开发区公安分局编写的《公职人员岗位廉政教育案例汇编》获“岗位廉政教育优秀教案”三等奖，并在全市通报表彰。该次评选共有全市74个部门和单位的100册教案参加。市纪委邀请有关专家、领导组成评审小组，严格对照评比标准和规定要求，对教案进行审定。共评出一等奖1个、二等奖3个、三等奖6个、优秀奖22个。（李英芬　鲍斌寅）

·政务办公·

【对外宣传力度加大】2011年，开发区完成中国共产党成立90周年晚会等10余项重大活动的宣传保障，做好破解用工难、第八届全国残疾人运动会、文明城市创建等热点的主题宣传报道工作。平面媒体外宣方面，完成《杭州日报》版面34期、《每日商报》版面28期；完成《杭州日报》环境品质化、创先争优、“十二五”规划等主题整版报道14版次，《每日商报》展会专版2次；在《杭州通讯》《杭州人大》《浙江经济》等杂志上刊发4篇次；完成《中国经济时报》《消费日报》《浙江日报》《国际商报》等报刊整版宣传11次。电视媒体外宣方面，与杭州电视台综合生活频道合作播出《美丽东部湾》栏目53期；与浙江传媒学院、华数频道合作《下沙资讯》栏目，举办各部门信息联络员工作交流会，建立栏目通讯员队伍和选题报送机制，至年末，共完成46期节目的播出。在网络外宣方面，探索建立“杭州经济技术开发区管委会”官方微博。广告外宣方面，投放杭州萧山机场候机厅广告、沪杭高速公路户外高架广告、开发区内公交候车亭、部分围墙围挡和热力桁架广告，包括中国共产党成立90周年、“我爱下沙”大型活动、文明城市创建等内容。

【对内宣传有序推进】截至2011年末，开发区宣传部门完成《开发区简报》87期、完成《下沙新城》杂志12期；开发区各类活动摄像193批次，摄影202批次。完成《杭州年鉴》《中国商务年鉴》《浙江商务年鉴》《中国出口加工区年鉴》等专著中涉及杭州经济技术开发区篇章的撰稿任务。做好信息工作，在6月初杭州市委、市政府召开的全市党务系统年度工作会议上，开发区获2010年度全市党委系统信息工作二等奖，为历年最好成绩。完成位于城建文化馆的开发区展示中心项目的招投标和前期准备工作，梳理了布展所需图片和文字资料。

【“一中心四平台”建设】9月1日，开发区召开宣传工作座谈会，开发区党工委书记盛成皿、副书记俞建国等领导出席会议。开发区委办、人劳局、财政局、建设局、经发局、规划分局、社发局、综治办、公安分局、下沙街道、白杨街道、前进园区指挥部、高教办等部门负责人参加会议。委办作为宣传工作的主管部门，汇报宣传工作的基本情况，分析存在的不足和问题，提出工作思路和建议。人劳局、社发局等部门分别就各自具体开展的宣传工作进行交流，对宣传工作提出意见和建议。会议提出要加大构建自有宣传平台的建设，创新思路，探索“一中心四平台”建设，即成立新闻媒体中心，办好开发区的电视台、报纸、杂志和网站四个平台。根据会议要求，开发区管委会办公室对“一中心四平台”建设进行了前期的考察探索。

【“我爱下沙”大型主题宣传活动】10月23日，开发区举行“我爱下沙”集体婚礼，婚礼分“车队迎亲”“情定东湾”“爱满下沙”“盛世华典”4个篇章进行。该次集体婚礼由开发区管委会主办，管委会办公室、开发区总工会（团工委）、下沙街道、白杨街道承办，区内知名企业和商家给予活动大力支持。活动免费赠送爱情大礼包，由区内众泰汽车杭州生产基地提供“一对一”的婚车服务，在下沙创业、工作、生活的66对新婚、珍珠婚、银婚爱侣们积极响应并踊跃参与。“我爱下沙”大型主题活动还包括杭州市“品牌办”举办的生活品质体验点活动，开发区浙江育英职业技术学院空乘体验等3个点入选，房产“金沙湖板块”被推荐为舒适生活年度区块。（陶　青）

【普法教育全面开展】2011年，开发区以领导干部、公务员为重点对象，开展公务员网上学法考试和机关干部法律测评活动；实施中小学生、社区居民、外来务工人员“五个一”（一名法律顾问、一个法律明白人、一个法制宣传栏、一个法律图书角、一本普法杂志）工程建设，全年共建设法律宣传栏48个，采购法律书籍7060本，订阅《法制日报》等报纸28份，发放法律书签16万份，《法律基础知识宣传手册》2万册，建立多功能文化活动站1所；组织社区律师参加“12·4”法制宣传日活动，集中开展法律宣传咨询活动；围绕打造“和谐下沙”“文化下沙”目标，开展普法文艺作品有奖征集活动，组织辖区群众创作、传唱法治文艺作品，推动开发区法治文化的发展和繁荣。

【民主法治社区创建】开发区推进民主法治社区创建工作，全年新创市级民主法治社区1个，省级民主法治社区1个。推进“律师进社区”工作，全年提供法律咨询2424次，集中开展法律宣传活动6次，召开各种座谈会7次，参与调处矛盾纠纷584件，调处成功率97.7%；上门走访家庭500余户，为社区提供法律问题咨询384余件，起草各类法律文书117件。

【开展依法行政工作】至2011年末，开发区管委会办公室政策法规科开展规范性文件行政强制主体专项清理，共清理建区以来制订、颁布的行政规范性文件185件。经审定继续有效的168件，确定废止的7件，宣布失效的2件，需要修改的6件；做好规范性文件合法性审查，全年共审查各类合同（协议）、法律文书、规范性文件12件；反馈市法制办、市人大法工委法规、规章草案征求意见稿8件。

全年评查6个部门（单位）共计28件连号案

卷，其中行政处罚案卷48份，行政许可案卷80份；开展“行政执法办案能手”评选活动，经过推荐、评审、公示等环节，评选授予13个部门（单位）20名公务人员“行政执法办案能手”称号。

处理以管委会为被申请人的复议案件1件，经杭州市政府复议后作出维持原行政行为的决定；处理涉及管委会行政诉讼案件5件，其中以杭州市政府为被告、管委会相关部门为第三人的1件，直接以管委会为被告的4件，结案4件，均为驳回原告诉讼请求。

【ISO 9001与ISO 14001的融合与改进】4月14~15日，开发区管委会组织开展ISO 9001质量管理体系与ISO 14001环境管理体系双体系认证内审培训，各相关部门（单位）内审员参加培训。培训邀请审核机构专家详细讲解两大体系衔接和内审的要求等内容，并结合各部门（单位）实际进行具体指导，以提高双体系运行的适宜性和有效性。通过培训，全面提升内审质量，借助双体系有效运行，进一步提高管理服务的规范化、标准化水平。开发区管委会按照精简高效的原则确定两大体系一体认证的工作目标，全面推进两大体系的融合改进，对双体系文件进行修订。

（伏虹瑾）

【督办工作】至2011年末，开发区委办（督查办）完成省市领导批示交办件9件，督办催办开发区委机关各部门、辖区企业各类请示件444件，出催办通报1期。做好项目督查和协调工作，完成督查简报43期。协调推进幸福路下穿金沙湖隧道工程及第2热电厂项目进程；协调完成地铁1号线位施工作业面上加油站拆迁；确保金沙湖隧道项目顺利推进；督查协调民生工程东南中学、景苑小学、景园幼儿园和金隅幼儿园4个项目顺利推进；协调解决杭州顶津食品有限公司扩产新增700吨/日排污困难及杭州味全食品有限公司项目移地等问题。

（杨甬杭）

【保密工作】年初，开发区管委会制订2011年保密工作要点，编印《开发区保密法规文件汇编》白皮书，通过在开发区委机关开展保密知识展板宣传活动普及保密知识，建立保密技术检查“一季一排查”制度，筑牢保密安全防线。

（朱慧云）

【开发区门户网站改版】11月，开发区启动门户网站（www.heda.gov.cn）改版工作。新版门户网站按照“以人为本”设计理念，围绕政务信息公开、网上办事、公众互动、公共服务四大功能定位，开设“走进开发区”“新闻动态”“招商引资”“在线办事”“互动平台”“公共服务”等10个一级栏目和66个二级栏目。开发区门户网站升级改版，是开发区推进政务公开、创新政府管理方式、增强政府服务能力、建设服务型政府的重要举措，有利于提高工作效能、加强对外宣传、方便公众参与经济社会活动。

【信息维保及CA认证】2011年，开发区管委会信息中心对开发区机关计算机系统维护分为3大类，共计1355次。其中，网络维护类累计维护次数143次；系统软件维护类累计维护次数708次；计算机硬件及办公设备维护类累计维护次数504次。开发区管委会网络系统中已有电子政务平台、招商信息管理系统、代办管理系统、“残联”信息管理系统和信访系统添加CA认证功能等。全年，信息中心向管委会各类人员颁发CA证书527张。

▶▶资料：CA数字证书

数字证书为实现双方安全通信提供电子认证。在因特网、管委会内部网或外部网中，使用数字证书实现身份识别和电子信息加密。数字证书中含有密钥对所有者的识别信息，通过验证识别信息的真伪实现对证书持有者身份的认证。数字证书保证网络安全的四大要素，即信息传输的保密性、数据交换的完整性、发送信息的不可否认性、操作者身份的确定性。

【计算机网络保密工作】2011年，按照开发区保密检查方案要求，信息中心对管委会机关部分计算机进行检查，共检查非涉密计算机56台，涉密计算机1台。检查梳理情况后，按照要求做好各项报表汇总工作，向各部门进行内部通报，对检查中发现的问题和不足提出整改意见。

（方礼君）

【接待和会议服务】2011年，开发区管委会共接待国内外来宾299批次，约1.33万人次。其中，省部级以上领导18批、422人次；外宾1000余人；省外宾客6000余人，省内宾客2500余人；兄弟开发区2800余人。做好党工委扩大会议等大型会务安排36次，全面完成管委会领导外出学习考察、招商引资等各项活动的联络、协调和服务工作。（叶莉莉）

【资产管理】2011年，开发区管委会完成1998~2008年报废1461项固定资产清理和评估拍卖工作，对开发区交警大队和环境监测站共调配400余件固定资产。处理开发区委机关各局室资产新增、审批入库541项，合计763件，报废、调拨122项。（蔡　敏）

【开发区区志出版发行】1月，《杭州经济技术开发区志（1990~2007）》出版发行。杭州经济技术开发区2005年7月成立区志编纂委员会及区志办，筹备开发区首轮修志工作，2007年正式启动编纂。首部区志由方志出版社出版发行，印量3000册，定价480元。区志计有约150万字，分别为"设区建制""基础设施""招商引资""产业经济""出入口管理""社会事业""党务政务"和"杭州下沙高教园区"8编38章，既全面记载开发区发展的事实和发展规模与成就，又凸显杭州经济技术开发区一个国家级开发区和一个国家级杭州出口加工区，以及一座全省最大的高教园区融合发展的特例，彰显了浓厚的开发区特色。

【开发区图志出版发行】1月，《杭州经济技术开发区图志（1990~2007）》出版发行。该图志作为区志的"姊妹志"，由杭州经济技术开发区图志编纂委员会办公室于2008年启动编纂，中国地图出版社和测绘出版社出版发行。印量3000册，定价280元。该图志采用条目体，涵盖10个部分，有各类地图215幅，实景照片345张，例表46幅，文字12.5万字。该图志的出版发行，开创了全国开发区编纂图志之先例，为读者日后读志用志、读图用图提供双重信息与便利。以省（市）志办、省（市）勘测院（所）、中国地图出版社等专业部门组成的专家组经评审认为："开发区首创的'图志'达到思想性、科学性、艺术性和实用性的圆满结合，是全市新型方志中的精品。"

【开发区年鉴编纂工作启动】7月1日，开发区召开《杭州经济技术开发区年鉴（2011）》编纂工作会议。会议宣布启动开发区首卷年鉴编纂工作，部署开发区年鉴2011卷编纂任务，印发年鉴编纂总体方案，对年鉴编纂作出具体安排。年鉴编纂是继首部《杭州经济技术开发区志（1990~2007）》和《杭州经济技术开发区图志（1990~2007）》出版后，又一项传承文脉，打造"文化下沙"金名片的系统工程。开发区党工委副书记俞建国、杭州市地方志办公室副主任阮兰水等出席会议，管委会机关各部门、前进工业园区指挥部综合处、街道、直属单位、进区直属管理服务机构、下沙高教园区办公室等有关单位负责人共50余人参加会议。7月8日，开发区召开年鉴编纂培训会，《杭州年鉴》执行主编作专题培训，全区各部门41名撰稿人员参加培训。（黎洪正）

开发区市民中心办事大厅（黄健员 摄）

【档案规范化管理】2011年，开发区档案馆结合档案整理规范化要求和开发区档案管理工作实际，对年度管委会全宗范围内全部归档文件文书实行按文号分类排序。共接受整理省、市等上级来文2421件，形成具有保存价值的文件文书合计667件、数码照片318件（内存图片文件2.32万个），视频影像资料320件；接受2010年度开发区党工委、管委会文书档案44盒1153件，会计档案569盒1万余件，基建档案98盒2000余件。全年为开发区管委会机关事业单位提供档案查阅1105人次，提供档案资料查阅1600余件。

1月，开发区启动数字档案馆系统建设。系统分为馆藏管理系统、虚拟档案室，建成以档案馆为管理中心、存储中心、利用中心的多元化实用体系，为2012年上半年报审验收奠定基础。（李　翔）

【“两家两中心”建设】2011年，开发区有力推进便民服务和行政审批于一体的区级综合性政府服务平台“两家两中心”（即市民之家、网上市民之家，行政服务中心、网上行政服务中心）建设。开发区市民中心办事大厅自2010年10月8日启用后，其管理机构行政服务中心对外运行。开发区“网上行政服务中心系统”自2009年末启动建设后，2010年10月完成基础平台搭建并与新大厅同步启用，2011年5月，该系统（一期）通过验收。

【行政服务中心机构建设】9月，开发区行政服务中心事业单位法人代表正式任命到位，完成“投资服务中心”更名“行政服务中心”的全部变更手续，即完成中心事业单位的机构法人更名、机构年检、账户更名等工作。开发区管委会进一步明确行政服务中心负责全区的行政审批及相关服务活动，履行组织、协调、监督等职能。

【市民中心办事大厅规范化管理】1月，开发区市民中心办事大厅新增5个公共服务机构，新增医保业务等办事事项46项，大厅办事窗口增至70个。有26个窗口单位的95名窗口工作人员进驻中心，窗口办事事项达417项。2011年全年窗口业务量达到31.5万件，接待办事群众13.6万人次，接待参观考察团组46批次共831人。

市民中心窗口工作人员实行“统一服装、统一挂牌”上岗。2011年中心组织开展窗口服务“创先争优”活动和“效能亮剑”专项行动，建立健全窗口管理规章制度14个。坚持每季度组织窗口互评、柜长选举及召开窗口单位季度例会，通报运行及考评情况；举办公共交通知识、政府机构与社会组织知识、窗口服务礼仪、窗口工作作风等大型培训讲座；组织跳绳比赛、野外拓展训练、新年晚会、周年图片展和周年庆暨“创先争优”演讲比赛等活动。2011年，开发区市民中心窗口和工作人员获“杭州市青年文明号”“开发区先进团支部”“区级巾帼文明岗”和开发区“服务之星”等荣誉称号。

▶▶资料：开发区市民中心办事大厅26个进驻窗口单位

人事劳动局、财政局、经济发展局、规划分局、建设局、国土分局、招商局、社会发展局、城管办、公安分局、工商分局、质监分局、交警大队、消防大队、卫监所、电力局、水业公司、省测绘大队、市贸促会、市白蚁防治所、市民卡公司、燃气公司、电信公司、中国移动公司、联通公司、中石化公司。

【代办工作成绩显著】2011年，开发区行政服务中心配合组织部完成杭州市第4批代办员选派工作，选派14个审批职能部门16名专职代办员为杭州市第4批代办员，各进区直属管理服务机构选送8名兼职代办员，组织代办员参加市委党校的岗前培训。行政服务中心组织清理、规范入驻市民中心窗口的办事事项，编制印刷《办事指南》，努力推进“两集中两到位”（一个行政审批部门的审批事项向一个科室集中，行政审批科室向行政服务中心集中；进驻行政服务中心的审批事项到位、审批权限到位）改革，促进职能部门审批事项向市民中心集中，扩大市民中心服务事项范围，鼓励窗口单位简化审批流程，推行“一审一核”制，提高现场办结率。至年末，行政服务中心完成重点促开工项目25个，重点促竣工项目24个，重点促投产项目15个。上报市代办简报5篇，其中1篇入选杭州市代办精选案例。全年受理代办项目304个，办结项目212个。（温方方）

▶▶资料：开发区市民中心办事大厅工作时间

每周一至周五：8：30～11：30，13：30～16：30。自5月起公安出入境窗口推出“周六开放”服务。办事大厅各窗口办理的事项名称、所需材料、办理流程、承诺时间、收费标准和联系电话等相关内容，可在开发区门户网站查询（heda.gov.cn）。咨询电话：89898552。投诉电话：89898554。

·党群组织·

【开发区总工会组织建设与维权】2011年，开发区总工会以“发展和谐劳动关系”为工作主线，维护职工合法权益，促进经济发展方式转变；积极参与全国文明城市创建活动；组织开展庆祝中国共产党成立90周年系列活动，以及开发区第四届职工运动会等职工文化体育活动；积极推进开发区职工文化、企业文化和区域文化的繁荣与发展。

至年末，全区新建基层工会组织60个，处理群众来信来访45件，其中来电咨询32件、来访6件、与其他部门共同处理劳资纠纷群体性事件7件，涉及职工1200余人次。继续开展以外来务工人员为重点的“送法进社区、进工地”和大型广场法律咨询活动10场，发放法律小册子3000余册，提高职工守法、用法能力。在和谐企业创建方面，制订下发《2011年度开发区企业社会责任建设活动的实施意见》，选择区内7个企业作为试点单位率先开展该项工作，6个企业达到C级以上标准，其中浙江康莱特药业有限公司被评为杭州市社会责任建设A级企业，在全市发展和谐劳动关系工作会议上接受表彰。印发《关于开展开发区“小三级”和谐劳动关系创建活动的通知》，在街道、社区和中小企业中开展“小三级”创建活动。全年，开发区两个街道、18个社区、8个独立建会企业和24个中小企业参与和谐劳动关系创建活动，31个企业参与企业社会责任建设活动。

【落实工资集体协商工作】2011年，开发区加强对工资集体协商工作的组织领导和业务指导，成立企业工资集体协商工作指导委员会和工资集体协商指导员队伍，举办5期集体协商指导员培训班，就工资协商理论和实务操作知识、技巧进行讲解，提高工资集体协商指导员的协商水平。利用工会联合会平台开展学习交流活动，听取先进企业的协商经验，提高工资集体协商的实战能力。全年共签订42份独立企业工资协议、1份区域性工资协议和1份行业性工资协议，涵盖企业[illegible]00个。

【首次区级劳动模范评选】2011年，经开发区党工委、管委会同意，区总工会首次在全区各行各业中开展劳动模范评选活动。3月，开发区总工会印发《做好开发区2011年劳动模范评选工作的通知》，经过基层推荐、牵头单位初评、评选办公室审核、评选委员会票决、公示等程序，历时两个月，评选产生首届开发区劳动模范30名。开发区第一届劳动模范包括虞付月、郝大龙、江忠永等企事业单位负责人和管理人员15人，张丽、张思洋、胡一凡等一线职工和专业技术人员15人，覆盖机关、街道社区、医院、学校、企业等行业。

【第四届职工运动会】5月21日，由开发区总工会主办的开发区第四届职工运动会在杭州电子科技大学体育场开幕。第四届职工运动会共举行广播操、乒乓球、羽毛球、足球、趣味运动会、沿江大道接力跑等6大项20个小项比赛。开幕式中，150余个企事业单位的4000余名干部职工参加，75个单位参加方阵入场仪式。各比赛项目也得到基层工会的热烈响应和广大职工的积极参与，至11月比赛结束，6项赛事的总参与单位达到385个次，参与职工超1万人次。下沙街道总工会、杭州矢崎配件有限公司工会等多个工会举行了职工运动会，松下集团6个工会联合举办第一届员工运动会，近2000名职工参加比赛，丰富了开发区职工“体育年”的内容。

5月21日，开发区第四届职工运动会开幕　　（黄健员 摄）

【开展关爱职工活动】2011年春节，开发区总工会举办外来务工人员年夜饭活动，组织40余个企业的300名留杭职工共进年夜饭；继续实施全区先进职工免费疗休养活动，全额出资组织来自214个基层单位的710名优秀一线职工赴舟山朱家尖疗养休养；加大高温慰问的力度，深入54个企业车间、班组和露天作业现场，向高温作业一线的职工发放高温慰问金20.7万元；开展困难职工帮扶救助工作，全年救助困难职工151人，发放救助金31.65万元。

【开展职工技术创新活动】开发区总工会发动各级工会积极开展“建功立业促发展，转型升级多贡献”经济技术创新主题实践活动，共有242个企业、1.25万名职工参加合理化建议、技术革新、技术比武、技术论坛等各种形式的职工经济技术创新活动和社会主义劳动竞赛活动，提出合理化建议3.77万条，其中被实施采纳的1824条，为企业增效降耗1172万元。各级工会组织开展群众性节能减排主题活动81次，参与职工1.03万人，举办低碳建设知识讲座16场。积极开展市级优秀评选及推荐工作，全年共新增5个市级“工人先锋号”、3项市级“先进操作法”和1项市级“绝技绝活”；全年开发区总工会分别与开发区城建发展中心、资产经营集团公司、城管办、浙江经济职业技术学院等单位联合举办安全生产、工程管理、环卫技能、会计技能等4场区级技能比武竞赛活动。

【安全生产竞赛】全年，开发区总工会以强化主动参与安全生产和职业病防治工作为主线，积极开展“安全生产月”和“安康杯”竞赛活动，65个企业实施劳动保护工作分级管理，50个企业签订劳动卫生专项集体合同，切实提高职工的自我防护意识。增强工会劳动保护监督的水平，深化“安康杯”竞赛活动。其中，杭州佐帕斯工业有限公司和杭州矢崎配件有限公司被评为“安康杯”市级先进企业；杭州矢崎配件有限公司还被评为省级优秀企业。

【港台企业工会换届】10月22日，开发区港台企业工会联合会召开理事会换届大会，联合会所属52个企业工会主席代表40余人参加会议。会议按照《开发区港台企业工会联合会章程》规定，通过上一届理事会工作及财务报告，选举并产生第三届港台联合会理事会成员。杭州杭联热电有限公司工会主席陆勋当选会长，杭州利群环保纸业有限公司工会主席王金良当选秘书长，杭州顶益食品有限公司工会主席王勤、杭州庄盛家具制造有限公司工会主席陈君、杭州和昇塑料制品有限公司工会主席陈新红当选为理事。（曹兴和）

【团组织队伍发展】2011年，开发区团工委新建团组织25个，累计直属团组织85个，机关、街道、企事业单位、进区配套机构、高校、中小学校建立各级团组织300余个，其中邻里、新雁、锦阳、广聚等外来人员公寓组建了30个企业楼道团组织。至2011年末，开发区在册团员数1.85万人，230余名团干部取得团干部资格证书。志愿者人数2.95万人，成立计算机、网络、医疗等专业志愿者服务队30余支，并根据自身特长，开展便民利民志愿活动130余场。

【创新团建工作】2011年，开发区团工委进一步加强党建带团建、工建促团建，积极推进非公企业、新社会组织的团建工作。开发区团工委通过企业党工委、工会等平台走访基层企业，了解党工团组建情况，对未建团组织的企业进行摸底，宣传建团的重要性和意义；对已建团的企业团组织进行工作指导，帮助企业团组织打出亮点和品牌。加强开发区与高校青年志愿者协会合作，成立街道志愿者服务总站，聘任高校志愿者协会会长为街道编外团工委副书记，参与街道共青团工作。白杨街道团工委还与浙江传媒学院团委签订《关于传媒先锋班优秀学员挂职白杨街道的合作协议书》，通过与传媒先锋班、社区优秀干事、社会优秀青年合作，参与街道、社区共青团工作。

【整合志愿服务力量】2011年，开发区团工委对区域内志愿服务力量进行资源整合，各社区相继成立志愿者工作站，并与14所高校进行结对，成立环保、法律、翻译、宣传等12支社区志愿服务小分队。至年末，开发区形成区级、街道、特色服务队三级志愿服务网络，共有志愿者服务组织30多个（含14所高校及企业特色志愿服务组织），青年志愿者2.95万人，其中企业青年志愿者3100人。白杨街道团工委与高教园区部分高校团委签署《关于开展志愿服务共建合作协议书》，14所高校志愿服务队积极为社区服务，

5月21日，开发区团工委、总工会、妇工委联合举办"我爱下沙·情定怡乐园"第四届青年交友活动 （黄健员 摄）

志愿者每人每年不少于30小时社区服务，并组织开展座谈讨论、主题团日等活动。

【支持青年创业】3月11日，开发区团工委组织相关部门与大学生开展大学生创业交流会、银企对接会，通过面对面交流，解读大学生创业优惠政策，探索大学生创业的新路径。3月，开发区团工委联合区人事劳动局共同聘请了108名创业导师及30名网上导师，为创业青年提供各项帮助，促进青年创业。5月21日，开发区大学生创业俱乐部邀请安德维（中国）网络传媒有限公司董事长郭羽和学易网总裁陈国华给俱乐部会员专题讲课。

【文明城市志愿服务队出征】4月28日，开发区举行迎"五四"共青团表彰大会暨创建全国文明城市志愿服务队出征仪式。聘请10名创建全国文明城市义务监督员，表彰8个先进团委、15个先进团支部、34位优秀团干部、47位优秀团员、35位优秀志愿者，并评选17个青年集体为开发区"2010年度青年文明号"。

（许 雯）

【开展公益活动】5月21日，开发区团工委与总工会、妇工委联合举办以"我爱下沙·情定怡乐园"为主题第四届青年交友活动，同时宣布成立"执子之手·爱在下沙"青年交友主题公园并举行开园仪式，当日男女青年携手80余对。开发区团工委还为企业男女青年职工建立交友群，拥有400名会员，每周举办主题活动。10月，66对夫妻在开发区城建文化广场参加大型集体婚礼。11月，开发区团工委带领20多名青年联合会委员赴建德开展爱心助学"1+1"活动，与航头镇的22名贫困学生进行爱心结对、互赠礼物。区团工委赠送5000元体育文化用品。暑期，成功举办6场公益夏令营活动。

【巾帼文明岗创建】12月5日，开发区妇工委组织召开2011年度"巾帼文明岗"授牌仪式暨经验交流会。对开发区资产经营集团有限公司财务部等21个2011年度区级"巾帼文明岗"进行授牌，中国银行杭州下沙支行等65个单位的相关岗位被继续认定为2011年度"区级巾帼文明岗"。杭州杭联热电有限公司化学实验班、松下电化住宅设备机器（杭州）有限公司照明光源事业部、浙江锦阳人力资源发展有限公司市场部、杭州庄盛家具制造有限公司计划部等文明岗在会上进行交流发言，从不同的角度讲述开发区巾帼文明岗的工作者立足岗位、无私奉献、勇于争先的突出事迹。2011年，开发区被新命名浙江省级巾帼文明岗2个、杭州市级巾帼文明岗3个。

【妇女权益维护】2011年，开发区共有31个单位的1620名女职工投保《女职工安康团体重大疾病互助保险》。开发区妇工委为126位单身母亲、困难妇女实施免费保险，同时开展乳腺癌和宫颈癌的筛查。推进《女职工权益保护专项集体协议》签订工作，新签企业23个。制订印发《2011年杭州经济技术开发区预防和制止家庭暴力工作意见》，充分发挥基层专业律师、社区维权站作用，开展妇女维权宣传活动。

【庭院整治工作】2011年，开发区妇工委制订《开发区庭院整治实施办法》，建立评比制度、网格化管理制度等，并成立巾帼清扫队等，全面推进庭院整治工作。下沙街道12个社区开展庭院整治工作且落实长效管理机制，经检查评审，5117户家庭被评为"庭院整治合格户”，1429户家庭被评为“庭院整治示范户”。

【文明城市创建】5月18日，开发区妇工委组织召开街道、社区妇联主席会议，印发《妇联系统创全国文明城市任务表》，明确妇联在未成年人思想道德和“五好文明家庭”创建方面的工作任务，印发《弘扬家庭美德，共建和谐家园，同创文明城市》倡议书。开发区妇工委联合开发区文明办开展文明家庭评选工作，共评选区级文明家庭4741户。举办《养良好规范，育优秀后代》的家庭教育知识讲座，200余名企业员工参加。

【妇女节表彰】3月4日，开发区召开庆祝“三八”国际劳动妇女节暨表彰大会，表彰2010年度为开发区经济、社会事业作出突出贡献的先进单位和个人，为先进集体及先进个人代表颁奖。下沙街道妇联、浙江三花汽车控制系统有限公司人力资源科、杭州顶益食品有限公司工会女职工委员会等10个单位获开发区2010年度妇女工作先进组织；旭化成医疗器械（杭州）有限公司组立课外观检查、杭州九源基因工程有限公司人力资源部、杭州市下沙第二小学低段语文教研组等10个岗位获开发区2010年度巾帼文明标兵岗；白杨街道闻潮社区妇联、下沙街道高沙社区妇联、杭州华新电力线缆有限公司人资行政部等10个组织获开发区2010年度优秀妇女学习型组织；15人获先进妇女工作者、15人获先进女职工、9人获开巾帼文明岗岗长称号。10户家庭获五好文明家庭标兵户。（王　芳）

【企业党组织建设】2011年，中共杭州经济技术开发区企业工作委员会（简称开发区企业党工委）制订《开发区企业党工委纪念中国共产党成立90周年活动方案》，组织引导企业党组织和广大党员讲党性、讲党史、树典型、当先锋。

培养入党积极分子，全年对238名积极分子开展入党前教育，受教育人员1000余人次；发展新党员150名，新建基层党组织18个；表彰先进党组织12个、优秀党务工作者12名、优秀共产党员122名；组织1500余名党员参加“学党章学党史强党性、迎接建党90周年知识答题”活动。向区内300多个规模以上企业印发《开发区企业党组织情况调查函》，通过下企业、摸底数、扩队伍，不断拓展组建领域，对从业人员30人以上企业开展排查摸底，为建立党组织创造条件。

2011年，松下电化住宅设备机器（杭州）有限公司党委、杭州百富电子技术有限公司党支部、杭州顶正包材有限公司党支部、杭州杭联热电有限公司党支部、杭州和利时有限公司党支部、卓尚服饰（杭州）有限公司党支部6个基层党组织获市级“双强百佳党组织”，杭州中粮包装有限公司党委获评省级“双强百佳党组织”。

【党建工作示范点】2011年，开发区建立杭州中粮包装有限公司党委、松下电化住宅设备机器（杭州）有限公司党委、杭州和利时自动化有限公司党支部、杭州顶正包材有限公司党支部、杭州液压件有限公司、杭州神钢建设机械有限公司6个党建工作示范点。松下电化住宅设备机器（杭州）有限公司党委通过建立健全党企联席会、党工团联席会等制度，搭建企业与党组织、党员交流沟通平台，形成党工团齐抓共建、齐争共创的工作格局，公司党工团组织多次获得区级各项荣誉称号。

【党员教育培训】2011年，开发区企业党工委为企业150多个党组织订阅《党建文汇》《共产党员》等刊物，组织全体党员开展学习。建立企业党组书记初任培训、集中轮训和专题培训制度，累计培训230人次。开展“下沙先锋在身边”活动，评选各类优秀作品15件。将党建工作融入企业生产经营、技术创新、职工队伍管理等环节，组织80个单位450名党员职工参加各类素质教育培训。10月，开发区企业党工委组织下辖企业党组织书记一行80余人，参观浙江三弘集团和浙江华东钢业集团，学习两个企业党建工作融入企业生产经营和管理全过程的先进经验。

【企业党建亮点】2011年，杭州杭联热电有限公司党支部党员带领员工开展“节约一克煤、节约一度电”活动，各项节能指标超过预期承诺目标，万元产值综合能耗指标比上年下降18.12%，年节约原煤约3000吨，直接产生经济效益约200万元。杭州杭联热电有限公司党支部指导推动企业工会加薪，使加薪提案获得董事会一致通过，人均每月加薪800元。杭州神林电子有限公司党总支与公司领导协商，不断完善员工各种社会福利保障，改善员工薪酬和福利，实现企业效益和员工收入同步增长。（陈凤梅）

社会综合治安

·公安·

【**公安概况**】杭州市公安局杭州经济技术开发区分局（简称区公安分局）下设3个派出所、11个科室（直属大队），民警191人，协警252人，文职人员30人。2011年，区公安分局以实现治安好转为目标，以社会管理创新和构建社会治安立体防控体系为主线，全力完成重要会议、重大节庆、大型活动等安保任务，确保社会政治稳定和治安秩序良好。全年刑事发案保持平稳，故意杀人、伤害致死、强奸、绑架、劫持、爆炸、放火等7类严重刑事犯罪发案处于低位，破案率100%；未发生重大影响的案件、事件和事故，批捕、移诉等绩效指标比上年（指2010年，下同）大幅上升。

开展“清网”专项行动，运用视频监控、综合比对等手段，完成全年“行动前网上在逃人员数量下降50%”的工作目标，抓获行动前网上逃犯63人，完成率84%，排名全市15个县（市）、区公安分局首位。改革警务机制，形成品质外管平台、刑侦综合作战、视频监控进小区等社会管理新举措。

完善视频监控系统建设，新增、改建新旧居民小区视频监控探头312个，全区视频监控探头增至1.3万个。开展警营开放走访活动，着力解决校园安全、群租房整治、流动人口管理等问题。开展“天网”“亮剑”专项行动，破获经济案件22起，挽回直接经济损失3500万元。办理群众来信来访和互联网网民留言、市长公开电话104件，办结率、回复率均为100%。

履行安全保卫职能，完成第八届全国残疾人运动会下沙赛区安全保卫工作，累计出动警力3000余人次，实现赛场内外无安全事故，确保轮椅篮球、盲人足球、聋人足球3个赛场、5个驻地宾馆和马拉松赛事的安全有序。提高现场管控能力，完成全省开发区红歌合唱汇演、高校文化节、钱塘江观潮和2011年杭州西湖国际博览会烟花大会开发区责任段等系列安保工作任务。

加强业务培训，开展“知行合一、争创先锋”主题教育实践活动，举行“你评、我评、大家评”最闪亮民警风采展示。2011年，区公安分局蝉联开发区满意单位，被省委、省政府授予“第八届全国残疾人运动会筹办工作突出贡献单位”称号，被杭州市委宣传部评为学习型党组织。产生全国优秀人民警察张思洋，“破案能手”方韬、陈子斌和全国警体三项比赛全能冠军郑豫家等先进典型，树立公安干警新形象。全年区公安分局队伍正规化建设取得新成绩，有1个集体立集体二等功，2个集体、13位民警立三等功，5人次民警获部、省、市荣誉称号。

▶▶资料：“清网行动”

2011年5月26日，公安部召开电视电话会议决定，从即日起至2011年12月15日，全国公安机关开展为期约7个月的网上追逃专项督察“清网行动”，以“全国追逃、全警追逃”的力度缉捕在逃的各类犯罪嫌疑人。

【**“一查两打三整四建”综合行动**】2011年，区公安分局开展贯穿全年的“一查两打三整四建”综合行动，排查危害治安和影响社会稳定的重要人员及其基础信息；打击黑恶势力及侵财违法犯罪活动；着力建立人口管理长效机制、城乡社区警务长效机制、信息化深度应用长效机制、公正廉洁规范执法长效机制。全年侦破刑事案件664起，其中命案和“五类”（强奸、绑架、爆炸、放火、劫持）恶性案件3起；打掉犯罪团伙22个，其中侵财团伙15个。刑拘400人，逮捕252人，移诉279人，取保候审124人，劳动教养37人，分别比上年上升32%、23.5%、12.5%、138.5%、8.8%。

【打击经济犯罪】2011年，区公安分局通过“亮剑”“天网”和“清网”等专项行动，重点打击经济犯罪，抓获一批潜逃多年的重大逃犯，端掉一批制假窝点。全年破获经济案件22起，挽回直接经济损失3500万元。侦破销售名牌汽车玻璃案、销售假冒LV箱包案、制造假冒名牌油漆涂料等案件。发起打击生产销售名牌汽车玻璃和销售假冒名牌眼镜的全国性集群战役两起，工作成效受到上级肯定。

【治安热点整治】为打击整治“黄赌”违法犯罪活动，区公安分局组建治安特侦组，分析辖区涉黄涉赌违法犯罪规律特点和形势，通过民警基础工作、群众投诉举报、报警数据分析、违法犯罪深挖等渠道获取线索，对棋牌房、出租房屋、桑拿洗浴中心、足浴店、按摩店、社区过渡房等场所开展突击检查，有效遏制智格、七格、高沙等社区涉黄美容美发店滋生蔓延。全年打掉涉黄涉赌团伙3个，刑事拘留涉黄涉赌21人，妇女劳动教养8人，治安拘留涉黄涉赌216人。

【群体事件化解处置】结合辖区社会治安实际，区公安分局不断完善维稳“五早”（早发现、早报告、早控制、早处置、早总结）工作机制，建立情报信息研判制度和不稳定因素预警平台，重点关注征地拆迁、回迁安置、房产降价、环境污染、劳资纠纷、非正常死亡案件等不稳定因素苗头。全年排查化解5人以上群体性纠纷48起，成功处置高校学生、企业员工非正常死亡事件，东方医院医患纠纷、下沙出租司机停运、房产降价引发业主群体退房、下沙街道部分居民不满回迁安置等群体性苗头事件97起。

【治安监控与流动人口排查】区公安分局加强治安监控，开展视频监控进社区、进小区工作。2011年，视频监控建设重心由公共要害部位等“六个必建”地区向社区、小区延伸，全年在22个小区新建、改建视频监控探头1700余个，视频探头数量增至1.3万个。开展流动人口排查暨治安专项整治行动，推行户口协管员错时工作制，双休日和每天下午5点之后到流动人口聚集的企业和出租房屋集中区域上门办证，全年新登记办理临时居住证16.44万本，办证量比上年增长9.4%

▶▶资料：视频监控“六个必建”

视频监控“六个必建”指重点企业周边必建；高校教学区与生活区周边必建；流动人口公寓必建；公共场所、公交车站、金融、医院、网吧、加油站等公共要害部位必建；钱塘江观潮点必建；繁华路段、交通要道、十字路口必建。

【高校境外人员服务站建成】11月，杭州市首个高校境外人员服务站在下沙高教园区浙江工商大学建成。该境外人员服务站是区公安分局根据高教园区实际情况开展社会管理创新的工作载体，也是开发区外管工作在高校的延伸，主要为外籍人士提供临时住宿登记申报、出入境办证咨询、证件到期提醒，

12月1日，区公安分局民警调研高校境外人员服务站　（宋一鸣 提供）

协助大专院校、派出所调解涉外纠纷、涉外治安防范、意见建议征询等服务。服务站硬件功能完善，将阅览室、健身房、接待室、咖啡吧等服务设施纳入到境外人员服务站体系，形成一站式经营、一条龙服务。

【巡逻防控机制创新】区公安分局创新巡逻防控机制，将接处警与巡逻防控相结合，巡特警大队实行24小时接处警。街面配备6辆巡逻车，每辆巡逻车配备1名民警、2名协警，24小时全天候进行巡逻。通过新巡逻接处警模式，全年受理街面案件235起，比上年下降7.5%。

【与阿克苏地区龟兹公安分局结为友好分局】9月24日，开发区管委会副主任、公安分局党委书记、局长李建平率考察团赴新疆维吾尔自治区阿克苏地区公安分局龟兹分局考察，与龟兹分局建立友好分局关系，双方有关负责人参加友好协作签约仪式。阿克苏地区是浙江省、杭州市对口援助新疆的地区，两地公安机关签订友好协作交流协议，是加强合作的一项重要内容。通过建立友好协作，实现警技互补、警风互学、警务互帮，信息共用、交流共促、资源共享，促进双方警务水平相互提升。

【“亲民平台”建设暨警营开放日】11月8日，区公安分局在闻潮派出所开展“亲民平台”建设启动仪式暨“问计（绩）于民大走访”警营开放日活动。启动仪式现场，区公安分局向社区、企业、群众代表发放《卡通警察亲民大使》《动漫预警防范》光盘，以及《向群众报告工作》专题片光盘；警务技能表演现场，30余名巡特警进行群体性事件分级演练，8名女交警表演交通手势，4名消防队员进行灭火救生演练；互动体验现场举行防暴枪、冲锋枪、信息采集车等警用车辆、装备展示，现场还设有安防器材展示、图板展览、现场咨询等区块。下午，闻潮、白杨、下沙3个派出所分别开展“一日警营”体验、“警校共建”平安网和“相约警务室”等，接受群众评议监督，研究改进工作。

11月8日，区公安分局在闻潮派出所举行“亲民平台”建设启动仪式
（宋一鸣　提供）

【职业素质教育训练见成效】2011年，区公安分局推行“五双”（“一言一诺、一网一元、一静一动、一头一尾、一所一品”）战略，实施“双五”（“重心重点训、落实落地训、随时随地训、结合结对训、实战实考训”）战术，集中加强职业素质训练。至年末，全局具备游泳能力民警125人，比上年增加40人。民警郑豫家代表市公安局参加全国公安系统大城市警察体育三项赛，获男子个人全能冠军。全年区公安分局先后获全市公安机关民警信息应用、应对媒体、经济案件犯罪侦查比武3项竞赛冠军。

【效能建设与惩防体系构建】2011年，区公安分局开展涉案人员非正常死亡和涉案财物管理专项治理，实施“治庸、治懒、治散”效能亮剑、“查隐患、严三防、肃警纪”等专项行动。全年制订、修订《关于规范110接处警的纪律规定》《开发区公安分局涉案财物处置问答》《开发区公安分局执法方案“五条铁规”》《开发区公安分局对讲机点通报制度》等8项制度。利用短信、电子邮件、谈心谈话、上门走访等形式，加强警示教育，全年共发短信172条，谈心谈话30余起，上门走访10余起，未发生民警违法违纪事件。

【获市公安机关媒体应对比武竞赛第1名】5月4日，全市公安机关民警媒体应对比武竞赛决赛在市公安局举行。由开发区白杨派出所所长赵根国、政治处民警邵岩、闻潮派出所民警刘文俊组成的区公安分局代表队，以预赛团体总分第一的成绩进入决赛，并在决赛中夺得冠军。这是区公安分局在全市公安机关信息应用比武冠军之后，在全市公安机关岗位比武竞赛中取得的又一项冠军。

【侦破销售假冒名牌汽车玻璃案】11月16日，区公安分局在开发区杭州某汽车玻璃有限公司库房内，查获涉嫌假冒“奔驰”“尼桑”“本田”“丰田”等名牌汽车玻璃共计3965块，涉案金额83.91万元。经侦查，2009年5月庞某开设杭州某汽车玻璃有限公司，2010年4月起庞某从河北保定市某汽车玻璃店（另案处理）等地采购假冒注册商标的汽车玻璃并予以销售。案发后，公安机关对庞某进行取保候审。但在取保候审期间，庞某仍伙同蒲某数次从某汽车玻璃店采购假冒名牌汽车玻璃并销售，销售金额30余万元。区公安分局通过侦查，在杭州某汽车玻璃有限公司库房和余杭乔司镇库房内又查获假冒名牌汽车玻璃1694块，案值37.27万元。该案已被移送检察机关审查起诉。

【侦破“4·16”伤害致死案】4月16日晚，在开发区乔下线佳吉快运公司门口发生一起打架案件，嫌疑人代某用折叠刀连捅被害人王某数刀后逃离现场，王某被送至东方医院后死亡。案发后，区公安分局成立专案组展开侦查工作，锁定该案犯罪嫌疑人系被害人王某同事代某。4月17日，代某到乔司派出所投案自首。

【破获电动车盗窃团伙】针对开发区盗窃电动车案件频发现象，区公安分局在认真梳理研判在侦案件的基础上，通过专案经营和审查深挖等模式开展打击电动车盗窃犯罪活动。5月18日，区公安分局开展集中抓捕行动，60余名办案民警兵分5路，在开发区和余杭乔司、下城石桥分别抓获4个盗窃电动车团伙16名犯罪嫌疑人。经审查，涉案人员交代盗窃电动车案件80余起，追回涉案电动车10余辆。

【抓获抢劫强奸案逃犯】8月12日，区公安分局在萧山坎山镇成功抓获“11·5”特大系列抢劫强奸案逃犯常某。2010年9月，区公安分局刑侦大队经过10个多月侦查，打掉一个以休闲店卖淫女为对象、实施抢劫、强奸犯罪活动的团伙。此案中涉嫌抢劫案3起、强奸6人次、轮奸2人次的犯罪嫌疑人常某在逃。2011年公安部开展“清网行动”后，区公安分局将逃犯常某列为重点人员追捕，查明常某躲藏在云南邵通、萧山、余杭、金华、义乌等地，侦查人员运用多种侦查手段，最终将常某抓获归案。（宋一鸣）

·社会综治维稳·

【社会综治维稳概况】2011年，开发区社会治安综合治理委员会办公室（简称区综治办）协调各部门单位开展严打整治、矛盾排查调处工作，成功应对劳资矛盾突出、“房闹”频发等社会事件；深入推进社会管理创新，平稳有序开展综治、维稳、拆违工作，确保全区平安和谐稳定。全年开发区刑事发案1423起，下降6.6%；“两抢”（抢夺和抢劫）案件、入室盗窃发案分别下降35.4%、64.3%。平安创建工作取得进展，全年经考核评出区级“平安单位”137个，下沙街道、白杨街道及23个社区通过区级“平安街道”和“平安社区”考核验收。

推进重大事项社会稳定风险评估工作，协调职能部门对味全项目建设、德胜路高架工程改造、公交车站设立，及群租房4个涉及群众利益的工程和项目开展风险评估。针对引发居民投诉的味全、旭化成氨纶、大安教育实践基地等项目，牵头召开协调会，尊重群众意愿予以停建或迁址。针对下半年出现的“房闹”现象，管委会领导出面召开协调会，明确政策，要求房产公司杜绝虚假广告，维护群众权益。全年稳妥应对征地拆迁、房产降价、劳资矛盾、环境问题、非正常死亡等群体性事件69起，成功调处矛盾纠纷417起、学生非正常死亡事件4起。

【治安重点整治】针对下沙街道人力资源市场周边及白杨街道金沙学府区域分别被杭州市综治委确定为2011年市、区两级挂牌督办的治安重点整治地区，开发区结合市综治委部署开展的“零发案小区”和“控案先进小区”创建活动，集中开展整治行动，年末实现“摘帽”。开展联合执法行动，全年组织打击非法职介、小区综合整治、校园周边整治等执法行动34次，站街女、赌博游戏机等社会乱象得到有效整治。召开校园安保工作会议，提升校园安全系数。指导和协调区公安分局和两个街道开展平安巡防活动，查处案件328起，抓获违法犯罪嫌疑人469人、逃犯23人，处理、处罚399人，街面案件量比上年下降15.62%。

【违法违章建筑拆除】 全年开发区拆违工作领导小组办公室（简称区拆违办）拆除违法建筑457处，合计面积7.69万平方米。其中，拆除新违法建筑1.73万平方米，拆除剩余违法建筑5.81万平方米。重点整治乱搭乱建行为，3次组织大规模行动，对下沙街道废品收购站、钢模站及白杨街道菜棚、工窝棚进行清理，拆除违法建筑点30余处、窝棚300余平方米。

摸排九堡“飞地”地块违法建筑，敦促杭州德全建材有限公司对其500余平方米的工房违法建筑进行自拆，强制拆除近江奶牛场违法建筑。保障重点工程，配合开发区征迁办完成8个拆迁地块企业丈量评估。对涉及国土部门执法查处的4处违法搭建进行拆除和复耕，拆除违法搭建700余平方米，清理圈占土地0.89公顷，复耕土地0.87公顷。开展拆除违法建筑宣传走基层活动，发放宣传资料2万册、《告居民书》10万份。

▶▶资料：“飞地”

“飞地”是指隶属于某一行政区管辖，但不与该行政区毗连的土地。通俗地讲，如果某一行政主体拥有一块飞地，那么它无法取道自己的行政区域到达该地，只能“飞”过其他行政主体的属地，才能到达自己的“飞地”。“飞地”的概念产生于中世纪，“飞地”的术语首次出现于1526年签订的马德里条约的文件上。

【创新社会管理】 2011年，区综治办针对高校突发事件处置、基层矛盾纠纷调解等难题，与下沙高教园区管委会办公室（简称高教办）成立高校矛盾纠纷第三方调解委员会。委员会由区综治办、下沙高教园区办公室、区信访办、区公安分局、下沙街道和白杨街道等部门共同组成，聘请专职人民调解员，通过引入第三方，促进矛盾纠纷的及时化解。创新社会管理，与杭州电视台《杭州老大哥》栏目合作，推出《下沙老大哥在行动》节目，组织“下沙老大哥”上门调解邻里纠纷，促进社会和谐稳定，全年播出节目12期。

（何爱民）

·信访应急·

【信访概况】 2011年，开发区信访局（简称区信访局）受理信访和“12345”投诉、建议、意见8[illegible]41件/次，受理总量比上年增长6%。其中，群众来信21件，下降123%；群众来访240余批/次，增长1[illegible]%；“12345”（网上信访）受理投诉、意见建议7192件/次，增长2.9%；社区“12345”受理538件/次，增长12.6%。群众信访主要涉及拆迁补偿、回迁安置、劳动保障、环境保护、施工纠纷、公交，及城市建设等问题。沿江工业项目和公建配套、企业转型升级和劳资纠纷、沿江居民小区，及经济适用房群租等问题引发的信访凸现，社区10%留用地开发建设、房屋降价引起老业主要求退房、回迁安置等引发的信访新问题较为突出。完成省、市、区三级人大、政协交办的人大建议、政协提案6件。办理人民建议1件。

【夯实信访基层基础】 2011年，区信访局围绕信访目标责任考核，对疑难信访、突出信访问题加大督办力度，强化街道、社区在化解矛盾纠纷中的基础作用。完善基层信访，在下沙、白杨两个街道各社区均设立信访和“12345”工作室。6月，开展国务院《信访条例》宣传活动，两个街道及社区组织条例宣传，增强居民依法、依规、有序信访意识。创新基层基础，结合“12345”进社区、“律师进社区”活动。完善社区“12345”工作机制。推进综治维稳信访，全年区信访局与区综治办共同召开形势分析会12次，对不稳定因素进行分析研判，合力协调化解。

【信访规范化建设】 2011年，区信访局制订《开发区“五个一”基层信访工程活动方案》，在下沙、白杨两个街道所辖社区推进“五个一”工程建设。1月，在两个街道23个社区完成“信访和‘12345’工作室”标识挂牌和信访工作制度上墙工作。健全信访工作机制，完善信访突出问题及群体性事件联席会议制度，调整联席会议组成人员和专项小组成员，修订《开发区管委会领导接访活动的实施意见》。在全区开展党工委书记大接访及部门领导干部定期接待群众来访活动。全年管委会领导接待群众来访41批次，接待43人次；当场解决6件，批示交办19件，协调解决15件。加强队伍建设，选调3名干部到“12345”受理中心工作；开展业务培训，9月对全区信访干部进行业务培训。

▶▶资料：“五个一”工程

“五个一”工程指要有一个完善的信访工作组织网络、一支健全的信访员队伍、一套完整的信访工作机制、一个固定的办公场所、一笔专门的信访工作经费。

【信访积案化解】全年区信访局梳理市级信访矛盾纠纷“三色预警”管理拟化解对象3件，分别是唐某等7人反映捕鱼燃油补助信访件、章某反映“五八城迁”随迁子女养老保险待遇信访件、张某征地补偿信访件。至年末，拟化解对象3件中化解并报结2件（唐某等7人信访件和章某信访件），访件化解1件（张某信访件）。

【信访维稳】2011年，开发区成立信访工作小组，制订信访维稳工作方案，明确目标、责任和任务。同时，开展全区信访矛盾纠纷排查和化解工作，梳理汇总信访突出问题，对重点人、重点事，落实责任单位领导包案化解。落实信访信息报送工作，要求各部门在重要时段、重大节日期间开展矛盾纠纷排查，实行“零报告”制度。开展开发区、街道两级领导接访活动，形成信访长效机制。街道、部门每月报送部门领导接访日程安排表以及当月领导接访小结。

【信访突出问题攻坚治理】6~11月，区信访局对征地拆迁安置信访突出问题开展专项治理。成立专项治理工作领导小组，制订《开发区征地与房屋拆迁安置信访突出问题专项治理活动实施意见》，通过专项治理，集中化解了一批疑难信访问题。7月，根据《杭州市开展信访工作“百日攻坚”活动的实施意见》，8月1日至10月31日，在全区范围开展信访工作“百日攻坚”活动，深入开展矛盾大排查、大调处、大接访。

（徐春阳）

【应急管理】2011年，开发区管委会办公室（应急办）参与突发应急事件处置4起，联合职能部门开展突发应急演练5次。设置应急避难场所，牵头完成8个区级应急避难场所、12条区级应急疏散通道、3个区级卫生医疗救护系统的应急标示和标牌安装。落实省政府办公厅关于开展视频会议（应急指挥）系统建设的通知精神，推进开发区政府视频会议（应急指挥）系统建设。开展应急管理培训，联合区安监局对15个应急成员单位、40个危险化学品企业进行应急管理培训。开展减灾防灾宣传，利用下沙街道、白杨街道自办报纸进行城市防灾减灾知识宣传；组织市民对政府预防和处置突发公共事件满意度调查；“5·12”防灾减灾日，会同区民政部门在两个街道23个社区开展减灾防灾知识宣教活动。（汪文传）

·交通安全管理·

【交通安全管理概况】2011年，杭州市公安局交通警察支队经济技术开发区大队（简称开发区交警大队）围绕“维护交通秩序、保护群众生命财产安全”的工作目标，开展各项交通违法整治活动，完成文明城市创建迎检、第八届全国残疾人运动会、元宵灯会、钱塘江观潮节等重大交通安全保卫任务。全年大队查处交通违法行为6.47万起，其中机动车违法4.65万起、非机动车违法1.8万起，累计罚款685.62万元。查处超速行驶1.57万起，其中超速50%以上762起。查处酒后驾驶违法行为355起，其中醉酒驾驶47起。辖区发生交通死亡事故5起，比上年下降29%；发生一般事故47起，下降13%；发生事故伤56人，下降16%。

【交通秩序管理整治】开发区交警大队加强重点车辆管理，对工程车、大型货运车和电动自行车、电动三轮车及非法“四小车”（无牌无证残疾车、人力三轮车，各类正三轮摩托车、燃油助动车、营运三轮车、电瓶三轮车和外地牌照二轮摩托车）等车辆违法行为进行重点查处，全年查处工程车违法行为2446起，查扣非法“四小车”453辆。对违法停车加强管理，在高沙社区、铭和苑周边、天元公寓、25号大街、27号大街、听涛路等居住区块安排警力，通过拍照取证上传非现场执法系统的方法查处违法停车，全年上传非现场照片3847张。开展机动车人行横道前未礼让行人整治行动，由幸福桥、4号大街至5号大街口整治点延伸至其他路段。4月6日起开始整治，至年末现场查处机动车人行横道前未礼让行人违法885起。

【GPS事故预防管理】 开发区交警大队着力抓人和车辆的源头管理，构建交通“管、防、控”一体化预防机制，落实信息化、社会化的事故预防管理机制。2011年，大队在GPS工作站原有管理格局基础上，挖掘和丰富GPS工作站职能，道路交通动态安全监管能力增强；至年末，27个工程运输公司514辆车和872名驾驶人员均纳入该管理平台。通过GPS应用系统及时掌握车辆速度、车辆行驶路线变化、车辆与驾驶人员信息等，有效避免涉及工程车辆重大恶性事故的发生。

【酒驾查处及长效管理】 5月1日起，《中华人民共和国刑法修正案（八）》和修改后的《中华人民共和国交通安全法》正式施行，涉酒交通违法行为处罚力度加大。开发区交警大队从“培训、规范、勤务、考核、保障、长效”6个方面着手，培养查处酒驾违法的警员好手，实现对酒驾违法的长效管理。全年对中队开展专题培训8次，各中队组织模拟现场违法查处、反管理等情况处置、一般程序处理等环节的操作演练，对查处的酒驾特别是醉酒驾车违法行为，组织民警回顾执法及案件办理过程等，增强民警执法技巧和实战经验。

制订查处酒驾违法行为的工作规范，对查处工作中民警的执法用语、执法流程进行细化和明确，对血液提取的人员分工、装备使用等作出规定。设置存放血液样本的铁柜并落实专人看管、登记，明确血样送检、材料制作、案件移交工作流程等。打破原来各中队分块管理框架，采用联勤管理模式。实行各中队干部轮值带队，夜间酒驾高发时段，从各中队抽调2名民警、4名协警开展禁酒驾整治；中队夜巡民警自行组成联合整治小组，跨中队辖区查处酒驾。各中队落实专人对执法车辆、装备、通讯设施等进行管理，每周进行自查和维护，并登记造册，对执法装备有损耗的及时上报予以补齐。各中队增配酒精侧试仪2台。

按照支队“1+X”（“1”指酒后驾驶违法行为，“X”指某时期内群众反响强烈的其他交通违法行为）长效整治工作方案和长效管理考核办法，对执勤民警绩效考核中查处酒驾违法的权重作调整，确定各中队工作指导目标，落实工作责任。将查处酒驾工作实绩作为民警评优授奖依据，突出考核激励作用。酒后驾驶违法行为查处同日常交通管理结合，建立起健全长效的管理机制。

【道路交通设施修整】 2011年，开发区交警大队通过与城管办、城建中心、建设局、规划分局等部门联系沟通，使开发区及时完成道路下沉、雨污水井下沉施工建设40余次，道路综合整治10余条、大修3条。完善道路设计评审，全年大队参加道路评审项目30余起，踏勘现场50余次。规范道路施工程序，督促施工单位增设围护栏，全年辖区道路增设隔离设施3500米，漆划标线3万平方米，增设信号灯11处。

2月，开发区交警大队开展夜间酒后驾驶整治 （朱隽 提供）

【交管服务站职能深化】 开发区交警大队深化交管服务站服务职能，组织开展“相约交管服务站”活动。全年下沙街道交管服务站办理补换证业务4018笔，提交驾驶员体检报告1586笔；白杨街道交管服务站电动自行车上牌点办理登记上牌等业务6002笔。在开发区市民中心设立办证点，方便群众办理业务。11月起，大队在通和汽修服务点成立的交通事故快速处理中心，每周二、四、六服务时间延至21时，增加服务广度和深度，全年事故快速处理中心处理交通事故2303起。

【重大交通安全保卫】2011年，为迎接创建全国文明城市检查，开发区交警大队出动警力780余人次，在辖区主要路口、检查点驻点管理，加大路面管控，顺利完成迎检任务。为保障第八届全国残疾人运动会下沙赛区交通安全，出动警力600余人次，进行线路保障196批次，马拉松比赛日出动全部警力对赛道进行交通管制。元宵灯会期间，出动警力500余人次，加强元宵灯会交通安保工作。9月13～17日是2011年钱塘江观潮节，14日、15日、16日每天有数万名群众聚集钱塘江大堤下沙段观潮，大队通过内部挖潜、外部借力，保证观潮节道路交通安全、畅通有序。

9月22日，开发区交警大队14名协勤女队员聘为中小学交通安全校外辅导员

（朱 隽 提供）

【交通安全宣传】开发区交警大队组建高校交通安全志愿者队伍，推进道路交通社会化管理。4月27日，组织杭州电子科技大学交通志愿者上路开展交通安全劝导活动，效果良好。开展中小学生交通安全教育，9月22日举行开发区交通安全宣传月活动暨中小学交通安全校外辅导员聘任仪式，大队14名协勤女队员被学校聘为交通安全校外辅导员。走进学校、机关、企业、社区，开展交通安全宣传教育，全年大队组织宣传200余场次，出动警力500余人次，20万人受到教育。（朱 隽）

·消防安全管理·

【消防安全管理概况】2011年，杭州市公安消防支队经济技术开发区大队（简称开发区消防大队）结合庆祝中国共产党成立90周年、第八届全国残疾人运动会安保工作及消防安全“五大”（大排查、大整治、大宣传、大培训、大练兵）活动，重点开展重大火灾隐患治理、“鲲鹏”四季行动、建筑消防设施专项治理、消控室及建构物消防员注册、社会单位消防安全“四个能力”（检查消除火灾隐患能力、组织扑救初期火灾能力、组织人员疏散逃生能力、消防宣传教育培训能力）建设、“清剿火患”行动等专项工作，全面推动各部门履行消防安全责任。全年开发区发生火灾15起，直接财产损失19.26万元，无人员伤亡，未发生较大以上火灾事故。大队辖下沙、白杨两个消防中队，列管消防安全重点单位172个，其中公众聚集场所46个。

【全国消防部队正规化建设现场会】11月18日，全国消防部队基层中队正规化建设现场会在开发区消防大队白杨中队召开。公安部消防局副局长朱力平、于建华率全国各地30余名消防官兵参观白杨消防中队正规化建设成果，对白杨中队正规化建设给予肯定。

3月起，白杨中队承担全国消防部队基层中队正规化建设相关工作，根据工作、生活、执勤、训练4个方面规范化建设要求，从硬件设备和软件设备着手消防正规化建设。对原有营房进行外立面改造，营门口划定黄色网格线和警戒线，设置军事管理区标牌和“消防·fire service”消防站标志。对营房各库室重新编排调整，悬挂门牌标志、职责表和规章制度。推行警营安全管理“标志化”，使用电、气、油等部位或设施处设置警示标语和安全警句，安装宣传灯箱，设立警示牌，训练场、消防车库等处设立安全注意事项提示牌。建立消防展厅宣传主阵地。营区制作走廊文化，展示官兵在执勤、训练、生活、工作中的风采。根

据《内务设置规范》和《中国人民解放军内务条令》要求，对物品设置及摆放、厨房卫生等进行细化。白杨中队警卫亭设置电子岗哨系统，具备包括请假外出登记、外来人员来访、岗哨交接登记、应急报警、应急调岗等10项功能。食堂设置伙食管理系统，实现网络记账、电子公开、动态监督和食谱编辑智能化。

【消防责任落实与管理机构建设】2月，开发区防火委员会更名为开发区消防安全委员会，成员相应调整。为落实消防安全主体责任，召开全区消防工作会议，部署2011年消防安全工作。开发区管委会与机关部门、街道及消防安全重点单位签订责任书，明确职责和任务。为加强街道消防安全管理机构建设，开发区消防大队成立下沙街道消防安全管理办公室、白杨街道消防安全管理办公室，办公室建立工作考核机制，人员经费、办公及装备等费用统一纳入政府年度财政预算。

【消防执法检查】开发区消防大队加强消防执法检查，全年累计检查单位819个次，发现和消除火灾隐患800余处，印发责令改正通知书302份。受理审核备案164件，验收备案131件。进行开业前消防安全检查59次，办理消防安全合格证49件。受理群众举报投诉24件。受理消防行政处罚案件58起，处罚金额66.16万元。临时查封场所17起，责令“三停”（停产、停业、停止使用）场所12个，移送拘留5人。

【火灾隐患排查整治】2011年，开发区消防大队开展“奋战40日夜、献礼90周年”消防安全排查整治行动，全力做好第八届全国残疾人运动会期间消防安保。其间，大队落实各级责任，通过错时检查、突击检查等形式实施排查整治，检查单位215个，发出责令改正通知书79份。中队“六熟悉”（熟悉消防队责任区交通道路、水源情况；熟悉责任区重点单位分类、数量及分布情况，熟悉责任区主要灾害事故处置的对策及基本程序，熟悉责任区重点单位建筑物使用及重点部位情况，熟悉重点单位内部消防设施情况，熟悉重点单位消防组织及其灭火救援任务分工情况）单位121个，消防演练单位65个，参与联合演练4次。

根据公安部消防局《关于深入推进“五大”活动加大建筑消防设施排查整治力度的通知》和省公安厅消防局《关于印发〈建筑消防设施专项治理工作方案〉的通知》，4月25日至10月30日，在全区开展建筑消防设施专项整治，对消防控制室等处消防员实行网上注册。其间，检查单位150余个次，发现火灾隐患35处，督促整改隐患25处。实施行政处罚10个次，罚款3.35万元，警告处罚1人。

【执行八条严管措施】2011年，开发区消防大队根据《浙江省公众聚集场所消防安全八条常态严管措施》文件精神，从法律依据、违法行为、量罚标准三方面做好“八条常态严管措施”执行工作。对公众聚集场所消防安全加强管理，实行“典型案例每月报送、工作进度每月通报”制度，全年发现违反“八条严管措施“情况12处，发出处罚决定书12份，处罚42万元，临时查封3处。

▶▶资料：八条常态严管措施

《浙江省公众聚集场所消防安全八条常态严管措施》具体为：1.公众聚集场所未经消防安全检查合格擅自投入使用、营业的，一律责令停产停业，并从重罚款；2.公众聚集场所违反规定储存、燃放烟花爆竹，危及公共安全的，一律对责任人处15日拘留；3.公众聚集场所营业期间违反规定进行电焊、气焊等明火作业的，一律对指使者处15日拘留，对作业人员处5日拘留；4.公众聚集场所违反规定，大量采用聚氨酯泡沫塑料等易燃、可燃材料装修装饰，一律临时查封；5.公众聚集场所的火灾自动报警系统、自动灭火系统等消防设施严重损坏的，一律临时查封，从重罚款；6.公众聚集场所疏散通道堵塞、安全出口上锁，不能立即改正的，一律从重罚款；拒不改正的，一律强制执行；7.公众聚集场所在疏散通道的门窗上设置影响逃生和灭火救援的铁栅栏等障碍物，不能立即改正的，一律从重罚款；拒不改正的，一律强制执行；8.公众聚集场所擅自拆封或者使用被公安机关消防机构查封的场所、部位的，一律对责任人处15日拘留。

【消防宣传教育】开发区消防大队深入机关、企事业单位、社区、学校等，开展《中华人民共和国消防法》宣讲活动。全年走进杭州电子科技大学、杭州职业技术学院、浙江经贸职业技术学院，进行消防宣讲20

余场。印制消防公益广告、挂图、消防法单本和宣传资料光盘，送至机关、企事业单位、社区、学校和居民家庭。开展“消防趣味运动会”，巩固和提高兼职消防员、保安的灭火技能；开展“消防金刚”雕塑落户杭州消防主题公园等活动。组织“走出去、请进来”宣传活动55次，受教育人数6500余人。

【“消防金刚”雕塑入驻消防主题公园】3月16日，“消防金刚霄霄”入驻开发区的杭州消防主题公园，成为杭州消防部队新的形象大使。“消防金刚霄霄”长4.69米，宽3.21米，高13.38米，重23.8吨。该消防车装置艺术作品由杭州市公安消防局联合装置艺术家周峰，用报废的32米消防云梯车和泡沫水罐消防车，经过119天紧张制作而成。2010年12月，“霄霄”亮相杭州吴山广场，即被授予杭州市第119号荣誉消防志愿者称号。经世界纪录协会认证，“消防金刚霄霄”是世界首个消防车装置雕塑和世界最大的消防车装置雕塑，拥有两项世界纪录。（浙江在线网）

【开展“五大”消防活动】根据公安部“五大”活动部署，开发区消防大队成立“五大”活动领导小组，全面开展消防安全排查整治行动。自9月启动“清剿火灾”行动起至年末，大队检查单位442个次，发现火灾隐患780处，印发责令改正通知书267份。实施行政处罚26起，罚款33.71万元，责令“三停”场所8个次，临时查封场所14个，移送拘留3人。

【消防后勤保障加强】2011年，开发区消防大队得到开发区管委会大力支持。消防业务经费预算475.7万元全额拨付到位。消防主题公园建设款124万元尾款，拨付到位。新大队部装修款185万元、白杨消防中队正规化建设460万元得到解决。为加强部队基础建设，4月起大队部正式搬至新办公楼工作。（詹丽琴）

·高校安全管理·

【高校安全管理概况】杭州下沙高教园区位于开发区北部区块，占地10.91平方千米，有14所高校入驻园区。杭州下沙高教园区管理委员会下设办公室（简称下沙高教办），负责高教园区日常协调、安全稳定、社会管理及协助开发区管委会相关工作。2011年，下沙高教办协助开发区交警大队整改学林街交通安全隐患，举行下沙高教园区交通安全志愿者服务队启动仪式。协助成立开发区高校第三方调解委员会。配合开发区召开食品安全专题会议，组织安全大生产检查。协助开发区防汛办开展防汛隐患排查和防潮巡逻工作。配合开发区联合执法取缔非法流动摊点。协助开发区做好春运及冬季平安巡防工作。组织开展高教园区公寓管理员培训。举办高校心理必修课及大学生心理疾病与心理危机预防工作研讨会。配合省征兵办开展“走进高校”征兵宣传活动；举办第二届海峡两岸大学生生命教育论坛。协助做好第八届全国残疾人运动会期间高教园区安全稳定及观众组织工作。推进平安校园建设，完成2011年度“平安校园”创建考评。

【信息沟通和协调处置】为保障高教园区安全稳定，下沙高教办每月召开高校保卫处长、杭州市和开发区职能部门例会，定期召开学工部长、办公室、团委等部门会议，对突发、重大事件召开专题会议，确保信息畅通。在“七一”“十一”等时间，要求高校做好相关预案，落实校领导、二级学院、辅导员“三位一体”值班制度。

针对下沙高校学生意外伤害事件给学校正常教学、生活秩序造成影响等实际情况，下沙高教办逐步建立妥善解决校园纠纷的机制，协调开发区综治办、白杨街道、白杨派出所，推动成立开发区高校第三方调解委员会，针对园区范围内高校的学生意外伤害和事故纠纷进行调解。调解委员会办公室设在白杨街道办事处。

【校园信息库建设及隐患排查】3月和10月，下沙高教办两次发文要求14所高校做好安全稳定工作基础信息库建设工作，每季度进行信息更新。开展校园安全稳定隐患排查。3月，联合区综治办、区安监局等部门对部分高校周边商户、学生宿舍楼、学生食堂进行安全检查，对存在安全隐患的问题提出整改；4月，协调园区高校开展安全稳定隐患排查化解工作。10月，结合安全专项行动排查结果，对存在安全隐患的高校进行回访督查。

【大学生教育引导】下沙高教园区学生人数众多，

1月11日，开发区召开下沙高教园区高校书记校长座谈会 （黄健员 摄）

妥善处置师生心理问题、宗教问题、大学生参与非法传销、群体性突发事件等是高教园区安全稳定的重点工作。针对大学生心理问题，下沙高教办要求高校做好新生心理普测，形成园区学生心理健康调查报告，出版心理健康课程研究论文集。协调高校做好信教学生和参与非法传销学生教育引导。6月，高教办协调高校做好毕业生离校工作，引导毕业生文明离校、确保毕业生安全离校。9月新生开学前，协调开发区公安分局、区交警大队、区城管办、区社发局等部门，召开安全工作会议，部署新生报到交通安全保障，布置钱塘江潮汛期间师生观潮安全工作。

10月，邀请教育部思政司司长杨振斌到园区作专题报告，结合高校党建工作和大学生思想政治教育工作实际，对思想政治教育工作中重点、难点问题进行分析。11月，在伊斯兰教古尔邦节到来前，对有新疆少数民族学生的7所高校进行摸排调查，掌握动态，确保新疆籍少数民族学生平安过节，维护园区稳定。

▶▶资料：大学生心理健康教育协作中心

2008年3月成立，中心成员由下沙高教园区管委会及办公室负责人和各高校分管学生思想政治工作的校领导担任。中心下设专家委员会，负责指导和开展高教园区高校心理健康教育工作。

【突发事件处理】2011年，下沙高教园区发生学生身亡事件。事故发生后，下沙高教办及时协助处理善后事宜，要求学校冷静应对死者家属过度反应；关注网络谣言，组织辅导员和学生干部做好引导；针对实名发帖的学生面谈沟通，争取理解。年内，下沙高教办还妥善处理某高校学生公寓调换宿管员而引发的纠纷，介入浙江理工大学生活区沿街商铺承租到期可能引发的上访事件；会同浙江财经学院、浙江金融职业技术学院、浙江经贸职业技术学院和紫元教育投资有限公司商讨热水调价事宜，使热水价格稳定在合理水平，满足学生日常使用需求；会同省教育发展中心、浙江理工大学、杭州电子科技大学、中国计量学院、浙江警官职业学院专题研究解决云水苑专用房遗留问题；会同浙江经济职业技术学院妥善处理“12·27”学生冲突事件，并开展专题法制教育，加强师生员工法制意识，避免类似案件再次发生。

【关注高校交通安全】5月，下沙高教办牵头召开学林街沿线交通安全专题会议。会后，开发区交警大队联合区城管办和各高校对学林街交通安全情况进行实地调查，落实相关措施。6月，下沙高教办与开发区交警大队、区文明办举行下沙高教园区交通安全志愿者服务队启动仪式，在浙江理工大学、杭州电子科技大学、浙江财经学院试运行的基础上，园区14所高校组建“文明出行·校园先行”下沙高教园区交通安全志愿者服务队，提高大学生交通素质。10月，针对学源街车辆多、车速快、事故多的问题，会同开发区交警大队进行调查研究，在学源街沿线高校辅助红绿灯处安装道路监控系统，抓拍机动车闯红灯、超速行驶等现象，减少交通事故发生。11月，针对学生组织乘坐非法营运车辆等行为，配合开发区落实相关措施，要求高校明确管理制度，在高教园区内杜绝非法营运车辆。

（韩 鹏）

教育事业

·教育综述·

【教育事业全面推进】截至2011年末，开发区共有中小学16所，在校学生14636人，教职员工1329人；幼儿园26所，入园儿童6575人。全年新增职工受教育人数4393人。

教育事业全面推进，开发区教育部门制定完成《开发区教育事业“十二五”发展规划》。教育资源配置更趋优化，东南中学、景苑小学、景苑幼儿园、江湾幼儿园4所中小学、幼儿园年内交付使用，完成清雅苑、学正幼儿园改扩建工程，启动头格幼儿园、上沙幼儿园建设，云水苑幼儿园、听涛幼儿园、星河幼儿园二期完成主体工程。开发区小学完成年度招生工作，较好地解决区内外来务工人员子女入学问题，一年级新招生2105人，其中外来务工人员子女1500余人。

弱势群体帮扶力度加强，开展外来务工人员子女学校办学情况专题调研，着力解决学校办学过程中遇到的困难和问题,组织民办学校校长参加培训班，开展外来务工人员子女教学专题论文评比，抽调公办学校校长至民办学校任校长，向外来务工人员子女发放补助经费，补贴共计331.95万元。

依法治校治教，积极推行权利阳光运行工作。2011年，开发区社会发展局（简称开发区社发局）开展全区中小学食堂专项审计，对杭州市下沙第一小学、杭州市下沙第二小学、学林街小学、文海实验学校进行校长离任审计。进一步落实中小学、幼儿园收费备案制度，开展收费检查。

表36　**开发区2011年在校师生情况**

指标	单位	2010 年	2011 年
1. 大学	所	14	14
在校学生	人	169 691	181 476
教职员工	人	15 339	16 390
其中：专职教师	人	10 183	10 974
2. 中学	所	5	6
在校学生	人	2 897	2 939
教职员工	人	334	405
其中：专职教师	人	249	285
3. 小学	所	8	10
在校学生	人	8 313	9 592
教职员工	人	566	646
其中：专职教师	人	457	506
4. 幼儿园	所	19	26
入园儿童数	人	4 599	6 575
教职员工	人	436	725

注：数据包括开发区管辖的13所中小学，不包括杭州第四中学、杭州聋人学校和日本人学校

【教学质量全面提升】2011年，开发区教学质量大幅提升，群众满意度持续提高。中考优质高中录取人数239人，录取率36.5%，比上年(指2010年，下同)提高10.45%；初三抽测成绩在杭州市城区中排名第一。德育工作结合文明城市创建特别是未成年人思想道德建设工作，不断完善学校德育体系构建。开发区社发局体艺科工作成绩突出，推进社团建设，强化教师培训，体艺科工作基础得到有力提升。成功举办开发区

第七届中小学生田径运动会，组织开展开发区中小学篮球赛等6项比赛活动，组织开发区“天堂儿歌”演唱比赛，参加浙江省2011年中小学舞蹈比赛并获一等奖。注重科技素养培育，举办开发区首届中小学生科技节。

【师资队伍建设加强】全年，开发区新任命和调动校级领导干部18名，选拔产生3名校级后备干部，补充各学校管理力量。2012年教师招聘工作，以“走出去”方式赴各师范院校进行招师宣传，采用公开招聘、直接考核、人才引进和定向招聘方式，完成99名教职工招聘，其中在编教师80名、非编教师19名，新招聘教师中有29名曾取得县（市）级以上综合荣誉。教师人事制度更趋完善，先后出台《开发区中小学校长管理暂行办法》《开发区中小学校长竞争上岗实施办法（试行）》《开发区中小学校长后备干部管理暂行办法》等文件，规范校级领导干部管理。教师专业素养有效提升，形成独具特色的“委托+合作+自主”教师队伍培养模式与教科研机制。教育教学研究成果丰硕，全区共有科研成果278项，比上年增长41.6%。教育教学论文获奖87项，发表41项；各级各类课题立项60项，成果16项；教材编著3项；教学案例等教学技能获奖（发表）71项。

【第七届中小学运动会】10月22日，由开发区社会发展局主办的开发区第七届中小学运动会在文海实验学校开幕。开发区党工委副书记、管委会主任陈晨宣布运动会正式开幕，管委会副主任李建平致开幕词，管委会副主任何铨寿宣读杭州市文海自行车队在第七届全国城市运动会场地自行车比赛中勇夺1金1银2铜的喜报。开幕式上，各学校的创意方队、铜管乐方队、健美操方队、羽毛球方队、跆拳道方队等14支特色方阵展现开发区中小学的精神风貌和开发区学子的良好形象。开幕上还进行团体操表演、小学生广播操比赛。该届运动会赛期两天，分小学甲组、小学乙组、中学组、教工组4个组别，设田赛、径赛两个大项，56个小项。来自开发区各中小学的500余名运动员参加比赛。

（张鹏飞）

【杭州聋人学校】杭州聋人学校位于下沙街道东方社区150号。2011年，学校有教学班33个，在校学生329人，在职教工103人。其中，小学有教学班10个、学生114名；初中有教学班10个、学生93人；职高教学班6个、学生49名；普高教学班8个，学生73人。

2011年，杭州聋人校高考录取率达100%，参加高考的24人中本科上线6人（天津理工大学聋人工学院录取本科2人；北京联合大学特殊教育学院录取本科4人），专科上线18人（南京特殊教育职业技术学院录取本科2人；浙江省特殊教育学院录取大专16人）。9月，应中国台湾“中华沟通障碍学会”邀请，杭州聋人学校校长蒋春英带领3位教师，随中国教育学会特教分会赴中国台湾参加“中华沟通障碍教育学会年会暨两岸沟通障碍学术研讨会”。蒋春英代表杭州聋人学校与台北市立启聪学校签订协议，正式缔结为友好学校。10月，由中国教育学会特教分会主办，杭州聋人学校承办的“全国聋校学校文化建设研讨会”在杭州召开。杭州市委副书记王金财、杭州市政府副秘书长赵国钦和教育部、省市教育主管领导、台湾特教专家，以及来自全国28个省、市、自治区的200余名代表参加会议。11月，在浙江省教育厅教研室举办的首届特殊教育聋校

杭州聋人学校（饶晨光 提供）

课堂教学评优活动中，学校推荐的两位参赛老师分获语文、数学科目一、二等奖，成为省内获奖成绩和比例最高的学校。

（饶晨光 蒋 雯）

浙江师范大学附属星河幼儿园 （委办 供稿）

【杭州日本人学校】杭州日本人学校是开发区2008年十大工程中基础教育项目之一。学校位于杭州德胜东路395号，占地面积2.3公顷，建筑面积5846平方米，设有教学楼、体育馆、室外田径场和网球场。2008年11月14日，学校正式开校。该校是浙江省建成的第一所面向日本人的专属学校，经日本文部科学省认可并实施与日本国内相同的教育内容和教学模式。2011年，学校设有年级9个，小学1年级至中学3年级9个班。在编教师10名，其中5名为日本文部省派遣，5名为学校聘用。2011年，学年初学生人数33名，至学年末学生人数增至48名。2011年1月，学校举办书法展示大会和苏州日本人学校交流会。11月，杭州日本人学校举办第4次文化节。文化节邀请杭州市文海教育集团文海实验学校的部分师生和浙江工商大学志愿者参加，作为中日友好桥梁，文化节活动受到一致好评。

（白莹璐 蒋 雯）

·学前教育·

【学前教育概况】2011年，开发区学前教育新政全面实施，出台《关于加快推进开发区学前教育优质均衡发展的若干意见》《关于开发区进城务工人员子女在杭入园管理暂行办法》《关于开发区幼儿园园舍建设实施办法》《关于开发区学前教育专项资金管理办法》《关于开发区幼儿园非事业编制教师管理办法》“1+4”学前教育文件，制定《学前教育三年行动计划（2011－2013年）》《开发区学前教育布局专项规划（2011－2020年）》，全面确保提升学前教育发展质量，保障开发区适龄儿童“好入园、入好园”。全区学前3年幼儿入园率达99%；杭州市等级幼儿园在园幼儿人数覆盖率为48.6%，比上年增长12.9%；城乡互助共同体数量增至25所，覆盖率96%；新增在编教师27人，全区幼儿教师大专及以上学历达61.2%。全年申领市级学前教育专项资金314万元（其中建设经费93万元、开办经费117万元、租赁经费104万元）；下拨学前教育专项经费628万元（其中租赁资金190万元、开办资金111万元、教师人员经费225万元、生均公用经费102万元），落实民办幼儿教师工资待遇和生均公用经费补助，加大对民办幼儿园的扶持力度。加强规范管理，开展规范收费、等级创建等工作。组织开发区首届幼儿“六一”文艺汇演。强化幼教队伍，组织园长、教师300多人次参加国家、市、区级岗位培训、专业培训和素质提升培训。

【星河幼儿园】2011年，浙江师范大学附属星河幼儿园有教学班12个，幼儿407名，教职员工52名。3月，面积1568平方米、4个班规模的二期工程正式启动，计划于2012年9月交付使用。2011年，幼儿园批准为开发区事业单位，5名教师经公开招聘纳入事业编制。园长姚明敏牵头的课题“基于年龄特点的幼儿科学教育活动内容建构探索”成功立项为江干区教育科学规划课题。该园还成功承办开发区民办幼儿园专题培训。幼儿园被开发区社发局评为“开发区爱国卫生先进单位”。

【清雅苑幼儿园】2011年，清雅苑幼儿园共有教职工30人，其中专任教师15人（在编教师6人），班级7

个，入园幼儿227人。开发区社发局与浙大幼儿园调整合作模式，幼儿园登记成为事业单位。暑假期间幼儿园对整体环境进行改造，扩建园舍，基本满足了幼儿入园需求。全年实施《幼儿园绩效考评制度》，探索发展幼儿学习品质的策略和方法。2011年,该园通过浙江省二级幼儿园评审，园长陈燕被评为杭州经济技术开发区优秀教育工作者。陈燕题为《让阅读更显优雅与从容——浅谈幼儿园绘本阅读教学中“停顿”策略的运用》的论文获浙江省幼儿教育教学论文评比二等奖。教师朱美娟、徐路鑫、徐家怡的课题获奖，徐家怡的课题“让‘质疑’成为孩子的习惯：孩子‘质疑’习惯养成的实践研究——大班绘本教学为例”被列入杭州市2010年度国家基础教育课程改革专项（B类）课题。

【学正幼儿园评为市首批标准化幼儿园】2011年，学正幼儿园利用专用教室扩建2个班级，教学班增至20个，入园幼儿641名。教职员工76名，其中在职专任教师45人、在编教师7人、中学高级职称1人、幼教高级职称2人、省优秀教育工作者1人、市学科带头人1人、区教坛新秀3人、省市区骨干教师3人。8月，以人才引进的方式聘任陈福静为执行园长。幼儿园在杭州师范大学初教院的指导下，认真贯彻落实《幼儿园管理条例》《幼儿园工作规程》和《幼儿园教育指导纲要（试行）》，取得一定成绩。2011年，获“开发区绿色学校”称号和“携手‘1+6’争创文明城市突出贡献奖”，获杭州市“天堂儿歌”比赛金奖，被评为杭州市首批标准化建设达标幼儿园。

【景苑幼儿园建成使用】9月，景苑幼儿园投入使用，该园总占地面积0.82公顷，建筑总面积5743平方米，设有18个班。亲子活动室、生活操作室、阅览室等符合现代化幼儿教育的设备设施一应俱全，园内绿化率30%以上。2011年开设班级3个，有教职员工21名，其中专职教师6名。幼儿园确立“以爱育人，共同成长”的办园理念。有区教坛新秀1名、区优秀教师1名、幼儿园高级教师3名。

【江湾幼儿园尝试新教学模式】9月，江湾幼儿园投入使用，设4个班级，入园幼儿105名，有教职工19名，其中专任教师8名。幼儿园确立“亲情呵护，关注孩子的每一天；平等交流，走进孩子童心世界”的办园理念。以“奥尔夫”专业艺术课程为核心，结合语言、社会、科学、艺术、健康五大领域，构成教学课程体系，该园运用“奥尔夫”器械和教材，实行体验式学习。该园将课堂音乐活动、区域音乐活动、生活音乐活动与自然环境融为一体，精心教育教养幼儿。

【下沙实验幼儿园】2011年,下沙实验幼儿园有班级18个，教职工43人，幼儿667人。下沙实验幼儿园围绕“内涵发展”这一核心，以促进幼儿发展为目的，完善设施、优化环境，注重科研、提升品位，重视品德、培养素质，养成内涵提升、文化凝练和品牌打造，实现幼儿园可持续发展，真正使每一个幼儿都健康快乐、幸福地成长。幼儿园被评为杭州市健康单位、杭州市卫生先进单位、开发区绿色幼儿园。园长张丽霞主持的“培养幼儿亲社会行为的模式研究”课题结题。教师代表参加浙江省排舞大赛获金奖。

开发区小学课堂　　（委　办　供稿）

·义务教育·

【学林街小学】2011年，学林街小学有23个教学班级，在校学生875人。在编教师48人，全部具有本科及以上学历，其中高级职称3人、中级职称25人、获省、市、区级以上荣誉称号的占52%。2011年新聘教师4名。在2011年杭州市中小学生体质抽测中，学生总评创开发区历史最好成绩，进入杭州市前5强。在中国共产党成立90周年开发区红歌比赛中，获得第1名。在杭州市天堂儿歌比赛中，再次创造开发区历史最好成绩，获得杭州市银奖。杭州创建全国文明城市期间，学林街小学作为开发区唯一一个教育创建示范校，被推荐作为区域创建工作必查点，圆满完成了任务，学校被授予“创建文明城市突出贡献奖”。2011年，学校获得杭州市人民满意学校、杭州市爱国卫生先进单位、杭州市消防安全教育管理示范学校、杭州市绿色学校等多项市、区级荣誉。

【学正小学】2011年，学正小学有教学班23个，在校学生821人。在编教师51人，其中高级职称教师4人、省特级教师1人、省优秀教师1人、市级名师1人和市、区级教坛新秀15人。2011年，学正小学先后被评为杭州市人民满意学校、杭州市文明交通教育示范学校、中国青少年写作教学研究与实践基地、全国语文教改示范学校等。学校承办开发区的暑期师德培训班和各种教学科研活动。4月10日，中国台湾南投县丰丘国小校长叶兆祺、明道普霖斯顿双语小学校长洪武吉及教师林美秀和戴玉珠到访开发区。中国台湾客人与开发区中小学校长、名师代表在学正小学举行“海峡两岸教师专业发展论坛”，共同分享两岸教育的成果。学校课题“学·助·思：小学生课堂学习方式创新的实践研究”成为省规划课题，教师许含英获得全国数学课堂教学大赛一等奖，教师魏强和徐春芬入选浙江省中小学语文高端培训班，多名教师在市、区级各类教育科研论文、案例评比或教学比武中获奖。学生素质得到多元发展，学校铜管乐队、舞蹈队代表开发区参加省级比赛获得好成绩。

【杭州市下沙第一小学】2011年，杭州市下沙第一小学有教学班33个，在校学生1235人，在编教师79人。其中，小学高级职称46人，中学高级职称2人，本科学历65人，硕士及以上学历占4.8%。学校拥有市教坛新秀6名、区教坛新秀、优秀教师和优秀班主任26名，区级以上骨干教师16名。2011年，该校先后被评为浙江省治安安全示范单位、杭州市人民满意学校、杭州市科研先进单位等。学校坚持科研兴师、科研兴校的发展策略，在教育科研上取得了一定成果，学校课题《小学教师“雁阵式”教学团队的建构与实践研究》获市级课题一等奖。学校重视学生实践活动，鼓励学生积极参与各项活动，获评第六届“华数杯”动漫未来之星绘画大赛人气学校，获杭州市“做一个有道德的人读书教育活动”团体优胜奖、2011年国学网络大赛优秀组织奖等。丰富的校园文化生活，让学生更多地感受到参与的快乐。

【杭州市下沙第二小学】2011年，杭州市下沙第二小学有24个教学班，在校学生844人。在编教师60人，其中拥有高级职称教师2人、市优秀教育工作者1人、市教坛新秀2人、区级教坛新秀12人。7月，学校领导进行调整，吕建生任校长。2011年，杭州市下沙第二小学被评为浙江省绿色学校、杭州市校务公开工作先进单位、开发区首届科技节团体一等奖。学校课题《城市化进程中的学校校本培训模式的研究》获杭州

杭州市下沙第二小学教学楼 （黄健员 摄）

市第五届教师教育科研成果二等奖，“低段写话与习作衔接的教学策略研究”等课题成功在杭州市立项。学校科技社团多次在省、市获奖。多名教师在市、区级的各类教育科研论文、案例评比或教学比武中获奖。该校成功承办开发区首届科技节。10月，杭州市下沙第二小学邀请中华全国新闻工作者协会主席邵华泽访问学校，邵华泽为学校题写以中草药命名的校训题词：清明、远志、厚朴、含笑。

【景苑小学】景苑小学于2011年9月正式开办，有8个教学班，在校学生315人。在编教师20人，其中市教坛新秀2人、市优秀教育工作者1人、市教科研先进个人1人。学校重视教师的专业成长，举办“师徒结对”活动，邀请省、市专家指导市级立项课题，承办江干区绘本教研活动，邀请特级教师、教研员到校听课指导，举行新教师汇报课活动。教师胡朔荣获开发区青年教师基本技能大赛二等奖，教师徐华宝被评为开发区“十佳教育之星”；教师张育花的论文《提升小学中高年级习作困难生习作能力的实践研究》，获江干区第十届中小学幼儿园教学专题论文和杭州市第十三次小学语文教学论文评比一等奖。

【金沙学校】2011年，金沙学校有在校中小学生2250名，班级45个，教职工96人。学校坚持“为开发区经济社会发展服务，为外来创业者子女教育服务”的办学思想，在2011学年第一学期的江干区期末抽测中，该校成绩在同类学校中名列前茅。在开发区组织的中小学生红歌大赛、第七届中小学生运动会、开发区中小学教职工乒乓球赛和“天堂儿歌”比赛中都取得好成绩。9月，在开发区教师节表彰中，学校有5位教师分别获得区级优秀班主任和优秀教师荣誉。

【阳光小学】2011年，阳光小学有教学班24个，在校学生671人，在职教师24人。2011年 周忠明任校长。学校以“一切为了孩子，为了孩子的一切”为教育宗旨，开展各项教学工作。在开发区科技节比赛中，学校有10名学生分别取得一、二、三等奖；在“天堂儿歌”“红歌飘过九十年”活动中学校获得三等奖，在“中国共产党成立90周年电影进校园影评征文”活动中，学生的3篇作文获得区二、三等奖。

【文海实验学校】2011年，文海实验学校有教学班60个，学生2128名，教师178名。金加喜任文海教育集团总校长、文海实验学校校长。学校课题《少讲多学：提高课堂教学实效性的实践研究》获杭州市第八届国家基础教育课程改革优秀成果一等奖。8月，该校学生舞蹈《中学时光》参加第十届中新青少年艺术交流展演活动。8月24日，文海实验学校与韩国新基小学结为友好学校。

9月2日，为总结7年来文海教育集团发展经验，推进品牌资源发展壮大，开发区党工委书记盛成皿、党工委副书记俞建国带队调研文海教育集团，提出“坚持体制创新、坚持理念创新、坚持教学创新、坚持管理创新”的发展思路。10月，文海自行车队在第七届全国城市运动会上，取得1金、1银、2铜的优异成绩，实现杭州自行车项目在全国城市运动会上“零”的突破。10月25—27日，2011年度浙江省小学英语课堂教学评比活动在文海实验学校举办。11月，文海实验学校获评首届“浙、沪、苏”长三角地区教科研优秀团队。11月19日，学校两个舞蹈节目获浙江省中小学生舞蹈节一等奖。11月23日，中国教育学

9月2日，开发区党工委、管委会领导到文海教育集团调研
（黄健员 摄）

会科学教育分会第二届年会活动在学校举行。12月，该校3位教师获得2011年第八届“教改之星”金奖。

12月17日，文海实验学校成为首批现代学校联盟行动计划加盟学校。

杭州第四中学全景 （顾一进 摄）

【杭州实验外国语学校（中小学）】2011年，杭州实验外国语学校小学部有教学班30个，在校学生1149人，专任教师73人；中学部有教学班9个，在校学生361人，专任教师38人。2011年，学校被评为全国民办学校“特色建设先进学校”、浙江省卫生先进单位。3月，在杭州市民办学校工作会议上，代表开发区学校作“关于办学特色的发言交流”。同月，建立《青年时报》校园记者站。学校努力推进“如数家珍”服务文化探究与实践，杭州市立项课题“民办寄宿制学校服务文化“如数家珍”模式的研究”进入结题准备阶段，创学校服务特色品牌。

【下沙中学重视师资建设】2011年，杭州市下沙中学有教学班26个，在校学生861人。在编教师86人，其中高级职称教师22人、省师德楷模2人、市区级名师8人和市、区级教坛新秀23人。9月，张伟韬任下沙中学校长。2011年，下沙中学先后被评为杭州市文明单位、依法治校先进单位等。

学校积极探索特色化办学，与杭州市射击射箭中心合作，引进射箭项目，弘扬射箭文化。下半年，杭州市下沙中学启动射箭特色的运动项目。开展对外交流与合作，学校与杭州市淳安县梓桐中学建立“城乡互助”关系，开展师生间交流。学校重视教师队伍建设，开展了“启航杯”“引航杯”教学展示暨有效课堂教学研讨活动，推动教师的专业发展。

【杭州东南中学开始招生】杭州东南中学创办于2009年，是浙江锦绣育才教育集团创办的一所民办初中，2011年9月迁入开发区。东南中学实行全寄宿住读制，共容纳24个班级。2011年招生216人，其中派位计划招收152人、自主计划招收64人。开设4个班级，有专职教师14名，其中研究生学历3人、本科学历11人。医务人员3名，后勤人员14名，均持有相关岗位上岗证。学校对传统课堂改革，推行“高效课堂”，实施教师“时间管理表”和学生“日省录”等改革举措。结合寄宿制学校的特点，组织社团活动和文娱活动，开设绣艺工坊、无墙的美术馆、会动的名著等10多个社团，每周二晚定为“东南之夜”，让学生们充分展示自己的才艺和特长。全年有4位同学分获“有爱无碍”征文征画活动二、三等奖，有10余位同学获开发区乒乓球、羽毛球比赛一、二、三等奖。

【下沙文博学校】杭州下沙文博实验学校于2011年筹建，是一所九年一贯制民办学校，位于开发区下沙街道盛安路118号。校园占地面积1.1万平方米，校舍面积9951平方米。学校有教学班16个，学生600余人。学校有专任教师30人，教师学历合格率100%。2011年，文海实验学校副校长汪传富由开发区社发局派驻文博学校任校长。在开发区组织的中小学生“党在我心中”演讲比赛中，学校获中学组二等奖、小学组三等奖。

（张鹏飞）

·高中教育·

【杭州实验外国语学校（高中）】2011年，杭州实验外国语学校中学部有高中教学班13个，学生506名，专任教师33名。学校教师本科及以上学历达到

100%，中高级职称占70%左右，曾获得国家和省、市、区各类竞赛奖项与荣誉的老师占90%。学校先后被评为浙江省优秀民办学校、省优质特色教学民办学校、省一级民办学校、杭州市绿色学校、杭州市学生会工作先进单位、区平安校园、区文明单位；被中国教育学会、中国民办教育协会联合评定为全国语文教学十佳示范学校、杭州市平安示范校园；被中国民办教育协会评为全国优秀民办学校。学校开展国家级课题“校园文学活动与写作教学研究”的探索，创新写作教学，创办“春泥文学社”，开展校园文学活动，让学生主动开展文学实践是校园文化的建设特色。2011年，学校参加全国第四届“文心雕龙杯”现场写作大赛，获得特等奖1个，一等奖6个，被评为“全国写作教学示范学校”和“全国写作教学优秀团体”。

（张鹏飞）

【杭州第四中学（下沙校区）】杭州第四中学为浙江省一级重点中学，学校秉承“以人为本、以质为重、依法为准、以和为贵”的办学理念，努力彰显“人本养正，质量立校”的办学特色，坚持多角度、全方位的发展模式。2011年，杭州第四中学下沙校区拥有教学班39个，在校学生数1728人。在职在编教职工165人，其中特级教师3人、中学高级教师89人、研究生及以上学历19人。2011学年，学校高考本科升学率近100%，重点大学升学率（一本率）近50%。学科竞赛成绩获全国一等奖1人次、二等奖2人次、三等奖3人次；省一等奖5人次、省二等奖13人次、省三等奖10人次。作为杭州市艺术特色学校和体育特色学校，杭州第四中学田径队、篮球队、健美操队组队参加省、市中学生各项体育比赛获得优异成绩，获杭州市区高中学生田径运动会团体总分第3名。

杭州第四中学继续加强校际联系和交流，扩大学校品牌影响。全年接待瑞士卢加诺第一中学、日本爱媛县立松山南高等学校、中国香港东华三院冯黄凤亭中学等友好学校访问团3次、45人，组织学校师生赴瑞士、日本、美国、德国等进行交流考察活动。2011年，学校与美国、德国、日本的3个境外学校，以及中国香港的1所学校建立友好学校关系。

（曹彦文　蒋　雯）

·成人职业教育·

【职工素质教育概况】2011年，开发区职工素质教育工程教学基地成员院校由原来的6所增至7所，其中高教园区院校占5所。7所院校（机构）培训门类和优势科目进一步丰富，全年开设各类培训班133期（次），其中学历班30期、技能班103期（次）。全年新增受教育人数4393人（次），累计受教育人数达2.91万人（次），超额完成开发区党工委、管委会下达的全年培训指标。9月，开发区在杭州市首届“十大特色学习港”评选中，开发区“蓝领成才”职工素质教育工程位列“十佳”之一。5月和8月，开发区总工会组织素质教育工程教学成员院校，分别在物美广场、邻里社区和闻潮社区进行4场宣传及研讨活动。

【职工素质教育工程推进工作会议】4月8日，开发区召开职工素质教育工程推进工作会议。会议向新加入素质教育工程的浙江育英职业技术学院授牌，对2010年度职工素质教育工程先进集体、先进个人、优秀项目、十佳“知识型职工”、十佳“自强不息职

表37

2011年开发区“蓝领成才”职工素质教育工程成员院校

序号	院校名称	联系方式
1	浙江经济职业技术学院	电话：86928111　86928053
2	杭州职业技术学院	电话：56700098　56700102
3	杭州育樱外语专修学校	电话：86717303　85126994
4	杭州求知人才专修学校	电话：86722301
5	浙江理工大学成人教育学院	电话：88929603　88929607
6	杭州电子科技大学外国语学院	电话：86915086
7	浙江育英职业技术学院	电话：86877019

工”、优秀学员代表进行表彰。先进集体代表、十佳“知识型职工”和十佳“自强不息职工”代表作发言。会议回顾总结2010年素质教育工作，对2011年工作进行部署。

实施“蓝领成才”工程　　(郑体兵 摄)

【职工免费技能培训607人】8月24日，开发区2011年职工免费技能培训行政助理课程在开发区职工素质教育工程基地——杭州求知人才专修学校开课。区内40余个企业的近100名职工参加首门免费技能培训课程。2011年，开发区总工会设立60万元免费培训专项资金，推出行政助理、维修电工（中级）、化学分析工、日语（初级）、英语（初级）、数控工艺员和会计实务操作7门科目，免费培训职工607人。

【创新成教办班模式】2011年，职工素质教育工程教学基地各院校对于企业需求迫切且培训人员集中的项目，采取“送教上门”模式，帮助职工克服工学矛盾。杭州职业技术学院开展“服务企业、服务社区”系列活动，将培训送到区内企业、职工公寓；杭州育樱外语专修学校全年进社区开班6期，进企业开班14期，培训学员584人；杭州求知人才专修学校先后为杭州东芝家电技术电子有限公司、杭州顶益国际食品有限公司、LG电子（杭州）有限公司等几十个企业开设技能培训班34期，科目覆盖10余项紧缺工种，共培训职工1600余名。

【成人教育特色课程】开发区“蓝领成才”职工素质教育工程教学基地各院校按照“职工欢迎、企业所需”的办班方针，及时调整、拓宽培训内容，为区内企业和职工量身定制办班。杭州育樱外语专修学校根据区内高科技园区兴起的特点，对课程进行细分和调整，在原有商务日语、英语课程基础上增设软件日语、职业素养、职业管理等课程；杭州求知人才专修学校为企业开设商务礼仪、班组管理等定单式培训内容；浙江理工大学探索数控技能人才一体化培养模式、训练方法和评价体系，加强数控技能型紧缺人才的培训，实现受训人员学历证书与培训证书相结合。

（曹兴和）

医疗卫生

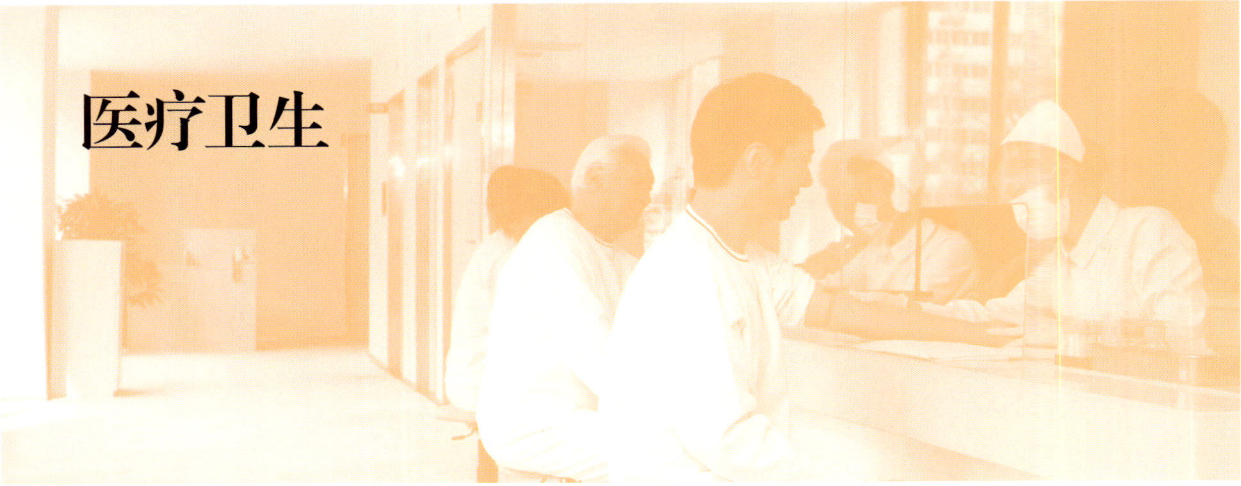

·医疗卫生综述·

【医疗机构和医护人员】2011年末，开发区有医疗机构66个。其中，综合性医院6个，社区卫生服务中心（站）17个，门诊部4个，诊所（医务室、卫生所）39个。疾病预防控制机构1个，卫生监督机构1个。医疗床位541张，卫生技术人员1067人，其中执业（助理）医师497人、注册护士388人。平均每1000人拥有医疗床位5.36张，拥有卫技人员10.58人、执业（助理）医师4.93人、注册护士3.85人。全年医疗机构诊疗总数75万人次，门（急）诊总数73万人次。居民门（急）诊诊疗年人均次数7.24次。

【基本药物制度全面实施】2011年，开发区社会发展局（简称区社发局）印发《关于做好社区卫生服务机构国家基本药物制度宣传工作的通知》《关于开发区实施国家基本药物制度的通知》等文件，推进国家基本药物制度全面实施。全年开发区执行国家基本药物307种，浙江省增补基本药物150种，开发区增补基本药物50种，共507种基本药物目录。基本药品全部实行“零差价”销售，全年药品让利200万元，社区卫生机构平均处方值比上年（指2010年，下同）下降20%。

【卫生基础设施建设加快】2011年，开发区加快两个社区卫生服务中心迁建工程。下沙街道社区卫生服务中心新大楼主体完成，进入装修阶段；白杨街道社区卫生服务中心新大楼年末开工。浙江省中医院下沙院区二期项目（浙江省中医院国家中医临床研究基地科研综合楼）主体工程建设继续推进。由浙江大学附属邵逸夫医院参与合作建设的杭州市下沙医院土建基本完成，设备安装和装修已同步进行，预计2012年7月投入使用。开发区在下沙街道社区卫生服务中心设立免费婚前医学检查中心，3月1日正式运行。11月，下沙街道社区卫生服务中心铭和服务站建成投用，社区卫生服务圈不断完善。

【基本医疗保障加强】开发区不断加强医疗保障，全年辖区职工基本医疗保险、城乡居民医疗保障参保率95.6%。做好城镇基本医疗保险补助经费发放，向632名征地“农转非”人员发放医疗保险补贴143.81万元。设立开发区医疗保险办公室，配备两名专职医保工作人员，于10月20日正式对外受理医保病历本换证、普通门诊医疗保障费用报销等8项基础业务，受到全区企业群众一致欢迎。

【卫生服务质量提升】2011年，区社发局启动实施“强院名医”工程，与浙江省中医院、浙江大学附属邵逸夫医院签订培训合作协议，开通远程教学系统，借助名院、名校资源开展医务人员素质培训600余人次。推进“三好一满意”（服务好、质量好、医德好、群众满意）活动，推行使用医疗质量安全事件信息报告系统，加强医疗质量控制和医疗服务监管，打击非法行医，医疗服务质量提升。与省中医院签订培训合作协议，推广中医适宜技术。

【居民健康保障加强】全年开发区实施公共卫生服

务项目12项，建立居民健康档案4万份。设置责任医师团队13个，负责全区居民基本医疗和健康管理。推进健康开发区建设，开展“健康生活进百万家庭”等宣传活动，创建市级健康单位10个；联合举办机关广播操比赛、太极拳培训班等活动。

【卫生信息化建设】开发区加快构建以居民电子健康档案为切入点的基层医疗卫生信息平台，全年建立规范化电子健康档案6万份，户籍居民建档率93%。加强社区卫生服务中心硬件设备建设，全年投入50余万元购置信息化设备。（徐艺珍）

·卫生管理·

【医疗质量管理】2011年，根据卫生部统一部署，区社发局在全区医疗卫生系统开展“服务好、质量好、医德好、群众满意”活动，就社区卫生服务中心开具大处方、抗生素使用、病历书写规范等情况每月进行专项检查，加强督导，促进规范诊疗。组织质控小组开展年终医疗机构质量检查，对医疗机构用药合理性、药品管理、院内感染等内容进行重点检查。全年进行处方点评1120张，其中不合格处方113张，对部分抗生素实行限量使用；对部分医疗机构存在用药不合理、病历书写不规范、对院内感染管理不够重视等问题进行现场指导并要求整改。

【医师执业管理】加强医疗机构准入和卫生技术人员准入管理，执行医师执业注册制度。全年区社发局完成执业医师注册及变更注册、颁证181人次，完成护士执业注册66人次。完成15个医疗机构变更，完成3个医疗机构设置审批。做好年度医师资格考试报名、资料审核、现场确认，全年受理考生报名45人，审核合格43人。

【医疗服务监管】区社发局做好医疗纠纷和信访接待工作，全年受理群众信访、电话投诉24件，均予妥善处理，有效缓解医患矛盾。打击非法行医活动，全年出动工作人员120余人次，打击非法游医20家次，收缴非法物品50余箱。

【医疗综合保障】区社发局在加强食品卫生、公共

下沙街道社区卫生服务中心门诊楼 （黄健员 摄）

卫生等领域的卫生监督执法的基础上，重点做好卫生综合保障工作。全年完成第八届全国残疾人运动会下沙赛区、开发区庆祝中国共产党成立90周年系列活动、中高考期间、区内建设工地消防安全应急演练等20余项重大活动中的医疗保障工作，未发生1起重大突发性公共卫生事件。

【打击景园小区非法行医活动】为整顿和规范开发区医疗卫生服务市场，打击非法胎儿性别鉴定，区社发局于9月2日牵头组织市卫生局卫生监督所开发区分所、区公安分局、白杨街道等部门开展联合执法行动。对景园小区范围内非法行医和非法胎儿性别鉴定场所采取突击行动，成功取缔长期隐藏在景园小区内开展非法行医、非法胎儿性别鉴定的窝点，没收非法胎儿性别鉴定用B超机1台，伪劣药品2车，医疗器械若干，公安部门对违法嫌疑人进行了传唤。

【东方医院急救点获技能比武团体一等奖】12月，由东方医院（浙江省中医院下沙院区）“120”急救点组成的急救团队获得“杭州市急救中心2011年度急

救技能大比武"团体一等奖，作为主力选手的邱士卫医生获得急救技能大比武个人一等奖。这次比赛的12支代表队分别来自杭州市急救中心在12个省、市医院外派的急救点，每支代表队由1名医生和2名辅助人员组成。比赛主要是检验急救团队在心搏骤停院前急救临床路径中的协调性和操作规范性，以急救医生和担架员为一个急救团队进行，现场使用SimMan（全功能模拟人）作为模拟系统，模拟心搏骤停患者经过急救团队救治，复苏成功并送院的全过程。参赛急救团队在模拟人身上根据模拟出的病征，结合自身医学知识，通过病情评估、体格检查、心肺复苏、气管插管、电除颤、急救输液、用药、心电监护等环节相互配合进行院前急救。（徐艺珍）

·社区卫生·

【下沙街道社区卫生服务】下沙街道社区卫生服务中心（开发区妇幼保健院）下设社区卫生服务站11个，服务人口10万人，服务面积63.7平方千米。中心工作人员110人，其中在编54人、聘用49人、乡村医生7人。2011年完成业务总收入4155万元。其中，财政补助收入792万元，上级补助收入72万元，药品收入2141万元，医疗收入805万元，体检收入326万元，药品收入占总收入65.4%。

全年中心孕产妇保健434人，举办育龄妇女保健讲座12场次，产后访视417人，0～6岁儿童管理数8127人。幼儿参加体检3600人次，育龄妇女普检3514人次。组织婚前医学检查，检查率56.4%。完成预防接种3万针次。建立户籍居民健康档案2.28万份，常住人口建档1.76万份。街道高血压病人2013例，检出率8.6%；糖尿病658例，检出率2.8%。开展健康教育讲座10场，受教育500余人次。举办义诊、咨询等活动7次，受益人群1500余人次。制作宣传展板10块，宣传画板4期，发放宣传手册10余种、2000册。发放健康教育处方8万张。2011年，下沙街道社区卫生服务中心获"杭州市健康单位"称号。（汤卫华）

【白杨街道社区卫生服务】白杨街道社区卫生服务中心下设社区卫生服务站4个，服务人口5.1万，服务面积41平方千米。中心有工作人员78人，医务人员61人，全科医生18人，社区护士18人。2011年，中心门诊人次逾10万人次，比上年增长27%。防疫主任胡静波在2011年"下沙新城·文明之星"评选活动中被评为"服务之星"。

全年中心孕产妇建卡915人，产后访视856人次，孕前检查210人，产前筛查976人。孕产妇系统管理率为93.16%。0～6岁以下儿童建卡管理2345人，新增婴幼儿建卡536人。幼儿体格检查1306人次。完成预防接种3.8万针次。建立户籍人口健康档案2.12万份。街道高血压病人227例，糖尿病76例，肿瘤19例；完成糖尿病档案72份，完成随访管理201人次。举办慢性病讲座55次，义诊21次。报告传染病19例，调查14例，访视96人次，处理疫点2个。开展讲座及义诊宣传70余次，发放宣传资料500余份、健康手册300余份，接受咨询600余人。（王群燕）

10月8日，白杨街道社区卫生服务中心开展全国高血压日宣传活动（徐艺珍 提供）

【妇幼保健服务提升】开发区积极落实杭州市优生优育"六免"（免费婚前医学检查、免费孕前优生检查、免费产前筛查、免费新生儿疾病筛查、孕产妇和0～36月儿童系统保健免费）服务，开展重大公共卫生妇幼项目。2011年农村妇女住院分娩补助168人，预防神经管缺陷增补叶酸228

人。开展免费孕前、孕产期保健服务，免费孕前优生优育检测420人次，免费孕产期保健服务2100人次，孕产期保健服务质量提高。加强婚前医学检查，在下沙街道社区卫生服务中心（开发区妇幼保健院）设置婚检点，全年婚检550人。

【精神卫生防治】结合重大公共卫生项目，区社发局对社区精神卫生加强考核、督察。2011年，全在册监护的各类精神障碍患者161名，监护率100%，未发现关锁精神病人，无精神病人肇事、肇祸情况，精神病人显好率和社会参与率均为80.7%。保障精神病类药物供应，在下沙街道社区卫生服务中心提供常用精神病药品目录，保证病人配药不出区。加强业务培训，组织社区干部、社区卫生服务机构相关工作人员、工疗站工作人员及专（兼）职精神卫生人员进行培训，培训50余人次。2月，下沙街道工疗站评为3级“仁爱家园”。（朱 静 殷俊杰）

【推进中医药进社区】2011年，区社发局与浙江省中医院下沙院区签订培训合作协议，培养中医药人才，在两个街道社区卫生服务中心和15个社区卫生服务站推广中药、针灸、推拿、火罐、敷帖、刮痧、熏洗、耳压等中医药适宜技术，发挥中医药服务在社区的作用，满足社区居民群众对中医药服务的需求。

【邵逸夫医院远程教学系统开通】8月10日，区社发局成功开通邵逸夫医院远程教育系统，并组织首次业务知识培训。邵逸夫医院远程教学系统的开通，标志着开发区社区卫生服务医务人员在家门口即可享受省级三甲医院专家的远程医学授课服务，为全区医务人员培训医学新知识提供便利。该远程继续教育平台能及时提供各临床专科最新的国内外医疗前沿知识，包括能够享受到美国罗玛琳达大学、美国梅奥诊所、澳大利亚皇家医院等国外专家的远程授课服务。

【医疗队伍建设和人才培养】2011年，区社发局开展下沙街道社区卫生服务中心班子民主推荐，完成对外公开招聘和内部民主推荐，面向全省招聘服务中心副主任1名。推进卫生人才再培训，全年开发区有3名医生参加浙江省基层复合型公共卫生骨干培训，1名医生参加全科骨干师资培训，2名医生参加浙江省城乡社区公共卫生人才培训。与东方医院（浙江省中医院下沙院区）、浙江大学附属邵逸夫医院签订培训合作协议，培养社区卫生优秀人才。加强医教科研，开展全科医生岗位、社区护士岗位、初级继续教育等规范化培训，医务人员素质培训全年累计800人次。（徐艺珍）

·爱国卫生·

【国家卫生城市复评通过】3月，开发区全面启动“国家卫生城市”复评迎检工作。成立由党工委副书记、管委会主任陈晨为组长的复评工作领导小组，同时设立开发区迎检指挥部及4个专项工作组，全区形成健全的组织网络体系和“统一指挥、分级负责、以块为主、条块结合、属地管理、社会监督、依法管理”的工作模式。复评期间，管委会主要领导到一线督查指导工作，相关责任部门（单位）服从迎检工作安排，主动为群众解难事、办好事，形成领导带头、部门联动、全民参与的工作局面。

为迎接国家卫生城市复评检查，开发区爱国卫生运动委员会办公室（简称区爱卫办）研究制订宣传计划，开展卫生教育和宣传活动，全年累计发放宣传海报2000余份，发送健康生活折页5万张，累计投入100余万元用于区容区貌整治。针对重难点问题，开发区迎检指挥部开展“三大整治”（城郊接合部整治、“八小”行业整治、农贸市场整治）、“三项提升”（提升建筑工地卫生状况、提升社区卫生状况和提升市民健康教育知识知晓率、健康生活方式形成率、基本技能掌握率）行动，成员单位组织实施并落实整改，专项整治成效明显。经努力，开发区顺利通过浙江省和全国爱卫会复查、国家卫生城市复评。

【健康开发区建设】2011年，开发区“建设健康开发区”工作领导小组办公室（简称区健康办）以“营造健康文化、发展健康产业”为主题，开展《浙江省爱国卫生促进条例》和《杭州市公共场所控烟条例》的宣传工作，推进健康单位、健康市场创建活动；利用网络和短信平台，开展重点疾病防治知识宣传与教育活动，以及“五个人人知晓”（人人知晓血压、人人知晓适宜运动、人人知晓健康知识、人人知晓健康行为、人人知晓急救技能）健康管理倡导行动。

开展健康进社区活动。8月，由区社发局、区文明办主办，白杨街道承办的“全民健身日”社区特色体育项目展示活动在城建文化馆广场举行。活动以“我参与、我健康、我快乐、我幸福”为主题，鼓励和引导群众参加体育锻炼，1000余名健身爱好者展示功夫扇、健身球操、排舞、儿童模特表演和太极拳等全民健身项目。区健康办联合区文明办、区总工会等部门举办健康机关大讲堂、委机关大众广播操比赛、重阳节登山比赛、开发区第二届篮球联赛等活动，展示开发区机关干部职工良好的精神风貌，倡导积极向上的健身理念。

【爱国卫生月活动】 4月，是全国第23个爱国卫生月。其间，区爱卫办会同两个街道、区建设局、区城管办、管委会办公室等部门集中开展环境卫生整治活动，设置宣传展板50块、宣传栏40处、黑板报40块、宣传横幅115条，制作宣传墙报500张，组织健康教育讲座8场，除“四害”（苍蝇、蚊子、老鼠、蟑螂）培训班13期，参与群众6000人次，发放宣传资料5万份。

【环卫清洁整治】 区爱卫办推进改水改厕工作，对绕城高速公路开发区路段沿线棚厕、露天粪缸等卫生状况进行踏勘，要求下沙、白杨两个街道按规定的时间和进程做好环卫整治。至年末，全区卫生厕所普及率100%。开展除“四害”活动，全年组织两次大型集中除“四害”活动；选择朗诗国际街区作为防蚊闸的试点安装小区，安装钢制防蚊闸[illegible]00余只，安装后蚊密度明显下降。

对农贸市场环境卫生开展整治。全年区爱卫办通过对农贸市场实施提升改造、开发区“最佳、最差”市场评比、职能部门联合检查、聘请义务监督员暗访等形式，推动农贸市场争优抢先，使市场卫生及秩序全面提升。对临时过渡期农贸市场和新建农贸市场加强改造，改变农贸市场“脏、乱、差”的旧貌，市民生活质量得到提高。

【卫生先进单位创建】 2011年，开发区高沙社区、浙江理工大学等6个单位（社区）被评为省级爱国卫生先进单位；星河幼儿园、白杨街道办事处等8个单位被评为市级爱国卫生先进单位。高沙农贸市场、浙江理工大学2个单位评为杭州市健康单位。杭州职业技术学院、浙江经贸职业技术学院、浙江经济职业技术学院、东芝信息机器（杭州）有限公司4个单位评为杭州市最清洁单位。

【公共场所控制吸烟】 2011年，区社发局在全区范围内继续开展《杭州市公共场所控烟条例》的宣传工作，深入宣传烟草对人体健康的危害，进一步强化辖区群众控烟意识。全年制作发放海报、条例手册、宣传册、控烟台历等1万份，张贴禁止吸烟、吸烟区（室）有关标识1.4万张，在中小学校、幼儿园、社区等场所悬挂《杭州市公共场所控烟条例》宣传海报50余幅。

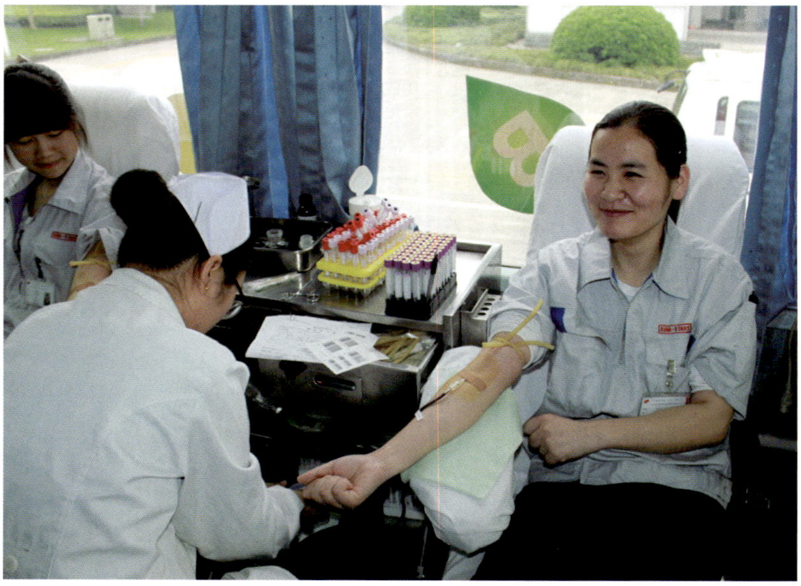

开发区企业职工参加无偿献血活动　　（徐艺珍　提供）

【首本健康教育区本教材出版】 为普及中小学生健康知识，2011年开发区启动“健康教育区本教材”编写工作，编辑形成开发区首本以健康教育为题材的区本教材——《满分健康手册》。该教材由文海实验学校综合教研团队按国家健康教育工作要求，分段进行编写，区社发局组织竞争性谈判，选定杭州六艺教育咨询公司进行改写、编辑，由文汇出版社出版。《满分健康手册》包括生长发育起点站、健康知识换乘站、疾病预防驿站、心理健康加油站、安全避险加速站、健康无终点6个部分内容，集系统性、知识性和趣味性于一体，图文并茂，明了实用。

【健康宣传教育】全年区健康办结合“世界无烟日”“控烟条例宣传”“世界艾滋病日”活动开展健康咨询，举办烟草危害、健康开发区培训、青春期健康、艾滋病防治宣传等健康讲座100余次，发放健康教育征订资料26批次，印发省市健康教育资料、健康生活报1万份，发放疾病防治宣传资料6万份，展出画板500余块。

【开展无偿献血】全年区社发局组织无偿献血活动4次，参加无偿献血活动264人次，献血总量7万余毫升，其中300毫升以上占35%。2月，杭州市召开2011年全市卫生工作会议，开发区被评为2009~2010年度杭州市无偿献血先进区、县（市）；开发区党工委组织部被评为杭州市无偿献血促进奖单位；杭州朝阳橡胶有限公司、浙江大安装饰件有限公司被评为杭州市无偿献血先进单位。12月，开发区召开全区卫生工作会议，开发区资产经营集团有限公司、杭州士兰集成电路有限公司、浙江理工大学等14个单位被评为开发区2011年度无偿献血工作先进单位。

（殷俊杰）

·卫生监督·

【卫生监督概况】杭州市卫生局卫生监督所开发区分所（简称卫监所开发区分所）负责开发区卫生法制宣传培训与卫生监督管理、卫生行政许可审核、经常性与预防性卫生监督、公共场所卫生突发事件、投诉举报和违反卫生法规行为查处等卫生监督工作，在开发区市民中心东1楼设立办事窗口，具体受理审批卫生许可事项。2011年，该分所受理卫生行政许可申请882个，注销248个。发放卫生许可证件846件，其中餐饮服务许可证613件、公共场所卫生许可证232件、放射诊疗许可证1件。完成工业建设项目职业预评价审查39项、施工图审查34项、职业防护设施设计审查2项、竣工验收14项。

2011年，卫监所开发区分所以全国文明城市创建、国家卫生城市复评、第八届全国残疾人运动会卫生保障为工作重点，对餐饮业、公共场所实行卫生监督量化分级管理。对学校、建筑工地、企业食堂、快餐配送单位、学校周边食品经营户、小旅馆、星级宾馆、浴室、美容美发行业、生活饮用水卫生、医疗机构、工业企业职业卫生、放射卫生等进行监督检查，保障辖区群众身体健康，全年未发生1起重大卫生安全事故。

【卫生许可到期延续提醒】1月起，卫监所开发区分所为方便申请人办理卫生许可证，推出便民新举措，对卫生许可证将过期的单位提前1个月发放延续提醒。全年向341个单位发放提醒，其中餐饮服务241个、公共场所100个。通过许可延续提醒，使单位业主或负责人在许可证有效期届满前申请卫生许可延续，做到合法经营。

【“双创”复评迎检】2011年，为迎接创建全国文明城市暨全国卫生城市（简称“双创”）复评工作，卫监所开发区分所成立工作领导小组，全力推动“双创”工作。“双创”期间，出动监督人员936人次，监督检

9月，卫监所开发区分所对第八届全国残疾人运动会食宿接待单位进行卫生评估

（潘　菁　提供）

查单位3437家次，其中大中型餐饮322家次、小型餐饮2625家次、学校食堂136家次、单位职工食堂及建筑工地食堂354家次；对184家小餐饮店发放临时餐饮服务许可证，其中小型餐馆71家、小吃店101家、饮品店12家。集中力量完成景园社区卫生整治，对其历史遗留问题进行妥善处理。

【残疾人运动会卫生安全保障】10月11～19日，第八届全国残疾人运动会轮椅篮球、聋人足球等5项比赛在开发区举行。为保障比赛期间卫生安全，卫生监督所开发区分所成立卫生监督保障工作领导小组，制订食品安全应急预案。开赛前，对杭州文汇大酒店、杭州凯恩大酒店、浙江金苑培训中心、浙江财经学院和杭州歌江维嘉酒店等食宿接待单位进行卫生监督评估，出具评估报告，对存在的食品或住宿安全隐患提出整改。接待单位赛前将整改措施落实到位。6月9～18日外围赛阶段和10月8～20日决赛阶段，卫生监督所开发区分所出动保障人员174人次，保障饮食231餐次，保障就餐人员2.83万人次。检测样品591件，其中食品316件、公共场所275件，经检测均为合格。

【食品添加剂专项整治】卫监所开发区分所对违法添加非食用物质和滥用食品添加剂开展专项整治行动，全年检查学校食堂58个、企业食堂124个、集体用餐配送单位9个、大中型餐饮单位96个、小型餐饮业263个。对食品添加剂使用单位进行备案登记，未经备案的食品添加剂使用单位必须向卫生监督所开发区分所申请备案，同时签订《杭州市餐饮单位食品安全承诺书》。全年未发现有餐饮经营单位违法添加非食用物质及超剂量超范围使用食品添加剂情况。

【餐饮业食品安全整治】为加强餐饮业食品安全整治，卫监所开发区分所在全区推行卫生监督信息公示制度，实施餐饮业“五常法”（常组织、常整顿、常清洁、常规范、常自律）管理体系，对夜排档加强卫生安全监管。此外，开展学校食堂、建筑工地食堂等单位专项监督检查，推进餐饮示范街创建。全年针对餐饮场所控烟专项监督、葡萄酒和白酒质量安全、“俏妹牌减肥胶囊”、火锅底料、“馒头”事件、米面制品、“金葵花牌脂平喜胶囊”“节节乐胶囊”、辣椒制品、地沟油等问题开展专项检查10余次，有效维护了开发区饮食安全。

【公共场所量化分级管理】卫监所开发区分所对公共场所实施量化分级管理。全区2个游泳场均为B级，1个星级宾馆（饭店）评为B级。普通旅馆285个，量化分级201个，84个因发证不到一年未量化分级，其中B级40个、C级161个。3个洗浴场所均为C级。美容院19个，已量化分级10个，均为C级。理发店227个，应量化分级109个，实际量化分级33个（113个因发证不到一年未量化分级），其中B级5个、C级28个。

【职业卫生管理】2011年，根据市卫生局《杭州市用人单位职业卫生监督分类管理指南》要求，卫监所开发区分所对已申报职业病危害项目的用人单位实施监督管理等级分类。全年对55个单位开展等级分类工作，填写《杭州市用人单位职业卫生管理量化分级评分表》和《杭州市职业卫生监督等级分类评定表》，建立用人单位监督分类管理的“一户一档”。

做好职业卫生台账管理，按规定建立职业健康监护档案。至年末，全区有130个用人单位建立规范的职业卫生台账，台账应用单位覆盖率94%。实施职业病危害信息收集，根据《浙江省职业病危害监控处置工作规范》有关规定，实施分类处理并建立档案，完成2011年度申报备案40个。

【职业病危害报告与监控处置】全年卫监所开发区分所收到136个用人单位职业健康检查报告，共计体检人次2.76万个。其中，上岗前体检人数1.39万人，查出职业禁忌症663人。确诊职业病的有2人，对所在单位进行现场监督检查，要求落实调离原岗位及职业病人享有职业病待遇等事宜。开展粉尘与高毒物品危害治理专项行动，出动203人次，检查单位92个次，责令整改单位32个，警告单位4个。

【放射卫生管理】全年开发区8个从事X射线影像诊断医疗机构均取得放射诊疗许可证。16台放射诊疗设备均进行放射防护性能检测，经检测基本符合国家卫生标准。8个放射诊疗机构均制订应急救援预案，落实放射质量控制与安全防护管理制度及放射防护责任制。15个放射工作场所均设置辐射警示标志及指示灯，按规定配备受检者的个人防护用品。6

个医疗机构尚未配备工作人员个人防护用品。年末，全区14名放射工作人员均取得工作证。放射工作人员定期进行在岗职业健康体检，完成率100%。12人接受放射防护与法律知识培训，14名放射工作人员均佩戴个人剂量计，定期开展剂量监测。

【医疗机构监督检查】全年卫监所开发区分所对60个持证医疗机构进行监督管理，对55个中小医疗机构实行量化分级管理。组织呼吸道门诊、肠道门诊等专科门诊检查，医疗废物监督检查、医疗广告监测、消毒产品生产企业监督等专项工作。协同公安、综治、工商、城管执法及街道、社区巡防等部门开展打击非法行医整治。累计出动监督执法人员57人次，取缔非法诊所16个，没收药品28箱、器械17件、物品52件。 （徐宁　潘菁）

·疾病防控·

【疾病防控概况】2011年，杭州市疾病预防控制中心下沙工作站（简称市疾控中心下沙站）组织开展各类业务知识培训15次，受训人数500余人次。检查指导基层单位200余家次，编发工作简报43期。开展健康教育，举办“‘3·24’结核病日”“‘4·25’预防接种日”“‘5·31’世界无烟日”“‘10·8’全国高血压日”及“‘12·1’世界艾滋病日”等宣传活动，发放宣传资料1.5万份。

【疾病监测】市疾控中心下沙站对手足口病开展监测，全年登记报告临床观察病例282例，临床诊断病例47例。检测手足口临床诊断病例大便样本30例，查出阳性18例。其中，EV71（肠道病毒71型）阳性3例，CoxA16阳性（“柯萨奇A16病毒”感染）11例，其他肠道病毒4例。

对流感开展监测。市疾控中心下沙站设立流感监测哨点，开展全区流感样病例监测工作。至年末，监测各类门诊病例19.95万例，其中流感样病例为601例，流感样病例就诊比率0.3%。

【传染病防治】全年开发区无甲类传染病报告。报告乙类传染病12种、775例，比上年上升17.6%。与上年相比，减少的病种为流行性出血热。肺结核、梅毒、淋病、病毒性肝炎和细菌性痢疾为发病例数前5位病种，占发病总量97%。报告HIV（人类免疫缺陷病毒）感染者7例，减少2例。报告丙类传染病5种、634例，上升10.1%。与2010年相比，减少病种为急性出血性结膜炎。

【免疫接种】全年开发区接种常规疫苗8.26万针次，其中一类、二类疫苗分别为5.8万针次和2.46万针次。10月24～30日，开展适龄儿童麻疹脊灰疫苗集中查漏初种，补种麻疹疫苗313人次，脊灰糖丸616人次。开展高校大学生麻疹类疫苗预防接种，全年接种麻腮或麻风疫苗4.91万人次。

针对新疆脊灰疫情，对自2011年7月1日起进出新疆的务工、经商、旅游、学习等人群进行摸底，筛查对象779人，未发现AFP（急性弛缓性麻痹）病例。开展脊灰疫苗服苗工作，服苗565人次。对全区医疗机构开展AFP搜索，未发现AFP漏报情况。

【儿童接种率调查】全年抽查开发区适龄流动儿童72名，其中建证的有72人，建卡的有69人。12月龄以上儿童62人，“五苗”（卡介苗、脊灰疫苗、百白破三联疫苗、麻疹疫苗和乙肝疫苗）全程接种60人，合

9月14日，市疾控中心下沙站工作人员在星河幼儿园进行消毒隔离监测
（李杰　提供）

格接种48人。“九苗”接种率卡介苗为97.7%（卡疤率95.8%），脊灰、百白破、乙肝全程接种率98.6%，麻疹疫苗98.5%，风疹疫苗93.8%，流脑疫苗98.6%，乙脑疫苗95.4%，甲肝疫苗93.9%。

抽查适龄常住儿童210名，建卡率、建证率均为100%。12月龄内完成“五苗”接种情况乙肝疫苗为100%（乙肝首针及时率98.1%），卡介苗100%，脊髓灰质炎疫苗100%，百白破疫苗100%，麻疹疫苗及时接种率97.6%。“五苗”全程接种率99.5%，合格接种率97.1%。麻腮风、甲肝、流脑、乙脑疫苗接种抽查适龄儿童172人，除甲肝疫苗接种率97.1%外，其余接种率为100%。

【结核病防治】全年开发区报告确诊结核病例397例，其中涂阳肺结核46例、涂阴肺结核270例、结核性胸膜炎36例、肺外结核45例。涂阳肺结核新发41例，复发5例；涂阴肺结核新发258例，复发12例。

结核病转诊与追踪。2010年12月1日至2011年11月30日，非定点医院网络直报住址为开发区的疑似肺结核病例431例、转诊391例、到位391例。转诊后主动到定点医院就诊316例，需追踪病例73例，追踪到位73例，其他到位2例。对2010年同期登记肺结核患者，进行治疗队列分析。涂阳病例登记50例，治愈48例。涂阴及未痰检病例登记271例，完成疗程267例，治疗失败2例，非结核死亡2例。肺结核登记病例321例，系统管理病例319例。

3月24日，市疾控中心下沙站开展世界结核病日防治宣传

（李 杰 提供）

【性病及艾滋病防治】全年开发区确证HIV感染者阳性告知率100%，随访管理率92.[illegible]%，结核病筛查率96%，CD4检测率96%，配偶告知率和检测率均为83.3%，抗病毒治疗覆盖率85.7%，艾滋病（获得性免疫缺陷综合症）患者完成病毒载量检测比100%。

2011年，设立开发区首个VCT（艾滋病自愿咨询检测）点，咨询检测17人次。开展高校大学生HIV抗体监测，监测样品837份，组织艾滋病健康问卷调查660人次。开展性病疫情监测，报告性传播疾病5种494例，比上年上升39.6%，其中淋病171例、梅毒172例、尖锐湿疣56例、生殖器疱疹14例、生殖道沙眼衣原体感染81例。

【消毒隔离和样品送检】全年市疾控中心下沙站对13个医疗机构进行消毒监测，监测样品102件，合格81件。对4个托幼机构进行预防消毒监测，监测样品61件，合格49件。做好样品送检，全年送检样品416件，合格389件。其中，委托检测样品236件，定期监测自来水管网末梢水121件，二次供水[illegible]5件。送检食物中毒样品24件，检出副溶血性弧菌8件，金黄色葡萄球菌1件。

【慢性病防治】全年开发区网络报告糖尿病128例，恶性肿瘤114例，心脑血管病94例。建立居民健康档案，全区录入档案6.45万份，健康档案覆盖率85.4%，规范建档率81.5%。实行慢性病随访管理，高血压、糖尿病、肿瘤管理率分别为100%、100%、8[illegible].5%，规范管理率分别为80.5%、91%、75.5%。

【疫情报告与处理】2011年，全区有网络直报医疗单位1[illegible]个、本级直报单位1个，无零报单位。全年报告传染病报告卡1493张，其中终审卡1383张、删除卡110张。报告及时率、审核及时率均为100%。全年无突发公共卫生事件报告。

全年预警疫情3[illegible]起，除1起风疹暴发疫情外，其他均为散发病例集中报告，排除集聚性发病。全年接到麻诊疑似病例11例，其中实验室确诊7例、排除4例，市疾控中心下沙站均按要求及时调查和处理，组织开展密切接触者应急接种338人次。调查处理流感疫情2起、手足口疫情2起、水痘疫3起及食源性疾病7起。

【霍乱防治】5月1日至10月31日，全区有6个医疗机构开设肠道门诊，诊治腹泻病人3531例。其中，初诊人数3327例，采便培养3298例。检出阳性结果28例，其中志贺氏菌13例、沙门氏菌15例。

按照《杭州市霍乱监测方案》有关要求，开展外环境霍乱弧菌监测，4~10月采集外环境水样7批次168件，市售水产品7批次70件，结果均为阴性。对食品、公共场所从业人员等重点人群开展霍乱检索工作，检测从业人员1.01万人次，均未检出霍乱弧菌。

【疾控应急保障】2011年杭州举办第八届全国残疾人运动会期间，开发区有5个宾馆（饭店）、3所高校体育场馆承担相应接待和比赛工作。为做好疾控保障，市疾控中心下沙站成立应急工作小组，落实人员和工作职责，开展各项疾病预防控制工作。赛前对宾馆和比赛场馆都进行沟通联系，现场指导疾控工作，发放疾病防控宣传资料。比赛期间，落实症状监测工作，及时统计上报相关数据，同时加强定点宾馆的水样监测。残疾人运动会期间，市疾控中心下沙站完成9000余人次的发热、腹泻、结膜红肿、黄疸、皮疹等症状监测，对1例水痘病例进行调查处置，全区未发生传染病疫情和突发公共卫生事件。（李　杰）

·药品监管·

【药品监管概况】杭州市食品药品监督管理局江干分局下沙监督站（简称下沙药监站）承担开发区药品、医疗器械生产经营企业及医疗机构药械质量安全监管职能，配有专职工作人员4名。2011年，下沙药监站以药械市场整治为重点，严厉打击制售假劣药品违法行为，出动执法人员200余人次，检查涉药械企业100余个次，一般程序药品案件立案2起，结案2起，罚没款金额1万元。处理简易程序案件7件，处理投诉举报9起。7起药品投诉内容主要是药师不在岗、不凭处方销售处方药、对药品质量有怀疑、无证经营药品等；处理2起医疗器械投诉，投诉办结满意率100%。监督抽样17批次，检查药品广告12条，发现违法广告1条。

【非药品冒充药品整治】2011年，下沙药监站根据国家食品药品监督管理局《关于进一步开展整治非药品冒充药品专项行动的通知》要求，对基层医疗卫生机构和民营医疗机构使用环节开展整治，对2个批次企业、20余个药店和7个医疗机构进行检查，责令下架药品40余批次，扣押、先行登记保存药品、非药品10批次，对经营单位责令整改5个次，行政警告3个次。

【医疗机构用药用械安全检查】为加强对药品质量监督检查，下沙药监站对社区卫生中心、卫生服务站基本药物和民营医疗机构中药材、中药饮片及药品广告出现频率较高的品种进行抽样，合格率100%。结合医疗机构“两房”（药房、药库）创建工作，对医疗机构药房进行督查及医疗器械检查，通过对10余个社区卫生服务中心、卫生站、民营医院、门诊部检查，促进医疗机构药品、医疗器械管理水平提高，“两房”建设更加规范。

【中药饮片无硫化治理】针对中药材使用量逐年递增情况，2011年下沙药监站根据市食品药品监督管理局《关于进一步深化杭州市中药饮片无硫化专项治理的工作方案》要求，开展中药饮片无硫化专项治理。组织相关单位签署中药饮片行业承诺书50余份，加强企业自律。全年完成中药饮片抽样10批次，符合要求10批，合格率100%。

【疑似“塑化剂”药品检查】4月，台湾“塑化剂”事件发生后，下沙药监站在全区及时开展疑似添加“塑化剂”药品检查。6月16日，安排人员对1个药品生产企业生产的药品（漱口水）进行就地封存、抽样；18日，对10个医疗机构、2个药品生产企业进行检查，未发现有使用、经营葛兰素史克公司生产的阿莫西林克拉维酸钾干混悬剂。通过信息平台、短信群发等形式，及时向药品经营使用单位发出警示信息，全区未发现有疑似添加“塑化剂”药品。

▶▶资料："塑化剂"事件

2011年4月，中国台湾地区卫生部门抽验食品时，发现一款"净元益生菌"检测色谱中出现异样波纹。经实验和比对，该异样波纹为超标物质一种有毒的化工业用塑料软化剂，属无色、无味液体，俗称塑化剂。该物质添加后可让微粒分子散布更均匀，能增加延展性、弹性及柔软度，常作为沙发、汽车座椅、橡胶管、化妆品及玩具的原料。经调查发现，塑化剂是被添加在起云剂（一种乳化剂，主要用来防止运动饮料或食品沉淀、增加口感，主要成分为棕榈油和软化剂）中，不法商贩为节约成本，用塑化剂替代棕榈油。经台湾卫生部门追查发现，"含毒"起云剂来自台湾最大起云剂供货商——昱伸香料有限公司，它是台湾177个企业的原料和食品添加剂供应商。

【药品源头监管】全年下沙药监站完成对3个药品生产企业和1个药品研发机构共6个品种研制现场的检查或生产现场检查，对1个药品生产企业1个品种过渡期药品生产进行现场检查，对1个药品生产企业1个品种6个规格的产品申报补充申请进行现场检查，对检查产品进行注册抽样34个批次。

加强对生产环境使用特殊药品的监管，对5个次咖啡因使用企业进行监督检查，对2个购买盐酸氯胺酮、盐酸曲马多、盐酸可卡因的企业进行许可检查。加强GMP（优良制造标准）延期认证，完成对2个药品生产企业申请GMP证书延期的现场检查，1个企业经过国家检查组新版GMP验收。组织企业参加竞赛和技能比武，浙江康莱特药业有限公司和浙江杭康药业有限公司获2011年度杭州市"华东医药杯"微生物限度检查技能比武优胜奖。

【药品流通监管】下沙药监站加强药品流通监管，全年完成药品零售企业的单体药店新开办及变更9个，连锁药店新开办及变更10个，药店换证检查1个。受理GSP（药品经营质量管理规范）认证和复认证资料10个，药品批发企业日常检查4个次，零售连锁总部日常检查3个次。完成39个单体药店药品信息化管理系统的安装和培训。开展"创文明城市、做诚信药店"活动，召开药品零售企业诚信药店创建工作会议，结合日常监管加大巡查，杜绝辖区药店不诚信行为。

【医疗器械生产企业检查】全年下沙药监站完成医疗器械生产企业新开办、换证及变更检查2个次，组织日常监督检查16个次，医疗器械经营企业审批检查22个次。检查植入介入类医疗器械企业30余个次、隐形眼镜及护理液经营企业10个次。辖区内医疗器械经营企业基本按照法规自律有序经营，企业档案不断完善。

【药械安全知识宣传】1月和9月，下沙药监站联合中国计量学院光电学院两次在该校开展药品知识宣传活动，以药品安全宣传知识展板、宣传手册、用药及常见疾病咨询、药品知识有奖问答、旧药回收等形式展开，在该校还设立废药回收站点。12月，与下沙街道上沙社区开展药品安全社区结对共建活动，向社区发放《中药材鉴别》《保健食品知识》《食品安全扑克》等500余册。每周两次以短信群发形式发布药品安全知识，全年累计发布4000频次，宣传效果明显。

（章国莉）

·文化体育综述·

【学习贯彻中共十七届六中全会精神】10月31日，开发区党工委召开理论中心组学习会，学习贯彻中国共产党十七届六中全会审议通过的《关于深化文化体制改革推动社会主义文化大发展大繁荣若干重大问题的决定》。管委会各部门就推进开发区文化发展的认识、思路、举措进行交流发言，认为开发区要学习好、领会好、把握好全会精神，把加强文化建设作为增强发展的软实力、实现可持续发展、提升区域发展水平的重要支撑。会议强调，学习贯彻十七届六中全会精神，推动文化建设和发展，开发区要重点抓好弘扬社会主义核心价值观、打造区域特色文化、推进文化产业发展、强化宣传思想工作等4个方面工作。

10月31日，开发区党工委召开理论中心组学习会，学习贯彻中国共产党十七届六中全会精神 （黄健员 摄）

【“十二五”文体发展规划编制完成】2011年，为推动开发区文化与体育事业大发展大繁荣，提升下沙新城文化软实力，开发区社会发展局（简称区社发局）委托省委党校社会学文化教研部编制完成《开发区“十二五”文化与体育事业发展规划》。该规划通过分析开发区文化与体育事业发展有利条件和不利因素，提出“十二五”期间文化与体育事业发展的总体要求、主要任务及保障措施，就开发区“十二五”期间区级文化和体育、街道文化、街道社区体育等设施项目提出具体规划。

【基层文化活动点创建】全年区社发局成功创建湾南社区、云水社区2个市级“文化示范社区”，新建湾南社区、铭和社区、景园社区、海天社区、多蓝水岸社区5个杭州市公共图书馆“一证通”基层服务点，组织配送文艺演出和电影到社区、学校、工地等基层服务点221场次。至2011年末，全区累计建立乡镇（街道）、社区（村）“一证通”工程基层服务点7个，整个服务体系年服务量逾10万人次。

4月2日，开发区召开文化市场管理工作会议　　（黄健员　摄）

【文体活动亮点纷呈】2011年，开发区结合“庆祝中国共产党成立90周年”和全国文明城市创建活动，成功举办“迎建党九十周年，绘新城华彩篇章”为主题的开发区2011年元宵灯会、“锦绣下沙”全省开发区庆祝中国共产党成立90周年红歌会、第八届大学生艺术节等大型活动。落实《全民健身条例》，举办开发区第二届篮球联赛和特色体育项目展示活动。根据群众需求，开展文化电影进社区、大众广播操、太极拳等系列文体活动。加强体育传统项目学校及特色学校建设，普及推广中小学生跆拳道，开展校园足球活动，全区文体活动亮点纷呈。

·文体场馆建设·

【科技文化交流中心工程筹建】2011年，开发区科技文化交流中心进入项目前期筹备阶段。该中心选址于开发区中心区块，由A、B两个基地以及一个B基地的备选基地组成。A基地设计建设科技展览馆、青少年活动中心、公共图书馆、购书中心、会议中心、文化广场以及配套商业设施，B基地设计建设1400座位的剧场、500座位的多功能厅以及配套商业设施。中心设计方案确定由AAML（艾许利·孟德建筑设计事务所）、保罗·安德鲁巴黎建筑设计事务所和中联设计有限公司提供的3个设计方案选出，整个工程预计“十二五”期末建成投用。

【群众文化艺术中心动工】12月，开发区群众文化艺术中心（开发区文化馆）动工建设。该中心位于下沙路以北、七格北路以西、新华河以东，由开发区资产经营集团有限公司承建。项目总投资3亿元，占地面积0.8公顷，总建筑面积5.13万平方米。地上24层，建筑面积3.56万平方米，其中文化馆馆舍面积5000平方米；地下3层，建筑面积1.57万平方米。机动车位356个，非机动车位465个；室外活动场地面积2000平方米。

【两个街道文化站建成投用】10月，白杨街道文化站投入使用。该文化站建在邻里社区15幢1楼、3楼及西面室外健身点，占地面积0.14公顷，建筑面积1800平方米。设有图书报刊阅览室、电子阅览室、教育培训教室、综合展示室、体育健身室、多功能活动厅、休闲文化广场等“五室一厅一广场”，具备综合文化站7项基本功能。

12月，下沙街道综合文化站建成投用。该文化站位于海达南路555号，具体场所为下沙街道文化中心1~2楼，建筑面积4800平方米，实用面积2000多平方米。文化站承担公共文化服务、指导社区文化工作、协助管理文化市场等职能，与群艺馆、青少年活动中心功能整合使用，具备综合活动、图书阅览、综合培训、数字化文化服务、广播宣传、展览展示、体育健身等基本功能。　（徐　璟）

·文化市场管理·

【文化经营审批】全年杭州市文化市场行政执法总队经济技术开发区大队（简称区文化执法大队）受理文化市场各类事项274件。其中，日常审批76件，出版物经营单位年检75件，打字复印经营单位年检69件，网吧换证48件，歌舞娱乐场所换证3件，游艺娱乐场所换证2件，文艺表演团体换证1件。日常审批76件中，网吧审批15件、书店审批32件、音像制品审批2件、娱乐场所审批5件、打字复印店审批22件。送达各类证照、文书271件。至2011年末，全区有网吧48

评对象及其所在部门的工作，总体上表示满意和给予肯定，并分别就医疗、教育、财政、规划、治安等方面工作提出意见和建议35条。

【机关满意不满意单位评选】12月，开发区2011年满意单位不满意单位评选结果揭晓。经评选，党工委管委会办公室、公安分局、质量技术监督分局、国税分局4个单位被评为满意单位；人事劳动社会保障局、经济发展局、总工会、行政执法大队、工商分局、消防大队、出入境检验检疫局开发区办事处、地税分局8个单位被评为先进单位；其余16个受评选单位均被评为达标单位。评选活动在委机关和进区直属管理服务机构、企业、学校、街道、社区、建设施工和监理单位、驻地军（警）、人大代表和政协委员、效能与行风监督员、居民和外来务工者等多个层面开展。共发放评选票649张，收回646张，回收率99.53%。评选共收到社会各界提出的意见建议126条。

【开展"优环境促发展"推进年活动】2011年，开发区纪工委、监察局组织开展"优环境促发展"活动，印发《杭州经济技术开发区"优环境促发展"工作评价办法（试行）》；组织开展基层站所（服务窗口）规范化建设活动，对全区14个基层站所（服务窗口）的规范化建设开展集中检查。下沙街道社会治安综合治理工作中心被评为第三轮杭州市"人民满意基层站所（服务窗口）"。

3月2日，开发区纠风办召开2010年度"满意基层站所（服务窗口）"表彰大会。白杨街道综合服务中心、白杨街道社会治安综合治理中心、出入境办证大厅、下沙街道社会治安综合治理工作中心4家单位获开发区"满意基层站所（服务窗口）"称号。

【参与市《民情热线》节目】10月26~27日，由开发区党工委书记盛成皿带队，组织参加杭州市政府纠风办、考评办、效能办共同主办的杭州电视台《民情热线》节目，解答群众关于杭州经济技术开发区经济、社会、城市建设等方面的问题7个，反馈问题的处理结果7个。

【纪检监察队伍建设】2011年，开发区纪工委、监察局对区内有关纪检组织的人员做出调整。6月23日，设立杭州经济技术开发区经济发展局纪检组。9月20日，调整下沙街道、白杨街道纪工委委员，增补经发局、社发局、城建中心纪检组成员。5月27日，开发区纪工委、监察局组织开展纪检监察和建设系统的干部培训，邀请市纪委监察局执法室主任作"政府投资工程项目建设单位内控管理"的培训，为全面贯彻执行《杭州市政府投资工程项目建设单位内控管理办法》奠定基础。

【"勤政廉政好公仆"评选】1月，杭州市委、杭州市政府下发文件表彰市"勤政廉政十佳公仆"和"勤政廉政好公仆"。开发区财政局局长左小元被授予杭州市"勤政廉政好公仆"称号。杭州市"勤政廉政好公仆"评选活动历时9个月，评选出杭州市各条战线上涌现出的勤政廉政先进典型，是全市公务员队伍中的杰出代表，是杭州老百姓心中的优秀"公仆"。

【公安分局获市优秀教案三等奖】5月，在杭州市纪委组织开展的岗位廉政教育优秀教案评选活动中，开发区公安分局编写的《公职人员岗位廉政教育案例汇编》获"岗位廉政教育优秀教案"三等奖，并在全市通报表彰。该次评选共有全市74个部门和单位的100册教案参加。市纪委邀请有关专家、领导组成评审小组，严格对照评比标准和规定要求，对教案进行审定。共评出一等奖1个、二等奖3个、三等奖6个、优秀奖22个。（李英芬 鲍斌寅）

·政务办公·

【对外宣传力度加大】2011年，开发区完成中国共产党成立90周年晚会等10余项重大活动的宣传保障，做好破解用工难、第八届全国残疾人运动会、文明城市创建等热点的主题宣传报道工作。平面媒体外宣方面，完成《杭州日报》版面34期、《每日商报》版面28期；完成《杭州日报》环境品质化、创先争优、"十二五"规划等主题整版报道14版次，《每日商报》展会专版2次；在《杭州通讯》《杭州人大》《浙江经济》等杂志上刊发4篇次；完成《中国经济时报》《消费日报》《浙江日报》《国际商报》等报刊整版宣传11次。电视媒体外宣方面，与杭州电视台综合生活频道合作播出《美丽东部湾》栏目53期；与浙江传媒学院、华数频道合作《下沙资讯》栏目，举办各部门信息联络员工作交流会，建立栏目通讯员队伍和选题报送机制，至年末，共完成46期节目的播出。在网络外宣方面，探索建立“杭州经济技术开发区管委会”官方微博。广告外宣方面，投放杭州萧山机场候机厅广告、沪杭高速公路户外高架广告、开发区内公交候车亭、部分围墙围挡和热力桁架广告，包括中国共产党成立90周年、“我爱下沙”大型活动、文明城市创建等内容。

【对内宣传有序推进】截至2011年末，开发区宣传部门完成《开发区简报》87期、完成《下沙新城》杂志12期；开发区各类活动摄像193批次，摄影202批次。完成《杭州年鉴》《中国商务年鉴》《浙江商务年鉴》《中国出口加工区年鉴》等专著中涉及杭州经济技术开发区篇章的撰稿任务。做好信息工作，在6月初杭州市委、市政府召开的全市党务系统年度工作会议上，开发区获2010年度全市党委系统信息工作二等奖，为历年最好成绩。完成位于城建文化馆的开发区展示中心项目的招投标和前期准备工作，梳理了布展所需图片和文字资料。

【“一中心四平台”建设】9月1日，开发区召开宣传工作座谈会，开发区党工委书记盛成皿、副书记俞建国等领导出席会议。开发区委办、人劳局、财政局、建设局、经发局、规划分局、社发局、综治办、公安分局、下沙街道、白杨街道、前进园区指挥部、高教办等部门负责人参加会议。委办作为宣传工作的主管部门，汇报宣传工作的基本情况，分析存在的不足和问题，提出工作思路和建议。人劳局、社发局等部门分别就各自具体开展的宣传工作进行交流，对宣传工作提出意见和建议。会议提出要加大构建自有宣传平台的建设，创新思路，探索“一中心四平台”建设，即成立新闻媒体中心，办好开发区的电视台、报纸、杂志和网站四个平台。根据会议要求，开发区管委会办公室对“一中心四平台”建设进行了前期的考察探索。

【“我爱下沙”大型主题宣传活动】10月23日，开发区举行“我爱下沙”集体婚礼，婚礼分“车队迎亲”“情定东湾”“爱满下沙”“盛世华典”4个篇章进行。该次集体婚礼由开发区管委会主办，管委会办公室、开发区总工会（团工委）、下沙街道、白杨街道承办，区内知名企业和商家给予活动大力支持。活动免费赠送爱情大礼包，由区内众泰汽车杭州生产基地提供“一对一”的婚车服务，在下沙创业、工作、生活的66对新婚、珍珠婚、银婚爱侣们积极响应并踊跃参与。“我爱下沙”大型主题活动还包括杭州市“品牌办”举办的生活品质体验点活动，开发区浙江育英职业技术学院空乘体验等3个点入选，房产“金沙湖板块”被推荐为舒适生活年度区块。（陶　青）

【普法教育全面开展】2011年，开发区以领导干部、公务员为重点对象，开展公务员网上学法考试和机关干部法律测评活动；实施中小学生、社区居民、外来务工人员“五个一”（一名法律顾问、一个法律明白人、一个法制宣传栏、一个法律图书角、一本普法杂志）工程建设，全年共建设法律宣传栏48个，采购法律书籍7060本，订阅《法制日报》等报纸28份，发放法律书签16万份，《法律基础知识宣传手册》2万册，建立多功能文化活动站1所；组织社区律师参加“12·4”法制宣传日活动，集中开展法律宣传咨询活动；围绕打造“和谐下沙”“文化下沙”目标，开展普法文艺作品有奖征集活动，组织辖区群众创作、传唱法治文艺作品，推动开发区法治文化的发展和繁荣。

【民主法治社区创建】开发区推进民主法治社区创建工作，全年新创市级民主法治社区1个，省级民主法治社区1个。推进“律师进社区”工作，全年提供法律咨询2424次，集中开展法律宣传活动6次；召开各种座谈会7次，参与调处矛盾纠纷584件，调处成功率97.7%；上门走访家庭500余户，为社区提供法律问题咨询384余件，起草各类法律文书117件。

【开展依法行政工作】至2011年末，开发区管委会办公室政策法规科开展规范性文件行政强制主体专项清理，共清理建区以来制订、颁布的行政规范性文件185件。经审定继续有效的168件，确定废止的7件，宣布失效的2件，需要修改的6件；做好规范性文件合法性审查，全年共审查各类合同（协议）、法律文书、规范性文件12件；反馈市法制办、市人大法工委法规、规章草案征求意见稿8件。

全年评查6个部门（单位）共计128份连号案

14所高校策划、组织的校园文化活动，分为“伟大实践，铸就辉煌”“峥嵘岁月，光辉历程”“理论旗帜，指引方向”“与时俱进，继往开来”4个篇章，涉及大学生思想政治教育、科技创新、社会实践、校园文化建设、素质拓展等多个方面。由杭州下沙高教园区管委会、杭州经济技术开发区管委会主办的大学生文化艺术节，每年5月开场，12月结束。（韩　鹏）

【职工文化活动丰富多彩】区总工会重视职工文化建设，全年组织开展多场文化活动。2月，举办开发区元宵灯会大型广场晚会。5月，举行“爱在下沙·情定怡乐园”第四届相亲联谊活动，位于4号大街和5号大街交会处的怡乐园被确定为开发区爱情主题公园。6月，承办杭州经济技术开发区、杭州下沙高教园区庆祝中国共产党成立90周年大型晚会。6月和10月，开发区职工艺术团分别走进东部国际商务中心施工现场和前进工业园区，进行慰问演出。11月，邀请专家面向工会干部举办国际形势讲座，全区300余名工会干部听取讲座。以创建“新杭州人文化家园”活动为载体，加强基层工会文化阵地建设，2011年浙江三花汽车零部件有限公司和浙江广聚人力资源开发有限公司被评为市级“新杭州人文化家园”，4个基层工会职工图书室被评为省、市级“职工书屋”。（曹兴和）

【“月舞钱塘·共未来”中秋酒会】9月8日，一年一度的开发区投资企业协会中秋联谊酒会在沿江湿地公园举行。酒会以“月舞钱塘·共未来”为主题，开发区党工委书记、投资企业协会荣誉会长盛成皿致辞。现场安排多个表演节目，有中国传统特色的变脸喷火表演、开发区企业选送的歌舞《千手观音》表演，省歌舞剧院的独唱、合唱，以及中国魔术最高奖文华奖得主蒋亚平的魔术表演等。酒会由开发区管委会、开发区投资企业协会共同主办，蓝创（杭州）广告有限公司协办。

（下沙新城网）

【首届集体婚礼】10月23日，开发区举办“我爱下沙·保利江湾系”集体婚礼，66对参加婚礼的新人在沿江大道接受亲友的祝福。上午9时，66辆婚车开到保利东湾活动现场，新郎挽着新娘的手走向幸福桥，在桥上伴着音乐共跳一支圆舞曲，现场举行放飞气球等趣味游戏活动。下午，婚车队伍进行巡游，最后在城建文化馆广场举行正式婚礼庆典。参加婚礼的66对新人从在开发区暂住或居住的179对报名者中筛选出来，他们中有开发区企业高层管理者，也有一线员工，有一位是第八届全国残疾人运动会选手。婚礼由开发区管委会办公室主办、下沙网（易沙网络科技有限公司）承办，开发区总工会（团工委）、下沙街道、白杨街道协办，是在开发区举办的首届集体婚礼。

【《建党伟业》首映仪式】6月15日，开发区在杭州华元电影大世界举行主题为“追忆革命岁月，传承红色文化”的《建党伟业》首映仪式。首映活动由开发区机关党委、管委会办公室、区社发局主办，杭州华元电影大世界承办。首映仪式后，杭州华元电影大世界与开发区机关党委、下沙网（杭州易沙网络科技有限公司）合作开展《建党伟业》影评征文活动。观众、网友在下沙网专栏发布影评，由网友投票评选，奖项设一等奖1名，奖金1000元；二等奖2名，奖金500元；三等奖5名，奖金300元。

（下沙网）

开发区职工艺术团走进工地慰问巡演　（黄健员　摄）

·体育·

【实施体育民生工程】区社发局加快实施体育民生工程，在人员密集地、外来人口聚集地增建健身活动点。同时，为弥补区本级综合性健身活动场馆不足，加大高校体育设施对外开放力度。全年开发区投入社区健身点专项保险资金4.2万元，全民健身工程维修配套补助资金4万元，向对外开放体育设施的学校发放补助经费5万元。（祝水军）

【参与竞技体育赛事】区社发局在全区组队参与各类体育赛事。2011年文海自行车队在第七届全国城市运动会上获得金牌1枚、银牌1枚、铜牌2枚；组队参加全省开发区篮球联赛获得银奖；在杭州市社区运动会上获二等奖1项。坚持体育与教育相结合，推进“一校一品”建设，普及推广中小学生跆拳道，文海中学阳光体育俱乐部成功创建为省级阳光体育后备人才基地。

【开发区第二届篮球联赛】10月22日至11月13日，区社发局举办第二届篮球联赛。整个联赛在开发区浙江理工大学体育馆、中国计量学院体育馆、怡得乐电子（杭州）有限公司篮球场、浙江诺倍威生物技术有限公司篮球场4个场地同时进行，全区23支队伍参加比赛。经过67场比赛，区消防大队获得冠军，区公安分局、白杨街道分别获得亚军、季军。2个体育道德风尚奖代表队、2名优秀裁判员、1名优秀教练员受到表彰。该届联赛由区社发局主办，开发区篮球协会承办，浙江理工大学体育教研室、中国计量学院体育军事部和杭州三谊大酒店协办。（徐璟）

【第四届职工运动会】5月21日，由区总工会主办的开发区第四届职工运动会在杭州电子科技大学体育场开幕，由150个企事业单位4000余名干部职工组成的75个单位方阵参加开幕入场仪式。该届职工运动会以“快乐工作、健康生活”为主题，举行广播操、乒乓球、羽毛球、足球、趣味运动会、沿江大道接力跑6大项20个小项比赛，6项赛事总参与单位385个次，参与职工逾1万人次。11月，运动会闭幕。开发区职工运动会于2005年开始，每两年举办一次。（曹兴和）

【全国残疾人运动会在开发区设分赛场】10月11~19日，由中国残疾人联合会和国家体育总局主办，浙江省人民政府承办的第八届全国残疾人运动会在浙江举行，主会场设在杭州市，开发区作为其中一个分赛场，有64场轮椅篮球、45场盲人足球、18场聋人足球和马拉松比赛，分别在下沙高教园区的浙江财经学院西田径场、浙江工商大学第一田径场、杭州电子科技大学体育馆举行。全国残疾人运动会每4年举办一次，2011年浙江省承办的第八届残疾人运动会共设田径、游泳、举重、乒乓球、射击、射箭、象棋、盲人门球、篮球、坐式排球、足球等18个大项，来自全国各省市区和新疆生产建设兵团的36个代表团参加，参赛运动员近5000名。

开发区第二届篮球联赛比赛现场（徐璟 摄）

【文海自行车队获得佳绩】10月16日，第七届全国城市运动会在江西南昌开幕。由区社发局和杭州市体育局联办的文海自行车队代表杭州市出征10月17~19日在苏州高新区举办的场地自行车比赛中，取得1金1银2铜的好成绩。自行车项目作为全国城市运动的比赛大项，吸引了香港、澳门、天津、南京、连云港、杭州、济南、哈尔滨等26个城市（区）代表队225名运动员参赛。文海自行车队派出11名运动员角逐项目，马进获得女子场地个人争先赛冠军，李媛获季军；罗泳佳、王天琪、侯亚科获得男子场地团体竞速赛亚军；骆一婷、李媛获得女子场地团体竞速赛季军。文海自行车队于2008年成立，落户开发区文海实验学校。（黎洪正）

7月1日，开发区在市民中心广场举行机关广播体操比赛

（黄健员 摄）

【管委会机关广播操比赛】7月1日，由开发区管委会机关党委、区健康办联合主办的开发区机关广播体操比赛在开发区市民中心广场举行，12支由委机关部门组成的代表队、200名运动员报名参赛。经过紧张角逐，区社发局代表队获得广播体操比赛一等奖，区建设局、区城建中心代表队获得二等奖，管委会办公室、区经发局、前进工业园区指挥部、区城管行政执法大队4支代表队获得三等奖。

（陶　青）

【体育培训指导】2011年，区社发局组织开展太极拳、排舞等培训活动，普及和推广适宜群众开展的体育项目，群众业余文化生活得到丰富。按照体育先进社区工作要求，区社发局对社区指导站工作加强指导和支持，帮助指导站建立健全规章制度。对指导站工作人员加强培训，全年培训三级社会体育指导员60人。

【体育活动规范管理】区社发局对全区体育经营活动加强规范引导，开展夏季游泳场馆开放管理和督查。围绕安全生产责任落实和“安全生产月”活动，开展体育市场安全生产检查。组织全区游泳场馆业主开展安全培训，对场馆工作人员特别是救生员加强安全教育，增强安全意识，确保参与体育健身群众的生命安全。（祝水军）

开发区城建文化馆　　（区社发局 供稿）

民生民政

·劳动就业·

【劳动就业概况】2011年，开发区人事劳动保障局（简称开发区人劳局）深入开展“双创”（创建充分就业开发区和创业型开发区）工作，落实市、区两级促进就业专项资金2200余万元；组织开展稳定就业社保补贴申报工作，累计发放资金685万元；加大就业困难群体帮扶力度，依托街道劳动保障站和社区劳动保障室，开展就业援助月活动；启动小额担保贷款工作，受理小额担保贷款业务14笔，发放11笔，放贷金额115万元；开发区高技能人才培训中心与区内企业、高校合作办培训班45期，为310个企业培训各类员工9300人；组织辖区失业人员、失土农民977人参加各类技能提升培训，促进区内企业开展用工培训，累计培训1876名外来务工人员。截至年末，全区新增就业岗位15.22万个，城镇新增就业人数7473人，失业人员实现再就业1682人，辖区内无“零就业家庭”。开发区所辖两个街道均达到杭州市充分就业街道创建标准，24个社区达到杭州市充分就业社区创建标准，创建成功率100%。

【破解企业阶段性“招工难”】2011年，为应对开发区企业“招工难”问题，开发区人劳局制订并全面实施6个专项行动，向区内企业输送人力资源3万余人，缓解区内企业的用工之急。出台《开发区重点企业用工动态监测方案》，将160个规模以上重点企业纳入监控范围，建立一支158人的动态监测联络员队伍，形成动态监测、用工预警、信息联络等长效工作机制；举办各类专场招聘会79场，组织单位863个次，推出岗位3万余个，达成意向人数近1万人；依托区人力资源市场举办系列招聘会72场，组织单位514个次，推出岗位1.7万个，达成意向1800余人；组织6次赴陕西、湖南、建德的招聘会，参会开发区企业64个，推出岗位5500个，达成意向3500人。

（黎似玖）

12月9日，开发区召开2011年和谐人事劳动关系先进单位和先进个人表彰大会　（糜利萍　摄）

【就业和社险窗口获市级表彰】2月，开发区就业和社会保险服务窗口被评为杭州市劳动保障系统“2008~2010年度优质服务窗口单位”。开发区人劳局对外服务窗口秉承“以人为本，服务民生”的宗旨，落实“公正、便民、廉洁、高效”的要求，积极开展优质服务窗口创建活动，在规范服务行为、改进工作作风、创新服务方式、改善服务环境、深化便民利民措施等方面做了一系列工作。截至2011年末，人劳局劳动保障系统对外服务窗口增加到10个，其中社会保险服务窗口5个、就业服务窗口3个、医疗保险窗口2个。

【充分就业工作取得明显成效】2月，经杭州市创建充分就业城市领导小组办公室综合评估，开发区下沙街道和白杨街道被评为杭州市充分就业街道，智格社区、闻潮社区等20个社区被评为杭州市充分就业社区。其中，松合社区和景园社区被认定为市级充分就业示范社区；景园社区被认定为省级充分就业示范社区。

12月9日，杭州市创建充分就业城市领导小组第4考核组验收开发区充分就业区创建工作，考核组认为开发区充分就业创建工作好的经验和做法值得在全市推广，开发区达到充分就业区标准。

【组团参加杭州市春季人才交流会】2月19日，开发区组织西门子（杭州）高压开关有限公司、东芝信息机器（杭州）有限公司、杭州松下家用电器有限公司等50余个企业，打出“东部人才港”品牌，参加杭州市2011年春季人才交流会。参会企业推出涉及外贸翻译、机械设计、工程管理、财务管理、企业管理、市场营销、产品设计、财务会计、软硬件开发等60余个专业的800余个岗位，共接待各类招聘人员5000人次，初步达成意向的有600余人。

【赴建德开展校企对接活动】3月4日，开发区人劳局组织区内12个企业赴建德市开展现场招聘和校企对接活动。区内企业推出500余个工作岗位，吸引建德市6所职业技术院校的1200余名应届生应聘求职，其中有320人与企业达成初步就业意向。在校企对接活动中，杭州九阳小家电有限公司、怡得乐电子（杭州）有限公司等企业与建德市工业技校、建德市育英职业学校、乾潭职业高级中学等6所学校进行洽谈，当场达成输送人力资源530人的合作意向。

【举办春、秋季大型招聘会】3月10日和10月20日，开发区人劳局和下沙街道、白杨街道联合举办2011年度“岗位进社区，服务到家门”春季、秋季大型招聘会。开发区内杭州松下电化住宅设备机器（杭州）有限公司、杭州中粮包装有限公司等世界500强企业和杭州加多宝饮料有限公司、杭州九阳小家电有限公司、浙江顾家家具集团有限公司等国内知名企业共285个，为辖区内城镇失业人员、就业困难人员、应届大中专毕业生和前来求职的外来务工人员提供1.35万个就业岗位。招聘会现场还专门设置政策咨询、培训报名和劳动维权专区，为求职者提供就业培训、创业贷款、劳动维权等一条龙服务。招聘会吸引1.23万名求职者，当场达成就业意向4318人。

【创业项目展示会】5月5日，开发区在杭州职业技术学院体育馆举办2011年创业项目展示会，会上推出30余个创业项目，涉及餐饮、服装、玩具、礼品等多个行业，项目均经过杭州市创业项目专家团评审，特别

3月10日，开发区举行“岗位到家门、服务到社区”春季大型招聘会
（黄健员 摄）

适合小额投资型的人员初次创业。如久九有缘珠宝饰品、小豆现磨豆浆吧等投资少、见效快、市场前景好，启动资金基本上在数万元的项目，受到失业人员和大学生的欢迎。下沙、白杨两街道部分失业人员、被征地农民和在校大学生共300余人参加项目展示活动。其中200余人通过开展项目洽谈和咨询活动，寻找创业途径和符合自身条件的创业项目，有55人达成初步意向。

【首届网上创业培训班结业】6月，由开发区人事劳动社会保障局、江干区劳动和社会保障局、建德市劳动和社会保障局联合举办为期一个月的首届网上创业培训班结业，有36名建德当地失业人员、农村劳动力和建德生源的高校毕业生参加培训。通过培训，学员中有近30人在网上建立自己的店铺，有3人进行了网上交易，近20人明确表示今后将开展网上创业。开发区、江干区和建德市三地劳动保障部门还将在场地、货源等方面为网上创业者提供后续跟踪服务与帮助。

【用工招聘六大专项行动】5月31日，开发区人劳局以“解决‘用工荒’‘招工难’长效机制研究”课题，作为开发区2011年度创新创优克难攻坚项目上报杭州市考评办。2010年以来，面对区内部分企业阶段性“招工难”问题，开发区主动应对，按照“积极稳岗，加强外引，促进回流”的工作思路，深化服务，以人力资源输入（培训）基地建设为突破口，全面开展“搭建平台、百场招聘”“扩建基地、招才引智”“校企合作、用工对接”“技能培训、稳岗就业”“改优环境、规范用工”“动态监测、优化服务”六大专项行动，建立并完善长效工作机制。2010年以来，累计为区内企业输送各类人力资源8.65万人，其中开发区建立的覆盖全国9个省份的24家人力资源输入（培训）基地输送了1.29万人；培养和引进了一批适合开发区产业发展的技能人才和操作工人。

【举办大学生创业大赛】4月27日，开发区大学生创业训练营暨创业大赛决赛在浙江传媒学院举行。开发区党工委副书记俞建国等领导出席活动。该次大赛历时4个月，分为项目初选、训练营训练、初赛、复赛、决赛5个阶段，吸引区内11所高校46个创业团队参加。进入决赛的6个创业项目涉及不同领域，“个人影像定制”项目获金奖，“蔬菜智能盒”“多容器分装”2个项目获银奖。来自开发区各高校的大学生和大创企业代表300余人到场观看。

【人力资源服务会成立】12月28日，开发区在城建文化馆举行人力资源服务协会成立大会。开发区人劳局、社会发展局、浙江锦阳人力资源有限公司、宏讯电子（杭州）有限公司等50余个成员单位参加会议。人力资源服务协会是联系政府与企业的桥梁，对加强开发区人力资源工作领域的交流合作、信息互通、探讨研究、行业自律和社会服务都具有重要意义。

12月28日，开发区人力资源服务协会成立　（黄健员 摄）

【“服务企业、服务社区”系列活动】4月7日，开发区在杭州职业技术学院报告厅举行“服务企业、服务社区”系列活动启动仪式暨联合培养技能人才签约仪式。开发区人劳局，高技能人才培训中心领导小组成员单位相关领导、重点企业代表、高校就业处负责人、街道和社区负责人，以及劳动保障站（室）工作人员共500余人参加大会。

启动仪式上，杭州职业技术学院与头格社区、高教社区和杭州九阳小家电有限公司等8个单位签订合作协议，杭州顶益食品有限公司就企业员工技能培训和技能人才培养作了发言。

10月26日，开发区社区工作者登山比赛在玉皇山举办（区社发局 供稿）

【“一人一户管理服务系统”升级】为进一步强化劳动保障工作平台的就业服务和就业援助功能，完善失业登记、就业培训、岗位推荐、信息反馈、动态跟踪等公共就业服务机制，为劳动者提供“一站式”“一条龙”的便捷就业服务，开发区人劳局与委办信息中心对开发区“一人一户管理服务系统”进行了升级改造。“一人一户系统”升级改造后，街道和社区劳动保障工作人员能够清晰了解和掌握每户家庭人员的基本情况，更加有效地对就业、社保、医保等情况实施动态管理。

【稳定就业社会保险补贴申报审核】根据市劳动和社会保障局、市人事局、市财政局《关于延长扩大失业保险基金支出范围试点政策的实施意见》，开发区人劳局组织区内企业开展2010年度杭州市稳定就业社会保险补贴的申报工作。申报中，人劳局对审核流程和标准作进一步规范，首次将领取一次性生活补助金的农民工纳入审核范围，在符合基本申报条件的基础上，对企业员工流动性较大，没有起到稳定就业作用的企业不予审核通过。至10月申报结束，共受理申报企业106个，初审通过企业84个，惠及职工2.95万人，补贴金额685万余元。（丛 囡）

·民政事务·

【防灾减灾】2011年，开发区完成23个社区灾害信息员的培训和鉴定工作。下沙街道七格社区被评为“全国综合减灾示范社区”。投入资金4万余元，进一步完善救灾物资储备库的建设。

8月6日，第9号超强台风“梅花”到达浙江海域，开发区紧急启动抗台防汛转移人员安置预案，完成转移安置人员1402人，自行组织安置1.6万人。

【社区工作者节】开发区举办第二届社区工作者节活动。10月18日，在城建文化馆举办“我的价值观”社工节演讲比赛；10月26日，在玉皇山举办“社工登山比赛”；11月9日，邀请杭州电子科技大学外国语学院院长陈许为社区工作者作《美国的社区管理及对我们的启示》专题讲座。

【福利企业扶持】2011年，开发区贯彻落实市委《关于进一步促进杭州市社会福利企业发展的若干意见》精神，为杭州振兴磁电有限公司等福利企业发放补贴资金37万元，其中超比例安置杭州户籍残疾人奖励8.4万元、杭州户籍残疾人社会保险费用补贴2.5万元，进一步促进开发区福利企业稳定健康发展。

【养老服务体系】2011年，开发区民政部门及下沙街道成立养老服务（指导）中心，老年人口较多的10个社区成立居家养老服务站，负责养老服务事业的指导、推进和日常管理工作。全年新增机构床位数33张，完成老年食堂建设2个。出台《杭州经济技术开发区居家养老服务工作实施意见（试行）》，首批106位老年人享受政府购买的居家养老服务。

【帮扶救助】2011年，开发区民政部门为23户低保家庭发放低保金18.38万元；为36名残疾人基本生活保障对象发放生活保障金22.4万元，各类物价补贴7.07

万元；为2975名征地农转非享受生活补贴人员发放补贴金725万元。

【地名普查和管理】11月，开发区全国第二次地名普查工作任务圆满完成。普查工作涉及十大类地名699条，地名标志3671条，标准化处理地名14条，拍摄多媒体照片699张。全年开发区完成35条道路、34条河渠、102座桥梁的命名。

【社会组织年检年审】7月，开发区社发局完成社会组织年检年审工作，应参加年检的民办非企业单位23个，社会团体13个。实际参检的民办非企业单位18个，社会团体12个。经过审定，25个合格。至2011年末，开发区有社会组织50个，其中2011年新增9个。包括社会团体17个，民办非企业单位33个。社会团体中，社会服务类5个，文化类2个，工商业服务业7个，宗教类1个，其他类2个。民办非企业单位中，教育类31个，体育类2个。全年社区社会组织备案173个，其中服务类92个、文体类56个、事务类25个。（何李纲　严　萍）

·人口计生·

【人口和计划生育概况】2011年，开发区认真贯彻落实《中共中央国务院关于全面加强人口和计划生育工作统筹解决人口问题的决定》精神，坚持把人口发展纳入国民经济和社会发展的总体规划，实施人口与发展综合决策，统筹安排。年初，召开全区计划生育国土资源环境保护工作会议，管委会与各街道和相关部门签订了目标管理责任书。2011年，全面完成了市政府下达的年度人口计生工作目标任务，全年出生人口974人，计划生育率为99.28%。

【计划生育服务全覆盖】开发区计生部门开展计划生育咨询、随访、查孕、查环、查病服务，组织开展优生“两免”工作，全区婚前医学检查率60%，孕前优生检测率66.88%。关注母亲健康素质，为3471名育龄妇女提供生殖健康体检。3月1日，开发区在下沙街道社区卫生服务中心正式成立免费婚前医学检查中心。

【强化计生利益导向工作】开发区认真落实计划生育优先优惠政策，全年共兑现人口计生利益导向政策资金24.13万元，其中计生服务员平安保险费1.2万元，独生子女家庭平安保险费17.48万元，放弃二孩奖励、奖扶、特扶、计生公益金3.02万元，城镇失业、灵活就业人员独生子女父母奖励费0.55万元。

【深化新型生育文化建设】开发区精心组织开展计生主题宣传活动，开展“5·29”会员活动日、“7·11”世界人口日活动。在流动人口集中的工地、社区、企业、集贸市场开展计划生育政策宣传。深入推进优生、优育、优教工作，深化人口文化进校园活动，组织开展人口文化节、人口文化沙龙等活动。

【夯实计划生育基层基础】开发区计生部门推进人口计生信息化建设，全员人口信息采集工作成效显著。共采集全员人口信息8.6万条，采集率90%。基本建成全员人员信息管理系统。组织全区计生干部，赴南京人口学院进行为期3天的培训。

【计划生育依法行政】开发区构建人口计生权力阳光运行机制，2011年共受理再生育审批125件，特批2件，办结率100%。依法规范征收社会抚养费，全年征收53.1万元。严格实行计划生育“一票否决”制度，全年共审核15批、61个单位和22名个人，其中否决单位1个。

【流动人口计生服务】开发区出台《推进流动人口计划生育基本公共服务均等化工作实施意见的通知》，免费为流动已婚育龄妇女提供人流、引产、结扎、放取环、查病、查孕、查环等基本项目的计生技术服务；免费发放避孕药具、计生宣传手册、服务卡，提供优生优育、生殖保健培训和咨询、办证等服务。对符合条件的外来人口孕产妇实行定点平价住院分娩，并提供700元分娩救助金。开展流动人口全员信息统计工作，圆满完成一年两次的国家流动人口动态监测工作。（钱　瑞）

·慈善救助·

【慈善救助概况】2011年，开发区慈善总会积极开展善款募集工作，坚持以服务区内企业困难职工、居民困难群众和在校困难学生为重点，开展慈善“助学助困”活动，取得良好的社会效应。至年末，慈善总会总收入234.49万元。其中，日常捐款收入150万元，春风行动捐款收入59.48万元，爱心箱捐款收入0.79万元，云南地震捐款收入1.71万元，其他捐款收入22.04万元，利息收入0.47万元。全年总支出243.01万元。其中，助学助困支出130.71万元，单位、个人捐款定向支出61.28万元，日常救助支出27万元，春风行动慰问支出1.32万元，上缴舟曲泥石流捐款19.31万元，上缴市慈善总会云南地震捐款1.71万元，宣传行政经费支出1.68万元。

1月7日，开发区召开第六次“助学助困”慈善救助大会　（黄健员 摄）

开发区慈善总会积极探索慈善文化与企业文化、校园文化、社会文化和传统慈善道德观的有机结合，采取上门走访、座谈调研等方式宣传慈善理念。全年共发放第二届会员代表大会会刊1000余份、慈善通讯1225份。积极与企业合作，开展企业专项捐助工作，完成杭州玫琳凯有限公司、浙江顾家工艺沙发制造有限公司、杭州丝绸之府实业有限公司、艾博生物医药(杭州)有限公司、杭州富尔顿实业有限公司等企业的专项救助项目，计61.28万元。落实困难群体救助政策，充分履行“春风行动”办公室职能，牵头做好节日慰问和送温暖、送爱心活动。

9月，开发区慈善总会理事会以通讯会的形式讨论通过《杭州经济技术开发区慈善总会慈善冠名基金管理办法》，为设立慈善专项基金提供政策依据。

【第6次“助学助困”慈善救助】1月7日，开发区第6次“助学助困”慈善救助大会在城建文化馆举行。开发区党工委书记、管委会主任盛成皿，党工委副书记、慈善总会会长俞建国出席大会。会议宣读《杭州经济技术开发区关于开展第6次“助学助困”慈善救助活动的决定》。救助金发放仪式上，受助企业职工和学生代表分别作发言。第6次“助学助困”慈善活动共救助困难群众和贫困学生623人，发放救助金135万元。

【春节慰问困难家庭和优抚对象】1月19日起，开发区党工委、管委会领导带队走访慰问困难群众和优抚对象。春节前慰问活动主要涉及区内持杭州市困难家庭救助证的低保和困难家庭20户、54人，区社发局审定的区级扩面困难家庭4户、13人，重点优抚对象29人，现役军人家属28户，企业退休后移交社会管理的复员退伍军人38人，共计发放一次性困难救助金、慰问金和慰问品29.55万元。各街道、社区也开展春节走访慰问活动。

【“甘霖教育基金”成立】9月7日，开发区慈善总会举行“甘霖教育基金”成立仪式，慈善总会常务理事以上成员参加仪式。开发区慈善总会与甘霖基金负责人邹峻在仪式上签署首期投入50万元的捐款协议书，并为甘霖基金授牌。基金发起人黄振铭发表捐赠感言。开发区慈善总会“甘霖教育基金”由原IFF全球香原料运作顾问J·Stephen Huang（黄振铭）发起成立，是慈善助学助教的专项基金，主要用于资助贫困学生完成教育，资助在贫困地区从事教育工作或支教的低收入老师、志愿者，以及改善贫困地区的教育设施和教育条件。基金的成立，将为开发区和全国因贫失学的青少年学生带来福音。

【援助河南困难学生189名】12月8日，开发区慈善总会“甘霖教育基金”第一个援助项目在河南省卢氏县第一高级中学正式启动。第一期救助款发放仪式上，“甘霖教育基金”向189名贫困学生发放助学款

18.7万元，该基金将继续资助该批学生下一学期学费，全年合计发放援助款37.4万元。作为国家级贫困县，卢氏县第一高级中学有140个班，学生6000余名，近1/3的学生存在不同程度的困难，此次救助的189名学生为该校生活较困难而成绩、品德优秀的学生。

【开展淳安鸠坑小学结对助学】11月，开发区慈善总会与开发区城乡结对学校淳安县鸠坑小学开展结对助学帮困系列活动。活动包括组织开发区优秀老师到结对学校开展示范教学、开设名师讲坛等，还为困难学生送去资助金和书籍近2万元，通过活动创新助学形式，丰富助学内容。（洪 煜）

·社会保障·

【社会保障概况】2011年，开发区净增职工基本养老保险参保人数15030人，净增工伤保险参保15334人；净增生育保险参保14488人。城乡居民养老保险参保率达到90%以上。全区征地农转非劳动年龄段以内人员城镇职工医疗保险参保率95.6%。

全年开发区劳动监察大队和劳动争议仲裁院注重构筑和谐劳动关系，开展劳动保障工作。至年末，大队处理群众举报、投诉案件500余件，接待来电来访4350人次，对1960个用人单位实施主动监察；对3000余个用人单位进行劳动保障书面审查，组织各类专项检查11次；对105个用人单位批准特殊工时制度；受理工伤认定申请601件。开发区劳动争议仲裁院全年受理劳动争议仲裁案件150起。

【企退人员社会化管理满意率全市第一】开发区企业退休人员社会化管理服务以人民群众满意为目标，积极探索“一站式”“一条龙”的服务模式，使企退人员共享经济和社会发展的成果，提高晚年生活质量。3月，杭州市劳动保障部门对全市3万名企退人员开展了明信片和电话调查，在有关自管小组、社区活动、健康体检、住院慰问、服务态度等7项内容的调查评选中，开发区企退人员社会化管理服务工作的总体满意率居全市第一。

【开发区农民工双“百佳”】3月29日，在浙江省农民工工作联系会议上，表彰全省“百佳”关爱农民工先进单位和“百佳”农民工，开发区数源科技股份有限公司和浙江锦阳人力资源有限公司被评为全省“百佳”关爱农民工先进单位，杭华油墨化学有限公司王敦才被评为全省“百佳”农民工。

【劳动保障政策业务培训】5月19～21日，开发区人劳局在浙江育英职业技术学院举办为期3天的企事业单位人力资源管理人员劳动保障政策业务知识培训班，150余个企业的194名人事劳资干部参加培训。培训内容主要为劳动工资、医疗保险、养老保险、就业再就业新政、网上办事和企业员工培训等9个方面的专业知识，并就企业人力资源工作中存在的问题与学员进行探讨交流。

【完成居民养老保障参保信息登记】6月1日至8月31日，开发区人劳局做好全区城乡居民养老保障参保情况登记工作，建立登记信息数据库，从而全面、动态地反映开发区城乡居民参加养老保障的情况，推进城乡居民养老保障从制度全覆盖向人员全覆盖转变。

【劳动者权益保护暨社会保险法宣传周】7月4～8日，开发区举办“劳动者权益保护暨社会保险法宣传周”活动。开发区人劳局联合下沙街道和白杨街道，在街道、社区等公共场所发放宣传资料，张贴宣传海报，并采取上门服务方式，向宣传对象发放宣传手册。宣传周期间，活动接待现场咨询群众1085人次，发布宣传报道20余篇，设置专题宣传栏43块，悬挂标语横幅20条，发放各类宣传资料1400余册。

【整顿人力资源市场专项行动】根据省劳动保障厅等3个部门《关于开展清理整顿人力资源市场秩序春雷专项行动的通知》的统一部署，开发区劳动监察大队于2月21日至3月31日展开清理整顿人力资源市场秩序专项行动。专项行动的重点是开发区工商企业密集区、流动人口聚居地、职业中介机构聚集地和自发形成的人力资源交易场所，检查职业中介机构、用人单位遵守就业管理有关法律法规的情况。检查共取缔非法职介100余个次，对13名无证无照从事非法职介的个人进行了处罚。

【指导企业规范用工】2011年，开发区劳动监察大队监察企业1960余个次，送法到企业160余次，检查用人单位规章制度210余次。发现单位存在轻微违法行为，统一开具劳动保障监察建议书，对用人单位的劳动用工行为予以指导帮助。在日常巡查的同时，劳动监察大队严格按照省、市劳动部门要求，主动开展各类专项检查活动，对区内企业用工起到良好的监督作用。

【社保专项检查】7月1日至8月12日，根据浙江省人力资源和社会保障厅《关于开展用人单位遵守劳动用工和社会保险法律法规情况专项检查以及"春苗"行动的通知》，开发区劳动监察大队在全区范围内开展单位遵守劳动用工和社会保险法律法规的专项检查以及"春苗"专项行动。行动共检查用人单位120余个，涉及劳动者1.1万余名。

【6个企业获评市和谐劳动关系示范企业】11月，杭州市在全市范围内评选表彰80个市级和谐劳动关系示范企业。经推荐申报，开发区杭州中粮包装有限公司、松下电化住宅设备机器（杭州）有限公司、杭州士兰集成电路有限公司、安费诺飞凤通信部品（杭州）有限公司、杭州爱知工程车辆有限公司、浙江三花汽车零部件有限公司6个企业入选。（周璐璐）

·残疾人保障·

【残疾人保障概况】至2011年末，杭州经济技术开发区有持证残疾人635人。其中，听力言语残疾62人、视力残疾49人、肢体残疾378人、智力残疾54人、精神残疾77人、多重残疾15人，分别占残疾人总数的9.8%、7.7%、59.5%、8.5%、12.1%、2.4%。全年新增持证残疾人78人。

6月，开发区出台《提升残疾人生活品质推进残疾人事业发展的实施细则》，开发区残疾人联合会（简称开发区残联）对开发区残疾人扶持政策进行提标扩面，进一步扩大开发区残疾人救助范围，加大救助力度。以"发展残疾人事业，构建和谐下沙，代表服务管理，稳定和谐发展"为指导思想，促进开发区残疾人生活更自强、更幸福、更有尊严，社会更关爱，扎实推进全区残疾人事业健康发展。

【基本生活保障提标扩面】开发区落实残疾人单独施保政策，全区列入杭州市低保困难残疾人家庭共22户，其中，低保家庭21户(城镇16户，农村5户)、市困难家庭1户。列入残疾人基本生活保障工程进行单独施保的残疾人有35名。全年共发放残疾人基本生活保障金22.42万元。

【重度残疾人保障】2011年，开发区对41名重度残疾人实施居家安养、1名残疾人实施集中托养补助。对残疾人集中托养和日间照料范围继续扩大，对集中托养人员政策放宽至三、四级；对日间照料人员政策放宽至二级。根据重度残疾等级及家庭状况的不同给予差别化的区级补助。按照《提升残疾人生活品质推进残疾人事业发展的实施细则》，将3名重度残疾人家庭纳入区级集中托养救助圈。

▶▶资料：差别化区级补助标准

补助对象一般为日常饮食起居必须要有专人护理，需要托（安）养机构给予全日制照料的残疾人（不宜集中托养的除外）。人均年收入在低保标准150%以内的一、二级重度残疾人家庭，残疾人被纳入集中托养的，每年给予托养机构1.2万元补助；其他一、二级重度残疾人家庭，每年给予托养机构5000~6000元补助；人均年收入在低保标准150%以内的三、四级残疾人家庭，残疾人被纳入集中托养的，每年给予托养机构6000元补助，其他三、四级残疾人家庭每年给予托养机构4000元补助。

【残疾人扶贫助困】全区纳入2011年度第11次春风行动的农村残困户3户，发放救助资金9900元；元旦、春节慰问低保困难家庭每户1500元，一般家庭每户300元，对573名残疾人发放慰问金24.25万元；对628名残疾人发放高温补助资金12.56万元；对59户持双证残疾人发放中秋慰问金1.77万元；"六一"儿童节前夕，给杭州聋人学校送去5000元节日慰问金；对33名常年卧床不起生活不能自理的重度残疾人给予生活护理补贴，共发放护理补贴费9.84万元；对4名重度精神病人给予1.25万元的住院治疗及自费医疗费的医疗救助。

根据开发区《提升残疾人生活品质推进残疾人事业发展的实施细则》文件，对全区31户"一户多残”残疾人家庭实施每年2000元的救助，全年发放9.9万元的生活救助金。为辖区内48位视力一、二、三级残疾人和肢体二级以上残疾人办理免费乘车证，对15位残疾车车主发放2011年度燃油费补贴和维修费补贴合计3720元，为残疾车车主减轻经济压力。

【残疾学生和残疾人家庭子女助学】3月，开发区残联开展残疾学生实名制调查，掌握学龄前、学龄（6~14周岁）和在校残疾儿童少年基本情况。经调查，全区能接受义务教育的学龄残疾儿童少年就学率100%。10月，对24名残疾学生及困难残疾人家庭子女实施就学补助，发放补助金2.64万元。为方便聋人学校的学生上下学，协调公交公司开通公交特约线，解决聋人学生“出行难”问题。

【残疾人就业创业】11月，开发区残联开展劳动年龄段残疾人就业实名制调查。全区就业年龄段内的残疾人有347人。其中，无劳动能力、无就业意向的有73人；已就业残疾人256人。2011年新增就业37人（含区级小康·阳光庇护中心辅助就业人员20人），其中按比例就业11人、公益性岗位3人、个体户1人、灵活就业2人。登记在册未就业18人，残疾人就业率为93.4%。

为激励残疾人个体创业，全年对1名残疾人个体户发放8000元的开办费扶持，对7名种养殖户给予3.03万元专项补助。开展就业需求调查，根据残疾人个人学习能力和各学科社会需求情况，帮助4名残疾人确定培训项目，17名残疾人参加职业技能培训，11名残疾人参加杭州市“云客服”居家就业项目的初筛和后期培训工作，3名残疾人参加职教中心组织的职业技能培训。

【残疾人康复工作】开发区实行“助视、助听、助行”为重点的康复工程。全年免费为2名白内障患者做复明手术，为5名听力残疾人验配助听器，为2名肢体残疾人免费安装假肢，为4名视力残疾人验配助视器。通过残疾儿童信息监测工作，共监测并筛查出智障儿童1例、脑瘫儿童1例、孤独症儿童1例。根据筛查结果，及时指导家长，协助他们转介到专业康复机构进行训练，并将他们全部纳入到贫困残疾儿童抢救性康复工程，给予每人每年1万元的康复经费补助，全年有7名儿童纳入抢救性康复项目。推进残疾人社区康复服务站建设。全年在已有11个社区康复站的基础上，新建2个社区康复服务站（铭和社区康复服务站和多蓝水岸社区康复服务站），1个市级示范康复站（松合社区康复服务站）。

5月23~24日，开展“百场万人康复知识进社区”活动，在开发区城建中心和下沙工疗站举行两场康复专题讲座，深入宣传致残疾病的预防及治疗知识，普及残疾人康复工作常识。200余名残疾人和残疾人家属参加培训。10月26日，开展2011年度盲人定向行走培训，培训老师对盲人学习定向行走进行一对一的指导，帮助盲人走出家门，参与社会生活，提高生活质量。

6月12日，开发区举办首届残疾人趣味运动会　　（黄健员 摄）

【残疾人节日宣传】6月，为迎接第八届全国残疾人运动会倒计时100天，开发区残联开展系列主题活动。组织《浙江省残疾人保障条例》知识竞赛，全面宣传残疾人相关政策，收到答题卷793份。6月，举办开发区残疾人趣味运动会。

5月20日是第21次“全国助残日”，开发区残疾人联合会开展“三进”活动，即残疾人图书进社区，把文化带到家门口；无障碍电影进社区，让视力残疾人享受电影的乐趣；残疾人政策进社区，发放各种法律法规单行本500余册，宣传资料1000余份，及时向社会和残疾人宣传政策和法律法规。

5月，举办残疾人文化艺术周。为把残疾人文化体育工作落实到社区，发挥各社区残疾人协会自我管理、自我教育、自我发展的作用，开发区残联按照每个残疾人100元的标准给予社区活动经费补助。各个社区活动主题鲜明、形式多样，真正体现“平等、参与、共享”的社会文明理念。

12月3日是第20个“国际残疾人日”，开发区残联组织辖区内的盲人赴杭州图书馆“观看”无障碍电影，“观看”经过特殊处理的电影《紫日》；组织开发区首届残疾人卡拉OK比赛，为残疾人提供展示才艺的舞台；开展“牵手凝聚力量，爱心点亮希望”大型广场爱心义卖活动，联合浙江理工大学的志愿者进行残疾人工艺品义卖活动，所得款项全部交与杭州市聋人协会用于残疾人慈善事业。

【残疾人体育赛事宣传】从6月下旬开始，开发区残联组织有关单位在开发区范围内进行第八届全国残疾人运动会宣传，张贴宣传画50组共计2500份。在开发区的公共LED屏幕上滚动播出第八届全国残疾人运动会的宣传短片和会歌MV2000余次。在开发区2、3、4、5、6号大街及学林街、学源街及文渊路，设置主题灯箱广告150组。依托合作媒体的平台，在《下沙资讯》电视栏目、《走进东部湾》电视栏目、《下沙新城》杂志、下沙网等媒体上，对第八届全国残疾人运动会进行多次大篇幅的报道宣传。邀请杭州主流媒体，对开发区残疾人工作进行现场采访，共接待《浙江日报》《钱江晚报》《杭州日报》《每日商报》、杭州电视台、杭州网等媒体10余次。第八届全国残疾人运动会期间，组织辖区1300余人观看比赛，组织200名残疾人观看残疾人事业成就展。

【承办第八届全国残疾人运动会部分项目】10月11~19日，以“生命阳光，情满浙江”为主题的第八届全国残疾人运动会在杭州举行。开发区作为运动会的一个赛区，承担轮椅篮球、马拉松比赛和3项残疾人足球比赛任务。

根据市委、市政府下达的目标任务，开发区党工委、管委会多次召集区残联、社发局和公安、交警、城管等部门召开开发区分赛区专题会议，统一责任部门的思想，明确各部门的职责，落实各项保障工作。以“当好东道主、办好残运会”为目标，从氛围营造、观众组织、协调保障3个方面开展工作，圆满完成第八届全国残疾人运动会开发区比赛的保障、服务任务。

【开发区残疾人运动员赛事成绩】在第八届全国残疾人运动会中，开发区下沙籍运动员薛恩慧在女子F13级铁饼和铅球中获得2枚金牌，在女子F13级标枪中获得1枚铜牌；运动员曹连勇在男子F46级铅球、铁饼和标枪中分别获得第4名、第6名和第8名的成绩。

（沈燕羽）

街道社区

·下沙街道·

【下沙街道概况】2011年，下沙街道完成工业总产值32.48亿元，比上年（指2010年，下同）增长24.5%；完成工业销售产值28.5亿元，增长20.9%；商贸服务业快速发展，社会消费品零售总额17.3亿元；完成全社会固定资产投资13亿元，实现国地税收入1.9亿元，分税制地方财政收入1.03亿元。完成实到内资6亿元，合同外资1亿美元，实际利用外资6500万美元。引进“益泽投资”等内资项目21个，“立酷派”等外资项目3个，“天福广场”等增资及分批到资项目8个。综治工作成效明显，被授予杭州市“2010年度社会治安综合治理工作示范乡镇（街道）”和浙江省“2011~2012年度示范综治工作中心”称号。计划生育工作获杭州市“十一五”期间计划生育先进集体称号。

【回迁安置】2011年，街道成立拆迁安置工作领导小组，并分别成立智格、高沙、七格社区回迁安置工作组，同时成立各社区回迁安置现场指挥部，加强对安置工作的领导、指挥和协调。在制订回迁安置政策后，街道、社区通过召开班子会、党员会、组长会、居民代表会、户长会等形式，广泛动员、宣讲政策，推进回迁安置工作的开展。4月8日，智格社区开始现场分房抽签，至4月9日全部完成215户拆迁安置户的房屋抽签工作。之后完成地下车位抽签、办理房款缴纳、相关证照手续,以及过渡房腾空工作，回迁安置率达100%。12月10日，高沙社区完成105户拆迁安置户的房屋抽签工作（除1户外）。12月16日，七格社区完成31户拆迁户房屋抽签工作，回迁安置率达100%。

【项目建设】2011年，下沙街道加快推进天福、新城广场、钱塘福源等项目前期工作，做好开工准备。盈都商业广场、七格中豪项目、元成诺都项目、东沙加油站等项目完成土地招拍挂摘牌。完成智格、七格、高沙等社区外来人员公寓项目，七格东南中学项目竣工验收。续建上沙二期、中沙、下沙、新元、东方、头格等社区外来人员公寓，以及头格临江大厦等一批项目。开工建设松合、湾南社区外来人员公寓、江城创业人才公寓、中沙商业大厦等项目。

【人大换届选举】9月，下沙街道江干区第十四届人大代表换届选举工作正式开始，至12月末结束。选出下沙街道江干区第十四届人大代表15名。辖区共登记选民38427名，参加选举36999名，参选率为96.3%。街道共划分选区9个，全部一次性选举成功。选出的代表中，大专学历以上13名，占86.7%；党政干部7名，占46.7%；非中共党员2名，占13.3%；妇女2名，占13.3%；连任代表6名，占40%。

【杭铁社区挂牌成立】2010年12月[illegible]日，江干区人民政府批准成立杭铁社区。2011年8月[illegible]日，下沙街道杭铁社区正式挂牌成立。杭铁社区的前身是浙江省第六监狱备勤生活区，地域面积54.93万平方米，居民户1052户，共有监狱民警、职工群众和驻监部队2300多人。杭铁社区的成立使监狱备勤生活区融入开发区，纳入社会化管理。

表38

2011年下沙街道各社区基本情况

社区名称	成立时间	社区面积（平方千米）	户 数（户）	户籍人口（人）	社区经济总收入（万元）	社区本年收益（万元）	居民人均收入（万元）
智 格	2002年5月	0.90	813	2 573	38 577	1 859	2.11
高 沙	2002年5月	0.90	380	1 554	16 684	2 640	2.25
七 格	2005年6月	2.50	657	2 252	72 977	2 272	2.12
下 沙	2005年12月	0.53	385	1 260	6 831	407	2.07
头 格	2005年12月	2.10	870	2 717	75 285	676	1.98
中 沙	2005年12月	2.46	743	2 513	8 601	1 153	2.07
上 沙	2005年12月	1.15	379	1 371	5 365	323	1.98
元 成	2005年12月	1.47	504	1 598	16 495	1 415	1.99
东 方	2005年12月	1.47	377	1 282	20 716	1 367	1.98
新 元	2005年12月	1.47	450	1 406	8 007	213	1.98
松 合	2005年12月	0.70	383	1 479	15 567	913	2.0
湾 南	2005年10月	1.55	597	2 102	9 995	469	1.95
新 沙	2005年12月	0.80	72	472	56	10	3.10
铭 和	2008年9月	0.60	542	1 487	151	32	3.00
杭 铁	2010年12月	0.55	669	1 496	0	0	3.2

【成立杭州下沙军地园区管理服务中心】为加强浙江省军区农副业基地合作区域的社会管理，经浙江省军区和开发区管委会共同研究，决定建立“杭州下沙军地园区管理服务中心”，并委托下沙街道管理。12月2日，杭州下沙军地园区管理服务中心举行揭牌仪式。浙江省军区司令员傅怡、副司令员李大清、后勤部部长魏志军，开发区党工委书记盛成皿，党工委副书记、管委会主任陈晨等出席揭牌仪式。杭州下沙军地园区管理服务中心的成立是推进军地合作、开展社会管理的一项重大创新。双方要求下沙军地园区管理服务中心按照“市场繁荣、管理规范、环境优美、社会和谐”的工作目标，坚持“高起点规划、高标准建设、高效率管理”，整合军地双方资源，把合作区域打造成军地共建、融合发展的典范。

【人民武装工作】5月，街道组织民兵代表参加江干区人民武装部组织的民兵应急分队专业训练。9月，街道组织预备役部队参加预备役师训练；汛期落实防汛抢险。2011年，下沙街道各社区、辖区单位设立兵役登记站，对外出务工的适龄青年和在校学生上门登记，做到不重登、错登、漏登。在做好兵役登记的基础上，抓好预征对象的选定和高考未录取男性高中

12月2日，杭州下沙军地园区管理服务中心揭牌　　（黄健员 摄）

6月27日，下沙街道举行纪念中国共产党成立90周年红歌合唱汇演
（洪 芸 摄）

毕业生的登记，为冬季征兵做好准备。

【街道表彰党建先进】 2011年，下沙街道开展系列创先争优活动，6月27日，召开庆祝中国共产党成立90周年表彰大会，对10个先进基层党组织、10名优秀党务工作者和50名优秀共产党员进行表彰。举办"红歌嘹亮·党旗飘扬"红歌汇演活动，唱响时代主旋律。

【劳动保障工作】 全年下沙街道开发就业岗位3360个，完成城镇新增就业1180人，实现失业人员再就业1105人，其中就业困难人员再就业667人，失业率控制在1.22%。新增社区公益性岗位129人，申请公益性岗位补贴4198人次，补贴金额671.77万元。组建由99人组成的退休人员志愿者服务队伍，开展以助老服务为主的企业退休人员社会化管理工作和社会公益活动。

【组建联合工会】 2011年，下沙街道企业多数拆迁搬走，留下部分企业处于过渡阶段。根据税务与工会属地的原则，以及省总工会列出非公企业法人数据库数字，下沙街道需要组建工会的企业有412个。针对企业覆盖面广且分散的特点，街道工会组织把重点放在组建企业联合工会上，在社区联合工会的配合下，开展建会宣传、动员及组织实施工作，指导帮助企业依法组建工会，各社区工会下属成立企业或服务业联合工会，将小型企业纳入联合工会。至年末，下沙街道共建立21个联合工会，覆盖291个单位，职工入会率95%。同时，根据工会法及基层工会工作实际，部分基层工会进行了换届选举。

【启动天下游戏项目】 9月28日，杭州天下游戏龙城游艺交易展示中心落成典礼暨杭州天下游戏软件签约仪式在下沙街道举行。杭州天下游戏龙城游艺展示中心营业面积约5100平方米，陈列展示国内游戏机生产厂商生产的模拟机系列、嘉年华系列、礼品机系列、场地管理系统等400余款新型游戏机，国内知名的游戏机生产厂商如华立、世宇、希力、金龙等企业设置专馆进行展示。是立足浙江、面向长三角、辐射华东地区的一个集交易、展示、体验、电子竞技、电子商务、综合配套服务、信息交流、物流以及金融结算等功能于一体的新型大规模游戏游艺设备及软件交易中心。该中心由杭州天下游戏科技经营管理有限公司与中山市龙城游戏游艺设备交易中心共同合作组建，由杭州天下游戏龙城游艺设备有限公司运营，于2011年1月被列入杭州市"十二五"规划文化创意产业重大项目。

【引进首个外资楼宇项目】 2011年，街道引进立酷派服饰（中国）有限公司，该公司是英国LEECOOPER公司在中国（含内地、港澳地区）独家品牌授权的全外资公司。该品牌的中国区域销售总部和全球研发中心落户下沙街道文化中心写字楼，运营方为立酷派服饰（中国）有限公司，租用街道文化中心写字楼总面积2300平方米，注册资本1000万美元，从事服饰、日用百货、珠宝首饰、鞋、帽子、箱包等批发零售。该项目的落户是街道发展特色楼宇经济走出的第一步。

（庄加棒）

·白杨街道·

【白杨街道概况】 2011年，白杨街道辖10个社区及1个沿江社区筹建站，街道行政区域内户籍人口2.21

万人（不含9.2平方千米外托管区企业集体户和高校集体户学生），纳入街道企业退休人员社会管理服务386人。街道全年累计实现财政总收入1.52亿元，比上年增长23%，完成全年目标任务1.38倍。其中地方财政收入9020万元，比增长35%，完成全年目标任务1.37倍。服务业，完成商品销售总额75亿元，增长34%。完成社会消费品零售总额24亿元，增长71%。

街道全年完成合同利用市外内资6.1亿元，指标完成率1.02倍；完成合同外资3271万美元，指标完成率1.09倍；实际利用外资2000万美元，指标完成率100%。

2011年，街道完成白洋桥美食休闲园建设和招商工作，已有6家商户正式营业；完成云水苑农贸市场一期改造提升工程，积极落实二期扩建工程；完成下沙新城客运站主体搬迁工作；外来务工人员服务中心项目正式开工；金隅农贸市场项目前期工作推进中。配合文明城市创建和流动摊贩整治，设立8个便民疏导点、65个商亭、6个商铺。

全年走访各类企业80个，走访100余人次，梳理问题20余个，帮助协调解决10余个；累计奖励企业23个，兑现奖励资金255万元。排查、调处各类矛盾纠纷212起，成功处置210起。实现辖区赴省进京上访、重大群体性事件“零发生”。全年处理劳动纠纷投诉案件248起，帮助劳动者追回拖欠工资和加班工资，以及各类经济补偿金205.8万元。辖区年度计划生育率达99.6%，流动人口管理率达86%。

4月，街道《白杨文明风》创刊，为半月刊，面向居民、学校、企业，外来务工者免费发放。全年累计开展基层群众性文化活动180余场次。在邻里社区投入100余万元，建成面积2100余平方米的街道综合文化站。分别在邻里、大北、景园、高教、月雅苑社区增设居民晨晚练点5个，各社区室内文化场所面积均达到100平方米以上，室外活动场地均达到1000平方米以上。建立42人规模的社会体育指导员队伍，组建腰鼓、秧歌、排舞、太极拳、越剧、书画、古筝、吉他、瑜珈、篮球、乒乓球、轮滑等各类社区业余文体团队40余支，拥有固定成员600余名。街道篮球队在开发区第二届篮球联赛中获得第3名。（傅　冲）

【人大选举】12月20日是杭州市江干区第十四届人民代表大会代表选举日，根据江干区选举委员会的工作部署，白杨街道党工委成立选举工作领导小组，人大工委成立选举办事处，从机关、社区抽调20人组成选举办公室。白杨街道划分选区19个，登记选民80470人，酝酿人大代表候选人21人。投票日设置投票中心1个、投票点149个、流动票箱21个，投票人参加投票选民77575人，投票率为96.4%，顺利选出人大代表19人，其中机关代表2人、社区代表2人、企业代表5人、学校代表10人。（邱　枫）

【人民武装工作】2011年，街道人民武装部完成上级军事部门3次国防后备力量潜力调查。4月，在辖区高校和企、事业单位中组建街道民兵组织，完成上级下达的后备兵源编制任务，白杨街道民兵组织

表39

2011年白杨街道所辖社区基本情况

社区名称	成立时间	面积（平方千米）	住宅小区/商用两住（个）	户数	户籍人口数	辖区企事业单位（个）
景园社区	2003年12月	2.3	2	1 215	3 750	40
朗琴社区	2009年10月	0.14	2	3 497	926	0
云水社区	2008年11月	2.19	5	3 068	2 581	50
邻里社区	2006年3月	3.3	2	2 200	853	43
多蓝水岸社区	2010年10月	0.24	1	2 885	1 117	2
月雅苑社区	2004年12月	1.57	4	1 080	1 516	36
大北社区	2004年12月	2.09	9	2 731	800	42
闻潮社区	2007年6月	2.41	2	3 459	1 789	36
高教社区	2004年12月	3.9	2	2 006	34 517	41
海天社区	2009年10月	0.25	1	3 051	1 563	2

初步成立。

2011年，白杨街道向部队输送在校大学生共计89人，政治面貌均为团员，全部具有技术特长，文化程度都在大专以上，其中多为优秀学生干部和一、二等奖学金、助学金获得者。实现把品学兼优的大学生输送到部队的预期目标，完成上级军事部门交给的任务。（张士兴 黎似玖）

【安全生产工作】2011年，街道组织开展安全生产大检查活动，全年共检查辖区单位692个，发现隐患数294条，整改294条；开展“清剿火患”活动，对辖区10个社区32个小区内的1.73万只安全指示灯、1.28万只灭火器、1.12万只消防栓、1.09万扇消防门进行统计和抽查，达到安全标准。全年街道范围内未发生一起安全生产死亡责任事故。（周 莱 黎似玖）

【筹建4个社区】4月21日，白杨街道向江干区人民政府请示设立伊萨卡、江滨花园、东湾、观澜4个社区。6月14日，经杭州市江干区人民政府第57次常务会议讨论，同意建立伊萨卡等4个社区，并明确4个社区管辖的四至范围。伊萨卡社区东至之江东路，南至开发区14号大街，西至开发区25号大街，北至开发区12号大街；江滨花园社区东至之江东路，南至开发区20号大街，西至开发区23、25号大街，北至开发区14号大街；东湾社区东至之江东路，南至金隅89号地块和金隅农贸市场与保利湾天地之间的道路、24号大街、保利东湾与金隅房产相邻处的建筑红线（保利东湾小区围墙），西至开发区22号大街，北至开发区20号大街；观澜社区东至金隅89号地块和金隅农贸市场与保利湾天地之间的道路、24号大街、保利东湾与金隅房产相邻处的建筑红线（保利东湾小区围墙），南至之江东路，西至19号大街、空地，北至开发区22号大街。6月22日，白杨街道在海天城小区26幢1楼设立筹建站，从白杨街道民政科和社区社工中抽调人员组成工作组，筹建站主要承担新社区挂牌前的资料整理、情况摸底工作。（郭宇广）

【引进5个金融类企业】2011年，街道把引进金融类企业和项目作为招商引资工作的重点，成功吸引5个金融类企业入驻。其中，浙江融发担保有限公司与浙江人杰担保有限公司，注册资本均为5000万元，两家公司主要从事贷款担保、票据承兑担保、贸易融资担保、项目融资担保、信用证担保、其他融资性担保业务等。杭州润铭股权投资合伙企业（有限合伙）、杭州华投股权投资合伙企业（有限合伙），注册资本分别为3500万元、3150万元，主要从事股权投资；浙江富国金溪创业投资合伙企业（有限合伙）的注册资金为1.2亿元，主要从事创业投资业务。（陈 靖）

【白杨商亭】白杨商亭是白杨街道在原流动摊贩密集、服务设施相对缺乏的区块设立的便民服务点。2011年，白杨街道在南部工业园区、东部新建社区周边、北部高教园区共设立白杨商亭65个。商亭采取“专人管理、承包经营、合理收费、还利于民”的管理模式，承包费主要用于商亭硬件设施维护、保洁保安外包等；经营户以原企业门口流动摊贩为主，通过规范的定期培训、考核监督、建章立制，实行统一管理，择优上岗。

白杨商亭由杭州白杨投资管理有限公司与杭州琪尊餐饮管理有限公司（简称琪尊公司）合作管理。白杨投资公司负责规划商亭的前期审批规划布置、场地协调和日常监督管理。琪尊公司负责商亭采购、统一招商、日常管理，并按实际商亭招商个数向白杨投资公司每年缴纳一定的场地管理费。琪尊公司定期向投资公司汇报商亭的经营情况。

琪尊公司以招投标的形式出租商亭，与经营户签订租赁合同，租期为一年，商亭业态主要以特色小吃、小百货等为主。2月，设置白杨商亭37个，分布区域为顾家工艺7个、富士康14个、巨星科技3个、康师傅8个。9月，设置白杨商亭28个，分布区域为天元公寓5个、三花厂区6个、财经学院9个、金沙巷8个。琪尊公司配备5名工作人员对商亭的经营户运行专职管理，如卫生清查、健康证办理、经营秩序等。在日常管理方面，由开发区卫监所等职能部门对商亭的食品卫生进行检查。（贺晓芬）

【白洋桥美食休闲园建成】休闲园位于开发区6号大街以南、11号大街以东、绕城高架（15号大街）以西、12大街以北，周围6号渠及11号渠环绕，属于3号景观大堤地段。公园南北长1000米，东北向宽约175米~200米，园区总用地面积约20万平方米，水面面积约2万平方米；绿地面积约14万平方米，道路广场面积约2万平方米，建筑占地面积约0.7公顷。建筑为白壁灰瓦的徽派建筑、古色古香的游廊题材搭配现代的设计风格，并配有“小桥流水、移步一景”的景致，整体经营模式参考杭州市“大兜路特色餐饮街”的经营风格。休闲园总体定位休闲园集“餐饮+景观”为一体的景观公园。（徐英平）

白杨街道便民服务点——白杨商亭　（白杨街道 供稿）

【社工大讲堂】白杨街道第二届“社工大讲堂”以“轻形式、重实效”为原则，结合新社工的招录，在内容安排上着重加强社工上岗前的培训内容，目的在于提高社工对社区建设重要性的认识，树立正确的职业道德和团队精神，确保新社工尽快进入社区工作角色，能够适应白杨街道社区建设发展需要。街道分别于7月和11月举办两期社工上岗前培训，参加人数67人。全年组织社区书记主任共30余人参加“井冈山培训”和武汉常青花园社区的考察学习工作。

【云水苑农贸市场提升改造及二期扩建】云水苑农贸市场位于开发区6号大街336-2号，毗邻高教园区东区及东部商住区，主要为金沙学府、伊萨卡、野风海天城等住宅小区居民及外来务工人员提供日常服务。街道于9月初召开农贸市场创建省文明示范市场工作会议，明确由杭州桑企装饰设计工程有限公司负责云水苑农贸市场改造施工。提升改造工程历时近两个月，于2011年10月15日正式完工，工程投资30.53万元。10月起，市场进行二期扩建，利用市场东面空留地，将市场从原来的2000平方米扩大到3800平方米，摊位从70个增加到135个左右；调整市场经营业态，调整后市场有卤味、净菜、豆制品、酱菜、冷冻、粮油、禽蛋、酒水、副食品、活禽、水果、干货、肉类、鱼类14个类。市场营业时间为7：30～17：30。（张晓其）

【下沙新城客运站主体搬迁】为配合开发区城市规划和土地出让工作，原位于开发区23号大街820号的下沙新城客运站需搬迁至学源街236号（原日本人学校东侧支路）临时过渡。搬迁工作于8月启动，9月末完成临时借地手续。杭州白杨投资管理有限公司与杭州金牛汽车运输有限公司共同出资60万元进行临时场地建设。11月末，车站完成基础设施建设，车站主体搬迁工作顺利完成。

新的客运站位于大学城中心，地理位置优越，交通便捷，接发旅客量比上年增长30%以上。客运站以二级客运站为标准，不断完善站场的软硬件配套设施，积极发挥车站的作用，努力为居民和大学生提供更高效便捷的出行服务。（贺晓芬）

【创建创业型社区】根据杭州市创建创业型城市建设要求，开发区提出创建创业型开发区建设。2011年，白杨街道在成功创建充分就业社区的基础上,创建创业型社区。街道在社区劳动保障服务室设立创业服务窗口，指定专人负责，在社区宣传栏开辟创业服务专栏等。完善创业服务制度，向创业者提供创业指导、咨询服务、政策宣传、项目推介和创业帮扶等“一站式”服务。

2011年，街道组织90名有创业意向的人员参加创业培训，组织120多名创业意向人员参加创业项目展示会，为9名创业者成功申请小额担保贷款100万元。全年，辖区内创业人员2568人，创业带动就业人数1.48万人，创业带动就业比率高于1：5。景园、大北、高教3个社区成功创建创业型社区。（陆 芳）

【闻潮社区成立心理咨询辅导站】9月28日，白杨街道闻潮社区心理咨询辅导站成立。街道党工委副书记胡瑞祥与闻潮社区共建单位——杭州神钢建设机械有限公司总经理斋藤敬治共同为辅导站揭牌。该心理咨询辅导站在工作日时间内将免费提供心理咨询服务，社区居民或企业员工可提前进行预约。社区不定期邀请高校专业心理咨询老师为大家解答工作、生活中的困惑与苦恼。 (吴 梦)

【序化专项整治】3月起，街道开展城市“保序”工作，共取缔无证摊点1300个，劝导流动摊贩、无序经营店家3000个。联合辖区行政执法、交警、工商、卫监等职能部门，开展一系列集中整治，主要针对多蓝水岸小区内的流动摊贩窝点、金隅观澜工地、云水苑农贸市场流动摊贩聚集点联沿江烧烤摊点、景园小区等处展开行动，共105辆无证餐饮小推车被依法取缔，94个非法地下食品加工点被集体“端窝”，从源头上打击流动摊贩，街面环境的序化、洁化整体水平得到较大改善。街道先后印发《白杨街道序化管理工作实施意见（试行）》《街道城市管理中队队员行为规范》等文件，落实街道城管联席会议制度和序化管理考核通报制度，巩固序化整治成果，推进序化长效管理。

【社区城管“白杨杯”考核】2011年，街道完善社区城市管理“白杨杯”考核办法，分内业管理、数字城管、外业现场3个方面，对辖区10个社区和街道巡防大队按季组织城市管理“白杨杯”考核，通过以评促建，落实社区内环境保洁、市政设施、小区绿化、街面序化等的长效监督管理。大北社区、巡防大队获2011年度“白杨杯”优胜单位，邻里社区、海天社区、闻潮社区评为“白杨杯”先进单位，18位城管人员被评为“白杨杯”先进个人。

【垃圾分类】2011年，街道共有10个社区的15个小区实施垃圾分类工作，分别为邻里中心、清雅苑、月雅苑、东海·未名园、四季名门、文汇苑、香榭里、华顺别墅、大北·四季风情、天元公寓、多蓝水岸、梦琴湾、云水苑、野风·海天城、大都·文苑风情小区，参与垃圾分类居民共1.52万户。白杨街道被推荐评为2011年杭州市垃圾分类优秀实施单位，邻里社区获2011年开发区垃圾分类先进社区，大都·文苑风情小区、大北·四季风情小区、云水苑小区3个小区为垃圾分类达标小区。 (王 泓)

·社区概况·

【下沙街道·头格社区】3月2日，华东国际商业城项目签约仪式在头格社区举行。该项目是头格社区利用10%留用地指标与浙江华东家具投资有限公司合作开发的项目。项目位于下沙路以南，紧依钱塘江北岸，距地铁下沙西站2000米，距九堡客运站4000米，用地面积约2.67公顷，注册资金2500万美元，总投资约6亿元人民币。

头格临江商贸大厦三楼进入室内安装和粉刷，裙楼外立面固定玻璃安装完成50%；社区外来人员公寓1标和2标工程进入室内安装和粉刷；农转居公寓西区1标和2标工程均进入内墙粉刷和外墙贴砖，工程完成85%以上，东区主体工程建设中。

2011年，社区发放“4050”灵活就业社保补贴4977人次，共计188万元。开展技能培训，52名就业困难人员参加并取得中式烹饪师培训结业证书。465名少年儿童参加少儿医

9月28日，白杨街道闻潮社区心理咨询辅导站揭牌成立 (吴 梦 提供)

保，199位学龄前儿童办理市民卡；540人参加城居医保；585人参加城居医保体检。每周一次开放老年大学，丰富老年人生活，对7户90岁以上老年人上门走访。

开展爱国卫生工作，保持庭院整治长效机制。每周对辖区进行自查，每月反馈自查情况，每季度召开例会，落实长效管理。全年发放各类宣传资料6000余份，发放环保袋、卫生围裙各700个；发放灭鼠药80公斤，灭蟑药物1000余包。

【下沙街道·七格社区】“七格·中豪广场”留用地合作开发项目土地顺利摘牌，项目由七格社区与浙江中豪控股集团有限公司合作开发，位于东海·柠檬郡以东、下沙大道以南、下沙南路以西、东南中学以北，占地面积2.87公顷，拟建设集酒店、餐饮、办公、休闲、购物、商贸、娱乐为一体的综合商业项目。该项目自2010年9月签订合作开发协议，2011年10月正式进入实质性挂牌阶段，并于11月23日摘牌。

七格社区投资兴建的杭州东南中学5月1日正式竣工，7月1日完成移交。投入资金3500万元，是社区建设的重点民生项目。在项目设计上以满足教学需求为主，在建设方面以遵循环保、抗震、高质等为标准。

10月28日，完成社区外来人员公寓抽签分房，分房238套，安置拆迁户32户。此次分房按照“从上往下，东西交叉，由北向南S形”的分配原则，分房过程中按照规定程序，即准备、喊号、资格审查、抽取房号、出具公证书、登记、签订协议、结算、接房九大程序进行流水作业。12月16日，完成31户拆迁户房屋抽签工作，回迁安置率达100%。

以创建全国文明城市为契机，开展环境整治活动。经过一个月的整治，餐饮店、市场及道路得以改善。对垃圾筒摆放进行统一规划，按照垃圾分类标准砌起墙体。

【下沙街道·智格社区】4月8~9日，智格社区进行回迁安置抽签工作。社区召开班子会议、组长会议、党员会议、代表会议、户主会议宣讲回迁安置政策，做好安置抽签前期工作。10月，215户安置房完成乔迁新居，建筑面积10.6万平方米。

外来人员公寓出租。智格社区外来人员公寓是下沙街道12个社区第一个交付使用的项目。按照“分配到户、集体出租、民主管理”原则，6月24日完成抽签分配工作，抽签率达到100%。社区召开居民户长会议、党员代表会议、组长会议讨论集体租赁事宜，并两次发放集体出租的征求意见稿，最后根据讨论集中的意见，与多个人力资源公司洽谈，择优出租。

由社区投资建设的新城大厦项目位于智格石材市场对面，占地1公顷，建筑面积为5.9万平方米，其中地下室9500平方米。1~3层为裙楼、商铺，南北2幢塔楼，南楼19层，北楼28层均为写字楼，总投资1.5亿元。2011年，项目全部结顶，土建施工进入内墙粉刷，外墙幕墙施工扫尾阶段。

食品安全整治。社区有小餐饮摊点130余个。针对脏、乱、差现象，社区投资130万元进行整体装修，开设美食广场，吸引品牌商户入驻。餐饮广场内除中式快餐连锁企业“顺旺基”和“一口田”外，还有主营面食和风味小吃的早点企业，集中为居民提供多种就餐选择。

至2011年末，社区共为居民购买养老保险711人，其中2011年新增购买保险34人，医疗保险1286人，社区有退休人员305人，其中2011年新增退休人员39人。

下沙街道智格社区美食广场　（黄健员　摄）

城镇居民医保参保人员354人，少儿医保参保人员495人，参保率100%。新增就业98人。

举办社区业余演唱文艺晚会，组织社区太极拳队、腰鼓队、舞蹈队参加开发区文体展演；在街道纪念中国共产党建党90周年红歌汇演活动中获二等奖。在9月开发区腰鼓比赛中获开发区团体第1名。10月，社区业余文艺宣传队赴临安演出。

【下沙街道·中沙社区】2011年，中沙社区启动中沙商业大厦项目，完成中沙中兴商业综合用房、中沙永泰商城立项。6月，社区启动中沙金座沿街商铺的招商引资工作。11月8日，中沙金座商铺面向全社会公开招标，完成招商引资工作，为社区回笼资金。年内启动外来人员公寓招租工作。

安置房除3标工程剩余4幢外，其余工程主体均已完成。社区外来人员公寓项目，进入室内施工阶段。中沙商业大楼进入地下室施工阶段，已完成地下2层的浇砼，年末完成地下一层的浇砼。中沙永泰商城，位于开发区下沙南路以南、海达路以西，用地1.67公顷，设计地上建筑面积6.67万平方米，总投资2.5亿元。

新签续签灵活就业协议397人，到龄退休及转正规就业人员终止协议63人。有142位失业人员参加5月和9月举办的两次技能培训。少儿医保参保人数453人，城居医保参保人数456人，登记城乡居民社会养老保险15人，办理核销城乡居民社会养老保险8人。完成农转非老年人一次性养老保险补缴299人，办理一次性城镇职工基本医疗保险参保146人。列入社区社会化管理的退休人员236人，其中余杭区托管8人。

社区成立创建文明城市工作领导小组，制订环境整治方案，开展环境集中整治。开展健康教育活动6次，开设黑板报9期，橱窗宣传12期。举办社区业余演唱文艺晚会，组织社区太极拳队、腰鼓队、舞蹈队、文宣队，与兄弟社区举办交流汇演，参加开发区的团体表演。社区参加下沙街道“金沙杯”腰鼓大赛及乒乓球赛，获得腰鼓赛一等奖，获得乒乓球赛团体第1名。

【下沙街道·上沙社区】2月28日，上沙新城广场项目摘牌。项目由上沙社区与美达集团有限公司合作开发，位于星河北路以西，九沙大道以北，占地面积3.05公顷，是集办公、休闲、购物、商贸、娱乐为一体的综合商业项目。

社区外来人员公寓一期主体工程与室外市政工程竣工，二期主体工程完工，进入室内及市政工程施工阶段。6月，完成社区外来人员公寓8号楼永裕大厦的销售工作，回笼资金1.4亿元；外来人员公寓一期2、4、6号楼共1304间分配到户。启动社区外来人员公寓商铺共计2万平方米的招商工作。

为失业人员组织开办厨师培训班1次；为社区年轻家长开办亲子教育讲座2次；开设卫生健康、科普知识等讲座4次。社区共有残疾人31人，均为其建立残疾人员档案，录入数据库。社区城乡居民医保参保1■8人，少儿医保参保254人。签订灵活就业184人，发放灵活就业资金79万余元。至年末，企业退休人员纳入社会化管理人员100人，其中2011年新增7人。

组织党员群众参加纪念中国共产党建党90周年红歌合唱汇演；组织节目丰富的纳凉晚会；组织参加下沙街道“金沙杯”社区乒乓球比赛，获团体第2名；组建舞蹈队、腰鼓队、太极拳队等，腰鼓队参加下沙街道“金沙杯”社区腰鼓比赛，获二等

8月8日，下沙街道社区腰鼓队参加“全民健身日”社区特色体育项目展示活动
（郑体兵 摄）

奖。举办浙江理工大学志愿者和社区青少年的联欢晚会，开展青少年棋类趣味赛、棋王争霸赛、社区Do都城、图书漂流站、亲子教育讲座等活动。其中社区棋王争霸赛挑选出的优秀选手，在杭州市第二届社区青少年俱乐部棋王争霸赛中获团体第4名。

以创建文明城市为契机，开展爱国卫生工作，清除路基两旁杂草、垃圾等5吨；对过渡房开展庭院整治活动，房前屋后的缸罐积水进行清除，防止“四害”的孳生；清理卫生死角5处，“牛皮癣”印刷品100余张；发放灭蟑药品700余包、灭鼠药品600余包，粘鼠板200余张，使社区环境得到有效改善。

下沙街道高沙商业街夜景　　（黄健员　摄）

【下沙街道·下沙社区】9月，下沙社区外来人员公寓商铺完成招商。该商铺为1~3层，部分4层，其中A区块商业面积为1.8万平方米，B区块商业面积为8068平方米，商业面积共2.62万平方米。通过招投标，以每年每平方米821.3元的价格与杭州陆羽山庄有限公司签约，年租金2147万元。

下沙社区外来人员公寓项目分A、B区块，总用地面积3.4公顷，总建筑面积13万平方米，其中地下室面积2.5万平方米，商业面积2.6万平方米，公寓面积7.9万平方米。完成外墙保温、真石漆、门窗工程及室内土建工程。下沙商业综合大楼项目总建筑面积16.8万平方米，地上12.5万平方米，其中商业用房4.6万平方米，投入资金约3.5亿元，11月30日进行交房。杭州东沙商业中心1~4层商铺于12月19日进行试营业。

全年社区免费厨师培训39人，创业培训2人，举办专场招聘会2场，签订灵活就业181人，累计278人，补贴金额18.7万元。社区有残疾人29人，社区工作人员每年两次走访慰问。在过渡房中心区块建设老年活动室。为符合条件的居民发放每年3500元养老保险补贴。对167位未享受养老保险的老年人发放的补贴从每人每月900元提升至每人每月1050元；为166名老年人参加杭州市老年医疗保险。

【下沙街道·高沙社区】2011年，高沙社区可支配收入达4000万元，为居民分红1200余万元，并为社区居民购买社会基本养老保险及医疗补助金额200余万元，全年发放老年人生活补助总金额270万元。

3月21日，市委常委、副市长沈坚率市相关部门领导检查高沙社区食品安全（小餐饮）整治工作，实地检查高沙社区“浇头面”“老北京手擀面”“胡哥厨房”等餐饮店、小食杂店。3月25日，市人大常委会副主任陈重华等到高沙社区检查食品安全工作。社区受到全市“十小”整规工作大会表彰。

实施外来人员公寓楼（即文盛公寓）商铺招租，共2层7617.3平方米，年租金总收益626万元。高沙商业综合楼开工建设，占地面积0.52公顷，地点位于文盛公寓以北、百盛苑安置房以东，建设地下2层，地面10层，总建筑面积2.5万平方米，其中地下6000余平方米、地面1.8万平方米，总投资5000万元。2011年，社区与浙江博风集团有限公司合作，在德胜路以南、文渊路以西，合作开发10%留用地指标约3.4公顷。5~11月，高沙社区百盛苑完成回迁安置工作。社区建立回迁安置领导小组，做好居民数据核对、面积核算等工作，发动两个居民小组的党员、组长、居民代表，做好回迁安置宣传动员工作。回迁安置居民户公示共106户，实际参加现场抽签分房105户。实际安置人口634人，回迁安置面积3.6万平方米，共计416套，涉及面积为55平方米、82平方米、110平方米、138平方米4种户型，安置工作由杭州市国力公证处进行全程现场公证。同时，完成社区外来人员公寓分配工作，共计分配826间，面积2.15万平方米。

做好灵活就业的签订和资金申请工作，签订灵活就业173人，申请资金69.9万元，开发岗位241个，推荐就业成功21人。全年社区居民参加杭州市基本医疗保险891人，其中退休人员192人。参加老年医保197人，参加少儿医保264人。社区共有残疾人30人，其中肢体残疾16人、智力残疾4人、视力残疾2人、听力语言残疾8人。符合就业条件的残疾人23人，已就业20人。其中，社区公益性服务岗位安排残疾人就业9人，自谋职业1人，就业率87%。社区提高老年人福利，按月发放老年人生活补助金每人1250元，对90周岁以上的老年人，每月发放长寿补助金100元。加强社区未成年人思想道德建设，以青少年俱乐部为平台，开展为期18天的暑期“学、帮、带”活动。赴建德大同镇开展“城乡结对、爱心助学”结对活动，捐赠助学金9000元。

【下沙街道·元成社区】元成社区综合大厦项目（即文博城）与谛都置业集团签约合作，合作方已上交预约金，完成上报审批。外来人员公寓完成建设，针对集体统一出租与个人出租问题，广泛征求居民意见。江城人才创业公寓（商务）大厦项目。由于原材料和人工价格大幅上涨，施工单位在资金、管理等方面存在问题，项目于2011年12月起处于停工状态。

开展社区群众性爱国卫生运动，组织市民清洁大行动；将庭院整治工作常态化、制度化，改善社区整体卫生状况，取缔无证摊贩。

全年社区办理退休14人，延迟退休8人。申请医保20%补助15人，合计费用11.7万元。办理城居医疗保险363人，其中老年人254人（12人残疾免缴），参保率100%。办理少儿医疗保险280人，参保率100%，制作发放少儿市民卡144本。“农转非”97人，养老保险医疗保险参保率均100%。为“农转非”老年人一次性补缴参加养老保险252人，参加城镇医疗保险115人。

【下沙街道·东方社区】2011年，东方社区2.1万平方米标准厂房引进杭州育才人力资源有限公司。外来人员公寓地下室及11栋主楼（1~6号楼为1标段施工，7~11号楼为2标段施工）的土建工程全部完工；对外来人员公寓灯具、配电箱、火灾自动报警系统、电缆电线、电梯、防盗门、防火门等安装材料进行招投标工作，安装工程除走廊部分吊顶、商场部分自动扶梯未完成外，其余完工。市政绿化工作完成招投标工作。

社区共有残疾人员32人，其中肢体残疾28人、听力残疾1人、精神残疾2人、智力残疾1人。组织18位残疾人参加两年一次的残疾人免费体检活动。社区与杭州新联人力资源有限公司、杭州沙玛电子有限公司等企业联系，通过推荐合适人选、参加残疾人招聘会等工作方式，有5位残疾人与用人单位签订劳动合同。年末，劳动年龄段内残疾人员19人，已就业人员16人，1人在校读书，2人无就业能力。开发岗位523个，职业介绍44人次，推荐介绍成功10人。纳入退休人员社会化管理人员94人。

成立腰鼓队、老年舞蹈队等文体团队，参加各种场合的表演、比赛等。开展一些群众喜闻乐见的文化娱乐活动，如越剧表演、露天电影、文艺演出进社区等。

【下沙街道·新元社区】2011年，新元社区完成社区商业综合用房的分配，完成外来人员公寓集体商铺的招商工作。

开发就业岗位188个。社区共有灵活就业人员139人。4月，为“农转非”后参加城镇职工养老保险人员108人发放养老保险43.7万元。申请20%医保补助11人，发放资金7万余元。办理“双低”退休人员13人，为4位退休人员办理延迟退休的延缴手续，纳入社会化管理的企退人员132人。为未纳入社会化管理的老年人发放养老金和节日慰问费209.3万元，为企退人员发放节日慰问费44.9万余元。社区有残疾人29位，其中具有劳动能力的残疾人20人均已就业。

【下沙街道·松合社区】上半年，松合社区外来人员公寓项目因材料价格上涨、人工工资上涨等因素，在桩基完成后基本处于停工状态。下半年工程全面复工，1标、2标工程进入地下室建设阶段，3标工程已处于主体施工阶段。

德胜商业综合楼项目被街道列为2011年末前竣工项目。社区将该项目一栋写字楼和商业裙房以年租金840万元的价格出租给杭州海顺大酒店，项目配套工作进入收尾阶段。

社区有腰鼓队、排舞队、太极拳队、篮球队等。腰鼓队参与文化进社区活动、开发区职工运动会、街道腰鼓大赛等，社区太极拳队参加杭州市第七届武术比赛，并获得团体银奖；在杭州举办的第八届全国残疾人运动会中，社区太极拳队伍作为志愿者参加运动会开幕式。

至年末，社区有60岁以上老年人236人，80岁以上老人34人，90岁以上老人5人。对90周岁以上的老年人，社区每月发放长寿补助金100元。有持证残疾人47名，当年新增12名。社区认真落实残疾人优惠政策。纳入社会化管理的退休人员149人，建立档案，实行规范化管理。申请城镇养老保险补贴人员292人。完成城镇养老保险补贴申领审核27人。开发就业岗位433个，推荐失业人员就业43人，其中推荐成功30人。开发公益性岗位就业31人。

【下沙街道·湾南社区】2011年，湾南社区外来人员公寓项目，8幢楼已有6幢完成地下室底板浇筑工作；钱塘·福源项目，与社区合作开发10%留用地的大连天港实业有限公司注册资本到位，为工程开工提供资金基础。年内该项目进入施工图审查阶段，开展相应的招投标准备工作。

社区新申报"农转非"人员385人，发放社会保险金406.6万元。推进老年人社保、医保工作，新登记老年人社保390人，其中281人购买大病医疗保险，社区专项支出1300万元。做好就业再就业与灵活就业工作，就业推荐20余人，全年新签灵活就业38人，并做好灵活就业申报工作，发放补助金7.14万元。

以创建文明城市为契机，集中整治脏乱现象。共进行专项整治活动5次，开展义务清扫2次，参与人数达685人次。社区601户家庭中，合格户达543户，其中示范户151户。

【下沙街道·新沙社区】2011年，新沙社区集镇区域内涉及的拆迁房屋有自建房、宅基地建房、无产权证成套住房、房改房、集资房等各类房屋976户。年内完成签约腾空自建房144户、无产权证成套房屋514套、其他房屋3户、宅基地建房1户、房改房31户、中小学及医院福利性集资房59户，累计752户。至8月，完成下沙医院、下沙中心小学、下沙中学的签约、腾空、抽签、分房工作。

全年社区发放失业证57本，就业援助证19本，灵活就业签订32人，开介绍信11人，介绍成功5人。社区开展"关爱女性健康、呵护女性幸福"为主题的大型免费体检活动，提高育龄妇女自我保护意识。社区已婚至49周岁育龄妇女共计367人，出生16人，晚婚14人。登记外来育龄妇女2646人，孕环情检测114次。

【下沙街道·铭和社区】11月，铭和社区办公场所搬迁至新沙家园会所。新的社区居民服务中心设立8个便民服务窗口。

4—10月，社区对小区内的住户进行摸底调查，通过入户走访了解社区居住业主1400余户，登记暂住人员5344人。社区登记已婚育龄妇女2646人，114人进行孕环检查。为小区内6户残疾人家庭申请残疾人生活保障。全年社区发放生活保障金4.73万元、慰问金3.09万元、助学款1.13万元、残疾人各类补助金3.16万元。为社区80周岁以上老年人申请高龄津贴，共发放老年高龄津贴4300元、重阳节慰问金9500元。办理失业证53本，帮助介绍再就业18人。签订灵活就业协议34人，社区公益性岗位招用6人。

9月，组建社区腰鼓队、太极拳队、健身球操队、广场舞队等，丰富社区居民业余文化生活。

开展以"爱国卫生活动月"为主题的卫生宣传活动，发放各类宣传资料3000余份。实施垃圾分类，社区参与垃圾分类的住户85%，垃圾分类投放率达到90%，分类准确率80%。10月，社区被评为"杭州市垃圾分类先进集体"。

【下沙街道·杭铁社区】2010年12月9日，江干区人民政府批准成立杭铁社区。2011年8月18日挂牌成立。社区面积54.93万平方米，居民户1052户，人口2300余人。年内，完成4名社区工作者招聘工作，有效调解5件民事纠纷，为居民提供生活保障、居住、帮贫扶困、治安管理等公共服务。下沙街道与省第六监狱实现共驻共建，共同发展优势互补的新型社区建设模式。

（庄加棒）

【白杨街道·景园社区】2011年，景园社区居民总户数1215户，户籍人口3750人，流动人口1.5万余人。辖区有杭州朝阳轮胎有限公司、杭州松下马达有限公司等企业25个。物美超市、新美商场、商贸城大型购物商场3个，各类商户500余个。

社区全年开展治安整治行动20次，公安部门依法处理40余人，调处纠纷13起。与辖区70个单位签订《安全生产目标管理责任书》，全年安全生产巡查44次，发现隐患23处，整改22处。

12月3日，成立社区残疾人协会，全年组织开展助老助残走访900余人次，助老助残服务680人次；推出岗位80个，送岗位到个人服务160人次，实现失业人员再就业30人，其中困难就业人员再就业10人。

2011年，社区被评为杭州市首届社区运动会排舞比赛二等奖、杭州市第八届“最有创意社区邻居节”、杭州市“第六次全国人口普查先进集体”、杭州市人民调解百佳案例、杭州市“充分就业示范社区”。

（何 琛）

【白杨街道·云水社区】2011年，云水社区辖云水苑、金沙学府、金沙居、阳光华城、桑达公寓5个小区，总户数3968户，户籍人口1971人，居住人口1万人，有企事业单位50个。

2011年，云水社区规范6号大街商铺门口停车秩序，在沿途车辆入口处安装景观石球52个；将农贸市场门口及西侧用地进行硬化处理，扩建非机动车位650多平方米，安装地锁护栏等；对金沙学府、云水苑、阳光华城3个小区约6万多平方米的楼道进行粉刷；加强社区文体设施建设，在各小区安装不锈钢宣传栏7个，安装LED电子显示屏4块。

全年社区办理失业登记19人，其中1[illegible]人实现再就业，办理老年人优待证43本。2011年，新婚登记8例，一孩出生上报23例，看望孕产妇30人次。至年末，纳入计生管理的育龄妇女有67[illegible]例。疏导流动摊贩351摊，有效调处矛盾纠纷55件，开展普法宣传8次。

2011年，社区举办邻居节、乒乓球赛等各类文体活动，组织暑期夏令营、大清洁、义务巡逻、植树护绿等志愿者活动，开设卫生健康、安全生产、科普知识等讲座。社区有太极拳队、排舞队、合唱队、乒乓球队等文体类队伍10支。由云水社区牵头、联合朗琴、海天、多蓝3个社区组建广场舞、葫芦丝、军鼓、足球等沿江文体队伍，并开设相应的培训班。

2011年，社区获得“杭州市党风廉政建设示范社区”“杭州市卫生社区”等荣誉。

（黎似玖）

6月24日，云水社区举办“党在我心中，红歌大家唱”文艺晚会

（云水社区 供稿）

【白杨街道·闻潮社区】2011年，闻潮社区有居民总户数3459户，居住人口2万人，户籍人口1789人。有杭州加多宝饮料有限公司、旭化成医疗器械（杭州）有限公司、杭州安费诺飞凤通信部品有限公司、艾博生物医药（杭州）有限公司、杭州神钢建设机械有限公司等28个企业的外来务工者入住。年内，社区主办邻居节、普法晚会、青年歌手大赛、篮球赛、乒乓球赛等各类文体活动36次，组织义务家教、义务喊潮、爱心义卖、植树护绿等志愿者活动15次，开设卫生健康、送文明礼仪进企业、社工学堂等讲座10场。社区以文明城市创建为契机，对辖区范围进行序化管理，对新雁公寓西大门以及7条主干道进行整治。

举办“求知人才杯”第三届青年歌手大赛。从6月24日开始海选到8月5日总决赛，比赛历时42天，参与企业30个，参加选手2[illegible]0名。大赛经过海选、预赛、决赛三个环节，角逐出10强选手与前3名。

9月28日，闻潮社区心理咨询辅导站成立。辅导站配有专职心理咨询师1名，社区律师1名。辅导站开展免费专业心理培训和交流谈心活动，为社区居民心理健康提供服务。社区居民提前预约，由社区邀请高校专业心理咨询老师为居民答疑解惑。

2011年，社区先后获得"浙江省绿色社区""浙江省卫生先进单位""杭州市健康单位等荣誉"。

（吴 梦）

【白杨街道·邻里社区】2011年，邻里社区居民总户数2200户，居住人口8142人，户籍人口853人，有企业43个。

年初，社区与25个辖区单位签订目标管理责任书，共建和谐社区。结合食品安全整治，社区与产权单位以统一管理、分租经营的方式，于2011年1月建立邻里美食城。美食城有19个档位，可提供早、中、晚餐及夜宵。8月，完成社区用房新装修，办公面积增至2000平方米，实现计生、综治、劳保等项目"一门式"服务。

做好社区管理服务。开展"党旗飘扬，文明领航""共享中秋团圆夜，共建和谐文明城"等活动30余场，参与人数5000余人次。9月，社区LED电子彩屏投入使用，宣传硬件设施更为完善。结合邻里中心被列为市首批垃圾分类试点小区，社区分片包干推进小区垃圾分类，制作宣传横幅100余条，生活垃圾分类黑板报4期，新增3处垃圾分类宣传橱窗，全年社区垃圾袋领取率100%。

2011年，社区"创新社会管理，打造新杭州人的温馨家园"的管理模式被评为杭州社区建设10年"10件最具影响大事"之一。11月，社区被评为"浙江省和谐示范社区"。

（罗 锦）

【白杨街道·月雅苑社区】2011年，月雅苑社区居民总户数1080户，户籍人口1516人，居住人口3941 人。辖区有36个企事业单位。社区自创建省级"绿色社区"并通过验收以来，努力打造绿色清洁社区，全年社区共悬挂垃圾分类横幅36条，展板30块，发放手册、温馨提示等5000份，并组建垃圾分类督导员队伍，现已有垃圾分类义务督导员18名，垃圾分类讲师4名，并定期开展垃圾分类培训活动。

做好社区服务，全年共征集岗位1300余个，社区劳动者就业率99.04%。与辖区36个单位签订《安全生产责任书》，签订率100%。处理各类纠纷37起，确保重大群体性事件、江堤防潮重大事故"零发生"。端午节、春节等传统节日，社区工作人员均到优抚对象家中进行慰问。开展便民活动，先后主办"迎兔年、唱新春"主题歌会、"雷锋月"便民活动、快乐母亲节、"品味五月五"、中国共产党成立90周年摄影比赛、"庆国庆，迎重阳"欢歌会等专题活动。2011年，社区先后获得"杭州市充分就业社区""杭州市人口和计划生育工作先进村（社区）""杭州市民主法治社区""杭州市科普文明示范社区""杭州市企业退休人员社会化管理服务示范社区"等荣誉。（杨璐璐）

【白杨街道·大北社区】2011年，大北社区总户数3485户（其中商住楼340户），户籍人口4011人，居住人口1.04万人。辖内有企事业单位207个。

全年，社区组织"每月一星、闪光言行"评选、党员志愿者抗雪除冰、迎新年春茶话会、党史党建知识竞赛活动、植物园踏青、万名市民清洁大行动、爱在母亲节送鲜花、"七一"前夕慰问老党员、志愿者活动、健康讲座等各类活动40次。

社区结合文明城市创建活动，共处理数字城管

8月5日，白杨街道闻潮社区举办"求知人才杯"第三届青年歌手大赛
（闻潮社区 供稿）

案卷559件，综治工作站企业数新增5个，与辖区50个单位签订《安全生产目标管理责任书》。推出对违章建筑、无证孕妇有奖举报举措，接举报17人次。直接或协助处理居民来人来电投诉36起。“律师进社区”全年值班次数19次，咨询解答次数8次，进行调解1次，获得法律援助人数32人。社区全年安排就业46人，动员10名失业人员参加创业培训。

2011年，社区获得“浙江省防灾减灾示范社区”“杭州市‘崇尚科学、反对邪教’示范社区”等荣誉称号。（肖　梦）

【白杨街道·高教社区】2011年，高教社区总户数2006户，户籍人口34517人，居住人口约19万人。

全年社区办理失业登记的累计15人，社区劳动者就业率99.87%。办理老年人优待证35本。社区邀请街道卫生服务中心的医生为居民们进行健康讲座10次，制作健康宣传展板42块，张贴海报22张，协助卫生服务站为辖区居民建立健康档案。至年末，社区纳入计生管理的育龄妇女共1580例，其中新婚107例，一孩出生上报108例，看望孕产妇10人次。

社区全年办理区转信访案件10件，处理数字城管信息650条。开展律师进社区现场服务日、“依法有序信访，维护和谐稳定”宣传、“弘扬文明风尚，抵制违法建筑”主题晚会等法律宣传教育活动8次。安全生产宣传12次，累计检查企业98个、325次。

11月22日，开发区在高教社区举办宣传月活动“拆违”晚会

（缪　蓉　提供）

2011年，高教社区与13所高校的志愿者队签订志愿服务协议，志愿者队伍20支，人数达260人。社区党、团、工会、妇联组织，以及小区居民组成的自治组织，全年共开展各类文体活动27次。11月，完成社区老龄协会换届工作。

2011年，社区先后获得“杭州市健康单位”“杭州市人口和计划生育先进社区”荣誉。（缪　蓉）

【白杨街道·多蓝水岸社区】2011年，多蓝水岸社区总户数2855户，户籍人口为1117人，常住人口约3300人，流动人口约9700人。辖区单位包括消防大队白杨中队、学正幼儿园、在建的东东城和待建的学正中学。社区有住宅小区10个，即多蓝水岸小区，物业管理公司为广厦物业，社区用房位于小区南大门蓝波苑1幢独立的两层用房，用房面积700余平方米，设有小区老年活动室。

社区主办植树节、儿童节、邻居节、中秋节晚会、乒乓球赛、包饺子赛等各类文体活动29次，组织义务家教、义务清扫、爱老敬老等志愿者活动22次，开设卫生健康、消防安全知识讲座、党性知识学习等讲座9场。

围绕文明城市创建，社区取缔200多个无照经营小加工作坊，将其清理出小区；利用烘枪清除“牛皮癣”印刷品的方法，完成清除任务，还将该经验进行推广，浙江电视台钱江频道曾作专门报道。

2011年下半年，社区筹办“夕阳红”老年食堂，采取“街道扶持、社区管理”的运行模式，落实用房120平方米，投资40万元。（吴小燕）

【白杨街道·朗琴社区】2011年，朗琴社区有户籍人口926人，新迁入100余名育龄妇女。年内，社区慰问产妇10位，及时向户籍地通报20余位计划外怀孕育龄妇女，发放计生政策宣传手册200余份、计生健康手册100余份。

社区开展“3·15”消费者权益法律咨询和“5·12”弘扬法治文化、传播法治文明等普法活动12次，悬挂各类横幅20余条，发放宣传资料

500余份，展出各类宣传板20余条。管理梦琴湾小区50个商铺，需要签订门前三包责任书的30个商铺已全部签订。社区全年共投除“四害”药物100余公斤，发放灭鼠灭蟑药物200余份。

社区举办邻居节、乒乓球赛等文体活动，组织暑期夏令营、大清洁、义务巡逻、植树护绿等志愿者活动10次，开设卫生健康、安全生产、科普知识等讲座。社区成立各类文体队伍，分别为梦琴湾舞蹈队，健身队，歌唱队以及朗诗健身队4支队伍，与云水、海天、多蓝水岸社区共同组建广场舞、葫芦丝、军鼓、足球等文体队伍，并组织相应的培训班。（潘　吟）

8月9日，白杨街道海天社区举办的暑期夏令营开营（海天社区　供稿）

【白杨街道·海天社区】 2011年，海天社区总户数3051户，户籍人口1563人，居住人口约7000人，辖区单位有闻潮派出所和开发区交警中队。3月，社区用房装修完毕并投入使用，社区活动室和图书室免费向居民开放。

全年社区办理失业登记的累计37人，其中有22人实现再就业。办理老年人优待证23本。纳入计生管理的育龄妇女有339例，新婚13例，一孩出生上报29例。看望孕产妇25人次。优化城市环境，全年发现并解决卫生问题93起、市政问题56起、绿化问题32起。加强社会治安，社区全年调处矛盾纠纷26件，开展普法宣传15次，安全生产宣传12次，检查各类场所12次。

全年社区举办邻居节晚会、茶文化进社区、包粽子、乒乓球赛等各类文体活动35次，组织暑期夏令营、大清洁、义务巡逻、植树护绿等志愿者活动12次，开设卫生健康、安全生产、科普知识等讲座12场。社区有太极拳队、排舞队、合唱队、乒乓球队文体队伍6支。年末，海天社区设立杭州图书信息服务“一证通”工程基层服务点，有效实现了图书资源的共享，居民可在家门口共享和流通杭州市图书馆文化资源。

2011年，社区先后获得白杨街道“信访工作先进集体”和“人口与计划生育目标管理先进单位”两项荣誉。

（张　璐）

高教园区

·高教园区综述·

【高教园区新发展】杭州下沙高教园区是浙江省规模最大的高教园区，占地面积1091公顷。以杭州绕城高速公路东线开发区段为界分东、西两个区块，其中东区688公顷，西区403公顷，共有14所高校，其中本科院校7所、高职高专院校7所。杭州师范大学、杭州职业技术学院为市属高校；浙江理工大学、杭州电子科技大学、浙江工商大学、中国计量学院、浙江财经学院、浙江传媒学院、浙江水利水电专科学校、浙江金融职业学院、浙江警官职业学院、浙江经贸职业技术学院、浙江经济职业技术学院11所院校属省教育厅管理；浙江育英职业技术学院为民办高校，其党组织由开发区党工委管理，教学业务受省教育厅管理、指导。为加强高教园区管理，浙江省政府于2003年批准成立下沙高教园区管理委员会，下设办公室，具体负责高教园区日常协调及管理等工作。

2011年9月，下沙高教园区14所高校入学新生53804人。在校生总数18.6万人，在编教职工1.8万人。拥有国家重点学科7个，省、部重点学科80余个，硕士学位授予点313个，博士学位授予点26个，博士后流动站3个，国家、省部级重点实验室50个，自然科学科研机构100余所。

2011年，高教园区管委会办公室充分发挥联络协调作用，密切联系开发区管委会和有关部门，开展“全国文明城市”创建、“国家卫生城市”复评相关工作；完成开发区第2次地名普查工作；在园区内组织开展第11次、第12次万名市民清洁大行动，以及“最清洁校园”创建评选工作；配合开展“感动下沙”人物评选活动；协助开发区交警大队举行下沙高教园区交通安全志愿者服务队启动仪式；协助成立开发区高校第三方调解委员会；协助做好开发区第7次“助学助困”慈善救助活动等。

高教园区管委会办公室还积极开展高校管理相关活动，组织2011年下沙高教园区公寓管理员培训；举办高教园区高校心理必修课研讨会和大学生心理疾病与心理危机预防工作研讨会；配合省征兵办在高教园区开展“走进高校”征兵宣传活动；举办“第二届海峡两岸大学生命教育论坛”；协助做好第八届全国残疾人运动会期间园区各高校的安全稳定及观众组织工作；开展2011年度“平安校园”创建考评工作。

5月25日，下沙高教园区第八届大学生文化艺术节开幕，共历时6个月，汇集14所高校的校园文化活动20余项。6月19日，开发区管委会与高教园区管委会联合举办“永远跟党走”纪念中国共产党成立90周年大型晚会。

【区校合作再推进】1月8日，开发区党工委、管委会举行高教园区高校书记、校长座谈会。省委教育工委副书记、省教育厅副厅长蒋胜祥，开发区党工委、管委会领导盛成皿、冯国明、邵立春、詹水祥、李建平、詹国平、何铨寿、王永芳，以及下沙高教园区14所大学的书记、校长出席座谈会。开发区党工委书记盛成皿作题为《区校合作促发展，创业创新谋共赢，进一步加强开发区与高教园区全面战略合作》的工作报告，回顾2011年开发区经济社会发展情况，总结2011

年区校合作成就，并就进一步加强合作提出建议。各高校领导对开发区发展成就给予高度评价，充分肯定区校合作呈现的新亮点、新成效，提出进一步合作在高端人才引进、产学研合作、大学生创业就业、“蓝领成才”职工素质教育等方面的意见和建议。会议指出高校发展与开发区经济社会发展互为支撑，高校要坚持“立足开发区，服务杭州市”，不断提升自身发展，更要在融入下沙新城社会建设和管理上，加强与政府、企业沟通，发挥自身的优势和作用。

【共建大学生心理健康教育体系】为构建大学生心理健康教育资源共享平台，更好地开展高校学生心理健康教育工作，下沙高教园区于2008年3月成立大学生心理健康教育协作中心，下设专家委员会，指导和开展高教园区高校心理健康教育工作。2011年5月，高教园区举办第四届“‘5·25’我心飞扬”心理健康教育系列活动，包括心理舞台剧汇演、心理健康知识比赛、心理趣味运动会等活动。高教园区还举办两次心理健康教师培训、两次心理健康主题研讨会，编发高教园区心理健康报。高教园区心理健康工作朝着全局整合、深层协作、共建共享、整体提高的目标稳步推进。（韩　鹏）

·浙江理工大学·

【浙江理工大学概况】2011年，浙江理工大学有15个二级学院、1个教学部、1个独立学院，全日制在校学生2.6万人，其中博士、硕士研究生2500余人。有本科专业56个，其中国家级特色专业8个、省重点专业15个，并拥有硕士研究生推免权。拥有2个国家级实验教学示范中心、5门国家精品课程、2门国家双语教学示范课程。拥有2个博士学位授权一级学科（含12个博士学位授权二级学科）、17个硕士学位授权一级学科。拥有1个浙江省“重中之重”一级学科、3个省“重中之重”学科、1个浙江省高校人文社科重点研究基地、11个省部级重点学科。有1个教育部重点实验室、2个教育部工程研究中心、3个省级重点实验室、16个省部级研究平台。近几年，学校获各类科研奖励200余项，其中国家技术发明二等奖6项、国家科技进步二等奖2项、鲁迅文学奖1项、何梁何利基金科学与技术创新奖1项、省部级奖励80余项，科技工作综合指标居浙江省属高校前列。在职教职工1800余人，其中具有副高级以上职称600余人、正高级职称180余人。有教育部创新团队1个、国家新世纪百千万人才6人、教育部“新世纪优秀人才支持计划”4人；省级特聘教授5人、博士生导师39人、省高校中青年学科带头人44人；省“新世纪151人才工程”第一、第二层次入选者44人，其中重点资助3人；享受国务院政府特殊津贴教师32人。

6月7日，经国家科技部批准，浙江理工大学科技服务中心被评为第3批国家技术转移示范机构，成为省内继浙江大学之后又一获此荣誉的高校机构。

学校畅通民主办学渠道，推进党务公开和信息公开，实施和完善党委会旁听制和校长办公会旁听制，推出党委会党代表列席制。调整处级机构设置和职能，理顺体制，提高效能。落实上级部门绩效工资安排，做好改革基础工作。完善目标管理和考核工作，提高考核的科学性和准确性。

学校后勤综合大楼建成并投入使用，服务保障能力不断改善。完成下沙校区所有征用土地使用

3月8～18日，浙江理工大学参加“第十三届希腊国际教育展”

（浙江理工大学　供稿）

权证登记和确认工作。搭建并完善实验教学示范中心运行管理平台、大型仪器设备共享平台和闲置仪器设备调拨平台。数字化校园二期工程进入实施阶段，校园“一卡通”和无线校园网建设有序推进。继续深化“平安校园”建设，维护校园安全与稳定。

【教育教学和人才培养】根据教育部高教司函〔2011〕15号和17号文件，浙江理工大学2011年入选第3批大学英语教学改革示范点项目学校和第2批卓越工程师教育培养计划高校，标志着浙江理工大学步入全国大学英语教学改革的先进行列和跻身国家级工程教育改革重点工程行列。全年学校获得全国教育科学规划教育部重点课题1项、中国纺织工业协会教改项目16项、浙江省教育技术规划课题4项。学生在数学建模、电子商务等12次大学科竞赛中获国家二等奖6项、三等奖2项和省级奖励79项；在省“挑战杯”大学生课外学术科技作品比赛中成绩排名第2，在全国比赛中获二等奖1项、三等奖5项，获得“挑战杯”世园会专项竞赛特等奖1项。1人获浙江省国家奖学金特别奖。研究生教育继续加强，学校硕士学位论文抽检结果继续名列全省前列，新增省优秀硕士学位论文4篇。学校自主培养的第一位博士获得“黄善元优博基金”，全国仅2人获得；1名研究生获得“纺织之光”特别奖学金，全国唯一。毕业生初次就业率继续位居全省高校前列。

9月25日，浙江理工大学教授金永玲原创歌剧《祝福》在省人民大会堂公演 （浙江理工大学 供稿）

【学科建设取得重大突破】2011年，浙江理工大学博士学位授权一级学科实现“零”的突破，经国务院学位委员会批准，浙江理工大学新增纺织科学与工程、机械工程2个博士学位授权一级学科，新增应用经济学、马克思主义理论、艺术学、数学、化学、生物学、控制科学与工程、计算机科学与技术、生态学、统计学、软件工程、艺术学理论、美术学和设计学13个硕士学位授权一级学科。至此，学校拥有2个博士学位授权一级学科、12个博士学位授权二级学科、17个硕士学位授权一级学科，硕士学位授权二级学科增至61个（含不分设二级学科的一级学科）。立项建设省重点实验室2个、省工程技术研究中心1个，获得省重点科技创新团队2个。

【首次获国家自科基金重点项目资助】浙江理工大学材料与纺织学院教授陈文兴申请的“环境催化纤维多场驱动下消除有机污染物的研究”项目，获得国家自然科学基金重点项目资助，经费总额290万元。这是学校首次以第一承担单位在国家自然科学基金重点项目上实现突破。

【科技创新和服务能力增强】2011年，浙江理工大学获得各类国家级项目68项，省部级项目117项。其中，国家自然科学基金项目55项；国家重大专项子课题、国家863计划重点项目子课题、国家科技支撑计划子课题等省部级及以上高新项目42项；人文社科获省部级及以上项目20项。2011年到校科研经费增至1.12亿元，首次获得国家自然科学基金重点项目。共获省部级奖励25项，并首次获得中国青年科技奖。学校积极为地方经济发展服务，在上虞市和余杭区建立国家技术转移示范机构分中心；结合区域发展要求开展校地、校企等合作，拓展科技和决策咨询服务，全年新承担横向项目429项。2011年，学校科技服务中心被评为国家技术转移示范机构和省重点科技中介服务机构。

【师资队伍实力提升】2011年，浙江理工大学加大高层次人才引进力度，全年新进教师39人，其中具有博士学位的30人、国家“千人计划”1人、省“千人计划”1人、学科带头人1人、学术带头人4人、学术骨干10人，学术骨干及以上人才比例达到41%。不断加大人才培养力度，全年有23人考取在职定向或委托培养博士研究生，12人取得博士学位；49人到国内外著名大学从事访学或博士后研究。学校骨干师资队伍不断扩大，共有14人晋升正高级职称，70人晋升副高级职称；1人入选浙江省特级专家，实现了该项人才指标“零”的突破；1人入选教育部新世纪优秀人才支持计划，1人入选省“千人计划”，1人被聘为浙江省高校特聘教授，1人获国务院政府特殊津贴，1人被评为省“有突出贡献中青年专家”。

【国际化办学程度提高】浙江理工大学留学生教育快速发展，教育规模和水平不断提高，全年共录取来自31个国家的留学生281人，其中有19人获中国政府奖学金、6人获浙江省政府奖学金。学校扩大国际合作与交流，与国（境）外13所大学新签或续签合作协议，建立合作关系的高等院校、科研机构增加到53所。新开展5个赴国（境）外交流学习的学生项目；共聘请外国文教专家41人次，其中博士9人次、院士1人次；共有国外、境外来宾77批、438人次到校讲学或交流；派出187名学生赴国外、境外交流学习，共有53批、96人次教职员工赴国（境）外交流访问或研修。

【学校“十二五”时期改革发展规划】5月，《浙江理工大学“十二五”时期发展规划》正式颁布，文本包括1个总规划和8个子规划。学校通过专题宣讲等方式，宣传规划要旨和要求，指导各二级学院（部）制定相应规划，主动承担学校建设发展的任务，并在暑期中层干部学习会上就规划的落实和学习展开专题研讨。

【首次获中国青年科技奖】12月15日，在中国科协会员日暨第十二届中国青年科技奖颁奖大会上，浙江理工大学材料与纺织学院研究员郭玉海获得由中共中央组织部、人力资源和社会保障部、中国科学技术协会共同颁发的“第十二届中国青年科技奖”，这是该校首次获此荣誉。

【获全国高校校园文化建设二等奖】11月28日，根据教育部教思政司文件确认，浙江理工大学申报的《尚廉·修德·明志——浙江理工大学校园“廉文化”》校园文化建设成果，获得“2011年高校校园文化建设优秀成果二等奖”。这是该校继2010年首获校园文化建设成果全国三等奖后再次获奖。浙江省连续两年获奖的高校仅3所。2011年，浙江理工大学出版《情系理工》等6部校园文化系列著作，继续开展高雅艺术进校园活动，举办各类高水平演出近20场，学校知名度和美誉度不断提高。

【“挑战杯”世园会专项竞赛获特等奖】在10月19日举行的第十二届“挑战杯”全国大学生课外学术科技作品竞赛“世园会”专项竞赛中，浙江理工大学学生的参赛作品获特等奖1项、三等奖1项，这是该校参加“挑战杯”竞赛首次获得特等奖。

【校际合作与交流】5月18日，浙江理工大学举行“浙江理工大学—美国南方理工州立大学合作建立国际纺织服装研究中心”签约和揭牌仪式。12月23~29日，浙江理工大学代表团访问台湾勤益科技大学。其间，代表团向该校递交了经校长签署的两校学术交流合作了解备忘录，与台湾勤益科技大学结为姐妹学校。

【蚕学馆旧址纪念碑落成】6月，浙江理工大学前身——蚕学馆旧址纪念碑在西湖曲院风荷风景区内正式落成。纪念碑高1.5米、长5米，占地面积4平方米，以历史时间顺序为主线，表现出蚕学馆——浙江理工大学的历史变迁。

【党建和干部队伍建设】在2011年创先争优活动中，浙江理工大学1名党员被评为省“月度创先争优闪光言行之星”，3名党员和2个基层党组织被评为省委教育工委“月度创先争优闪光言行之星”，获奖层次和数量位居省属高校前列，党组织和党员的凝聚力、向心力、先进性进一步增强。学校全年积极稳妥完成100多个中层岗位的换届，进一步规范干部初始提名办法，并在省属高校中首次采用“两推一述”方式选拔任用干部，即学校党委选拔任用处级领导干部时，采取首次民主推荐、个人陈述和第二轮民主推荐后产生考察对象的选拔方式，得到学校干部、群众的认可。

【校领导更替】9月27日上午，浙江理工大学召开干部大会，宣布省委关于该校党委主要领导调整的决定。决定徐志平任浙江理工大学党委委员、书记，免去其浙江科技学院党委书记、委员职务；费君清任杭州电子科技大学党委委员、书记，免去其浙江理工大学党委书记、委员职务。　（陈　萍）

·杭州电子科技大学·

【杭州电子科技大学概况】2011年，杭州电子科技大学有普通全日制在校生2.8万人，教职员工2200余人。学校下设二级学院18个，本科专业53个。有7个国家级特色专业建设点、6个浙江省重点专业、9个浙江省重点建设专业、2个国防特色重点专业，是省属高校中唯一拥有国防特色重点专业的高校。学校拥有1个联合培养博士点、1个博士后科研工作站、13个一级学科硕士授权点、43个二级学科硕士授权点，9个领域的工程硕士专业学位授予权。拥有1个国防主干学科、4个浙江省重中之重学科、9个浙江省重点学科、7个信息产业部重点学科，1个省人文社会科学重点研究基地。

加大人才培养力度，优化人才结构。学校全年有1人入选浙江省特级专家，1人入选省"有突出贡献中青年专家"，新增国家"千人计划"入选者1人、省"千人计划"（创新类）入选者7人、省"海鸥计划"入选者2人，新增省特聘教授2人、校特聘教授6人、校讲座教授6人、兼职教授25人。继续加大海内外人才引进力度。全年引进各类人才101人。其中，专任教师86人，具有博士学位人员48人，正高级职称人员6人，海外留学人员13人。加大教师国际化资助力度和政策导向，全年派出53名教师赴境外知名高校进修深造，入选国内、省内高校访问学者3人，获国家基金委出国资助人员2人。

推进卓越工程师教育培养计划，学校成为全国第2批卓越工程师教育培养计划试点高校。2人入选2011年度校级教学名师，6人入选校级教坛新秀，1项研究成果获第四届全国教育科学研究优秀成果三等奖。学科竞赛的覆盖面进一步扩大，内容和种类不断丰富，全校全年共参加各类学生学科竞赛14种，省级以上竞赛的参赛人数约850人，各类学科竞赛总成绩名列全省前茅。抓好研究生课程学习和学位论文管理，2011年学校7篇论文获评省优秀硕士学位论文，抽检论文优良率100%，论文获奖数量及综合成绩列省属高校前3位。

生源质量提高，毕业生就业率领先。学校在全国16个省份本科生录取平均分超过当地"一本线"20分以上。研究生招生规模跻身全省前5位，录取质量稳步提升。毕业生就业率继续稳居省属高校前列，其中研究生就业率98.70%，普通本科生就业率97.88%，独立学院毕业生就业率97.02%。

3月24日，浙江省人民政府、国家国防科技工业局举行共建杭州电子科技大学签字仪式　（杭州电子科技大学 供稿）

【学科建设和科研成果】2011年，杭州电子科技大学获省部级以上项目142项。其中，国家自然科学基金55项并首次获得重大项目课题，经费首次突破2000万元，比上年（指2010年，下同）增长22%；国家重点基础研究发展计划973项目1项，教育部留学回国基金项目立项1项，工信部软科学项目1项；省自然科学基金38项，省重点科技创新团队3项，省重大科技专项9项，省科技计划钱江人才2项，省软科学研究计划项目3项，省政府委托课题项目1项，省科技厅国家科研项目配套1项。学校获省级科研成果奖励5项，其中浙江省科学技术奖一等奖1项、二等奖3项、三等奖2项，省哲学社会科学成果奖二等奖1项。全年，全校发表论文1670篇，三大收录数达到801篇次，其中SCI网络版收录119篇次、EI收录568篇次、ISTP收录114篇次。发表著作29部，获授权专利203项。年度科研经费总额9200万元，其中纵向科研实到经费4900万元、横向科研实到经费4300万元。以"十二五"时期国防继续共建为契机，努力提升军工科研能力和水平。圆满完成国防重点学科实验室评估工作。

8月19～20日，杭州电子科技大学在全国大学生智能汽车决赛中获佳绩
（杭州电子科技大学 供稿）

【首获国家自科基金重大项目课题】 2011年，接国家自然科学基金委通知，杭州电子科技大学教授戴国骏申报的"规模型无线传感器网络可定位性理论与非测距定位方法"重大项目课题，获得国家自然科学基金资助。该课题属国家自然科学基金"十二五"时期第1批重大项目课题。获得国家自然科学基金重大项目课题的资助，在浙江省高校中属首次。该项目的获得，标志学校在这一领域的研究已进入全国领先地位。

【新增5个硕士学位授权一级学科】 3月，国务院学位委员会公布审核增列的博士和硕士学位授权一级学科名单，杭州电子科技大学新增应用经济学、数学、机械工程、仪器科学与技术、生物医学工程5个硕士学位授权一级学科。至此，学校共拥有13个硕士学位授权一级学科、43个硕士学位授权二级学科，涵盖工学、管理学、理学、经济学、文学、法学6个学科门类。

【博士学位授予单位建设中期检查通过】 7月12日，受国务院学位委员会委托，浙江省学位委员会组织专家组对杭州电子科技大学新增博士学位授予单位立项建设进行中期检查。专家组听取汇报、审阅材料、实地考察、集体评议，一致认为该校已经具备成为博士学位授予单位的条件，控制科学与工程、电子科学与技术、计算机科学与技术3个授权学科达到博士学位授权一级学科点的要求。此次检查为迎接2012年国务院学位委员会对该校博士学位授权的考察验收奠定了基础。

【省政府和国防科工局共建杭州电子科技大学】 3月24日，浙江省政府、国家国防科技工业局决定在"十二五"期间继续共建杭州电子科技大学的签字仪式在该校举行。省委常委、宣传部部长茅临生，国家国防科技工业局副局长胡亚枫，浙江省副省长郑继伟等出席签字仪式。中央电视台综合频道《新闻联播》以"国防科工局浙江省共同打造国防重点学科实验室"为标题，播放了浙江省政府与国防科技工业局签署共建协议，合力打造通信信息类国家级国防重点学科实验室，为国防事业培养信息类高端人才的消息。

【浙江保密学院成立】 7月1日，浙江保密学院、浙江保密教育培训基地成立揭牌暨共建签约仪式在杭州电子科技大学举行。省委常委、省委秘书长李强，副省长郑继伟，省军区副政委蓝荣崇，国家保密局总工程师杜虹等领导出席仪式。浙江保密学院成立是新形势下加强和改进保密工作的客观要求，对推动浙江省保密工作专业化、科学化发展具有深远意义。

【3位教授获省部级专家称号】3月，教育部公布“新世纪优秀人才支持计划”2010年度入选人员名单，杭州电子科技大学自动化学院名列其中，教授鲁仁全入选教育部“新世纪优秀人才支持计划”人员名单。8月24日，中国侨联、浙江省侨联、杭州市政府共同主办的“2011侨界海外精英创业创新峰会”在杭州召开，“国家千人计划”入选者杭州电子科技大学教授钱正洪受聘为“中国侨联特聘专家”。8月27日，经省特级专家评选委员会评选并由省委常委会议确认，第3批20名浙江省特级专家名单公布，该校教授薛安克位列其中，至此，学校已拥有浙江省特级专家3名。

【杭电学生获2项国际竞赛大奖】美国东部时间4月5日，2011年美国大学生数学建模竞赛成绩在竞赛官方网站发布，杭州电子科技大学学生获得一等奖2个、二等奖7个。每年一次的美国大学生数学建模竞赛，包括数学建模竞赛（MCM）和交叉学科数学建模竞赛（ICM），由美国自然基金协会和美国数学应用协会共同主办，美国运筹学学会、工业与应用数学学会、数学学会等多家机构协办。本届赛事共有遍及五大洲的3000余支队伍参赛，已经成为最著名的国际大学生竞赛之一。美国当地时间5月30日，第35届ACM国际大学生程序设计竞赛全球总决赛结束。该大赛被誉为“计算机领域奥林匹克竞赛”，是世界上规模大、历史长、具有影响力的大学生国际级计算机类赛事。由杭州电子科技大学计算机学院学生胡浩、王晓立、仲立华组成的代表队凭借全场最快解出E题的优异表现，获得UPE单项奖，第一次登上ACM全球总决赛领奖台。

【全国大学生电子设计竞赛获奖】12月3日，教育部、工业和信息化部主办的2011年全国大学生电子设计竞赛颁奖典礼在北京人民大会堂举行。杭州电子科技大学学生吴辉、吴乾腾和方舟作为一等奖获奖代表参加颁奖典礼。该届大赛有全国1042所院校、1.1万支参赛队、3.3万名学生参赛。学校获全国一等奖3个、二等奖6个，排名全国参赛院校第9名、省内高校第1名。该校还在电子设计竞赛中获得省一等奖2个、二等奖7个、三等奖12个。独立设置的信息工程学院学生获得全国二等奖2个、省三等奖1个。

【全国数学建模竞赛师生同获奖】12月22日，全国大学生数学建模竞赛20周年庆典暨2011年“高教社杯”颁奖仪式在北京人民大会堂举行。全国人大常委会副委员长路甬祥及10余位中国科学院院士出席庆典暨颁奖仪式。学校理学院副教授裘哲勇和学生高宁平作为“国家一等奖”获奖代表，应邀赴京参加颁奖仪式。继10年前获得“优秀指导教师”荣誉后，裘哲勇再次榜上有名。学校参赛学生在2012年度竞赛中获得全国一等奖1个、全国二等奖6个。（琚成明）

·浙江工商大学·

【浙江工商大学概况】2011年，浙江工商大学建校100周年。学校以百年校庆为契机，科学编制和实施“十二五”时期发展规划，科学研究、人才培养、办学实力等方面成果显著。2011年，学校拥有教职工2000人，其中专任教师1506人、博士生导师46人、正高级职称231人、副高级职称611人、博士550人。学校有在校学生3.4万人，其中全日制普通本科生2.3万人、博士研究生133人、硕士研究生2811人、留学生490人、成人教育学生7830人。学校下设23个学院，覆盖9大学科门类；拥有2个博士后流动站，3个一级学科博士点、14个二级学科博士点，13个一级学科硕士点、61个二级学科硕士点，11个硕士专业学位门类（覆盖21个招生领域）；55个本科专业。拥有1个教育部省部共建人文社会科学重点研究基地，1个国家农产品加工技术研发专业分中心，1个省哲学社会科学重点研究基地，1个省重中之重学科、10个省级重点学科、4个省人文社会科学重点研究基地、4个省重点实验室、1个省级行业创新平台、2个省重点创新团队、6个省高等学校创新团队。拥有5个国家级特色专业、15个省级重点专业；1个国家级教学团队、5个省级教学团队；3门国家级精品课程、1门国家级双语教学示范课程、37门省级精品课程、1个国家级实验教学示范中心、8个省级实验教学示范中心；2个国家级人才培养模式创新实验区、1个省人才培养模式创新实验区。学校具有同等学历人员申请硕士学位授予权；与加拿大魁北克大学合作培养项目管理硕士（MPM）；拥有外国留学生和中国香港、澳门、台湾地区学生招生权；设有浙江唯一的“法语联盟”，即杭州法语联盟，是巴黎法语联盟和浙江工商大学合作办学的成果，旨在推广法语语言和法国文化。

推进教育教学改革，完善人才培养模式。学校在省教育厅对2010~2011学年省属普通高校本科教学业绩考核中位列第3名，取得历史最好成绩。正式成立省属高校首个教师教学发展中心，新增3个本科专业。该校还被批准为教育部第3批大学英语教学改革示范点项目学校，被确定为浙江省计算机类专业培养服务外包人才试点学校。软件工程、环境科学与工程、生物工程3个实验教学中心被省教育厅认定为省级实验教学示范中心建设点。有9门课程列入省级精品课程建设项目。招生质量及就业形势良好。2011年，学校第一批文、理科录取分数线分别超过省重点线21分和22分；第二批文科最低录取名次列全省录取人数前4%，理科投档分数线列全省第3位。学校还获准面向全国招收游泳和女子篮球两个项目的高水平运动员。截至8月末，研究生和本科生初次就业率分别为98.67%和96.96%。加强师资队伍建设，引进和培养高层次人才。学校引进各类人才中，1人被聘为省高等学校“钱江高级人才”，1人入选省创新人才“千人计划”。加强师资培养，多名教师入选教育部“新世纪优秀人才支持计划”、浙江省“有突出贡献中青年专家”、浙江省宣传文化系统“五个一批”人才等。

加强出版工作，提高“两刊”质量。浙江工商大学出版社出版规模持续扩大，出版水平提高。刊物《商业经济与管理》和《浙江工商大学学报》分别入选武汉大学中国科学评价研究中心（2011~2012）“RCCSE中国核心学术期刊（A+）”权威期刊行列和“RCCSE中国核心学术期刊（A-）”行列。

【科研管理体制和科研成果】2011年，浙江工商大学获批3个浙江省重点实验室和2个浙江省重点创新团队（其中1个为参加）。3个重点实验室分别为浙江省水产品加工技术研究联合重点实验室、浙江省电子商务与物流信息技术研究重点实验室、浙江省固体废物处理与资源化重点实验室。学校组建城市水资源开发利用（北方）国家工程研究中心浙江研究与开发基地，被列为引进大院名校共建创新载体。2011年科研总经费1.85亿元，其中科研项目经费1.12亿元。纵向科研项目立项数457项，到款经费4178万元。共获得国家级科研项目103项，其中国家973计划课题1项、国家自然科学基金项目53项、国家社会科学基金8项、教育部人文社会科学研究项目39项。获省部级项目169项，其中省自然科学基金项目40项、省哲学社会科学规划课题61项、省科技计划34项（其中省科技重大项目6项）。获浙江省哲学社会科学优秀成果奖21项，其中一等奖5项、获浙江省科学技术奖5项、获教育部第四届全国教育科学研究优秀成果奖1项。

【学科建设和教育教学取得突破】根据国务院学位〔2011〕8号、51号、56号文批准，浙江工商大学获得应用经济学、工商管理学、统计学3个一级学科博士学位授予权；新增法学、马克思主义理论、外国语言文学、信息与通信工程、计算机科学与技术、环境科学与工程、统计学、软件工程和设计学9个一级学科硕士学位授予权；学校申报的审计硕士专业学位也获批准。全日制研究生招生首次突破1000人，首获省优秀博士毕业论文。根据教育部教高〔2011〕4号文批

5月8日，浙江工商大学举行建校100周年庆祝大会

（浙江工商大学 供稿）

准，学校新增美术学、信息安全和国际商务3个本科专业。

【"大地计划"推进实施】2011年，浙江工商大学推进实施"大地计划"——即学校教育与社会实践相结合的行动计划，教职工到机关企事业单位挂职锻炼、承担横向课题、为地方政府和企业提供咨询服务，建立学生实习实践基地，鼓励学生参加社会实习实践，积极服务于浙江省经济社会发展。11月23日，学校与义乌市人民政府签订战略合作协议。学校与义乌市共同促进合作平台和研究基地建设、各类资源的相互开放和共享使用、课题研究和技术攻关、人才交流和实习基地建设、科研项目对接和科研成果转化等。双方每年将在义乌举行科研项目对接会、人才洽谈会、企业高效科研信息交流会等。10月24日，学校与泰顺县人民政府签订全面合作协议，内容主要包括科技成果转化和技术难题攻克；共享资源，共建产学研联合体和技术开发机构；对科技合作项目进行资金支持；人才培养、引进和交流等。全年获得横向项目976项，实到经费7000万元。

【"蓝天计划"拓展实施】2011年，浙江工商大学拓展实施"蓝天计划"，即学校教育国际化行动计划。实施教师出国进修培训、参加国际学术会议，学生出国学习交流，利用国外优质教育资源加强科研国际合作，举办国际学术会议等计划内容。学校与包括美国加州大学伯克利分校在内的10所高校签署交流合作协议。全年接待国际友人到访80余批近400人次。选派优秀学生421人到欧、美、日等国家和地区高校进行交流学习。该校稳步推进教育国际化，选派108批、178人次出国（境）交流、进修、访学；聘请欧、美、日等国家的专家和教师61名到校任教。扩大留学生教育规模，招收约40个国家的留学生498人，比上年增长36.8%。学校"法语联盟"注册学生近1000人。

【师德师风和职业道德建设】2011年，浙江工商大学首次启用"学术不端检测系统"，强化师风和职业道德建设。以先进榜样事迹感染师生，引领积极健康的校园文化建设。学校纪委副书记、纪检监察办公室主任许富明因在纪检监察工作中表现突出获得中央纪委、监察部嘉奖。学校教师姜兵获"全国高校辅导员年度人物"提名奖，学生曹秋[illegible]获"全国道德模范"提名奖，学生鲍福光获评"浙江省十佳大学生"和"2010中国大学生年度人物"入围奖。

【学生科技和文体活动成绩优异】2011年，在第十二届全国"挑战杯"大学生课外学术科技作品竞赛中，浙江工商大学选送6件作品全部获奖，其中特等奖1项、二等奖2项、三等奖3项。学校成为省内唯一连续4年获得"挑战杯"作品最高奖项的高校，以参赛总分240分的成绩并列全国高校第14位（位列全国第31位）。学校获大赛优秀组织奖，连续四届蝉联全国"挑战杯"发起高校资格。在省第十二届"挑战杯"大学生课外学术科技作品竞赛决赛中，获特等奖3件、一等奖7件、二等奖9件、三等奖10件，团队总成绩居省属高校第一。在浙江省第三届大学生艺术展演艺术表演类节目现场比赛中，学校参赛的8个节目全部获奖，其中7个作品获一等奖、1个作品获二等奖，学校获优秀组织奖。学校在此项比赛中取得历史最好成绩，并成为省属院校非专业组获奖门类最齐全、获奖数目最多的学校。在第十二届全国大学生游泳锦标赛中，学生陈晓俊获男子200米混合泳项目金牌、100米仰泳项目铜牌；学生宋尊荣获得男子200米自由泳银牌。在全国大学生桥牌锦标赛中，学校获2枚金牌、1枚银牌，奖牌数居全国各参赛高校之首。

【浙江工商大学建校100周年】5月8日，浙江工商大学举办庆祝建校100周年大会。中共中央政治局委员、国务委员刘延东，全国人大常委会原副委员长许嘉璐，浙江省委书记赵洪祝，省长吕祖善，省政协主席乔传秀，省委常委、常务副省长陈敏尔，省委常委、杭州市委书记黄坤明等致贺信、贺词。教育部、国家自然科学基金委员会、国家粮食局、商务部办公厅等致信祝贺。教育部党组副书记、副部长杜玉波，省委常委、常务副省长陈敏尔，省委常委、宣传部部长茅临生，著名经济学家吴敬琏等出席庆祝大会。杜玉波代表教育部，茅临生代表省委、省政府作重要讲话。4月23日，贝因美集团董事局主席谢宏以个人名义向学校捐赠1000万元，以贺浙江工商大学百年校庆。

【杭州商学院迁建方案获批】10月[illegible]日，浙江省教育厅、浙江省发展和改革委员会、浙江省财政厅联合印发《关于浙江工商大学杭州商学院规范设置方案的批复》，正式批准杭州商学院迁建规范设置方案。浙江工商大学将与与桐庐县人民政府（委托县国有资产投资经营有限公司）合作举办杭州商学院。核定在校生规划规模8500人。办学选址在桐庐县城凤川江南新城，一期用地面积36.93公顷，适当预留发展用地。杭州商学院迁建工程以杭州商学院名义按基本建设程序立项建设。桐庐县以货币资金和土地使用权出资，浙江工商大学主要利用学校名称、知识产权、管理资源、教育教学资源等参与办学，其余由杭州商学院自筹解决。学院建成后，土地证、房产证办到杭州商学院名下。

【校领导更替】3月29日，根据《浙江省人民政府关于张仁寿等职务任免的通知》，张仁寿担任浙江工商大学校长；3月17日，根据《中共浙江省委关于张仁寿同志任职的通知》，张仁寿担任浙江工商大学党委副书记。11月13日，根据《浙江省人民政府关于陈寿灿等职务任免的通知》，陈寿灿、戴文战担任浙江工商大学副校长；10月13日，根据《中共浙江省委教育工作委员会关于牛东红等同志职务任免的通知》，陈寿灿、戴文战担任浙江工商大学党委委员职务。

（陈永春）

·中国计量学院·

【中国计量学院概况】2011年末，中国计量学院有教职工1697人，其中专任教师1169人。专任教师中具有副高级以上职称教师548人，具有博士、硕士学位的教师占90%，有国家“百千万人才”、教育部“新世纪优秀人才”、浙江省特级专家、特聘教授、“151人才工程”重点人才，以及第一、二层次培养人员等高层次学科、学术带头人100余人。全年引进教授、博士副教授7人，博士（后）27人。学校下设19个二级学院（部、中心）和1个独立学院。拥有45个本科专业，7个一级学科硕士点、25个二级学科硕士点，3个工程硕士授权领域；1个省重中之重学科、1个省高校人文社科重点研究基地、6个省重点学科；4个国家特色专业、12个省重点建设专业，4门国家级精品课程和双语示范课程、23门省精品课程；1个国家级教学团队、5个省级高校教学团队，1个国家级实验教学示范中心、8个省级实验教学示范中心，1个国家级人才培养模式创新实验区、1个省级人才培养模式创新实验区；建有1个国家地方联合工程实验室、1个教育部工程研究中心、1个国家质检中心、4个省重点实验室和2个省工程实验室，共建3个浙江省、杭州市公共科技创新服务平台。在校全日制普通本科以上学生1.4万人，其中硕士研究生922人、本科生1.3万人，独立学院本科生7286人。2011年，学校面向30个省市招收硕士研究生348人、普通本科生3467人、独立学院本科生1893人，浙江省第二批文、理科投档线分居省属高校第5名、第7名，省外理科有15个省、文科有12个省的新生录取平均分超过当地重点高校录取分数线。毕业硕士研究生193人，就业率99%；本科毕业生2593人，就业率98.15%；独立学院毕业生1630人，就业率97.59%，普通本科生考研录取率14.62%。

推进教学质量建设，获批教育部第2批“卓越工程师教育培养计划”高校，产品质量工程、自动化两个专业入选“卓越计划”。安全工程专业通过教育部全国工程教育专业认证。学校在2010~2011学年省属高校本科教学业绩考核中位居第7名。新增功能材料、动植物检疫、金融工程3个本科专业，4本教材入选推荐“十二五”时期高等教育国家级规划教材，22个省部级教育教学改革项目获批立项。加强教学质量监控，委托麦可思公司开展毕业生就业质量跟踪调查并启动专业培养方案修订工作。获批20个中央财政、省财政、教育厅专项实验室项目，资助经费2550万元。

完善学科建设管理机制，建立重点学科考核评价体系；优化学科结构，强化学科特色，在一级学科硕士点下新设置二级学科硕士点，组织申报服务国家特殊需求博士人才培养项目；加大重点学科建设投入，遴选产生9个按博士点标准建设学科。深化研究生教育改革，实行研究生学生工作校院两级管理；鼓励研究生开展学术科技创新，促进研究生论文质量提高，入选浙江省优秀硕士学位论文2篇，2008级硕士研究生周文俊获第七届“中国青少年科技创新奖”（全国共100名）。

加大服务社会力度，与浙江省质监局、杭州市质监局、福建省计量科学研究院、南京市计量监督检测院签订全面科技合作协议；与余姚市政府开展科技对接交流，建立温岭技术转移中心。中国计量学院科技创业园被认定为浙江省省级科技企业孵化器、杭州市“青蓝计划”首批试点基地；以第二单位共建的浙江省产业发展政策研究中心获批浙江省哲学社会科学重点研究基地。全年与企业签订横向技术合同405项，合同金额5308万元，共建11个产学研合作中心；计测学院获2010年度“杭州市科技创新十佳高校院系”称号，光电学院获“杭州市科技创新十佳产学研合作科技成果转化项目”，3个产学研项目入选教育部《2008~2010中国高校产学研合作优秀案例集》。发挥行业特色优势，为杭州市质监局、青海省质监局等单位举办7期技术人员、管理干部培训班。

【科研创新水平提升】2011年，中国计量学院科研经费总额超1.8亿元，获准立项国家级项目58项、省部级项目91项，获得国家自然科学基金重点项目、科技部国际合作重大专项等重大重点项目立项。获得省部级科研成果奖励14项，其中省科学技术一等奖1项、国家质检总局科技兴检一等奖1项、中国仪器仪表学会科学技术一等奖1项。灾害监测技术与仪器国家地方联合工程实验室获国家发改委批复认定，拥有学校首个国家级平台。浙江省海洋食品加工质量控制技术与仪器工程实验室获批立项。发表EI/SCI等检索收录论文761篇（SCI论文265篇），出版专著17部；授权发明专利66项，主持或参与起草国家（行业）标准10个。在教育部《中国高校知识产权报告（2010）》中，中国计量学院专利授权量排名全国高校第85位。

【开设国内首个标准化工程专业】3月8日，教育部公布2010年度高等学校专业设置备案或审批结果，中国计量学院获准开设“标准化工程”本科专业，是中国首次正式在高等教育本科专业目录中设置标准化工程专业，2011年秋季面向全国招生。该专业面向培养能够从事有关标准化工程项目决策和全过程管理的标准化高级专门人才，基本学制4年，毕业后授予管理学学士学位。

【国际交流与合作】2月22日，教育部批准2010年申请中外合作办学项目名单，中国计量学院与新西兰奥克兰理工大学合作举办的“计算机科学与技术专业”入选。该项目课程全部在国内进行，其中1/3以上课程由奥克兰理工大学教师到华授课。学生达到培养计划要求的，将获得中国普通高校本科毕业证书和学校颁发的工学学士学位证书，同时获得奥克兰理工大学颁发的计算机与信息科学学士学位证书。奥克兰理工大学是新西兰8所国立大学之一，拥有在校本科生1.7万余人，硕士和博士研究生3900人。学校还与澳大利亚、美国、英国等高校签署7个合作备忘录；推进实施与奥克兰理工大学的本科教育合作项目，开展留学生学历教育。师生国际学习交流活跃，教师出国进修、参加国际会议、合作研究62人次，外国专家到校讲学、合作研究30人次，拓展赴美国、德国高校交换生、社会调研、夏（冬）令营等学习交流项目，69名学生出国（境）学习交流。

【承办标准化教育国际合作研讨会】6月27~29日，由中国计量学院承办的“2011年标准化教育国际合作研讨会”和“世界标准合作学术大会”在杭州召开，主题是“标准化教育与学术研究”，来自标准化教育国际委员会（ICES）、国际标准化组织（ISO）、国际电工委员会（ICE）、国际电信联盟（ITU）以及世界各国标准化组织、高校的80余名专家，围绕标准化研究概述、标准化教育的教学课程、学术课程等专题展开探讨。“中国计量学院标准化本科教育项目”得到专家一致认可，认为“中国计量学院的标准化高等教育体系”是国际上完善的标准化教育体系。

【入选“青蓝计划”首批试点基地】7月15日，杭州市“青蓝计划”启动仪式在浙江大学科技园会议中心举行。中国计量学院科技创业园、浙江大学国家大学科技园、浙江省国家大学科技园、中国美术学院国家大学科技园、浙江海外高层次人才创新园、杭州市高科技企业孵化器6个单位被授予杭州市“青蓝计划”实施首批试点基地。10月14日，中国计量学院科技创业园被认定为省级科技企业孵化器。

【3项研发入选省重点创新团队】3月29日，省委办公厅、省政府办公厅公布浙江省第2批“浙江省重点科技创新团队”名单，中国计量学院由教授葛洪良为带头人的磁/光电子材料研发及检测技术科技创新团队、教授金尚忠为第二带头人的LED照明新技术科技创新团队、教授朱诚为第二带头人的农产品安全

标准与检测技术科技创新团队等3个创新团队入选。

【科技发明与学科竞赛】2011年，中国计量学院获得A类学科竞赛省级三等奖以上奖项183项，其中国家级奖23项。在国际大学生数学建模竞赛中，5个队获一等奖；在第三届全国大学生电子商务竞赛中，3个队获一等奖；在全国大学生数学建模竞赛中，7个队获二等奖；在第十二届全国“挑战杯”科技竞赛中，获得一等奖1项、二等奖2项、三等奖2项，竞赛成绩在523所参赛高校中排名第47位，首次跻身“挑战杯”全国大学生课外学术科技作品竞赛排名前70所发起高校行列。学生发表论文164篇，其中EI/SCI收录论文14篇；获准授权发明专利、实用新型专利、外观设计专利和软件著作权723项。

【特色校园文化建设】11月28日，教育部思想政治工作司公布2011年高校校园文化建设优秀成果评选结果，中国计量学院申报的“传承计量文化，思量国计民生——中国计量学院特色校园文化建设的探索与实践”校园文化项目获一等奖。该次校园文化建设成果评选产生特等奖10项，一等奖40项，二等奖60项，优秀奖100项。7月，学校出版书籍《文化化人，润物无声——中国计量学院特色校园文化建设》。开展东校区楼宇、道路、景观命名及释义工作。文化艺术活动成果丰硕，在全国第三届大学生艺术展演活动中获全国一等奖1项、省一等奖4项；“零点调查协会”被评为“全国十佳优秀社团”，校团委被评为“浙江省先进团委”。 （张徐兴）

·浙江财经学院·

11月18日，浙江财经学院举办首届清华亚太地区翻译与跨文化论坛
（浙江财经学院 供稿）

【浙江财经学院概况】2011年末，浙江财经学院有11个二级学院、1个教学部、1个独立学院和1个成人教育学院。拥有7个省级重点学科、23个校级重点学科；40个本科专业；4个国家级特色专业建设点、7个省级重点建设专业；1个国家级教学团队、4个省级高校教学团队；4门国家级精品课程、25门省级精品课程；7个省级实验教学示范中心、1个人才培养模式创新实验区；6个一级学科硕士点、39个二级学科硕士点、6个专业硕士学位授权点；1个省级哲学社会科学重点研究基地、2个省属高校人文社科重点研究基地、1个研究生教育创新示范基地。普通全日制在校研究生和本科生2.3万人，其中研究生1048人。全校有教职工1300余人，其中专任教师831人。专任教师中正高级职称教师156人、副高级职称教师287人，具有高级职称教师占师资总量53.3%；具有博士、硕士学位教师占师资总量75.4%。有国家“百千万人才工程”第一、第二层次人员1人、全国模范教师1人、享受政府特殊津贴9人、全国师德先进个人1人、省部级“有突出贡献中青年专家”3人、教育部“新世纪优秀人才支持计划”1人、省“新世纪151人才工程”各层次人才80余人、省高校中青年学科带头人培养人员21人、省宣传文化系统“五个一批”人才2人、省优秀教师3人，省教学名师5人、省教坛新秀7人、省师德先进个人3人、省“三育人”先进个人16人。学校有16个一级学科副教授评审权。

积极参加重点学科和学位点申报，学科与学位点建设稳步发展。2011年，国务院学位委员会开展授予博士学位的服务国家特殊需求人才培养项目试点工作，学校申报的“城市公用事业政府监管人才培养项目”成功入围推荐名单。2011年，该校获得一级学科硕士点1个，累计达到6个。学校组织并完成第5批省重点学科总结验收和省级人文社会科学重点研究基地检查工作。组织申报新一轮省级重点学科。学校东方学院通过省学位办对独立学院学士学位授予权的审核工作。

加强师资队伍建设，2011年，学校引进教师31人，晋升正高级专业技术资格12人，1名教师入选教育部“新世纪优秀人才支持计划”，1名教师入选省宣传文化系统“五个一批”人才，4名教师入选省“151”人才工程第三层次培养人员。完成留学归国人员信息库建设工作。

2011年，学校招收普通全日制本科生6069名，招收研究生455名，录取MBA研究生80名。校本部招生投档线连续8年列省属高校第1位，东方学院文、理科录取线名列全省独立学院前列。学校首次招收高水平运动员，生源质量良好。学校着力拓宽信息渠道、搭建就业平台，加强就业指导，本科毕业生初次就业率98.08%，东方学院就业率96.30%，研究生初次就业率97.5%，就业质量和就业层次进一步提高。

2011年，学校成立浙江财经学院海洋研究中心，设立“浙江经济社会发展专项研究”课题，创办《浙财研究》刊物，两项成果获省领导重要批示。

11月4日，由教育部高等教育司主办、浙江财经学院承办的产业经济学青年骨干教师高级研修班开班，有来自全国各地高校产业经济学120位青年骨干教师参加。

【科研项目和成果】2011年，浙江财经学院获国家级科研项目立项17项，教育部人文社科项目立项28项，获省自然科学基金10项，其他省级项目46项，全年科研经费突破3000万元。教师累计发表一级A学术论文15篇，一级B论文102篇。学校获得8项省哲学社会科学优秀成果奖，16项省高校优秀科研成果奖。

【教育改革和人才培养】2011年，浙江财经学院实施“质量立校”战略，进一步提高教学水平和人才培养质量。6月12日，中国教育报第3版以“实施质量立校战略，打造财经育人品牌”为题，对浙江财经学院人才培养质量工程进行全方位报道，从教学、师资和学生培养等方面进行详细介绍。学校经省教育厅推荐为“全国高等教育学籍学历管理工作先进集体”。增设国民经济管理、软件工程2个专业。3门省级精品课程通过验收，其中《财务管理》课程获得优秀等级。学校重视抓好研究生培养质量，两名研究生毕业论文获省优秀硕士论文。学校积极培育学生创新创业能力，在“挑战杯”竞赛中获全国一等奖1项，三等奖1项，首次获得优秀组织奖；在其他竞赛中，获国际级奖项3项、国家级奖项9项、省级奖项240项。学生成功申请实用新型专利3项，实现学生专利授权“零”的突破。

2月27日，浙江财经学院主办浙江省优秀民营企业、杰出企业家颁奖典礼
（浙江财经学院 供稿）

【国际交流与合作】2011年，浙江财经学院与境外48所大学建立学术交流与合作关系，与多所海外知名高校开展合作办学项目；接收日本早稻田大学向学校捐赠图书1.39万册；全年先后有2[illegible]批、52人次国（境）外专家学者到学校访问或讲学；举办出国教师培训班2期，48名教师赴境外进行学术访问或交流；有214名学生出国留学，接收国外留学生25名。11月18日，首届清华亚太地区翻译与跨文化论坛在浙江财经学院举行，来自10个国家和地区的翻译领域专家学者齐聚一堂，就翻

译学和跨文化研究前沿理论和热点问题开展深入讨论研究。

【学生获评省教育十大年度影响力人物】 由浙江教育报刊总社、教育信息报社主办的“2010浙江教育年度新闻”和“浙江教育年度新闻人物”评选结果揭晓，浙江财经学院学生许鑫翰被评为“浙江教育十大年度影响力人物”，是该次评选活动中唯一获此荣誉的在校大学生。

【学生获得残疾人运动会4金】 在第八届全国残疾人运动会上，浙江财经学院学生徐家晖夺得S15级100米、200米自由泳和S15级100米、200米蝶泳4个项目的金牌，并全部刷新全国纪录。

【主办省优秀民营企业和杰出企业家颁奖典礼】 2月27日，由浙江财经学院民营经济研究中心主办的浙江省优秀民营企业、浙江省民营经济杰出企业家颁奖典礼在省人民大会堂举行。省人大常委会副主任金德水、副省长毛光烈、市政协主席孙忠焕、省政府副秘书长陈广胜等出席会议。毛光烈代表省政府发表讲话。会议为评选出的20名浙江省民营经济杰出企业家和45个优秀民营企业授奖。

【专家到校作国际形势报告】 12月8日，在中东形势日趋紧张之际，中国政府中东事务特使、外交部外交政策委员会委员吴思科应邀到浙江财经学院，为师生作题为《西亚北非变局对地区格局的影响》的国际形势报告，并于会后接受师生们的采访。（郑纪达）

·浙江传媒学院·

【浙江传媒学院概况】 2011年，浙江传媒学院学科涵盖人文、经济、工程、管理四大类，有本科专业29个、专科专业9个。学校有省级研究基地（中心）10个，省级重点学科3个。在校学生1.1万人，其中普通本科生2779人、专科生157人。成人学历教育在校生1136人。图书馆纸质图书总量90万册，电子图书47万册。拥有教职工973名，其中具有正高级职称78人、副高级职称159人。专任教师609人，具有博士学位教师占18.2%，具有硕士学位教师占35.5%。学校客座教授和兼职教学老师100余人。

深化教育教学改革，办学质量稳步提升。2011年，学校在全省本科院校教学业绩考核中位列30所院校第13名，排名有提高；8种教材获省高校重点教材立项资助；获省级以上学科竞赛奖项68项。学校出台《教学质量保障体系建设纲要》，形成学校第一份《教学质量年度报告》，全面分析学校整体教学工作；完成新一届教学督导队伍调整工作，贯彻实施“六大重点工程”，出台《教学奖励暂行办法》等一系列政策保障措施；根据学校机构调整后教学管理实际状况，重新归口本专科专业所在课程，着手建立课程库，于9月启动首批达标课程建设工作。

深入开展“创先争优”活动，全面加强基层党组织建设。根据省委部署，学校党委以“创科学发展之先，争校园和谐之优”为主题，通过开展公开承诺工作、“闪光言行”展示评选活动、基层党建工作示范点评选活动、督查点评工作、党建成果网络巡礼活动等，深入开展“创先争优”活动。学校扎实推进深化作风年建设活动，机关效能建设稳步推进，工作作风不断改进，干群关系进一步融洽，达到部署有力、进展有序、改进有效的预期效果。学校被授予“浙江省第一批高校基层党建工作示范点”称号。

【科研和艺术创作】 2011年，浙江传媒学院科研立项总数230项，比上年增长3%，科研经费增长17.58%。科研总经费1360.73万元，其中横向科研项目经费1046万元。出版著作36部，其中专著17部；论文550篇，其中在CSSCI收录期刊上发表论文130篇；获得各类科研奖项12项，其中获国家广电总局奖励1项、教育厅高校科研奖励8项。由学校主要参与制作的高清电影《盖世武生》获第五届浙江省电影“凤凰奖”优秀数字电影奖、优秀导演奖、优秀编剧奖3项大奖。

【获得硕士专业学位点】 2011年，浙江传媒学院加快推动硕士点申报工作。10月，国务院学位委员会授予学院新闻与传播学专业硕士点，获得新建本科院校首批“服务国家特殊需求人才培养项目”，启动高层次研究生教育。学校围绕研究生培养、管理等开展培养方案、导师遴选制度、招生与管理等制度的制订和论证，开展与浙江师范大学等国内高校联合培养硕士研究生工作，对相关指导教师进行教学指导，论坛选题、科研能力培养、社会实践等各项工作全面开展。

【产学研一体化和社会服务水平】2011年，浙江传媒学院坚持"以服务求支持、在贡献中求发展"理念，出台学校产学研一体化政策，促进多次重大合作。先后与杭州文广集团、浙江出版联合集团、绍兴广播电视总台签署战略合作协议，成立产学研教学实践基地，为学科建设、专业发展、师资培养等创造良好条件。与香港卫视签订2012年度合作项目备忘录，就合力推动香港卫视动漫台发展、提供人才智力支持、共建研究基地、加强实践基地建设和拓展与香港教育界的合作交流等事项达成共识。学校组织承办2011年全国广播电视从业人员资格考试命题、阅卷及分析报告工作，以及第七届中国国际动漫节声优大赛和高峰论坛。学校与卓尚服饰（杭州）有限公司签订战略合作协议。完成阿克苏班培训项目，成立全国艺术类高校中首家女子学院。学校积极开拓高层次培训项目，拓展党员干部远程教育，注重培训质量，全年组织完成黑龙江、湖北、广东、安徽、广西、云南、新疆7个省(自治区)各类培训班28期，培训2300余人，实现从传媒行业培训向多行业培训方向发展。学校继续加强对传媒文化创意产业园的培育和孵化平台建设，补充完善《杭州经济技术开发区传媒文化创意产业园管理办法》《杭州经济技术开发区传媒文化创意产业园考核制度》等规定，扩增产业园孵化中心建设规模。至年末，园区内有全职、兼职员工400余人。园区孵化成效明显，招商引资效益扩大。园区坚持的"相依传媒高校、相伴成熟企业、园区企业共同成长"特色发展路径在杭州市科技企业孵化器评审中获得高票通过认定，入选新一批市级科技孵化器，顺利通过国家数字娱乐产业示范基地拓展区考核。

【师资队伍实力提高】2011年，浙江传媒学院全面启动教师海外发展、高端人才培育、青年教师发展、教师国内多样化培养四大工程建设。出台《教师国际化培养及其管理暂行办法》；2名教师入选国家留学基金和省合作留学项目；新增2名教师为省新世纪151第三层次培养人选；3名教师取得国内高级访问学者证书；共选派19名教师分赴行业一线和党政机关挂职实践。学校引进具有正高级职称教师2人，副高级职称教师3人，省"151人才工程"第三层次培养人才2名；引进具有博士学位人才14人，具有海外学历人才8人。2011年，学校有86位专业技术人员晋升（转评）高一级专业技术资格；其中，8位晋升正高级职称，24位晋升副高级职称。进一步提升"博士论坛"品牌影响力，第2辑以《文化中国创意传媒》为题的"浙江传媒学院博士讲坛"文章汇编成册。

浙江传媒学院演播大楼　　（郑体兵　摄）

【国际化办学水平提升】7月，浙江传媒学院奥斯特孔子学院申报获得成功，成为浙江省高校在英国的第一所孔子学院。学校与海外高校交流与合作项目19项；与美国加州大学伯克利分校签订合作协议，组织19名中层干部赴美国肯恩大学接受为期20天的国际化传媒管理人才专题培训；学校赴海外进行交流学习的学生154人，到学校进行交流活动的海外学生115人；外国文教专家及教师人数增至13人。派出因公出国（境）人员5批、58人次，接待国（境）外合作交流、学术交流、项目交流代表团组48个、228人次。学校与英国考文垂大学、桐乡市政府联合成立产学研国际合作平台，推动浙江传媒学院桐乡校区国际化办学水平。学校国际合作办学项目增多，包括与英国考文垂大学合作“3+1”本硕项目，与韩国光州女子大学合作“2+0.5+2”学分互认双校园联合培养项目，与英国考文垂大学合作“3+1”学分互认双校园联合培养项目，与澳洲悉尼大学联合培养硕士生班项目等。学校承办多场国际学术活动，包括国际舞美灯光研讨会、第七届中国国际动漫高峰论坛、文化创意教育国际论坛、中英教育对话等国际学术会议。

【教育部本科教学合格评估通过】11月，教育部评估专家组结合浙江传媒学院自评报告，通过深度访谈校领导、相关职能部门和学院负责人，走访相关职能部门、学院以及实践实习基地，考察浙江传媒学院下沙校区与桐乡校区教学环境、学生生活环境，进行随机听课等方式，对学校教学工作进行全方位、各层面、多角度考察评估。学校完成专家到校考察各项工作，获得评估专家一致好评，以高票通过教育部合格评估，在受评高校中名列前茅。

【校园文化建设】2011年，浙江传媒学院召开共青团浙江传媒学院第三次代表大会，举办一系列融合传媒特色的主题教育活动，承办由省委宣传部、省委教育工委、团省委共同主办的第二届浙江省“十佳大学生”颁奖晚会。志愿者服务工作取得好成绩，获得第八届全国残疾人运动会志愿者工作“突出贡献奖”，中央电视台、《青年时报》等多家媒体予以关注报道。学校团委获共青团系统最高荣誉——“全国五四红旗团委”。学校以校园文化品牌提升社会影响力，先后获得全国第三届大学生艺术展“组织工作奖”，第十届金刺猬大学生戏剧节“优秀剧目奖”，“青春领袖”省大学生辩论赛亚军，第十三届齐越朗诵一等奖、全国大学生演讲大赛金奖、省大中专学生暑期文化科技卫生“三下乡”社会实践活动优秀组织奖等。学校进一步深化“平安校园”建设，被市委、市政府评为“平安示范校园”。

【传媒学院获“全国文明单位”称号】12月20日，在北京举行的全国精神文明建设工作表彰大会上，浙江传媒学院被授予“全国文明单位”称号，成为省属和部属高校中第1所获此荣誉的高校，反映学校文明单位建设工作走在全省高校前列。

【桐乡校区建成启用】浙江传媒学院桐乡校区是经省政府2009年9月22日正式发文批复，由桐乡市负责投资建设、浙江传媒学院负责办学的学校直属二级办学单位，系省属公办性质，办学形式为普通全日制教育，办学经费纳入省级财政预算。2011年5月学校所有工程基本竣工。9月中旬，桐乡校区迎来近3000名新生报到。桐乡校区一期占地面积33.33公顷，建筑面积17万平方米，总投资近7亿元，规划在校生规模5000人。桐乡校区运行标志着浙江传媒学院迈出异地办学第一步，为桐乡市经济文化的繁荣发展作出贡献，“校地双赢”办学模式初见成效。

【传媒学院获结对帮扶工作先进荣誉】2011年，浙江传媒学院响应省委、省政府实施“低收入农户奔小康工程”号召，与天台县泳溪乡结成对子，对该乡提供支持和帮助，下派专职农村指导员，为促进该县低收入农户增收和泳溪乡经济发展作出一定贡献。省委、省政府发文表彰学校为2011年度“低收入农户奔小康工程”结对帮扶工作先进单位。（宋鹤娇）

·杭州师范大学·

【杭州师范大学概况】杭州师范大学下设2个学部、19个学院、3个基础教学部，1个国有民办独立学院（钱江学院）。教学仪器设备总值3.36亿元，图书馆藏书208万册。学校有全日制本科生2.4万人，研究生1697人；教职工2322人，专任教师1299人，其中教授240人、副教授472人、博士学位473人，共享院士9人。拥有57个本科专业；新增8个一级学科硕士点，累计19个一级学科硕士点；有1个省“重中之重”学科、8个省级重点学科；1个国家中小学教师培训项目基地、1个省高校人文社科重点研究基地、2个省级科技创新服务平台。有省部共建教育部重点实验室、省级基础课教学实验示范中心等一批重点实验室。承担包括国家重大科学研究计划（973系列）、国家“863”计划、“十一五”时期国家科技攻关项目、国家自然科学基金重点项目和国家社科基金重大项目在内一大批科研项目。

2011年，学校实施“探索落实高等学校办学自主权”国家教育体制改革试点项目和“创新创业型大学建设”项目，以改革试点项目带动学校发展；开展分配制度改革和绩效工资改革工作，做好岗位设置与聘用后续工作；成立杭州师范大学资产经营有限公司，加强对校内资产的管理和使用。

仓前新校区一期建设项目投入资金37亿元，主体实施区43万平方米建筑基本结顶，进入室内外装修阶段；二期2000亩土地征迁工作基本完成；启动校区搬迁和办学空间布局调整等前期工作。作为校园文化重要内容，新校区景观文化建设稳步推进，9月，学校形象设计与塑造工作领导小组启动仓前新校区A区（一期）主要道路和楼宇、景点命名征集活动。11月，启动新校徽、吉祥物征集活动。

1月18~21日，国家主席胡锦涛对美国进行国事访问。在美国总统奥巴马举行的欢迎礼仪上，杭州师范大学音乐学院赴美交流生钟易非，作为留学生代表得到两位国家领导的接见。

【教育教学成绩显著】2011年，杭州师范大学启动实施“本科教学创一流工程”，不断创新人才培养模式。加大专业调整力度，确定增设、停办、撤销的专业范围以及专业方向设置布局。推进教师教育改革，细化和落实经亨颐学院人才培养方案。在全省高校中率先试行“三位一体”综合评价自主招生改革，获得教育部、省教育厅充分肯定。在全省高校中率先启动“研究生教育质量提升计划”和“研究生培养机制改革试点”，健全以科研为导向的研究生导师负责制，研究生培养质量不断提升。学校新增省级基础教育教学成果一等奖2项、二等奖2项，省教学名师2人；254名同学分别赴美国加州大学洛杉矶分校（UCLA）、浙江大学、上海交通大学、上海师范大学、南京师范大学、南京邮电大学等高校参加“第二校园经历”交流学习，参与人数比上年增长5倍以上；学生在学科、科技、创业竞赛中，获省级以上奖项170项，其中获得全国音乐最高水平“金钟奖”金奖等多项国际和国家级奖项；学生英语等级考试通过率、毕业率、学位授予率、考研率等指标均稳中有升；承办省第三届大学生艺术展演活动，获一等奖16项和“优秀组织奖”荣誉。

【学科建设取得重大突破】2011年，杭州师范大学“治未病与健康管理”服务国家特殊需求博士人才培养项目和3位国家“千人计划”专家招收博士研究生获得教育部批准，学校跨入博士生培养阶段，办学层次和水平以及社会影响力进一步提升。新增“艺术学理论”等8个一级学科硕士点，一级学科硕士点总数19个，居省内高校前列。“人文社科振兴计划”实施1周年，“有数字论，不惟数字论”的人文社科评价新体系初见成效，广受社会关注。坚持标准、严格要求，进一步做好“教育国际化攀登工程”项目受理、审批、考核等工作，全年新立项项目17项，预算金额3.9亿元。学校还成立国内高校首家健康管理学院和省内高校首家国学院。

【科研项目重大突破】10月13日，以杭州师范大学为首席单位、教授刘俊平为首席科学家申报的“端粒相关蛋白对人类重大疾病作用机制的研究”项目，获得“2012年度国家重大科学研究计划”立项，实现学校主持国家重大科学研究计划项目“零突破”，是省属高校中首次获此立项。2011年度国家自然科学基金申请项目课题立项总数再创新高，有64项课题获得立项资助，其中教授鞠振宇的“端粒、p53和mTOR信号分子在骨髓衰竭性疾病中的作用”项目，实现医学重点项目突破。在人文社科振兴计划1周年之际，学校省社科基金立项总数38项，位居省属高校首位。国家社科基金立项总数12项，其中教授翁旭初的“汉语词汇加工及其障碍的多学科综合研究”为国家社科重点项目。

2011年，杭州师范大学全年科研经费1.06亿元，首次超过亿元大关，成为全省年科研总经费突破亿元的少数几所高校之一。学校作为第一单位发表论文647篇，其中112篇发表在一级以上期刊、2篇发表在《中国社会科学》上，一级期刊论文比例逐年提高；337篇科技论文被SCI收录，比上年增长11.59%，其中43篇以学校为第一单位发表在一区、二区，增长72%。申请专利79项，授权37项。

【地方服务稳步开展】2011年，杭州师范大学进一步推进开放办学，加强校企、校地、校政合作，着力推进产学研一体化。学校与浙江金之路信息科技有限公司、杭州356总裁俱乐部等单位签订合作协议，共同开展人才培养和科技创新研发工作等。与富阳市、温州龙湾区、市文创办等建立战略合作关系，校政合作领域进一步拓展。适应社会需求，成立幼教集团，积极服务杭州学前教育事业。与余杭区合作成立附属艺术教育集团，加强对各类附属学校指导和管理，合作效益日益提高。学校附属医院成功通过三甲综合医院评审，成为市属第2家三甲综合医院。设立教育基金会，为校友和社会捐赠搭建新平台。做精做优师训干训，做强做实成人学历教育，做活做大社会培训，教育培训品牌进一步提升。发挥教育培训优势，继续做好教育援疆援川工作，得到省、市政府肯定。大学科技园招商引资工作进展顺利，吸引25个高新企业入驻。

【师资队伍建设】2011年，杭州师范大学引进教授、博士等130人；新增高端人才16人，比上年增长45%，其中共享院士2人、国家"千人计划"专家1人、国家杰出青年科学基金获得者1人、教育部长江学者2人、教育部新世纪优秀人才3人、省"千人计划"人选3人。开展优秀青年教师"师从名师"培养计划，加强青年教师培训提升工作，共资助11人；启动"优秀中青年教师支持计划"，资助20人。实施"人才环境优化提升工程"，推进教师教育改革，落实经亨颐学院人才培养方案。开展高校教师分类考核试点工作，建立"学科专业分类、教学科研侧重、教师岗位分级"高校教师分类考核体系。4月27日，"教师队伍素质提升工程"之"师从名师"计划、优秀中青年教师支持计划正式启动。两项计划选拔出28位中青年教师作为首批资助人选，沈寅初等8位国内外专家受聘为首批"师从名师"导师。

【国际交流日趋广泛】2011年，杭州师范大学启动实施"教育国际化攀登工程"，国际化开放办学的软、硬件环境进一步优化，教育国际化程度不断提高。学校与境外13所大学新建合作关系，师生参加国际交流、访学、学习人数迅速增长，外国留学生规模迅速扩大。以英语授课为主的临床医学专业正式开班，学位教育取得突破性发展。校领导先后出访欧、美、澳等地30多所世界知名大学，切实深化双方合作关系，为学校创新发展取得宝贵经验。在校生参加国（境）外交流人数250人，与世界一流大学合作、且具有示范意义的优质交流项目进一步增加。以"双语教师海外培训"为重点，组织204名教师出国（境）进行双语或全外语课程培训等。引进和聘任一批有国际影响力的高水平外籍专家、学者到校长期工作或短期承担教学和科研任务，国际化课程建设、学科建设等进一步推进。成功举办与堪培拉大学联合培养教育领导学硕士项目办学周年庆典活动，国际合作办学迈入新阶段。孔子学院运行良好，汉语国际推广力度进一步加强。成功承办首届全国外国留学生才艺展演暨"梦行浙江"文艺晚会。美国时间9月11日，"杭州师范大学北美校友会成立大会"在美国西部城市洛杉矶举行，系学校成立首个海外校友会。10月15日，学校首个行业校友会——中澳班校友会成立。

【学校"十二五"规划纳入市专项规划】2011年，《杭州师范大学"十二五"事业发展规划》首次被市发改委审核批准，纳入《杭州市国民经济和社会发展第十二个五年规划》专项子规划，成为引导全校师生员工共同奋斗、建设一流综合性大学的行动纲领。杭州市人大常委会主任王国平评价为"目标明确，思路

9月5日，杭州师范大学校友马云（左一）出席2011级新生开学典礼和迎新晚会并致辞

（杭州师范大学　供稿）

6月24日，杭州师范大学“八秒”混声合唱团获第八届中国音乐金钟奖合唱比赛金奖（杭州师范大学 供稿）

对头，举措得力，完全赞同”。

【“三位一体”招生试点】2011年，省教育厅正式批复同意杭州师范大学与浙江工业大学率先在浙江尝试开展“三位一体”综合评价招生制度。考生参加2011年高考和学校组织的综合测试后，根据学业水平测试（会考）成绩、学校综合测试成绩和高考成绩合成的综合成绩进行录取，共招收小学教育专业40名、学前教育专业40名、护理学专业80名。

【学生工作体系完善】2011年，杭州师范大学修订《学生手册》，出台《学生综合素质评价实施办法》等一系列制度，积极建立与发展学生工作体系相匹配的制度体系。新增经亨颐奖学金（学校最高荣誉奖学金）。完善毕业生就业工作机制，实行毕业生就业工作与招生计划、先进评比、学院绩效考核等挂钩，2011届本科生就业率98.06%，位于全省高校前列。学生创新创业教育不断加强，获2011年全国“挑战杯”一等奖1项、世博专项三等奖1项，省“挑战杯”特等奖1项、一等奖2项、二等奖和三等奖9项，并首次获得“全国高校优秀组织奖”。以举办“十佳大学生”评选等为载体，进一步加强学生榜样示范教育，1名学生被评为浙江省“十佳大学生”，并获浙江省“青春领袖”提名奖。实施心理“幸福计划”，紧密依托心理学、临床医学、社会学等相关支撑学科专业齐全的优势，着力健全发展型心理健康教育工作体系。全面实施辅导员素质提升计划，完善班主任、综合导师、学长等选拔、培训、考核和激励机制，重视发挥学生干部作用。

【杭师大党建系列活动】2011年，是中国共产党成立90周年和辛亥革命100周年的纪念之年，杭州师范大学各层面的师生群体开展纪念活动。7月6日，由市委宣传部、杭州师范大学主办的“唱支山歌给党听”蔡大生独唱音乐会在杭州剧院举行，省委书记赵洪祝、市委书记黄坤明等领导出席音乐会。6月27日，校党委书记崔鹏飞担纲主讲学校纪念中国共产党成立90周年特殊党课，激励共产党员在创新发展中带好头，做好表率。全校继续深入实施“创先争优”活动，校园掀起挖掘“闪光言行”、争做“师大先锋”热潮。《浙江日报》《杭州日报》先后以大篇幅版面专题报道学校党建工作。在师生员工“海推”和党员推荐基础上，音乐学院党委以无记名投票方式直接选举产生新一届委员会委员、副书记、书记。这是学校首次开展二级单位党组织领导班子成员公推直选试点工作。

【学生才艺获多项国家大奖】6月24日，杭州师范大学“八秒”混声合唱团在第八届中国音乐金钟奖获金、银奖，首次摘得该领域国家级最高奖。12月，“北极星”诗朗诵活动获教育部高校校园文化建设优秀成果一等奖，是学校历史上在该领域获得的最高奖项。生科院参赛作品《石斛菌根真菌资源的挖掘与利用》获得第十二届全国“挑战杯”一等奖，首次获得“全国高校优秀组织奖”荣誉。美术学院学生作品“痛则不通”系列平面公益广告获“第六届设计之都中国公益广告大赛”金奖。在省第三届大学生运动会、“五月的鲜花——永远跟党走”全国大学生校园文艺会演、省第三届大艺展等全省及全国大学生展示活动中，学校学生均表现出色。

（王丽琦）

·浙江水利水电专科学校·

【浙江水利水电专科学校概况】2011年，浙江水利水电专科学校有教学系（院）9个、教学部3个、专科专业及方向39个，涉及工学、管理学2个学科门类。学科专业以工学门类为主，突出水利水电特色，土木、机械、电气、管理等多学科协调发展。教学仪器设备总值9027万元，建有主干带宽千兆校园网系统。拥有印本图书72万余册。有国家级精品课程8门、省级精品课程28门。学校学报被评为全国高职高专优秀学报一等奖、全国高职高专十佳学报、全国高职高专学报核心期刊。在校全日制专科学生7535人。专科毕业生2379人，毕业生初次就业率98.82%，签约率98.03%。2011年招收专科新生2900人。在册教职工597人，其中专任教师435人、拥有正高级职称52人。学校全年完成招标项目27项，总计金额1067万元。全年新增大型教学、科研仪器设备总值1400万元。续征江东校区土地31.87公顷。教学科研综合楼全面竣工。新购图书2.3万册，完成水利特藏文献库建设。新建38个多媒体教室。

全年学校办成5件大事。进行自主招生试点，完成水工、建筑装饰两个专业120名学生的录取；成立浙江省水文化研究教育中心；承办第五届全国水利高等职业院校“钱江杯”技能大赛；与杭州职业技术学院共同承办浙江省第三届高职高专院校“挑战杯”创新创业竞赛；接受高职高专人才培养工作评估。

推进“立德修身”工程，强化文化育人。水文化、校友文化和社团文化等三大工程建设取得新成效，其中水文化、校友文化被评为全国水利职业院校校园文化建设优秀成果，水文化还被教育部评为“2011年高校校园文化建设优秀成果奖”；学校“天外天”艺术团等入选第2批校园优秀文化品牌。学校成立大学生创新创业学院。在深入调研基础上，提出针对37名新疆少数民族学生的教育管理办法，保持新疆少数民族学生思想稳定。

加强思想政治工作，增强职工凝聚力。通过开展“创先争优闪光言行”等活动，宣传学校先进集体和先进个人，以典型引路，使思想政治教育工作贴近工作和生活实际。执行“一岗双责”制度，以贯彻落实责任制和廉政准则为重点，围绕中心，服务大局，强化教育、制度、监督三位一体，推进具有学校特色的惩治和预防腐败体系。

【科研成果和水文化建设】2011年，浙江水利水电专科学校科研和科技服务取得新突破，全年获经费1300余万元，校监理公司全年合同金额2800万元。全年科研课题立项148项，其中获省重大科技专项计划项目1项，是学校在重大科技项目上“零”的突破；以学校教师为第一作者，且以学校为第一署名单位发表的核心期刊及以上层次论文160篇，其中四大检索论文50篇；获批专利13项。积极开展水文化研究与水情教育，建立浙江水文化专题网站，《浙江水文化》期刊获批发刊，向社会和全省水利系统宣传水文化。开展古代水利工程（堰坝）水文化、浙江海塘文化和浙江河道文化等水文化项目研究，《诗韵浙江山水》等书籍画册编印出版。在学校非水利专业学生中开展水情水文化教育，开设特色水教育课程。参与全省“世界水日”“中国水周”系列宣传，启动“节水进百校”活动。承办水利部水文化培训班，开展多项水利专业技术人员业务培训，承担水利高级工程师资格评价考试考前培训和部分试点改革工作。开发水利行业干部职工继续教育网络平台，全年继续教育服务收入超过500万元。图书馆全年为基层水利工作人员提供文献传递等服务近1万人次。

【教学改革和提高】2011年，浙江水利水电专科学校率先在水工和发电厂两个专业进行SWH-CDIO教育模式试点；推行“项目制教学、岗课证融通、教学做一体”多样化人才培养模式；继续推进专业（群）建设，新增1个校重点建设专业，推行项目化管理。申报获批2个新专业。遴选17门课程为校级精品课程（核心课程），建设46门上网课程和13门校企合作课程。探索完善学分制管理，构建五层次课程模块“小超市”。争取到6个“2011年浙江省提升地方高校办学水平专项资金建设项目”、1个中央财政支持职业教育实训基地项目；申报2个中央财政支持高等职业学校提升专业服务能力项目、4个省财政支持专业建设项目。学科竞赛成绩优异，全年获得省三等奖及以上奖项70余项，其中国家二等奖2项、省特等奖5项、省一等奖8项。体育竞技水平有新提高，在浙江省大学生运动会上取得乙组总分第2名。

【师资队伍建设】2011年，浙江水利水电专科学校启动首轮教学团队评选，积极探索青年教师校本研训工程，即以校为本的教研和培训工作。继续做好校级中青年骨干教师遴选工作。全年有21人通过高级职称评审，167位教师参加社会实践，37位教师获得“双师素质”认定和双证奖励。新增省级教学名师1人、省级教坛新秀1人；新增全国水利教学名师3人、水利职教教学新星1人。新增校级中青年骨干教师第一层次培养对象3人，第二层次培养对象9人，出国（境）培训9人，省“151”第三层次培养对象1人，省优秀青年教师资助5人，获得国家留学基金委资助出国2人，实现公派出国留学“零”的突破。

【人才培养获专家组好评】12月26～28日，教育部高教司原副司长朱传礼、浙江经济职业技术学院院长陈丽能等7位专家，对浙江水利水电专科学校人才培养工作进行评估和指导。学校抓住人才培养评估工作契机，切实加强内涵建设，深化教育教学改革，社会美誉度日益提高，较好地达到了“以评促建、以评促改、以评促管、评建结合、重在建设”的预期目标。专家组经考察后对该校人才培养工作给予高度评价。

【特色水教育入选新生必修课】2011年新学年开始，特色水文化教育课程从浙江水利水电专科学校的“选修课”升级成为全校的“必修课”。学校新生将有32个学时系统性学习水知识，感受水文化，在全国同类高校中属首创。作为浙江省唯一一所以水命名的高校，该校以积极行动和丰富载体，诠释“以水育人”的办学理念。通过积极参与“世界水日”“中国水周”“我取浙江八杯水”“探访城市水源”“水利百科知识竞赛”“节水宣传进百校”“全省哲学社会科学普及周”等活动，让学生广泛参与水文化宣传活动，做好水文化传播使者。

【“联想集团阳光雨露专班”成立】3月20日，浙江水利水电专科学校计算机与信息工程系和联想集团阳光雨露信息技术服务有限公司合作，成立“联想集团阳光雨露专班”和“联想集团阳光雨露公司杭州地区计算机维修中心”，并同时正式运行，成为该校校企合作人才培养新基地。学生不出校门就可以完成理论学习、专业实践和社会工作。企业利用基地场地，开展杭州地区部分联想电脑特别是笔记本电脑的售后维修，实现校企合作双赢的预期目标。

【浙江省水文化研究教育中心成立】5月20日，浙江省水文化研究教育中心在浙江水利水电专科学校挂牌成立。省政协副主席冯明光和中国水利政研会会长张印忠共同为中心揭牌。原省委常委、常务副省长许行贯，原水利厅厅长钟世杰，省水利厅党组成员、副厅长章国方共同开通“浙江水文化”网站。浙江省水文化研究教育中心成立后，进一步组织水文化理论研究，收集水文化建设信息，推广水文化研究成果，构建符合文化发展规律、适应水利事业发展需求的水文化建设体制和机制，发展面向水利实践、面向社会、面向未来的先进水文化，为水利事业又好又快发展提供先进的水文化支撑。

浙江水利水电高等专科学校　　（年鉴编辑部 供稿）

【学生获省“杰出青年岗位能手”称号】9月22～23日，在共青团浙江省委与省人力资源和社会保障厅联合举办的第七届青年职业技能大赛决赛上，浙江水利水电专科学校计算机与信息工程系教师张运涛获计算机程序设计员组第1名，并被授予“浙江省杰出青年岗位能手”荣誉称号。

【承办第五届全国水利高校“钱江杯”大赛】11月5日，由水利部人事司和水利部人才资源开发中心指导，浙江水利水电专科学校承办的第五届全国水利高等职业院校“钱江杯”技能大赛正式开赛。中国水利教育协会会长周保志、水利部人事司副司长侯京民、浙江省水利厅副厅长章国方、中国水利教育协会副会长陈自强出席开幕式。来自全国21所水利高等职业院校的领导和老师、110支代表队、320名参赛学生等近500余人参加大赛。浙江水利水电专科学校选手在比赛中获得特等奖6个、一等奖3个、二等奖8个。学校被授予“最佳组织奖”。

【获省第三届高职高专院校“挑战杯”多项奖】12月9日，浙江省第三届高职高专院校“挑战杯”创新创业竞赛决赛开幕式在浙江水利水电专科学校举行。副省长陈加元、团中央学校部副部长杜汇良、共青团浙江省委书记周艳出席开幕式，共青团省委副书记王征主持开幕式。该竞赛有全省35所高职高专院校110件作品进入决赛。浙江水利水电专科学校获得特等奖3个、一等奖5个、二等奖4个、三等奖3个，所获特等奖和一、二、三等奖总量均居全省高职高专院校首位，并获优秀组织奖和公开答辩最佳创意奖。

【爱心支教与助学帮扶】7月6日，浙江水利水电专科学校校长符宁平、副校长姜翰照等一行赶赴江山市凤林镇王家小学，为捐赠该小学的“爱心机房”揭牌，同时为学校大学生暑期社会实践爱心支教启动仪式授旗。学校为王家小学捐赠20台计算机，并从7月11日起，由计算机与信息工程系参加社会实践的大学生为该小学师生培训电脑技能。大学生们将通过“每天节约一角钱，资助一位贫困生”活动募集善款，资助10名小学生每人每年1000元生活费。

【领导考察】3月24日，浙江省委常委、宣传部部长茅临生考察浙江水利水电专科学校。省委宣传部常务副部长胡坚，省委教育工委副书记、省教育厅副厅长蒋胜祥，省水利厅党组成员、纪检组长劳功权等陪同考察。1月6日，浙江省副省长郑继伟考察浙江水利水电专科学校，省政府副秘书长马林云、省水利厅厅长陈川、省教育厅副厅长李鲁、省水利厅党组成员、纪检组长劳功权等陪同考察。（叶洪明）

·杭州职业技术学院·

【杭州职业技术学院概况】2011年，杭州职业技术学院有教职工478人，其中专任教师291人、正高级职称教师171人、副高级职称教师105人。有全日制高职在校生8936名。2011届毕业生3371人，2011年招录新生3103人。学院下设友嘉机电学院、金都管理学院、达利女装学院、临江学院、信息电子系、新通国际学院、青年汽车学院和继续教育学院及公共教学部。有招生专业27个，新增申报汽车制造与装配技术、动漫设计与制作、应用电子技术专业（光伏技术及应用方向）3个专业。新增中央财政支持重点建设专业1个、省级特色专业3个、省级以上重点（特色）专业9个。

学校把“学生体面就业”和“教师幸福生活”作为价值追求与“文化育人”的主题，以“骨干建设”和“迎评促建”为抓手，解放思想，扩大开放，深化改革，提高质量，各项工作持续向前推进，学校保持健康快速发展的良好势头。

【教学改革取得实效】2011年，杭州职业技术学院专业建设全面加强，重点扶持特色优势专业。“汽车检测与维修专业”被评为中央财政支持重点建设专业和省级特色专业。根据杭州市产业发展的需要，新增汽车制造与装配技术专业、动漫设计与制作专业、应用电子技术（光伏技术及应用方向）专业。课程改革稳步推进，5门课程被评为省级精品课程，6门课程被评为市级精品课程，15部教材被列为省级重点建设教材，5项教学成果获市级奖。优化实践教学环境，学校投入1175.6万元建设和改造友嘉大厅、数控4S店、青年汽车模具研发中心等校内实训基地。深化招生制度改革，完成普通招生3199人，实际报到3103人，报到率97%。首次在江西、安徽、江苏、河南、贵州、山西、福建7个省招生364人，省外报到率86.5%，高于全省平均水平。首次在数控技术、服装设计、市场营销3个专业实行“校考单录”自主招生模式，招生142人。与杭州交通职高开展汽车检测与维修“3+2”教学，招生165人。

【科研工作成果明显】2011年，杭州职业技术学院组织启动省级以上科研项目8项、市厅级科研项目52项、校级课题60项；完成市厅级以上课题结题55项，校级课题结题83项。开展横向课题23项，签约合同金额343万元。在各类学术刊物上发表论文251篇，其中一级核心刊物93篇。出版专著1部。争取省自然科学基金、省科技厅、市科技局等部门资助科研经费81.25万元，获省、市政府成果奖8项。学校被评为2010年度杭州市科技创新“十佳”高校。

【教师队伍实力提升】2011年，杭州职业技术学院坚持人才强校，教师队伍建设得到提升。学校制订《学校“十二五”师资队伍建设规划》《教职工职业生涯规划》《高级人才引进、校企共引共享高级人才管理办法》《教职工进修培训的管理办法》等系列制度，进一步推进“教师企业经历工程”，与企业联合培养专业教师。加大兼职教师聘任力度，聘任具有行业影响力的专家作为专业带头人。教授赵志群经学校推荐受聘为“杭州市钱江特聘专家”。全年引进人才4名，晋升正高级职称5人，副高级职称5人。学校分批、分层次组织240名教师参加专业负责人、骨干教师、青年教师、兼职教师和行政管理人员培训班，推动教师职业养成和专业成长。启动教师海外培训计划，首期选派43名骨干教师、管理干部分赴德国、新加坡进行职业教育培训。

【服务社会能力增强】2011年，杭州职业技术学院深化对外开放，服务社会能力明显增强。友嘉机电学院发挥专业优势，为杭州友佳立体停车事业部提供设计方案；与杭州千百万办公家具有限公司签订技术服务合同；为杭州科捷模型制作有限公司提供数控软件后处理程序改进技术服务等。达利女装学院与中国纺织服装信息商务中心合作成立“中纺116·达利女装学院制版中心”，为50余个企业及商户提供样板以及咨询服务，累计提供制版技术服务200余付样板，受到企业及市场充分认可。学校图书馆、体育馆等文体设施和校内实训设施向社会全面开放。依托开设技术培训、上岗培训、创业培训、管理培训、主题讲座、座谈会等多种形式，积极开展蓝领成才培训、安全生产培训、高技能培训和大学生创业培训，全年累计完成各类培训2.2万人次。

【对外合作交流扩大】2011年，杭州职业技术学院与德国IB职业教育培训机构、新加坡南洋理工大学等建立友好合作关系，积极加强项目合作交流。启动与美国蒙东那大学联合开办市场营销专业学历教育项目，首次招收57名学生。全年共接待国外代表团到访5批；出国（境）考察访问交流3批，培训学习44人。

【创新发展和文化育人】2011年，杭州职业技术学院积极推进创新发展，文化育人。学生工作成效显著。学校获浙江省第三届高职高专院校“挑战杯”创新创业竞赛特等奖3个、一等奖5个、二等奖1个、三等奖2个，获“最佳表现奖”“优秀组织奖”荣誉称号；有5个项目被列为浙江省大学生科技创新活动计划，1个项目被列为大学生科技成果推广项目等。学校文化建设成果初显，开展校园路名征集活动，形成以“融”、“善”为主线的校园主干道路路名标识。积极开展校园科技文化活动，成立50个专业类社团。创业教育初步构建创业通识教育、专门化教育、SYB创业培训、模拟公司实训和创业园实践层层递进的创业教育体系，提升学生创业能力。创业园区累计孵化企业115个，在孵企业68个，其中大学生创业企业52个，吸纳230余名学生参与创业，带动近600名学

杭州职业技术学院达利女装学院设计表演　（郑体兵　摄）

生实习与就业。创业园获“共青团中央青年就业创业见习基地”称号，6个企业被认定为“杭州市高新技术企业”，1个企业被评为“杭州市十佳大学生创业企业”，1个企业被评为“发展杭州市文化创意产业先进单位”，3个企业被评为“开发区诚信民营企业”。35个学生创业企业获得175万元大学生创业无偿资助，1个企业获国家科技创新基金及配套奖励90万元，1名创业学生荣获“德国红点设计大奖”。毕业生就业质量明显提升，学校2011届毕业生就业率98.39%。

【高职专业教学资源库申报】3月8～9日，杭州职业技术学院院长叶鉴铭、副院长贾文胜一行，赴北京参加国家高等职业教育专业教学资源库2011年度申报项目答辩。全国有近100所高职院校参加，19所高职院校通过网络评审进入答辩环节。学院从1月份开始全面启动专业教学资源库项目申报工作。9月，学院申报项目获批国家高等职业教育专业教学资源库建设项目，成为全国专业建设与职业发展管理平台教育部指定研制单位。

【开发区高技能培训中心签约】4月7日，开发区高技能培训中心在杭州职业技术学院召开“服务企业、服务社区”系列活动签约暨启动仪式。杭州市劳动和社会保障局副局长陈旦秋，开发区党工委副书记俞建国，杭州职业技术学院院长叶鉴铭、副院长张洪宪，开发区高技能培训中心领导小组成员，以及开发区300余个企业的代表、街道和企业各类技能人员代表，共计400余人参加签约暨启动仪式。

【参与职业教改发展成果展】6月25～26日，职业教育改革发展成果展暨国家示范高职院校建设4周年成果展示会在天津召开，杭州职业技术学院的“校企共同体”教改成果，成功入选展示会“职业院校体制机制创新与校企合作办学案例展”。

【学院东忠软件学院签约成立】10月10日，杭州职业技术学院与东忠集团共建“杭州职业技术学院东忠软件学院”签约暨揭牌仪式在该校举行。市外经贸局局长洪庆华，东忠集团董事局主席丁伟儒、总裁王培永，杭州职业技术学院党委书记李志海、院长叶鉴铭等出席仪式并为东忠软件学院揭牌。（邵素云）

·浙江金融职业学院·

【浙江金融职业学院概况】2011年，浙江金融职业学院有在校学生7300余人，教职员工498人，其中副高级职称以上教师117人、正高级职称教师39人、省“151人才”23人、省高职高专专业带头人10人、省级教学名师3人、省级教坛新秀3人。学院设金融系、投资与保险系、会计系、经营管理系、国际商务系、信息技术系、人文艺术系（社科部、体育军事部）、银领学院、继续教育与培训学院9个教学机构；设有明理学院、淑女学院、公民素质教育学院、国际交流学院、浙江农村合作金融学院、浙商银行培训学院、金融投资学院等12个特设培养机构，以及浙江地方金融发展研究中心、高等职业教育研究中心等研究机构；开设金融管理与实务、保险实务、会计、国际贸易实务、计算机信息管理等23个专业；拥有省级以上精品课程33门，其中国家级精品课程8门；建有8个校内国家级实验实训基地，60余个省级校内实验实训基地，200多个校外实习基地和100多个校外紧密型产学合作基地。学院独资的杭州资信评估公司和控股的浙江众诚资信评估公司，以及浙江金苑培训中心是学院服务社会的主要窗口。

2011年，学院完成招生2953人，生源范围涵盖16个省（市），首次招收退役士兵生源50名，生源质量保持省高职前列。“订单式”人才培养形势良好，应届毕业生中“订单班”学生人数占50%以上，毕业生就业率97.75%，签约率95.26%，均高于上年水平。

学院坚持“以生为本”理念，积极构建发展服务型学生工作体系，将“11·23”定为深化爱生节活动日，组织开展师生“零距离”交流活动；扎实推进“学生千日成长工程”；深化明理学院建设，成立淑女学院，持续深化学生心理健康工作，学院获评“全国高职高专心理健康教育先进单位”。

【教学与内涵建设】2011年，浙江金融职业学院推进强化内涵建设的“985”工程，金融专业教学资源库成功立项为国家级专业教学资源库，在全国高职高专金融类专业中确立龙头地位；投资与理财专业、市场营销专业获得中央财政支持，成为高职院校提升专业服务产业发展能力项目；《商业银行柜面操作技能》获批教育部2011年普通高等教育精品教材；金融专业实训中心成为国家示范性实训基地建设项目，使实训室建设迈上新台阶。学院加快推进教育国际化工作，拓展对外交流渠道和途径，成功组建“2011英国伦敦城市大学国际培优班”。

【科学研究新突破】2011年，浙江金融职业学院进一步完善社会科学界联合会（简称社科联）组织，加强科研平台建设，成立浙江发展改革研究中心，形成“一院三会六中心”的学院社科联组织布局，推进科研团队发展。高等职业教育发展研究中心获得“全国‘十一五’时期教育科研先进集体”和“第三届全国优秀高等教育研究机构”等称号。学院教师在中国高等教育学会统计的高等教育14 种核心期刊发表学术论文37篇，连续5年居全国高职高专院校首位，获3项教育部人文社科科研课题项目和3项全国教科规划项目，连续两年列全国高职高专院校前列，省社科类项目连续5年列全省高职高专院校第1位。

【浙江首个淑女学院成立】3月，浙江省首个淑女学院在浙江金融职业学院成立。学院以全日制在校女生为培养对象，以培育女生内在修养、气质形象、才情才干为重点，设置女性教育系列课程，使女生在掌握必需专业知识与技能的同时，正确认识和把握自身的女性角色，凸显女性优点。淑女学院科学规划课程体系，设置“内修”“外塑”“才技”方面课程。“内修”即通过对国学经典的研读及专门的女性教育，使女生在掌握必备的专业知识与技能外，具有较广博的人文社科知识；“外塑”课程帮助学生从个人气质、外在形象、礼仪养成等方面完善外在自我；“才技”则从琴、棋、书、画等传统才艺和现代技能方面进行培养。

【校友会和基金会新发展】2011年，浙江金融职业学院积极推进基层校友会组织和校友联络网络建设，新建10个县级校友会，成立学生社团组织校友桥联谊会，加大未来校友意识培养。成功举办第三届校友创业论坛、年度校友大会和中国高职教育研究会校友工作委员会2011年会，深入开展“2300”校友文化育人活动，丰富校友文化育人载体，学院校友总会被省民政厅评为“AAAA级社会团体”。积极做好省金融教育基金会基金募集工作，完成第五届理事会理事换届选举工作。

【品牌和文化建设提升】2011年，全国人大常委、财经委副主任委员吴晓灵等领导先后到浙江金融职业学院考察，分别对学院深化校企合作、建设真实教学环境、引入真实业务教学、强化教、学、做结合等做法给予充分肯定和高度评价。学院“校友文化”获教育部2011年全国高校校园文化建设优秀成果奖。“创建三维文化，打造魅力校园，培育品质银领”的育人体系入选全国高职院校校园文化品牌，获“魅力校园”称号。学院作为全国唯一高职院校当选中国高教学会大学素质教育研究分会副理事长单位，先后当选为中国高等职业教育研究会学术委员会主任委员单位、全国高职高专经济管理专业课程与专家建设委员会首任主任委员和秘书长单位，引领国内高职院校素质教育、学术研究和经济管理专业课程建设发展。学院第5年发布“社会责任报告”。

【省“十佳大学生”郑婷】浙江金融职业学院国际商务系英语091班学生郑婷，获省“十佳大学生”荣誉称号。2008年9月，郑婷考入该校，军训结束就休学回家照顾突发脑溢血的母亲和智障的姐姐。2009年9月，在学校和社会帮助下，郑婷重返校园，此后刻苦学习，学习成绩名列专业第1名。先后获得校一等奖学金、经发奖学金、素质拓展奖学金、2011年浙江省国家奖学金特别奖。获评为校三好学生，优秀团干部。专业方面获得全国新概念英语大赛浙江省赛区二等奖，高职高专实用英语口语大赛浙江省赛区优胜奖。郑婷还担任学校青年志愿者协会总会副会长、班级团支书，常利用课余时间组织志愿者活动，带动和鼓励更多同学奉献社会。《浙江日报》和“浙江在线”网站等媒体多次予以报道。（吴国平）

·浙江警官职业学院·

【浙江警官职业学院概况】2011年，浙江警官职业学院专业涵盖法律、环保气象与安全、土建、电子信息、公安等门类。有高职专业14个，其中全国政法院校改革试点专业4个、国家示范建设专业5个。有国家级精品课程5门和省（部）级精品课程22门。教学仪器设备总值6608.6万元。图书馆纸质图书总量45.03万册，电子图书32.93万册。在校全日制学生3313人，在职培训人数1.1万人次。教职工总数424人，其中专任教师200人、正高级职称教师20人、副高级职称教师68人。具有硕士以上学位教师占62.5%。兼职教师108人。学院录取新生1126名，初次就业率99.74%，其中签约率98.31%，入警率87%。

2011年，学校编制完成并经教职工代表大会通过《浙江警官职业学院教育改革与发展“十二五”规划》，确立“十二五”时期学院发展指导思想、发展目标、主要任务和举措、保障措施。编制完成专业建设、社会服务能力提升、师资队伍建设、校园布局与基本建设、信息化建设、校园文化建设6个分规划。4个系制订专业群和专业建设规划，全面规划学院“后示范”科学发展蓝图。

推进培训工作转型升级。推动培训工作向“专业化、品牌化、精细化”培训方向转型，年培训人数1万余人。开拓社区矫正、人民调解、强制隔离戒毒、社会管理创新等新培训课题，积极引进山西省、海南省、武警等各类培训班。强化服务意识，做好培训教学管理、学员管理、饮食住宿服务、业余文化生活等工作，提高管理服务水平。进一步改善培训工作条件，完成1号专家楼培训设施改造工程。

【学生教育管理水平提升】2011年，浙江警官职业学院建立大学生思想研判工作机制，定期进行梳理分析，有针对性地采取对策措施。开展大学生思想政治理论课教学改革，充分发挥思政课堂在大学生思想政治教育上的主渠道作用。利用中国共产党成立90周年、“五四”运动92周年、“辛亥革命百年”等重要契机，开展爱党爱国爱社会主义教育和社会主义核心价值体系教育。开展各类校园文化活动，其中“点亮心灯”活动被教育部评为“2011年高校校园文化建设优秀成果优秀奖”；在省高职高专院校“挑战杯”创新创业竞赛中获一等奖、二等奖、三等奖各1个；在全国和全省各种文体和技能比赛中均获得良好成绩。

【实践教学与场所建设】2011年，浙江警官职业学院积极申报国家职业技能鉴定站，成功获得速录师、计算机（微机）维修工、计算机网络管理员、计算机程序设计员等职业（工种）的国家职业技能鉴定站资质。加强实践教学场所建设，法律事务实践教学基地投入试运行，与省第六监狱签订基地实训合作协议。开展多媒体教室集中控制项目建设试点，对12个多媒体教室、9个实训室加装网络集中控制设备。完成2011届396名警察类专业毕业生的浙江省监狱、劳教人民警察职业技能考核证书的考核发证工作。

【行业应用性科研工程推进】2011年，浙江警官职业学院投入100万元，组织开展“教师服务行业能力提升工程”，启动首批19个行业应用性项目研究。以调研活动为基础，组建科研团队，攻关行业热点难点问题，取得若干项重要科研成果，其中《中国农村低收入人群和贫困群体犯罪问题研究》课题成果获省第十六届哲学社会科学优秀成果二等奖；成功研发监狱防穿越报警系统、社区服刑人员再犯风险评估软件系统、服刑人员出监前教育改造质量综合评价系统；参与制定的浙江省地方标准DB33/T334—2011《安全技术防范（系统）工程检验规范》，于2011年6月经省质量监督局正式发布，将于2012年1月1日起正式实施；进一步做好与监狱实际工作高度衔接的警察岗位技能训练资源包、监狱人民警察和服刑人员心理咨询矫治、劳教（戒毒）工作中教育矫治技术等应用性课题研究，积极开展监狱物联网技术、现代矫正理论与实务丛书、监狱基层民警职业健康问题等应用性较强课题的研究。

【专业课程建设水平提升】2011年，浙江警官职业学院“法律类专业教学资源库建设”“安全防范专业教学资源库建设”“安全技术管理培训项目建设”“监狱信息技术与应用专业课程体系建设”4个项目，获浙江省提升地方高校办学水平专项资金资助教学项目认定，获得省财政专项资金300万元。在司法部指导下，学院编制完成11个高职教育法律类专业教学基本要求，规范自身专业教学，进一步增强对同类院校示范引领作用。持续推进省级特色专业项目建设，制订“刑事执行”“监狱信息技术与应用”两个省内改革试点专业，以及退役士兵单考单招安全保卫专业和9个省级特色建设专业人才培养方案。积极开展专业教学资源库建设，启动行政执行、法律事务、司法信息安全3个专业教学资源库建设工作。推进特色教材编撰工作，全年有14部新编特色教材出

3月16日，司法部和浙江省人民政府签署共同推进浙江警官职业学院发展协议书　（浙江警官职业学院　供稿）

版，5部教材重新修订再版。

【警察类专业招录体制改革】6月，浙江省人力社保厅、省教育厅、省财政厅、省司法厅、省公务员局联合发文，批准浙江警官职业学院开展省内警察类专业从普通高校毕业生中进行“普+职”招录培养体制改革试点。10月，“刑事执行”“监狱信息技术与应用”2个专业145名学生报到入学，开始为期2年的职业教育。“普+职”招录培养体制把入学考试和招警考试合二为一，为警察类专业可持续发展奠定政策保障。

【师资队伍建设加强】2011年，浙江警官职业学院建立“省厅指导、两局协调、学院选派、行业单位安排岗位”的教师到行业挂职锻炼长效工作机制，组织22名教师到行业挂职锻炼，教师实践技能提升。进一步拓宽教师国外进修培训渠道，组织20名中青年骨干教师赴澳大利亚进行课程开发，19名教师赴美国进行管理能力提升培训，1名教师赴美国攻读硕士学位。完善兼职教官聘任管理及培养运行机制，续聘全职式兼职教官7名。加强“双师型”素质教师培养力度，有双师素质教师103人。做好职称评审工作，3名教师晋升正高级职称，5名教师晋升副高级职称。

【国家示范建设通过验收】3月18日，浙江警官职业学院经过5年努力，全面完成12个一级项目、35个二级项目、186个终端项目的国家示范建设任务，顺利通过省级验收；6月20日，学院以优异成绩通过教育部、财政部验收。

【校局合作发展战略联盟】1月7日，浙江警官职业学院与宁波、温州、湖州、绍兴、金华、衢州、舟山、台州、丽水等市的司法局在杭州签订“校局合作发展战略联盟协议”。按照协议内容，双方本着“共建、共享、共发展”原则，未来5年中学院将与各市司法局在司法行政系统干部队伍建设、共建学生实践教学基地、互相挂职、共同研讨司法行政工作热点难点问题、招生就业、大学生志愿服务、信息技术支持等方面开展合作，以促进浙江警官职业学院和各市司法行政机关服务区域经济社会发展的能力，为进一步推进地方法治建设、平安浙江建设做出更大贡献。之前，学院已分别与嘉兴市司法局、杭州市司法局签订“校局合作发展战略联盟协议”。至此，学院与全浙江省11个市的司法局校局合作发展全面启动。

【争创学习型党组织】2011年，浙江警官职业学院开展争创“学习型党组织”推进活动。行政党支部、法律系党总支被省司法厅评为“学习型党组织”，1名党员被评为省直机关工委优秀共产党员，6名党员被评为省司法厅直属机关党委优秀共产党员和优秀党务工作者，1个基层党组织被推荐为省直机关先进基层党组织。

【省部共建体制机制】3月16日，司法部和省政府共同签署推进浙江警官职业学院发展协议书，双方在人才培养、科研、在职培训、办学体制机制创新等方面加大对学院支持力度。省部共建体制机制是学院体制机制创新的重大成果，为学院的科学发展提供了战略平台。

【获省司法系统廉政先进】2011年，浙江警官职业学院全面签订2011年度党风廉政建设责任书和廉洁自律承诺书；面向入警毕业生编写《廉洁教育读本》；以制度化推进学院党务公开工作，规范院管领导干部经济责任管理行为；成立学院廉政风险防控工作机构，开展全院各部门和每个岗位廉政风险排查与监督。学院获评全省“司法行政系统党风廉政建设先进单位”称号。

【杭州国际烟花大会安保工作】 10月23日，2011年杭州西湖国际烟花大会暨西博会开幕式在钱塘江边举行，浙江警官职业学院派出1500名学生参加执勤活动。执勤中，每位同学按照“理性、平和、文明、规范”的工作要求，坚持管理与服务并重，做到“人在、心在、责任在、阵地在”，圆满完成安保工作任务。

（徐　虹）

·浙江经贸职业技术学院·

【浙江经贸职业技术学院概况】 2011年，浙江经贸职业技术学院有教职工453人，全日制在校生8900余人。教学仪器设备总值9000余万元，图书馆藏书50余万册。拥有7个系部，开设29个高职专业和4个中外合作专业，其中有2个省级重点专业、9个省级特色建设专业、3个省级财政支持示范建设专业。拥有2门国家级精品课程、13门省级精品课程。录取新生3171名，扩招118名；新生报到率97.7%。2011届毕业生2822人，一次性就业率98.05%。

学院以深化省级示范院校建设为抓手，推进人才培养模式改革，办学水平再上新台阶。突出职业教育人才培养和为农服务特色，深化专业和课程改革，示范辐射作用扩大。加快构建校企合作办学和管理平台，重点加强财经类综合实训基地建设，推进跨专业综合实训项目。探索构建具有学院特色的财经类实践教学体系，与兴合集团、联华集团等企业的合作进一步深化。订单班和产业学院建设稳步推进，人才培养模式改革逐步深化。推进开放式发展战略，加快体制机制创新，办学平台得到新拓展，学院成为浙江省和全国供销合作总社共建院校、全国供销合作系统示范建设学校，学院办学地位进一步提升。充分发挥全国供销职业技术教育学会高职分会会长单位的作用，在系统内影响力和辐射力增强；成立以省供销社为主导，政府、学院、企业共同参与的学院发展理事会，构成4方合作办学体制；抓紧实施省教育厅教育改革试点项目；加强引进吸收国外优质办学资源，合作办学取得新进展。院长李曙明获2011年度明尼苏达大学“火炬盾牌奖（Torch & Shield Award）”，这是该大学历史上首次将该奖项颁给国际人士。

2011年，学院积极开展“创先争优”活动和中国共产党成立90周年纪念活动，党建和思政工作取得新进展。制订“创先争优”活动年度工作要点，开展领导点评和民主评议党员专项活动，深入开展“岗位成才先锋”活动和“窗口部门服务师生党员亮承诺”活动，142名教师党员亮牌上岗，公开服务承诺；进一步完善和落实党委理论学习中心组学习制度，推进学习型班子建设；完善院系二级党建，推进党建工作目标考核，积极推进党校工作，开展思政与党建工作研究；加强党风廉政建设，开展廉政建设防控机制建设，采取“自己找、大家提、组织点、群众议、集体定”等方式，全面排查廉政风险点，排查出学院风险点10个，部门风险点83个，制订防控措施82条；个人岗位风险点305个，制订防控措施329条，廉洁型校园建设成果初现。

【人才强校战略实施】 2011年，浙江经贸职业技术学院深化干部人事制度改革和事业单位岗位设置改革，实施人才强校战略，学院队伍建设取得新成效。学院组织第3批教师职业教育能力培训，专业教师培训覆盖面超过80%，教师职业教育教学能力得到全面提升；出台学院《进一步提高组织工作满意度的意见》，着力提高选人用人工作科学化水平，顺利完成内设机构调整和中层干部选拔聘任工作；完成岗位设置与聘任，共完成聘任475人次，同时结合岗位设置实际，稳妥推进绩效工资改革。

【学生工作体系逐步完善】 2011年，浙江经贸职业技术学院进一步落实招生就业激励政策，创新管理思路，学生管理工作逐步完善。学院实施“课赛融通”制度，提高学生实践能力和职场竞争力，学生参加各类竞赛共获得国家优秀奖1项、省级特等奖2项、省级一等奖12项、省级二等奖16项、省级三等奖21项。学院创新创业教育特色鲜明，影响力不断扩大，组织参加浙江省第十二届"挑战杯"大学生课外科技作品大赛，获二等奖1项、三等奖2项。在浙江省第三届高职高专院校"挑战杯"大学生创新创业竞赛决赛中，获特等奖1项、一等奖5项、二等奖3项和三等奖2项。

【提升服务"三农"和社会能力】2011年，浙江经贸职业技术学院积极参与社会主义新农村建设，积极开展春季调研和暑期社会服务月活动，在绍兴等地开办农产品经纪人高级班等培训班，共培训6期、366人次；立足服务"三农"、服务供销社发展，取得较好效果；承办社会培训工作，累计培训系统员工、农民、社会人员2511人；学院全年完成各类职业技能鉴定2879人次；开展学生志愿服务工作，志愿者工作社会认可度进一步提高。在第八届全国残疾人运动会中，学院组织360人组成的志愿者队伍参与服务，赢得运动员和工作人员一致好评，《浙江日报》等媒体对学院志愿者进行采访报道。学院被组委会授予志愿者工作"突出贡献奖"，多名学生和老师被评为优秀志愿者、志愿服务先进工作者。

【办学条件改善】2011年，浙江经贸职业技术学院三期工程部分投入使用，办学条件进一步改善。9月11日，学院3号学生宿舍楼、4号学生宿舍楼和食堂完成竣工验收， 2011级新生于9月13日入住。学校深化财务、后勤等管理改革，科学管理水平稳步提高。数字化校园建设有所突破，完成校园"一卡通"升级改造，网络安全体系逐步完备。"平安校园"建设成效显著，投入75万元完成一期、二期消防监控改造，顺利通过省综治委对学院进行的"浙江省高校平安校园"复评工作。

【部、省签约共建经贸学院】5月19日，中华全国供销合作总社与浙江省政府就推进新农村现代经营服务体系建设、加快新时期供销合作社改革发展，签署合作备忘录。省委副书记、省长吕祖善，全国供销合作总社党组书记、理事会主任李成玉代表双方签约。备忘录明确要在"十二五"期间，将浙江经贸职业技术学院建成省级和全国总社示范性高职学院。全国总社支持学院建立"全国总社杭州培训中心"和"职教科研中心"，鼓励支持杭州茶叶研究院等直属单位与学校合作。省政府继续关心支持学院建设，为学院发展创造良好政策环境。

【职业教育专题汇报】4月25日，全国供销合作社职业教育工作会议在河南郑州召开，中华全国供销合作总社党组书记、理事会主任李成玉，教育部党组成员、副部长鲁昕出席会议。浙江经贸职业技术学院党委书记童学敏、院长李曙明参加以《依托系统、服务三农、打造供销社高职教育特色》为题的会议，向大会作典型经验介绍，并接受《中国教育报》记者的专题采访。

【《浙商文化教程》推荐为干部读物】11月，省委宣传部理论处在向全省党政干部推荐"中共十七届六中全会专辑"书目中，浙江经贸职业技术学院校本教材——《浙商文化教程》被列入其中。这是学院坚持实施校园特色文化育人重要成果的体现。该教材于2010年1月出版，作为校本教材，在各年级学生中实施教育，对学生了解浙商文化、传承浙商精神，起到有益作用，深受学生欢迎。

【全国农产品质量安全检测大比武夺冠】11月25~28日，浙江经贸职业技术学院生物技术及应用专业应届毕业生陈璐，作为浙江省代表，参加农业部主办的首届全国农产品质量安全基层检测技术人员大比武总决赛，与来自全国各地32支参赛代表队、160名基层检测技术人员同台角逐。陈璐在比赛中表现优异，最终以总分第一的成绩获得冠军，为学院乃至浙江省争得荣誉。

（高 峰）

·浙江经济职业技术学院·

【浙江经济职业技术学院概况】2011年，浙江经济职业技术学院有教学分院7个、成人教育学院1个、专科专业及方向29个。学院突出汽车、物流专业特色，财经、计算机、商贸、管理、文化艺术等多专业协调发展。教学仪器设备总值9857万元，建有视频教学互动系统和校园虚拟实训系统平台。拥有印本图书70余万册。有国家级精品课程9门、省级精品课程19门，国家骨干专业4个、省示范专业4个，国家级专业教学资源库1个，教育部、财政部"支持高等职业学校提升专业服务能力”项目2个。学校3个专业获省高职高专院校特色专业建设项目，7门课程获省级精品课程建设项目，12部教材获省高校重点教材建设项目，拥有8个省级特色建设专业，27部省级重点建设教材。学校学报获得“全国高职高专优秀学报（内刊）一等奖”。

2011年实际录取新生2847人。文、理科录取分数线和生源质量在省同类高职院校位居前列。2011届毕业生2712人，一次性就业率98.93%。在册教职工541人，其中专任教师385人、副高级职称以上164人、正高级职称30人。拥有省“151人才”34名，其中省级教学团队3个、省级教学名师4名、省级教坛新秀4名。9月，省委组织部组织开展“万人评组工”评比活动，浙江经贸职业技术学院选人用人工作获得上级好评，并获得全省高校第1名。10月，学校获得省总工会颁发的省级“模范职工之家”奖牌。

学校围绕“创建国际知名、国内特色鲜明的一流高职院校”的总体办学目标，通过全面强化校企合作、素质教育、国际合作3个特色平台的建设，致力于打造一流的专业，建设一流的师资，培养一流的学生。学校系统化人才培养建设工程向着更高层次迈进，内涵发展、改革创新、管理水平、招生就业等取得明显成效。

8月，浙江物产集团投资2000万元的物产培训大楼开工建设。同时，物产管理学院启动规划筹建。

【科研工作取得进展】2011年，浙江经济职业技术学院签订665万元横向课题合同，到款33.2万元；纵向课题立项拨款39.8万元；教学技术设备推广收入160万元，获得专利等知识产权9项。省重点教材建设项目12项，教师出版主编教材30部，参编教材12部，专著2部。发表学术论文253篇，其中SCI等收录12篇、一级以上刊物发表22篇。教师申报289项各级科研课题，立项155项，其中省部级以上课题立项6项、市厅局级规划课题67项。

【人才培养改革工程推进】2011年浙江经济职业技术学院师资团队建设取得明显成效，副高级职称教师增加18人。完成实训基地建设省财政专项经费项目9个，预算资金1200余万元；完成2011年骨干校实训基地建设项目13个，项目经费722.5万元；依托高技术信息手段，建成视频互动系统项目，创新实训方式和途径，获得专家和领导一致好评；创新创业项目第5～6期申报立项，申请省财政专项经费212.44万元，立项519项，参加学生达2.6万人次。

【学校内涵建设成果】6月，省教育厅、省财政厅“省级示范性高职院校示范建设中期评价暨人才培养工作”评估专家组到浙江经济职业技术学院进行评价检查，专家组和教育厅领导肯定学校示范建设和人才培养工作，检查成绩优秀。学校国家骨干校建设全面展开，统筹协调，反复论证，积极探索，不断完善，务求项目建设任务顺利高效完成，并突出示范引领和辐射作用，全面提升专业与内涵建设水平。学校牵头国内30余家高校及知名企业申报的电子商务项目，正式列入教育部高等职业教育专业教学资源库，是首批50个建设单位之一，资助到款400万元。“金融管理与实务”“报关与国际货运”两个专业获得教育部、财政部“支持高等职业学校提升专业服务能力”项目，每个专业各获得200万元经费支持。适应产业升级发展需要的“物联网技术”新专业获教育部批准备案。

5月24~28日，法国画家让·皮埃尔·切瓦休·阿涅斯到浙江经济职业技术学院举办画展
（浙江经济职业技术学院 供稿）

【3个办学特色平台建设】2011年，浙江经济职业技术学院3个办学特色平台建设继续深化。在校企合作平台上，整合教学资源，服务浙江物产集团信息化综合平台建设和物流一体化平台建设。学院与物产集团信息化工程建设进行深度对接，并协助拓展物流公司新业务、规划新基地，派师生到物产集团公司挂职和服务。搞好培训，服务物产集团人力资源平台。学院承办物产集团新员工、会计继续教育、党务工作等培训任务。服务物产集团企业文化建设，开展物产集团企业文化研究和宣讲活动。在文化素质教育平台上，全面启动以现代“和谐职业人”为目标的高职文化素质教育工程。继续推进“绿韵工程”品牌建设。邀请多位专家到校指导，举办“高雅艺术进校园”、中外书画家画展及笔会、师生艺术作品展等活动。学校成为中国高教学会大学素质教育研究分会常务理事单位、全国高职院校文化素质教育协作会副会长单位。在国际合作平台上，学校应邀派代表参加第四届国际现代学徒制创新研究暨第七届亚洲职业教育学会国际会议、亚洲开发银行职业技能专家磋商会、国际终身学习研讨会等国际会议，并作主题发言。学校成功举办以“合作与国际化”为主题的“2011国际职业教育研讨会”和“中美职业教育学生论坛”。中新合作办学继续推进，双方师生交流学习频繁，为打造国际知名高职院校奠定基础。

【社会服务功能加强】2011年，浙江经济职业技术学院加快学院现代物流科技创业园建设，16个企业入驻，其中教师企业4个、学生企业12个，全年总收入近550万元，吸纳员工104名，初步达到预期效果。组织汽车技术学院的“低碳生活——家庭轿车使用技巧”项目参加省科普周活动，文化艺术学院下基层进行诗教传播，取得良好社会效应。学校成功承办浙江省中职学生职业技能竞赛2项；承办开发区职工技能比武第3站暨全区会计人员职业技能大赛，有14个单位65名选手参与比赛；“东芝·经济学堂”第2期顺利毕业，总计培训学员90名；配合开发区职工素质教育“蓝领成才”工程建设，共计为开发区培训271人次；完成各类社会考试3.4万人次。学院新增技能鉴定工种5个，全年社会培训总人数达1.9万人次。学校国家职业技能鉴定所获得“省级质量评估金牌单位”称号，并推荐至国家人社部参评“国家示范职业技能鉴定所（站）”。

【援疆工作取得进展】2011年，浙江经济职业技术学院作为浙江省职教援疆牵头单位，支援新疆工作取得实质性进展。学院选派援疆干部担任阿克苏职业技术学院副院长，指导该校示范院校建设、专业建设等；签订对口支援协议，明确合作内容、方式、途径、规划等；承担阿克苏地区产业工人培训，派出教师赴阿克苏举办农副产品营销产业工人培训班，培训200余人；在物产集团支持下，与阿克苏职业技术学院合作立项科研项目30项。

【文化素质教育】11月19~21日，浙江经济职业技术学院书记俞步松受邀参加中国高教学会大学素质教育研究分会成立大会暨2011年大学素质教育高层论坛，并作主题发言，学校成为常务理事单位。12月11~13日，校领导俞步松、邵庆祥应邀赴深圳参加首届全国高等职业教育文化育人高端论坛，学校当选为全国高职院校文化素质教育协作会副会长单位。

【两位学生获荣誉称号】5月27日，省委宣传部、省委教育工委、团省委授予浙江经济职业技术学院学生李阳“十佳大学生”称号。共青团中央、全国学联授予学校学生翁建光2010年“中国大学生自强之星”称号，这也是浙江省高职院校里的唯一代表。

【师生在各类比赛中获奖】浙江经济职业技术学院《虚拟校园实训系统》获第十五届全国多媒体教育软件大奖赛高等教育组教育教学工具类软件系统一等奖。学校财会金融学院学生潘锡共、郭琴波在马来西亚吉隆坡举行的2011年ALOHA国际珠心算大赛中分获特等奖（冠军）和一等奖。浙江省第三届高职高专院校“挑战杯”创新创业竞赛上，学校获得特等奖1项、一等奖3项、二等奖1项、三等奖6项。在教育部高职高专文秘类教学指导委员会主办的第三届全国高职高专院校秘书职业技能大赛上，学校文化艺术分院组成的代表队获团体二等奖。学校学生在浙江省第十三届大学生运动会武术比赛中取得金牌1枚、银牌2枚、铜牌1枚，充分展示了学校师生的创新能力和综合素质。

【学校第一次党代会召开】7月8~9日，浙江经济职业技术学院举行第一次党代会，选举产生学院第一届党委。会议选举俞步松为党委书记，陈丽能、邵庆祥为副书记，应智国、吕红刚、张伟萍、黄春麟、裘军民、姜宇国任委员。学院第一届纪委书记为张伟萍，副书记为葛军燕，委员为朱利萍、陈专、潘华胜。行政同步换届顺利实施，陈丽能任院长，副院长为邵庆祥、应智国、吕红刚、黄春麟。

【学生社区服务中心获省领导肯定】3月24日，省委常委、宣传部部长茅临生一行考察浙江经济职业技术学院学生社区服务中心，充分肯定这一新型学生管理模式值得推广，并欣然题词——“以生为本、和谐社区”。12月21日，团省委书记周艳一行到校考察调研，高度评价学校学生创新创业成果和学生社区服务中心模式。（康粟丰）

·浙江育英职业技术学院·

【浙江育英职业技术学院概况】2011年，浙江育英职业技术学院有民航与旅游分院、信息技术与应用系、工商管理系、经济贸易系、艺术设计与人文系、基础部等6个教学系部和1个继续教育分院。开设25个专业，其中空中乘务和物业管理为省级特色专业。2011年，学院招生2275人，报到率94.07%，全日制在校生 6100余人。2011届毕业生1877人，初次就业率99.57%，毕业生就业率、签约率、对口率均高于2010年度。学院就业率连续7年保持98%以上。

2011年，学院秉承为现代服务业培养全面发展且具有优势品质与技能的高素质“职业人”为宗旨，全面落实“十二五”时期发展规划。在教学科研、学风建设、专业建设、党建思政、后勤保障等各方面取得一定成绩，学院发展步入新阶段。以教科研为引导，不断提高教师教学能力和水平。学院立项的国家、省、市各级科研课题44项，资助到款45万元。市级精品课程立项2门。各类期刊公开发表论文115篇。主（参）编教材（著作）18部。开展青年教师教学技能竞赛和讲师职业教育教学能力评估等活动，促进教师教育教学能力水平整体提高。学院参与开发区“蓝领成才”培训，在第八届全国残疾人运动会、国际西湖博览会、世界休闲博览会、暑期大学生“三下乡”、无偿献血、中国东方航空乘务员社会招聘（杭州站）等各种志愿服务活动中，师生收获大量社会感谢信。在党建和“创先争优”活动中，学院获得“浙江省文明单位”“中国民办高等教育优秀院校”等荣誉称号。

学院开展庆祝中国共产党成立90周年“唱红歌、学党史、颂党恩、跟党走”系列活动，按规定程序完成5个党总支部“公推直选”工作。后勤保障力度不断增强。9月，学院完成第4次工资改革，普遍提高教职工薪酬待遇。全面改造校内消防和监控系统，学院警务室正式挂牌运作，省综治办和省教育厅检查组对学院深化“平安校园”建设工作给予充分肯定。

【首届“杭州地铁班”开班】5月10日，浙江育英职业技术学院首届“杭州地铁班”开学典礼在学校举行。杭州地铁集团运营分公司总经理唐志侬、综合办主任吴维彪，学院副院长秦学礼、民航与旅游分院院长赵淑桐以及地铁班46名学生参加。“杭州地铁班”是学院校企合作的范例。地铁班学生主要由民航旅游分院空乘和其他专业学生自愿报名参加。根据协议，该班由校企共同管理，杭州地铁运营分公司负责专业教学，学院负责班级事务管理。

浙江育英职业技术学院空乘班学生　（郑体兵 摄）

【金玮获体育教师说课比赛一等奖】7月28日，全国高等职业院校体育教师说课比赛（决赛）在南京举行。浙江育英职业技术学院教师金玮获得一等奖。比赛由教育部体卫艺司全国高等学校体育教学指导委员会主办，江苏省教育厅承办。金玮曾参加浙江省选拔赛获一等奖，被推选为浙江省代表，参加该次比赛。

【胡岳辉获全国无偿献血奉献奖铜奖】6月，中华人民共和国卫生部、中国红十字总会和中国人民解放军总后勤部卫生部联合举行表彰活动。浙江育英职业技术学院教师胡岳辉获得2008~2009年度全国无偿献血奉献奖铜奖。胡岳辉先后献血13次，献血总量6200毫升。

【徐晓斌、黄中华论文入选国际大体联学术大会】8月13~16日，2011年国际大学生体育联合会学术大会在深圳大学举行。浙江育英职业技术学院教师徐晓斌、黄中华的论文《高职体育课程拓展训练项目对学生隐性职业素养养成的研究》以墙报交流形式被收录。该次会议有42个国家和地区的350名体育专家参加。

【省第十三届大运会获奖】5月22日，浙江省第十三届大学生运动会（简称大运会）的武术比赛在杭州职业技术学院体育馆举行。浙江育英职业技术学院获得5枚金牌、4枚银牌、4枚铜牌，同时获得男女总团体冠军、女子乙组团体冠军、男子乙组团体冠军。学生章建军获得体育道德风尚运动员奖，教师季勋龙被评为优秀教练员。

11月，在大运会田径比赛中，该院学生夺得2枚金牌、3枚银牌、3枚铜牌。女子铅球、男子标枪、女子跳高3项纪录被该校学生打破。学院取得团体总分158分，获田径比赛团体第三名。

在省第十三届大学生运动会所有比赛中，学校共夺得8枚金牌、8枚银牌、11枚铜牌，综合团体总分471分，获得团体第三名，被授予“体育道德风尚奖”。

【第八届全国残疾人运动会志愿者服务】10月11~19日，浙江育英职业技术学院41名青年志愿者参加第八届全国残疾人运动会志愿服务工作。12月，省志愿者协会第五次理事会暨第八届全国残疾人运动会志愿者工作总结表彰大会在省人民大会堂举行，学校获“第八届全国残疾人运动会优秀组织奖”，团委书记邬佳获“第八届全国残疾人运动会志愿服务先进工作者”称号，学生杨静获“第八届全国残疾人运动会志愿服务杰出志愿者”称号，沈丽颖等14位学生获“第八届全国残疾人运动会志愿服务优秀志愿者”称号。

【学院空乘模拟体验点】4月16日，浙江育英职业技术学院空乘模拟体验点作为2011年杭州市生活品质体验活动点，邀请市民参与体验。空中乘务专业学生为参观市民展示化妆技巧和形体训练，并体验空乘模拟机舱，享受空中服务全过程。学院共接待5批次近100名体验市民参与此次活动，受到广泛好评。

【学院无偿献血活动受表彰】4月，省卫生厅等授予浙江育英职业技术学院“2008~2009年度无偿献血促进奖”。教师胡岳辉被授予“2008~2009年度无偿献血奉献奖”。医保中心医生张圣华获得杭州市政府授予的“2010年度无偿献血奉献奖”。

【系级党总支部“公推直选”】5月5日，浙江育英职业技术学院根据《中国共产党党章》和《杭州市基层党组织领导班子公推直选实施办法（试行）》，结合学院实际，制订学院党总支部（党支部）班子公推直选实施细则。6月9日，“公推直选”试点动员大会在民航与旅游分院举行。试点取得成功后，在全院推行。12月，在严格遵循组织程序和纪律监督下，由党员和群众推荐，党员大会直接选举产生5个系级党总支部委员会委员和党总支部书记。

【省民办高校党建工作交流会】11月15日，浙江省民办高校党建工作交流会在浙江育英职业技术学院举行。省内12所民办高校党委书记参会，交流党建工作经验，讨论《关于进一步加强和改进民办高校党的建设工作的实施意见（讨论稿）》。（段曹钢）

人 物

·新任委领导·

陈 晨 男，1967年6月出生，1989年8月参加工作，1992年8月加入中国共产党，浙江大学全日制本科毕业。历任杭州市下城区团委办公室干事、副书记、书记，下城区朝晖街道党工委副书记、纪工委书记（其间参加杭州市委党校第16期中青班培训），下城区东新街道党工委副书记、办事处主任，下城区石桥镇党委副书记、镇长，石桥镇党委书记、人大主席，萧山区委常委、组织部部长，西湖区委常委、副区长，西藏自治区那曲县委书记。2011年2月任杭州经济技术开发区党工委副书记、管委会主任。2012年5月任杭州经济技术开发区党工委书记。

邵立春 男，1964年11月出生于浙江富阳，1988年8月参加工作，1991年5月加入中国共产党，杭州大学全日制本科毕业。历任富阳县新登区委干部，富阳县新登区团委书记，温州市永嘉县黄田镇镇长助理，富阳县经济体制改革委员会副主任，富阳市经济体制改革委员会副主任，富阳市政府办公室党组成员、副主任，富阳市新登镇党委副书记、镇长（其间参加杭州市委党校中青班培训），新登镇党委书记、人大主席，富阳市委组织部副部长，杭州市余杭区委常委、组织部部长。2011年11月任杭州经济技术开发区党工委副书记。

王永芳 男，1971年9月出生于浙江杭州，1990年8月参加工作，1994年10月加入中国共产党，中央党校在职研究生毕业。历任萧山市浦沿镇团委干事、书记，浦沿镇团委书记兼农办副主任、萧山市长河镇党委委员、副镇长（其间在浙江省委党校函授学院企业政工专业在职大专班学习），杭州市滨江区西兴镇党委委员、副镇长，西兴镇党委副书记（其间在中央党校函授学院法律专业在职本科班学习）、镇长，西兴镇党委书记、人大主席（其间参加杭州市委党校中青班培训），西兴街道党工委书记、人大工委主任，滨江区浦沿街道党工委书记、人大工委主任，杭州高新开发区（滨江区）外经贸局党组副书记、局长。2011年12月任杭州经济技术开发区党工委委员、管委会副主任（其间在中央党校函授学院经济学专业在职研究生班学习）。

（组织部）

·开发区劳动模范·

王大勇 1969年1月出生，浙江三花汽车零部件有限公司总经理，高级工程师。1993年进入新昌制冷配件厂（现三花控股集团前身），先后担任制造部长、副总经理，2004年任常务副总经理。2006年12月，三花控股集团在开发区设立浙江三花汽车零部件有限公司，任总经理。2010年，在他带领下，浙江三花汽车零部件有限公司纳税3000余万元，连续评为开发区规模贡献奖企业、外贸出口百佳企业、国家火炬计划重点高新技术企业、浙江省企业技术研发中心。曾获第十五届浙江省经营管理大师、开发区优秀企业家等称号。2011年评为开发区劳动模范。

王　朋　男，1980年4月出生，史陶比尔（杭州）机密机械电子有限公司工业机器人应用工程师。王朋于2006年参加工作，曾攻克机器人技术应用过程中多项技术难题，并将机器人项目拓展应用到高精度激光切割、机械加工柔性自动化等行业，其中机器人高精度激光切割技术是该行业内首次尝试，每年为公司增加4000万元的产值。2011年评为开发区劳动模范。

吕建生　男，1969年7月出生，杭州文海教育集团副总校长、文海小学党支部书记。作为文海教育的主要创导者，吕建生认真践行“以文化人”的办学理念，励精图治，艰苦创业，使文海教育品质不断提升，多样化的教育教学方式得到专家认可和社会关注。曾获区（县）级优秀教育工作者、优秀共产党员、春蚕奖、市联乡结村先进个人等称号。2011年评为开发区劳动模范。

孙忠兴　男，1959年2月出生，下沙街道智格社区党委副书记、居委会主任。孙忠兴创新社区工作，以服务居民为立足点，在打造精品社区、特色社区方面成绩突出。2010年智格社区开始回迁安置，孙忠兴带领社区班子与开发区城建部门对接协调，积极推进回迁安置工作，成为开发区先进工作者。2011年评为开发区劳动模范。

江忠永　男，1964年8月出生，杭州士兰明芯科技有限公司总经理、杭州士兰集成电路有限公司董事。作为LED（发光二极管）显示屏芯片行业领军人物，江忠永一直工作在研发和销售的前线。在他的带领下，士兰明芯公司经过6年发展在国内已脱颖而出，其技术、质量和品牌均处于国内领先水平，LED显示屏市场占有率50%，赢利能力在LED行业居全国前列。曾获“2010年度LED产业领军人物”称号。2011年评为开发区劳动模范。

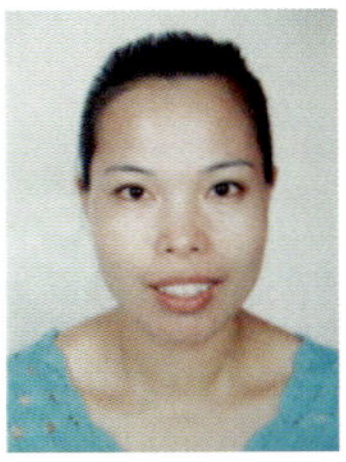

严惠燕　女，1970年1月出生，开发区建设（环保）局环境监管科副科长。严惠燕在开发区从事环保工作16年，开拓进取，知难而进，勇挑重担，坚持监察与服务有机结合，创新工作方式，提高工作效率，为开发区经济与环境协调和可持续发展作出应有贡献。曾获杭州市“创绿”先进个人、杭州市环境执法能手等称号。2011年评为开发区劳动模范。

应晓荣　男，1975年4月出生，杭州纸友科技有限公司课题组长。应晓荣牵头承担杭州市科委、浙江省科技厅等重大科技专项工业项目，其中“连续流态管道化定粉改性绿色工艺关键技术的开发”获得国家发明专利，被评为杭州市2010年优秀新产品新技术一等奖。为杭州市新世纪“131”优秀中青年培养人选、开发区“十大杰出青年”，享受2010年开发区人才特殊津贴。2011年评为开发区劳动模范。

张尔根　男，1957年3月出生，下沙街道高沙社区党总支书记。作为百姓的“父母官”，张尔根始终坚持“我不是来做官的，是来做事的”的人生宗旨。在他的带领下，高沙社区集体资产逐年壮大，2010年社区人均分红6300元，社区可支配收入3800万元。曾获开发区2008年度创业贡献奖、下沙街道2009年度招商引资奖、优秀共产党员，2010年度优秀等次工作人员。2011年评为开发区劳动模范。

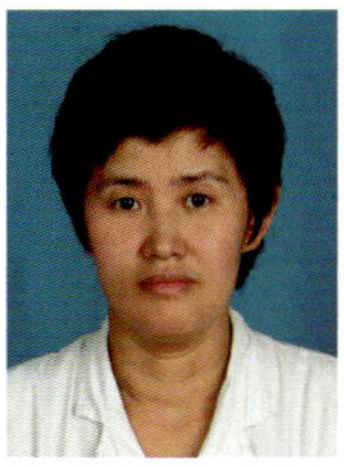

张　丽　女，回族，1966年5月出生，下沙街道卫生服务中心检验科医生。张丽自2005年通过招聘成为开发区一名基层医疗工作者以来，工作勤恳，严谨细致，善于学习新知识。同时积极发挥业务技能带头人作用，不断规范和完善检验各项操作规程，严把检验质量关，减少和避免医疗差错发生。连续多年被单位评为先进个人，2011年评为开发区劳动模范。

张佳余 男，1976年4月出生，开发区城管行政执法大队白杨中队分队长。张佳余扎根城管执法工作一线，公正执法，热情服务，在开发区工作的9年里为缓解“两摊”（倚门设摊、流动设摊）、工地管理等难点问题不懈工作，在平凡的岗位做出不平凡的业绩。先后评为浙江省城建城管执法系统优秀队员、省城市管理相对集中行政处罚权工作优秀执法人员、先进工作者，2009年杭州市城管执法“十佳队员”，立三等功一次。2011年评为开发区劳动模范。

张思洋 男，1976年8月出生，开发区白杨派出所副所长。张思洋在维护高教园区安全稳定和服务广大师生方面辛勤工作，不顾辛劳，为高校安全稳定努力工作，被誉为学校保卫处的“119”，大学生的“保姆”。曾获开发区首届“十大感动下沙人物”、杭州“十大金剑人物”提名奖、杭州市优秀亲民警察、浙江省优秀人民警察。2011年评为开发区劳动模范。

张敏华 女，1981年11月出生，白杨街道邻里社区党支部书记。作为浙江省首个为外来务工人员提供社会化服务的社区书记，张敏华坚持“服务外来务工青年成才”工作理念,为他们努力建设和谐的“蓝领之家”。在她的带领下，邻里社区获得浙江省党建示范社区、省级文明社区、省级“五四”红旗团委等50项荣誉。其个人获得2008年开发区建区15周年突出贡献奖、2009年度杭州市魅力社工、2010年度“浙江骄傲”十大最具影响力人物等称号。2011年评为开发区劳动模范。

张 颖 女，1973年5月出生，开发区总工会综合宣传科科长。张颖自担任综合宣传科科长以来，吃苦在前，享乐在后，围绕管委会中心工作，创新思路，为提高职工素质、提升企业文化、促进企业发展三方面不懈工作，促进各级工会组织和广大职工在区域经济发展中的作用，受到基层工会干部好评，被评为浙江省“优秀工会工作者”。2011年评为开发区劳动模范。

李永生 男，1960年2月出生，下沙街道党工委委员、办事处副主任。作为街道拆迁安置工作负责人，李永生围绕“两年完成征地拆迁、三年基本完成基础设施配套、五年初具新城形象”的目标，大力推进下沙街道征地拆迁、项目建设、回迁安置等重点难点工作，成绩显著。曾获“开发区优秀党员”称号，记三等功一次。2011年评为开发区劳动模范。

李智梁 男，1964年10月出生，前进工业园区开发建设指挥部土地利用处处长。面对前进工业园区建设征地诸多难题，李智梁发扬“白加黑”“5+2”的开发区人拼搏精神，发挥党员干部带头作用，做深做细群众工作，创新工作方法，动脑筋、想办法，攻克园区征地拆迁多个难题。2009年度考核获优秀等次。2011年评为开发区劳动模范。

陈开旭 男，1969年8月出生，开发区资产经营集团有限公司副董事长、党委书记、总经理。自2007年担任开发区资产经营集团有限公司副董事长、党委书记、总经理以来，陈开旭通过加强学习、大胆创新，使公司扭亏为盈，连续3年经营业绩超过上级制订的任务目标。2009年开发区年度考核获优秀等次，并有3篇论文在国家一级刊物发表。2011年评为开发区劳动模范。

陈 琪 男，1973年7月出生，开发区公安分局副局长。陈琪从事公安工作近20年，积极发挥共产党员先进性和模范作用，常抓不懈地打击各种刑事犯罪。自2007年到开发区公安分局工作以来，他带领公安干警除黑恶、保安全、促发展，为开发区经济社会发展努力创造良

好的治安环境。2009年1月被杭州市公安局记三等功一次。2011年评为开发区劳动模范。

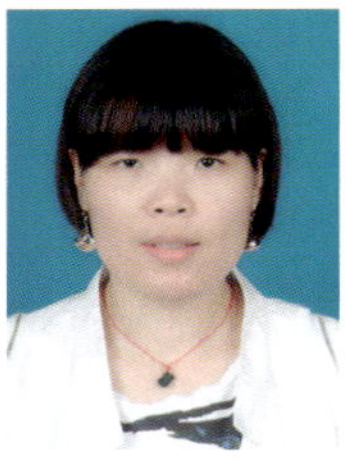

季郁文 女，1975年2月出生，卓尚服饰（杭州）有限公司制造部经理。季郁文2004年以普通工艺师进入卓尚服饰公司，经过4年发展从基层员工升为部门经理。2008年，她代表公司参加多项服装国家标准和行业标准制定工作，由她提出的部分合理建议被最终采纳，卓尚团队制定的企标《组合服装》备案也获得通过，并被中国纺织标委会推荐申报行业标准。2011年评为开发区劳动模范。

岳井和 男，1982年9月出生，中高柴油机重工有限公司工段长。岳井和积极开展生产技术革新工作，先后进行多项改革，其中柴油机气缸盖进排气阀工艺工装改进、曲轴连杆大端安装工具发明制作、中冷器安装胶条压装工具发明制作、精密螺栓存放托盘改造、活塞销安装工具改进等工艺获得公司年度技术小改革奖励，每年为公司增加效益10万元。曾获公司“生产标兵”、公司突出贡献奖“鲁班奖”，2011年评为开发区劳动模范。

俞有富 男，1983年3月出生，杭州味全食品有限公司工程师。俞有富2001年参加工作，2008年通过成人高考进入杭州职业技术学院机电一体化专业学习，并以优异成绩毕业，成为开发区为数不多的“蓝领”佼佼者。他提出节电节水方案，获得开发区工业企业发展奖和发展循环经济奖，获得公司优秀员工称号。2011年评为开发区劳动模范。

胡一凡 男，1979年10月出生，松下家电研究开发（杭州）有限公司产品开发技术人员。胡一凡自2002年参加工作以来，累计开发11个系列104款温水冲洗便座商品，其中13项技术申请专利。曾获开发区优秀共产党员、开发区“感动下沙”十大人物、杭州市“热爱企业优秀员工”等称号，2011年评为开发区劳动模范。

胡兆庭 男，1983年1月出生，杭州百富电子技术有限公司工程部经理。胡兆庭2009年开始负责国家电网电能表的硬件开发工作，由他负责的单相智能电能表产品技术达到国内领先水平。帮助百富公司中标，销售额8800万元，使该公司的行业地位和作用大为提高。由他负责的电能表产品还获得“杭州名牌”“浙江名牌”等称号。2011年评为开发区劳动模范。

郝大龙 男，1964年4月出生，开发区城市建设发展中心主任。郝大龙自2008年担任城建中心主任以来，以高度的责任感和使命感，以饱满的热情，积极投身开发区大建设大发展热潮。先后获得杭州市“作风建设先进个人”、2009年度开发区年度考核优秀等次、2009年度开发区“优秀公务员”、2010年开发区“环境绿化先进个人”、开发区“工会之友”等称号。2011年评为开发区劳动模范。

殷 涛 男，1967年8月出生，玫琳凯（中国）化妆品有限公司生产制造副总裁。殷涛带领工厂团队，致力于供应链管理，凭借完善的质量体系、先进的现场管理和过硬的产品质量，在质量、安全、计划、采购、生产、工程及设施、设备、能源的维护等方面作出重要贡献。公司先后被评为开发区“清洁型企业”“环保工作先进单位”、杭州市“化妆品安全信用优秀单位”。2011年评为开发区劳动模范。

顾江生 男，1973年10月出生，民建党员，杭州庄盛家具制造有限公司董事长兼总裁。顾江生29岁时接手管理父亲顾玉华创办的年产值3000万元的家具工厂，并于当年创立“顾

家工艺”品牌。他带领“顾家工艺”在品牌推广和产品设计上走出一条创新之路，2008年将顾家工艺发展为一个年营业额20多亿元的企业集团，使“顾家工艺”成为中国沙发领军品牌。2009年，顾家工艺获得沙发行业首个“中国驰名商标”称号，2010年入选“卓越华商民企新锐榜”，实现中国家具企业由“中国制造”向“中国创造”的转变。2011年评为开发区劳动模范。

顾宏量 男，1973年1月出生，东芝信息机器（杭州）有限公司总务课长。2000年参加工作，作为总务课长，顾宏量不仅做好企业后勤保障，更是关心了解每位员工衣食住行。他开设员工心理辅导室，为员工提供情感倾诉空间，并给予他们心理疏导，5年内累计有1000余人次员工到心理辅导室谈心。他还注重帮助职工素质提升，努力实现职工成才梦想，“东芝高校学堂”在他的努力协调下在开发区设立。2011年评为开发区劳动模范。

黄启浪 男，1974年1月出生，杭州九阳小家电有限公司豆浆机事业部技术总监。黄启浪自1998年参加工作以来，主持参与大量新产品研发工作，包括基础研究4项、新品开发87款，获得明星专利奖4次，创新鼓励奖2次，年度创新大奖2次。其参与开发的营养王系列豆浆机，2010年销量突破390万台，销售额逾20亿元，为促进行业技术革新与发展作出积极贡献。2011年评为开发区劳动模范。

韩翠华 女，1980年7月出生，白杨街道办事处城管科副科长。韩翠华自2006年到白杨街道工作以来，兢兢业业、刻苦钻研、热爱集体、团结同事，较好地体现思想素质高、业务能力强、作风纪律严、完成任务好的特点，得到领导和同事一致好评。先后被评为白杨街道“先进工作者”、开发区“文明交通优秀工作者”、杭州市“绿化积极分子”。2011年评为开发区劳动模范。

虞付月 男，汉族，1962年7月出生，开发区党工委、管委会办公室主任。虞付月在管委会办公室岗位工作14年，任劳任怨、兢兢业业，撰写大量文字材料，充分履行参谋助手、综合协调、服务保障、领导管理等职责。在他的带领下，管委会办公室连续8年被评为开发区满意单位，其个人多次获得先进工作者、优秀党员等称号，记三等功一次。2011年评为开发区劳动模范。

楼配平 男，1963年8月出生，开发区组织部部长、人事劳动社会保障局局长。在楼配平的带领下，开发区基层组织建设、干部队伍建设、机构改革、人才队伍、劳动和社会保障等工作基础日渐牢固，亮点不断涌现，多次受到国家部委、省市相关部门肯定。曾获开发区优秀党务工作者、杭州市先进军转工作者、杭州市大学生就业创业服务工作先进个人、浙江省优秀党务工作者等称号。2011年评为开发区劳动模范。

（曹兴和 张 颖）

统计资料

开发区主要经济指标

表40

指标名称	单位	2007 年	2008 年	2009 年	2010 年	2011 年
工业总产值（现价）	亿元	1 237.75	1 239.86	1 083.58	1 328.62	1 511.35
其中：外商及港澳台投资企业	亿元	1 097.40	1 086.60	938.00	1 153.91	1 283.62
工业销售产值	亿元	1 228.20	1 234.74	1 090.42	1 331.80	1 511.67
工业产品销售收入	亿元	1 209.10	1 216.18	1 068.60	1 330.49	1 512.42
其中：外商及港澳台投资企业	亿元	1 098.40	1 077.80	925.80	1 142.75	1 285.69
社会消费品零售总额	亿元	16.70	25.31	27.97	31.74	37.99
国内生产总值	亿元	252.95	291.73	312.15	359.97	420.60
其中：第一产业	亿元	1.66	1.97	1.41	1.25	1.30
第二产业	亿元	214.00	229.92	247.91	285.15	332.2
其中：工业增加值	亿元	208.61	223.16	240.05	276.32	324.10
第三产业	亿元	37.29	59.84	62.83	73.55	87.20
出口总额	亿美元	62.17	52.17	35.35	47.79	52.61
万元工业增加值综合能耗降幅	%	4.13	5.51	5.16	4.04	9.83
利润总额	亿元	62.63	73.36	91.62	124.38	128
其中：工业企业	亿元	61.44	71.35	88.71	107.48	109.75
一般预算总收入	亿元	41.45	51.91	69.08	80.2[illegible]	92.64
引进外商投资企业	个	41	44	46	5[illegible]	38
总投资	亿美元	12.51	13.03	12.96	18.59	18.54
合同外资额	亿美元	7.50	9.00	9.66	9.72	10.44
实际使用外资额	亿美元	4.15	2.60	5.90	6.08	6.42
辖区总人口	万人	26.79	30.90	39.71	39.36	40.17
其中：户籍人口	万人	12.71	12.20	11.37	10.76	10.18
暂住人口	万人	14.08	18.70	17.45	20.95	27.94
年末从业人数	万人	15.26	18.21	18.29	19.55	21.54
其中：工业企业从业人员	万人	10.77	11.51	11.29	13.00	14.81

开发区固定资产投资情况

表41

指标	单位	2010年	占比(%)	2011年	占比(%)	建区起累计
一、固定资产投资	亿元	173.50	—	202.29	—	1 227.83
基本建设项目(单位)投资	亿元	102.84	59.27	104.07	51.45	—
其中:基础设施投资	亿元	39.74	22.90	34.63	17.12	240.38
工业项目投资	亿元	44.65	25.73	51.48	25.45	—
房地产投资	亿元	70.65	40.72	98.23	48.56	—
二、开工面积	万平方米	411.92	—	342.59	—	3 166.95
三、竣工面积	万平方米	187.36	—	131.15	—	2 012.43

开发区城市建设情况

表42

指标	单位	2010年	2011年	比上年增长(%)
已开发土地面积	平方千米	39.93	41.16	3.08
年末实有道路长度	千米	215.39	222.33	3.22
年末实有道路总面积	万平方米	630.90	653.28	3.55
年末实有下水道长度	千米	673.49	699.49	3.86
年末实有渠道总长度	千米	74.08	75.06	1.32
年末实有桥涵数	座	111	115	3.60
建成区绿化覆盖面积	万平方米	1 288.20	1 342.70	4.23
其中:公共绿地面积	万平方米	634.70	689.20	8.59

注:白杨街道户籍人口数下降主要基于大学生户口迁入人数下降

开发区前进工业园主要经济指标

表43

指标名称	单位	2010年	2011年	历年累计
一、工业经济				
规模以上工业销售产值	万元	113 426	163 818	305 290
二、城市建设				
固定资产投资	万元	108 092	175 715	366 838
其中:基础设施投资	万元	72 909	105 087	253 914
工业性投资	万元	35 183	70 628	112 924
已开发土地面积	万平方米	14.80	76.73	258.00
实有铺装道路总长度	千米	10	11	25
三、招商引资				
外资项目批准数	个	16	8	31
合同外资	万美元	30 733	20 637	62 018
实际使用外资	万美元	9 233	8 692	19 112
内资项目批准数	个	8	11	25
内资项目注册资本	万元	80 785	123 396	276 181

2011年12月街道主要经济指标

表44

街道	指标名称	单位	12月	全年累计	比上年增长(%)
下沙街道	工业总产值(现价)	万元	22 730	324 836	24.5
	工业销售产值	万元	18 542	325 293	20.9
	工业企业产销率	%	—	100.14	—
	工业企业销售收入	万元	34 781	322 979	20.1
	工业企业利润总额	万元	686	1 4321	-48.9
	工业税金	万元	743	1 3718	-9.4
	商品销售总额	万元	6 4251	448 275	35.4
	社会消费品零售总额	万元	17 967	173 394	24.7
	固定资产投资	万元	1 396	129 953	-31.3
	出口交货值	万元	2 858	31 569	8.6
白杨街道	商品销售总额	万元	729 379	1 530 667	113.9
	社会消费品零售总额	万元	22 018	243 165	19.0

杭州下沙高教园区基本情况

表45

指 标	2010年投资(万元)	2011年投资(万元)	历年累计完成投资(万元)	在校生人数(万人)
杭州电子科技大学	0	0	79 888	2.34
浙江理工大学	0	1 214	88 272	2.07
中国计量学院	4 076	2 683	91 276	2.09
浙江警官职业学院	0	0	21 425	0.39
杭州职业技术学院	2 857	1 178	32 534	0.97
浙江传媒学院	0	0	42 244	1.15
西区合计	6 933	5 075	355 639	9.01
浙江工商大学	6 721	990	154 131	2.04
杭州师范大学	0	0	90 486	1.21
浙江财经学院	0	0	58 622	2.18
浙江金融职业学院	0	0	21 515	0.68
浙江经贸职业技术学院	0	0	22 405	0.90
浙江经济职业技术学院	0	1 040	19 240	0.73
浙江水利水电专科学校	0	0	22 529	0.76
浙江育英职业技术学院	0	0	850	0.63
东区合计	6 721	2 030	389 778	9.13
总 计	13 654	7 105	745 417	18.14

世界500强企业在开发区投资企业名单

表46

序号	企业名称	序号	企业名称
1	西门子（杭州）高压开关有限公司	34	杭州东信移动电话有限公司
2	杭州德特高压电气设备有限公司	35	杭州摩托罗拉移动通信设备有限公司
3	杭州乐金化妆品有限公司	36	三菱数源移动通信有限公司
4	乐金大自然（杭州）记录媒体有限公司	37	中国农业银行杭州市下沙支行
5	杭州松下厨房电器有限公司	38	中国农业银行杭州市钱塘支行
6	杭州松下家用电器有限公司	39	杭州顶锋金属制品有限公司
7	杭州松下马达有限公司	40	美铝瓶盖系统（杭州）有限公司
8	杭州松下住宅电器（出口加工区）的有限公司	41	杭州中萃储运有限公司
9	杭州松下住宅电器设备有限公司	42	杭州中萃食品有限公司
10	松下电化住设（杭州）精密加工有限公司	43	浙江省电信实业集团杭州电信下沙分局
11	松下电化住宅设备机器（杭州）有限公司	44	欧唯特数码科技（杭州）有限公司
12	松下家电研究开发（杭州）有限公司	45	杭州旭化成纺织有限公司
13	东芝杭州有限公司	46	可果美（杭州）食品有限公司
14	东芝货物管理（杭州）有限公司	47	杭州爱信伊奈机电有限公司
15	东芝信息机器（杭州）有限公司	48	杭州华新电力电缆有限公司
16	杭州东芝家电技术电子有限公司	49	杭州中粮包装有限公司
17	博世包装技术（杭州）有限公司	50	杭州中粮美特容器有限公司
18	杭州美一精密机电元件有限公司	51	杭州中粮制罐有限公司
19	杭州丘比食品有限公司	52	杭州中萃食品有限公司
20	富士康科技集团有限公司	53	杭州娃哈哈百立食品有限公司
21	宏讯电子工业（杭州）有限公司	54	杭州娃哈哈非常可乐饮料有限公司
22	统合电子（杭州）有限公司	55	杭州娃哈哈乐维食品有限公司
23	鸿泰精密工业（杭州）有限公司	56	杭州娃哈哈速冻食品有限公司
24	中国工商银行杭州经济技术开发区支行	57	杭州娃哈哈饮料有限公司
25	中国工商银行股份有限公司杭州大学城支行	58	液化空气（浙江）有限公司
26	中国移动通信集团浙江有限公司下沙分局	59	交通银行股份有限公司杭州下沙支行
27	拜耳杭州作物科学有限公司	60	杭州下沙加油站有限公司
28	中国人寿财产保险股份有限公司浙江省分公司下沙开发区分部	61	兴业银行股份有限公司杭州下沙支行
29	中国建设银行杭州经济技术开发区支行	62	杭州默沙东制药有限公司
30	杭州百事可乐饮料有限公司	63	可口可乐装瓶商生产（杭州）有限公司
31	中国银行杭州经济技术开发区支行	64	杭州神钢建设机械有限公司
32	中国银行股份有限公司杭州出口加工区支行	65	神钢建机精密机械（杭州）有限公司
33	浙江蓝天环保高科技股份有限公司		

开发区国家重点支持高新技术企业

表47

序号	企业名称	序号	企业名称
1	杭州华银视讯科技有限公司	35	杭州朝阳橡胶有限公司
2	艾博生物医药(杭州)有限公司	36	杭华油墨化学有限公司
3	杭州九源基因工程有限公司	37	浙江爱生药业有限公司
4	杭州世宝汽车方向机有限公司	38	永正传感(杭州)有限公司
5	杭州中能汽轮动力有限公司	39	浙江惠松制药有限公司
6	杭州中肽生化有限公司	40	杭州电力设备制造有限公司
7	浙江康莱特药业有限公司	41	杭州奥普卫厨科技有限公司
8	浙江蓝天环保高科技股份有限公司	42	杭州光韵达光电科技有限公司
9	浙江浙大医学仪器有限公司	43	拜耳作物科学(中国)有限公司
10	杭州纸友科技有限公司	44	史陶比尔(杭州)精密机械电子有限公司
11	杭州杭康药业有限公司	45	杭州诺泰制药技术有限公司
12	浙江禾田化工有限公司	46	杭州富尔顿热能设备有限公司
13	杭州爱知工程车辆有限公司	47	怡得乐电子(杭州)有限公司
14	浙江和利时自动化有限公司	48	杭州钱塘江特种玻璃技术有限公司
15	浙江神林电子有限公司	49	杭州易沙网络科技有限公司
16	浙江士兰明芯科技有限公司	50	信雅达(杭州)计算机服务有限公司
17	浙江易邦生物技术有限公司	51	杭州钱江弹簧有限公司
18	浙江士兰集成电路有限公司	52	杭州专用汽车有限公司
19	杭州安费诺飞凤通信部品有限公司	53	杭州佳鹏电脑科技有限公司
20	杭州立昂电子有限公司	54	泰瑞机器制造(中国)有限公司
21	杭州九阳小家电有限公司	55	杭州兴环科技开发有限公司
22	杭州下沙恒升化工有限公司	56	杭州天裕光能科技有限公司
23	杭州天明电子有限公司	57	克雷登热能设备(浙江)有限公司
24	杭州百富电子技术有限公司	58	三花丹佛斯(杭州)微通道换热器有限公司
25	杭州澳亚生物技术有限公司	59	中高柴油机重工有限公司
26	杭州精信电子科技有限公司	60	志诚动力科技(杭州)有限公司
27	浙江下沙生物科技有限公司	61	杭州荐量兽用生物制品有限公司
28	杭州电缆有限公司	62	安瑞医疗器械(杭州)有限公司
29	浙江藤仓橡胶有限公司	63	杭州英华技术服务有限公司
30	浙江中财型材有限责任公司	64	杭州海的动力机械有限公司
31	杭州三花汽车控制系统有限公司	65	杭州欧实科技有限公司
32	浙江三花汽车零部件有限公司	66	杭州泰明顿摩擦材料有限公司
33	杭州天明环保工程有限公司	67	杭州精功机电研究院有限公司
34	浙江华人数码印刷有限公司		

注：至2011年末，开发区市级以上高新技术企业275个

2011年开发区工业销售产值上亿元企业

表48

序号	企业名称	序号	企业名称
1	杭州中策橡胶有限公司	35	杭州秉信纸业有限公司
2	东芝信息机器（杭州）有限公司	36	泰尔茂医疗产品（杭州）有限公司
3	玫琳凯（中国）化妆品有限公司	37	杭州味全食品有限公司
4	杭州顶益食品有限公司	38	杭州士兰集成电路有限公司
5	宏讯电子工业（杭州）有限公司	39	杭州松下住宅电器设备（出口加工区）有限公司
6	杭州松下家用电器有限公司	40	杭州青年汽车有限公司
7	杭州神钢建设机械有限公司	41	史陶比尔（杭州）精密机械电子有限公司
8	杭州庄盛家具制造有限公司	42	怡得乐电子（杭州）有限公司
9	杭州电缆有限公司	43	杭华油墨化学有限公司
10	杭州顶津食品有限公司	44	杭州摩托罗拉移动通信设备有限公司
11	杭州矢崎配件有限公司	45	杭州顶园食品有限公司
12	杭州加多宝饮料有限公司	46	浙江蓝天环保高科技股份有限公司
13	杭州九阳小家电有限公司	47	西门子（杭州）高压开关有限公司
14	康师傅（杭州）饮品有限公司	48	浙江三花汽车零部件有限公司
15	杭州松下马达有限公司	49	杭州普罗星淀粉有限公司
16	杭州中粮包装有限公司	50	浙江华威建材集团有限公司
17	杭州朝阳橡胶有限公司	51	杭州杭联热电有限公司
18	杭州九阳欧南多小家电有限公司	52	杭州中粮制罐有限公司
19	杭州安费诺飞凤通信部品有限公司	53	杭州佐帕斯工业有限公司
20	松下电化住宅设备机器（杭州）有限公司	54	国际香料香精（浙江）有限公司
21	杭州中萃食品有限公司	55	杭州华春化纤染织有限公司
22	浙江中财型材有限责任公司	56	杭州得力纺织有限公司
23	拜耳作物科学（中国）有限公司	57	杭州奥普卫厨科技有限公司
24	杭州顶正包材有限公司	58	博世包装技术（杭州）有限公司
25	杭州和昇塑料制品有限公司	59	杭州华新电力线缆有限公司
26	田中电子（杭州）有限公司	60	杭州电力设备制造有限公司
27	杭州中能汽轮动力有限公司	61	浙江五丰冷食有限公司
28	统合电子（杭州）有限公司	62	杭州下沙生物科技有限公司
29	乐金（杭州）记录媒体有限公司	63	艾博生物医药（杭州）有限公司
30	杭州横滨轮胎有限公司	64	杭州金陵科技有限公司
31	浙江三花钱江汽车部件集团有限公司	65	杭州世宝汽车方向机有限公司
32	杭州和利时自动化有限公司	66	杭州联发纤维有限公司
33	杭州益维汽车工业有限公司	67	杭州神林电子有限公司
34	康师傅（杭州）方便食品有限公司	68	杭州士兰明芯科技有限公司

2011年开发区工业销售产值上亿元企业

续表48-1

序号	企业名称	序号	企业名称
69	杭州百富电子技术有限公司	103	杭州九源基因工程有限公司
70	泰瑞机器制造（中国）有限公司	104	杭州丽伟电脑机械有限公司
71	杭州禾康包装材料有限公司	105	杭州立昂电子有限公司
72	杭州百事可乐饮料有限公司	106	鸿泰精密工业（杭州）有限公司
73	中日龙电器制品（杭州）有限公司	107	浙江新华数码印务有限公司
74	杭州松下厨房电器有限公司	108	杭州中策电缆有限公司
75	杭州味全生技食品有限公司	109	杭州美达王钢铁制品加工有限公司
76	浙江康莱特药业有限公司	110	浙江三花汽车控制系统有限公司
77	联德机械（杭州）有限公司	111	杭州萧山前进化工有限公司
78	杭州雅士迪电子有限公司	112	杭州金松优诺电器有限公司
79	杭州德特高压电气设备有限公司	113	中高柴油机重工有限公司
80	浙江中特幕墙工程有限公司	114	旭化成医疗器械（杭州）有限公司
81	杭州纸友科技有限公司	115	杭州华银视讯科技有限公司
82	杭州友高精密机械有限公司	116	杭州康特尔电梯部件有限公司
83	眼力健（杭州）制药有限公司	117	矢野电子（杭州）有限公司
84	杭州富华实业有限公司	118	浙江下沙荣成包装有限公司
85	杭州金鱼家电有限公司	119	杭州专用汽车有限公司
86	伊莱克斯（杭州）家用电器有限公司	120	杭州可恩索华伦纸管有限公司
87	杭州顶锋金属制品有限公司	121	杭州旭化成纺织有限公司
88	希赛瓶盖系统（杭州）有限公司	122	浙江省杭江牛奶公司乳品厂
89	杭州东芝家电技术电子有限公司	123	杭州相良塑料有限公司
90	新光工业（杭州）有限公司	124	浙江惠松制药有限公司
91	浙江星野集团有限责任公司	125	杭州铣床制造有限责任公司
92	杭州下沙恒升化工有限公司	126	杭州藤仓橡胶有限公司
93	卓尚服饰（杭州）有限公司	127	杭州天创水务有限公司
94	西帕机械（杭州）有限公司	128	杭州丘比食品有限公司
95	杭州爱知工程车辆有限公司	129	横滨胶管配件（杭州）有限公司
96	数源移动通信设备有限公司	130	杭州富尔顿热能设备有限公司
97	大田大明光学（杭州）有限公司	131	丹佛斯（杭州）板式换热器有限公司
98	杭州天裕光能科技有限公司	132	可口可乐装瓶商生产（杭州）有限公司
99	杭州信多达电子科技有限公司	133	高丝化妆品有限公司
100	杭州申菱电梯配件制造有限公司	134	杭州富丽建材有限公司
101	志诚动力科技（杭州）有限公司	135	杭州利群环保纸业有限公司
102	三花丹佛斯（杭州）微通道换热器有限公司	136	杭州爱信伊奈机电有限公司

2011年开发区工业销售产值上亿元企业

续表48-2

序号	企业名称
137	杭州钱江弹簧有限公司
138	杭州璟江瑞华科技有限公司
139	浙江保灵药业有限公司
140	杭州嘉濠印花染整有限公司
141	杭州高腾机电科技有限公司
142	杭州旭化成氨纶有限公司
143	浙江东方百富袜业制造有限公司
144	杭州万艺建材有限公司
145	杭州凯利不锈钢厨房设备有限公司
146	浙江禾田化工有限公司
147	杭州友华精密机械有限公司
148	杭州泰贺塑化有限公司
149	杭州奥德莱斯电子有限公司
150	浙江史密斯医学仪器有限公司
151	杭州哈德森汽车部件有限公司
152	杭州圆通线缆科技有限公司
153	杭州杰玛箱包有限公司
154	杭州杭城摩擦材料有限公司
155	杭州大德克塑料有限公司
156	杭州联和工具制造有限公司
157	杭州恒业电机制造有限公司
158	欧唯特数码科技(杭州)有限公司
159	杭州荐量兽用生物制品有限公司
160	杭州钱塘江特种玻璃技术有限公司
161	浙江大安装饰件有限公司
162	杭州恒科精工机电有限公司
163	浙江华人数码印刷有限公司
164	杭州泰明顿摩擦材料有限公司
165	杭州泰谷诺石英有限公司
166	杭州德沃尔无纺布有限公司
167	杭州百庆纤维有限公司
168	成印实业(杭州)有限公司
169	杭州天明环保工程有限公司
170	浙江中大食品有限公司
171	杭州娃哈哈百立食品有限公司
172	杭州娃哈哈宏振包装有限公司
173	杭州娃哈哈乐维食品有限公司
174	杭州娃哈哈非常可乐饮料有限公司
175	杭州娃哈哈营养食品有限公司
176	杭州娃哈哈饮料有限公司

2011年开发区出口20强企业

表49

序号	出口企业名称
1	东芝信息机器(杭州)有限公司
2	杭州中策橡胶有限公司
3	杭州矢崎配件有限公司
4	杭州松下家用电器有限公司
5	松下电化住宅设备机器(杭州)有限公司
6	泰尔茂医疗产品(杭州)有限公司
7	杭州松下住宅电器设备(出口加工区)有限公司
8	杭州松下马达有限公司
9	浙江新迪国际食品集团有限公司
10	杭州庄盛家具制造有限公司
11	国际香精香料(浙江)有限公司
12	乐金(杭州)记录媒体有限公司
13	艾博生物医药(杭州)有限公司
14	旭化成医疗器械(杭州)有限公司
15	浙江蓝天环保高科技股份有限公司
16	杭州安费诺飞凤通信部品有限公司
17	拜耳作物科学(中国)有限公司
18	杭州得力纺织有限公司
19	杭州金陵科技有限公司
20	眼力健(杭州)制药有限公司

2011年12月杭州市及分区主要指标

表50

单位：亿元

指标名称	12月	全年累计	比上年增长(%)
杭州市规模以上企业销售产值	1 162.0	12 062.2	20.2
其中：上城区	42.2	595.3	16.9
下城区	8.6	78.0	5.2
江干区	17.7	199.6	11.4
拱墅区	35.7	500.3	16.0
西湖区	23.4	241.2	15.3
滨江区	77.3	647.4	25.9
开发区	136.3	1 500.2	15.3
萧山区	357.8	4 490.4	21.6
余杭区	126.5	1 252.4	14.7
杭州市财政总收入	69.4	1 488.9	19.6
其中：上城区	6.6	90.0	12.3
下城区	3.7	123.5	16.3
江干区	3.2	85.0	20.3
拱墅区	3.5	85.4	25.7
西湖区	5.8	116.6	16.4
滨江区	6.4	100.2	19.2
开发区	4.9	92.6	15.5
萧山区	6.6	217.0	19.0
余杭区	8.3	150.0	24.2
杭州市限额以上固定资产投资	415.1	3 105.2	17.1
其中：上城区	7.8	55.5	-30.9
下城区	23.0	113.4	10.1
江干区	38.7	343.2	18.3
拱墅区	23.4	203.4	34.8
西湖区	29.8	264.3	20.8
滨江区	20.3	185.8	15.4
开发区	12.3	202.3	16.8
萧山区	36.4	518.5	14.8
余杭区	58.9	413.5	18.8

国家级开发区主要经济指标情况（2010年综合排名前20位）

表51

排序	开发区	地区生产总值（亿元）	工业总产值（亿元）	税收收入（亿元）	出口总额（亿美元）	本年固定资产投资（亿元）	合同外资（亿美元）
1	天津	1 908.45	6 102.84	341.86	198.46	550.14	63.10
2	苏州工业园区	1 589.66	4 136.96	306.41	385.79	666.28	29.60
3	广州	1 872.39	4 938.16	376.33	160.72	365.48	17.52
4	昆山	1 367.58	5 149.76	147.25	442.82	218.95	11.67
5	青岛	1 195.61	3 661.16	246.32	93.09	512.68	24.08
6	烟台	985.02	3 200.17	146.92	184.89	380.14	5.73
7	北京	797.01	2 272.56	245.36	110.51	320.24	17.06
8	漕河泾	795.33	1 237.36	75.24	126.52	60.00	3.57
9	大连	1 320.59	3 453.47	210.15	91.01	666.31	26.17
10	杭州	420.49	1 511.35	92.64	52.61	202.29	10.44
11	金桥出口加工区	613.52	2 275.66	291.15	51.09	62.85	3.21
12	南京	428.23	2 155.02	77.06	75.30	200.98	6.52
13	长春	728.50	1 900.43	83.31	14.00	343.23	0.32
14	沈阳	1 000.34	2 866.91	141.40	17.18	730.25	8.54
15	合肥	626.37	1 860.45	78.37	14.00	316.15	5.33
16	长沙	531.03	1 336.22	70.18	8.79	103.88	4.15
17	哈尔滨	596.25	1 751.56	96.78	18.96	391.37	5.98
18	宁波	555.95	2 026.14	93.54	73.03	236.27	11.80
19	芜湖	433.05	1 639.49	65.41	19.80	211.61	3.12
20	扬州经开区	536.05	1 831.22	62.57	29.52	355.96	9.92
杭州开发区位次		33	29	21	15	37	13

附 录

·先进名录·

【2011年度满意单位、先进单位及达标单位】

一、满意单位
开发区党工委、管委会办公室
杭州市公安局经济技术开发区分局
杭州市质量技术监督局开发区分局
杭州市开发区国税局
二、先进单位
开发区人事劳动社会保障局（组织部）
开发区经济发展局（农发局、安监局、统计局、物价局、科技局）
开发区总工会（企业党委、妇工委、团工委）
开发区城市管理行政执法大队
杭州市工商行政管理局开发区分局
杭州出入境检验检疫局开发区办事处
杭州市公安消防支队开发区大队
杭州市地税局开发区税务分局
三、达标单位：
开发区财政局
杭州市规划局开发区分局
开发区建设局（环保局、房管局）
杭州市国土局开发区分局
开发区招商局（含招商中心）
浙江杭州出口加工区综合管理局
开发区社会发展局（慈善总会）
开发区城市管理办公室
开发区社会治安综合治理办公室
开发区残疾人联合会
开发区海关
杭州市公安局交警支队开发区大队
杭州市卫生局卫生监督所开发区分所
杭州市疾病预防控制中心下沙工作站
杭州市水业集团有限公司下沙分公司
杭州市道路运输管理局开发区管理处

【2011年度省级文明单位】

浙江省电力设备总厂

【2011年度市级文明单位】

浙江工商大学
杭州市下沙中学
杭州市下沙第一小学

【2011年度区级文明单位】

淳安人力资源开发有限公司
怡得乐电子（杭州）有限公司
杭州世宝汽车方向机有限公司
杭州钱江燃气有限公司

·名牌产品·

【2011年度浙江名牌产品及其生产企业】

圆线同心绞架空导线　杭州电缆股份有限公司
220千伏及以下电力电缆　杭州电缆股份有限公司
物流服务　浙江八方物流有限公司

变性淀粉 杭州纸友科技有限公司（复审）
洗衣机 杭州金鱼电器集团有限公司（复审）
高空作业车 杭州爱知工程车辆有限公司（复审）

【2011年度杭州名牌产品及其生产企业】
注塑机 泰瑞机器制造（中国）有限公司
视频展示台 杭州华银教育多媒体科技股份有限公司
物流服务 浙江省八方物流有限公司
220千伏及以下电力电缆 杭州电缆股份有限公司（复审）
冰箱 杭州金鱼电器集团有限公司（复审）
弹簧 杭州钱江弹簧有限公司（复审）

【2011年度浙江省著名商标企业】
杭州中策电缆有限公司（新认定）
杭州杰玛箱包有限公司（新认定）
杭州金鱼电器集团有限公司（延续认定）
杭州电缆股份有限公司（延续认定）
顾家家居股份有限公司（延续认定）
浙江五丰冷食有限公司（延续认定）

【2011年度杭州市著名商标企业】
浙江爱生药业有限公司（新认定）
浙江八方物流有限公司（延续认定）
杭州九源基因工程有限公司（延续认定）
浙江华银非织造布有限公司（延续认定）
杭州百穗农产品种养殖场（延续认定）
泰瑞机器制造（中国）有限公司（延续认定）
杭州和利时自动化有限公司（延续认定）

【2011年度新认定浙江省知名商号企业】
五丰 浙江五丰冷食有限公司
中策 杭州中策橡胶有限公司

·星级文明市场·

【2011年度新认定星级文明规范市场】
杭州下沙商贸城（四星级）
高沙农贸市场（三星级）
云水苑农贸市场（三星级）
金沙数码港（二星级）

·“守合同重信用”单位·

【2011年度浙江省工商企业信用AAA级“守合同重信用”单位】
浙江中财型材有限责任公司（新认定）

【2011年度浙江省工商企业信用AA级“守合同重信用”单位】
杭州电缆股份有限公司（新认定）
浙江华银非织造布有限公司（新认定）
泰瑞机器制造（中国）有限公司（新认定）
杭华油墨化学有限公司（新认定）
杭州美达王钢铁制品加工有限公司（新认定）
杭州九源基因工程有限公司（新认定）
杭州纸友科技有限公司（新认定）
浙江朱道模块集成有限公司（新认定）
好易购家庭购物有限公司（新认定）
杭州下沙恒升化工有限公司（延续认定）
杭州下沙生物科技有限公司（延续认定）
杭州经济技术开发区资产经营集团有限公司（延续认定）
浙江永安消防有限公司（延续认定）
杭州下沙商贸城有限公司（延续认定）
浙江三花汽车零部件有限公司（延续认定）
浙江华威建材集团有限公司（延续认定）
杭州和达市政园林建设有限公司（延续认定）
杭州下沙建筑工程有限公司（延续认定）
西门子（杭州）高压开关有限公司（延续认定）
浙江中财型材有限责任公司（延续认定）

·获科技进步奖名录·

【2011年获科技进步奖企业】
艾博生物医药（杭州）有限公司

【2011年度杭州市科技创新十佳产学研合作科技成果转化项目】
离散制造过程信息智能测控的研发和应用（中国计量学院、浙江三花汽车零部件股份有限公司）
多污水处理厂远程同步管理关键技术开发与示范（杭州江南科学研究院、浙江商达环保有限公司）

【2011年度杭州市科技创新十佳高新技术企业】

杭州九源基因工程有限公司

杭州纸友科技有限公司

【2011年度杭州市科技创新十佳科技企业孵化器】

杭州市高科技企业孵化器有限公司

·政策辑选·

【关于加快工业经济发展的若干政策(2011年度)】

为深入实施“工业兴区”和“产业高端化”战略，积极培育“三高二低”(高科技、高效益、高产出、低污染、低消耗)产业，优化升级产业结构，集约节约利用要素资源，转变经济发展方式，壮大龙头骨干企业，鼓励企业做强做优做大，促进开发区工业经济持续快速健康发展，特制定本政策。

一、奖励范围

本政策适用于在杭州经济技术开发区注册、纳税并开展正常生产经营活动的工业企业。

二、奖励内容

（一）年度规模效益“十佳”奖、优秀企业家称号

1.对当年工业销售产值、利润总额、纳税总额分别排名前十位的企业，授予企业“十佳”称号并颁发奖牌，授予企业主要经营者优秀企业家称号并颁发奖章。

（二）企业规模贡献奖

2.对当年工业销售产值5亿元以上（含）的企业，工业销售产值、纳税总额同比增幅分别达到30%、15%以上（含），给予企业经营团队一次性奖励50万元。对列入开发区大企业大集团三年培育计划（2010~2012年）的企业，视情给予“一企一策”专项扶持。

（三）企业纳税贡献奖

3.2010年度对地方财政贡献未出现负增长且符合以下条件的企业，给予企业经营团队奖励，具体标准为：

当年对地方财政贡献3000万元（含）~5000万元，且增长幅度在20%以上（含），一次性奖励60万元；

当年对地方财政贡献5000万元以上（含），且增长幅度在15%以上（含），一次性奖励100万元。

（四）工业投入奖（技改、增资）

4. 对2011年新立项的技改项目，在获得杭州市技改财政资助后，开发区再按经市财政局确认的“审定设备投资额”的2%给予企业资助。对符合“四优四新”产业的技改项目，且总投资500万元以上（含），开发区再按经市财政局确认的“审定设备投资额”的1%给予企业额外资助。

5.凡当年新增实际利用外资300万美元以上（含）的企业，且符合增资后注册资本投资强度达35万美元/亩以上（含）、当年每亩工业销售产值达800万元以上（含）条件的，按当年新增实际利用外资的6‰给予企业经营团队奖励。

（五）企业节能减排奖

6.对当年认定的能源计量示范单位、绿色企业和当年通过清洁生产审核验收合格的企业（强制性清洁生产审核企业除外），分别一次性给予企业经营团队2万元、3万元、5万元奖励。对当年通过电平衡测试验收合格的企业，按企业实际支付的测试费用给予50%的补助。鼓励企业采取合同能源管理方式，对当年签订合同实施的单个项目，年节能量在500吨标准煤以上（含），给予企业200元/吨标准煤奖励。对列入市（区）重点用能单位的企业（即2010年综合能耗1000吨标煤以上（含）的企业）、当年万元工业增加值综合能耗同比下降4.2%以上（含）且万元产值综合能耗同比下降4.2%以上（含）的，一次性给予企业经营团队10万元奖励，两项指标均同比下降6%以上（含）的，一次性给予企业经营团队15万元奖励。

7.企业对现有污染物治理设施实施技术改造升级，并经环保部门组织专家认定，按照该环保项目当年实际投资总额的10-30%给予企业奖励，奖励额度最高不超过100万元。对在规定时间内、超额完成市政府下达的减排目标任务10%以上的企业，一次性给予企业经营团队10万元奖励。

（六）鼓励企业设立总部及上市奖

8.对集团总部迁入开发区的，视贡献大小给予企业经营团队50万元以上的奖励。

9.鼓励区内外优势企业和行业龙头企业对区内经营困难的企业实施并购重组，重组后企业自主经营，符合“四优四新”产业，且新增投资在1000万元以上（含），一次性给予企业经营团队20万元奖励。

10.鼓励企业上市，自被认定为拟上市企业次年起，三

年内按其地方财政贡献增长部分给予企业一定的扶持奖励，奖励额度最高不超过100万元。鼓励企业加快上市进程，分企业改制结束、取得上市申报材料受理函和完成股票发行上市三阶段，按50万元、150万元、200万元分期给予企业奖励。上述企业上市后所募集的资金当年在开发区投资且投资总额占总募集资金50%以上（含）的，给予企业"一企一策"专项扶持。

（七）安全生产奖

11.对当年认定的国家一级、二级、三级安全生产标准化（含省级安全生产标准化），分别给予企业经营团队一次性奖励20万元、15万元、10万元。

12.企业增设或改造安全设施和应急装备的，并经安监部门组织专家认定，按照该项目当年实际投资总额的10~20%给予企业奖励，奖励额度最高不超过100万元。

（八）企业品牌与标准建设奖

13.对当年新获得中国名牌产品或中国驰名商标、浙江省名牌产品或浙江省著名商标、杭州市名牌产品或杭州市著名商标的企业，每项产品或商标分别一次性给予企业经营团队20万元、10万元、5万元奖励。

14.对主持国际、国家、行业、地方产品技术标准并成为标准制（修）订第一起草单位的企业，标准当年发布的，相应制（修）订项目分别一次性给予企业经营团队不高于50万元、30万元、20万元、10万元奖励；成为主要起草单位之一的企业，则分别一次性给予企业经营团队不高于30万元、15万元、10万元、5万元奖励；对于国际、国家、行业、地方方法技术标准制（修）订项目的奖励，按上述产品技术标准奖励额度的50%给予企业经营团队一次性奖励。

（九）企业职工安居补助

15.开发区新设立安居工程补助专项资金1亿元，专项用于企业管理团队在区内购买商品房及企业职工租房补助，具体实施细则另行制定。

三、附则

1.凡符合以上条款的企业，必须同时具备以下条件：（1）当年本企业及其外包项目未发生生产安全死亡事故或其它较大以上生产安全事故（如发生则取消次年政策兑现资格）；（2）当年未发生环境污染事故；（3）当年万元工业增加值综合能耗低于2010年同期水平，其中列入市（区）重点用能单位的企业必须达到2011年节能目标责任书考核要求。

2.企业获得开发区其它同类财政资助（奖励）的（含一企一策），按就高不就低原则，不重复资助（奖励）。

3.本政策涉及奖励企业经营团队的，主要经营者的获奖比例不少于奖励总额的40%。

4."四优四新"产业解释："四优"指食品饮料、机械制造、电子信息、生物医药四大产业；"四新"指汽车及零部件制造、新能源和新材料、服务外包和文化创意、现代物流四大产业。

5.企业合同能源管理项目须提供杭州市能源检测机构出具的节能量检测报告。

6.符合条件的企业于2012年1月底前提出申请，经由杭州经济技术开发区经济发展局会同有关部门审核，并报开发区管委会批准。

7. 凡财政收入划入街道的企业，由街道进行初审，其政策兑现资金由街道按财政分成比例承担。

8.凡经年度审计发现有不符合奖励条件的，予以追回奖金。

9.本政策由杭州经济技术开发区管委会负责解释。

10.本政策自2011年1月1日起执行。

【关于鼓励现代服务业发展的若干政策(2011年度)】

为全面推进杭州经济技术开发区（以下简称开发区）城市化进程，加快现代服务业发展，推动区域产业结构调整，促进经济发展方式转变，提高开发区城市综合竞争力，根据开发区先进制造业与现代服务业"两轮驱动"的发展战略，特制定本政策。

一、奖励范围

本政策适用于在开发区范围内工商注册和税务登记，在开发区投资经营的限额以上服务业企业，重点鼓励发展现代物流、中介服务、金融服务等生产性服务业项目及商贸（零售）、旅游、文化娱乐、社区服务等生活性服务业项目，鼓励发展总部经济、楼宇经济。

二、奖励内容

1.凡当年对地方财政贡献名列全区现代服务业企业（不含房地产企业）前3位的，以及房地产企业前3位的，授予企业"杭州经济技术开发区年度突出贡献服务业企业”称号，授予企业主要经营者“杭州经济技术开发区年度服务业企业优秀经营者”称号并颁发奖章。

2.凡当年度对区财政贡献呈正增长、且增长幅度在18%以上（含）的重点鼓励行业现代服务业企业，当年对区财政贡献每满100万元（含），给予企业30万元奖励。

3.凡被认定为杭州市现代服务业总部企业的，除享受杭州市对总部企业的优惠政策外，当年区财政贡献环比增长额每满100万元（含），给予企业40万元奖励。对被列入杭州市总部企业培育计划名录的企业，当年区财政贡献环比增长额每满100万元（含），给予企业20万元奖励。

4.凡年产值亿元以上制造业企业在开发区单独新设立的独立法人的销售中心、结算中心、财务中心、采购中心，当年度对区财政贡献达到500万元以上（含）的，给予企业主要经营团队50万元奖励。

5.凡开发区内单幢商务经营面积5000平方米以上，以引入服务外包、创意产业、现代物流、金融、风险投资、中介服务企业为主（单一产业经营面积超过60%）的主题式楼宇，当年整幢楼宇上述行业地方财政贡献每满1000万元（含），给予楼宇业主单位（不包括分散业权的楼宇）30万元奖励。

6.凡当年由中国物流与采购联合会评定为5A、4A、3A级或当年新入驻的5A、4A、3A级的综合服务型物流企业，分别给予企业50万元、30万元、20万元奖励。凡注册资本1000万元以上的物流企业当年度进行固定资产投入达到100万元以上或开展信息化改造投资额达到50万以上的（不包括当年新设立企业），经预先备案审核的，分别按最终核定投入的8%和10%给予补助。补助金额最高不超过50万元。

7.凡当年被评为五星级、四星级、三星级的市场，分别给予市场主要经营者80万元、30万元、3万元奖励。当年在杭州市最佳最差农贸市场评比中被评为杭州市样板农贸市场的，给予市场主要经营者10万元奖励；当年在开发区最佳最差农贸市场评比中被评为开发区最佳农贸市场的，给予市场主要经营者3万元奖励。当年被认定为杭州市“绿色市场”的企业，给予企业主要经营者2万元奖励。

8.凡企业总部设在开发区，当年新确认为中国名牌产品或国家驰名商标、浙江省名牌产品或浙江省著名商标、杭州市名牌产品或杭州市著名商标的现代服务业企业，分别给予企业主要经营者20万元、10万元、5万元奖励。当年被认定为“中华餐饮名店”、“浙江餐饮名店”的餐饮企业，分别给予企业主要经营者5万元、3万元奖励。

9.对主持国际、国家、行业、地方产品技术标准并成为标准制（修）订第一起草单位的企业，标准当年发布的，相应制（修）订项目分别给予企业经营团队不高于50万元、30万元、20万元、10万元奖励。成为主要起草单位之一的企业，则分别给予企业经营团队不高于30万元、15万元、10万元、5万元奖励；对于国际、国家、行业方法技术标准制（修）订项目的奖励，按上述产品技术标准奖励额度的50%给予企业经营团队奖励。对列入国家级试点（或示范区）的企业，开展标准体系建设并获得验收确认的，给予企业经营团队5万元奖励。

10.凡当年被市政府授予年度突出贡献商贸服务业企业称号的，给予企业主要经营者10 万元奖励。凡列入省、市级以上财政资助的重点现代服务业发展项目，区财政除根据省市财政资助标准，给予企业相应的财政配套资助外，分别给予企业10万元、5万元奖励。

三、附则

1.凡符合以上条款的企业，必须同时具备以下条件：（1）当年本企业及其外包项目未发生生产安全死亡事故或其他较大以上生产安全事故（如发生则取消次年政策兑现资格）；（2）当年未发生环境污染事故；（3）当年签订节能目标责任书的企业必须达到考核要求。

2.总部企业的认定参照《杭州市总部企业认定暂行办法》（杭政办〔2010〕10号）等文件有关内容执行。

3.对开发区工业企业中从事现代服务业的，按本政策相关条款予以资助和奖励。对在开发区内从事服务外包、创意产业的企业，按开发区服务外包企业鼓励政策及创意产业鼓励政策的相关条款予以资助和奖励。

4.企业获得开发区其它同类财政资助（奖励）的（含一企一策），按就高不就低原则，不重复资助（奖励）。

5.本政策涉及奖励企业经营团队的，主要经营者的获奖比例不少于奖励总额的40%。

6.符合条件的企业于2012年1月底前提出申请，经由开发区经济发展局会同有关部门审核，并报开发区管委会批准。开发区限额以上服务业企业由开发区经济发展局负责认定。

7.凡财政收入划入街道的企业，由街道进行初审，其政策兑现资金由街道按财政分成比例承担。

8.凡经年度审计发现有不符合奖励条件的，予以追回奖金。

9.本政策由杭州经济技术开发区管委会负责解释。

10.本政策自2011年1月1日起执行。

【关于鼓励文化创意产业发展的若干政策(2011年度)】

为鼓励开发区文化创意产业做优做强，加快推进开发区文化创意产业发展，根据国家、省、市相关政策，结合开发区实际，制定本政策。

一、适用范围

本政策适用在开发区内工商注册和税务登记，且符合开发区产业发展导向，从事信息服务业、动漫游戏业、设计服务业、现代传媒业、教育培训业、文化休闲旅游业、艺术品业、文化会展业八大门类的创意企业和创意产业园。开发区重点鼓励发展工业设计、电子商务、影视传媒和服装设计产业。

二、政策内容

1.对工业设计和服装设计类企业当年主营业务收入超过200万元，且同比增长10%，给予企业5万元奖励；对影视传媒类企业当年主营业务收入超过500万元，且同比增长10%，给予企业10万元奖励；对电子商务类企业当年主营业务收入超过2000万，且同比增长10%，按主营业务收入的2‰给予企业奖励，其中为开发区企业网上销售产品所得部分，再增加0.5‰的比例。

2.对新引进的开发区重点鼓励发展创意企业租用区内场所进行经营活动的，经认定，给予企业自设立之日起三年租金按不超过20元/平方米·月的80%、50%和30%补贴，每家企业每年不超过30万元。

3.企业获得IF设计竞赛奖、红点奖、国际设计杰出奖、日本优良设计奖和中国创新设计红星奖的，给予企业一次性奖励15万元。

4.开发区工业企业与区内设计企业开展设计合作的，分别给予工业企业和设计企业合同实际成交金额5%的奖励，每家企业最高不超过30万元。

5.对企业通过审查的原创性影视、动画、出版作品给予奖励。在中央台、市级(含)以上电视台首次播出的动画片，按每分钟1000元和600元给予奖励；在中央台、市级(含)以上电视台首次播出的电视连续剧，按每集(每集时间长度按45分钟计算) 给予5万元和2万元奖励；电影作品在国内影院首播,按每一部50万元给予奖励。

6.创意企业影视、动画作品获得国际A类电影节或国际知名动画节展主要奖项的，给予企业一次性奖励50万元；获得国家级政府类重大奖项的，给予企业一次性奖励20万元。对在省级以上出版机构出版发行的原创影视、动漫、及相关文学作品(转让作品不在此列)，发行量在5万册以上的，给予企业一次性奖励8万元。

7.鼓励电子商务企业自主开发相关产业化软件项目，按项目实际总投资额的20%给予资助，最高资助额不超过100万元。

8.鼓励社会资源投资建设创意产业园，经认定，按改造费用的20%给予园区最高不超过50万元的资助。鼓励创意产业园投资建设公共技术服务平台，经认定，按实际投资额的20%给予平台最高不超过50万元的资助。

9.创意产业园被评定为国家、省级园区，一次性给予园区50万元、20万元奖励。

10.创意产业园企业当年对区财政的贡献超50万元，给予创意产业园管理团队一次性奖励10万元。

三、附则

1.创意企业和创意产业园认定标准：

创意企业认定标准：（1）从事本政策所列的一种或多种创意服务和产品的研究、开发及经营业务。（2）具有独立法人资格，实施独立核算、自主经营、自负盈亏的经济实体。（3）企业中从事创意工作的相关人员占职工总数的70%以上。（4）企业按本政策所列范围内的创意服务及相关产品的收入总和不低于企业总收入的70%。

创意产业园认定标准：（1）创意产业园具有专门的管理服务机构、健全的管理体制和运行机制，配备专职专业管理人员。（2）创意产业园建筑面积一般不低于2000平方米，且入园企业达到20家以上。(3)创意产业园的建设和运行必须符合政府相关部门的有关规定。

2.企业主营业务收入等数据以专项审计报告为准。

3.凡符合以上条款的企业，必须同时具备以下条件:(1)当年本企业及其外包项目未发生生产安全死亡事故或其它较大以上生产安全事故(如发生则取消次年政策兑现资格);(2)当年未发生环境污染事故。

4.企业获得开发区其它同类财政资助(奖励)的(含一企一策)，按就高不就低原则，不重复资助(奖励)。

5.符合条件的企业于2012年1月底前提出申请，经由杭州经济技术开发区经济发展局会同有关部门审核，并报开发区管委会批准。

6.凡财政收入划入街道的企业，由街道进行初审，其政策兑现资金由街道按财政分成比例承担。

7.凡经年度审计发现有不符合奖励条件的，予以追回奖金。

8.本政策由杭州经济技术开发区管委会负责解释。

9.本政策自2011年1月1日起执行。

【关于鼓励科技发展的若干政策(2011年度)】

为深入实施开发区“科教强区”战略，加快产业转型升级，提高自主创新能力，转变经济发展方式，实现产业高端化，根据国家、省、市有关政策，结合开发区实际，特制定本政策。

一、适用范围

本政策适用于在开发区工商注册和税务登记，并在开发区投资、经营，符合开发区产业发展导向的企事业单位。

二、政策内容

1.企业研发投入奖。对企业立项的新产品、新技术开发项目，除按当年实际研究开发费用的150%向税务部门申请抵扣当年应纳税所得额外，开发区再按企业研究开发费用3%给予资助，用于加大企业科技研发投入。

2.科技项目成果奖。当年作为第一承担单位申报国家重大科技攻关项目、科技支撑计划、“863”项目、国家火炬计划项目等国家级重大科研项目的，项目批准立项后分别给予100万元、80万元、80万元、60万元的一次性奖励，用于企业研发投入。对区内实施的科技成果，新荣获国家科学技术进步或国家技术发明一、二、三等奖的，分别给予企业研发团队一次性奖励100万元、50万元、30万元；新荣获浙江省科学技术或浙江省科技成果转化一、二、三等奖的，分别给予企业研发团队一次性奖励30万元、20万元、10万元；新荣获杭州市科学技术进步一、二、三等奖的，分别给予企业研发团队一次性奖励8万元、5万元、3万元。

3.科技型企业奖。对新认定或新引进的国家火炬计划重点高新技术企业、国家重点支持的高新技术企业或技术先进型服务企业，分别给予企业经营团队一次性奖励30万元、20万元；对新认定的市级高新技术企业，给予企业一次性奖励5万元。对新荣获国家级、省级、市级创新型试点(示范)企业称号的企业，分别给予企业经营团队一次性奖励20万元、10万元、5万元。

4.研发(技术)中心奖。对新认定或新引进的国家、省、市级研发(技术)中心，分别给予企业经营团队一次性奖励50万元、20万元、10万元。

5.科技创新平台奖。凡新认定的国家、省、市级科技创新服务平台，分别给予平台管理机构不高于1000万元、500万元、200万元资助。

6.引进大院名校奖。非开发区内的高等院校或科研机构到开发区开办科技研发机构，经认定后，三年内无偿提供不少于200平方米的办公场地，并给予不高于50万元的启动经费资助，特别优秀的视情给予“一企一策”专项扶持。

7.科技企业孵化器奖。对新认定为国家级、省级、市级科技企业孵化器的，分别给予孵化器管理公司50万元、30万元、10万元的奖励。

8.院士专家工作站奖。企业设立的院士专家工作站，被新认定为国家、省、市级院士专家工作站，给予企业经营团队一次性奖励30万元、15万元、8万元。

9.专利试点示范企业奖。凡新认定的国家自主知识产权优势企业、国家、省级、市级专利示范(试点)企业，分别给予企业经营团队一次性奖励30万元、20万元、10万元、5万元。

10.专利申请授权奖。企业当年新申请1项(含)以上发明专利、5项（含）以上实用新型专利、6项（含）以上软件著作权或10项（含）以上外观专利，并取得专利受理通知书的，给予申请费用50%的资助，每家企业最高不超过15万元。对企业获得国内授权的发明专利每件奖励1万元，实用新型专利每件奖励1200元，外观专利每件奖励600元；美日欧专利局授权的发明专利，每件奖励8万元；其他国家授权的发明专利，每件奖励2万元。

对开发区范围内的高校当年专利申请量增长率达到25%以上，且当年申请总量超过100件的，给予高校3万元奖励；对当年专利授权量增长率达到25%以上，且当年授权总量超过100件的，给予高校5万元奖励。主要用于奖励高校知识产权管理工作者。

三、附则

1.凡符合以上条款的企业，必须同时具备以下条件：（1）当年本企业及其外包项目未发生生产安全死亡事故或其它较大以上生产安全事故（如发生则取消次年政策兑现资格）；（2）当年未发生环境污染事故；（3）当年万元工业增加值综合能耗低于2010年同期水平，其中列入市（区）重点用能单位的企业必须达到2011年节能目标责任书考核要求。

2.政策中给予奖励的专利，其申请地址必须为开发区范围内。

3.企业获得开发区其它同类财政资助（奖励）的（含一企一策），按就高不就低原则，不重复资助（奖励）。

4.本政策涉及奖励企业经营团队的，主要经营者的获奖比例不少于奖励总额的40%。

5.符合条件的企业于2012年1月底前提出申请，经由杭州经济技术开发区经济发展局会同有关部门审核，并报开发区管委会批准。

6.凡财政收入划入街道的企业，由街道进行初审，其政策兑现资金由街道按财政分成比例承担。

7.凡经年度审计发现有不符合奖励条件的，予以追回奖金。

8.本政策由杭州经济技术开发区管委会负责解释。

9.本政策自2011年1月1日起执行。

下沙福雷德广场 （郑体兵 摄）

索 引

说 明:

一、本类目设主题索引、表和图3个分目。

二、本年鉴的“大事记”“附录”“照片”均未做主题索引。

三、主题索引采用分析索引方法,中文标目按第1字汉语拼音(同音字按声调)顺序排列;如第1字相同,按第2字音序排列,依次类推。数字、英文字母开头的标目则按数字和英文字母顺序排列。标目后的数字表示内容所在页码。标目后有多个页码的,则表示相关信息在这些页码中都有涉及,页码中间用“&”间隔。

四、表格、图表按序号排列。

·主题索引·

0~9

英文

D

F

G

J

K

L

M

N

O

P

Q

R

S

T

W

X

Y

Z

·表·

·图·

（黎似玖）